Türkische Kunst und Kultur aus osmanischer Zeit

Türkische Kunst und Kultur aus osmanischer Zeit

VERLAG AUREL BONGERS RECKLINGHAUSEN

CIP-Kurztitelaufnahme der Deutschen Bibliothek

Türkische Kunst und Kultur aus osmanischer Zeit. —
Recklinghausen: Bongers
Ausstellungskatalog
ISBN 3-7647-0374-1
ISBN 3-7647-0369-5 (gültig für d. 1. Aufl.)
Bd. 1. — 2., erw. Aufl. — 1985.

Zweite erweiterte Auflage

Herausgegeben vom Museum für Kunsthandwerk im Auftrag
der Stadt Frankfurt, Dezernat Kultur und Freizeit in Verbindung
mit dem Villa Hügel e. V., Essen-Bredeney

Lithographien: ReproGrafik GmbH Recklinghausen

Herstellung: Graphische Kunstanstalt Bongers KG Recklinghausen

Printed in Western Germany

ISBN 3-7647-0374-1

INHALTSVERZEICHNIS

GRUSSWORT DES AUSSENMINISTERS DER REPUBLIK TÜRKEI

Ich freue mich, daß mir die Gelegenheit gegeben ist, das deutsche Volk anläßlich der Eröffnung der Ausstellung „Türkische Kunst und Kultur aus osmanischer Zeit" begrüßen zu können. Diese Ausstellung wird die besten Beispiele aus dem Kunstschaffen des türkischen Volkes seit dem 15. Jahrhundert vorstellen.
Ich bin davon überzeugt, daß mit dieser Ausstellung die Tiefe der vielfachen Beziehungen zwischen unseren Ländern und Völkern auch auf künstlerischer und kultureller Ebene verkörpert wird. Diese kulturelle Verkörperung der traditionellen deutsch-türkischen Freundschaft, deren Wurzeln in tiefer Vergangenheit liegen, wird zur Förderung des Verständnisses zwischen beiden Völkern beitragen.
Weiterhin möchte ich mich bei allen, die an der Vorbereitung dieser Ausstellung beteiligt waren, für ihre wertvollen Beiträge zur Verstärkung der kulturellen deutsch-türkischen Beziehungen bedanken.

Vahit Halefoğlu
Außenminister der Republik Türkei

GRUSSWORT DES BUNDESMINISTERS DES AUSWÄRTIGEN

Die glanzvolle Ausstellung „Türkische Kunst und Kultur aus osmanischer Zeit“ bietet dem Besucher Gelegenheit, die hierzulande noch zu wenig bekannte türkische Kunst jener großen Epoche kennenzulernen. Ich freue mich, daß neben den türkischen Museen viele Leihgeber aus Europa und den Vereinigten Staaten zum Gelingen dieser Ausstellung beigetragen haben.
Vor 75 Jahren fand in München die richtungweisende Ausstellung „Meisterwerke der mohammedanischen Kunst“ statt, von der viele deutsche Maler wichtige Impulse erhalten haben. Ihre Wirkung blieb damals aber auf einen kleinen Kreis von Kennern und Liebhabern beschränkt.
Inzwischen leben viele Türken in der Bundesrepublik Deutschland und haben deutsche Touristen die Türkei kennengelernt. Dieser großartigen Ausstellung ist deshalb eine große Resonanz sicher. Sie wird dazu beitragen, das Bild der Türkei in Deutschland um die wichtige kulturelle Dimension zu bereichern. Ich bin sicher, daß sie zu tieferem Verständnis zwischen Türken und Deutschen führen wird.
Ich wünsche ihr viel Erfolg.

Hans-Dietrich Genscher
Bundesminister des Auswärtigen der Bundesrepublik Deutschland

GRUSSWORT

Die Türken, die im Verlauf der Geschichte in vielen Regionen Staaten gründeten, wurden vor allem in der osmanischen Ära im Westen bekannt.
Während ihrer 600jährigen politischen Herrschaft fand ein reger Kulturaustausch statt. Anekdoten, Reiseberichte, europäische Quellen und osmanische Geschichtsquellen zeugen von der damaligen türkischen Kunst.
Andererseits stellen wir mit Genugtuung fest, daß in westeuropäischen Museen viele türkische Kunstwerke, die überwiegend durch Kriege den Besitzer wechselten, jetzt auf friedliche Weise in der ganzen Welt die Kenntnis von türkischer Kunst und Kultur verbreiten und die Vorurteile der Vergangenheit schwinden lassen.
Das Frankfurter Museum für Kunsthandwerk erfüllt in seinen neuen Räumen eine wichtige Aufgabe, mit Hilfe der Kunst die Völker in Freundschaft zu vereinen.
An der Ausstellung, die Exponate verschiedener europäischer Museen zeigt, beteiligt sich die Türkei mit 37 auserlesenen Werken aus dem Topkapı-Museum und dem Museum für Türkische und Islamische Kunst in Istanbul. Diese Exponate umfassen die Periode von der frühosmanischen Kunstepoche im 15. Jahrhundert bis zum 19. Jahrhundert. Darunter befinden sich überwiegend Textilien, Teppiche, Metall- und Holzarbeiten sowie Bücher und Miniaturen, die in den europäischen Sammlungen nur selten vorhanden sind. Sie ergänzen auf das glücklichste die Kunstwerke aus den anderen beteiligten Museen.
Die Ausstellung, die einer breiten Öffentlichkeit die türkische Kunst in allen ihren Aspekten vermitteln wird, erinnert daran, daß Kunst die Menschen zusammenführt und auch verschiedenartige Kulturen Gemeinsames enthalten.
Ich hoffe, dieses kulturelle Ereignis festigt die Brücke zwischen unseren Völkern, die durch traditionelle Freundschaft und künstlerische Beziehungen geschlagen wurde, und wünsche der Ausstellung viel Erfolg.

Dr. Nurettin Yardımcı
Generaldirektor für Museen und
antike Kunstwerke
Ministerium für Kultur und Fremdenverkehr
der Republik Türkei

GELEITWORT DES KULTURDEZERNENTEN DER STADT FRANKFURT AM MAIN

Aufgereiht am Ufer des Mains, einbezogen in eine vielgestaltige Szenerie von Parks mit großen Bäumen und wohltuend soliden alten Häuserfronten, präsentieren sich die Neubauten des Frankfurter Museumsufers. Natur, Geschichte, Stadtplanung und Baukunst haben in langen Jahren ein anregendes und erfreuliches Umfeld entstehen lassen, in dem das Museum für Kunsthandwerk mit dem Neubau des New Yorker Architekten Richard Meier einen besonderen Glanzpunkt bildet. Die seit vierzig Jahren verborgenen Schätze des europäischen, islamischen und ostasiatischen Kunsthandwerks haben endlich einen Rahmen erhalten, der ihrer Bedeutung entspricht.

Daß dieses Bauwerk nicht nur ein angemessenes Gehäuse für die bedeutenden eigenen Schätze des Museums bildet, sondern auch Ort hervorragender Sonderausstellungen sein wird, beweist das Museum bei seiner Eröffnung mit einer Gesamtschau „Türkische Kunst und Kultur aus osmanischer Zeit". Sie ist mehr als 100 privaten und öffentlichen Leihgebern zu verdanken, die uns 500 Objekte von höchster Qualität anvertrauten, und präsentiert dieses Thema zum ersten Mal umfassend in Europa. Wir freuen uns, daß dieses Unternehmen zusammen mit der Villa Hügel Essen durchgeführt werden kann.

Die Ausstellung lenkt den Blick auf die hohe Kultur der Türkei, die ihren Nachbarländern und Mitteleuropa soviel an geistigen und künstlerischen Anregungen vermittelte. Durch die Türkei führten fast alle Handelswege aus dem Fernen Osten in den Westen. Andererseits empfing sie selber eine Vielzahl von Anregungen und Gütern aus Europa.

Die Kenntnis von kulturellen Zusammenhängen zwischen Ost und West erscheint uns gerade heute besonders wichtig. Der Zustrom von ausländischen Mitbürgern in große Teile der Bundesrepublik Deutschland und das Zusammenleben und -arbeiten mit ihnen, wie zum Beispiel im Frankfurter Raum, im Ruhrgebiet oder in Berlin, läßt es mehr denn je notwendig erscheinen, gegenseitiges Verständnis und daraus resultierende Achtung aufzubauen. Künste und sozialkulturelles Leben sind für das fruchtbare Miteinander noch stets ein wirkungsvolles und vor allem auch humanes Element gewesen.

Wenn wir wünschen, daß diese Ausstellung dazu beitragen möge, Verständnis und Toleranz zu wecken und darüber hinaus Kenntnis zu vermitteln und Vergnügen an den gezeigten Schätzen zu bereiten, dann steht dahinter: die durch die ökonomische Dynamik erzwungenen großräumigen Wanderungsbewegungen in Europa zu einer Chance für gegenseitig bereicherndes und beglückendes kulturelles Miteinander werden zu lassen.

Prof. Hilmar Hoffmann
Kulturdezernent der Stadt
Frankfurt am Main

VORWORT

Die Anregung zu einer Ausstellung türkischer Kunst und Kultur aus osmanischer Zeit entstand im Jahre 1979 auf der Tagung des 6. Internationalen Kongresses für türkische Kunst in München. In einem Gespräch schlug Dr. Wolfgang Vollrath, Geschäftsführendes Vorstandsmitglied des Villa Hügel e. V. in Essen, vor, dieses Thema, das ihn schon länger bewegt hatte, gemeinsam aufzunehmen und zu realisieren. Dr. Annaliese Ohm, Direktorin des Museums für Kunsthandwerk, griff diesen Gedanken sehr gerne auf, da eine derartige Ausstellung zur Eröffnung des Neubaus für das Museum für Kunsthandwerk in Frankfurt besonders geeignet erschien.
Zum einen konnte damit ein Beitrag zur besseren Verständigung des türkischen und deutschen Volkes geleistet werden, eine Aufgabe, die gerade im Frankfurter Raum wie im Ruhrgebiet mit seinem hohen Anteil an türkischen Mitbürgern als sehr wichtig angesehen werden darf, zum anderen konnte durch diese Ausstellung die Bedeutung der eigenen islamischen Abteilung des Museums für Kunsthandwerk herausgestellt werden.
Dank des großen Einsatzes eines Arbeitsausschusses, der sich unmittelbar nach dem Münchener Treffen zusammenfand, und den wir immer wieder in Frankfurt und auch in Essen zu Gast hatten, konkretisierte sich das Ausstellungsunternehmen sehr bald. Neben den Unterzeichnenden wirkten in diesem Kreise mit:

Dr. Hans-Caspar Graf von Bothmer
Dr. Hanna Erdmann
Dr. Peter Jaeckel
Prof. Dr. Barbara Kellner-Heinkele
Prof. Dr. Klaus Kreiser
Prof. Dr. Wolfgang Müller-Wiener

Michael Rogers, M. A. D. Phil.
Dr. Johanna Zick-Nissen

Es kamen hinzu:
Ingrid Biniok
Dr. Dorothea Rohwedder

Sie alle bemühten sich mit großem Engagement um das Konzept der Ausstellung und legten die Auswahl der Leihgaben und den Kreis der beteiligten Autoren fest.
Herrn Prof. Dr. Müller-Wieners unentwegten Bemühungen ist es vor allem zu danken, daß aufgrund seiner langen Erfahrungen die Kontakte in der Türkei zu den türkischen Kollegen und offiziellen Stellen hergestellt und intensiviert werden konnten.
Frau Dr. Zick-Nissen, Fachvertreterin im Ständigen Komitee des Kongresses für Türkische Kunst, legte aus ihrer großen Kenntnis der Bestände der bedeutendsten öffentlichen und privaten Sammlungen die grundsätzlichen Leihlisten an.
Unser Dank gilt allen auf osmanisch-türkische Kunst spezialisierten Autoren, die bei dieser Ausstellung mitgewirkt und Aufsätze zu einzelnen und mehreren Themen geschrieben haben. Es seien hier ganz besonders, außer den schon im Arbeitsausschuß genannten Kollegen, Jennifer Scarce aus Großbritannien, Nazan Tapan Ölçer und Sabahattin Türkoğlu aus Istanbul erwähnt. Ihre Arbeit ergänzte aufs glücklichste die der deutschen und österreichischen Kollegen. Herzlich gedankt sei an dieser Stelle insbesondere auch Barbara Flemming, Markus Köhbach, Hans Georg Majer, Helmut Piegeler, Ursula Reinhard, Winfried Riesterer, Klaus Schwarz, Martin Strohmeier, Andreas Tietze, Michael Ursinus und Hans Wilski.
Frau Dr. Rohwedder führte dann die ungemein schwierige Aufgabe der Koordinierung der Ausstellung, Verhandlungen mit Leihgebern und Autoren, Erstellung des Aufstellungsplanes und Betreuung der Katalogarbeiten durch.
In vielen persönlichen Gesprächen, Besuchen und brieflichen Kontakten wurden die Verbindungen zu den öffentlichen und privaten Leihgebern hergestellt, ohne deren Vertrauen und Unter-

stützung und ohne deren großes Detailwissen, ihre Hinweise und Ratschläge, diese Ausstellung nie zustande gekommen wäre. Ihnen allen möchten wir an dieser Stelle unseren ganz besonders herzlichen Dank dafür aussprechen, daß sie uns für lange Monate ihre kostbaren Leihgaben anvertrauen.

Wir fanden bei allen offiziellen Stellen, der Stadt Frankfurt und der Landesregierung Nordrhein-Westfalen, Düsseldorf, dem Auswärtigen Amt, Bonn, der Türkischen Botschaft, Bonn, den Türkischen Generalkonsulaten, Frankfurt und Essen, der Türkischen Regierung und der Deutschen Botschaft, Ankara, von Anfang an größtes Verständnis und bereitwillige Förderung. Der Außenminister der Republik Türkei, S. E. Herr Vahit Halefoglu, hat bereits während seiner Zeit als Botschafter seines Landes in Bonn unseren Ausstellungsplan lebhaft begrüßt. Ihm und dem Bundesaußenminister, Herrn Hans-Dietrich Genscher, möchten wir für ihre Grußworte herzlich danken.

Die großzügige finanzielle Unterstützung ist der Stadt Frankfurt, dem Land Nordrhein-Westfalen, dem Auswärtigen Amt, Bonn, und der Fried. Krupp GmbH, Essen, als Träger des Villa Hügel e. V., zu verdanken. Diese Unterstützung ermöglichte sowohl den Aufbau der Ausstellung, die Organisation des Transportes für Leihgaben und für den Kurierdienst, wie auch die Herausgabe des umfassenden Kataloges.

Durch intensiven Einsatz wurde die redaktionelle Arbeit von Frau Prof. Dr. Barbara Kellner-Heinkele, Universität Frankfurt, und ihren Mitarbeitern, Herrn Dr. Ernst A. Gruber und Frau Ingeborg Hauenschild, gemeinsam mit Frau Dr. Dorothea Rohwedder geleistet. Hierfür sehr herzlichen Dank!

Die vorzügliche, mit großer Umsicht und Sachverstand durchgeführte Drucklegung erfolgte trotz aller sich immer wieder verschiebender Termine dankenswerterweise termingerecht durch den Verlag Aurel Bongers in Recklinghausen.

Die Aufstellung der Ausstellung in Frankfurt ist allen Mitarbeitern des Museums für Kunsthandwerk und ihren Helfern zu danken. Unser besonderer Dank gilt auch der Beratung durch Herrn Dipl.-Ing. Gunter R. Standke, Mitarbeiter von Architekt Richard Meier in New York, nach dessen Entwurf der Neubau entstand.

In der Villa Hügel wird die Ausstellung durch deren langjährige Architekten, Dipl.-Ing. Peter Pixis und Dipl.-Ing. Karl Wienzek, und den Mitarbeiterstab des Villa Hügel e. V. gestaltet.

Wir hoffen mit dieser Ausstellung einen fruchtbaren Beitrag für die Erforschung des Themas der osmanischen Kunst zu leisten, und zugleich durch die Darstellung einer großartigen kulturellen Epoche Aufmerksamkeit für die Türkei zu wecken, die so oft die Mittlerrolle zwischen Ost und West und West und Ost übernommen hat.

Wir sind in Frankfurt besonders glücklich, gerade dieses Thema in einer Ausstellung verwirklichen zu können, da es, bedingt durch die Bestände der Abteilungen für europäisches, islamisches und ostasiatisches Kunsthandwerk ein vielfältig variiertes Thema in unserem Museum darstellt.

In der Villa Hügel in Essen fügt sich das Thema in den Rahmen der Ausstellung großer Weltkulturen ebenbürtig ein, einen Zyklus, dem seit über dreißig Jahren in Essen größte Zuwendung entgegengebracht wird.

Möge diese Ausstellung dazu beitragen, das gegenseitige kulturelle Verständnis zwischen Deutschen und Türken zu stärken und allen begreifbar zu machen, daß Kunst und Kultur stets nur durch ein wechselndes Geben und Nehmen entstehen und erhalten werden kann.

Dr. Annaliese Ohm

Dr. Wolfgang Vollrath

LEIHGEBER

BUNDESREPUBLIK DEUTSCHLAND

AROLSEN
Fürstlich Waldeck'sche Hauptverwaltung, Schloß Arolsen

BERLIN
Deutsches Archäologisches Institut
Staatliche Museen Preußischer Kulturbesitz, Museum für Islamische Kunst
Staatliche Museen Preußischer Kulturbesitz, Kunstbibliothek
Staatliche Museen Preußischer Kulturbesitz, Kupferstichkabinett
Staatliche Museen Preußischer Kulturbesitz, Museum für Völkerkunde
Staatsbibliothek Preußischer Kulturbesitz

COBURG
Kunstsammlung der Veste Coburg (F)

DÜSSELDORF
Hetjensmuseum
Kunstmuseum

FRANKFURT
Museum für Kunsthandwerk

HAMBURG
Hamburgisches Museum für Völkerkunde
Museum für Kunst und Gewerbe

HANNOVER
Kestner-Museum

INGOLSTADT
Bayerisches Armeemuseum

KARLSRUHE
Badische Landesbibliothek
Badisches Landesmuseum

KASSEL
Gesamthochschulbibliothek Kassel
Landesbibliothek und Murhardsche Bibliothek
Staatliche Kunstsammlung — Schloß Friedrichstein

KÖLN
Kunstgewerbemuseum
Max Freiherr von Oppenheim Stiftung, Orientalisches Seminar der Universität Köln
Wallraf-Richartz-Museum

KREFELD
Deutsches Textilmuseum

MÜNCHEN
Bayerische Staatsbibliothek
Bayerische Staatsgemäldesammlung – Neue Pinakothek
Münchener Stadtmuseum
Schatzkammer der Residenz
Staatliche Münzsammlung
Staatliches Museum für Völkerkunde

MÜNSTER
Stadtmuseum Münster (E)

NÜRNBERG
Germanisches Nationalmuseum
Landesgewerbeanstalt Bayern, Gewerbemuseum
Stadtbibliothek Nürnberg

OFFENBACH
Deutsches Ledermuseum

DÄNEMARK

KOPENHAGEN
The C. L. David Collection (F)

FRANKREICH

BORDEAUX
Musée des Beaux-Arts

CHÂTEAU D'ÉCOUEN
Musée de la Renaissance

PARIS
Bibliothèque Nationale
Musée des Arts Décoratifs
Musée Jacquemart-André
Musée du Louvre

SÈVRES
Musée National de Céramique

GRIECHENLAND

Athen
- Benaki-Museum

GROSSBRITANNIEN

Cambridge
- Trinity College Library

Edinburgh
- Royal Scottish Museum

London
- The British Library
- The British Museum
- The National Gallery
- Victoria & Albert Museum

Oxford
- Bodleian Library (F)
- University of Oxford, Museum of the History of Science

NIEDERLANDE

Amsterdam
- Rijksmuseum

ÖSTERREICH

Wien
- Historisches Museum der Stadt Wien
- Österreichische Nationalbibliothek
- Österreichisches Museum für angewandte Kunst

POLEN

Krakau
- Muzeum Narodowe
- Państwowe Zbiory Sztuki na Wawelu

Warschau
- Muzeum Narodowe

PORTUGAL

Lissabon
- Fundação Calouste Gulbenkian Museu

SCHWEDEN

Stockholm
- Livrustkammaren

Uppsala
- Universitetsbibliotek

SCHWEIZ

Genf
- Musée d'Art et d'Histoire

TÜRKEI

Istanbul
- Deutsches Archäologisches Institut, Abteilung Istanbul
- Topkapı Sarayı Müzesi
- Türk ve Islam Eserlerí Müzesi

U.S.A.

Cleveland
- The Cleveland Museum of Art

sowie verschiedene namentlich nicht genannte Privatsammlungen.

AUTOREN

BUNDESREPUBLIK DEUTSCHAND

Dr. Ingeborg Baldauf	Universität Bamberg
Dr. Barbara Beaucamp (Be)	Frankfurt
Ingrid Biniok (Bi)	Wiesbaden
Dr. Hans-Caspar Graf von Bothmer	Universität des Saarlandes, Bildarchiv zur Buchmalerei, Saarbrücken
Gerd Dethlefs	Münster
Dr. Hanna Erdmann	Universität Mainz, Seminar für Orientkunde
Hans Galen	Münster
Dr. Peter Jaeckel	Direktor i. R. des Bayerischen Armeemuseums, Ingolstadt
Prof. Dr. Barbara Kellner-Heinkele (Ke)	Universität Frankfurt, Institut für Orientalische und Ostasiatische Philologien, Turkologie
Prof. Dr. Klaus Kreiser	Universität Bamberg, Lehrstuhl für Türkische Sprache, Geschichte und Kultur
Prof. Dr. Hans Georg Majer (Ma)	Universität München, Institut für Geschichte und Kultur des Nahen Orients sowie Turkologie
Prof. Dr. Wolfgang Müller-Wiener	Direktor des Deutschen Archäologischen Instituts, Abteilung Istanbul
Helmut Piegeler	Botschaft der Bundesrepublik Deutschland, Kairo
Ursula Reinhard	Berlin
Sofia Renz-Rathfelder	Palmengarten, Frankfurt
Dr. Winfried Riesterer	Bayerische Staatsbibliothek, München
Dr. Dorothea Rohwedder (Ro)	Museum für Kunsthandwerk, Frankfurt
Dr. Gustav Schoser	Palmengarten, Frankfurt
Dr. Klaus Schwarz	Staatsbibliothek Preußischer Kulturbesitz Berlin, Orientabteilung
Dr. Martin Strohmeier	Orient-Institut der Deutschen Morgenländischen Gesellschaft, Beirut
Dr. Hans Wilski	Bad Soden
Dr. Johanna Zick-Nissen (Zi)	Staatliche Museen Preußischer Kulturbesitz, Museum für Islamische Kunst, Berlin

GROSSBRITANNIEN

Michael Rogers, M. A. D. Phil.	The British Museum, London, Vice Director, Deputee Keeper of the Department of Oriental Antiquities
Jennifer Scarce, B. A.	Royal Scottish Museum, Edinburgh, Curator of the Department of Art and Archaeology
Dr. Michael Ursinus	University of Birmingham, Center for Byzantine Studies and Modern Greek

NIEDERLANDE

Prof. Dr. Barbara Flemming	Universität Leiden, Vakgroep Arabisch, Perzisch, Turks, Zuid-Semitisch

ÖSTERREICH

Prof. Dr. Andreas Tietze	Universität Wien, Institut für Orientalistik
Dr. Markus Köhbach	Universität Wien, Institut für Orientalistik

TÜRKEI

Sabahattin Türkoğlu	Direktor des Topkapı Sarayı Müzesi, Istanbul
Dr. Nazan Tapan-Ölçer	Direktorin des Türk ve Islam Eserleri Müzesi, Istanbul

U.S.A.

Prof. Dr. David A. King	New York University, Department of Near Eastern Languages and Literatures

VORWORT DER REDAKTION

Es war ein wesentliches Anliegen für die Veranstalter der Ausstellung, einen begleitenden, wissenschaftlich fundierten Katalog herauszugeben. Zahlreiche Autoren haben daran mitgearbeitet, alle ausgestellten Objekte sollten abgebildet werden, und – vor allen Dingen – sollte der Katalog zur Eröffnung vorliegen. Dieses ehrgeizige Ziel war nicht ohne Konzessionen zu erreichen.
Trotz jahrelanger Vorbereitung war die Zusage für manche Leihgaben bis zum Beginn der Drucklegung noch unsicher, andere Objekte mußten im letzten Moment ausgewechselt oder gar darauf verzichtet werden. Nur unter größten Schwierigkeiten waren die erforderlichen Fotos zu beschaffen, Irrtümer konnten nicht mehr korrigiert werden, einige Ausstellungsstücke sind daher nicht abgebildet. Besonders erschwerend wirkte sich das verspätete Eintreffen mancher Manuskripte aus und die Notwendigkeit, Übersetzungen anzufertigen. So ließen sich kleine Unstimmigkeiten im Ablauf der Thematik und bei der Zählung von Katalognummern, Tafeln und Textabbildungen nicht vermeiden. Seitenverweise von einem Band zum anderen mußten unterbleiben.
Um dem Benutzer des Kataloges die Orientierung zu erleichtern, wurden alle im ersten Band enthaltenen Katalognummern mit „I“ gekennzeichnet und fortlaufend numeriert. Die Objekte im zweiten Band sind nach Sachgebieten geordnet und haben arabische Gruppennummern mit eigener Zählung „1/1“–„2/1“ usw. Diese Numerierung wird auch in der Ausstellung beibehalten.
Aus konservatorischen Gründen können nicht alle Ausstellungsstücke in Frankfurt und in Essen gezeigt werden. Das betrifft ganz besonders die lichtempfindliche Buchkunst. Objekte, die nur in Frankfurt oder nur in Essen gezeigt werden, sind durch „F“ oder „E“ gekennzeichnet. Das betrifft ebenfalls unterschiedliche Öffnungen desselben Buches, wobei nach Möglichkeit beide Öffnungen im Katalog abgebildet wurden.
Sind die Verfasser einzelner Katalogtexte nicht mit den Autoren des jeweiligen Themas identisch, wurde das durch Siglen kenntlich gemacht. Allen, die im letzten Moment noch Kurztexte für Objekte ohne Autor geliefert haben, sei hier besonders gedankt.

Barbara Kellner-Heinkele — Dorothea Rohwedder

HINWEISE ZUR SCHREIBUNG DES TÜRKISCHEN, ARABISCHEN UND PERSISCHEN

Die Transkription der nach ihrem Kontext arabischen Eigennamen, Buchtitel und Wörter richtet sich in der Regel nach *Die Transliteration der arabischen Schrift in ihrer Anwendung auf die Hauptliteratursprachen der islamischen Welt. Denkschrift, dem 19. internationalen Orientalistenkongreß in Rom vorgelegt von der Transkriptionskommission der Deutschen Morgenländischen Gesellschaft.* Neudr. Wiesbaden 1969.
Die Transkription der nach ihrem Kontext persischen Namen, Buchtitel und Wörter richtet sich nach der in Jan Rypka: *Iranische Literaturgeschichte.* Leipzig 1959.
Die Transkription osmanisch-türkischer Wörter (auch solcher arabischen oder persischen Ursprungs) richtet sich nach der im *New Redhouse Turkish-English Dictionary,* Istanbul 1968 gewählten Umschrift. In dem Beitrag von B. Flemming „Literatur und Gesellschaft" wurde die von der Autorin gewählte Umschrift beibehalten.
Bei Namen und Begriffen, die in der deutschen Umgangssprache geläufig sind, wie „Pascha" und „Serail", wird die Schreibweise des Duden verwendet.
Ansonsten werden Namen von Orten, Stadtvierteln, Museen u. ä. in der amtlichen türkischen Schreibung gebraucht. Wo nötig, werden türkische Wörter in der im Deutschen üblichen Weise flektiert (z. B. Medrese, Pl. Medresen; Sipahi, Pl. Sipahis).
Gelegentliche Inkonsequenzen konnten bei der Vielzahl der Autoren und Beiträge leider nicht vermieden werden.
Koranzitate sind zitiert nach *Der Koran,* Übersetzung von Rudi Paret. Stuttgart, Berlin, Köln, Mainz 1966.

HINWEISE ZUR AUSSPRACHE DES TÜRKISCHEN

Bei der heute geltenden Orthographie wird das lateinische Alphabet mit folgenden, vom Deutschen abweichenden Lautwerten verwendet:

c	=	*dsch*
ç	=	*tsch*
s	=	stimmloses *s*
ş	=	*sch*
z	=	stimmhaftes *s*
ğ	=	aspiriertes *g,* bzw. Längung des vorausgehenden Vokals oder leichter *j*-Laut zwischen zwei Vokalen
ı	=	(i ohne Punkt) dumpfes *i,* wie etwa e in deutschen unbetonten Endsilben („gehe̩n")
h	=	am Anfang des Wortes wie *h* in Haus, hell; am Ende einer Silbe nach dunklem Vokal wie *ch* in Nacht; am Ende einer Silbe mit hellem Vokal wie *ch* in ich.
j	=	wie in Journalist
y	=	*j*
v	=	*w*

Stehen zwei Vokale nebeneinander, so wird der zweite Vokal mit Stimmabsatz gesprochen (vgl. „bearbeiten"). Doppelte Konsonanten werden gelängt gesprochen (vgl. „Schiffahrt").
Das Zeichen ^ zeigt eine, aber nicht alle Längen an; ʻ bedeutet einen Stimmabsatz.

ZEITANGABEN

In der Regel entsprechen die Jahresangaben der christlichen Zeitrechnung („n. Chr.", „A. D."). Bei gleichzeitiger Angabe des Jahres nach muslimischer Zeitrechnung („nach der Hidschra", „A. H.") steht dieses an erster Stelle, nach dem Schrägstrich folgt dann das entprechende Jahr nach christlicher Zeitrechnung.

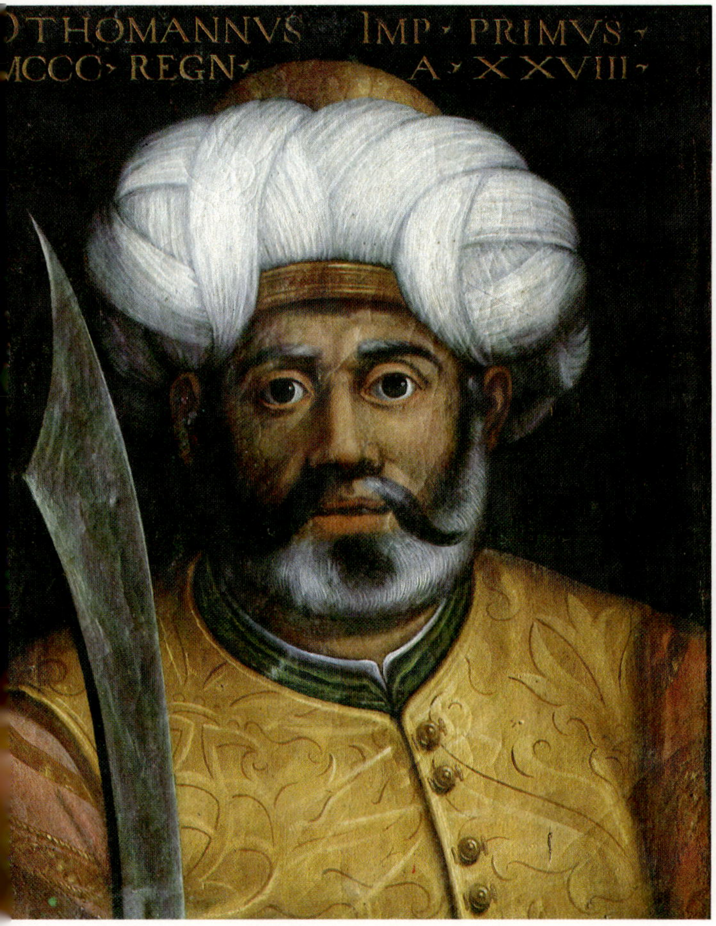

Sultan Osman I. (Kat. Nr. I/1)

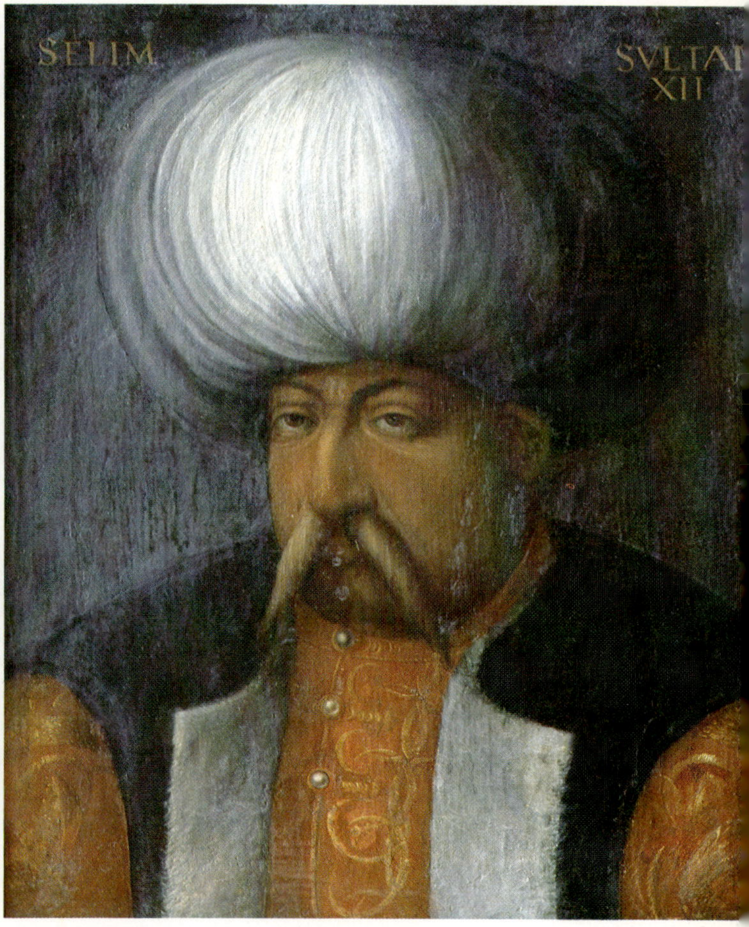

Sultan Selim II. (Kat. Nr. I/2)

TAFEL I

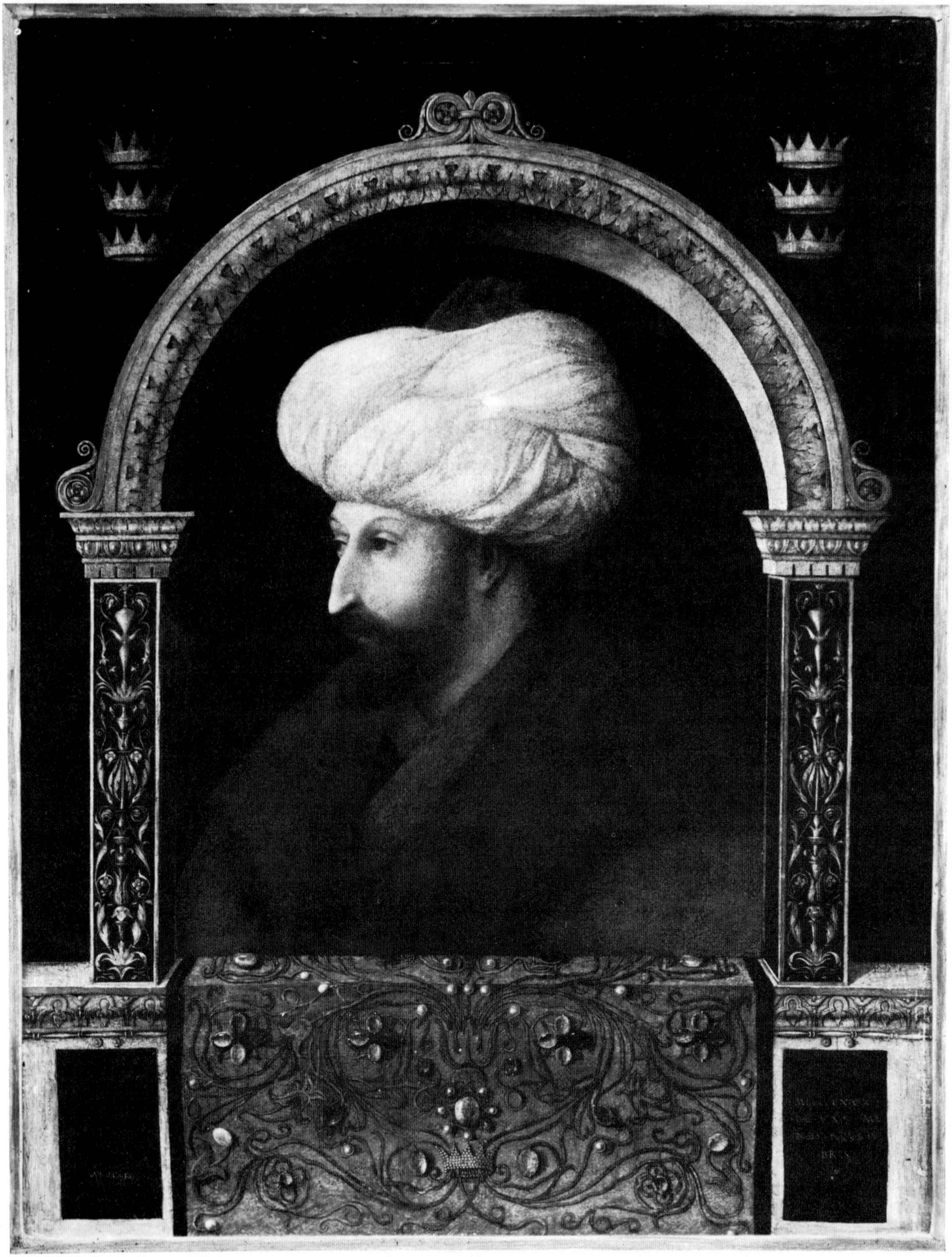

Abb. 1 Gentile Bellini: Sultan Mehmed II., der Eroberer (Kat. Nr. I/3)

OSMANISCHE KUNST

Über einen Zeitraum von fast 500 Jahren war Istanbul Hauptstadt und Mittelpunkt des Osmanischen Reiches. Es war die reichste Stadt des östlichen Mittelmeeres, die enge Handelsbeziehungen mit Marseille, Genua, Venedig und Ragusa unterhielt, dazu Zentrum eines ausgedehnten Handels mit Luxusgütern, die sowohl importiert wie im eigenen Reich hergestellt wurden[1]. Der umfangreiche Handel mit Gewürzen, die vom Roten Meer zum Mittelmeer transportiert wurden, war durch die portugiesische Entdeckung des Seeweges nach Indien nur wenig beeinträchtigt worden und wurde bald überholt durch das Anwachsen des Kaffeehandels mit dem Jemen, der lange osmanisches Monopol war, bis er im 17. Jahrhundert von den Franzosen und Holländern übernommen wurde[2]. Die Voraussetzungen für diese wirtschaftliche Macht waren politischer Natur: nach der Eroberung von Konstantinopel im Jahre 1453 hatte die osmanische Expansion noch ein Jahrhundert lang ihren Machtbereich auf das östliche Anatolien, den Hedschas und Jemen, Syrien, Ägypten und den Maghreb ausgedehnt, dazu auf die Länder des Kaukasus und die Krim.

Durch diese Expansion wurden die Osmanen zu Erben der kulturellen Tradition sowohl des islamischen Kalifates, wie der Seldschuken und von Byzanz; durch die Eroberung Ungarns sogar auch des humanistischen Erbes von Matthias Corvinus[3]. Im Gefolge der Eroberungen gelangte eine Flut von europäischen Tributleistungen, etwa Pelze oder Kunstuhren, welche die Türken als „Türkenverehrung" verlangten, nach Istanbul[4]. Die siegreichen Feldzüge von Selim I. und Süleyman dem Prächtigen gegen die Safawiden (1514–1556) brachten als Beute feinstes Yüan- und frühes blau-weißes Ming-Porzellan in die Türkei. Das begünstigte die Entstehung einer wie angeboren wirkenden eklektischen Neigung bei den Osmanen. So konnten sie sogar eine Zeitlang die Aufstellung von Florentiner Bronzefiguren dulden, die Süleyman 1526 bei der Einnahme der Zitadelle von Buda erbeutet und in Istanbul vor dem Ibrahim Paşa-Palast am Hippodrom wieder errichtet hatte[5]. Dabei sei auch an die Vorliebe Mehmeds des Eroberers für Florentiner Kupferstiche und europäische Porträts erinnert, wofür sein Bildnis von Gentile Bellini in der Ausstellung beredtes Zeugnis ablegt (Kat. Nr. I/3, Abb. 1).

Es kam hinzu, daß die Osmanen erfahrene Handwerker, wenn es ihnen daran mangelte, einschließlich der Maurer, Maler, Weber, Metallarbeiter, Schneider und Steinschneider aus Ägypten, Iran und dem Balkan dienstverpflichteten. Ihre Tätigkeit in Istanbul für ihre neuen Herren und die Schüler, die sie in den Palastwerkstätten ausbildeten, haben die Entstehung des osmanischen Hofstiles im späteren 16. Jahrhundert entscheidend beeinflußt.

Als diese zwangsverpflichteten Handwerker in der Türkei eintrafen, fanden sie bereits blühende Luxus-Manufakturen vor. Brokate und andere Seidengewebe wurden in Bursa und Amasya hergestellt und wetteiferten mit den Importen von italienischer Seide, die am Hof des Sultans für die Herstellung und Verteilung von Ehren-Gewändern an verdiente Diener benötigt wurden[6]. Gute Keramik wurde in Iznik, Kütahya und vermutlich auch in Saloniki hergestellt; Teppiche in Kairo und im Gebiet von Uşak, Baumwollgewebe in Aleppo, feine Filze im Balkan.

Andere Zweige des Kunsthandwerks waren nicht so genau lokalisiert, wie etwa die Kunstschreinerei und -tischlerei, Sattler- und Lederarbeit, Juwelierkunst und sogar die Marmorarbeit für Fensterrahmen, Türgewände und Gebetsnischen der von den Sultanen gestifteten großen Moscheen.

Zur Kriegsbeute und den Erzeugnissen der heimischen Industrie kam noch der Handel mit den übrigen Mittelmeerländern und Westeuropa hinzu. Denn für manche nördliche Erzeugnisse wie Wolle, Rohmetall, Glas[7] und geschmuggelte Waffen war die Levante auf Häfen im nördlichen Mittelmeer angewiesen. Dazu gesellten sich jetzt Edelsteine, Juwelen, Goldschmiedearbeiten und beständig zunehmende Mengen von italienischer Seide, nachdem der anhaltende Kriegszustand mit dem safawidischen Iran den Import von Luxusgütern aus Fernost unterband. Es sei ferner erwähnt der Einfluß von ungarischen Malern[8], übergelaufenen deutschen Belagerungsingenieuren und Stückgießern, venezianischen Juwelieren[9] und sogar Feuerwerkern[10] auf die osma-

nische Kunstindustrie des 16. Jahrhunderts.
Diese vielfältige Orientierung nach Westen hat einen der hervorstechendsten Wesenszüge der osmanischen Kunst hervorgebracht: selbst in Bereichen, in denen die osmanische Kunstindustrie internationalen Ruhm erlangte, wie etwa bei der Töpferei und den Fliesen von Iznik und den Seiden von Bursa, blieben europäische Prototypen stets im Hintergrund erkennbar[11].
Osmanische Kunst wurde an erster Stelle für den Hof und seine Hauptstädte Istanbul, Edirne und Bursa erzeugt. Der Sultan und seine Wesire waren die Auftraggeber; sie betrachteten die Provinzen des Reiches lediglich als Quelle für Material und Menschenkraft und hatten kein Interesse an ihrer wirtschaftlichen Förderung. Das hatte zur Folge, daß es nur wenig osmanische Kunst in den Provinzen gibt und gegeben hat. Stilistisch teilt die osmanische Kunst die Virtuosität und Übersteigerung des hochentwickelten Manierismus, der an den europäischen Höfen des 16. Jahrhunderts gepflegt wurde, zusammen mit seinem geringen Interesse an Ausdruckskraft. Dazu gehört auch die leidenschaftliche Vorliebe des osmanischen Hofes für glänzende Oberflächengestaltung, inkrustierte Jade und Bergkristalle, juwelenbesetzte goldene Bucheinbände oder China-Porzellan des 16. Jahrhunderts, besetzt mit Einlagen von Gold und Edelsteinen, dazu Möbel mit Intarsien aus Harthölzern, Elfenbein, Perlmutt und Schildpatt sowie kunstvoll gemusterte Goldbrokate – und das alles bei einem durchaus eingeengten Vokabular an dekorativen Formen.
Das Modediktat des Hofes erklärt auch die Tatsache, daß die osmanische Kunst die Neigung hatte, sich im abrupten Wechsel zu entwickeln. Ein Beispiel dafür bietet der schnelle Stilwechsel bei der Iznik-Keramik von der blau-weißen Chinoiserie-Ware (um 1500) zu den Spiralranken der „Goldenen Horn"-Gruppe (1520–30) bis zu den lebhaft farbigen Mustern des späteren 16. Jahrhunderts. Auch konnten plötzliche Launen sogar eine Kunst zum Erliegen bringen. Die Leidenschaft, alle großen Bauten in Istanbul ab 1560 ganz mit Fliesen auszukleiden, beendete im frühen 17. Jahrhundert die Fliesenproduktion, da die Lehmgruben in Iznik völlig ausgebeutet waren[10].
Überdies konnte der Antrieb zu neuen Eroberungen nicht durchgehalten werden. Wie die Fuggerzeitungen des späten 16. Jahrhunderts berichten, war Murad III. (1574–1595) durchaus noch fähig, im Irak, in Aserbaidschan und Transkaukasien Krieg gegen den Safawidenschah Abbas I. zu führen, der das östliche Mittelmeer und die Küsten Nordafrikas terrorisierte, und zugleich eines der aufwendigsten Feste in der europäischen Geschichte des 16. Jahrhunderts in Istanbul zu veranstalten – das Sur-i hümayun (1582) anläßlich der Beschneidung seiner Söhne. Aber die früheren osmanischen Feldzüge waren ergiebiger an Beute, ertragreicher an Territorien und geübten Handwerkern für die Palastwerkstätten in Istanbul. Die Kriege Murads III. endeten unentschieden, brachten wenig Lohn und verursachten einen großen Einsatz von Menschen, Geld und Material für rein militärische Zwecke. Seine Nachfolger hatten zunehmend Schwierigkeiten, den Gegenangriffen Rußlands und des Westens standzuhalten. Die daraus resultierende Demoralisierung und der wirtschaftliche Niedergang hatten ernste Folgen für die Kunst im Osmanischen Reich.
Osmanische Kunst war immer teuer, da sie für den gehobenen Bedarf hergestellt wurde und viel Geld für kostbare Materialien und geübte Künstler erforderte. Mit dem Niedergang der osmanischen Wirtschaft im 17. Jahrhundert hatte man kein Geld mehr für Kunsthandwerker. Billigere Handwerker versuchten sich an Ersatzmaterialien, die oft nicht ausreichend verarbeitet werden konnten, und die Qualität ihrer Erzeugnisse litt sofort darunter.
Die Kunstindustrie konnte auch unter einem plötzlichen Anwachsen der Nachfrage wie bei den Iznik-Fliesen leiden. Der Pelzhandel lag im 16. und 17. Jahrhundert weitgehend in den Händen von osmanischen Kaufleuten, die regelmäßig nach Moskau reisten, um ihre Lager aufzufüllen, nicht selten mit Kapitalvorschuß durch den Hof. So hatte der exzentrische Sultan Ibrahim (1640–1648) eine leidenschaftliche Sucht nach Pelzen, Bernstein und Sklaven, was die Preise dafür in Istanbul verzehnfachte, die Pelzpreise auf dem freien Markt bedrohte, und dazu durch seine Schulden viele Pelzkaufleute in den Bankrott trieb[13].
Offizielle osmanische Quellen erwecken oft den Eindruck, daß alle Luxuswaren – kunstvolle Textilien, Juwelen, kostbares Metall und Feinkeramik – Staatsmonopol gewesen sind und auf die Palastwerkstätten beschränkt waren. Das ist sicher irreführend, denn

Abb. 2 Seidenbrokat, Bursa, um 1550–60, London, Victoria and Albert Museum, Department of Textiles, 51807

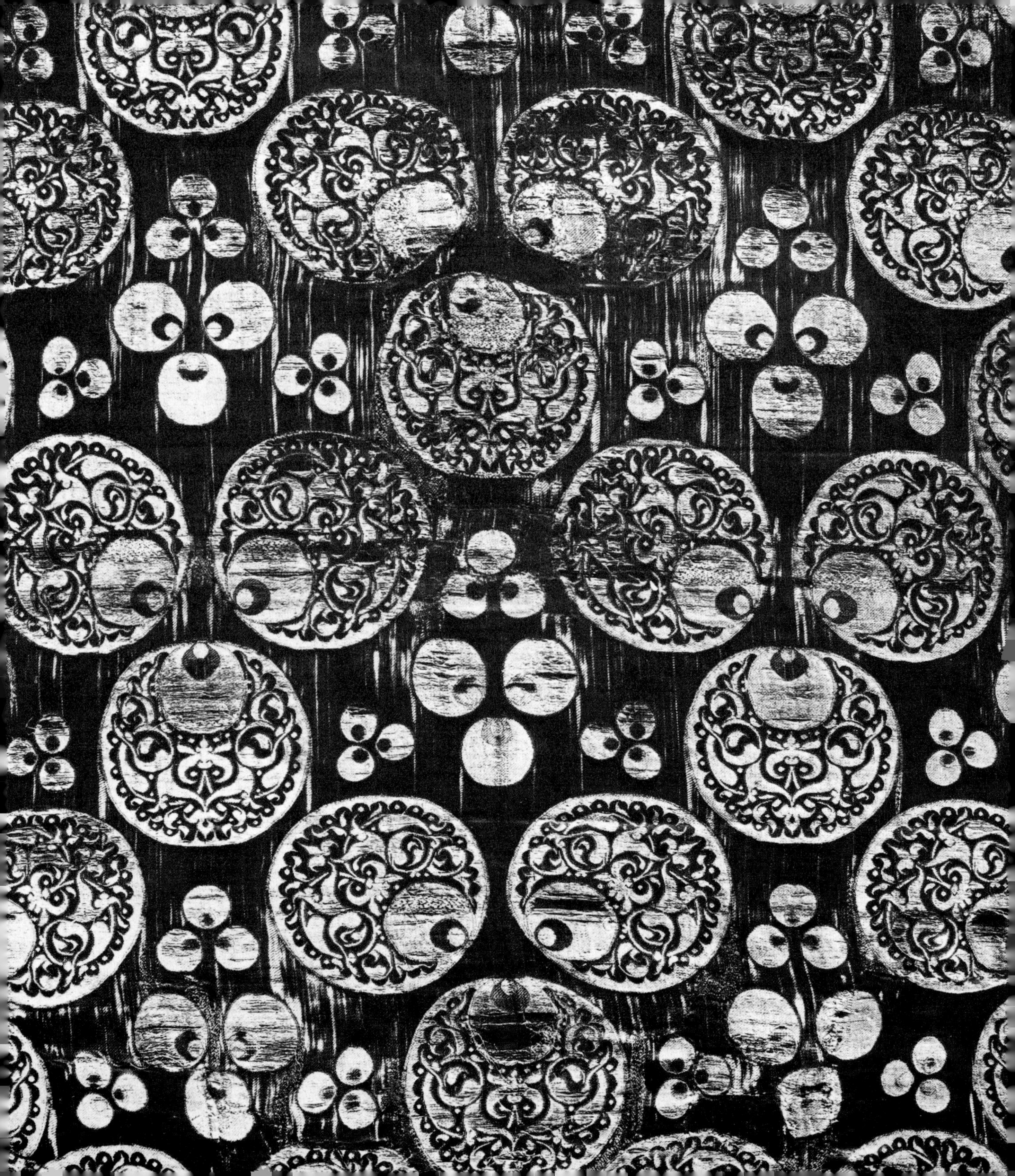

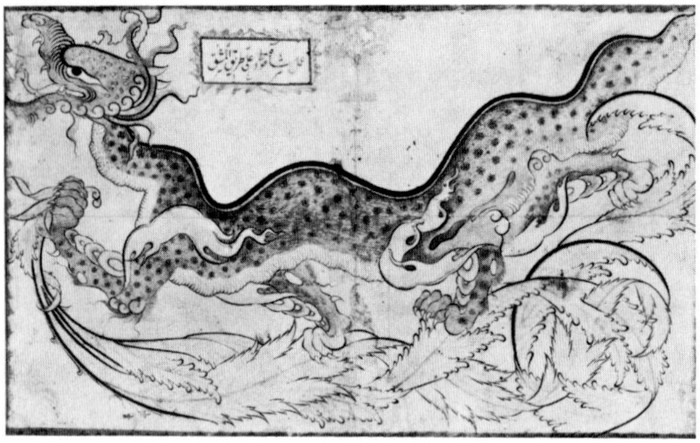

Abb. 3 Drache mit Unterschrift Şahkulı, Federzeichnung, Türkei, vermutlich um 1550, New York, Metropolitan Museum of Art, Nachlaß Cora Timken Burnett, 1957

es gibt häufige Klagen, z. B. 1580[14] darüber, daß die Töpfer von Iznik ihre Fabrikation von Fliesen zugunsten von Töpferwaren „für Fremde“ einschränkten. Das zeigt recht gut, daß die Autorität des Hofes zwar Prioritäten besaß, der Töpfer aber nicht einen untergeordneten Status hatte. Bei der Seide[15] bestimmt die Marktregel von 1502 für Bursa *(kanunname-i ihtisab)* sehr genau die Qualität des Materials und der Schneiderarbeit und spiegelt die Bedeutung der kostbaren Textilien und Ehrengewänder als Geschenke für die Sultansfamilie, Wesire, Gesandte und Höflinge, doch ging ganz offensichtlich die Kontrolle nicht soweit, auch die verlangten Muster vorzuschreiben. Andere Handwerker waren dem Hof direkt unterstellt: Juweliere, Sattler[16] und sogar Teppichweber[17]. Sie erhielten einen Tagelohn von der Schatzkammer sowie jährliche Zuwendungen für die Ausführung von Spezialaufträgen. Die Zugehörigkeit zu einer Hofwerkstatt muß für die begünstigten Kunsthand-

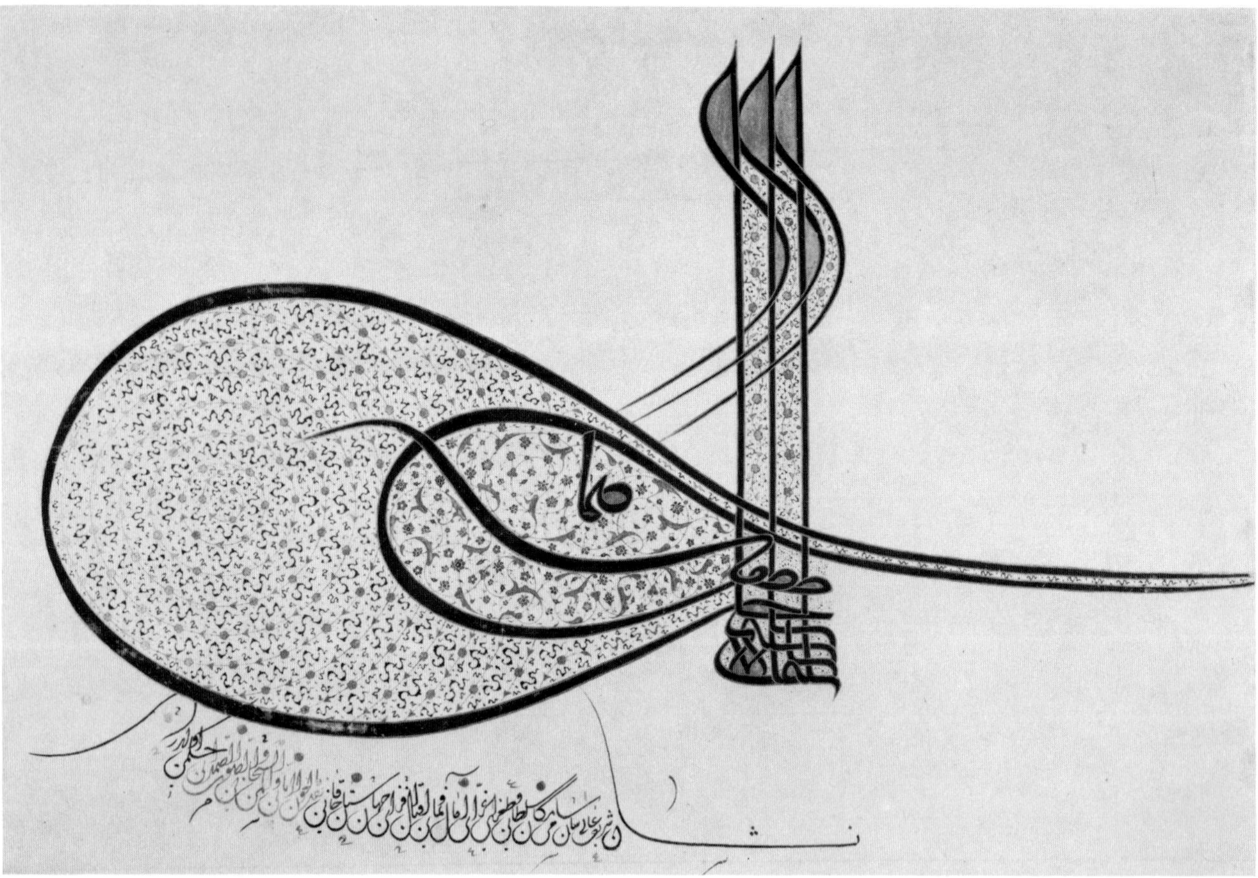

Abb. 4 Tughra von Süleyman dem Prächtigen, um 1550, British Museum, OA 1949 4-9 086 (Kat. Nr. 1/113)

werker mehr eine Ehre gewesen sein. Es erscheinen die überlieferten Arbeiten der Teppichweber für die Süleymaniye-Moschee nämlich nicht in deren Rechnungen, wo sie an bevorzugter Stelle zu erwarten wären[18]. Die Hofwerkstatt verlor im späten 16. Jahrhundert auch an Bedeutung, nachdem die Produktion von Teppichen im Uşak-Gebiet wuchs. Unter der Regierung von Ahmed I. (1603–1617) wurde sie schließlich in eine Hofwerkstatt für Turbanschmuck *(sorguç)* umgewandelt. Beschäftigung am Hof hinderte die Kunsthandwerker nicht, für jeden zu arbeiten, der es sich leisten konnte.

Ein bemerkenswertes Beispiel ist die Arbeit eines osmanischen Hofjuweliers für einen Privatmann, vermutlich einen Kaufmann, die sich in der Rüstkammer des Moskauer Kremls befindet (leider zeitweise nicht zugänglich). Es ist ein Bogen-Köcher aus Goldbrokat, mit kostbaren Steinen übersät, und einem Medaillon darauf, welches in Emailarbeit den Moskauer Doppeladler zeigt, der von einer in Niello gearbeiteten Widmung an den Zaren Alexej Michailovitsch in griechischer Sprache umgeben ist[19]. Die Inschrift vergleicht den Zaren mit Kaiser Konstantin. Es ist deshalb unwahrscheinlich, daß dieser Köcher ein offizielles Geschenk des Sultans war, obwohl die Arbeit ein Meisterwerk osmanischer Hofjuwelierskunst darstellt und sicher die Bedeutung des Pelzhandels zwischen dem osmanischen Hof und Moskau wiederspiegelt.

Die osmanische Kunstindustrie war also nicht ein Monopol des Hofes, auch wenn die Verwaltung die Preise außerhalb des Palastes festsetzte und Vorschriften erließ. Freie Handwerker konnten stets für andere Kunden arbeiten, und die Einwirkung der Verwaltungsorgane konnte auch nicht den Niedergang der Künste im 17. Jahrhundert aufhalten.

Es ist gelegentlich angenommen worden – als eine Erklärung für die verblüffende gleichzeitige Anwendung bestimmter Dekorationsmotive auf unterschiedlichen Materialien, wie z. B. das Dreipunkt-Muster und die Tigerstreifen, die zwischen 1579 und 1590 auf einem Medaillonbrokat aus Bursa vorkommen (Abb. 2), daß es eine zentrale Muster-Kontrolle geben habe. Diese Muster wären danach im Palast-Atelier *(nakkaşhane)* entworfen und in den verschiedenen Werkstätten verteilt worden[20].

Aber wenn bei den Iznik-Fliesen für die Selimiye Moschee in Edirne (begonnen 1572) die Inschriften vorgezeichnet wurden, geschah dies offensichtlich,

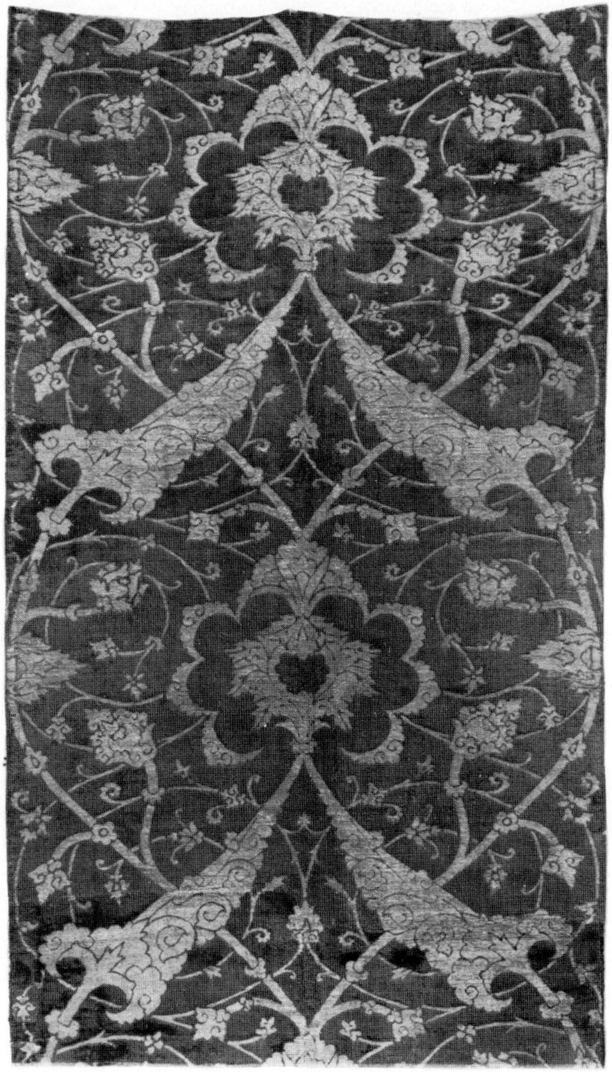

Abb. 5 Seidenbrokat, Türkei, um 1500, New York, Metropolitan Museum of Art, Rogers Fund, 12.49.5

weil die Qualität von Inschriften auf der Keramik aus Iznik im 16. Jahrhundert so schlecht war, daß eine Sonderaktion erforderlich wurde. Obgleich viele Fliesen den Gebrauch von Schablonen zeigen und man nicht weiß, wo diese hergestellt wurden, ähneln ihre Zeichnungen doch nur sehr entfernt den virtuosen Ornament-Zeichnungen in den Sammelalben der Bibliothek des Topkapı Sarayı (Abb. 3), die so oft als Vorlagen für diese Fliesen angesehen werden. Sogar bei den Teppichen ist das Vorhandensein eines

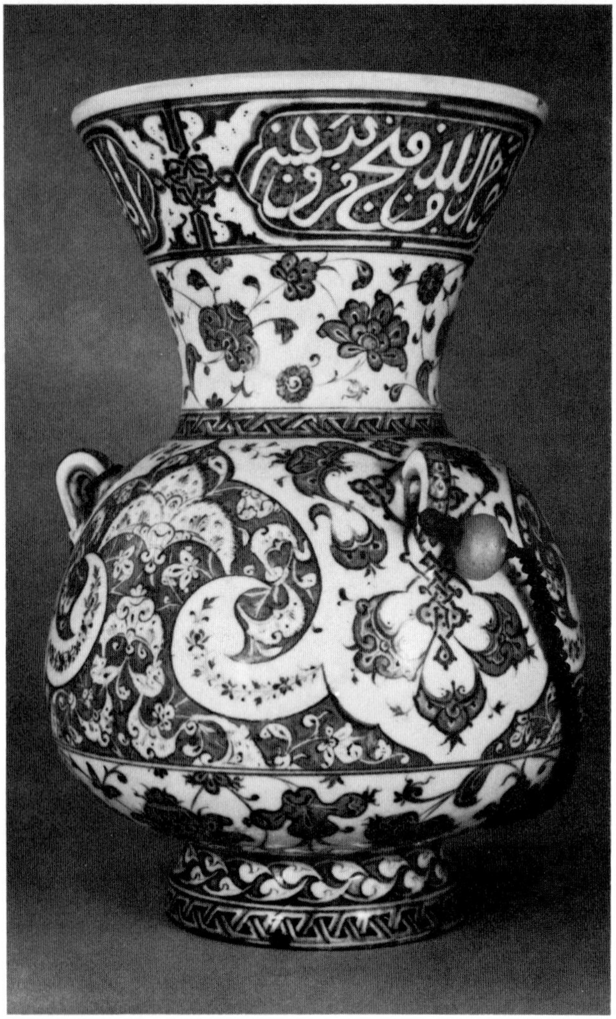

Abb. 6 Moscheeampel, Blau-Weiß Keramik, Istanbul, aus der Türbe Bayezids II., um 1512, British Museum, Godman Bequest, G. 1983.4 (Kat. Nr. 2/7)

generell vorgeschriebenen Musters höchstens indirekt zu erkennen. Osmanische Hofteppiche aus den Kairoer Werkstätten des späteren 16. Jahrhunderts sind sehr gut mit den Fliesenfeldern aus Iznik in der Moschee von Rüstem Paşa in Istanbul (beg. 1561) zu vergleichen[21]. Dennoch benutzen sie nicht dieselbe Vorlage, denn die Teppichmuster sind vertikalsymmetrisch und ihre Chronologie ist zu unsicher, um sagen zu können, wer zuerst kam: die Teppiche oder die Fliesenfelder. Die Standardmuster der Teppiche des späteren 16. Jahrhunderts aus der Uşak-Region in Südwest-Anatolien müssen irgendwann entworfen worden sein. Aber während die gleichzeitigen Fliesen und Wandmalereien[22] versuchen, einander nachzuahmen, zeigen die eigenständigen Muster von den Uşak-Webstühlen, daß Teppiche das nicht taten. Wenn die Hofteppich-Werkstatt sich mit Teppichentwürfen beschäftigte, bezogen diese sich vermutlich vor allem auf Detailzeichnungen für Medaillons, Sterne oder Eckstücke, Bordüren und Bänder für die Teppichweber, die man unter den nomadischen turkmenischen Yürüken rekrutiert hatte, die nun viel größere Teppiche weben mußten, als sie jemals für sich selbst angefertigt hatten[23]. Falls die Buchmaler des Palastes diese Entwürfe lieferten, können sie höchstens die Umrisse der Medaillons gezeichnet haben, nicht ihre Füllungen, denn die Uşak-Muster sind zu weit von den Mustern der Illuminationen entfernt.

Abb. 7 Ornament, Federzeichnung, Täbris, 15. Jh., Berlin, Staatsbibliothek Preußischer Kulturbesitz, Diez A Fol. 73, S. 68,7

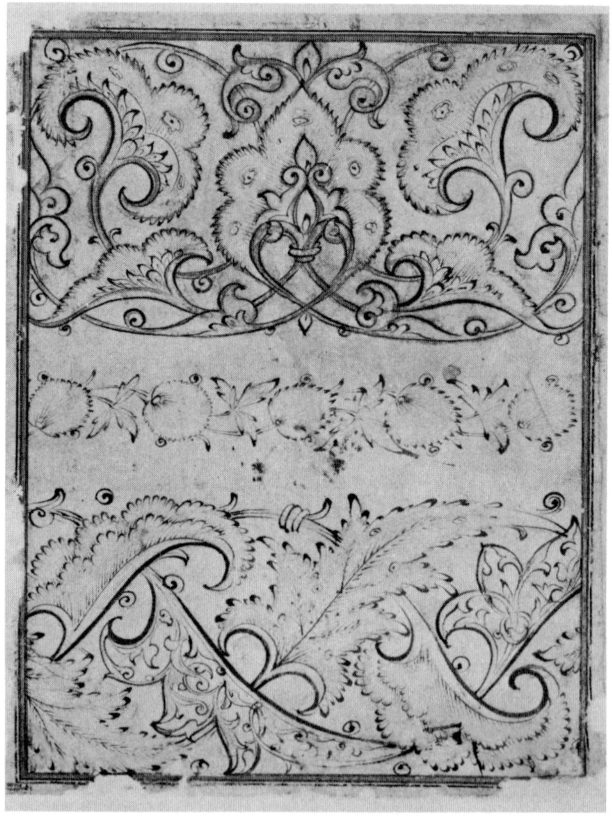

Das Palast-Studio *(nakkaşhane)* war vor allem mit der Buchkunst beschäftigt. Nur Sultane besaßen die Mittel, das zahlreiche und teure Personal für den Betrieb einer Bibliothek zu unterhalten[24]. Von grundlegender Bedeutung für die Palastwerkstatt waren die Manuskripte, Kalligraphien, Zeichnungen und auch die Künstler, welche nach der Eroberung des Safawidenpalastes in Täbris (1514)[25] von dort in die Bibliothek des Topkapı Sarayı gelangten.
Es ist selbstverständlich, daß dieses reiche Material dort auch genutzt wurde. Die Maler, Illuminatoren und Vergolder, deren Namen in den osmanischen Palastregistern der Mitte des 16. Jahrhunderts immer wiederkehren[26], stellten zahlreiche üppige Manuskripte für die Bibliothek von Süleyman dem Prächtigen her. Sie begründeten die Kunst der dekorativen Zeichnung in der osmanischen Bibliothek und entwickelten die endgültige Form des glänzend illuminierten kaiserlichen Monogrammes *(nişan* oder *tuğra)*, welches alle Staatsdokumente besiegelte (Abb. 4). Außerdem bildeten sie die Künstler aus, welche die großen Manuskripte für die Bibliothek

Abb. 8 Krug, ehemals mit Henkel, Silber graviert, Türkei, wahrscheinlich um 1500, London, Privatbesitz

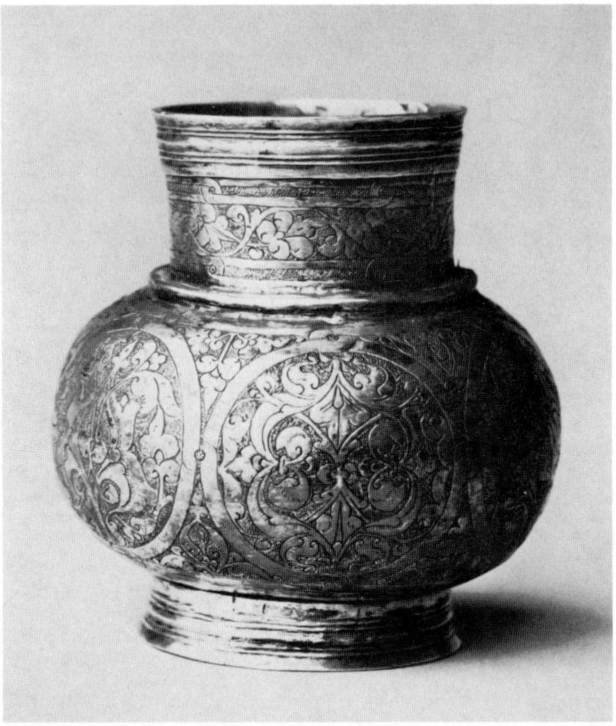

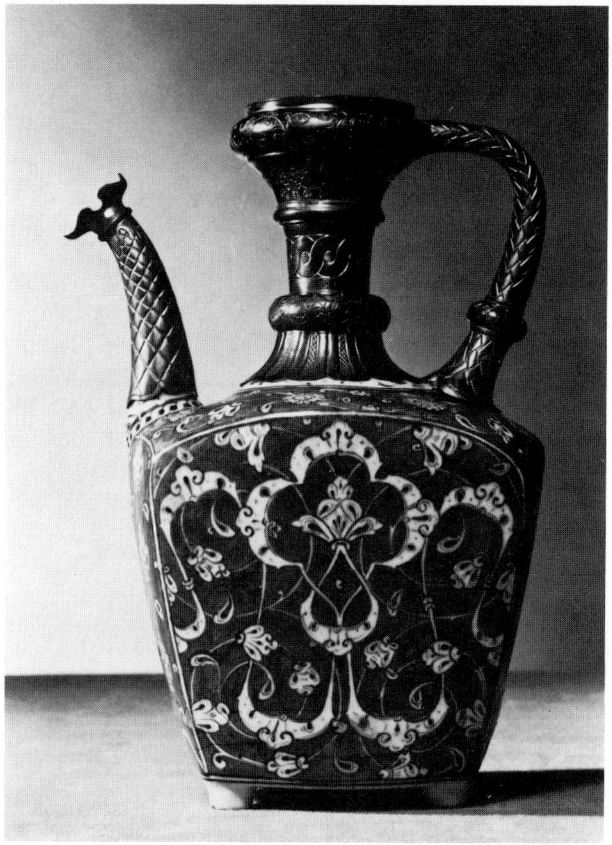

Abb. 9 Henkelkrug, Blau-Weiß Keramik, Türkei, um 1500, Victoria and Albert Museum, Salting Bequest, C. 2008.1910

von Selim II. (1566–1574) und Murad III. (1574–1595) ausführten und auch die zahllosen Zeichnungen, die in Alben zusammengefaßt und dem Sultan anläßlich der muslimischen Feste überreicht wurden[27].
Der Einfluß der Beute aus Täbris blieb jedoch indirekt, denn das Interesse der Sultane war nicht auf persische Kopien gerichtet. Natürlich war die Porträtkunst ein safawidisches Genre und hat wohl das Format, nicht jedoch den Stil der Porträts bestimmt, die Nigarî von Süleyman dem Prächtigen und seinem Admiral, dem Korsaren Hayreddin Paşa (Barbaros) zeichnete. Die Freude der Osmanen an Porträts geht schon auf Mehmed den Eroberer zurück, der europäische Künstler wie Gentile Bellini nach Istanbul berief[28].
Eine völlige Neuerung, die Iran vergleichsweise wenig verdankt, waren illustrierte Chroniken. Die

früheste Chronik von Matrakçı Nasuh: *Beyān-i Menāzil-i Sefer-i Irākeyn-i Sultān Süleymān Hān* enthält Ansichten der wichtigsten Städte und Heiligtümer, die Süleyman während seiner siegreichen Kampagne von 1534–35 in Mesopotamien und Iran besuchte und ist 1537 datiert[29]. Es folgten Serien von illustrierten Kriegsberichten, besonders über Ungarn, dessen Unterwerfung eines der wichtigsten Anliegen von Süleyman in den Jahrzehnten vor seinem Tod 1566 gewesen ist. Sie vereinigen Miniaturporträts mit topographisch minutiösen Zeichnungen, die graphisch Einzelheiten der Infanterie- und Artilleriestellungen und die Position der Flotten, Befestigungen und Feldlager wiedergeben. Als Quellen für diese Ansichten dienten nicht Portolane, sondern die zeitgenössischen anonymen venezianischen Ansichten von europäischen Festungen. Nachdem diese an die Osmanen gefallen waren und topographische Informationen über sie dem Feind nicht mehr nutzen konnten, wurden die Zeichnungen häufig zu Atlanten zusammengefaßt, wie der von Antonio Lafreri in Rom gesammelte[30]. Das ging alles oft überraschend schnell: Ansichten aus der Vogelschau von Szigetvár in Ungarn, das im August 1566 an Selim II. gefallen war, wurden unmittelbar danach in Venedig gestochen, müssen gegen Ende desselben Jahres in das Palast-Studio gelangt sein und wurden sofort getreulich als Illustration verwendet

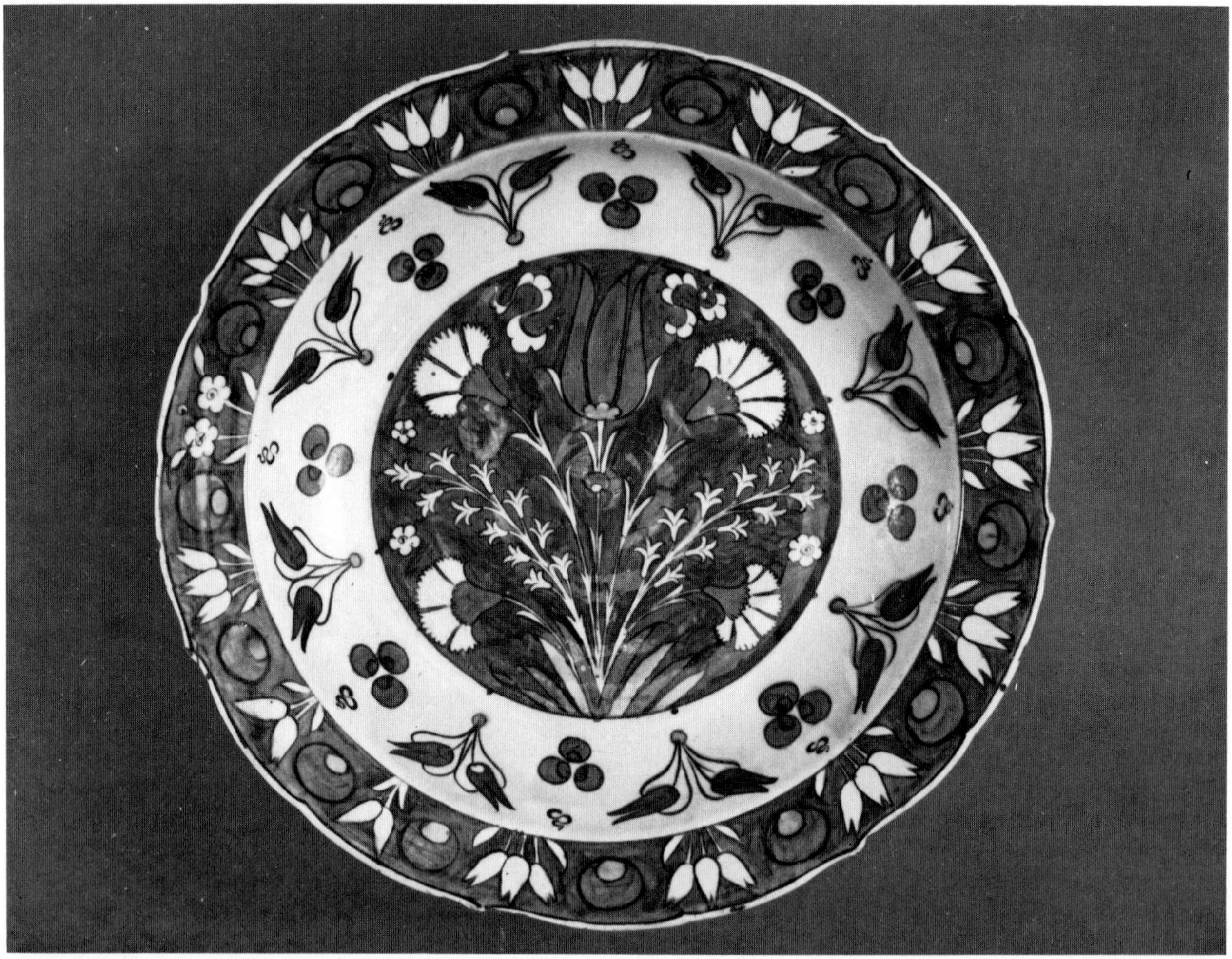

Abb. 10 Teller, Iznik, um 1560, sogenannte Damaskus-Gruppe, British Museum, Henderson Bequest, 78 12-30 52

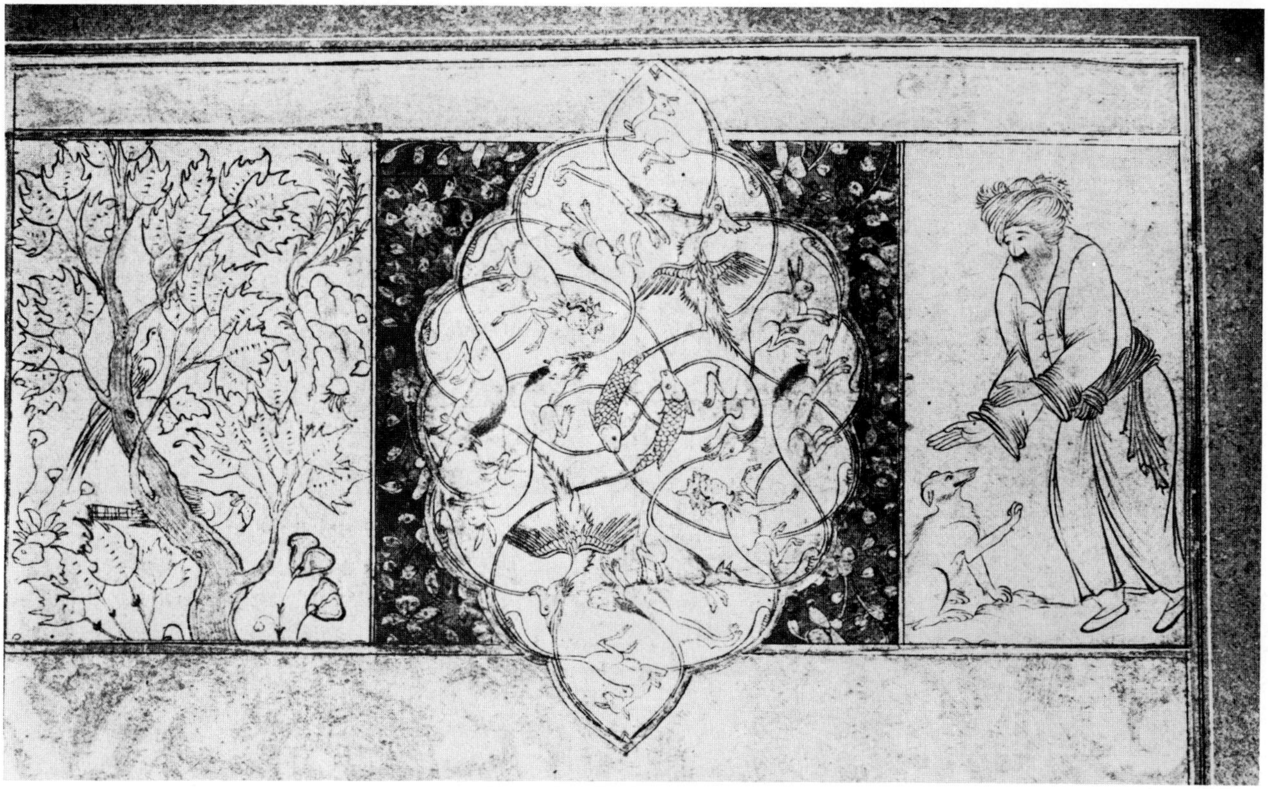

Abb. 11 Rankenmuster mit Tieren, Iran, 15. Jh., Topkapı Sarayı Bibliothek, H. 2135, f. 7a

in Ahmed Feriduns Geschichte von diesem Feldzug (*Nüzhetü'l-Ahbār der Sefer-i Sigetvār,* vgl. Anm. 4).
Süleymans unmittelbare Nachfolger favorisierten die illustrierten Chroniken ebenfalls, vermutlich, weil seine heroischen Feldzüge auch breiten Raum in ihren eigenen Regierungschroniken einnahmen. Die osmanische Malerei des 17. Jahrhunderts ist weitgehend unbekannt[31], aber interessanterweise spielt bei der Neubelebung der Hofmalerei im frühen 18. Jahrhundert unter Ahmed III. (1703–1730) der illustrierte Bericht über das Beschneidungsfest für seine Söhne von 1720 von dem Maler Levnî eine wichtige Rolle.
Wenn es klar geworden ist, daß die osmanische Kunst in hohem Maße eklektisch war, so unterscheidet sie sich darin ebenfalls wenig von der manieristischen Kunst in Nordeuropa und am Hofe Rudolfs II.[32]. Das macht zugleich Verallgemeinerungen schwierig, so daß – um des Zusammenhanges willen – die notwendigen Bemerkungen über den osmanischen Stil sich auf das 15. und 16. Jahrhundert konzentrieren müssen, die Zeitspanne, in der sich osmanische Kunst entwickelte und zugleich ihren absoluten Höhepunkt erreichte. Viele aus Europa stammende Kunstobjekte am osmanischen Hof, besonders Silbergeräte, Uhren und Gobelins, hatten nur wenig Einfluß auf die osmanischen Künstler. Anders verhielt es sich mit chinesischem Porzellan, etwa der Seladon- und blau-weißen Gattung, das von den Osmanen genauso begierig gesammelt wurde, wie von den Safawiden in Iran oder an den italienischen Höfen des 16. Jahrhunderts[33]. Es waren Beutestücke aus dem mamlukischen Ägypten und Syrien, und von Feldzügen Selims I. und Süleymans des Prächtigen gegen die Safawiden. Im wesentlichen waren es Yüan- und frühe Ming-Typen, die über hundert Jahre im ganzen Mittleren Osten am beliebtesten gewesen sind[34]. Wie manche Sammler der Renaissancezeit versuchte man, das Porzellan in Gold oder silbervergoldete Fassungen zu montieren. Man machte das sowohl mit intakten Stücken, als auch mit zerbrochenen, um etwa eine beschädigte chinesische Flasche in die so

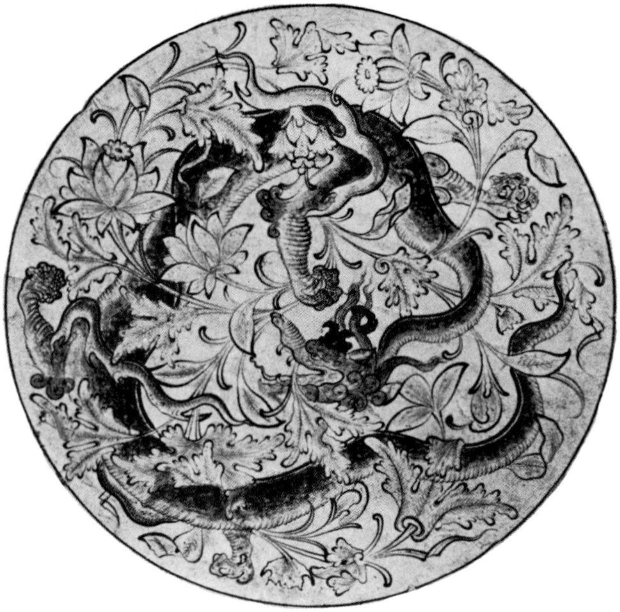

Abb. 12 Drachenmuster, Iran, 15. Jh., Topkapı Sarayı Bibliothek, H. 2160, f. 47a

charakteristische osmanische Form eines Kruges oder einer Flasche mit zwei Ausguß-Tüllen zu verwandeln.

Man ging auch neue Wege, indem man Jiajing- und blau-weißes Porzellan der Übergangsperiode und Wanli-Porzellan mit kostbaren Steinen in Goldfassungen inkrustierte, als handele es sich um Jade oder Bergkristall[35]. Was ursprünglich ein Beutestück gewesen war, wurde nun in osmanische Kunst verwandelt[36].

Man kann einwenden, daß chinesisches Porzellan, das im osmanischen Stil inkrustiert wurde, nicht ganz osmanisch ist. Doch der verschwenderische Gebrauch von glänzendem Oberflächenornament entspricht völlig dem osmanischen Geschmack. Trotz der offensichtlich massiven und statischen Qualitäten von Kuppeln und nadelförmigen Minaretten räumt auch die osmanische Architektur dem Oberflächen-Ornament den bevorzugten Platz sowohl außen wie innen ein.

Die osmanische Barockbaukunst in der Mitte des 18. Jahrhunderts, zum Beispiel, und die Wiederbelebung der Gotik in der Istanbuler Architektur des 19. Jahrhunderts bringt im wesentlichen eine glänzende Wiederholung von Oberflächenornamenten und Strukturformen, die den Höhepunkt ihrer Entwicklung schon im 16. Jahrhundert erreicht hatten[10]. Osmanische Architektur unterscheidet sich darin nicht wesentlich von der osmanischen Kleinkunst.

Die Ursprünge der osmanischen Kunst gehen auf die Kunst des seldschukischen Anatolien zurück. Die Marmorarbeit der Yeşil Cami in Bursa (1424 vollendet), dem großartigsten frühosmanischen Bauwerk, wurde in rein seldschukischem Stil ausgeführt. Doch abgesehen von der osmanischen Marmorkunst, die stets sehr konservativ blieb, ist der anatolische Beitrag nicht immer deutlich erkennbar. Die polychromen „cuerda seca“-Fliesen im Innern der Yeşil Cami, die von Handwerkern aus Täbris signiert sind, begründeten eine langanhaltende osmanische Vorliebe für Fliesen in den Farben Kobalt, Türkis, Gelb, Schwarz, Weiß und Hellgrün, die auf timuridische Fliesen des frühen 15. Jahrhunderts in Chorasan und Herat zurückgehen. Die Wandmalereien im Innern der Muradiye Moschee in Edirne[38], die anatolische Arabesken und Knotenmuster verwenden, verbinden diese mit Füllungen aus Lotos- und Päonienblüten im Chinoiserie-Stil, der zum timuridischen Repertoire des 15. Jahrhunderts gehörte und auf Randilluminationen von Manuskripten erscheint, die für Skander Sultan in Schiras im frühen 15. Jahrhundert entworfen wurden[39].

Diese Illuminationen machen reichlichen Gebrauch von chinesischen Motiven, ohne sich um deren Symbolgehalt zu kümmern und unterwerfen sie wiederkehrenden Rapporten oder Netzmustern. Die osmanischen Handwerker übernahmen diese Muster, obwohl sie die darin enthaltenen Tierformen zu

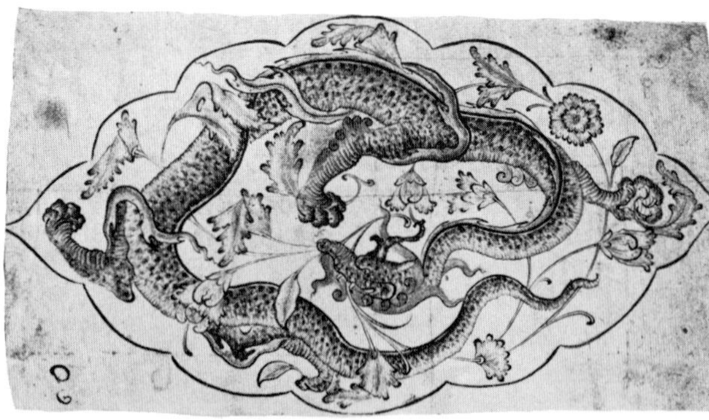

Abb. 13 Drachenmuster, Iran, 15. Jh., Topkapı Sarayı Bibliothek, H. 2160, f. 82a

Gunsten von abstrakten Motiven oder Blatt- und Blütenranken unterdrückten.

Im 15. Jahrhundert standen sich Marmorarbeit und Fliesenmuster der Bauten in Bursa und in Edirne untereinander nicht näher in Stil und Dekor als Bauten im seldschukischen Anatolien. Aber um 1500 tauchen dann ähnliche Muster auf höchst unterschiedlichen Materialien auf, wie etwa Motive aus der Wandmalerei der Muradiye Moschee auf einem osmanischen Samtbrokat (Abb. 5). Das Muster, welches einige Kenntnis von gleichzeitigen venezianischen Textilien verrät[40], besteht aus überlappenden spitzovalen Medaillons auf dünnem Spiralrankengrund mit gekräuselten spitzen Blättern. Diese Blätter, die so charakteristisch für osmanische Dekore sind, werden wie Chinoiserie-Ranken behandelt. Die Verwendung desselben Ornamentes für höchst unterschiedliche Dinge erhielt eine plötzliche Anregung im späten 15. Jahrhundert, als die osmanischen Brennöfen in Kütahya und Iznik eine hart gebrannte, blau-weiße Keramik herzustellen begannen, die im Palast verwendet wurde und als *çini-i İznik* in den Palastinventaren der späten siebziger Jahre des 15. Jahrhunderts erscheint. Das bedeutete eine sehr brauchbare Alternative zum chinesischen Blau-Weiß-Porzellan, das bis 1514 nur sehr schwer zu beschaffen war, und scheint eine plötzliche und dringende Nachfrage hervorgerufen zu haben.

Man hat oft die Wahl von Metallformen als Vorbilder der Töpfer für ihre Keramikware, wie bei einer kleinen Keramikkanne mit Wolkenranken (Abb. 9), ihrer mangelnden Erfahrung zugeschrieben. Aber das Fehlen von Keramikvorbildern stellte sie auch vor das Problem, wie ihre eigenen Arbeiten zu dekorieren seien. Eine Moschee-Ampel (Abb. 6) aus dem Grab von Bayezid II.[41] in Istanbul (gestorben 1512) zeigt eine verwegene Auswahl an Dekorformen – Knotenmuster, Arabesken und Chinoiserie-Streublumen aus dem Repertoire der Muradiye sowie Lotosranken – dazu, höchst ungewöhnlich, Kleeblattmotive, die mit Wolkenranken gefüllt sind nach einem frühen Ming-Vorbild, die an die Wiedergabe von Blattwerk auf einer Ornamentzeichnung des 15. Jahrhunderts aus Täbris erinnern (Abb. 7). Als unglücklicher Mißgriff müssen Inschriftkartuschen gelten, die ärmlich ausgewählt und ausgeführt sind und offenbar vom Töpfer an Ort und Stelle ausgeführt wurden.

Es besteht noch einige Beziehung zur Dekoration von gleichzeitigen Silberarbeiten (Abb. 8), doch interessanterweise keine Erinnerung mehr an die

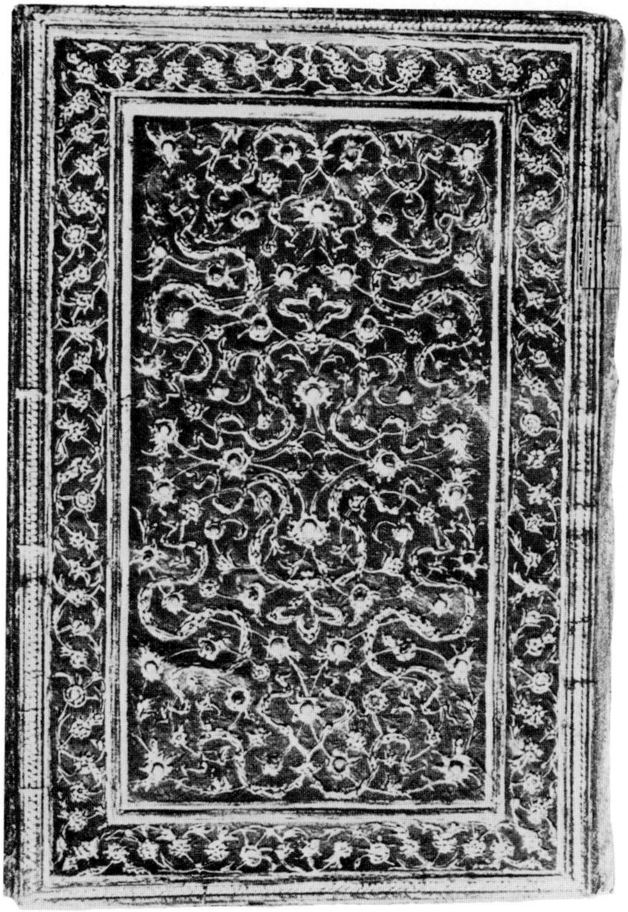

Abb. 14 Bucheinband mit Wolkenband-Muster, Leder, mit Edelsteinen geschmückt, 1583–84, Topkapı Sarayı Bibliothek, EH 406

blau-weißen Fliesen des späteren 15. Jahrhunderts in der Muradiye Moschee in Edirne.

Die Vielfalt an Formen und Schmuckmotiven bei dieser schönen blau-weißen Ware, die man üblicherweise „Abraham von Kütahya"-Ware nennt, nach einem signierten und 1510 datierten Krug im British Museum, bestätigt, daß es keinerlei neutral gelenkte Vorschriften für die Wahl der Muster gab. Nach den osmanischen Feldzügen in Iran zwischen 1514 und 1556 gelangte eine Flut von erbeutetem Chinaporzellan in die Türkei. Die Folge war, daß die „Abraham von Kütahya"-Erzeugnisse nicht mehr für den Hof hergestellt wurden, wo sie auch von den Inventarlisten verschwinden. Die Keramik des späteren 16. Jahrhunderts bewahrt nur noch wenig Erinne-

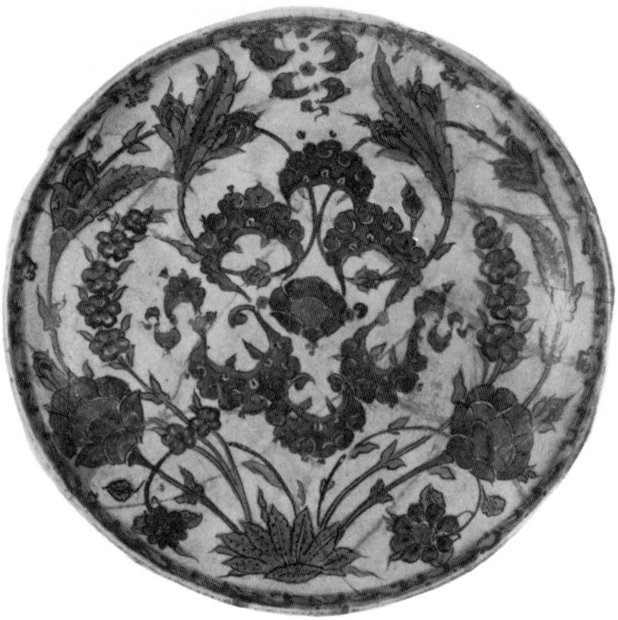

Abb. 15 Teller, mit Wolkenband-Muster, Iznik, nach 1560, Berlin, Staatliche Museen Preußischer Kulturbesitz, Museum für Islamische Kunst, I. 5370 (Kat. Nr. 2/20)

kalkulieren konnten und das Gewicht des Musters auf den Kettfäden, damit es nicht durchhing. Die Keramik wurde von weit weniger befähigten Handwerkern freihändig bemalt, und es war kaum möglich, feinere Details auszuführen.

Man kann sagen, daß die Dekorationsverwandtschaft zwischen den verschiedenen Künstlern dann am stärksten wurde, wenn die osmanischen Kunsthandwerker zwar diktatorische Aufträge des Hofes erhielten, jedoch ohne genauere Ausführungsanweisungen. Diese Situation änderte sich im späten 16. Jahrhundert etwas. Es kam soweit, daß Rankenwerk des 15. Jahrhunderts, mit Tieren und Ungeheuern darin, im Palast zu abstrakten Mustern weiterentwickelt wurde (Abb. 11). Wesentlich beliebter wurden die Chinoiserie-Drachen zwischen Blattwerk aus dem 15. Jahrhundert (Abb. 12 und 13), die vor allem in

rung an diese Periode, aber das Spiel mit Motiven wird nun ein Wesenszug der osmanischen Dekorationskunst.

Der Bursa-Brokat mit dem beliebten Drei-Punkte-Motiv des späteren 16. Jahrhunderts (Abb. 2) verwendet diese Punkte sowohl wie Hufeisen als auch wie Halbmonde, während die Arabeskenfüllungen den Verzierungen von Lederarbeiten am nächsten stehen. Das ist zu erkennen bei einer merkwürdigen Zusammenstellung von osmanischem Sattelzeug mit Waffen und Fußbekleidung, die von Siegmund von Herberstein (Actiones, Wien 1560) gezeichnet worden ist (vgl. Bd. II-11). Die drei Punkte wurden sehr häufig bei Holzeinlegearbeiten verwendet, gelegentlich bei Illuminationen der 70er und 80er Jahre des 16. Jahrhunderts, sowie auf Iznik-Fliesen und -Keramik (Abb. 10), doch ohne jeden Versuch, die Feinheit der Behandlung auf dem Bursa-Brokat zu wiederholen. Das war allerdings zu erwarten; denn für die Weber mußten die Muster vorgezeichnet werden, damit sie die Kosten für das benötigte Garn

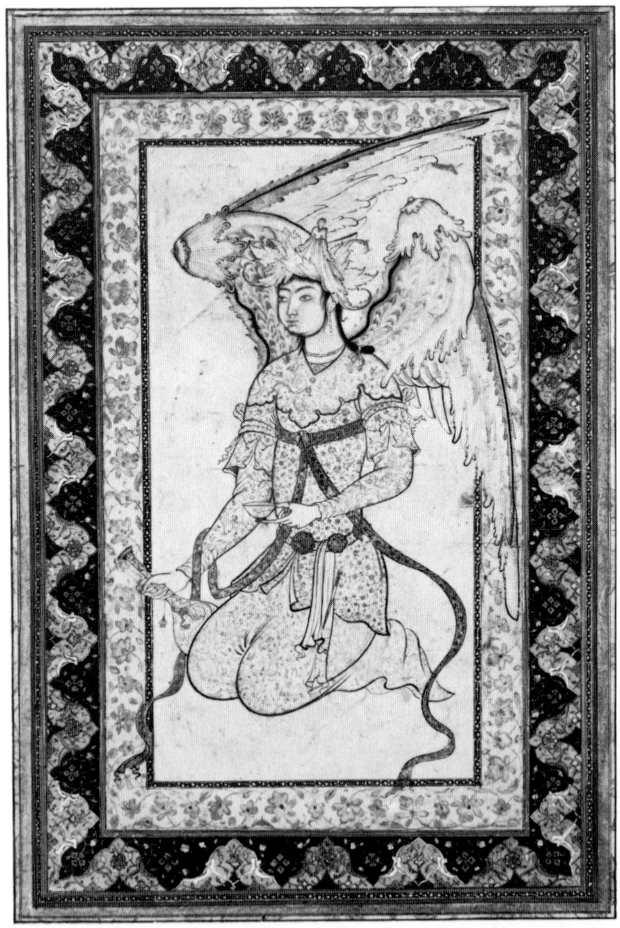

Abb. 16 Peri-Mundschenk, Türkei, um 1570-80, Art des Velican, Washington, D. C., Freer Gallery of Art, 33.6

Tuschzeichnungen erscheinen, die Şahkulı zugeschrieben und um 1550 oder später datiert werden (Abb. 12). Vorbilder waren vermutlich Originalarbeiten des 15. Jahrhunderts, wie etwa ein vorzüglich geschnitzter Holzkasten mit dem Namen von Ulugh Beg, dem Enkel von Timur (gest. 1448), und ein 1452 datierter Ledereinband aus Herat (Topkapı Sarayı Bibliothek EH 1637), die beide nach der Plünderung der Bibliothek von Täbris 1514 Istanbul erreicht haben müssen[42]. Auch die Decke des Arz odası im Topkapı Sarayı, die unter Murad III. (1574–1595) erneuert wurde, trägt ein Medaillon mit Phönix und Drache. Das einzige erhaltene Beispiel an Iznik-Keramik, das diesen Drachenzeichnungen verwandt zu sein scheint, ist das Fragment eines Tellers in Wien[43], welches einen Reiher zeigt, der durch spiralige Blattranken stelzt (Farbtafel S. 36, Kat. Nr. 2/10). Während bei anderen Gruppen von Iznik-Keramik, vermutlich aus technischen Gründen, ein Wechsel im Repertoire auch meist mit einem Wechsel im Farbschema einhergeht, wurde die blau-weiße Keramik während des ganzen 16. Jahrhunderts fortgeführt. Der Wiener Teller ist wahrscheinlich am Ende des Jahrhunderts entstanden.

Wenn unterschiedliche Medien ähnliche Motive verwenden, gibt es dennoch oft bedeutende Unterschiede. Das betrifft ganz besonders das Motiv der Wolkenbänder. Sie erscheinen in völliger Freiheit als Untergrund einer illuminierten Tughra von Sultan Süleyman dem Prächtigen (um 1550 – Abb. 4) oder – symmetrisch angeordnet – auf einem geprägten Ledereinband, der mit Edelsteinen besetzt und 991/1583-4 datiert ist (Abb. 14). Man könnte bei dem Bucheinband von „Teppichmuster" sprechen, obgleich das kein Muster für osmanische Teppiche gewesen ist. Bei Keramikbeispielen, etwa im Inneren einer gefußten Schale aus dem British Museum oder einem Teller mit Bolus-Rot in Berlin, sind die Wolkenbänder zusammengedrückt und vereinfacht (Abb. 15 und 17). Die Wolkenbänder des Berliner Tellers erinnern mit ihren lockigen Konturen an die Spitzblätter auf dem Samtbrokat des frühen 16. Jahrhunderts (Abb. 5).

Zwei osmanische Dekorationsmotive des späteren 16. Jahrhunderts sind neu: das längliche gefiederte *saz*-Blatt, welches mit Komposit-Lotosblüten und reichem Blütenbeiwerk kombiniert wird (Abb. 18). Dabei ist der Komposit-Lotos ein hervorragendes Beispiel für die Lust der Osmanen, ein Motiv so zu

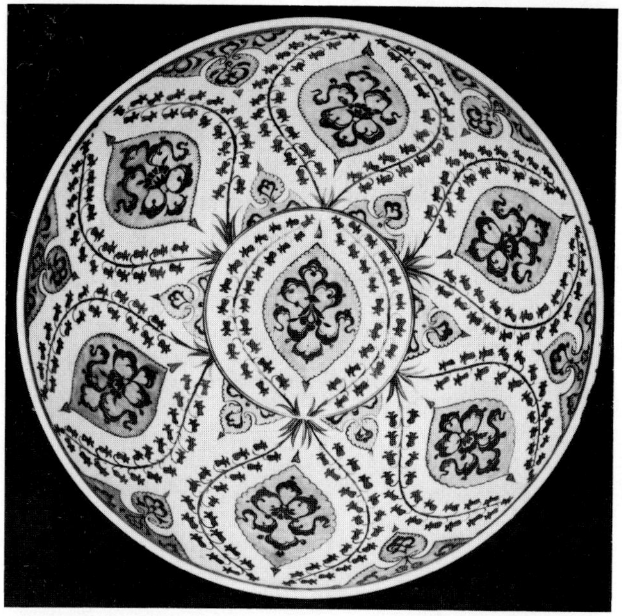

Abb. 17 Gefäß mit Wolkenband-Muster, Iznik, um 1560, British Museum, Godman Bequest, G. 1983.67

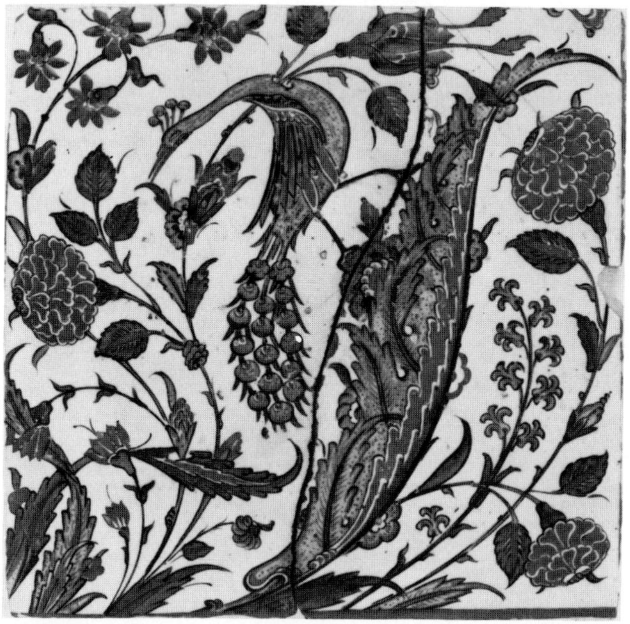

Abb. 18 Fliese mit Pfau und saz-Blatt, Iznik, um 1560, Sotheby's Kunstauktion, 26. April 1982, Nr. 264

behandeln, als sei es in Wirklichkeit etwas ganz anderes. Das Saz-Blatt erscheint in zwei Hauptformen. Einmal auf zwei üppigen Brokatkaftanen[44] mit einem Muster ohne Rapport aus Komposit-Blättern und phantastischen Blumen, die vermutlich für Şehzade Mustafa (gest. 1553) und Şehzade Bayezid (erwürgt 1561) angefertigt wurden. Zweitens auf virtuosen Federzeichnungen[45] mit Wasserfarben des späten 16. Jahrhunderts, wie sie in einem Album zu finden sind, das 1572 für den zukünftigen Sultan Murad III. hergestellt worden ist (Wien, Nationalbibliothek, Cod. mixt. 313)[46]. Oder auch bei der Zeichnung eines schmollenden Peri im Stil des Velican, dessen Kopfbedeckung und Flügel so gezeichnet sind, als seien es ebenfalls Saz-Blätter (Abb. 16). Das Saz-Textilmuster spiegelt sich wieder in einer Reihe von brillanten polychromen Iznik-Gefäßen der sogenannten Damaskus-Gruppe, die um 1560 vermutlich für den Palast hergestellt wurde (Abb. 19). Das zweite Saz-Muster der Federzeichnungen erscheint auf den blau-weißen Fliesenfeldern an der Fassade des Beschneidungs-Zimmers im Topkapı Sarayı[47] und auf Nachahmungen dieser Fliesen, die unter Murad IV. 1639 für den von ihm erbauten Bagdad-Köşk entstanden. Dieser späte manierierte Saz-Stil kommt nicht auf Textilien vor und auch auf großen Iznik-Fliesen mit Bolus-Rot (nach 1560) ist er sehr vereinfacht, wie eine Fliese mit einem einzelnen Saz-Blatt, zusammen mit Pfau und Blumen, beweist (Abb. 18). Wenn also tatsächlich Federzeichnungen wie die erwähnten Beispiele als Vorlage für Schablonen gedient haben, geschah das sicher nur in außergewöhnlichen Fällen.

Ähnlich wie das Saz-Blatt war das Muster-Repertoire an Gartenblumen eine Neuerung gegen Ende der Regierungszeit von Süleyman dem Prächtigen. Man verwendete die Blumen zur Illumination von Tughren[48] und für ein Manuskript mit eigenen Gedichten Süleymans, das von seinem Lieblingsilluminator Karamani ausgeführt wurde, wie auch für Scherenschnitte von Gartenblumen im Album Murads III. in Wien (Abb. 20).

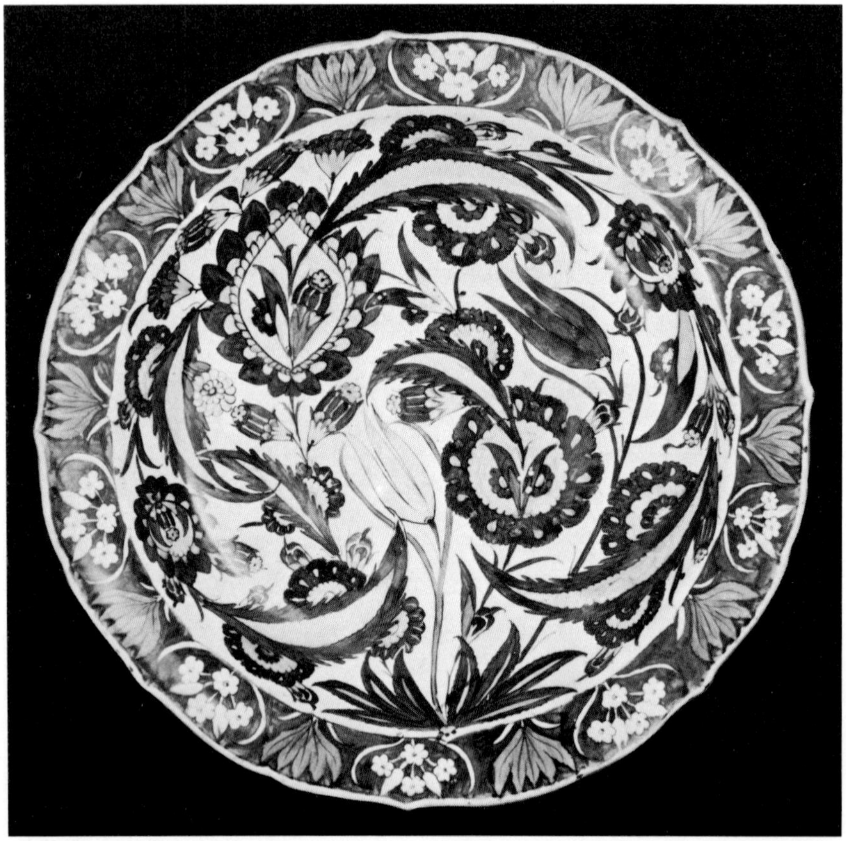

Abb. 19 Teller, mit Saz-Blättern und phantastischen Blumen, Damaskus-Gruppe, Iznik, um 1560, British Museum, Henderson Bequest, 78 12-30 530

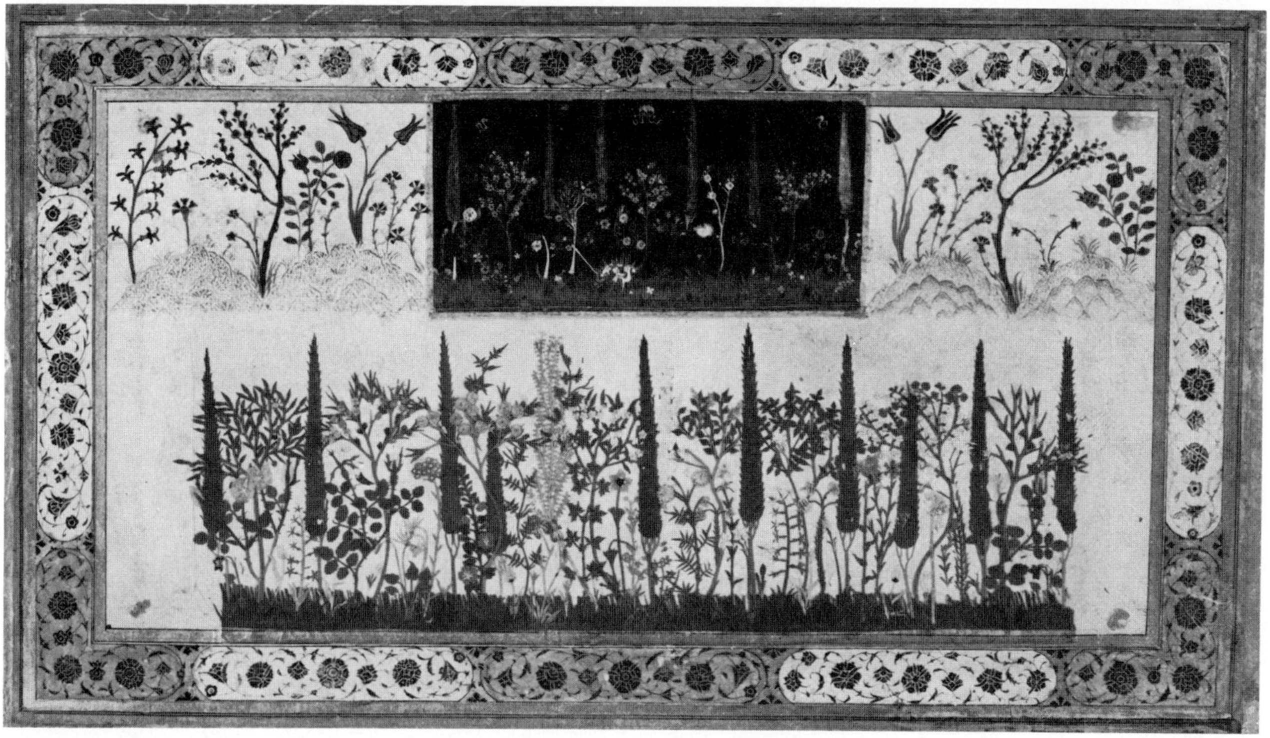

Abb. 20 Blumengarten, Scherenschnitt und farbige Papiercollage, Albumblatt, Türkei 1572, Wien, Nationalbibliothek, Cod. Mixt. 313

In vereinfachter Form griff man begeistert die Blumenmuster für eine Serie von Isnik-Keramik der „Damaskus“-Gruppe auf. Es erscheinen genau bestimmbare Tulpen, Kaiserkronen, Hyazinthen, Pflaumenblüten, Margeriten, Rosen und Veilchen, dazu auch Pflanzen von mehr botanischem als gärtnerischem Interesse wie z. B. Enzian. Bei Iznik-Fliesen mit Bolusrot (nach 1560) ist das Repertoire zwar kleiner, schließt dafür aber auch Nelken, Glockenblumen, Rosenknospen und voll erblühte Rosen ein. Eine Auswahl dieser Blumen kehrt auch auf dem Fond von Bursaer Brokaten wieder und in den Schmuckseiten eines Korans, den Ahmed Karahisari um 1580 für Murad III. illuminierte (Abb. 21). Wenig von diesem reichen Blütendekor hat bis in das 17. Jahrhundert fortgelebt. Zwar gab es eine spätere Renaissance des Saz-Stiles bei Lackarbeiten des 18. und 19. Jahrhunderts aus Edirne, aber als Ironie des Schicksals war der großartige Blumenstil schon über ein Jahrhundert gestorben, als zu Beginn des 18. Jahrhunderts in der osmanischen Türkei die Tulpomanie, die als „Tulpenzeit“ bekannt wurde, ihren Höhepunkt erreichte[49].

Chinoiserien, Gartenblumen, Arabesken und Flechtwerk bilden die wesentlichen Dekorationsmotive der osmanischen Dekorationskunst auf ihrem Höhepunkt, während im mamlukischen Ägypten und Syrien des 14. und 15. Jahrhunderts die klassischen Motive und der Kassettenstil dominieren[50]. Der osmanische Kassettenstil beschränkt sich hingegen auf die Marmorarbeiten, meist für Minbars, und Erzeugnisse der Kunsttischlerei wie Türen, Fensterläden und kunstvoll intarsierte Kästen und Moscheemobiliar. Die Saz-Ranken werden gegen Ende des 16. Jahrhunderts auch für Steinornamente übernommen und verdrängen damit den traditionellen Kassettenstil des Nahen Ostens.
Die Vorstellung von einem Kunst-Dirigismus im osmanischen Reich scheint auf wenige und schlecht überlieferte Bemerkungen zurück zu gehen. Erstens waren die Osmanen große Bürokraten mit einem außerordentlichen Talent zu zentralisieren und alle staatlichen Unternehmungen auf das sorgfältigste zu koordinieren. Voraussetzung war, daß die Janitscharentruppe die Transporte von Material, notwendige

Arbeiter und eine Anzahl erfahrener Handwerker zu besorgen hatte. Weitere Handwerker konnten bei Bedarf arbeitsverpflichtet werden, wie etwa die Bauern bei der Wiederherstellung von Festungen. Es erschien den osmanischen Verwaltungsbeamten deshalb als ganz natürlich, auch die Handwerker, was auch immer ihr Stand oder ihre Spezialisierung war, so zu behandeln, als seien sie der Militärordnung unterstellt, und damit der Macht der Zentralgewalt. Die Handwerker haben das sicher nicht so aufgefaßt, auch wenn die osmanischen Handwerksgilden nur lose organisiert waren. Große Gemeinschaftsaufgaben, die im europäischen Zunftwesen etwa eine Fülle von Auseinandersetzungen über Zuständigkeiten ausgelöst hätten, konnten hier einer kleinen Gruppe von erfahrenen aber nicht spezialisierten Kunsthandwerkern anvertraut werden. Zweitens versuchte die osmanische Verwaltung durchaus Einfluß auf die Manufakturen zu nehmen, um so das Qualitätsniveau zu erhalten. Das geschah bei den Webereien von Bursa und wahrscheinlich auch in den Fliesenwerkstätten von Iznik gegen Ende des 16. Jahrhunderts. Aber diese Art von Überwachung ging niemals soweit, auch die verwendeten Muster und Formen einzubeziehen. Drittens gab es Gruppen von Handwerkern, Juwelieren, Sattlern, Teppichwebern und Dekorationsmalern, die direkt vom Palast ständig oder zeitweise beschäftigt wurden und dafür feste Löhne erhielten. Abgesehen von den Arbeiten des Palastateliers *(nakkaşhane)* kann man nur wenig von den Arbeiten dieser direkt im Palast tätigen Kunsthandwerker heute identifizieren. Sicher wurde für den Bedarf des Palastes auch vieles von auswärtigen Händlern auf dem freien Markt gekauft, denn auch die Maler und Dekorateure waren vollauf mit ihren Aufgaben innerhalb des Palastes beschäftigt.

Die bereits erwähnte Einrichtung einer eigenen Palastwerkstatt, die sich mit der Herstellung von Büchern beschäftigte, war keine eigene Erfindung der Osmanen-Sultane. Sie konnten dabei auf erprobte Modelle zurückgreifen. So gab es auch keine Veranlassung für diese Werkstatt, sich in die Aufgabenbereiche der angewandten Kunst einzumischen. Eine solche Einmischung wäre unerträglich gewesen und hätte dazu noch in einem bisher nie dagewesenen Ausmaß erfolgen müssen.

Im Laufe des 16. Jahrhunderts nahmen die Bestellungen des Hofes bei den Kunsthandwerkern einen derartigen Umfang an, daß diese aus Zeitnot oder Verzweiflung natürlich Anleihen bei Vorbildern machten, wo immer sie diese finden konnten. Das blieb jedoch auf gelegentliche und mehr zufällig nachweisbare Beispiele beschränkt. Andere Künstler, wie etwa die Marmor-Steinmetze und die Goldschmiede folgten diesem Brauch nicht. Als im 17. Jahrhundert die wirtschaftlichen Schwierigkeiten des Reiches einsetzten, gelangte auch die Massenproduktion von Erzeugnissen des Kunsthandwerks an ihr Ende und mit ihr verschwand die Einheit des osmanischen Dekorationsstiles.

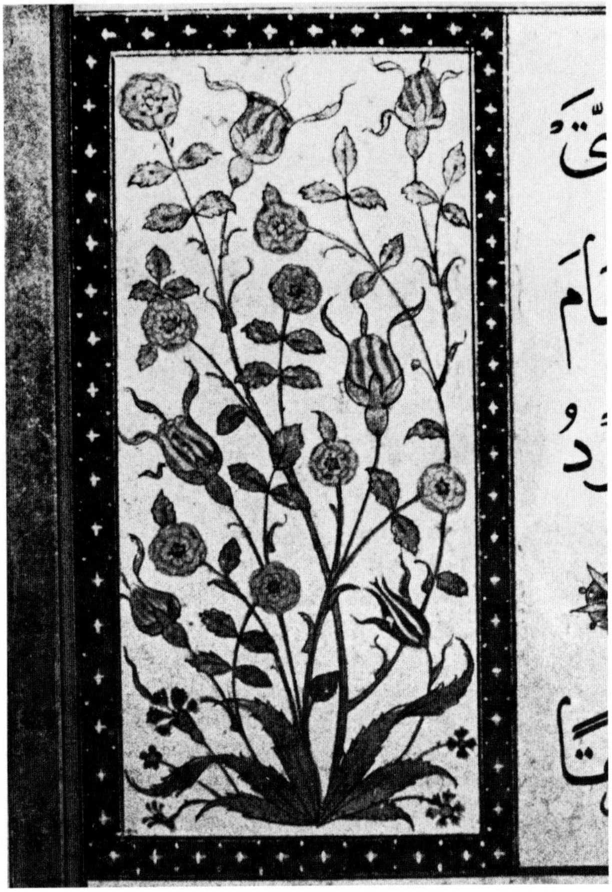

Abb. 21 Koran, von Ahmed Karahisari kalligraphiert. Für Murad III. illuminiert, um 1580, Topkapı Sarayı Bibliothek EH 5, Vignette

ANMERKUNGEN:

1 Der Bevölkerungszuwachs und die Steigerung des Konsums im späten 15. Jahrhundert in Istanbul sind überzeugend der osmanischen Politik nach den Eroberungen zugeschrieben worden (R. Mantran, Istanbul dans la seconde moitié du XVIIe siècle (Paris 1962), 37 ff.; Ömer Lutfî Barkan, Osmanlı imparatorlugunda bir iskân ve kolonizasyon metodu olarak sürgünler. In: Istanbul Üniversitesi Iktisat Fakültesi Mecmuası XI/1–4 (Istanbul 1949–50) 524–69; XV/1–5 (1953–54) 209–37.

2 Gut belegt bei: A. Raymond, Artisans et commerçants au Caire au XVIIIe siècle I. Damaskus 1973, 107–202.

3 Katalog Matthias Corvinus und die Renaissance in Ungarn, Schallaburg 1982.

4 Otto Kurz, European clocks and watches in the Near East. London 1975, 38–9.

5 Gérome Maurand d'Antibes (1544) sah nur noch eine der Figuren, die alle verschwunden waren, als Pierre Gilles (Gyllius), der Lyoner Humanist, 1550 das Hippodrom besuchte. Dennoch zeigt eine Illustration im Şahanşahname von 989/1581 (Istanbul, Universitätsbibliothek F. 1404) bei den Feiern anläßlich der Beschneidung von Şehzade Mustafa 1580 eine Säule, die drei Figuren trägt. Sie wurden in späteren Quellen als Herkules, Apollo und Diana (bzw. Venus) identifiziert. J. von Karabacek wendet ein (Zur orientalischen Altertumskunde IV. Musulmanische Kunststudien, Wien 1913, 82–102), daß man niemals eine nackte weibliche Figur öffentlich aufgestellt haben würde. Die Beschreibung mag sich deshalb auf andere Statuen aus der Sammlung Ibrahim Paşas innerhalb seines Palastes bezogen haben. Angesichts der Begeisterung des Matthias Corvinus für römische Antiquitäten ist die Deutung der Gruppe als Mars, der Romulus und Remus beschützt, wahrscheinlich.

6 Ö. L. Barkan, Istanbul saraylarına ait muhasebe defterleri, Belgeler IX/13 (Ankara 1979) 1–380; Halil Inalcık, Capital formation in the Ottoman empire. In: Journal of Economic History XIX (New York 1969) 97–140; id. Osmanlı idare, sosyal ve ekonomik tarihiyle ilgili belgeler: Bursa kadı sicillerinden seçmeler. In: Belgeler X (Ankara 1980–81) 1–91.

7 J. M. Rogers, Glass in Ottoman Turkey. In: Istanbuler Mitteilungen XXXIII (1983) 239–66. Vor 1800 wurde praktisch kein Glas in der osmanischen Türkei hergestellt.

8 Die Palastregister beschreiben sie als Macar, also müssen sie sich als Ungarn bezeichnet haben (Nurhan Atasoy, 1558 tarihli Süleymanname ve Macar Nakkaş Pervane. In: Sanat Tarihi Yıllıgı III, 1969–70 (Istanbul 1970) 167 ff. Die Bibliothek in Buda, die Matthias Corvinus im späten 15. Jahrhundert zusammengetragen hatte, war lange vor der Plünderung von Buda durch Süleyman den Prächtigen (1526) ihrer größten Schätze beraubt. Doch ihr Ruhm dauerte an. Sie muß für einen Maler, der sich am osmanischen Hof einen Namen machen wollte und vorgab, im Scriptorium der Corvina ausgebildet zu sein, eine hohe Empfehlung gewesen sein. Solche Behauptungen wurden natürlich nicht kontrolliert, und so besteht zwischen den Macar-Malern im Palast-*nakkaşhane* und dem ungarischen Einfluß in osmanischen Manuskripten keinerlei Beziehung.

9 Vor allem die goldene Krone, die in Marino Sanuto's Diarii beschrieben wird und in einem anonymen venezianischen Druck von 1532 abgebildet ist. Sie war von einer Gruppe venezianischer Goldschmiede angefertigt worden, die sie wahrscheinlich an Süleyman den Prächtigen für die ungeheure Summe von 116.000 Dukaten verkauften (Otto Kurz, A gold helmet made in Venice for Sultan Sulayman the Magnificent. In: Gazette des Beaux Arts, 6e serie 74 (1969) 249–58). Der Druck wurde 1535 von Agostino Veneziano überarbeitet, als Phantasieporträt des Sultans, der diese Krone aber nie getragen hat. Sie scheint jedoch in die europäische Mythologie Eingang gefunden zu haben als Teil des osmanischen Kronschatzes. Ein anonymes deutsches Reiterbildnis von Ahmed II. (1691–95), hergestellt nach einem Stich von Mehmed IV. (1648–87) (Katalog Münster, Wien und die Türken. Münster 1983, Nr. 59) zeigt ihn ebenfalls mit dieser Krone.

10 Das Feuerwerk zum Sur-i Humayun (1582) war die Arbeit eines Engländers; s. Edward Webbe, Chief Master Gunner, his Travailes, 1590, E. Arber ed. London 1868. Einige europäische Spezialisten, einschließlich der Ingenieure, Silberschmiede, Steinschneider und Porträtmaler, ließen sich nur zögernd nieder und mußten immer wieder neu rekrutiert werden.

11 Das wird sehr amüsant durch einen Brief im venezianischen Archiv illustriert, den der Beglerbegi von Ägypten (Şevval 961/September 1554) an einen Freund in Venedig schrieb, den er kennen lernte, als dieser Bailo in Aleppo war. Er schreibt, er habe in Kairo gezeichnete Muster für Samte nach Venedig geschickt, um sie dort ausführen zu lassen. Da es Verzögerungen gegeben habe, bitte er seinen alten Freund, die Sache zu beschleunigen (M. Tayyip Gökbilgin, Venedik devlet arşivindeki vesikalar külliyatında Kanûnî Süleyman devri belgeleri. In: Belgeler I/2 (Ankara 1964) 119–20, Nr. 98).

12 Töpferware mag länger vorhanden gewesen sein, wenn man nach einer wichtigen Preisliste urteilt, mit vielleicht schon etwas überholten Daten für Waren auf dem Markt von Istanbul (datiert 1640) (M. S. Kütükoglu, 1640 tarihli narh defteri ve Osmanlılarda narh müessesi. Istanbul 1983, 310–11). Sie enthält feste Preise für Teller, Schüsseln, Töpfe, Untertassen und Tassen aus Iznik oder Kütahya. Der geringe Preis zeigt an, daß es sich um niedere Qualität handelte, die dennoch ihren Markt in Istanbul besaß.

13 A. Bennigsen et Ch. Lemercier-Quelquejay, Les marchands de la cour ottomane et le commerce des fourrures moscovites dans la seconde moitié du XVIe siècle. In: Cahiers du Monde Russe et Sovietique XI/3 (1970) 363–90.

14 Die Urkunden sind publiziert von R. Anhegger in: K. Otto-Dorn, Das islamische Isnik (Berlin 1941). Sie beweisen, daß unter normalen Bedingungen die Töpfer von Iznik sich bei einem Verfall des offiziellen Preises für ihre Fliesen durch den Verkauf von Töpferware an private Kunden schadlos

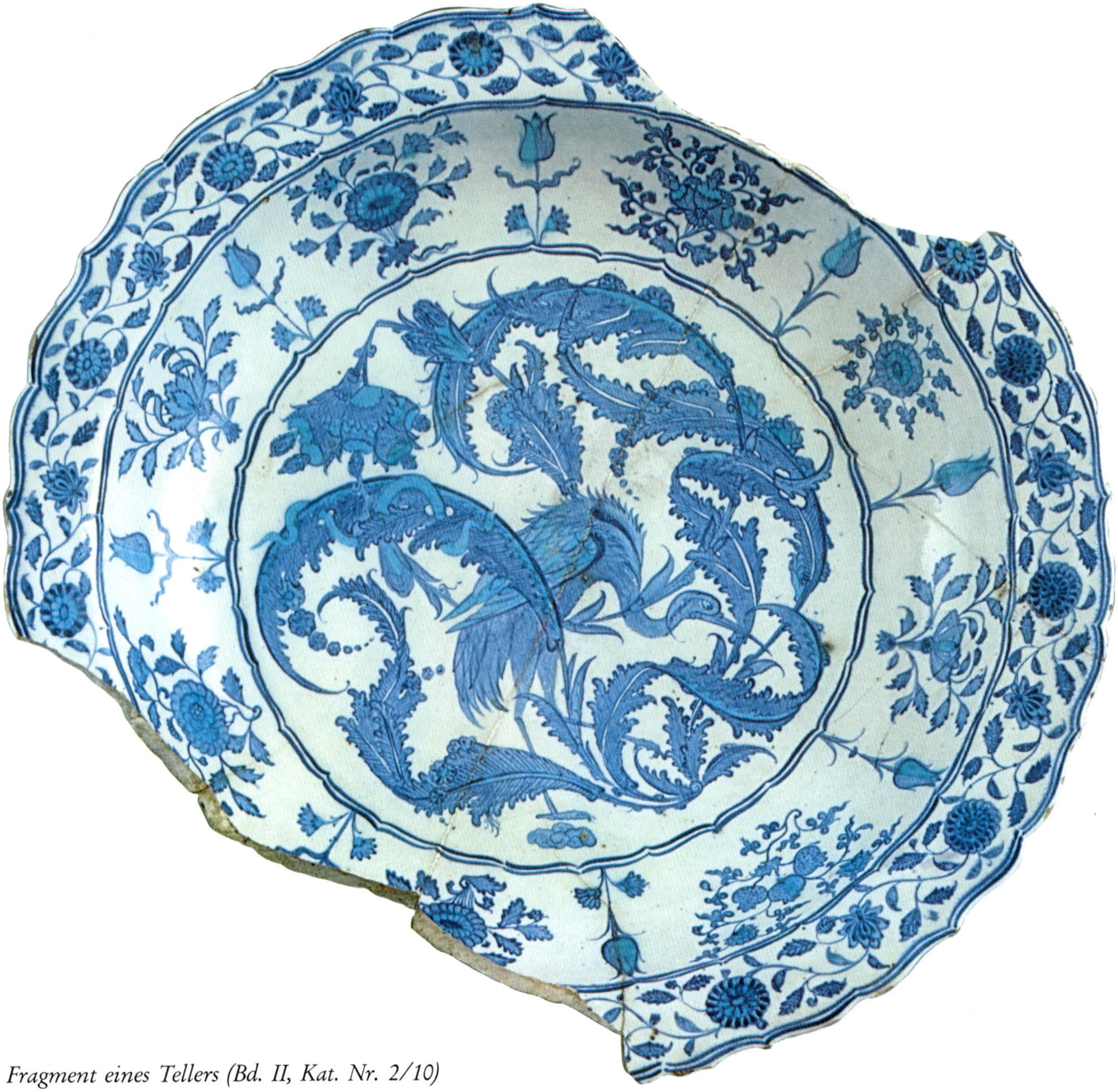

Fragment eines Tellers (Bd. II, Kat. Nr. 2/10)

TAFEL II

hielten. Je mehr sie gezwungen wurden, nur Fliesen herzustellen, umso mehr wirkten sich die niedrigen Preise auf ihren Lebensstandard aus. Doch waren die Behörden im späten 16. Jahrhundert so auf ihre Fliesenproduktion angewiesen, daß sie größtes Interesse haben mußten, ihnen ihr Wohlbefinden zu garantieren.

15 Halil Inalcık (Ḥarīr, Encyclopaedia of Islam²) bemerkt, daß im Jahr 985/1577–78 ein Drittel der Istanbuler Seidenwebstühle dem Palast als Hofwerkstatt *(karhane-i ᶜāmire)* angehörte, offensichtlich eine Einrichtung des späten 16. Jahrhunderts. Die Weber von Bursa waren schon früher unabhängig mit eigenen Webstühlen, Werkstätten und vielen Sklaven (H. Sahillioglu, Onbeşinci yüzyıl sonunda Bursa'da iş ve sanayi hayatı kölelikten patronluğa. In: Mémorial Ömer Lûtfi Barkan, Paris 1980, 179–88). Diese Sklaven waren meist kriegsgefangene Serben, Walachen, Slavonier, Bosnier, Russen oder Georgier, wenige Westeuropäer kamen als Gefangene der Korsaren. Es gab auch einige Mamluken oder Nordafrikaner. Sie erhielten im allgemeinen einen schriftlichen Vertrag *(mukatebe)*, daß sie nach Ableistung einer festgesetzten Arbeitsmenge ihre Freiheit erlangten. Es gab jedoch keine Regeln für ihre Ausbildung, und eine amtliche Vorschrift für die Qualität der von ihnen zu leistenden Arbeit war offensichtlich sehr notwendig.

16 Die kaiserliche Sattlerei befand sich in Saraçhane, in ziemlicher Entfernung vom Palast (Hans Dernschwam, Tagebuch einer Reise nach Konstantinopel und Kleinasien, 1553/55. Hrsg. F. Babinger, München – Leipzig 1923, 94).

17 Offensichtlich unter der Regierung von Mehmed dem Eroberer (G. Çetintürk, İstanbul'da XVI asır sonuna kadar Hassa Halı San'atkarları. In: Türk San'atı Tarihi. Araştırma ve incemeleri I, Istanbul 1963, 715–29). Diese Handwerker waren meist Griechen oder vom Balkan.

18 Die Teppiche der Süleymaniye bleiben ein Problem (Ö. L. Barkan, Süleymaniye Cami ve İmareti Inşaatı. (1550–1557) II, Ankara 1979, 194–95, Nr. 496–98). Die Rechnungsberichte legen nahe, daß staatliche Vorschriften für Erzeugnisse der Hofangestellten im wesentlichen die Arbeiten für die großen Stiftungen der Sultane betrafen, etwa die Arbeitsausschreibung für die Bauten selbst, und deshalb nur gelegentlich erlassen wurden.

19 Abgebildet in: Gosudarstvennaja Oružejnaja Palata Moskovskogo Kremlja. Moskau 1969, Tafel 139.

20 W. B. Denny, Dating Ottoman works in the Saz style. In: Muqarnas I (New Haven – London 1983) 101–21; E. J. Grube, A school of Turkish miniature painting. In: First International Congress of Turkish Art. Communications presented to the Congress (Ankara 1961) 176–209.

21 C. G. Ellis, The Ottoman prayer rugs. In: Textile Museum Journal II/4 (Washington, D. C., 1969) 5–22; E. Kühnel and L. Bellinger, Cairene Rugs and others technically related (Washington, D. C., 1957). Viele sogenannte Mamluken-Teppiche sind nun als Kairener Arbeiten der Mitte des 16. Jahrhunderts erkannt worden. Sie beweisen, daß am osmanischen Hof ein örtlicher, vor-osmanischer Stil beliebt war.

22 K. Otto-Dorn, Osmanische ornamentale Wandmalerei. In: Kunst des Orients I (1950) 45–54.

23 Halil Inalcık, The Yürüks and the carpet trade. In: Carpets of the Mediterranean countries, 1450–1550 (in Vorbereitung). Die Muster der Uşak-Teppiche waren keineswegs ein Monopol des Hofes; es gibt drei Beispiele in Boughton House, die 1584/85 datiert sind und wahrscheinlich in England hergestellt worden (Katalog The Eastern Carpet in the Western World from the 15th to the 17th century. London 1983, Nr. 37), genauso wie Uşak-Teppiche auch sonst in Europa gewebt wurden. Professor Rodolfo Signorini von der Fondazione d'Arco in Mantua lenkte meine Aufmerksamkeit freundlicherweise auf einen Brief der Barbara von Brandenburg, datiert 11. Januar 1485, in den Mantua-Archiven, worin sie den Kauf einer türkischen Sklavin erwähnt, die Teppiche für sie weben sollte. Wahrscheinlich war die Sklavin nicht sehr gut darin.

24 Illustrierte Bücher wurden gelegentlich von den Sultanen an ihre frommen Stiftungen gegeben oder an Familienmitglieder – wie der magische Traktat *Matāliᶜ al-Saᶜāda,* datiert 1582, für die Aussteuer von Fatima Sultan, einer Tochter von Murad III. (Paris, Bibliothèque Nationale Suppl. Turc 242). Die Manuskripte, die Antoine Galland in den 1670er Jahren während seines Aufenthaltes in Istanbul kaufte, heute in der Bibliothèque Nationale in Paris, stammten alle vom freien Markt. Seltenes Beispiel eines Manuskriptes, welches von einem Privatmann in Auftrag gegeben wurde, ist eine Geschichte von Süleymans Feldzug nach Szigetvár, das *Nüzhetü'l Ahbar* (Topkapı Sarayı Bibliothek H. 1339, datiert 976/1568–69), geschrieben von Ahmed Feridun (Ferīdūn Beg, Encyclopaedia of Islam²), dem Kanzleigerichtsspezialisten für den Großwesir Sokollu Mehmed Paşa.

25 Die beste Zusammenfassung über die Rezeption dieses Materials in Istanbul findet sich bei F. Çagman, On the contents of the four Istanbul albums H. 2152, H. 2153, H. 2154 and H. 2160. In: Between China and Iran. Paintings from four Istanbul albums (New York – London 1984) 31–36. Unter den Manuskripten waren Bücher, die in Herat geschrieben, illuminiert oder illustriert worden waren und dort 1507 von den Safawiden erbeutet wurden. Viele waren unfertig und wurden in Istanbul vollendet. E. J. Grube, Herat, Tabriz, Istanbul. The development of a pictorial style. In: Paintings from Islamic Lands. R. Pinder-Wilson ed. Oxford 1969, 85–109; und N. M. Titley, Istanbul or Tabriz? The question of provenance of three sixteenth century Nevai manuscripts. In: Oriental Art NF XXIV/3 (1978) 292–96.

26 Rıfkı Melûl Meriç, Türk nakış san'atı tarihi araştırmaları. In: Vesikalar (Ankara 1953) 3–7.

27 Rıfkı Melûl Meriç, Bayramlarda padişahlara hediye edilen san'at eserleri ve karşılıkları. In: Türk San'at Tarihi. Araştırmalar ve incemeleri I (Istanbul 1963) 765–86.

28 E. Atil, Ottoman miniature painting under Sultan Mehmed II. In: Ars Orientalis IX (1973) 103–20; J. Raby, Mehmed II. Fatih and the Fatih Album. In: Between China and Iran, Paintings from four Istanbul albums. E. J. Grube and E. Sims eds. (New York – London 1984) 42–55.

29 Istanbul Universitäts-Bibliothek TY 5964, veröffentlicht z. T. als Faksimile, mit Einführung, Transkription und Kommentar von H. C. Yurdaydın (Ankara 1976): Der Kolophon fehlt jetzt. Ferner: E. G. Sims, The Turks and illustrated historical texts. In: Fifth International Congress of Turkish Art. G. Fehér ed. Budapest 1978, 747–61.

30 Alias Antoine Lafréry (1512–77); J. M. Rogers, Ottoman topographical illustration. In: The Chicago History of World Cartography II (in Vorbereitung).

31 Vgl. Einführungsbemerkung bei G. Renda, Batılılaşma döneminde Türk resim sanatı, 1700–1850. Ankara 1977.

32 Besonders erhellende Vergleiche bei R. J. W. Evans, Rudolf II. and his World. A Study in Intellectual History 1576–1612. Oxford 1973; 1984.

33 R. W. Lightbown, Oriental art and the Orient in late Renaissance and Baroque Italy. In: Journal of the Courtauld and Warburg Institutes XXXII (1969) 228–79. M. Spallanzani, Ceramiche orientali a Firenze nel Rinascimento (Florenz 1978), legt dar, daß Mitte des 16. Jahrhunderts die Medici genauso begeisterte Porzellansammler waren wie die Osmanen und darin mit ihnen konkurrierten.

34 J. Carswell, Şīn in Syria. In: Iran XVII (1979) 15–24. Die osmanische Isolierung vom Seehandel mit China und Indien erklärt den geringen Einfluß späteren chinesischen Porzellans auf die osmaniche Kunst; doch blieb der osmanische Geschmack immer ein wenig altmodisch.

35 Ismail Ünal, Çin porselenleri üzerindeki Türk tarsıatı. In: Türk San'atı Tarihi. Araştırma ve incemeleri I (Istanbul 1963) 677–714.

36 Interessanterweise sind die Xuande-Muster, die in Iznik kopiert oder in blau-weißer Ware des 16. Jahrhunderts nachgeahmt wurden, um zerbrochene Stücke zu ersetzen oder Service zu ergänzen, niemals in ähnlicher Weise montiert oder inkrustiert worden.

37 Aptullah Kuran, Eighteenth century Ottoman architecture. In: Studies in Eighteenth Century Islamic History. Thomas Naff and Roger Owen eds. Carbondale – London 1977, 303 ff.

38 Datiert durch ein Chronogramm 839/1435–36. F. Th. Dijkema, The Ottoman historical monumental inscriptions in Edirne. Leiden 1977, 23–24; R. M. Riefstahl, Early Turkish tile revetments in Edirne. In: Ars Islamica IV (1940) 249–81. Die Geschichte der Muradiye im späteren 15. Jahrhundert muß noch geschrieben werden.

39 Vergleichende Illustrationen in: O. Aslanapa, The art of bookbinding. In: The Arts of the Book in Central Asia. Basil Gray ed. London 1979, 58–91; Jessica Rawson, Chinese Ornament. The Lotus and the Dragon (British Museum 1984) 145–98; und Basil Gray, Some chinoiserie drawings and their origin. In: Forschungen zur Kunst Asiens. In Memoriam Kurt Erdmann, Hrsg. O. Aslanapa und R. Naumann. Istanbul 1969, 159–71. Überraschend, im Hinblick auf die osmanische Vorliebe für Yüan- und frühes Ming-Porzellan, gewinnt das Ornament nur geringere Bedeutung.

40 Eine sehr ähnliche Seide, Aufbewahrungsort heute unbekannt, ist abgebildet bei Riefstahl (art. cit. Anm. 38), der sie mit Recht als Parallele zu Motiven in den Wandmalereien der Muradiye in Verbindung bringt, sie aber „venezianisch" nennt. Ein ähnliches Muster auch auf einem Pluviale in San Toma in Venedig, von Pompeo Molmenti (La storia di Venezia nella vita privata II. Bergamo 1906, 181–82) als „italienisch", 15. Jahrhundert, beschrieben. Dieser Stoff sieht ebenfalls osmanisch aus.

41 İsmail Ünal, Çini cami kandilleri. In: Türk San'atı Tarihi. Araştırmalar ve incemeleri II (Istanbul 1969) 72–111.

42 Vergleiche Anmerkung 20.

43 J. Zick-Nissen, Some rare pieces of early Ottoman blue and white ceramics. In: IVe Congrès International d'Art Turc (Aix-en-Provence 1976) 249–56: Wien, Österreichisches Museum für angewandte Kunst, Nr. 15978.788 (Kat. Nr. 2/10).

44 Katalog Anadolu Medeniyetleri III. Istanbul 1983, E. 103. Die Datierung ist viel diskutiert worden. Nach der Tradition werden sie mit „einem" Bayezid und „einem" Mustafa in Verbindung gebracht. Aus stilistischen Gründen muß jedoch Bayezid II. (gest. 1512) ausscheiden.

45 W. B. Denny, Dating Ottoman works in the Saz style. In: Muqarnas I (New Haven – London 1983) 103–21. Die Erfindung ist gelegentlich auch dem Zeichner Şahkulı (gestorben ca. 1555) aus Täbris zugeschrieben worden.

46 J. M. Rogers, Katalog Islamic Art und Design 1500–1700 (British Museum 1982) 18–23 und Anmerkungen.

47 K. Erdmann, Die Fliesen am Sünnet odasi des Topkapı Sarayı in Istanbul. In: Aus der Welt der Islamischen Kunst. Festschrift für Ernst Kühnel zum 75. Geburtstag. Berlin 1959, 144–153. Der Bau ist datiert auf 1641, doch hat die Fliesenverkleidung verschiedene Daten, so daß diese Felder recht gut nach 1560 angesetzt werden können.

48 Publizierte datierte Tughren mit Blumenillumination in: Topkapı Sarayı Archiv E 7816/2, datiert 959/1551–52 (das früheste Beispiel dieses Typus) und 7816/8, datiert 963/1555–56; Türk ve Islam Eserleri Müzesi 2376, datiert 974/1566, und 4125 (aus der Regierung von Selim II.), datiert 976/1568 (Suha Umur, Osmanlı Padişah Tugraları. Istanbul 1980, 156–157, 170–171). Die einzige Tughra mit floraler Illumination in den Habsburger Archiven ist datiert: Zilhicce 969/August 1562 (A. Schaendlinger, Die Schreiben Süleymāns des Prächtigen an Karl V., Ferdinand I. und Maximilian II. aus dem Haus-, Hof- und Staatsarchiv in Wien. Wien 1983, Urkunde 25). Für den Divan-i Muhibbi, datiert 973/1565 (Istanbul, Universitäts-Bibliothek TY 5467) Katalog Anadolu Medeniyetleri III. Istanbul 1983, E 62.

49 M. Münir Aktepe, Damad İbrahim Paşa devrinde lâle. In: Tarih Dergisi IV/7 (Istanbul 1953) 85–126; V/8 (1954) 23–38.

50 E. Kühnel, Der Mamlukische Kassettenstil. In: Kunst des Orients I (1950) 55–68.

VORSTUFE: SELDSCHUKEN, EMIRATE

Seit dem Beginn des 11. Jahrhunderts spielten die Seldschuken nicht nur politisch, sondern auch kulturhistorisch eine immer wichtigere Rolle innerhalb der islamischen Staaten.
Nach der Einnahme Bagdads im Jahre 1055 durch Tuğril Beg übernahmen sie – als Krönung ihrer Eroberungen – die Schutzherrschaft über den abbasidischen Kalifen, und der Kalif seinerseits erkannte den Seldschuken-Sultan als „König des Ostens und des Westens" an. 1070 fiel Jerusalem in die Hände der Seldschuken, und ein Jahr später errangen sie den entscheidenden Sieg über den byzantinischen Kaiser Romanos bei Malazgird (Manzikert) am Vansee. Damit war der Weg nach Kleinasien frei, wo sich ein Zweig der Seldschukenfamilie unter der Bezeichnung Rumseldschuken (weströmische) selbständig machte. Die Rumseldschuken erkoren 1077 Nicaea (Iznik) zur Hauptstadt ihres neuen Reiches, mußten sich aber schon bald darauf aus politischen Gründen mehr nach Osten zurückziehen. Iconium (Konya) wurde neben Caesarea (Kayseri) zum Zentrum ihres Reiches. Der kurze politische Höhepunkt der seldschukischen Macht fällt in die 1. Hälfte des 13. Jahrhunderts. Ihre kulturelle und künstlerische Blütezeit verlief parallel, überdauerte den Mongoleneinfall von 1242, hielt sich unter mongolischer Oberhoheit bis zum Ende des Jahrhunderts und hatte eine gewisse Nachblüte in der Zeit der Emirate (turkmenische Kleinfürstentümer in Anatolien) im 14. Jahrhundert. Den einzelnen Emiraten gelang es, sich nach und nach selbständig zu machen und die Voraussetzungen für ein gewisses höfisches Leben zu schaffen.
Eine dieser Kleinfürstendynastien, die Osmanen, die im nordwestlichen Kleinasien (Bithynien) angesiedelt waren, wurde im Laufe des 14. Jahrhunderts zur vorherrschenden Macht, indem sie ihr Territorium auf Kosten des Byzantinischen Reiches und der benachbarten Emirate erweiterte.
Die Emiratszeit ist im Hinblick auf Staat und Gesellschaft ebenso wie auf Kunst und Kultur das Bindeglied zwischen seldschukischer und osmanischer Zeit. Formen aus der gesamtislamischen und byzantinischen Tradition wurden integriert.

Kunst und Kunsthandwerk nahmen unter den Seldschuken einen großen Aufschwung. Ausgangspunkte für die Architektur waren vor allem die allgemeinen islamischen Bautypen wie Moschee, Mausoleum, Karawansarai oder Palast. Daneben entwickelten sie aber eigene, bisher nicht vorhandene Bauformen, als deren wichtigste die Medrese, eine neue Form der Hochschule, zu nennen ist.
Niẓām al-Mulk, Großwesir mehrerer großseldschukischer Sultane (11. Jh.), gründete zahlreiche dieser Medresen, die hauptsächlich dazu dienten, rechtgläubige Beamte heranzubilden. Das iranische Hofhaus war Prototyp der Medrese. In Anatolien hat sich eine Anzahl großartiger seldschukischer Bauten erhalten.
Die erst im 13. Jahrhundert entstandenen rumseldschukischen Medresen gehörten fast immer zu einer größeren sultanischen oder privaten Stiftung, einer *vakfiye*. Sie besteht meist aus einer Moschee, einer Hochschule, auch einem Kranken- oder Irrenhaus und Nebenbauten wie Bibliothek, Bad u. a., oft auch noch aus einem angegliederten oder integrierten Mausoleum des Stifters. Solche Stiftungen sind bis in die osmanische Zeit hinein üblich geblieben, nur die architektonische Form hat sich gewandelt. In seldschukischer und frühosmanischer Zeit paßten sich die verschiedenen Bauten einer Stiftung unregelmäßig dem Gelände an, auf dem sie errichtet wurden; in hochosmanischer Zeit gliederte man sie dagegen nach einem wohldurchdachten, symmetrischen Plan.
Die seldschukischen Medresen sind im Vier-Iwan-Schema angelegt: um einen quadratischen oder rechteckigen Hof liegt an jeder Seitenmitte ein großer, tonnenüberwölbter offener Raum – ein Iwan – für die Vorlesungen, dem an jeder Seite Zellen, oft in zwei Etagen, als Wohnräume für Studenten und Professoren angefügt sind.
In Kleinasien wird das persisch-seldschukische „großseldschukische" Schema bereits abgewandelt, indem einer der vier Iwane das Prunkportal bildet. Im Außenbau ersetzt die einheimische Steinbautechnik die persische Ziegeltechnik. Die gequaderten Außenmauern der Medresen sind schlicht, nur Portale und

Fenster tragen oft reiche Ornamente. Zusätzlich kann die Fassade durch zwei das Portal flankierende Minarette betont werden, so bei der İnce Minareli Medrese in Konya, der Gök Medrese in Sivas (Abb. 22) oder der Çifte Minare Medrese in Erzurum u. a. Im Gegensatz zu dem massiven Steinbau selber sind die Minarette immer aus Ziegeln errichtet und folgen damit ihren großseldschukischen Vorbildern. Ihre zylindrischen, sich nach oben verjüngenden Schäfte sind im Querschnitt rund, sternförmig oder bündelpfeilerartig und fast immer mit farbig glasierten Ziegeln ornamental verziert. Viele der Minarette hatten bis zu drei Galerien *(şerefe)*, die oft auch von farbig eingelegten Stalaktiten (Mukarnas) unterfangen waren. Im Innenbau werden neben Stein (Erzurum, Çifte Minare Medrese) häufig ornamental verlegte, farbig glasierte Ziegel oder Fayencemosaik verwendet. Auch dies ist ein Erbe Persiens, das in Kleinasien eigenwillig umgestaltet wurde (Malatya, Eski Cami; Konya, Sırçalı Medrese), oder man baute Steinwand und Ziegelfläche nebeneinander, wobei vor allem Wölbungen bevorzugt aus kunstvoll verlegtem Ziegelwerk errichtet wurden (Sivas, Hospital von Sultan Kaykaus I. und die Gök Medrese z. B.).

In der Emiratszeit sehen die Bauten weniger festungsmäßig aus. Manchmal werden Bögen höher und weiter. So wird in Niğde das Portal der Ak Medrese von 1409 von einem hochaufschwingenden Kielbogen gerahmt. Die Ornamentformen werden barocker, verarmen aber in der geometrischen Raffinesse.

Die Osmanen übernahmen das Hofschema, nicht aber die „Doppelturmfassade". Die Iwane werden zu Kuppelräumen und sind oft auf einen einzigen großen Raum beschränkt. Die Zellen sind häufig nur ebenerdig und meist mit Kaminen ausgestattet. Auch die Nadelform der Minarette ist im Seldschukischen vorgebildet. Leider ist kein einziges rumseldschukisches Minarett in seiner vollen Höhe erhalten. Vom İnce Minare in Konya existiert ein um 1900 entstandenes Foto, das das Minarett vor der Zerstörung der oberen Teile zeigt. Das Yivli Minare in Antalya, dessen Stumpf heute noch die Meeresbucht beherrscht, kann eines der imposantesten unter ihnen gewesen sein. Im iranischen Raum zeugt das Minarett von Dscham (Ǧām in Afghanistan) mit rund 60 m Höhe von der ursprünglichen Größe, in Indien das noch gewaltigere Kutb Minar in Delhi.

Die Osmanen haben die seldschukische Form übernommen, vereinfacht und in Stein ausgeführt. Es kommen nur noch sehr schlanke, runde und polygonale Schäfte vor, die Farbigkeit der ornamental versetzten, glasierten Ziegel wird aufgegeben, rote Steineinlagen oder sparsam verwendete türkis glasierte Kacheln erinnern an die Vorformen wie z. B. bei der Üç Şerefeli Moschee in Edirne oder der Şehzade Moschee in Istanbul.

Eine aus klimatischen Gründen von den Rumseldschuken entwickelte einzigartige Form ist die geschlossene Kuppelmedrese, bei der der Hof zu einem kleinen Quadrat reduziert und mit einer Kuppel eingedeckt wird (u. a. Konya, Karatay und İnce Minare Medrese). Ähnlich kann auch bei der Moschee verfahren werden; der Hof schrumpft auf zwei Arkadenstellungen zusammen (Kayseri, Huand Moschee) oder auf eine einzige (Niğde, Alaeddin Moschee oder Divriği, Große Moschee). Die Osmanen haben diese Sonderform bei den Medresen nicht übernommen. Sie kommt dagegen bei einigen frühen Moscheen noch vor wie bei der Ulu Cami in Bursa. In abgewandelter Form tritt der überkuppelte Hof bei den sogenannten T-förmigen Moscheen der frühosmanischen Zeit auf (Bursa, Yıldırım Moschee und Yeşil Cami [Grüne Moschee] u. a.)

In der Sakralarchitektur spielen neben den Medresen seit seldschukischer Zeit die Mausoleen eine recht bedeutende Rolle. Im Gegensatz zu den wenigen erhaltenen kubischen, frühislamischen Grabbauten sind die seldschukischen Mausoleen polygonal oder rund und haben konische Dächer. Ihre Form läßt sich unschwer auf die zentralasiatischen Rundzelte zurückführen. Im großseldschukischen Bereich kommen daneben auch massige hohe Rundtürme vor. Diese Türben oder Kümbeds kommen einzeln vor oder stehen im Verband größerer Stiftungen. Liegt das Grab innerhalb einer Medrese oder eines Hospitals, wird es im Außenbau durch einen türbenartigen Rundturm auf dem Dach gekennzeichnet (Sivas, Hospital des Kaykaus I.; Divriği, Ulu Cami mit Medrese). Die Bestattung fand immer in einer Krypta unter dem Mausoleum statt, auch dies wurde von den Osmanen übernommen. Die Mehrzahl der Türben ist aus sorgfältig behauenen Steinen errichtet, der Dekor beschränkt sich auf Portal und Fenster, seltener sind es umlaufende Friese; farbiger Dekor kommt nicht vor. Die Osmanen setzten die Tradition fort, vereinfachten den Dekor und legten vor

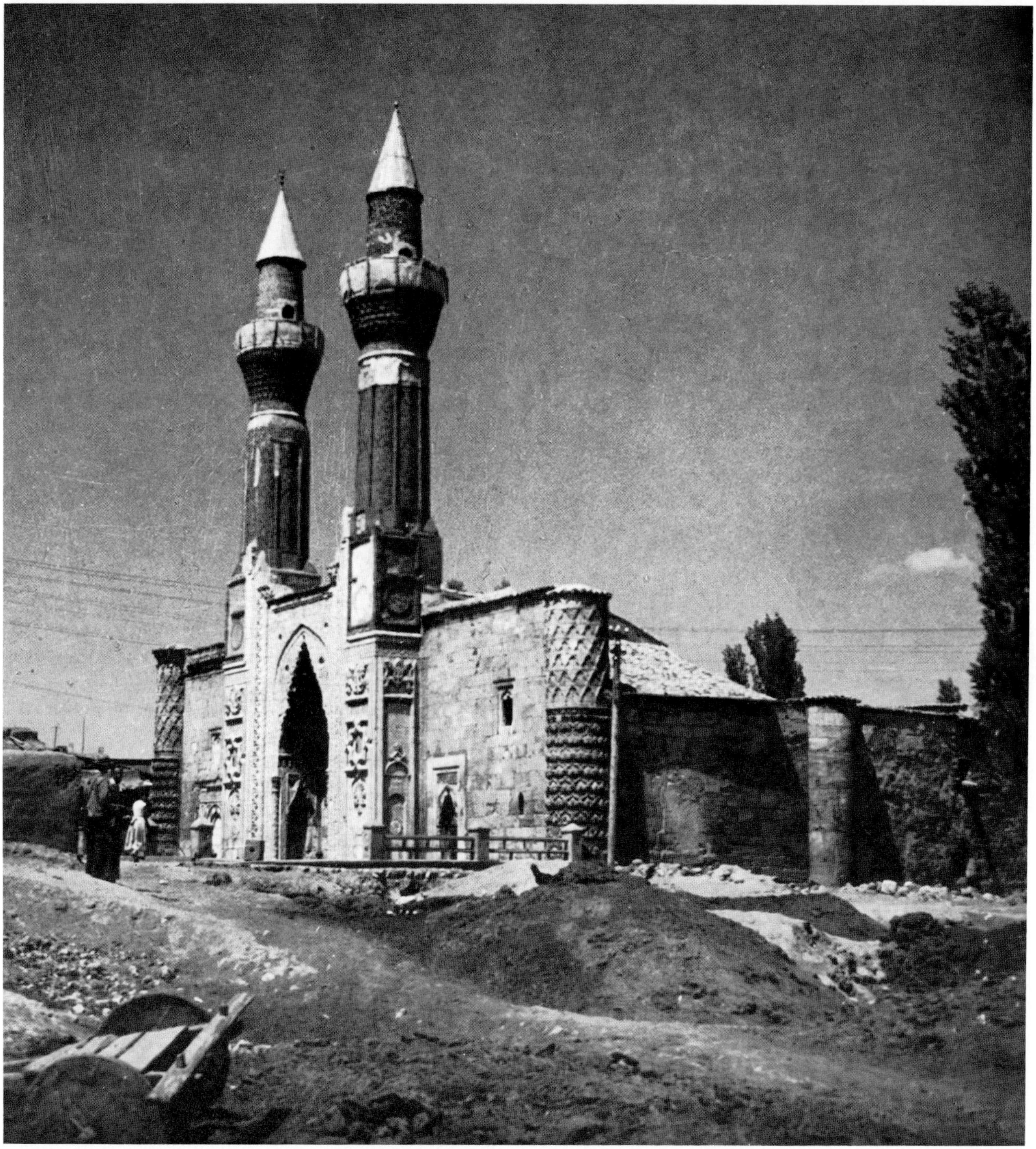

Abb. 22 Sivas, Ostanatolien, Fassade der Gök Medrese, 1271

das Portal eine kleine, meist dreiteilig überkuppelte Vorhalle.
Von seldschukischen Palästen ist so gut wie nichts erhalten. Sie bestanden aus verschiedenen Einzelbauten innerhalb eines Mauerringes. Fundamente und Mauerreste von einem Palast in Kubadabad am Beyşehir-See sprechen dafür. Die Wände waren, zum mindesten in der Sockelzone, mit Stern- und Achteckfliesen verkleidet, die z. T. auf weißlichem Grund in Türkis, zwei Blau- und zwei Grüntönen, Ziegelrot und einem Auberginton, dessen Schattierungen bis zum Schwarz reichen, bemalt sind. Daneben tritt Lüstermalerei auf, als Goldimitation, und Bemalung in Türkis und Schwarz. Außer Rankenornamenten kommen flüssig gemalte Tiere, Fabelwesen und Menschen vor, ein Doppeladler trägt z. B. die Aufschrift „Sultan".
In Konya ist der Unterbau eines zweigeschossigen Pavillons, der an der Palastmauer des Burgberges lag, erhalten. Reste von reichem, figürlichem Stuckdekor, Wandplatten mit Tieren und Fabelwesen, wie Sphingen, Sirenen, Greifen oder Drachen, mit Reiterkämpfern und Trinkenden zeugen von der vielschichtigen Vorstellungskraft der seldschukischen Künstler und der freizügigen Gestaltung der Wände in den Schlössern. Aus osmanischer Zeit ist nichts Vergleichbares erhalten, dort sind die außerordentlich seltenen figürlichen Darstellungen rebusartig im Rankenwerk versteckt, wie bei den Kilin-Fliesen am Sünnet Odası (Beschneidungszimmer) und deren späteren Imitationen im Bagdad-Köşk im Topkapı Sarayı in Istanbul.
Die wichtigste Gruppe der seldschukischen Profanbauten sind die Karawansaraien. Nach der Eroberung der Häfen am Mittelmeer und Schwarzen Meer im 1. Viertel des 13. Jahrhunderts entwickelte sich der Binnen- und Transithandel durch Kleinasien rasch. Die Karawanenwege von Ost nach West und von Nord nach Süd wurden vor allem unter Sultan Alaeddin Kaykubad I. fürstlich ausgebaut. Alle 30 km entstand eine Rast- oder Haltestation, türkisch *han* oder *kervansaray*; 98 dieser Hane sind erhalten bzw. noch nachweisbar. Im Süden des Landes entstanden einige normale orientalische Karawansaraien vom Hofhaustypus. In Zentralanatolien dagegen wurde wahrscheinlich unter einheimisch christlichem Einfluß eine neue, nur hier und nur in seldschukischer Zeit vorkommende Bauform entwickelt: das anatolische Karawansarai, das aus einer geschlossenen Halle mit einem ihr vorgelagerten Hof besteht. Die an Kathedralen erinnernden Hallen haben ein breites, tonnengewölbtes Mittelschiff mit schmaleren Paralleltonnen oder Querschiffen, manchmal auch mit einem niedrigen „Vierungsturm" (Abb. 23). Die Hallen der Sultan Hane bei Aksaray und Kayseri und einige Bauten der großen Wesire reichen an das Format eines Mainzer Domes heran. Sie dienten als Warenlager und Stallungen für Trag- und Reittiere. Podeste für die Warenballen und Tränken für die Tiere sind oft noch erhalten. Das einzige Portal der Halle führt auf den Hof, an dessen Seiten sich offene und geschlossene Räume entlangziehen. Sie dienten als Wohn- und Aufenthaltsräume für Personal, Reisende, Krieger und für den Sultan selber. Brunnenhäuser und Zisternen zeugen von der Wasserversorgung innerhalb der Höfe, die in der Steppe von großer Wichtigkeit war. Manchmal ist auch ein kleines Bad *(hamam)* eingebaut, ein Spital oder ein Apothekenraum. Stiftungsurkunden berichten von der Finanzierung und Funktion der Karawansaraien. In den großen Hanen befindet sich außerdem eine kleine Moschee *(mescit)*, entweder als Köşk in der Mitte des Hofes (bei den Sultan Hanen und Ağzıkara Hanı u. a.), oder in der oberen Etage der Hofräume (Alara Han u. a.).
Erstaunlich ist der Reichtum der vegetabilen und geometrischen Ornamente, die die Portale und Gewände der Karawansaraien schmücken. Die kompliziertesten treten an den Hofportalen auf, weniger aufwendige an den Hallenportalen (Abb. 24); ein Gesetz, das für alle Bauten gilt. Wie bei den Türben werden auch hier niemals farbige Ziegel oder Fayencemosaik verwendet, selten Marmor im Steinwechsel nach syrischem Vorbild. Bei den Ornamenten handelt es sich um die kompliziertesten geometrischen Kombinationen, die jemals erdacht worden sind. In der mystischen Literatur jener Zeit werden sie mit den Bewegungen der Planetensysteme verglichen. Sie beruhen auf Sternen verschiedener Strahlenzahlen (bis zu 36) und Vielecken, die umeinander kreisen, sich miteinander verflechten und im unendlichen Rapport wiederholt werden. Nur Ausschnitte scheinen in Stein gemeißelt zu sein und

Abb. 23 Sultan Han bei Aksaray, Zentralanatolien, Halle innen, 1229

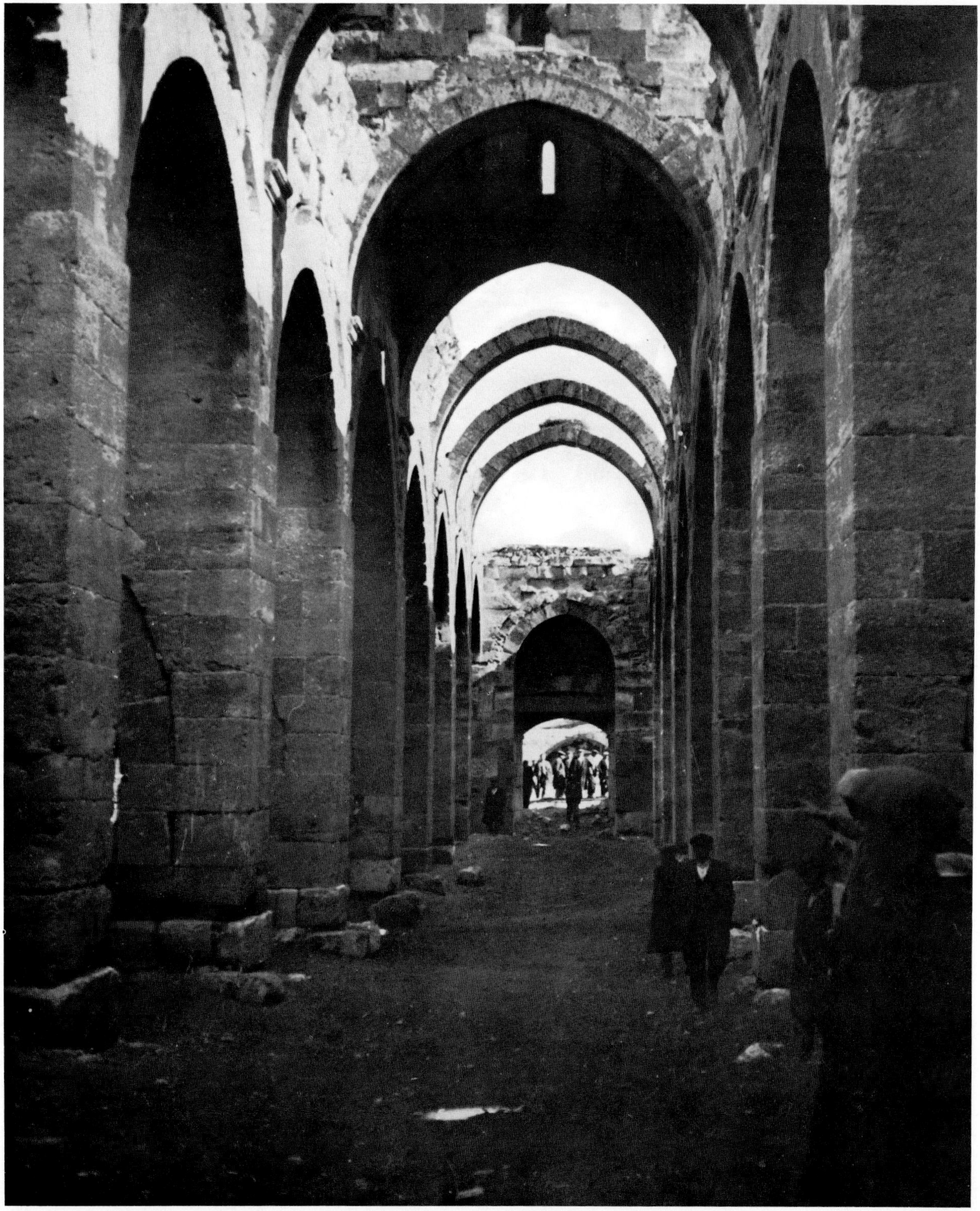

zeugen somit von dem winzigen Ausschnitt aus der unendlichen Schöpfung, den ein Mensch überblickt (gezeichnet und entschlüsselt von G. Schneider, Geometrische Bauornamente).
In osmanischer Zeit spielen die Karawanenwege durch Anatolien nur noch eine geringe Rolle. Die Schwerpunkte des Reiches hatten sich verlagert; das Mittelmeer wurde zum Verbindungsweg. Die großen Kathedralhallen der seldschukischen Zeit wurden durch niedrigere, zweckgerechtere ersetzt, und die Kuppel setzte sich allgemein gegenüber der Tonne als Wölbesystem durch.

In der Kleinkunst klingen viele Themen der Osmanen bereits bei den Seldschuken an, sei es bei Metall- und Holzarbeiten, bei Teppichen oder Stoffen. Nur die figürlichen Elemente im Dekor sind weitgehend verschwunden. In der Keramik entstanden völlig neue Typen und Techniken. Im allgemeinen kann man sagen, daß in osmanischer Zeit alles reicher in Form und Material wurde, als sich aus dem eher provinziellen Reich der Seldschuken in Kleinasien und aus einem kleinen Emirat das Weltreich der Osmanen entwickelte, dessen Größe sich in allen Zweigen der Kunst wiederspiegelt.

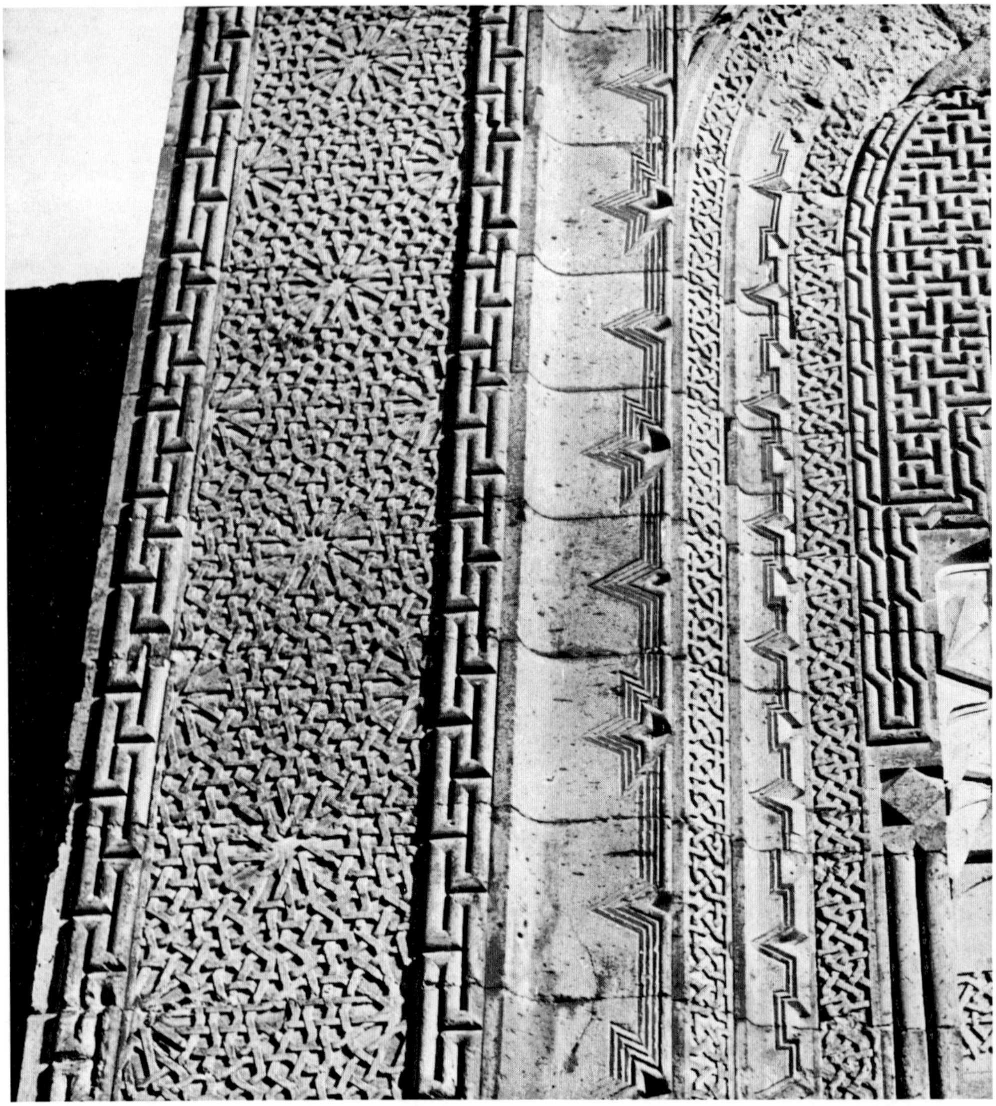

Abb. 24 Sultan Han bei Kayseri, Zentralanatolien, Ornamentrahmen des Hallenportales, 1232–36

DAS OSMANISCHE REICH – HISTORISCHER ÜBERBLICK

ERSTER AUFSTIEG UND STURZ

Gegen Ende des 13. Jahrhunderts errichteten verschiedene turkmenische Führer auf dem Boden des zerfallenden Reiches der Rum-Seldschuken Herrschaften *(beylik)* von unterschiedlicher Größe, aber ähnlicher ethnischer, sozialer und politischer Grundstruktur. Zu den kleinsten dieser Machtgebilde zählte das eines Osman im seldschukisch-byzantinischen Grenzraum in der Gegend um Söğüt, dort wo das anatolische Hochplateau in die Küstenebenen übergeht, welche das Marmara-Meer umgeben.

Hier stand Osman einer Gemeinschaft vor, die sich aus einigen Sippen turkmenischer Nomaden sowie Bauern und Städtern sowohl byzantinischer als auch türkischer Herkunft zusammensetzte. Seine Gefolgsleute und Untertanen, welche ständig durch Neuankömmlinge aller Art aus dem Osten verstärkt wurden, nannte man schon früh „Osmanlı" – d. h. die Leute Osmans, die Osmanen. Es war wohl eine Gruppierung von Menschen, die sich unter der politischen Führung von Osman Bey in dieser unruhigen Zeit des Umbruchs Sicherheit und eine gewisse Stabilität erhofften. Seinem Einflußgebiet gegenüber lag die fruchtbare byzantinische Provinz Bithynien, die er langsam zu erobern begann. Seine turkmenischen Nomadenkrieger – stets auf der Suche nach neuen Weiden und Beute, wobei ihnen die islamische Idee vom Glaubenskampf für die Erweiterung der islamischen Herrschaft beste ideologische Motivierung bot – entwickelten dabei eine Schlagkraft, die Osmans Fürstentum bald zu einem erstrangigen Machtfaktor der Region werden ließen (Kat. Nr. I/1).

Als sein Sohn und Nachfolger Orhan Bey im Jahre 1326 Bursa eroberte und zur Hauptstadt machte, wurden auch zunehmend die Grundlagen eines geordneten Staatswesens geschaffen, was rein äußerlich dadurch zum Ausdruck kam, daß Orhan die nach islamischer Auffassung gültigen Zeichen der Souveränität eines Herrschers beanspruchte: er ließ Münzen prägen und das Freitagsgebet in seinem Namen verrichten. Bursa florierte als überregionales Handels- und Manufakturzentrum. Moscheen, Medresen und Schulen wurden errichtet. Neben den Turkmenen, die zur immer weiter gegen Byzanz vorrückenden Grenze zogen, um in den Kriegszügen gegen die Byzantiner Beute zu machen, strömten auch Handwerker, Kaufleute, Schreiber, Prediger und Gelehrte in das aufblühende Fürstentum der Osmanen. Mit der Eroberung der Ebenen verfügte man nun auch über einen großen Bevölkerungsteil, der Landwirtschaft betrieb. Bald konnte Orhan erstmals ein weiteres türkisches Staatswesen dieser Art dem seinen friedlich einverleiben: um die Mitte des 14. Jahrhunderts war das Fürstentum Karesi, das sich im Westen bis zu den Dardanellen erstreckte, osmanisch geworden. Orhans inzwischen aufgestelltes stehendes Heer wurde auch zunehmend von byzantinischen Bürgerkriegsparteien in Dienst genommen. Als er Johannes VI. Kantakuzenos (1341–1354) mit einem Feldzug osmanischer Truppen zum Kaiserthron verhalf, erhielt Orhan als Belohnung dessen Tochter Theodora zur Frau. Nach weiteren militärischen Hilfsaktionen für den Kaiser gelang es den Osmanen erstmals, sich in Europa festzusetzen und 1354 die Festung Kallipolis/Gallipoli *(Gelibolu)* zu übernehmen. Schon ein Jahr nach Orhans Tod konnte unter seinem Sohn Murad I. im Jahre 1361 die zweite byzantinische Großstadt, Adrianopel, erobert und unter dem Namen Edirne zur Hauptstadt gemacht werden. Gleichzeitig mehrte Murad I. auf meist friedliche Weise seine Besitzungen in Anatolien. Gestützt auf gute Beziehungen, die das Haus Osman wohl zu den Achis, zunftähnlich organisierten muslimischen Männerbünden, hatte, erwarb er Ankara, eines ihrer Zentren, und kaufte das Fürstentum Hamid mit dem Mittelmeerhafen Antalya in Südanatolien. Seinen Sohn Bayezid verheiratete er mit der Tochter des Beys von Germiyan, was dem Hause Osman die Hälfte dieses Fürstentums einbrachte.

In Europa eroberte Murad 1363 Filibe (Philippopolis/Plovdiv) und das für die Lebensmittelversorgung der Byzantiner so wichtige Maritza-Tal. Byzanz erkannte nun die Oberhoheit des Osmanen an, zahlte Tribut und leistete mit Truppenkontingenten Heeresfolge.

Daraufhin erfolgte die erste Gegenaktion christlicher Balkanstaaten gegen die Osmanen. Doch das Heer der verbündeten Serben, Ungarn, Bosnier und Bulgaren wurde bei Çirmen an der Maritza vernichtend geschlagen. Bald darauf eroberte Evrenos Bey, ein byzantinischer Renegat, Mazedonien bis Saloniki und schickte seine Streifscharen bereits nach Albanien, während Kara Timurtaş Südserbien mit Nisch (1386) eroberte und sich anschickte, Bosnien anzugreifen. Hier schlugen ihn aber vereinte serbische und bosnische Truppen unter der Führung des Serbenfürsten Lazar zurück, der daraufhin mit Unterstützung anderer Balkanfürsten vorrückte und den Osmanen auf dem Amselfeld (Kosovo) westlich von Priština (1389) entgegentrat. Doch die Osmanen siegten. Der letzte gemeinsame Versuch von Balkanfürsten, den neuen Eroberern zu widerstehen, war gescheitert. Südlich der Donau waren die Osmanen die neue Vormacht geworden. Im Norden wurde nun das Königreich Ungarn ihr Gegner. Allerdings drohten dem Osmanenstaat zunächst andere Gefahren. Die Nachricht vom Tode Murads I. – er war nach der Schlacht ermordet worden – löste in Anatolien antiosmanische Aktionen unter Führung des Fürsten von Karaman aus. Der neue Herrscher Bayezid I. Yıldırım (der Blitz) besetzte daraufhin die westanatolischen Fürstentümer von Aydın, Saruhan, Germiyan, Hamid und Menteşe, unterstellte sie direkt seiner Verwaltung und vertrieb deren Machthaber. Somit konnte er diese Gefahr vorerst bannen. Inzwischen hatten sich jedoch seine europäischen Vasallen wieder gegen ihn erhoben. Bayezid wies sie erneut in ihre Schranken, ließ den Bulgarenzar Šišman hinrichten und nahm 1394 Bulgarien in direkte osmanische Verwaltung. Sein größter Triumph wurde aber wohl sein Sieg über ein Kreuzfahrerheer bei Nikopolis im Jahre 1396, das Ritter aus ganz Europa unter Führung König Sigismunds von Ungarn vereint hatte. Der Ruhm der Osmanen als bedeutende Macht im Kampf gegen die Ungläubigen gewann in der islamischen Welt Festigkeit.
Der Schattenkalif in Kairo hatte Bayezid inzwischen den Titel eines Sultans verliehen. Sultan Bayezid konnte wenig später den letzten großen Rivalen der Osmanen in Anatolien, den Fürsten von Karaman, besiegen und die politische Einheit Anatoliens, diesmal unter osmanischer Herrschaft, wieder errichten. Doch kaum war dies geschehen, da brach wie ein Sturm eine neue Macht aus Zentralasien in Anatolien ein und zerbrach die Herrschaft der Osmanen. Timur (1360–1405), Herrscher eines Riesenreiches mit der Hauptstadt Samarkand – vier Jahre vorher hatte er noch Teile Indiens erobert – schlug Bayezids Truppen 1402 bei Ankara. Als er zwei Jahre später wieder abzog, sorgte er dafür, daß die anatolischen Fürstentümer wieder entstanden. Das Reich der Osmanen war nach seinem schnellen Aufstieg jäh zerbrochen. Byzanz und Europa atmeten auf.

AUFSTIEG ZUR GROSSMACHT

Nach der Niederlage bei Ankara folgte eine Zeit innerer Auseinandersetzungen, in der die vier Söhne Bayezids I. um die Macht kämpften. Dabei nutzte jeder neben den Fraktionen innerhalb des Osmanenreiches auch die Kräfte der Vasallen Serbien, Bulgarien und Byzanz ebenso wie die der erneuerten türkischen Fürstentümer in Anatolien. In dem elfjährigen Ringen fanden beachtliche Koalitionswechsel statt. Keiner der äußeren Gegner des Osmanenstaates zeigte sich jedoch in der Lage, die innere Zerrissenheit des Reiches zu seinem Vorteil zu nutzen. Anfangs schien es, daß Süleyman den europäischen Teil und Mehmed den anatolischen behaupten würde. Im Jahre 1413 setzte sich jedoch letzterer durch und bestieg als Mehmed I. den Thron. Er hatte es jedoch weiterhin mit inneren Problemen zu tun. So gefährdete die sozialrevolutionäre Bewegung des Scheichs Bedreddin von Simavna – der u. a. die Unterschiede zwischen Islam und Christentum überwinden wollte – seine Regierung. Hinzu kam der Aufstand eines Mustafa, der behauptete, ein Sohn Bayezids I. zu sein, und schließlich seine Zuflucht hinter den Mauern von Byzanz nehmen mußte. Auch Mehmeds Sohn Murad II., der ihm 1421 auf dem Thron folgte, hatte noch mit diesem „falschen Mustafa" (Düzme Mustafa) seine Not. Von den Byzantinern wieder ins Reich gelassen, hatte er zuerst großen Zulauf, wurde aber schließlich geschlagen. Nachdem Murad II. einen Aufstand seines Bruders Mustafa niedergeworfen hatte, gelang es ihm auch, den osmanischen Einfluß in Anatolien erneut zu festigen, worauf er sich nun wieder Europa zuwenden konnte. Im Jahre 1430 wurde Mazedonien mit Saloniki endgültig erobert. Seit 1435 kämpften seine Truppen in Albanien, wo die Albaner sie allerdings in einen verlustreichen Guerillakrieg ver-

wickelten, und 1438 wurde der für den Kampf gegen den neuen Hauptgegner im Norden, Ungarn, so wichtige Stützpunkt Semendria erobert. Bei diesen militärischen Erfolgen gewann die Truppe der Janitscharen (*yeni çeri* = neue Truppe) immer mehr an Bedeutung, die schon Bayezid I. eingerichtet hatte. Sie bestand hauptsächlich aus regelmäßig ausgehobenen Knaben der unterworfenen Balkanvölker (*devşirme* = Knabenlese). Diese wurden gut ausgebildet und islamisiert, um dann als stehendes Heer und in der Verwaltung dem Sultan als nur ihm ergebene und nur von ihm abhängige Sklaven zu dienen. Innenpolitisch bildeten sie ein immer mehr zunehmendes Gegengewicht zur türkischen Stammesaristokratie.
Inzwischen hatten die osmanischen Erfolge Gegenkräfte in Europa auf den Plan gerufen, die einen neuen Kreuzzug betrieben. In Ungarn erwies sich dabei Johann Hunyadi als die Seele des antiislamischen Widerstandes. Die Osmanen wurden geschlagen, Nisch und Sofia erobert und die Hauptstadt Edirne bedroht. Gleichzeitig schwächten Feindseligkeiten mit dem Erzrivalen der Osmanen in Anatolien, dem Fürstentum Karaman, die Kräfte des Sultans. Im Westen flammte der Freiheitskampf der Albaner unter Skanderbeg (Georg Kastriota) auf, und der byzantische Despot der Morea (Peloponnes) marschierte in Thessalien ein. In dieser bedrohlichen Lage schloß Murad II. einen zehnjährigen Frieden, den die christlichen Mächte jedoch wenig später brachen. Im Jahre 1444 sahen sich die Osmanen einem großen Kreuzfahrerheer unter Führung von König Ladislaus von Polen gegenüber. Doch die osmanischen Truppen trugen einen überwältigenden Sieg davon. Einen weiteren Vorstoß eines Kreuzfahrerheeres unter Hunyadi schlug Murad II. dann bei Kosovo zurück. Als die Herrschaft nach seinem Tode 1451 an Mehmed II. Fatih (den Eroberer) fällt, scheint die Macht der Osmanen in Europa und Asien gefestigt. (Kat. Nr. I/2, 3).
Sultan Mehmed II. gedachte nun endlich mit der Macht von Byzanz ein Ende zu machen und beschloß – gegen den Rat seines Großwesirs – die Belagerung von Konstantinopel, welches schließlich am 29. Mai 1453 erobert wurde. Er machte es unter dem Namen Istanbul zur neuen Hauptstadt und setzte alles daran, diese Stadt wieder zum politischen, wirtschaftlichen und kulturellen Zentrum derjenigen Regionen zu machen, die schon früher immer von dieser Stadt beherrscht wurden. Steuerermäßigungen und andere Vorteile boten Handwerkern, Kaufleuten und anderen einen Anreiz, sich in Istanbul niederzulassen. Die Oberhäupter der griechisch-orthodoxen, armenischen und jüdischen Glaubensgemeinschaften residierten in der neuen Hauptstadt – ausgestattet mit dem Recht, als religiöses und weltliches Oberhaupt ihrer autonomen Gemeinden mit Selbstverwaltung *(millet)* zu handeln. Gestützt auf die von ihm geförderten *devşirme*-Männer, deren rechtliche Stellung sich auch in ihrer Bezeichnung als *kapı kulları* (Sklaven der Pforte) niederschlägt, schuf Mehmed nun die Grundlagen eines straff durchorganisierten Zentralstaates, an dessen Spitze der Sultan als unumschränkter Herrscher stand. Er ließ Gesetze kodifizieren und entwickelte das *Dirlik*-(oder *tımar-)* System mit seiner Abgabenordnung zu einer Form, die für die unter feudaler Unterdrückung stehende Landbevölkerung Südosteuropas sehr attraktiv war.
Eine Belagerung Belgrads schlug 1456 fehl, doch wurde 1463 ganz Bosnien unterworfen, wo große Teile der Bevölkerung zum Islam übertraten und fortan eine Stütze des Osmanischen Reiches wurden. Schon 1461 hatte Sultan Mehmed II. die letzten byzantinischen Herrschaften auf der Morea und um Trapezunt beseitigt und bald darauf den albanischen Widerstand gebrochen, was ihn nun in Konflikt mit Venedig brachte, das bereits Handelsprivilegien in seinem Reich hatte. In Anatolien zerschlug er endgültig die Macht der Fürsten von Karaman, traf aber in Uzun Hasan, dem Herrscher des Akkoyunlu-Reiches, auf einen neuen turkmenischen Gegner, der mit Venedig verbündet war. Doch die osmanische Artillerie konnte Uzun Hasans Armee in die Flucht jagen. Im letzten Viertel des 15. Jahrhunderts brachte der Gebietsstreit um Südostanatolien Konflikte mit den ägyptischen Mamluken. Im Norden entriß Sultan Mehmed II. den Genuesen ihre Besitzungen auf der Krim und gewann die Krim-Tataren, Reste des einstigen Mongolenreiches der Goldenen Horde, zu Vasallen. Kurz vor seinem Tode eroberten osmanische Truppen Otranto in Apulien, zogen sich aber beim Tode des Sultans wieder zurück.

DIE OSMANISCHE WELTMACHT (1481–1566)

Die Regierungzeit von Sultan Bayezid II. war in vieler Hinsicht eine Zeit der Konsolidierung des Erreichten. Im Unterschied zu seinem Vater, der eher einem Renaissance-Fürsten glich, war Bayezid von islamischer Frömmigkeit geprägt. Im Zeichen einer orthodoxen Erneuerung konnte die Geistlichkeit Einfluß und Hierarchie ausbauen. Sein Hof zog viele Gelehrte an. Eine kluge Wirtschaftspolitik ließ sowohl Handel und Industrie erblühen als auch die öffentlichen Einnahmen wachsen. Bayezid drängte den Einfluß der *devşirme*-Führer zurück und hielt sie im Gleichgewicht mit der Macht der türkischen Aristokratie. Schwierigkeiten ergaben sich mit seinem Bruder Cem, der für sich den Thron erstrebte. Cem wurde aber mit seinem Heer geschlagen, floh erst zu den Mamluken nach Ägypten und dann zu den Johanniter-Rittern nach Rhodos, um schließlich in die Hände des Papstes zu fallen, der einen neuen Kreuzzug plante.

Im Norden zwang der Sultan das Fürstentum Moldau, die osmanische Oberhoheit anzuerkennen, und geriet daraufhin mit Polen, das zum Schwarzen Meer drängte, in kriegerische Verwicklungen. Aufflackernde Kämpfe mit den Mamluken blieben unentschieden. Mit dem Bau einer Flotte legte der Sultan den Grundstein für eine osmanische Seemacht und entriß Venedig seine letzten Stützpunkte auf der Peloponnes. In Anatolien hatten inzwischen Missionare des schiitischen Ordens der Safawiden, die mit Schah Ismail I. (1501–1524) in Persien die Staatsmacht errungen hatten, weite Teile der Bevölkerung für sich gewinnen können. Soziale und wirtschaftliche Nöte taten ein übriges, um eine Aufstandsbewegung zu entfachen, die nur mit größter Mühe von der Zentralgewalt niedergeschlagen werden konnte. Bayezids II. zweiter Sohn Selim I. Yavuz (der Gestrenge, 1512–1520) ließ mit grausamer Konsequenz die Schiiten Anatoliens zu Tausenden umbringen. Um innerfamiliäre Machtkämpfe zu verhindern, ließ er nicht nur seine zwei Brüder, sondern auch deren sieben Söhne sowie vier seiner eigenen fünf Söhne töten. Auf diese Weise der Sorge um den Thron enthoben, ging er daran, seinen imperialen Ehrgeiz in die Tat umzusetzen. Schon im Jahre 1514 zog er gegen Schah Ismail I. zu Felde, schlug diesen bei Çaldıran und nahm im Jahr darauf das Fürstentum Dulkadır und weite Teile Kurdistans in Besitz. Im Jahre 1516 schlug er die Mamluken bei Aleppo und 1517 bei Kairo. Das reiche Ägypten und Syrien war somit osmanisch geworden. Mekka und Medina, die heiligen Stätten des Islam, unterstellten sich seinem Schutz. (Kat. Nr. 1/49) Als Selim 1520 plötzlich starb, hatte er die Größe des Reiches verdoppelt und die osmanische Macht auch in der arabischen Welt verankert. Sein Sohn Süleyman I. Kanunî (der Gesetzgeber, 1520–1566), in Europa „der Prächtige“ genannt, bestieg den Thron unter günstigen Umständen wie kein Sultan zuvor: Rivalen gab es nicht. Die *devşirme*-Leute und das, was von der türkischen Aristokratie übrig geblieben war, standen unter voller Kontrolle. Die Ressourcen des Staates waren kräftig gestiegen. Sultan Süleyman war auch der Mann, der diese Machtbasis zu nutzen wußte. Unter seiner Herrschaft erreichte das Osmanenreich seinen Höhepunkt. Im Jahre 1521 eroberte er Belgrad, sicherte den Seeweg nach Ägypten durch die Einnahme von Rhodos, schlug 1526 die Ungarn bei Mohács und machte das Land unter Johann Zápolya zum Vasallenstaat. Drei Jahre später erschien er bereits mit seinem Heer vor den Mauern von Wien, mußte die Belagerung aber erfolglos abbrechen.

Der Hauptgegner der Osmanen war nun das Habsburgerreich, Erzherzog Ferdinand, der für seinen Bruder Kaiser Karl V. (1519–1556) Österreich regierte, und der Kaiser selbst, der allerdings sehr mit den Protestanten und Frankreich beschäftigt war. Im Osten waren es die Safawiden unter Schah Tahmasp I. (1524–1576), die mit den Portugiesen im Indischen Ozean kooperierten und der Osmanenmacht Grenzen setzten. Der Landkrieg mit den Habsburgern fand vor allem in Ungarn statt. In einem zweiten Feldzug gegen Österreich verwüstete Süleyman große Teile Nordungarns und Österreichs und schloß dann 1533 einen Frieden mit Ferdinand auf der Grundlage des status quo. Als Zápolya 1540 starb, besetzte Süleyman Ungarn und machte es zur osmanischen Provinz, im Gegensatz zu Siebenbürgen, das Vasallenstaat blieb. Ferdinand behielt Nordungarn, für das er Tribut zahlte. Die osmanisch-habsburgische Grenze blieb – abgesehen von ständigen gegenseitigen Einfällen – bis zum Ende seiner Regierungszeit stabil. Mehr Bewegung zeigte sich an der Mittelmeerfront. Hier hatte Karl V. 1530 die aus Rhodos vertriebenen Johanniter-Ritter auf Malta angesiedelt, das sie zum starken Stützpunkt gegen die Osmanen ausbauten. Im Jahre 1535 eroberte Karl V. Tunis und sein Admiral Andrea Doria

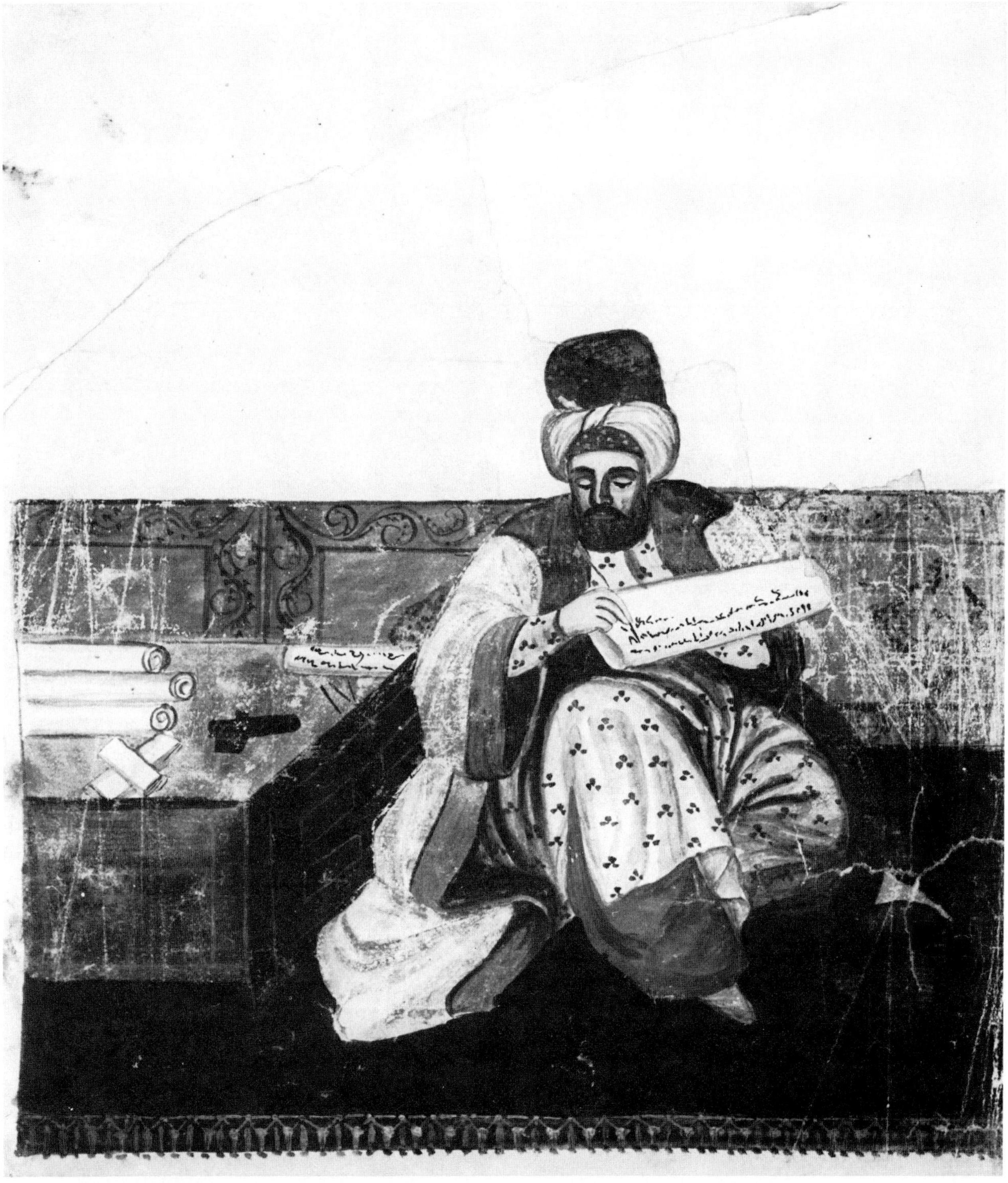

Abb. 25 Kanzleischreiber: aus einem Kostümalbum in Istanbul (Bd. II Kat. Nr. 4/13)

bedrohte den Seeweg nach Ägypten. Nun ernannte Süleyman den Korsaren Hayreddin Barbarossa zum Admiral *(kapudan)* einer mächtigen Flotte, gliederte Algerien seinem Reich ein und schloß 1535 ein Bündnis mit Franz I. von Frankreich. Im Jahre 1537 konnte Barbarossa die Flotte des Gegners bei Preve-sa vernichtend schlagen. Im Jahre 1543 operierte der Seeheld erfolgreich mit der französischen Flotte an der Westküste Italiens. Auch unter seinen Nachfolgern Turgut Reis und Piyale Pascha blieb der osmanischen Flotte die Vormacht im Mittelmeer. Im Jahre 1551 wurde Tripolis hinzugewonnen, ein großer Angriff auf Malta wurde jedoch 1564 blutig abgewiesen. In Mittelasien entwickelte der Sultan gegen die Safawiden gerichtete freundschaftliche Bindungen mit den Usbeken. Drei Feldzüge führte er persönlich gegen den Safawidenstaat (1534/35, 1548–1550 und 1554). Im Frieden von Amasya wurde der safawidische Irak osmanischer Besitz. Um den Portugiesen entgegenzuwirken, hatte Süleyman schon 1538 in Basra und vorher in Suez Flottenstützpunkte erbauen lassen. Nach der Eroberung des Jemen wurde Aden den Portugiesen entrissen und der Indische Ozean zum Aktionsfeld der osmanischen Flotte gemacht.

Im Inneren des Reiches entstanden unterdessen politische Fraktionen im Kampf um Macht und Wohlstand, bei denen die Frauen des Harems Einfluß gewannen. Süleymans letzte Jahre sind immer mehr von Intrigen seiner Frauen und Aufständen seiner Söhne gezeichnet. Auf dem Höhepunkt der Macht des Reiches kündigen sich schon die Grundlinien seines Verfalls an.

IM GLEICHGEWICHT MIT EUROPÄISCHEN MÄCHTEN (1566–1683)

Als der greise Süleyman 1566 auf seinem letzten Feldzug vor der Festung Szigetvár in Ungarn gestorben war, fiel die Nachfolge an seinen weniger kraftvollen Sohn Selim II. (der Säufer; Kat. Nr. I/2). Er wurde weniger wegen seiner Fähigkeiten, sondern vielmehr aufgrund politischer Manöver einer *devşirme*-Harems-Parteiung Sultan. Als unheilvolles Zeichen für die weitere Reichsgeschichte ertrotzten die Janitscharen durch einen Aufruhr bei seinem Einzug in Istanbul beachtliche „Thronbesteigungsgeschenke". Die Staatsgeschäfte wurden immer stärker von dem noch von Süleyman mit absoluten Vollmachten ausgestatteten Großwesir geführt, während sich der Sultan immer mehr davon zurückzog. Bei tüchtigen Großwesiren wie dem Bosnier Sokollu Mehmed Pascha (gest. 1579) hielt sich der Schaden in Grenzen, doch die Entwicklung ging unaufhaltsam dahin, daß die Sultane zunehmend unter den Einfluß einzelner *devşirme*-Harems-Parteien – meist Mütter, Schwestern, Frauen und Favoritinnen des Sultans – gerieten. Ungünstig wirkte sich auch die neue Sitte aus, Prinzen nicht mehr in einer Provinz auf die Herrschaft vorzubereiten, sondern im Palast abgeschirmt von der Außenwelt gefangen zu halten. Trotzdem stellten sich noch lange Zeit äußere Erfolge ein. Im Osten operierte eine Flotte vor Sumatra (1568), im Mittelmeer wurde Zypern erobert (1571), doch mußte die osmanische Flotte danach ihre erste große Niederlage bei Lepanto (1571) hinnehmen.

Unter Sultan Murad III. (1574–1595) wurde Tunis (1574) erneut eingenommen sowie erfolgreich in Marokko und Polen interveniert, wo König Stephan Báthory den Osmanen seinen Thron verdankte. Im Krieg gegen Persien (1579–1590) wurden Aserbaidschan und große Teile des Kaukasus erobert. Ein Krieg gegen die Habsburger (1595–1606) brachte zwar kleinere Landgewinne, doch mußte der Sultan im Frieden von Zsitvatorok den Kaiser erstmals als gleichgestellten Vertragspartner anerkennen und der Ablösung des bisherigen Tributes durch eine einmalige Zahlung zustimmen.

Im Innern bahnte sich inzwischen eine Entwicklung ernster wirtschaftlicher Schwierigkeiten und sozialer Unruhen an. Die ständigen Kriege hatten dazu geführt, daß die Mannschaftsstärke der fest besoldeten Pfortentruppen *(kapı kulları)* in etwa einem Jahrhundert auf mehr als das Fünffache gestiegen war. Der Geldbedarf des Staates stieg beträchtlich. Man versuchte nun immer mehr durch Sondersteuern und Verpachtung von Steuerabgabebezirken an den Meistbietenden Bargeld zu beschaffen. Die Verschwendungssucht der Herrschenden nahm ebenfalls zu. Durch Bestechung und Ämterschacher und vor allem durch das System der Steuerpacht gerieten letztlich die steuerzahlenden Bauern und Handwerker in ärgste Bedrängnis. Viele Bauern verließen daraufhin ihr Land, gerade zu einer Zeit, in der die Bevölkerung stark zugenommen hatte und mehr Nahrungsmittel als je zuvor gebraucht wurden, und schlossen sich zu Rebellenverbänden zusammen, welche weite Teile des offenen Landes beherrschten. Zu ihnen stießen auch viele Reiter der Provinztruppen, denen ein *tımar* der unteren Stufe angewiesen worden war, und das nun mangels bäuerlicher Produktion fast erloschen war. Die Konsolidierung des Osmanenreiches zwischen Schwarzem Meer und Rotem Meer hatte Europa von den Landhandelswegen und den lebenswichtigen Märkten Süd- und Ostasiens abgeschnitten. Die intensive Suche nach anderen Verbindungswegen führte schließlich zur Entdeckung Amerikas und der Seeroute nach Indien. Im Laufe des 16. Jahrhunderts floß zunehmend amerikanisches Silber in die Alte Welt, wodurch eine Handelskrise ausgelöst wurde, die auch das Osmanische Reich in Mitleidenschaft zog. Die steigende Inflation entwertete die *tımar*-Erträge, die schließlich nicht mehr ausreichten, die Lehensreiterei kampffähig zu erhalten. Das *dirlik*-System und mit ihm die militärische Schlagkraft der Provinztruppen zerfiel. Stattdessen bildeten sich mit der Zeit große landwirtschaftliche Güter in den Händen einer neuen Schicht von Notabeln *(ayan)*, die Landarbeiter beschäftigten. Im Außenhandel sank das Reich zum Rohstofflieferanten der europäischen Nationalökonomien herab. Noch schlimmer, die vielen europäischen Mächten gewährten Handelsprivilegien erlaubten die Einfuhr von Fertigwaren zu so günstigen Bedingungen, daß osmanische Manufakturen weithin auf der Strecke blieben. Damit entfielen auch wieder sich daraus ergebende Staatseinnahmen in Form von Steuern. Im Zuge allgemeiner Anarchie und Schwächung der Zentralgewalt kam es zu Aufständen von Provinzstatthaltern, welche die Hauptstadt bedrohten, in der sich zeitweise wiederum Janitscharen und andere Truppenteile bekämpften. Als Sultan Osman II. (1618–1622) wegen der im Polenfeldzug versagenden Janitscharen Reformen anstrebte, wurde zum ersten Mal ein regierender Sultan ermordet. Sultan Murad IV. (1623–1640) gelang es noch einmal, mit eiserner Hand und viel Blutvergießen den Machtzerfall der Zentralgewalt aufzuhalten. Er eroberte den Irak zurück und schloß 1639 mit dem Safawidenschah einen Friedensvertrag, der die Grenze beider Länder praktisch bis 1918 festlegte. Unter seinem wegen langer Isolation im Harem zum Herrschen völlig ungeeigneten Bruder İbrahim (1640–1648) begann ein verlustreicher Krieg um das venezianische Kreta, der das Reich in neue Schwierigkeiten stürzte. Da fand sich im Jahre 1656 mit Köprülü Mehmed Pascha ein Großwesir, der – mit außerordentlichen Vollmachten ausgestattet – Herr der Lage wurde. Seine Reformen zielten allerdings nur darauf, die alten Zustände des 16. Jahrhunderts wiederherzustellen. Sein Sohn Köprülü Fazıl Ahmed Pascha (1661–1676) konnte den Krieg um Kreta siegreich beenden und Polen 1672 zum Abtreten von Podolien zwingen. Damit hatte das Osmanische Reich seine größte territoriale Ausdehnung erreicht. Doch unter seinem Nachfolger Kara Mustafa Pascha (1676–1683) verlor die Türkei nach erfolglosen Feldzügen die Oberhoheit über die Kosaken an Rußland, das in seinem Drang zum Schwarzen Meer ein neuer Hauptgegner des Osmanenreiches wurde. Als der Großwesir in einem neuen Krieg mit Habsburg mit einer machtvoll scheinenden Armee im Jahre 1683 Wien belagerte, erlitt er eine furchtbare Niederlage, die zur entscheidenden Wende wurde. Das osmanische Reich geriet in Europa in die Defensive.

ABWEHR GEGEN ÖSTERREICH UND RUSSLAND

Der Zusammenbruch der osmanischen Stärke nach der Niederlage vor Wien ermöglichte den Habsburgern und ihren Verbündeten große territoriale Gewinne. Im Jahre 1686 fiel Buda, ein Jahr darauf ging nach der zweiten Schlacht bei Mohács ganz Ungarn verloren, und im folgenden Jahr eroberten die Kaiserlichen Belgrad. Als die Heere der Habsburger 1689 Nisch, Vidin, Skopje und Prizren besetzten, schien manchem das Ende osmanischer Macht in Europa gekommen. Allerdings konnte der Vormarsch des Polenkönigs Sobieski in Podolien mit tatarischer Hilfe gestoppt werden. Die Venetianer indessen konnten die Morea besetzen und 1687 Athen erobern. Im Innern erschütterten Aufstände, Teuerungen und Hungersnöte das Reich.
Da gelang es im Winter 1689–1690 einem Großwesir aus der Köprülü-Familie, Fazıl Mustafa Pascha, die osmanischen Kräfte wieder zusammenzufassen. Eine Gegenoffensive warf die Habsburger hinter die Donau zurück. Doch nach weiteren Niederlagen in Ungarn war die Türkei 1699 zum Frieden von Karlowitz gezwungen, in dem sie Podolien an Polen, Siebenbürgen, Ungarn (ohne das Banat) und Teile Kroatiens an Österreich sowie Dalmatien an Venedig verlor. Im Norden zeigten sich die osmanischen

Truppen siegreich in einem Krieg mit Peter I. dem Großen von Rußland, der Azow mit allen Eroberungen am Schwarzen Meer zurückgeben mußte (1711). Im Jahre 1715 konnte die Morea zurückerobert werden, doch neue Vorstöße in Ungarn schlug Prinz Eugen im gleichen Jahr bei Peterwardein zurück. Im Frieden von Passarowitz (1718) verlor die Türkei nun auch Temeschwar, das Banat und Belgrad.
Die katastrophalen Niederlagen und Verluste so großer Teile des Reiches führten dazu, daß sich immer mehr kritische Köpfe mit den Vorgängen und der Entwicklung in den christlichen Staaten beschäftigten. Waren bisher auch gebildete Osmanen über die Entwicklung in Europa wenig informiert, weil man davon ausging, daß die Ungläubigen ohnehin nichts hervorbringen könnten, was an die eigenen Errungenschaften heranreichte, so wuchs nun die Zahl derer, die meinten, man müsse sich besonders mit den neuen Wissenschaften und Techniken der Europäer vertraut machen. Ein Förderer dieser Geistesströmung war der Großwesir Nevşehirli Damad Ibrahim Pascha. Zum Symbol dieser Bewegung wurde die aus Holland eingeführte – wohin sie 150 Jahre vorher aus der Türkei gebracht worden war – und allseitig beliebte Tulpe, weshalb die Zeit den Namen „Tulpenzeit“ (lâle devri) erhielt (1. Viertel des 18. Jahrhunderts).
Zum ersten Mal wurden nun ständige Botschafter nach Paris, Wien, Moskau und Warschau geschickt, die aus diesen Ländern umfassend berichteten. Das osmanische Geistesleben blühte auf. Damad Ibrahim Pascha förderte Kunst und Literatur und ließ arabische und persische Werke ins Osmanische übersetzen. Ein ungarischer Renegat, Ibrahim Müteferrika, führte den Buchdruck ein. Eine rege Bautätigkeit begann. Sultan Ahmed III. (1703–1730) ließ, dem Vorbild von Versailles folgend, das Lustschloß Sadabâd (Stätte des Glücks) erbauen, wo die Herrschenden rauschende Feste feierten, während das Reich sich wieder ersten wirtschaftlichen Problemen und sozialen Unruhen gegenüber sah. Als die Perser unter Nadir Schah die von osmanischen Truppen kurz vorher besetzten Gebiete zurückeroberten, entstand unter Führung des Janitscharen Patrona Halil ein blutiger Aufstand. Der Großwesir wurde ermordet, der Palast von Sadabâd und andere Zeichen der Tulpenzeit zerstört. Die Aufrührer setzten einen neuen Sultan, Mahmûd I. ein, der, nachdem es ihm gelungen war, Patrona Halil umbringen zu lassen, eine Politik tradionalistisch orientierter Reformen aufnahm.
Auf militärischem Gebiet sträubten sich die Janitscharen gegen grundlegende Reformen. Dennoch gelang es dem französischen Renegaten, Graf de Bonneval, als Humbaracı Ahmed Pascha ein Artillerie-Korps und eine Heeres-Ingenieurschule aufzubauen. Mit seinem Tode endeten beide Einrichtungen. Weitere Reformen betrafen das *tımar*-System. Nach weiteren Kämpfen mit Persien, wo die von Murad IV. 1639 vereinbarte Grenze schließlich immer wiederhergestellt wurde, waren den Türken lange Jahre des Friedens vergönnt. Aber ohne den Druck einer äußeren Gefahr verschwanden die Errungenschaften der bisherigen Reformen zusehends. Ämterschacher und Bestechungen griffen um sich. Inflation und Lebensmittelknappheit erschütterten das Land. Die Zentralgewalt zerfiel immer mehr. Lokale Machthaber faßten Fuß, übernahmen das Steueraufkommen ihrer Gegend und führten oft nur noch symbolische Beträge an den Staatsschatz ab. In Ägypten, Syrien, dem Irak und Nordafrika übernahmen die dortigen Statthalter die Macht und herrschten mehr oder weniger selbständig. Der Großwesir Koca Ragıb Pascha (1757–1763) versuchte den Zerfallserscheinungen mit gewissem Erfolg entgegenzuwirken, indem er noch einmal voll die Möglichkeiten traditioneller Reformen ausschöpfte.
Unter Katharina der Großen (1762–1796) gelang es den Russen, dem Osmanischen Reich schwere Niederlagen beizubringen. Während russische Agenten Aufstände in Montenegro, Serbien, Griechenland und den Donaufürstentümern zu entfachen bemüht waren, wurde ein türkisches Heer vernichtend geschlagen. Gleichzeitig gelang es der russischen Ostsee-Flotte, die osmanische Flotte bei Chios zu zerstören. Im Frieden von Küçük Kaynarca mußte 1774 erstmals muslimisches Land, die Krim, aufgegeben werden.
In einem weiteren Krieg griffen Österreich und Rußland gemeinsam die Türkei an, zerschlugen osmanische Armeen und drangen tief in osmanisches Reichsgebiet ein. Nur die Interventionen europäischer Mächte führten 1792 zu dem für die Türkei noch glimpflichen Frieden von Jassy. Rußland hatte schon 1783 die Krim endgültig annektiert und somit Machtpositionen am Schwarzen Meer für ein weiteres Vorgehen auf dem Balkan errungen.

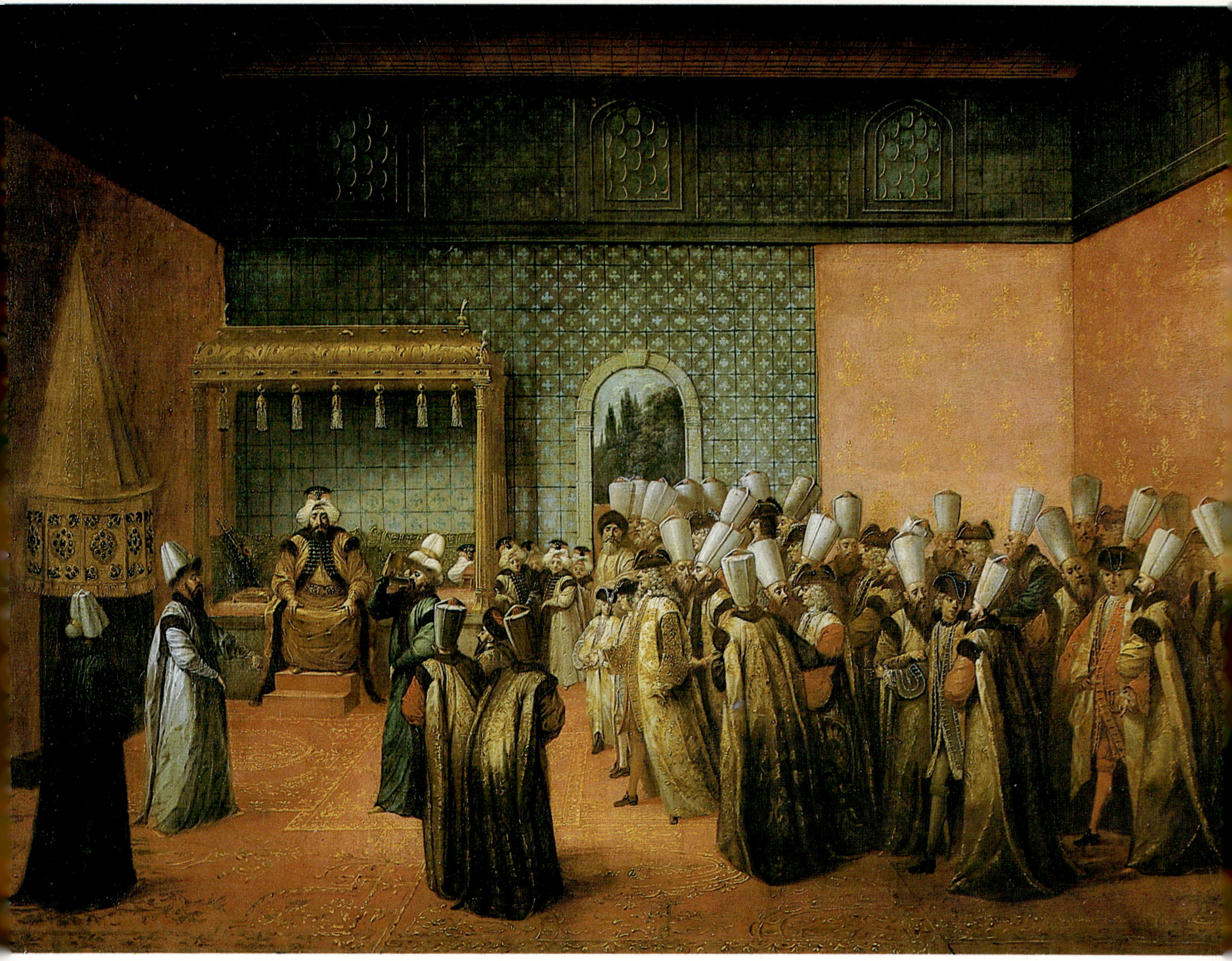

Jean-Baptiste Van Mour: Empfang des französischen Gesandten durch Sultan Ahmed III. (Kat. Nr. I/4)

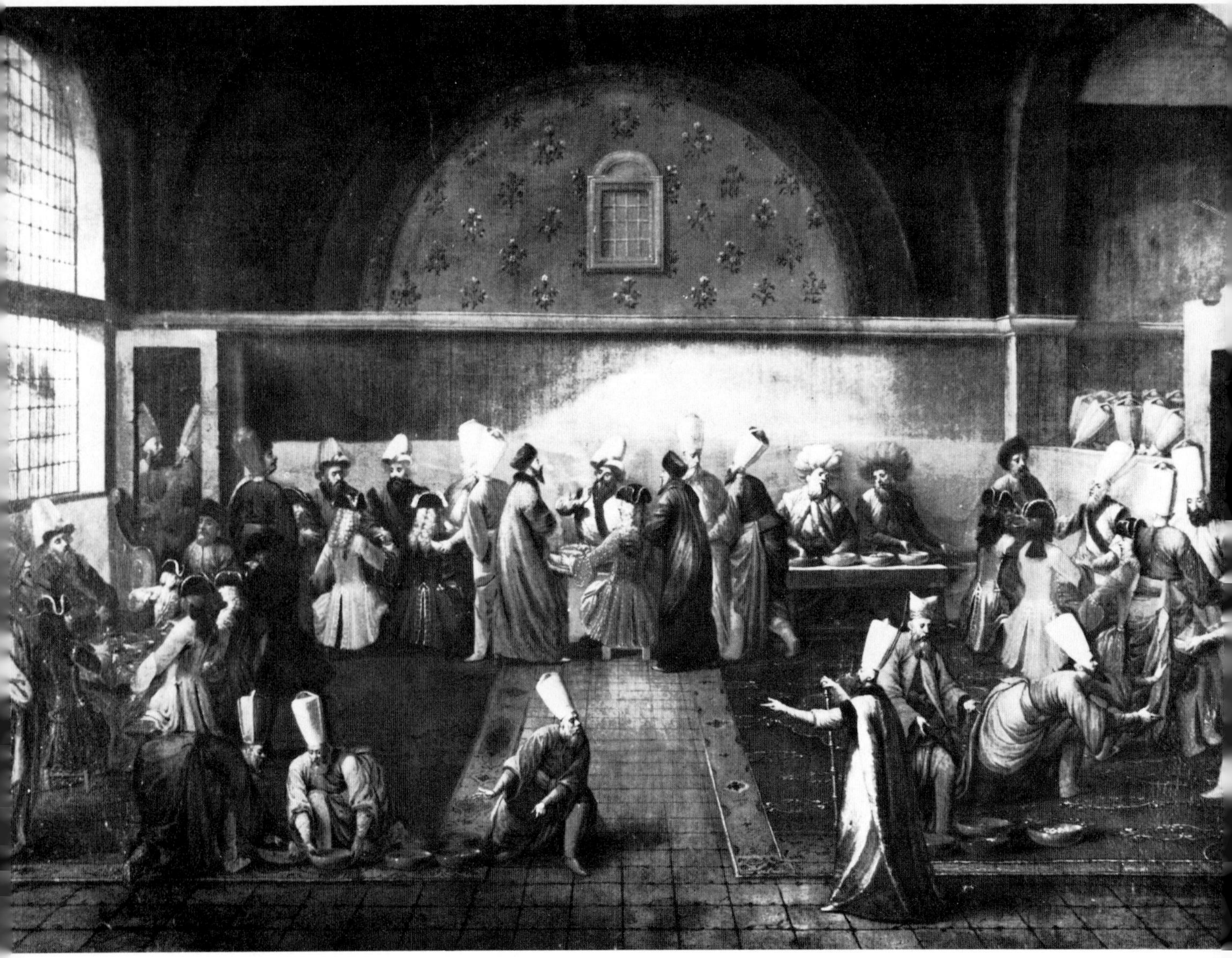

Abb. 26 Jean-Baptiste Van Mour: Festmahl anläßlich des Empfangs eines Gesandten (Kat. Nr. I/5)

REFORMEN UND ENDE

Die neuerlichen Niederlagen hatten die Überlegenheit der europäischen Armeen allen deutlich vor Augen geführt. Selim III. (1789–1807) leitete militärische Reformen ein, die in der Aufstellung neuer Truppen *(nizam-ı cedid)* nach europäischem Muster gipfelten. Die Janitscharen und Provinztruppen der *sipahi* sperrten sich weiterhin gegen Reformen und standen den *nizam-ı cedid*-Einheiten, die nur neben den schon bestehenden Militäreinheiten aufgestellt wurden, ohne letztere zu ersetzen, feindlich gegenüber. Die Zentralgewalt zerfiel weiter. Ali Pascha von Janina und Osman Pascha von Vidin sowie Notabeln in Anatolien regierten autonom in ihren Gebieten. Österreich und Rußland bedrohten weiterhin ständig die Balkanprovinzen. Napoleon Bonaparte besetzte 1798 Ägypten. Als die Franzosen schließlich mit englischer Hilfe vertrieben wurden, machte sich der dortige osmanische Befehlshaber Mehmed Ali Pascha selbständig (1807). Seitdem war Ägypten nur noch nominell Bestandteil des Osmanischen Reiches. Selim III. wurde 1807 durch eine Janitscharenrevolte gestürzt und später ermordet. Die *nizam-ı cedid*-Truppen wurden aufgelöst und viele Reformen rückgängig gemacht. Doch Sultan Mahmud II. (1808 –1839) nahm die Reformpolitik bald wieder auf. Zwar gelang es ihm, die Herrschaft lokaler Machthaber mehr und mehr zu beenden, doch hatte er Mühe, äußeren Bedrohungen zu entgegnen und den Bestand des Reiches zu wahren. Im Frieden von Bukarest mußte er den Verlust der Ostmoldau (nunmehr Bessarabien genannt) hinnehmen. Von der arabischen Halbinsel aus bedrohten die fundamentalistischen Wahhabiten die arabischen Provinzen. Doch die ägyptischen Truppen konnten diese Gefahr mit der Rückeroberung von Mekka bannen. Die Serben erkämpften sich 1817 die Autonomie und die übrigen Balkanvölker eiferten ihnen nach. Der 1821 losbrechende Aufstand der Griechen konnte nur mit Hilfe ägyptischer Vasallentruppen niedergeworfen werden, da die Janitscharen versagten. Dies nahm Sultan Mahmud II. nun zum Anlaß, diese Truppe durch die seit 1815 unter dem Namen *segban-ı cedid* aufgestellten modernen Einheiten 1826 in einem blutigen Massaker in Istanbul niederschießen zu lassen. Damit hatten die Anti-Reform-Kreise ihren militärischen Arm verloren. Man konnte nun zu gründlichen Reformen schreiten. Doch vorerst war die Türkei dadurch militärisch sehr geschwächt. Im Frieden von Edirne mußte sie die Unabhängigkeit Griechenlands sowie die Autonomie Serbiens, der Moldau und der Walachei anerkennen. Die Franzosen annektierten 1830 Algerien. Mehmed Ali Pascha schlug mit seinen ägyptischen Truppen die neue osmanische Reichsarmee erst 1832 bei Konya und dann 1839 noch einmal bei Nizip in Nordsyrien. Nur mit europäischer Hilfe konnte er zurückgehalten werden.

Sultan Abdülmecid (1839–1861) leitete gleich nach seiner Thronbesteigung die Reformperiode der *tanzimat-ı hayriyye* (wohlwollende Anordnungen) – meist kurz Tanzimat genannt – ein. Mit ihr machten die Herrschenden den ernsten Versuch, ihre soziale und politische Machtstellung zu erhalten, indem sie die Instrumente ihrer Macht, die Verwaltung und die Armee modernisierten. Im Bereich der Verwaltung schwebte den Reformern, deren bedeutendster der sechsmalige Großwesir Mustafa Reşid Pascha (gest. 1858) war, ein straff zentralisiertes bürokratisches System nach der Art Frankreichs vor. Mit der rechtlichen Gleichstellung aller Untertanen wurde den Führern der nichtmuslimischen *millets* nun allerdings auch ihre Macht genommen. Man nahm ein umfangreiches Gesetzgebungswerk in Angriff. Das *dirlik*-System wurde abgeschafft. Alle Beamten der Regierung erhielten ein festes Gehalt. Unter der Bezeichnung „*nizamiye*“ wurde eine reguläre Armee aufgestellt. Ein neues Aushebungsgesetz regelte 1843 den Militärdienst. Im Bereich des Erziehungswesens wurde parallel zu den Medresen ein neues Schulsystem aufgebaut. Dies führte jedoch zu einem Dualismus in der Bevölkerung: zwischen westlich orientierten Absolventen der neuen Schulen und den konservativ islamisch erzogenen Studenten der Medresen.

Der Einmarsch russischer Truppen in die Donaufürstentümer führte 1854 schließlich zum Krimkrieg. Englische und französische Truppen zwangen zusammen mit der Balkanarmee Ömer Paschas die Russen zum Rückzug und eroberten Sewastopol. Sultan Abdülhamid II. (1876–1909) verkündete 1876 die von einer Gruppe um Midhat Pascha ausgearbeitete erste Verfassung der Türkei, die auch zur Bildung eines aus zwei Kammern bestehenden Parlamentes führte. Doch faktisch behielt der Sultan seine Machtstellung. Als die Russen nach der Niederwerfung eines Aufstandes in Montenegro 1877 wieder angriffen, suspendierte der Sultan das Parlament.

Nach harten Abwehrkämpfen drangen die Russen bis in die Vororte von Istanbul vor. Im Berliner Kongreß (1878) wurden die Donaufürstentümer und Serbien endgültig unabhängig. Bulgarien wurde tributpflichtiges Fürstentum, und Österreich besetzte Bosnien und die Herzegowina.
Im Innern der Türkei regte sich gegen das Regime Abdülhamids II. zunehmend Widerstand, der hauptsächlich von der geheimen „Gesellschaft für Einheit und Fortschritt", aus der sich dann die jungtürkische Bewegung entwickelte, getragen wurde. Ihr Zentrum war Saloniki, wo 1908 die dort stationierte Armee revoltierte. Der Sultan gab nach, setzte die Verfassung wieder in Kraft und begnügte sich mit der Rolle eines konstitutionellen Monarchen. Nach einer erfolglosen Gegenrevolution im Jahre 1909 wurde er jedoch durch seinen Bruder Mehmed V. (1919–1918) ersetzt. Inzwischen trafen das Reich äußere Schläge. Österreich annektierte 1908 Bosnien und die Herzegowina, und Bulgarien erklärte seine Unabhängigkeit. Kurz darauf begann Italien mit der Eroberung Libyens, was ihm 1912 zusammen mit dem Dodekanes überlassen werden mußte, da die Balkanstaaten die Türkei im 1. Balkankrieg angriffen. Die Türkei verlor nun auch Mazedonien mit Saloniki und mußte Edirne aufgeben, konnte es im 2. Balkankrieg jedoch zurückgewinnen.
Die jungtürkische Regierung entwickelte enge Beziehungen zum Deutschen Reich, an dessen Seite sie 1914 in den 1. Weltkrieg eintrat. Die osmanischen Armeen kämpften zeitweilig mit gutem Erfolg, vor allem widerstanden sie dem Versuch der Alliierten, bei den Dardanellen zu landen. Schließlich wurden sie jedoch mit ihren Verbündeten besiegt.
Im Jahre 1920 wurde die Türkei gezwungen, sich dem harten Diktat des Friedensvertrages von Sèvres zu beugen. Französische, britische, italienische und griechische Truppen besetzten Teile des Landes. Doch bald gelang es dem General Mustafa Kemal (später Kemal Atatürk) an der Spitze einer nationalen Unabhängigkeitsbewegung, die große Beachtung in anderen Ländern Asiens und Afrikas fand, neue Machtverhältnisse zu schaffen. Die in Ankara, der neuen Hauptstadt, zusammengetretene Nationalversammlung schaffte 1922 das Sultanat ab. Der letzte Sultan war auf einem englischen Kriegsschiff nach Malta geflohen. Im Frieden von Lausanne konnte die Türkei schließlich günstigere Bedingungen erreichen.
Mit der Gründung einer Republik Türkei am 29. Oktober 1923 begann eine neue Ära.

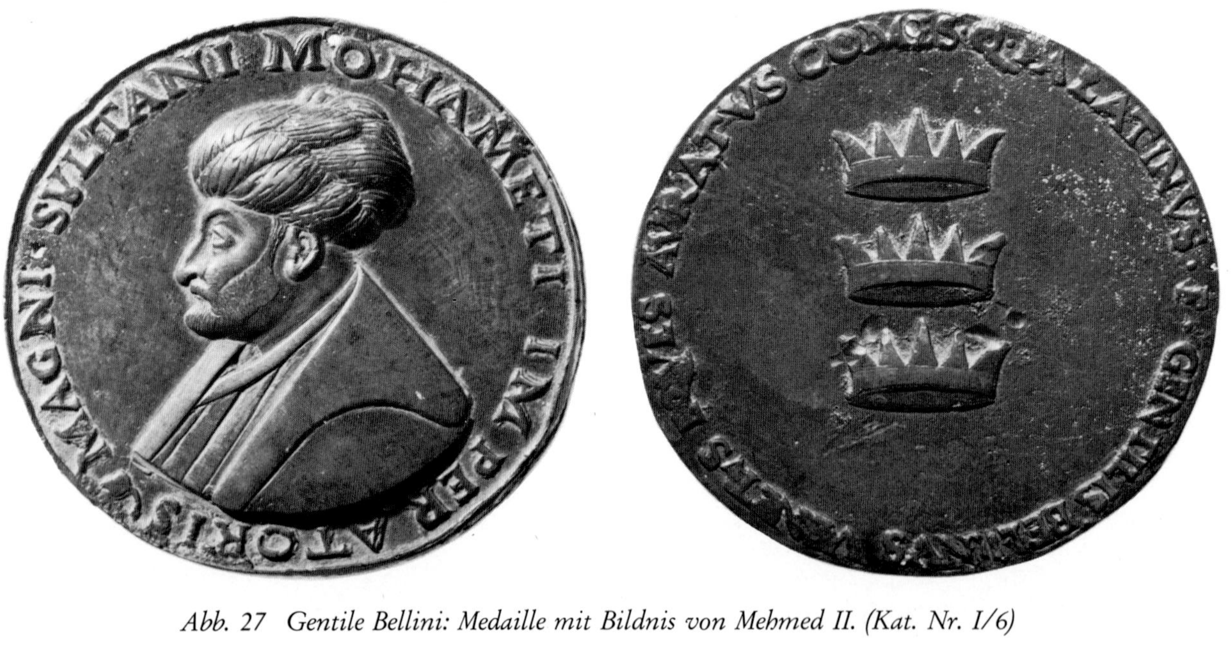

Abb. 27 Gentile Bellini: Medaille mit Bildnis von Mehmed II. (Kat. Nr. I/6)

Klaus Schwarz

Staatsverwaltung und Repräsentation

Ein Reich, welches über ein halbes Jahrtausend existieren konnte, muß im Laufe seiner Geschichte Strukturen entwickelt haben, die ihm eine solche lange Dauer ermöglichten. Der Staat der Osmanen durchlief – obwohl immer stark von Traditionen und dem Respekt vor dem Althergebrachten bestimmt – eine gewisse Entwicklung. In dem zur Verfügung stehenden begrenzten Rahmen soll das Osmanische Reich hauptsächlich in seiner klassischen Ausprägung im 16. Jahrhundert beleuchtet werden.

Die riesigen Gebiete, über welche der osmanische Sultan herrschte, gliederten sich zur Zeit der größten Machtentfaltung des Reiches in folgende Hauptgruppen:

1. Einen großen Teil der Länder, die nach einem ausgefeilten System teilweise unterschiedlich, aber doch insgesamt einheitlich direkt verwaltet wurden.
2. Einige Territorien, die weniger direkt unter besonderen Regelungen halbautonom regiert wurden.
3. Vasallenstaaten, die Tribut zahlten. Zu ihnen zählten Staatswesen, welche je nach Lage der Dinge unregelmäßig Tribut zahlten wie die Krimtataren, Georgien, Mingrelien und Teile der arabischen Halbinsel. Regelmäßige Tributzahlungen kamen aus den Fürstentümern Siebenbürgen, der Walachei und der Moldau sowie der Republik Ragusa, zeitweise auch von Venedig für den Besitz Zyperns und von Kaiser Ferdinand für seine Besitzungen in Ungarn. Nordafrika – von türkischen Korsaren für das Reich erobert – glich in seiner Verwaltung derjenigen der zentralen Reichsgebiete, war jedoch bei strikter Gefolgschaft über lange Zeit relativ autonom. Einige *hükûmet's* (Herrschaften) kurdischer und arabischer Fürsten im Osten des Reiches waren ebenfalls fast autonom und hatten meist nur Heeresfolge zu leisten.

Innerhalb der Grenzen des Osmanischen Reiches lebten viele verschiedene Völker, welche unterschiedlichen Religionsgemeinschaften angehörten. Der Staat allerdings war muslimisch, die Grundlage allen Handelns und aller Gesetze war das *şer-i şerif* (das edle Religionsgesetz).

Dieses sah nun grundsätzlich zwei Kategorien von Reichsbewohnern vor – Muslime und Nichtmuslime. Letztere genossen, sofern es Juden und Christen waren, als sogenannte *zimmi* (Schutzgenossen) den Schutz des Staates. Die einzelnen Glaubensgemeinschaften (*millet*) konnten unter der Leitung ihrer jeweiligen Oberhäupter ihre inneren Angelegenheiten selbst regeln, mußten aber eine besondere zusätzliche Abgabe, die Kopfsteuer (*cizye*), zahlen. Ihre Bekehrung zum Islam wurde nie ernsthaft betrieben. Die Muslime des Reiches waren in der Hauptsache türkischer, arabischer, kurdischer, bosnischer und albanischer Zunge. Während in der ersten Phase des Osmanenreiches die Träger der Macht, ethnisch gesehen, Türken waren, änderte sich dies mit Einführung der Knabenlese (*devşirme*) gegen Ende des 14. Jahrhunderts. Von nun an bestand die politische und militärische Führungsmannschaft des Reiches für etwa zwei Jahrhunderte teilweise auch aus gut ausgebildeten, zum Islam bekehrten Söhnen christlicher Reichsbewohner bzw. Angehöriger anderer Nationen Europas. Diese Renegaten waren juristisch gesehen Sklaven (*kul*) des Sultans – eine Vorzugsstellung, die als höchst erstrebenswert angesehen wurde, war sie doch die Voraussetzung für Macht und Reichtum. Einen Adel im europäischen Sinn gab es nicht. Zwar hatten die Söhne hoher Würdenträger einen kleinen Vorteil, doch das osmanische System der Elitenbildung stand stets neuen Männern offen, welche die erforderlichen Talente und Fähigkeiten aufwiesen. Allein die Gunst des Sultans und das eigene Geschick, übertragene Aufgaben zu meistern, entschieden darüber, ob man zum Kreis derjenigen gehörte, welche die Macht ausübten. Ein Wink des Großherrn genügte, um jemanden zu befördern, absteigen zu lassen oder ihn zu töten. Alle Macht lag beim Sultan, wenn dieser sie zu gebrauchen verstand. Seine Herrschaft fand ihre Grenzen grundsätzlich nur im „edlen Religionsgesetz“ und in gewisser Weise auch in den Gesetzen seiner Vorgänger.

Das Haus Osman hat es über die Jahrhunderte hinweg verstanden, die Stellung des Sultans für sich zu behaupten – der Name der Dynastie ging auf das Reich über. Ein Streit um den Thron fand allenfalls innerhalb der Familie statt. Anfangs, als die Prinzen noch als Statthalter in den Provinzen residierten, kam es mangels einer Thronfolgeordnung spätestens beim Tod des Sultans zum Streit. Der Sieger – in der Regel durch die ihm übertragene, der Hauptstadt am nächsten gelegene Statthalterschaft vorherbestimmt – verfolgte und tötete die unterlegenen Brüder und Neffen. Manchmal gelang einem Prinzen die Flucht ins Ausland. Eine Zeit lang ermordete man die teilweise noch minderjährigen Brüder eines Sultans bei dessen Thronbesteigung. Seit dem Beginn des 17. Jahrhunderts wurden sie jedoch nicht mehr getötet, sondern im sogenannten Prinzenkäfig (*kafes*) im Harem gefangen gehalten.

Der Sultan hatte – wie in vielen muslimischen Staaten vor den Osmanen üblich – einen Bevollmächtigten (Wesir), der ihn in den Regierungsgeschäften vertrat und sein vertrauter Berater in allen Dingen sein sollte. Schon Orhan hatte seinem Bruder Alaeddin Pascha nach der Eroberung Bursas dieses Amt übertragen. Mit der Zeit gab es mehrere Wesire, die den Herrscher berieten. Einen von ihnen ernannte der Sultan zu seinem Großwesir; dieses Amt erfuhr unter Sultan Süleyman dem Prächtigen (1520–1566) die besondere Ausformung seiner Macht. Dem Amtsinhaber wurde gleichsam die Macht des Großherrn selbst übertragen, er wurde das „alter ego", der „absolute Vertreter" (*vekil-i mutlak*) des Sultans. So wurde der Großwesir in Vertretung des Sultans das Haupt der zivilen und militärischen Organisation und der oberste Richter. Lediglich in zwei Bereichen hatte er keine Befehlsgewalt –im Haushalt des Großherrn und in der islamischen Gelehrten- und oberen Richterschaft (*ulema*).

Da osmanische Verwaltungsämter immer zugleich militärische Aufgaben beinhalteten, war der Großwesir zugleich Heerführer. Wenn der Sultan nicht persönlich ins Feld zog, war er es, der, meist für die Dauer des Feldzuges zum *serdar* (Generalissimus) ernannt, seine Fähigkeiten als Truppenführer unter Beweis stellen mußte. Die Machtfülle des Großwesirs wurde dadurch zum Ausdruck gebracht, daß ihm bei seiner Ernennung das Reichssiegel (*mühr-i hümayun*) übergeben und bei seiner Absetzung wieder abgenommen wurde.

Seitdem der Sultan nicht mehr persönlich die Sitzungen des *divan-ı hümayun* (Reichsrat) leitete, übte der Großwesir diese wichtige Funktion viermal in der Woche aus. Am Nachmittag hielt er selber für die weniger wichtigen Angelegenheiten einen eigenen Diwan ab. Seit dem Jahre 1654 verfügte der Großwesir über eine eigene Residenz, die *paşa kapısı* (Tor des Paschas) oder *bab-ı âli* (Hohe Pforte) genannt wurde.

Zu den weiteren Aufgaben seines Amtes gehörte es, regelmäßig zusammen mit dem Befehlshaber der Janitscharen und dem Richter von Istanbul die Märkte der Stadt zu inspizieren. Zu genau festgelegten Zeiten hatten ihm die anderen Würdenträger zeremonielle Besuche abzustatten.

Der Großwesir stieg gewöhnlich aus den Reihen der anderen Wesire zu diesem Rang auf. Man nannte sie nach dem Kuppelraum, in dem der Diwan abgehalten wurde, Kuppelwesire (*kubbe veziri*).

Bestimmte Statthalterposten, wie die von Kairo, Bagdad und Buda wurden ebenfalls mit Männern im Wesirsrang besetzt, die man im Unterschied zu den Kuppelwesiren „äußere Wesire" nannte.

Die klassische muslimische Staatsverwaltung kennt zwei weitere grundsätzliche Einrichtungen: Erstens eine Abteilung, welche sich mit dem Schriftverkehr, der Registrierung der Korrespondenz sowie der Ausstellung von Urkunden und Erlassen beschäftigt – also eine Staatskanzlei. Zweitens eine Abteilung, welche die Einkünfte des Staates verwaltet – also die Finanzverwaltung. Vorsteher der hocheffizienten osmanischen Finanzbürokratie war der *defterdar* (Buchhalter).

Anfangs gab es nur einen Defterdar. Wohl unter Bayezid II. kam ein zweiter hinzu, dem Anatolien übertragen wurde, während der erste für Rumelien, den europäischen Teil des Reiches, zuständig blieb und als Haupt-Fiskusvorsteher (*baş defterdar*) fungierte. Nach der Eroberung der arabischen Gebiete ernannte man für diese einen dritten Defterdar mit Sitz in Aleppo.

Die Osmanen waren stets bemüht, alle Ressourcen ihrer Länder zu erfassen. Den siegreichen Heeren folgten unmittelbar die Steuerbeamten, welche bis zum letzten Acker jede mögliche Steuerquelle in ihre Bücher (*defter*) aufnahmen. Dabei verwendeten sie eine persisch-arabisch-türkische Mischsprache und schrieben ihre Aufzeichnungen in einer Spezialschrift (*siyakat*), die in der Regel nur Finanzbeamte lesen konnten. Vor allem wegen der verwendeten besonderen Zahlenzeichen ließen sich praktisch fälschungssichere Urkunden und Akten erstellen.

Diese verschiedenen Steuerlisten und Finanzdokumente wurden sowohl in der entsprechenden Provinzhauptstadt als auch in der zentralen Registratur, dem Istanbuler *defterhane*, aufbewahrt. Es lag direkt neben dem Sitzungssaal des *divan-ı hümayun* auf dem Palastgelände und wurde wegen seiner großen Bedeutung für die Finanzwirtschaft des Reiches ebenso wie der Staatsschatz nach jeder Sitzung des *divan-ı hümayun* mit dem Reichssiegel versiegelt.
Die immense Arbeit der Verrechnung der einzelnen Einnahmen und Ausgaben des Staates sowie die Verwaltung, Anweisung und Auszahlung der Gelder fand in den Büros der Defterdare statt. Anfang des 16. Jahrhunderts sollen die zwei Defterdare in Istanbul über 800 Bedienstete gehabt haben. Damals gab es über 25 Abteilungen, deren Zahl sich später noch erhöhte. Einmal wöchentlich wurde für den Großwesir ein Bericht über den Stand der Finanzen angefertigt. Zu den wichtigsten Sorgen des Defterdars gehörte dreimal im Jahr die Bereitstellung des Bargeldes für die Soldzahlungen an die Pfortentruppen.
Die Abteilung in der Zentralverwaltung, welche mit der Korrespondenz befaßt war, ist in enger Verbindung mit dem *divan-ı hümayun* zu sehen. Die dort getroffenen Entscheidungen wurden von Schreibern der Staatskanzlei zu Papier gebracht und schließlich in entsprechenden Schreiben und Urkunden den Empfängern zugestellt. Im Unterschied zur frühosmanischen Hofkanzlei, wo nur gelegentlich schriftliche Verfügungen des Fürsten notwendig waren und wohl nur eine spärliche Korrespondenz geführt wurde, hatte sich kaum zweihundert Jahre später eine Staatskanzlei herausgebildet, welche den Erfordernissen der Schriftlichkeit in allen Bereichen der Verwaltung des Reiches voll Rechnung trug. Der osmanische Zentralstaat hatte sich eine hochentwickelte Bürokratie geschaffen. Das wichtigste Amt im Kanzleiwesen der Osmanen war das des *nişancı* (Tughra-Zeichner), dessen Hauptaufgabe es war, dafür zu sorgen, daß die Tughra, der kunstvoll verschlungene Namenszug des regierenden Sultans – auch *nişan-ı şerif* (edles Zeichen) genannt – über wichtigen Urkunden angebracht wurde (Kat. Nr. 1/111–118). Erst dadurch erhielt sie die für jeden erkennbare Beglaubigung. Vorher jedoch oblag es ihm zu prüfen, ob die entsprechende Urkunde mit den Gesetzen des Reiches übereinstimmte. Europäische Beobachter bezeichneten ihn meist als „Kanzler". Die wichtigsten Staatsschreiben pflegte der *nişancı* persönlich abzufassen. Für die anderen Schriftstücke standen die Schreiber der Kanzlei unter der Leitung des *reisülküttab* (Chef der Schreiber) zur Verfügung, ein Amt, welches in späterer Zeit das des *nişancı* an Bedeutung übertreffen sollte. Über alle angefertigten Schreiben und Urkunden wurden genaue Register angefertigt, die in der zentralen Registratur (*defterhane*) unter Leitung des *defter emini* aufbewahrt wurden.
Das Rechtssystem des osmanischen Staates war bekanntlich islamisch. Während man anfangs hochqualifizierte Gelehrte holte, waren bald genug Medresen (islamische Hochschulen) aufgebaut worden, an denen die Wissenschaften des Islams studiert werden konnten. Dabei kam der arabischen Sprache besondere Bedeutung zu, da die grundlegenden Texte des islamischen Kulturkreises in dieser Sprache geschrieben sind. Arabisch blieb auch lange Zeit die Sprache, welche in Rechtsurkunden verwendet wurde. Die juristische Laufbahn im Staatsdienst stand nur Männern mit umfassender Ausbildung an den Medresen offen. Diese islamische Gelehrten- und Richterschaft *(ulema)* wachte über die Einhaltung des Religionsgesetzes und gewann mit der Zeit immer mehr Einfluß im Staat.
Die Osmanen entwickelten eine Hierarchie, welche in dieser Art ohne Vorgänger war. Die Entwicklung begann mit Murad I., der einen obersten Richter, den *kazasker* (Heeresrichter) einsetzte; im Jahre 1481 folgte ein zweiter, der Ranghöhere war nun für Rumelien und der andere für Anatolien zuständig. Diese beiden höchsten Richter des Reiches hatten einen ständigen Sitz im *divan-ı hümayun* (Reichsrat). Doch die eigentliche Spitze der islamischen Gelehrten- und Richterschaft verkörperte der Großmufti *(şeyhülislam)*. Theoretisch stand er über dem Sultan, denn er konnte dessen Absetzung mit einem *fetva* (Rechtsgutachten) veranlassen, wenn der Sultan das Religionsgesetz gröblich verletzt hatte. Doch in der Praxis lag es näher, daß der Sultan einen widerspenstigen *şeyhülislam* absetzte und einen gefügigeren Nachfolger ernannte. Bei allen wichtigen Entscheidungen, wie Krieg und Frieden oder etwa der Tötung von Brüdern des Sultans, erteilte er ein entsprechendes Fetwa.
Alle vorgenannten Würdenträger bildeten zusammen den *divan-ı hümayun* (Reichsrat). Andere Befehlshaber wie der *kapudan* Pascha (Admiral) und die

beylerbeys von Rumelien und Anatolien kamen später noch hinzu. So waren alle wichtigen Bereiche der osmanischen Staatsverwaltung im *divan-ı hümayun* vertreten. Dieser war – ähnlich wie in anderen islamischen Staaten – ein beratendes Organ des Herrschers. Anfangs hielt der Sultan selbst den Diwan ab. Doch seit der ersten Hälfte des 16. Jahrhunderts leitete der Großherr nur noch in Ausnahmefällen eine Sitzung. Um jedoch die Vorgänge im Diwan unter Kontrolle zu halten, ließ der Sultan ein vergittertes Fenster im Versammlungsraum anbringen, von wo aus er hinter einem Vorhang, ohne selbst gesehen zu werden, zuhören konnte. Die Sitzungen fanden in der Regel viermal wöchentlich im sogenannten Kuppelsaal auf dem Palastgelände statt. In dringenden Fällen wurden auch öfter Sitzungen abgehalten. Auf den Feldzügen – die ganze Verwaltungsspitze begleitete den Sultan, wenn er persönlich ins Feld zog – waren es hingegen manchmal weniger Sitzungen. Neben seiner Funktion als politisches Beratungsgremium war der *divan-ı hümayun* gleichzeitig die oberste juristische Instanz des Staates. Jeder Bewohner des Riesenreiches – ob Muslim, Jude oder Christ – hatte die Möglichkeit, hier Beschwerden vorzutragen. Und dies geschah auch. Die vorgetragenen Fälle wurden in der Regel sofort in Bearbeitung genommen und entsprechende Befehle oft gleich diktiert. Den Abschluß jeder Sitzung, etwa um die Mittagszeit, bildete eine gemeinsame Mahlzeit. Ausländische Gesandte wurden gewöhnlich ebenfalls im Diwan empfangen (Kat. Nr. I/4, 5). Für diese standen eigens Dolmetscher des *divan-ı hümayun* zur Verfügung.

Die Verwaltung der Provinzen des Osmanischen Reiches vollzog sich über zwei verschiedenartige Stränge. Zum einen repräsentierten Männer auf verschiedenen Ebenen die Staatsmacht, denen in der Regel militärische Kommandos und zivile Verwaltungsaufgaben zugleich übertragen worden waren. Die Inhaber dieser Ämter wurden für ihre Dienste durch ein System von Vergütungen entlohnt, für welches nach dem türkischen Wort für – Lebensunterhalt die Bezeichnung „Dirlik-System" oder bisher verbreiteter, nach der Eingangsstufe dieser Entlohnungsform –„Timar-System" verwendet wird. Diese Inhaber eines *dirlik* waren hauptsächlich Soldaten, deren wichtigste Aufgabe es war, an den Feldzügen des Sultans bzw. des Großwesirs teilzunehmen. Dies waren vor allem die Inhaber eines *tımars* oder *zeamets* sowie *sancakbeys* und *beylerbeys*. Den zweiten Strang der Verwaltung bildeten die Kadis (Richter), im Unterschied zu den Soldaten Absolventen einer der Medresen (Hochschulen), wo sie Recht studiert hatten. Überall im Reich – von den Hauptstädten der Provinzen bis hin zu größeren Dörfern – gab es Kadis, die alle vom *kazasker* in Istanbul eingesetzt und diesem direkt unterstellt waren. Den Kadis oblag die Rechtsprechung. Gleichzeitig waren sie auch das Rückgrat der Bürokratie in den Provinzen. Da im Prinzip überall das gleiche Recht in Anwendung zu bringen war, konnten die Kadis beliebig ausgetauscht und versetzt werden. Sie erhielten entsprechend ihrem Rang ein festes Gehalt. Das ganze Reich war in Gerichtsbezirke (*kaza*) unterteilt, in denen es außer dem Kadi noch verschiedene andere Amtsträger gab, die Polizeifunktionen wahrnahmen.

Für die Soldaten und Kommandeure der Provinzstreitkräfte gab es entsprechend ihrem Rang *dirliks* in verschiedener Höhe.

Das System bestand darin, dem Staat zustehende Steuerabgaben direkt einem *dirlik*-Inhaber zur Einziehung zuzuweisen. So erhielten die Reiter auf der untersten Stufe etwa die Steuereinkünfte eines Dorfes zugewiesen – um 1500 waren dies etwa 3000 Aktsche – ein Betrag, der ausreichte, sie und ihr Pferd kampfbereit zu halten. Die Bezeichnung für diese unterste Stufe eines *dirlik* lautete *tımar*, was ursprünglich soviel wie „Pferdepflege" bedeutete. Kommandeuren der mittleren Ebene (*za'im*) wurde ein *zeamet* zugewiesen, das Erträge über 20.000 Aktsche jährlich einbrachte. Einkünfte über 100.000 Aktsche bezeichnete man als *has*, was etwa „reserviert für" bedeutet. Sie wurden den höheren Befehlshabern zugewiesen. Die Grundeinheit der osmanischen Provinzverwaltung nach dem Gerichtsbezirk war der *sancak* (Provinz), was eigentlich „Fahne" bzw. „Kommando" bedeutete.

An der Spitze jedes *sancaks* stand der *sancakbey*, der Befehlshaber der Kavallerie (*sipahi*) der Provinz. Als Zeichen seiner Würde wurde ihm ein Roßschweif (*tuğ*) vorangetragen, ein Rangabzeichen, welches noch aus der nomadischen Vergangenheit der Türken in Zentralasien stammte, wo es ursprünglich einmal der Schwanz eines Yak war (Kat. Nr. 11/2). Außerdem hatte er eine Musikkapelle, die regelmäßig vor seinem Amtssitz aufspielte.

Für jeden *sancak* wurde entsprechend den wirtschaftlichen Gegebenheiten eine Abgabenordnung (*kanunname*) erlassen. Von Zeit zu Zeit wurden Konskriptionen (*tahrir*) durchgeführt, bei denen alle Steuerquellen der Provinz festgestellt wurden. Besonders ertragreiche Provinzen erbrachten neben den Abgaben für die *dirlik*-Inhaber der eigenen Provinz noch Steuererträge, welche direkt an den Sultan abgeführt wurden (*havass-ı hümayun*). Die Einkünfte des *sancakbeys* aus seinem *has* betrugen je nach seinem Dienstalter und seinen Verdiensten im 16. Jahrhundert zwischen 150.000 und 600.000 Aktsche im Jahr. Dafür hatte er aber ein Gefolge (*kapu halkı*) und für jede 5000 Aktsche seines Einkommens einen voll ausgerüsteten Reiter (*cebelü*) zu stellen. Die unteren *dirlik*-Inhaber hatten schon für jede zusätzlichen 3000 Aktsche Einkommen einen solchen Reiter zu unterhalten.

Weitere dem *sancakbey* unterstellte militärische Befehlshaber waren der *alaybey* und die *subaşıs*. Wenn der *sancakbey* mit seiner Truppe im Felde stand, vertrat ihn bei den zivilen Verwaltungsaufgaben sein *kethüda* (Vertreter).

In der Frühzeit des Reiches unterstanden die *sancakbeys* dem *beylerbey* (Befehlshaber der Befehlshaber) im europäischen Reichsteil (Rumelien). Bald wurde ein zweiter *beylerbey* für Anatolien notwendig. Später, als im Zuge der vielen Eroberungen weitere *beylerbeys* ernannt wurden – Ende des 16. Jahrhunderts waren es etwa vierzig – galten die von Rumelien und Anatolien als die höchsten im Rang. Der *beylerbey* war der Oberbefehlshaber der Truppen der ihm unterstellten *sancaks*. In der Regel wurde ihm selbst auch ein *sancak*, der Pascha-*sancak*, zugewiesen, aus dem die Einnahmen seines *has* flossen. Als Zeichen seines Ranges führte er zwei Roßschweife. Den *beylerbeys* im Wesirrang wurden drei Roßschweife vorangetragen. Ihr Gefolge und ihre Kapelle waren entsprechend größer.

Die Einkünfte aus dem *has* des *beylerbeys* lagen im 16. Jahrhundert etwa bei 1 Million Aktsche. In einigen Provinzen war für den *beylerbey* ein fester Geldbetrag vorgesehen (*salyane*). Während die *beylerbeys* früher einige Zeit auf ihrem Posten blieben, wurden sie seit der Zeit Murads III. (1574–1595) häufig ausgewechselt. Bei der Erledigung seiner zivilen Aufgaben hatte jeder *beylerbey*, ähnlich dem Großwesir in der Hauptstadt, einen Diwan zur Seite, in dem anstehende Probleme beraten wurden. Entschieden werden konnte allerdings wenig, denn die meisten Dinge waren entweder ohnehin durch Vorschriften geregelt oder wurden in Istanbul entschieden. Zudem war die Verwaltungsbefugnis des *beylerbeys* stark eingeschränkt. Sowohl der Vorsteher der Finanzverwaltung der Provinz, der *defterdar*, als auch der Kadi seiner Provinzhauptstadt waren, ohne ihn zu befragen, ernannt worden. Er durfte sich nicht in ihre inneren Angelegenheiten einmischen, da sie direkt den Zentralbehörden unterstanden. Wohl wurde von ihm eine Art Dienstaufsicht erwartet, und er wurde vom Großwesir gerügt, wenn er diese vernachlässigte. Ansonsten hatte der *beylerbey* nicht einmal das Recht, das Gehalt eines Bediensteten zu erhöhen, und die Garnisonen der Janitscharen in den Provinzstädten waren seinem Befehl entzogen. Zur Spitze der Verwaltung einer Großprovinz gehört auch der *mal defterdarı* (Schatzmeister) – eine äußerst wichtige Stellung, denn ihm oblag der Einzug und die Weiterleitung der Einnahmen der Provinz. Von besonderer Bedeutung waren auch die Verwalter der *dirlik* einer Großprovinz – nämlich der *defter emini* mit je einem für die *tımar* und die *zeamet* zuständigen Beauftragten. Diese führten die Bücher, deren zweite Ausfertigung sich in Istanbul befand.

Mit der zunehmenden Schwäche der Zentralgewalt wuchs die Macht der *beylerbeys*. Seit dem Ende des 16. Jahrhunderts kam für das einem *beylerbey* unterstehende Gebiet der Ausdruck *eyalet* in Gebrauch, ein Begriff, welcher bisher nur für die halbautonomen *sancaks*, etwa der Kurden, verwendet wurde. Die Provinzkavallerie hatte inzwischen aufgrund der militärischen Entwicklung gegenüber dem stehenden Heer der Pfortentruppen, das festen Sold bezog, an Bedeutung verloren. Die Zentralregierung war daher nur mehr an direkten Geldzahlungen aus den Provinzen interessiert. Immer mehr Steuerabgabebezirke wurden zu Lasten des *dirlik*-Systems an Steuerpächter vergeben. Bei der Weiterleitung dieser Einnahmen an die Zentrale kam den *beylerbeys* eine wachsende Bedeutung zu. Schließlich wurden ganze Provinzen einem *beylerbey* in Steuerpacht übergeben. Außerdem war er gehalten, auf eigene Kosten Haustruppen aufzustellen. Dies führte zusammen mit dem Aufstieg lokaler Notabeln (*ayan*) schließlich im 18. Jahrhundert zum Entstehen halbautonomer *eyalets*, in denen sich Dynastien von lokalen Machthabern, sogenannte *derebeys* (Talfürsten), herausbildeten.

DAS OSMANISCHE HEERWESEN

Der rumseldschukische Sultan Alaeddin Kaykubad (1284–1307) gab dem turkmenischen Stammesführer Ertuğrul eine Grenzmark (*uç*) in Westanatolien zum Lehen. Doch erst Ertuğruls Sohn Osman (1289 bis 1326) nutzte die strategisch günstige Position seines Besitzes zum Kampf gegen die „ungläubigen" Byzantiner. Als Berufsglaubenskämpfer (*gazi*) wollte er im Bündnis mit heterodoxen islamischen Strömungen – insbesondere der Bektaschi-Derwischorden spielte eine wichtige Rolle (vgl. S. 86) – den Islam verbreiten helfen. Ließ sich doch bei einer Betätigung in diesem Metier das Streben nach religiösem und weltlichem Verdienst in idealer Weise verbinden. Vor allem letzterer Aspekt wirkte nicht nur auf islamische Abenteurer und *gazis* aus dem anatolischen Hinterland anziehend, sondern veranlaßte auch zahlreiche griechische und slawische Söldner, die vormals in byzantinischen Diensten gestanden hatten, den Islam anzunehmen und unter der Führung Osmans, zusammen mit dessen turkmenischen Gefolgsleuten und den „Fremdlingen" (*garib*, so bezeichnete man die zugewanderten *gazis* und Abenteurer) gegen Byzantiner und turkmenische Rivalen in den Kampf zu ziehen. Die Taktik bei der Belagerung von Städten war einfach. Man schnitt sie vom Nachschub ab und hungerte sie aus. So fielen Melangeia (Karacahisar), İnegöl, Bilecik und Yenişehir.

Zur Herrschaftzeit Orhans (1326–1360) bildeten die zum Islam konvertierten ehemaligen christlichen Söldner bereits eine homogene Gruppe. Als schlecht bewaffnete, aber besessen kämpfende Reitersoldaten erlangten sie schon nach kurzer Zeit als „Stürmer" (*akıncı*) Berühmtheit. Da sie keinen Sold erhielten, sondern von der Beute lebten, keinen Besitz hatten und auch keiner Sippe angehörten, die sie hätte ernähren können, war bei ihnen die Motivation zu Kampf und Raub besonders groß. Das osmanische Heer bestand aber zu dieser Zeit noch größtenteils aus den in Sippen organisierten turkmenischen Stammeskriegern. Sie waren beritten und mit Speer sowie Pfeil und Bogen bewaffnet.

Die undisziplinierten und beutesüchtigen *akıncı* waren in den eroberten Gebieten eine ständige Gefahr für ein geordnetes Zivilleben. Man verlegte sie deshalb in die Grenzregionen, wo sie zusammen mit den „Verrückten" *(deli)* – ebenfalls unbesoldete leichte Kavallerietruppen – durch ihre ständigen Angriffe und Überfälle den Feind demoralisierten. Als Ersatz für sie stellte Orhan besoldete Fußtruppen *(yaya)* und eine Reiterei auf. Ein großer Teil dieser neuen Teilstreitmacht bestand aus christlichen Soldaten. Die neu aufgestellten berittenen Truppen nannte man „Befreite" *(müsellem)*, weil sie in Friedenszeiten Bauernhöfe bewirtschafteten, jedoch von Steuern und Abgaben befreit waren. Die turkmenischen Stammeskrieger erhielten, wenn sie sich bewährt hatten, zur Sicherung ihres Lebensunterhaltes eine Militärpfründe *(tımar)* in Form von Landwirtschaftsgütern.

Wenngleich unter Murad I. (1361 oder 62 – 1389) *yaya* und *müsellem* neben den turkmenischen Stammeskriegern die wichtigsten Kampfeinheiten blieben, bahnten sich in der osmanischen Armee folgenschwere Veränderungen an. Die rasche Ausdehnung des osmanischen Reiches begünstigte den Ausbau des Militärpfründensystems, das bei einem erheblichen Teil der turkmenischen Nomaden den Prozeß der Seßhaftwerdung beschleunigte. Die alten Stammes- und Sippenstrukturen lösten sich allmählich auf, und die vormals engen Beziehungen zum Herrscher lockerten sich mehr und mehr. Der Sultan mußte sich also zur Sicherung seiner Unabhängigkeit gegenüber den Stammesführern und zum Schutz seiner selbst vor Feinden im Inneren ein wirksames Machtinstrument schaffen, auf das er sich absolut verlassen konnte.

Murad griff auf ein in der islamischen Welt häufig verwendetes Organisationsmodell zurück und schuf zunächst eine exklusiv aus Militärsklaven *(kul)* bestehende Leibgarde. Ihre Mitglieder stammten aus dem Beutefünftel *(pencik)* an Kriegsgefangenen, das dem Sultan zustand. Es handelte sich bei ihnen fast durchweg um ehemalige Christen vom Balkan, dem wichtigsten Aktionsfeld der Osmanen. Schon bald bekamen sie zusätzlich zu ihrer Schutzfunktion auch Kampffunktionen im osmanischen Heer zugewiesen und wurden in die – schon früher begründete –

„Neue Truppe" *(yeni çeri)* integriert. Deren Stärke betrug anfangs lediglich tausend Mann, ein Hinweis darauf, daß sie ursprünglich ebenfalls als Leibgarde gedient hatte. Die Soldaten der *yeniçeri* – im Deutschen als Janitscharen bezeichnet – waren wie die Leibgardisten ehemalige Christen, stammten aber im Gegensatz zu diesen aus der Knabenlese *(devşirme)*.

Das Militärpfründensystem wurde ebenfalls noch unter Murad I. per Gesetz *(kanun)* allgemein eingeführt. Jeder Krieger konnte jetzt, soweit er nicht besoldet war, verlangen, daß ihm eine Militärpfründe *(tımar)* übertragen wurde. Dafür hatte er in Kriegszeiten als berittener Militärpfründer *(sipahi)* an Feldzügen teilzunehmen. Die Kommandeure der *sipahi* erhielten militärische Großpfründen *(zeamet)*. An der Schlacht von Nikopolis (1396) waren schon 11.000 *sipahi* beteiligt.

Aufgrund der guten Erfahrungen, die man mit den Janitscharen gemacht hatte, wurde ihre Zahl im ersten Viertel des 15. Jahrhunderts kräftig erhöht. Sie waren dabei, zur Kerntruppe des osmanischen Heeres aufzurücken. Ihr gestiegener Personalbedarf konnte aus Kriegsgefangenen allein nicht mehr gedeckt werden. Die Knabenlese *(devşirme)* wurde nun bedarfsorientiert in mehr oder weniger regelmäßigen Abständen durchgeführt. Das heißt, in allen Teilen des osmanischen Reiches wurde von den christlichen Untertanen ein Tribut in Form von zwölf- bis achtzehnjährigen, ja selbst jüngeren Knaben erhoben. Da die Mehrzahl der christlichen osmanischen Untertanen auf dem Balkan lebte, handelte es sich vornehmlich um serbische, bosnische, albanische und – in geringerem Ausmaß – griechische Jugendliche. Die *devşirme* war eindeutig ein Verstoß gegen das islamische Religionsgesetz *(şeriat)*, das die Versklavung christlicher Untertanen verbietet.

Der Ausbildungsweg der christlichen Kriegsgefangenen aus dem *pencik* – dessen Bedeutung immer mehr zurückging – und derjenige dieser Knaben war derselbe. Als Sklaven kamen sie in die Hauptstadt, wo sie zum Islam bekehrt und beschnitten wurden. Während dann ein kleiner Teil im Palastdienst Verwendung fand, vermietete man die Mehrzahl an Bauern und Pfründner in Anatolien, damit sie dort Türkisch lernten und sich an die islamische Lebensweise gewöhnten. Nach drei bis fünf Jahren wurden sie zurückgebracht und mußten weitere Jahre Frondienste leisten. Anschließend traten sie in die Rekrutentruppe *(acemi ocağı)* ein und begannen ihre militärische Ausbildung. Die offizielle Aufnahme ins Janitscharenkorps *(yeniçeri ocağı)* bedeutete die Entlassung aus dem Zustand eines rechtlosen Sklaven (im osmanischen Sprachgebrauch *köle* oder *abd-i memluk)*. Sie waren zwar immer noch „Militärsklaven der Pforte" *(kapı kulu*, der Einfachheit halber oft mit „Pfortentruppen" wiedergegeben), ihr Verhältnis zum Sultan beruhte jetzt aber nicht mehr auf Besitz, sondern auf Dienst. Sie konnten nunmehr Rechte geltend machen: das Recht auf Sold, das Recht auf Verpflegung und das Recht auf eine angemessene Altersversorgung. Von Steuern waren sie befreit. Auch nach Abschluß ihrer militärischen Ausbildung blieben die Janitscharen kaserniert und zur Ehelosigkeit verpflichtet. Herausgerissen aus ihrer ethnischen, religiösen und kulturellen Umgebung, ohne jegliche Bindung an Stamm, Sippe oder Familie, einzig und allein dem Sultan zum Dienst und Gehorsam verpflichtet, waren diese Janitscharen ein wirksames Machtmittel in den Händen der Osmanenherrscher. Sie befanden sich immer in der Nähe des Sultans und konnten jederzeit ohne Zeitverlust eingesetzt werden. Eine vergleichbare Truppe gab es in den europäischen Staaten nicht.

Auch auf dem Gebiet der Waffentechnik zeigten sich die Osmanen sehr innovationsfreudig. In Serbien waren sie schon früh mit Feuerwaffen in Berührung gekommen. Sie zögerten nicht, deutsche, italienische und ungarische Kanonengießer in ihre Dienste zu nehmen (ab 1420). Bei der Belagerung Konstantinopels (1422) setzte Murad II. (1421–1451) schon Kanonen *(top)* ein. Teile der Janitscharen wurden mit Hakenbüchsen *(tüfenk)* ausgerüstet Die osmanischen Festungen in den größeren Provinzstädten und an den Grenzen waren mit Kanonen bestückt. Die Geschosse bestanden aus Stein. Sie wurden von speziellen Kanonenkugelsteinmetzen *(taşçı)* hergestellt.

Mehmed II. (1451–1481) und Selim I. (1512–1520) bauten die zentralen Pfortentruppen weiter aus. Im Kampf gegen den Safawidenschah Ismail (1502–1524) konnte Selim I. ein osmanisches Gesamtheer in Stärke von 140.000 Mann mobilisieren. Unter Süleyman dem Prächtigen (1520–1566) erreichten die osmanischen Landstreitkräfte, was ihre Kampfkraft anbelangt, den Zenit. Ihre Organisation war mittlerweile so kompliziert geworden, daß sie hier nur in

groben Zügen skizziert werden kann.
Das osmanische Heer gliederte sich in zwei Hauptgruppen: 1. Die festbesoldeten zentralen Pfortentruppen *(kapı kulu)* mit 20.000 Mann. 2. Die feudalen Provinztruppen mit 150.000 Mann. Von den zeitgenössischen europäischen Söldnerheeren unterschieden sich die osmanischen zentralen Pfortentruppen durch Disziplin und ihren hohen militärischen Ausbildungsstand. Ihr tragendes Element war das 12.000 Mann starke Janitscharenkorps, das die Infanterie bildete. Sein Kommandeur, der Janitscharenaga *(yeniçeri ağası)*, unterstand unmittelbar dem Sultan. Das Janitscharenkorps bestand aus drei Divisionen, die in 196 Bataillone *(orta)* eingeteilt waren. Die größte Division, die Gemeinschaft *(cemaat)*, umfaßte knapp zwei Drittel der Janitscharen. Die zweite Division mit der Bezeichnung *„Kompanien des Agas"* *(ağa bölükleri)* stand zur unmittelbaren Verfügung des Janitscharenkommandeurs. Die dritte und kleinste Division waren die Hundewärter *(sekban* oder *seğmen)*. Die Vorläufer dieses Truppenteils hatten nämlich ursprünglich die Aufgabe, die Jagdhunde des Sultans zu betreuen. Ein Teil der Janitscharen leistete auf Festungen in der Provinz und auf Schiffen Dienst.
In sechs Regimenter gestaffelt waren die berittenen Einheiten der zentralen Pfortentruppen. Mit 6.000 Mann hatten sie nur die halbe Stärke des Janitscharenkorps, standen aber in höherem Ansehen als jene und erhielten mehr Sold. Teilweise hatten sie anstelle von Sold Militärpfründen inne. Ihr zweites Regiment, die Waffenträger *(silahdar)*, bildete die Leibgarde des Sultans. Hervorzuheben sind außerdem die Einheiten der Kanoniere *(topçu)* und der Schmiede *(cebeci)*. Letzteren oblag die Herstellung, Wartung und Verteilung der Waffen. Die Kanoniere waren nicht beritten und mußten deshalb von Protzensoldaten *(top arabacısı)* unterstützt werden. Ins Korps der Artilleristen integriert waren auch die Mineure *(kumbaracı)* und Pioniere *(lağımcı)*.
Das wichtigste Element der osmanischen Provinztruppen war die schwere Kavallerie. Sie wurde zu mehr als einem Drittel von den Militärpfründnern *(sipahi)* gebildet, die um die Mitte des 16. Jahrhunderts 35.000 Mann ausmachten. Wie die zentralen Pfortentruppen waren auch sie Berufsoldaten. Nur erhielten sie als Gegenleistung für ihren Militärdienst keinen Sold, sondern Pfründen *(tımar)*, von deren Erträgnissen sie bequem leben konnten. Die *sipahi* waren aber nicht nur in eigener Person zu Militärdienst verpflichtet, sie mußten auch der Größe ihrer Pfründe entsprechend zusätzlich Reitersoldaten auf eigene Kosten ausrüsten und als Bewaffnete *(cebeli)* mit in den Kampf führen. Somit bildeten *sipahi* und *cebeli* zusammen eine Reiterei von ca. 90.000 Mann. Da den *sipahi* jederzeit ihre Pfründen entzogen werden konnten, waren Disziplin und Kampfmoral dieses Truppenteils im Vergleich zu den zeitgenössischen europäischen Feudalaufgeboten relativ gut.
Das Oberkommando über die *sipahi* einer Provinz *(sancak)* hatte der jeweilige Provinzgouverneur *(sancak beyi)*. Die *sipahi* waren in Schwadronen *(bölük)* gegliedert, die von *subaşı* (Truppenführer) genannten Offizieren befehligt wurden. Jeweils zehn *bölük* hatten als Kommandeur einen Obersten *(alay beyi)*, der seinerseits unmittelbar dem *sancak beyi* unterstellt war. Als Disziplinarvorgesetzte der *sipahi* und ihrer Kommandeure fungierten die territorial zuständigen Großgouverneure *(beylerbeyi)*. Zu Feldzügen wurden nie alle Militärpfründner einberufen. Ungefähr ein Zehntel blieb immer zur Territorialverteidigung in den Provinzen zurück.
Zu den Provinztruppen gehörte auch leichte Infanterie. Sie war überwiegend aus den Unverheirateten *(azap)* zusammengesetzt, deren Aushebung eine Vorstufe zur allgemeinen Wehrpflicht darstellt: jeweils dreißig Haushalte in Anatolien mußten im Bedarfsfall einen leichten Infanteristen stellen. Neben den regulären Provinztruppeneinheiten, zu denen auch die (S. 62 links) erwähnten Stürmer *(akıncı)* gehörten, gab es noch zahlreiche Arten von irregulären Fuß- und Reitertruppen. Eine wichtige Funktion angesichts des gewaltigen Umfanges der osmanischen Landstreitkräfte kam den Pionier- und Arbeitseinheiten zu. Ihnen oblag der Transport der Kriegsausrüstung und des Nachschubs sowie der Bau und die Instandhaltung der Heerstraßen. Wo es zweckmäßig war, wurden auch Schiffe für logistische Zwecke eingesetzt. Die ehemaligen Kampftruppen *yaya* und *müsellem* wurden nur noch zu Arbeitsdiensten herangezogen. Bei Feldzügen in Europa erhielt das osmanische Heer zusätzliche Unterstützung von walachischen und krimtatarischen Hilfstruppen.
Der riesige Militärapparat war eine Folge der Hauptzielsetzung der osmanischen Außenpolitik: Expansion um jeden Preis. Da die im Laufe der

Expansion eroberten Gebiete militärisch gesichert werden mußten, wuchs die osmanische Militärorganisation ständig weiter an. Die Finanzierung der Berufsarmee sowie der umfänglichen staatlichen und religiösen Bürokratie verschlang solche Unsummen, daß die Produktion der eigenen Untertanen dafür nicht mehr ausreichte und der osmanische Fiskus auf die Ressourcen aus neu zu erobernden Territorien angewiesen war. In dem Moment, in dem die osmanische Expansion zum Stillstand kam, brach das ganze System zusammen. Die Armee wurde zu einer unerträglichen Belastung für die osmanische Wirtschaft und – mangels Beschäftigung an der Front – zu einer innenpolitischen Gefahr.

Nach 1560 erlebte das osmanische Heer eine nachhaltige Schwächung seiner Schlagkraft. Bei den Provinztruppen bewirkten die fortschreitende Auflösung des *tımar*-Systems, die damit verbundene Zunahme der Steuerpacht *(iltizam)*, die Landflucht vieler Bauern und die zahlreichen *Celali*-Aufstände eine rapide Verschlechterung ihrer wirtschaftlichen Basis. Die mit der wirtschaftlichen Desintegration einhergehende Minderung der Autorität der osmanischen Zentralgewalt führte dazu, daß viele *sipahi* Einberufungen zu Feldzügen entweder überhaupt nicht oder nur mit einem ungenügenden Aufgebot an *cebeli* Folge leisteten. Auch vernachlässigten immer mehr Militärpfründner ihr militärisches Training. Die negativen Entwicklungen bei den Pfortentruppen resultierten aus der geänderten Rekrutierungspraxis. Der Anteil der aus der Knabenlese hervorgehenden Janitscharen sank ständig zugunsten von Janitscharensöhnen – das strikte Heiratsverbot war allmählich gelockert worden – und korpsfremden Türken, die gegen eine hohe Aufnahmegebühr Janitscharenstatus erhielten. Letztere wollten lediglich die Janitscharenprivilegien, u. a. Steuerfreiheit, in Anspruch nehmen, ohne zu militärischen Diensten weder willens noch in der Lage zu sein. In waffentechnischer Hinsicht begnügten sich die Osmanen damit, den einmal erreichten Standard zu halten. Durch Siege gegen orientalische Gegner trugen sie ihrem Nimbus noch einige Zeit Rechnung.

Die Niederlage des osmanischen Heeres vor Wien (1683) machte die Schwächen endlich offenkundig. Daraufhin versuchte die Pforte mit Hilfe des zum Islam konvertierten französischen Grafen de Bonneval, wenigstens in Teilbereichen, z. B. bei der Artillerie, Reformen durchzuführen. Sie scheiterten aber immer wieder am Widerstand der Janitscharen. Diese verteidigten verbissen ihre angestammten Privilegien und waren so zu einem extrem konservativen Element in der osmanischen Gesellschaft geworden. Als wichtigste innerstaatliche Macht konnten sie Großwesir und Sultan jederzeit unter Druck setzen. Auch Selim III. (1789–1807) erkannte, daß gegen die Interessen der Janitscharen keine grundlegenden Reformen durchzuführen waren. Er befahl also (1792) die Aufstellung einer neuen, nach französischem Vorbild ausgebildeten Truppe. Die neu formierten Einheiten übten unter der Anleitung französischer Militärinstrukteure an modernen europäischen Waffen. Im Hinblick auf ein umfassendes Reformkonzept Selims erhielten sie den Namen Neue Ordnung *(nizam-ı cedid)*. Obwohl die *nizam-ı cedid*-Soldaten nicht mehr als 10.000 Mann ausmachten, erregten sie den Zorn der Janitscharen. Zunächst weigerten sie sich, zusammen mit der neuen Truppe in den Kampf zu ziehen. Schließlich stürzten sie aber im Verlauf einer Revolte den Sultan und zerschlugen die Reformtruppe. Nur kurze Zeit später wurde jedoch unter der Bezeichnung Neue Hundewärter *(sekban-ı cedid)* ein ähnlich konzipierter Heeresverband ins Leben gerufen. Wegen seiner geringen Stärke war der militärische Nutzen allerdings gering.

Im Jahre 1826 wagte Mahmud II. (1808–1839) einen neuen militärischen Reformversuch, diesmal ohne ausländische Hilfe. Aus den einundfünfzig noch in Istanbul stationierten Janitscharenbataillonen *(orta)* gliederte er insgesamt 7.650 Mann aus und bildete daraus die sog. *eşkinci*-Einheiten. Formal gehörten sie weiterhin zu den Janitscharen; jedoch erhielten sie mehr Sold und zusätzliches Training an modernen Waffen, deren Gebrauch die übrigen Janitscharen strikt ablehnten. Als bekannt wurde, daß langfristig alle Janitscharen entweder in die neue Truppe integriert, oder, wenn sie sich weigerten, entlassen werden sollten, kam es erneut zu einer großen Revolte. Diesmal war die Pforte besser vorbereitet. Loyale Truppen umzingelten am 15. Juni 1826 die Aufständischen und schossen sie samt und sonders nieder. Die restlichen Janitscharen verbrannten, als man ihre Kasernen anzündete. Bei diesem „wohltuenden Ereignis“ *(Vak'a-i Hayriye)*, wie die Liquidierung der Janitscharen in der osmanischen Geschichtsschreibung genannt wird, kamen

etwa 10.000 Mann ums Leben. Ein Rechtsgutachten *(fetva)* des höchsten osmanischen Muftis *(şeyhülislam)* Kadizade Mehmed Tahir Efendi lieferte die juristische Grundlage dafür, die Janitscharen offiziell für abgeschafft zu erklären. Noch am selben Tag wurden die Siegreichen Mohammedanischen Truppen *(asakir-i mansure-i Muhammediye)* als neue Armee aufgestellt. Freilich hatten diese unerfahrenen und von unqualifizierten Offizieren geführten Einheiten im Kampf gegen die Feinde des Osmanischen Reiches keine Chance. Von den nur noch in kümmerlichen Resten vorhandenen Provinztruppen konnten sie keine wesentliche Unterstützung erwarten. 1831 schaffte man konsequenterweise das *tımar*-System ab.
Nach verlustreichen Niederlagen gegen die Armeen des Zaren und Mehmed Alis von Ägypten ging die osmanische Führung daran, nach dem Vorbild der preußischen Landwehr eine regional organisierte Reservetruppe *(redif)* aufzubauen (1834). Nach zwei Jahren waren im Rahmen einer allgemeinen, allerdings auf Muslime beschränkten Wehrpflicht bereits 100.000 Landwehrsoldaten konskribiert. Zusammen mit den übrigen Truppen konnte die Pforte bis 1869 ca. 300.000 Mann aufbieten. In dieser Zeit leisteten neben Rußland, Frankreich und Großbritannien vor allem Preußen militärische Entwicklungshilfe.
Eine von Hüseyin Avni Pascha initiierte Reorganisation des osmanischen Militärwesens nach preußischem Muster (1869) wollte die Kriegsstärke der Landstreitkräfte auf 700.000 steigern. Tatsächlich erreicht wurden an der europäischen Front 200.000 Mann und an der asiatischen Front 120.000 Mann. Dafür konnte die technische Ausrüstung verbessert werden. Zwischen 1873 und 1878 lieferte Krupp 1.266 Geschütze; davon 450 Küstengeschütze und 816 Feld- sowie Gebirgskanonen. In den folgenden Jahren stiegen die osmanischen Militärausgaben stetig an, bis sie im Jahre 1912 30,7 Prozent des Staatshaushaltes betrugen. Die in den Balkankriegen erlittenen Gebiets- und Bevölkerungsverluste behinderten die geplanten Truppenaufstockungen allerdings erheblich. Im Oktober 1914 hatten die Osmanen 600.000 Mann mobilisiert, ein Jahr später waren es 1.000.000; zu wenig, um gegen die Übermacht der Alliierten etwas ausrichten zu können. Der am 30. Oktober 1918 unterzeichnete Waffenstillstand von Mudros zog schließlich einen Schlußstrich unter die mehr als sechshundertjährige osmanische Heeresgeschichte.

Eheschließungen waren seit jeher ein probates Mittel, um politischen Zweckbündnissen mehr Tragfähigkeit zu verleihen. Auch der Osmanenfürst Orhan (1324–1360), der sich im Laufe seiner Herrschaft den Titel Sultan zulegte, hielt es für vorteilhaft, in dieser Weise zu verfahren. Im Jahre 1346 verbündete er sich mit dem byzantinischen Thronprätendenten Johannes Kantakuzenos, führte eine 6.000 Mann starke Truppe nach Thrakien und eroberte die rumelische Schwarzmeerküste von den Widersachern seines Verbündeten zurück. Er sicherte damit Kantakuzenos den Thron. Noch im selben Jahr feierte Orhan mit Theodora, der Tochter des neuen Kaisers, Hochzeit.

Als der Serbenkönig Stefan Dušan 1449 Saloniki überfiel, bat der Kaiser seinen Schwiegersohn um Hilfe. Orhan schickte 20.000 Soldaten, und mit Unterstützung der byzantinischen Flotte wurde Saloniki zurückerobert. Dies war das erste Mal, daß die Osmanen die Wirkungsweise einer Seestreitmacht vor Augen geführt bekamen. Offensichtlich waren sie nicht sehr beeindruckt. Denn es dauerte noch geraume Zeit, bis die Osmanen darangingen, in eigener Regie Kriegsschiffe zu bauen. Die Hauptstoßrichtung der osmanischen Expansion zu jener Zeit ging in Richtung Serbien, Walachei und Ungarn, Regionen also, zu deren Eroberung keine Kriegsmarine nötig war. Um Truppen für die Feldzüge auf dem Balkan über die Dardanellen zu setzen, wurden griechische und genuesische Schiffe in Sold genommen.

Erst als Sultan Bayezid I. (1389–1402) die turkmenischen Fürstentümer Saruhan, Aydın und Menteşe an der westanatolischen Mittelmeerküste seinem Herrschaftsbereich einverleibte, änderte sich die Situation. Die Osmanen hatten nun schon eine relativ lange Seegrenze und unmittelbaren Zugang zur Ägäis, deren Inseln sich zumeist in venezianischer Hand befanden. Die in den drei Fürstentümern vorgefundenen Schiffskapazitäten bildeten den Grundstock der neuen osmanischen Flotte. Es waren vor allem Schiffe turkmenischer Freibeuter, die ihren Lebensunterhalt durch Überfälle auf Handelsschiffe bestritten. Noch unter der Regierung Bayezids I. wurden in Gallipoli *(Gelibolu)* an den Dardanellen ein Marinearsenal und eine Werft gebaut. *Gelibolu* erhielt den Status einer osmanischen Provinz *(sancak)*. Als ihr Statthalter *(sancak beyi)* amtierte jeweils der Oberbefehlshaber *(kapudan)* der osmanischen Flotte. Aber nicht nur an den Dardanellen, auch an den Küsten der Ägäis, des Marmarameeres und des Schwarzen Meeres wurden Schiffe gebaut. Italienische Schiffbaumeister waren als Berater tätig. Das führte dazu, daß sich die Osmanen nicht nur in der Schiffbautechnik an Genua und Venedig orientierten, sondern auch alle seemännischen Fachausdrücke aus dem Italienischen übernahmen.

Ihre Stärke als neue Seemacht im Ägäischen Meer testeten die Osmanen zum ersten Mal 1416, als sich ihr *kapudan* Çalı Bey auf eine Seeschlacht mit den Venezianern einließ. Der Entschluß dazu war etwas voreilig, wie sich herausstellte. Der venezianische Admiral Pietro Loredano setzte die osmanische Flotte auf Grund.

Bei der osmanischen Eroberung Konstantinopels 1453 spielten Schiffe ebenfalls eine Rolle. Die Byzantiner hatten das Goldene Horn mit einer eisernen Kette abgesperrt, um die Osmanen am Aufbau einer weiteren Front zu hindern. Daraufhin ließ Mehmeds II. (1451–1481) *kapudan* Baltaoğlu Süleyman Bey seine Schiffe auf Rollen und Rutschen über Land ins Goldene Horn transportieren. Vor allem die psychologische Wirkung dieser Aktion auf die Belagerten war verheerend. Zur Belohnung bekam Baltaoğlu Süleyman Bey den neugeschaffenen Rang eines Großadmirals *(kapudan-ı derya)* verliehen.

Nach 1456 gewannen die osmanischen Seestreitkräfte deutlich an Stärke. Die Inseln Imbros, Thasos, Samothrake, Lemnos und Lesbos wurden erobert. Das Jahr 1462 markierte den Beginn einer Reihe von Seeschlachten, in denen Osmanen und Venezianer um die Vorherrschaft im östlichen Mittelmeer *(Akdeniz*, d. h. Weißes Meer) kämpften. Im Sommer 1470 führte Mehmed II. seine Flotte vor Negroponte (Euböa) und entriß den Venezianern deren wichtigste Mittelmeerbasis. Es handelte sich um einen Vergeltungsschlag. Ein Jahr zuvor hatte eine

venezianische Flotte die Südküste Anatoliens verwüstet und das Fürstentum Karaman, Mehmeds Gegner im Osten, mit Nachschub versorgt. Das Schwarze Meer war innerhalb kurzer Zeit zur Domäne der osmanischen Flotte geworden. Neben anderen Städten wurde Asow erobert, und Kaffa auf der Krim wurde den Genuesen abgenommen (1475).
Als der türkische Korsar Hızır, später Hayreddin Barbarossa (*Barbaros Hayrettin)* genannt, in die Dienste der Osmanen trat, war die osmanische Kriegsmarine bereits ein wichtiger Machtfaktor im Mittelmeer. Hızır wurde 1466 als Sohn eines türkischen Militärpfründners (*sipahi)* auf Lesbos geboren und beteiligte sich schon früh mit einem eigenen Schiff am Sklaven- und Getreidehandel. Zusammen mit seinem Bruder Oruç verlegte er sich später ganz auf die Seeräuberei und vermochte in zähen Kämpfen gegen Spanier und lokale Potentaten sich mit seiner Piratenflotte an der nordafrikanischen Küste eine territoriale Basis zu verschaffen. Das Zentrum seiner Macht war Algier, das er 1515 erobert hatte. Gegen ihn gerichtete Militärkoalitionen veranlaßten Hızır 1519, seine Besitzungen der osmanischen Oberhoheit zu unterstellen und einen jährlichen Tribut zu entrichten. Selim I. (1512–1520) schickte ihm daraufhin Truppen und Kanonen. Nachdem Hayreddin Barbarossa in weiteren Seeschlachten seine Fähigkeiten unter Beweis gestellt hatte, nahm ihn (1533) Süleyman der Prächtige (1520–1566) als Großadmiral in seine Dienste und befahl, die Flottenaufrüstung zu forcieren. Dem Osmanenherrscher, der seine Ambitionen im Mittelmeer bereits 1522 durch die Einnahme von Rhodos verdeutlicht hatte, erschien dies im Hinblick auf die Aktivitäten Karls V. dringend erforderlich. Dieser wollte seinerseits die Vorherrschaft im Mittelmeer erlangen und hatte zu diesem Zweck unter dem Oberbefehl des Genuesen Andrea Doria eine große Flotte gegen die Osmanen mobilisiert.
Hatten ursprünglich die Geld- und Sachleistungen aus der Provinz *(sancak)* Gelibolu sowie aus Galata und İzmit zu einem Großteil den Finanzbedarf der Flotte gedeckt, so machte jetzt der in Angriff genommene Ausbau der Kriegsmarine eine Verbreiterung ihrer finanziellen Basis notwendig. Man vereinigte dazu den *sancak* Gelibolu und einige andere Provinzen – darunter die Inseln Euböa, Lepanto, Lesbos, Chios und Rhodos – mit Algier zu einer Großprovinz *(eyalet)*, deren Verwaltung Hayreddin Barbarossa als „Großstatthalter der Inseln" *(cezayir beylerbeyi)* übertragen wurde. Ihr gesamtes Steueraufkommen stand exklusiv den osmanischen Seestreitkräften zu. Nach wenigen Monaten verfügte Barbarossa über 84 Schiffe, davon 61 neugebaute. Drei Jahre später (1536) waren es bereits 280. Seine zahlreichen Seeraubzüge führten zu den Balearen, nach Kalabrien, an die Albanische Küste und vor Korfu, das er vergeblich belagerte. Innerhalb eines Jahres nahm er die Inseln Nio, Zea, Naxos, Skiatos, Skiros, Tinos, Andros, Karpatos und Kandeleusa.
Ende September 1538 stießen die osmanische und die spanisch-päpstlich-venezianische Flotte vor Prevesa aufeinander. Obwohl Andrea Doria fast doppelt so viele Schiffe hatte wie die Osmanen, endete die Schlacht mit seinem Rückzug. Barbarossas Sieg aber sicherte den Sultanen zu Konstantinopel dreißig Jahre lang die unbeschränkte Macht im Mittelmeer.
Gemäß einem zwischen Franz I. und Sultan Süleyman getroffenen Abkommen erschien Barbarossa 1543 an der Riviera, um gemeinsam mit der französischen Flotte Operationen gegen spanische und genuesische Besitzungen durchzuführen. Nach verheerenden Raubzügen und der erfolglosen Belagerung Nizzas überwinterte die osmanische Flotte in Toulon, von wo sie im Frühjahr (1544) wieder nach Konstantinopel zurückkehrte.
Auch nach dem Tode Hayreddin Barbarossas (1546) wurden die osmanischen Seestreitkräfte von einer Reihe fähiger Offiziere geführt, unter ihnen Piri Reis, der Eroberer Adens (1548) und Verfasser eines berühmten Seeatlanten, und Piyale Pascha, der den Genuesen Chios entriß und als Belohnung für seine militärischen Leistungen eine Tochter des Sultans zur Frau erhalten hatte. Im Mai 1570 holten die Osmanen zum letzten Schlag gegen die Venezianer aus: mit einer riesigen Flotte von mehr als 500 Schiffen landete der osmanische Heerführer Lala Mustafa auf Zypern und eroberte die Insel innerhalb eines Jahres.
Die osmanische Flotte hatte sich bereits in ihr Winterquartier auf Lepanto zurückgezogen und einen Teil ihrer Mannschaften und Offiziere entlassen, als Don Juan d'Austria, ein illegitimer Sohn Karls V., mit der Flotte der Heiligen Liga auftauchte und die osmanischen Schiffe in einer Schlacht fast vollständig

vernichtete (7. Okt. 1571). Die Venezianer konnten diesen Sieg jedoch politisch nicht verwerten. Die osmanischen Kriegswerften schafften es, die verlorengegangene Flotte innerhalb von wenigen Monaten zu ersetzen. So verzichteten die Venezianer auf Zypern und schlossen mit Selim II. (1566–1574) einen Friedensvertrag (1573), der zwar eine Erhöhung der Tributzahlungen Venedigs an die Pforte zur Folge hatte, dafür aber die venezianischen Handelsprivilegien im osmanischen Machtbereich bestätigte.

Gegen Ende des 16. Jahrhunderts wurde die osmanische Flotte immer mehr dadurch geschwächt, daß nichtqualifizierte, aus dem Heer stammende Offiziere zu Admiralen ernannt wurden. Außerdem ersetzten die Venezianer zu dieser Zeit ihre Rudergaleeren durch wendige, schnelle Vollsegler-Galeonen, während bei den osmanischen Seestreitkräften weiterhin die schwer manövrierbaren Galeeren vorherrschten.

In der ersten Phase des osmanischen Kriegsflottenwesens wurden viele griechische, dalmatinische und albanische Seeleute *(levend,* von it. *levantino)* als Matrosen und Seesoldaten angeheuert. Diese *levend* besaßen zwar gute seemännische Qualitäten, waren aber undiszipliniert und – im Hinblick auf die Loyalität zum Sultan – unzuverlässig. Man versuchte deshalb, sie durch *azap*, irreguläre Infanterieeinheiten, zu ersetzen. Sie hatten weder Sold noch Pfründe, sondern mußten sich aus Kriegsbeute versorgen. Ihre hervorstechenden Eigenschaften waren infolgedessen seemännische Unerfahrenheit und Disziplinlosigkeit. Die Indienstnahme von *müsellem* und *yürük,* die im Heer Arbeits- und Logistikdienste zu leisten hatten, erwies sich ebenfalls als wenig praktikabel.

Als Galeerenruderer kamen hauptsächlich erwachsene Kriegsgefangene und Sträflinge zum Einsatz. Die Kampfeinheiten bestanden seit der Regierung Selims I. aus besoldeten Janitscharen und aus Militärpfründnern *(sipahi)* aus dem *eyalet* des Großadmirals. Sie wurden von besoldeten *levend* unterstützt. Die übrigen Matrosendienste wurden ebenfalls von *levend* verrichtet.

Erst als sich 1681 neue Auseinandersetzungen mit Venedig ankündigten, befahl der Großwesir Kara Mustafa die Umrüstung der Flotte auf die schnelleren Galeonen. Längere Friedenszeiten – zumindest zur See – erlaubten es den Osmanen, den Nimbus ihrer Kriegsmarine noch einige Zeit zu wahren. Engländer und Franzosen hatten sich nämlich mittlerweile einen erheblichen Technologievorsprung im Marinewesen erworben. Als im Verlauf des osmanisch-russischen Krieges (1768–1774) eine mit Hilfe der Engländer gebaute russische Flotte im Mittelmeer auftauchte, flüchtete der osmanische Admiral in den Hafen Çeşme, wo seine Flotte von den Russen versenkt wurde.

Danach begannen die Osmanen mit Hilfe ausländischer Militärberater, ihr Flottenwesen zu modernisieren. Selim III. (1789–1807) forcierte die Einführung westlicher Technik und Organisationsstrukturen, während sein Nachfolger Mahmud II. (1808–1839) an Marinefragen wenig interessiert war. Der griechische Unabhängigkeitskrieg gab einer englisch-französischen Seestreitmacht im Oktober 1827 Gelegenheit, die osmanisch-ägyptische Flotte bei Navarino restlos zu zerstören und so dafür zu sorgen, daß der Machtfaktor „osmanische Kriegsmarine“ in Zukunft nicht mehr in Betracht zu ziehen war.

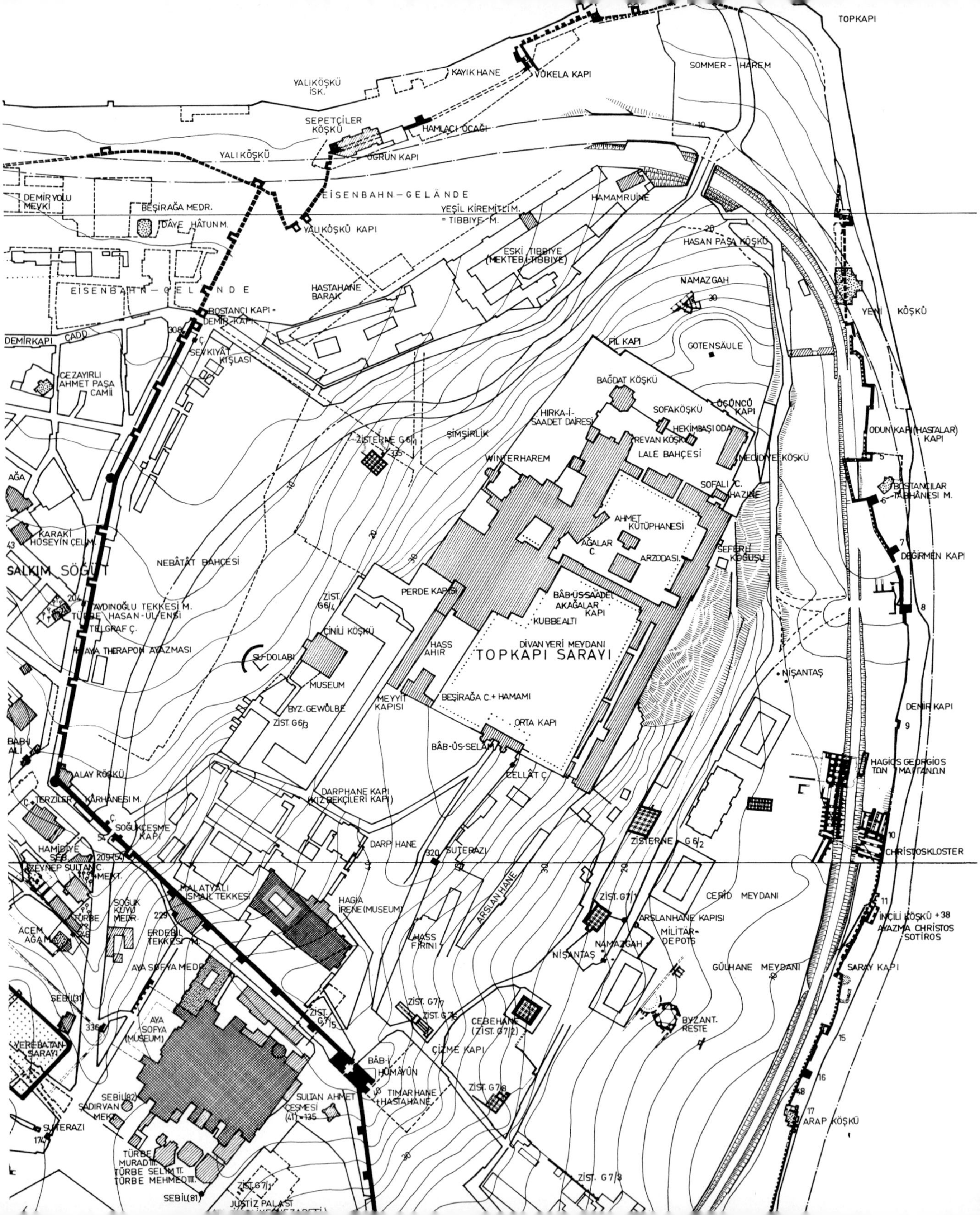

TOPKAPI
SOMMER-HAREM
KAYIKHANE
VÜKELA KAPI
YALIKÖŞKÜ İSK.
SEPETÇİLER KÖŞKÜ
HAMLACI OCAĞI
YALI KÖŞKÜ
OGRUN KAPI
DEMİRYOLU MEVKİ
EİSENBAHN-GELÄNDE
BEŞİRAĞA MEDR.
DÂYE HÂTUN M.
YEŞİL KİREMİTLİ M. = TIBBİYE M.
HAMAMRUINE
YALIKÖŞKÜ KAPI
HASAN PAŞA KÖŞKÜ
ESKİ TIBBİYE (MEKTEBİ-TIBBİYE)
NAMAZGAH
EISENBAHN-GELÄNDE
HASTAHANE BARAK
YENİ KÖŞKÜ
BOSTANCI KAPI = DEMİR KAPI
DEMİRKAPI CADD.
SEVKİYÂT KIŞLASI
FİL KAPI
GOTENSÄULE
CEZAYIRLI AHMET PAŞA CAMİİ
BAĞDAT KÖŞKÜ
ÜÇÜNCÜ KAPI
SOFAKÖŞKÜ
HIRKA-İ-SAADET DAİRESİ
HEKİMBAŞI ODA
ODUN KAPI (HASTALAR) KAPI
ZİSTERNE G 6/1
ŞİMŞİRLİK
REVAN KÖŞKÜ
LALE BAHÇESİ
MECİDİYE KÖŞKÜ
WINTERHAREM
BOSTANCILAR TABHANESİ M.
SOFALI C.
HAZİNE
AĞA
AHMET KÜTÜPHANESİ
KARAKİ HÜSEYİN ÇELM.
AĞALAR C.
SEFERLİ KOĞUŞU
ARZODASI
DEĞİRMEN KAPI
SALKIM SÖĞÜT
NEBÂTÂT BAHÇESİ
PERDE KAPISI
BÂB-ÜS-SAADET AKAĞALAR KAPI
ZİST. G6/4
AYDINOĞLU TEKKESİ M.
TÜRBE HASAN-ÜL-ENSİ
TELGRAF Ç.
KUBBEALTI
ÇİNİLİ KÖŞKÜ
HASS AHIR
DİVAN YERİ MEYDANI
TOPKAPI SARAYI
AYA THERAPON AYAZMASI
SU DOLABI
NİŞANTAŞ
MUSEUM
MEYYİT KAPISI
BEŞİRAĞA C.+ HAMAMI
BYZ. GEWÖLBE
DEMİR KAPI
ZİST. G6/3
ORTA KAPI
BÂB-I ALİ
BÂB-ÜS-SELÂM
HAGİOS GEORGİOS TON MAΓΓΑΝΩΝ
ALAY KÖŞKÜ
CELLÂT Ç.
TERZİLER KÂRHANESİ M.
DARPHANE KAPI (KIZ BEKÇİLERİ KAPI)
SOĞUKÇEŞME KAPI
HAMİDİYE SEB.
DARP HANE
SUTERAZİ
ZİSTERNE G 6/2
CHRİSTOSKLOSTER
ZEYNEP SULTAN C. + MEKT.
MALATYALI İSMAİL TEKKESİ
HAGIA İRENE (MUSEUM)
ARSLANHANE
CERİD MEYDANI
SOĞUK KUYU MEDR.
TÜRBE
ZİST. G7/1
ARSLANHANE KAPISI
İNCİLİ KÖŞKÜ + 38
AYAZMA CHRİSTOS SOTİROS
ACEM AĞA
ERDEBİL TEKKESİ M.
HASS FIRINI
MİLİTÄR-DEPOTS
NAMAZGAH
NİŞANTAŞ
AYA SOFYA MEDR.
GÜLHANE MEYDANI
SARAY KAPI
SEBİL (31)
AYA SOFYA (MUSEUM)
ZİST. G7/5
ZİST. G7/7
ZİST. G7/6
CEBEHANE (ZİST. G7/2)
BYZANT. RESTE
YEREBATAN SARAYI
ÇİZME KAPI
BÂB-I HÜMAYÛN
TIMARHANE + HASTAHANE
ZİST. G7/8
SEBİL (82)
ŞADIRVAN MEKT.
SULTAN AHMET ÇEŞMESİ (41) + 135
ARAP KÖŞKÜ
SUTERAZİ
TÜRBE MURAD III.
TÜRBE SELİM II.
TÜRBE MEHMED III.
ZİST. G7/1
ZİST. G7/3
SEBİL (81)
JUSTİZ PALAST

Der Hof des Grossherrn

Obwohl über Jahrhunderte hin Tausende von Besuchern – Botschafter, Bittsteller und neugierige Touristen – die geheimnisumwitterte Residenz der Osmanensultane betreten haben, ist deren bauliches Gefüge erst in unserem Jahrhundert klarer erkannt worden. Es kann auch heute noch keine auf Urkunden und exakte Bauuntersuchungen aufbauende Geschichte des Topkapı Sarayı geschrieben werden – und noch viel weniger eine der früheren Residenzen der Sultane: die Palais in Bursa und Edirne sind entweder gänzlich verschwunden oder so stark zerstört, daß kaum eine Vorstellung zu gewinnen ist. In Edirne, das noch bis ins 18. Jahrhundert hinein als ständige Residenz diente, war das Zentrum des Palastes ein mehrgeschossiger massiver Bau mit einem Turm in der Mitte – das sogenannte Cihannümâ Kasrı, dessen als Aussichtspavillon ausgebautes oberstes Geschoß der Lieblingsaufenthalt des Sultans Mehmed II. Fatih gewesen sein soll.
Nach der Eroberung Konstantinopels 1453 ließ derselbe Herrscher ein neues Palais zunächst im Zentrum der neuen Hauptstadt errichten, begann aber schon um 1465 mit dem Bau eines günstiger gelegenen Palastes auf der Spitze der Stadt-Halbinsel, dem heute sog. Topkapı Sarayı. Dieser weitläufige Komplex ist durch fünf Jahrhunderte hindurch Wohnsitz der osmanischen Herrscher gewesen, ist immer wieder umgebaut und erweitert worden, wurde durch Brände zerstört und danach wieder aufgebaut. Er spiegelt so in seinem den Besucher verwirrenden Gefüge einmal diese in vielen Einzelheiten noch recht unsichere Geschichte, zum anderen aber auch die Tendenz der Sultane, in ihrer Residenz keine den damaligen mitteleuropäischen Vorstellungen entsprechende Repräsentationsarchitektur zu schaffen – was viele Besucher des Serails erheblich irritiert hat. Der Komplex ist ein den Repräsentationsaufgaben und den Alltagsfunktionen der Hofhaltung durchaus gemäßes Gehäuse, das trotz des Fehlens architektonischer Akzente in seiner reichen Innenausstattung die hohe Stellung des Padischah widerspiegelte. Dazu gaben die lockere Gesamtanordnung, die geringen Bauhöhen und die dadurch geförderte enge Verbindung mit den weitläufigen Gärten die für traditionelles türkisches Wohnen erwünschte Offenheit und die notwendige Verbindung zur Natur (zusammenfassende Geschichte und Lit.-Verweise: Müller-Wiener 1977, 495 ff.; vgl. Abb. 28).
Resultat aller dieser Faktoren war eine Art Palast-Stadt, die nach außen durch einen umlaufenden Mauerring mit Toren und Türmen abgeschlossen und anfangs auch verteidigungsfähig war (Kat. Nr. I/7).
Im Inneren war dieser von bis zu 40 000 Menschen bewohnte Komplex in zahlreiche verschiedene Einzelbezirke untergliedert: ein äußerer Wirtschaftsbezirk mit großen Nutz- und Ziergärten sowie Ställen, kleinem Spital und den erforderlichen Personalunterkünften ist in seiner ursprünglichen Form heute nicht mehr faßbar, da die ältesten, einigermaßen zuverlässigen Pläne des Ganzen (Kat. Nr. I/8) aus der Zeit um 1800 auch hierzu nur wenig hergeben. In diesen weitläufigen Gärten lagen – zum Teil auf der alten byzantinischen Seemauer errichtet – mehrere Gartenpavillons (Sepetçiler Köşkü, İncili Köşk, Çinili Köşk, Arap Köşkü u. a.). Der in dieser Zone beim alten Topkapı seit 1700 errichtete und seitdem immer weiter ausgebaute sog. Sommerharem auf dem Sarayburnu – der äußersten Spitze der Halbinsel – ist 1863 abgebrannt und danach nicht wieder erneuert worden, da die Sultane zu dieser Zeit bereits in den Neubau von Dolmabahçe übersiedelt waren (Abb. 29).
Der eigentliche Palastkomplex war – bedingt durch seine Funktionen – in drei hintereinanderliegende, um große offene Höfe herum entwickelte Baugruppen gegliedert: den ersten, äußeren Hof betrat man durch das heute noch in seinem Unterbau erhaltene Bab-ı Hümayun (erbaut 1478/9); hier lagen Magazine, die als Arsenal genutzte alte Kirche Hagia

Abb. 28 Istanbul – Lageplan des Topkapı Sarayı mit äußerem Mauerring, Gärten und Pavillonbauten sowie dem nur in Umrissen angegebenen inneren Palastbereich. (Maßstab 1 : 5000)

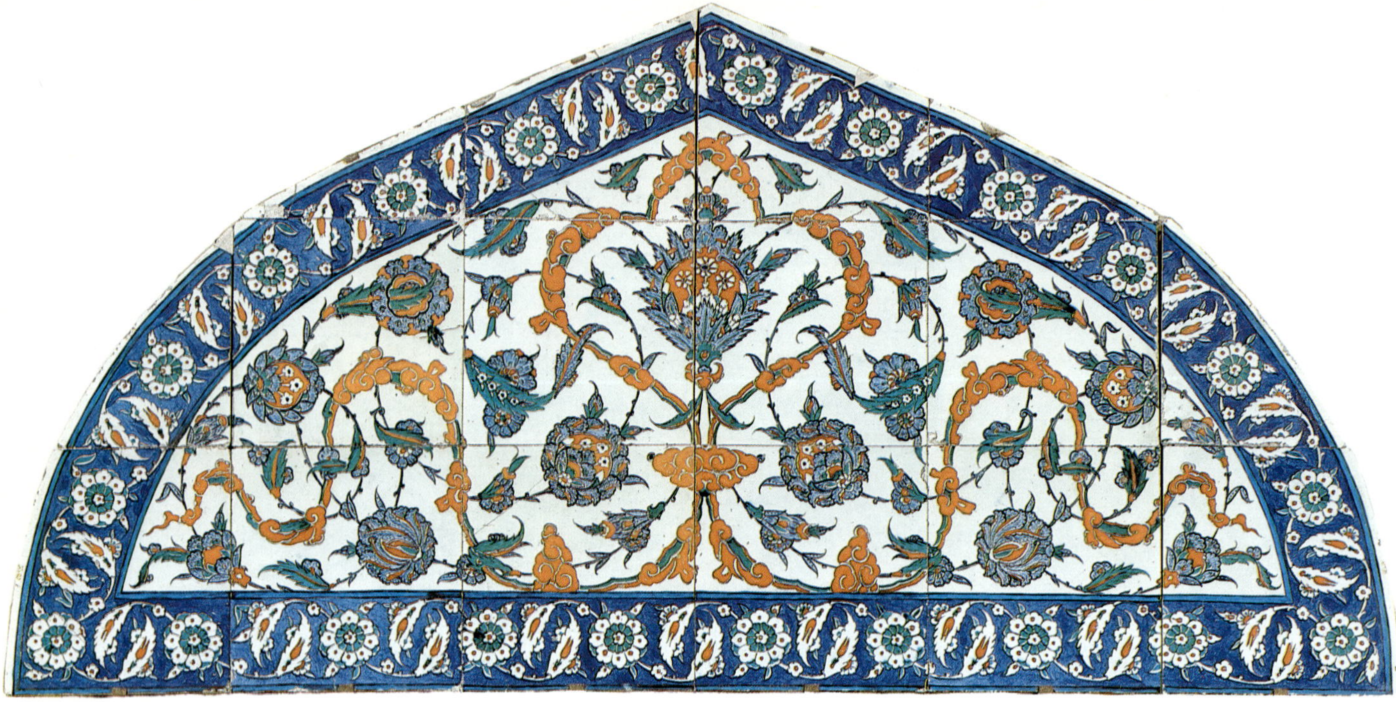

Fliesenfeld (Bd. II, Kat. Nr. 2/70)

Eirene (Irenenkirche) und seit dem 18. Jahrhundert die kaiserliche Münzstätte. Die Verbindung zum zweiten Hof bildete das mit zwei Türmen befestigte Orta Kapı (auch Bab üs-Selâm genannt), vor dem bis ins 19. Jahrhundert hinein die Köpfe Hingerichteter auf einem Stein (*cellâd taşı*) zur Schau gestellt wurden. Den zweiten Hof umschlossen Bauten, die für den inneren Betrieb notwendig waren: im Osten auf hohen Terrassenstützmauern gelegen der langgestreckte Küchenflügel, der mit seinen 10 großen Kuppeln zu den ältesten Bauten des ganzen Komplexes zählt; im Westen auf etwas tieferem Niveau mit eigenem Vorhof der Marstallbau (*has ahırı*). Eine eigene Baugruppe bilden die massiv gemauerte und überwölbte Schatzkammer (*hazine*) und der davor liegende Kuppelbau des Diwan (*kubbealtı*), über dem sich ein kleiner Turm erhebt, dessen klassizistischer Oberbau mit seinem spitzen Helm die Silhouette des Ganzen bestimmt. Von diesem, dem Volk an Diwan-Tagen zugänglichen Hof führt ein weiteres Tor, das Bab üs-Saadet oder auch Akağalar Kapısı genannt, in den dritten Hof, der nur mehr dem engeren Hofstaat und dem hier tätigen Personal zugänglich war — mit Ausnahme des unmittelbar hinter dem Tor liegenden Empfangsraumes des Padischah (*arz odası*), der hier Gesandte fremder Mächte empfing.
Im übrigen lagen an diesem Hof die Räume der zum Hofdienst ausgewählten Pagen, deren Schule und Bad sowie daran anschließend der zweigeschossige Fatih Köşkü, dessen gewölbtes Sockelgeschoß zeitweilig ebenfalls als Schatzkammer (*bodrum hazinesi*) diente. Zu Anfang des 16. Jahrhunderts wurden an der Nordecke dieses Hofes Räume für die Reliquien des Propheten und den Heiligen Mantel errichtet, die sog. Hırka-ı Saadet Dairesi; daneben liegt die etwas ältere Ağalar Camii, die Moschee der im Palastdienst tätigen Eunuchen. In der Mitte des Hofes steht am Platz des früheren Havuzlu Köşk der zierliche Bibliothekspavillon Sultan Ahmeds III. (1719). An diesen dritten Hof schließt nach Norden hin der sog. Tulpengarten (*lâle bahçesi*) an, in dem auf einer durch ältere Befestigungsmauern gebildeten Terrasse der reichdekorierte Bağdad Köşkü (1638), der Revan Köşkü sowie der kleine hölzerne Sofa Köşkü stehen. Der heute auf der östlichen Terrassenfläche gelegene Mecidiye Köşkü ersetzte um die Mitte des 19. Jahrhunderts zwei ältere Pavillonbauten, von denen nur mehr die Fundamente erhalten blieben.

Einer der durch sein bauliches Gefüge, vor allem aber durch seine Innenausstattung interessantesten Bauteile des ganzen Palastkomplexes gehört sowohl in seiner heutigen Form, aber auch als Funktionseinheit erst einer relativ späten Phase an — der Harem. Ursprünglich waren die zum Hof gehörigen Frauen in dem älteren Palais, dem am einstigen Forum Tauri gelegenen Eski Saray, untergebracht gewesen. Erst unter Sultan Süleyman I. wurde — angeblich auf Drängen seiner Gattin Hürrem Sultan-Roxelana — ein Teil des großherrlichen Harems in den damals sog. Neuen Palast überführt. Hier wurde dann im Laufe der Jahre der westlich des zweiten und dritten Hofes gelegene Bereich für den Harem des regierenden Sultans ausgebaut, während nach dessen Tode die dort noch lebenden Frauen samt ihrem Gefolge in das Eski Saray verwiesen wurden. Der Harem-Komplex (vgl. Abb. 29) setzt sich aus einzelnen, im Grundriß nur schwer voneinander abgrenzbaren Baugruppen zusammen — den Bereichen der weißen und schwarzen Eunuchen, der Sklavinnen und einem Spital im Süden, dem weitläufigen Bereich der Sultansmutter, der Valide, den Privaträumen des Sultans selbst und Räumen für die im Harem lebenden Frauen, die gemäß ihrem unterschiedlichen Rang auch unterschiedlich große Räume beanspruchen konnten. (Kat. Nr. I/9) Diese jeweils um kleine Innenhöfe herum entwickelten Baugruppen liegen in lockerer Folge an einem von Süden nach Norden durchlaufenden Gang (dem *altın yol* = goldenen Weg), der sie miteinander verband und so den gesamten Haremkomplex erschloß.
Nachdem dieser Palast bereits seit Beginn des 19. Jahrhunderts von den regierenden Sultanen nur mehr zeitweilig genutzt worden war, verlagerten sich seit der Jahrhundertmitte alle wesentlichen Funktionen der Hofhaltung in den Neubau von Dolmabahçe, 1853 am Platze eines älteren Sommerpalais erbaut. Dieser Bau blieb auch bis zum Ende der Dynastie der Platz staatlicher Repräsentation und zeremonieller Empfänge, obwohl Sultan Abdülhamid II. (1876—1909) seinen Wohnsitz aus Sicherheitsgründen abermals verlegte und sein Leben fast ganz in dem weitläufigen Bezirk des Yıldız Sarayı verbrachte, das im Gegensatz zu dem durchaus monumental ausgebauten Dolmabahçe Sarayı nur mehr eine locker in den weiten Park eingefügte, relativ kleinmaßstäbliche Architektur war.

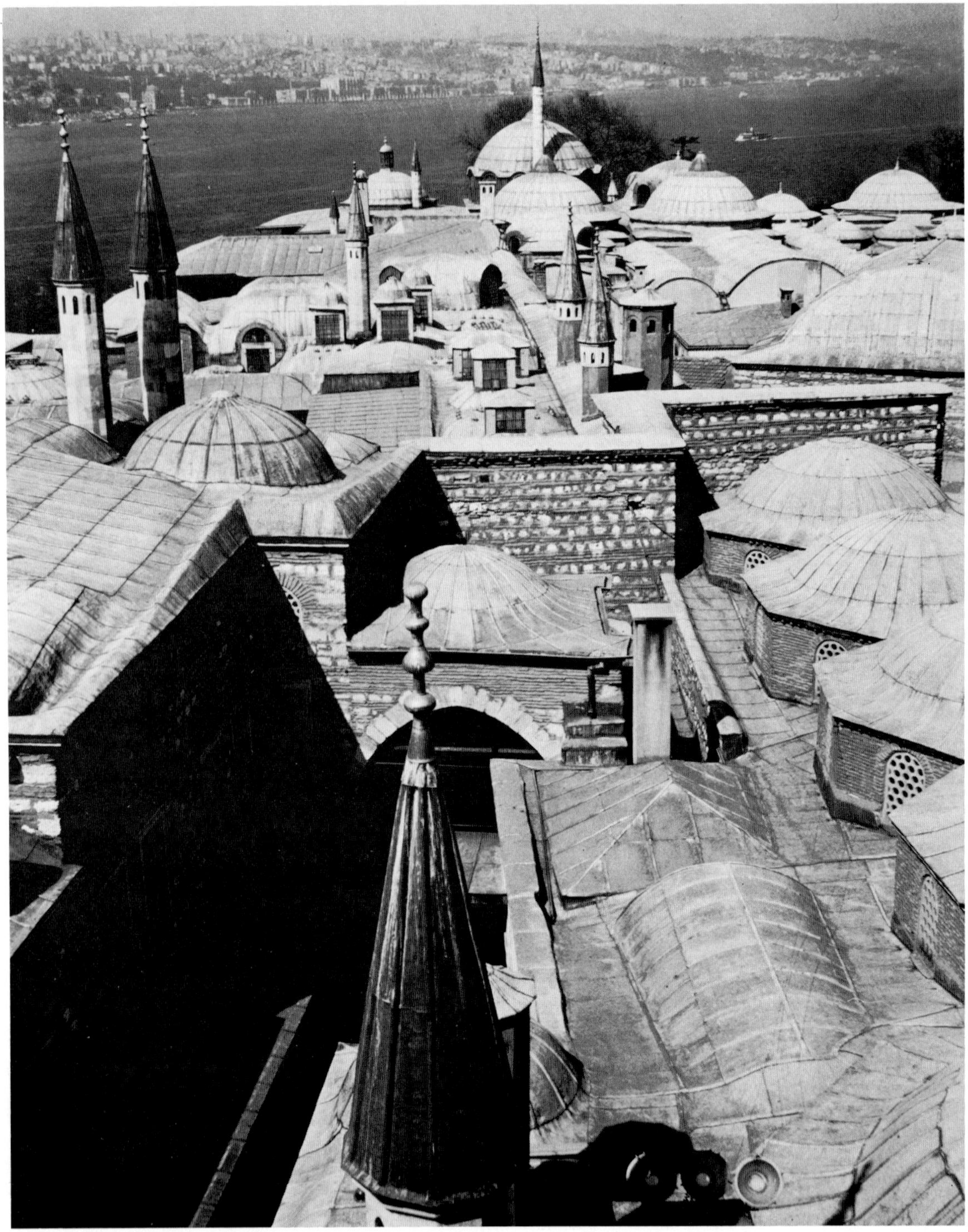

Abb. 29 Blick auf den Harems-Komplex des Topkapı Sarayı in Istanbul mit dem Hof der Eunuchen im Vordergrund; dahinter der Komplex der Valide. In der Ferne sichtbar der Dolmabahçe-Palast.

Klaus Kreiser Zur Kulturgeschichte der osmanischen Moschee

Unter den fünf Hauptpflichten des Islam nimmt das rituelle Gebet den ersten Platz ein. Sein Vollzug in der Moschee wird höher bewertet als an einem anderen Ort, etwa in einer Werkstatt oder am Straßenrand. Vom Mittagsgebet am Freitag darf sich der erwachsene männliche Muslim, sofern er ortsansässig ist, ohnehin nicht ausschließen. Daraus ergibt sich die Notwendigkeit, überall dort, wo sich Muslime dauernd aufhalten, eine Moschee zu errichten. Unter den frommen Werken, die der Muslim in seinem Leben verrichten kann, hat der Bau einer Moschee einen besonderen Rang. Der oft inschriftlich verwandte Ausspruch des Propheten *Wer Gott eine Moschee baut, dem wird Er ein Haus im Paradies errichten* wurde und wird in der islamischen Welt äußerst ernst genommen. Wer heute ein islamisches Land bereist, kann die rege Neubautätigkeit von Moscheen schwer übersehen. Für die Türkei werden weit über 40 000 Moscheen genannt — 35 000 davon sind Neubauten aus der Zeit nach dem Zusammenbruch des Osmanischen Reichs. Die 1967 begonnene Hauptmoschee Ankaras, die Kocatepe Camii, sei stellvertretend für die vielen modernen Stahlbeton-Bauwerke genannt, welche den schon im frühen 16. Jahrhundert zu kanonischem Rang erhobenen osmanischen Typus am Leben zu erhalten versuchen. Aber schon vor dem Ersten Weltkrieg hat der Architekt Kemaleddin (1870–1927) mit seinen Bauten in verschiedenen Istanbuler Vororten den klassizistischen Rückgriff auf das 16. Jahrhundert eingeleitet.

Auch wenn wir über keine schriftliche Quelle verfügten, aus der die territoriale Expansion des Osmanischen Reichs hervorginge, könnten wir wenigstens seine europäischen Grenzen mit Hilfe der hinterlassenen Bauten rekonstruieren. Obwohl in Südosteuropa gewaltige Verluste an osmanischer Architektur zu beklagen sind, lassen sich doch tiefer osmanisierte Kernräume von weniger stark turkisierten bzw. islamisierten Landschaften abgrenzen. In Thrazien, Teilen Mazedoniens und Thessalien überwog das osmanische Element. In Ungarn beschränkte sich die türkische Siedlung fast vollständig auf die Städte und Festungen. Albanien und Bosnien nehmen insofern eine Sonderstellung ein, als die Islamisierung der Bevölkerung nicht mit dem Übergang zur türkischen Sprache zusammenfiel. Wo auch immer Muslime lebten, sie bedurften einer Moschee: die albanischen Bauern in einem Bergnest hoch über Skopje, die Soldaten und Beamten der Frontstadt Buda, die Händler und Handwerker Sarajevos. In entsprechender Weise ließe sich der langdauernde, immer noch nicht ganz abgeschlossene Rückzug der Türken aus Südosteuropa belegen. Moscheen wurden zerstört, umgewandelte Kirchen ihrer alten Bestimmung zugeführt. Anderswo wurden osmanische Moscheen zu Museen, wie in Athen, oder zu „Kulturhäusern", wie in Tirana. Das osmanische Sofia zählte in seinen glänzenden Tagen rund 40 Moscheen; erhalten haben sich nur die Molla Efendi und die Ulu Cami. In letzterer ist das Archäologische Museum eingerichtet. Die Moschee des Sofu Mehmed Pascha wurde in eine Kirche der Orthodoxie verwandelt. Der typische Charakter des in den Werkverzeichnissen Sinans, des bedeutendsten Architekten der Osmanen, aufgeführten Baues erschließt sich nur noch durch einen Blick ins Innere. Ein weiteres Beispiel aus dem ehemals osmanischen Südosteuropa ist die katholische Pfarrkirche von Pécs in Ungarn, ursprünglich eine Stiftung des Gazi Kasım Pascha aus dem 16. Jahrhundert. Sicherlich repräsentativ für die anspruchslosen Bauten in der umkämpften Grenzmark zu Österreich ist die Moschee des Hacı İbrahim in Esztergom, die sich wegen ihrer Weiterverwendung, erst als Kornspeicher, dann als Wohnhaus, erhalten hat.

Während in den Balkanländern und im westlichen und nördlichen Kleinasien das einfache Vorhandensein von islamischen Gebetshäusern auf die Osmanenherrschaft zurückweist, ist ihre ehemalige Präsenz in Teilen Anatoliens und den arabischen Provinzen weniger deutlich. Zwar verfügen Damaskus und Kairo über einige osmanische Moscheen von bemerkenswerter Qualität, doch orientierte man sich in Nordafrika und Syrien noch lange an der einheimischen Tradition. So weist die Sinan-Pascha-Moschee Kairos etwa mamlukische Stilmerkmale auf.

In Algier und Tunis entstehen erst in der zweiten Hälfte des 17. Jahrhunderts Moscheen, die funktionell den Forderungen des hanafitischen Ritus der türkischen Herren entsprechen und – bei einigem guten Willen – als provinzielle Auslegungen der großen Sultansmoscheen Istanbuls angesprochen werden können. Das bekannteste Beispiel für den Einfluß der Istanbuler Architektur ist aber die Moschee Mehmed Alis (Muhammad Ali) in Kairo (die „Alabaster-Moschee" der Reiseführer). Auf der Arabischen Halbinsel war der Einfluß der Osmanen gering. Man gab sich mit dem Protektorat über die Heiligen Stätten zufrieden. Lediglich der Jemen unterstand den Osmanen für wenige Jahrzehnte vor und nach 1600 und ein zweites Mal in den letzten Dekaden des Reiches. Es ist interessant, daß ein unter Abdülhamid II. (1876–1909) abgefaßter Verwaltungsalmanach der Provinz Jemen die Bauwerke der osmanischen Statthalter des 16. Jahrhunderts aufzählt, vielleicht um so die erst durch die Öffnung des Suez-Kanals möglich gewordene Wiedereroberung zu legitimieren.

Das Osmanische Reich ist nach dem Ersten Weltkrieg nicht an natürlichen, das heißt kultur- und bevölkerungsgeographisch begründbaren, Bruchlinien zerfallen.

Die osmanischen Sultane und hohen Würdenträger waren am inneren Schicksal der Provinzen nicht ganz unbeteiligt, zumal geordnete Verhältnisse auf dem Lande Voraussetzung für die Wohlfahrt der Hauptstadt und gefüllte Staatskassen sind. Es gibt eine Reihe von Städtegründungen aus – heute würden wir sagen – infrastrukturellen Motiven. Der Aufwertung des Dorfes Karapınar an der Pilgerstraße nach Damaskus und Mekka dient die Stiftung einer Moschee mit Nebenbauten. Murad II. gründet beiderseits der Brücke über die Ergene in Thrazien Ortschaften, und zwar dort, wo, wie der Chronist meldet, *vordem eine Waldgegend, lauter Sumpf und Morast und ein rechtes Räubernest* waren. Der berühmte Großwesir der Tulpenzeit (Anfang des 18. Jahrhunderts), Ibrahim Pascha, siedelt in seinem Heimatdorf Stämme an, stiftet einen Moschee-Komplex und nennt das Städtchen Nevşehir (Neustadt). Insgesamt gesehen war das osmanische System, hohe Würdenträger wie Statthalter und Richter nur kurze Zeit an einem Dienstort zu belassen, der Bindung an eine Provinz wenig zuträglich. Z. B. zählt man für die 145 Jahre osmanischer Herrschaft in Buda 75 verschiedene Paschas.

Damit ist die Frage nach den Auftraggebern der Moschee-Bauten angeschnitten: die Tatsache, daß man im Bereich des Islams kein Patrozinium kennt, läßt den Namen des Stifters in den allermeisten Fällen an der Moschee haften. Gelegentlich haben ihn volkstümliche Bezeichnungen völlig zurückgedrängt. Ein bekanntes Beispiel dafür ist die „Tulpenmoschee" Mustafas III. Mit dem besonderen Prestige der Hagia Sophia mag es zusammenhängen, daß die Bezeichnung Aya Sofya erhalten blieb. Die gotische Kathedrale von Nikosia/Lefkoşe aus der Zeit der Lusignandynastie hieß bei den Türken Aya Sofya, bis man 1954 den Namen Selimiye (nach dem Eroberer Zyperns Selim II.) wählte. Die Übung, Sultansmoscheen nach dem regierenden Herrscher zu bezeichnen, bestand bis ins 19. Jahrhundert. So sahen sich die Jungtürken nach Abdülhamids Sturz gezwungen, seine Hamidiye-Moschee in Şişli in Verfassungs-Moschee (Meşrutiyet Camii) umzutaufen. Mehmed V. Reşad hatte in den Jahren des Weltkriegs, die mit seiner konstitutionellen Herrschaftsperiode zusammenfielen, keine Gelegenheit zu einem eigenen Moschee-Bau. Er hinterließ lediglich eine kleine Moschee in Yeşilköy, die er nach seinem Vater Abdülmecid Mecidiye nannte.

Gelegentlich ist ein Moschee-Name Anlaß historischer Irrtümer geworden. Die sogenannte „Arap Camii" in Galata ist in der Kirche SS. Paolo e Domenico eingerichtet worden und hat ihren Namen von spanischen Muslimen, denen sie unter Bayezid II. zugewiesen wurde. Die Legende aber bringt sie in Zusammenhang mit den Belagerungen Konstantinopels durch omaijadische Heere Anfang des 8. Jahrhunderts. Häufig ist der Name Fethiye, der auf einen Sieg der muslimischen Streitmacht hinweist, während die Istanbuler Nusretiye ihren – ebenfalls von einem arabischen Wort für „Sieg" abgeleiteten – Namen der Unterdrückung eines Janitscharen-Aufstands verdankt. Die Regel aber bleibt die Benennung nach dem Stifter. Das Wort Stifter (vâkıf) ist stets in der Einzahl zu gebrauchen, weil das islamische Recht eine juristische Person nicht kennt und deshalb auch den Fall eines kollektiven Stifters nicht vorsieht. Für die meisten städtischen Moscheen wird diese juristische Norm mit der Stiftungspraxis übereingestimmt haben. Eine Ausnahme bilden wahrscheinlich die Beträume einzelner Gewerbe-Zweige innerhalb ihrer Wirtschaftsgebäude. Der Architekt Sinan verantwortete z. B. die *mescids* der Juwelier- und der Brokatweber-Zünfte. Ansonsten wird die im europäischen Mittelalter oft mobilisierte *voluntas communis* auf dörfliche Bauten beschränkt geblieben sein. So einleuchtend die Motive eines muslimischen Stifters für seinen Stiftungsakt sein mögen, über das allgemeine Ziel der Moscheegründung hinaus lassen sich auch speziellere Gründe angeben. Sehr oft stellt eine Moschee die materialisierte Form des Totengedächtnisses dar. Bereits Sultan Orhan weihte seinem Vater Osman in Bilecik eine Moschee, Süleyman der Prächtige gedachte auf diese Weise seines Vaters im schon erwähnten Karapınar, in Damaskus und in Istanbul.

Reliquien des Propheten und islamischer Bekenner der Frühzeit bzw. Heiligengräber motivieren gelegentlich den Bau einer Moschee, man denke an Eyüp vor den Toren Istanbuls (das seit frühpaläologischer Zeit als islamische Kultstätte belegt ist). Manche Moscheen können sich einer Propheten-Reliquie rühmen. Das ist häufig ein Haar aus dem Barte Muhammads, das man in einer Schatulle auf den obersten Stufen der Gebetskanzel aufzubewahren pflegt und an hohen Feiertagen den Gläubigen zeigt. Für eine bis dahin nur schlecht untergebrachte zweite Ausgabe des Propheten-Mantels errichtete Sultan Abdülmecid 1851 die Hırka-ı Şerif-Moschee. Eine Reihe osmanischer Moscheen besitzt ein Stück vom Schwarzen Stein der Kaaba. Offenbar fehlen aber mit Ausnahme der Hırka-ı Şerif-Moschee Bauten, die ihre Entstehung einem derartigen „Heiltum" verdanken.

Wenn man die Verzeichnisse der Sinan-Bauten durchsieht, begegnet man vom Herrscher bis hinunter zu schlichten Zunftvorständen der gesamten osmanischen Ober- und Mittelschicht als Stiftern. Der Sultan, seine Gattinnen und seine Töchter stifteten ausschließlich Freitagsmoscheen, auch bei Großwesiren ist es nicht die Regel, eine einfache *mescid* zu begründen. Sinans Planungsbüro hat sich außerhalb der Hauptstadt offensichtlich nicht um *mescid*-Entwürfe gekümmert.

Wenn den Stifter der Tod vor Vollendung seiner Moschee ereilte, blieb diese öfters für einige Zeit im Rohzustand. Das bekannteste Beispiel liefert die Yeni Cami in Istanbul: Als Sultan Mehmed III. 1603 starb, wurden auch seiner Mutter die Mittel für den Moschee-Bau knapp. Dieser wurde, als auch Safiye Sultan 1605 das Zeitliche segnete, für Jahrzehnte eingestellt. Inzwischen hatte der junge Ahmed I. seine Moschee am Hippodrom längst vollendet. Eine andere Sultansmutter, Turhan Hadice Sultan, brachte das Werk 1663 zum glücklichen Abschluß.

Jeder Moschee-Stifter stand vor den zwei Hauptproblemen eines Bauherren: Er brauchte ein Grundstück, und er brauchte Geld, und zwar sowohl für die Bau- als auch für die Unterhaltskosten. Solange etwa Istanbul noch über genügend freie Flächen innerhalb der Landmauern verfügte, bildeten die Moscheen regelrechte Siedlungskerne, um die herum die Stadtviertel wuchsen. In den beiden vorherigen Hauptstädten, Bursa und Edirne, baute man *extra muros*, um der drangvollen Enge der Altstadt zu entgehen. Das osmanische Iznik konnte sich dagegen, wahrscheinlich aus verkehrsgeographischen Gründen, nur langsam entwickeln, obwohl Orhan seine Moschee vor die Tore der Stadt gesetzt hatte.

Innerhalb der Städte mußte Baugrund erworben werden. Eine Stiftung war nicht rechtswirksam, wenn der Stifter nicht zuvor sein uneingeschränktes Eigentum an Grund und Boden nachgewiesen hatte. Als sich die schon einmal genannte Safiye Sultan zum Bau der Yeni Cami unmittelbar am Goldenen Horn entschloß, war eines der lebhaftesten Stadtviertel Istanbuls betroffen. Hier, in der Nähe des städtischen Zolleinnehmers *(gümrük emini)*, lebte die karäische Gemeinde, eine besonders rigorose jüdische Sekte, in der Nachbarschaft ihrer Synagoge und ihres Bades. Diese Gebäude sollten zum doppelten Marktwert enteignet werden. Freilich kam es dabei zu Unregelmäßigkeiten während der Auszahlung, so daß der Volksmund der entstehenden Moschee den zynischen Beinamen *Zülmiye*, d. h. etwa „Die Bedrückerin", verlieh. Wegen des schon zuvor angesprochenen Baustops nach dem Tode der Stifterin war übrigens eine zweite Räumungsaktion vonnöten.

Der fromme Sultan Ahmed (1603–1617) hatte unterdessen auf dem Bau einer eigenen Moschee bestanden. Daß er die Nähe der Aya Sofya wählte, muß die Gottesmänner der Stadt einigermaßen betroffen haben, denn es konnte der Neubau nur auf Kosten der altehrwürdigen Moschee gedeihen. Ahmed rechtfertigte die Platzwahl damit, daß er an anderen Stellen umfangreiche Enteignungen hätte vornehmen müssen. *Beim Bau einer Moschee werden viele Herzen gebrochen*, läßt ihn der Chronist argumentieren. Immerhin nahm er die Einwände der

Gesetzesgelehrten *(ulema)* so ernst, daß er für die Neuansiedlung von Muslimen in der Nachbarschaft sorgte. Bekanntlich erlangt das Freitagsgebet erst bei Teilnahme von 40 erwachsenen Muslimen Gültigkeit. Der Sultan-Ahmed-Moschee mußten offenbar nur zwei ältere Palais von Wesiren weichen.
Die frommen Skrupel des muslimischen Herrschers beim Moschee-Bau gehören zu den *topoi* der religiösen Literatur. So wird über den Waschungsbrunnen in Bursas Ulu Cami erzählt, daß sich an dieser Stelle ein durch Zwang erworbenes Grundstück befunden habe. Der Sultan habe den Brunnen hier aufstellen lassen, um das Gebet der Gläubigen auf dieser Parzelle nicht zu entwerten. Dazu muß angemerkt werden, daß die Legende eine Erklärung für die in hochosmanischer Zeit nicht mehr übliche Praxis, den Brunnen im Moschee-Inneren einzurichten, sucht.
Im allgemeinen mißbilligten die osmanischen Autoritäten den Neubau von Moscheen bei fehlendem Bedarf, sofern nicht hohe Würdenträger die Stifter waren. Auch für Umbauten war die Erlaubnis der Behörden erforderlich. Den Muslimen eines Dorfes oder eines Stadtviertels war es nicht selbst überlassen, eine Moschee zu bauen oder nicht. Der Scheichülislam Ebussuud erklärte in einem Rechtsgutachten ausdrücklich, daß die Bewohner eines Dorfes zum Freitagsgebet gezwungen werden dürften, was wiederum die Existenz einer Moschee voraussetzt; denn das Gemeinschaftsgebet unter freiem Himmel wird von den hanafitischen Ulema immer deutlicher abgelehnt. So hatten sich die Gläubigen nach Möglichkeit im Moschee-Inneren zu versammeln; erst wenn der Gebetsraum gefüllt war, durfte man aus dem Vorhof den Gebetsleiter *(imam)* verfolgen. Die *musalla* oder *namazgâh* genannten und nur von einer Mauer abgegrenzten Gebetsplätze unter freiem Himmel, ein auffälliges Erbe frühislamischer Vorstellungen, durften seit Mitte des 16. Jahrhunderts nur noch mit Sondererlaubnis angelegt werden und waren auf den Gebrauch an den Bayram-Tagen beschränkt.
Nichtmuslimische Bewohner wurden in der Nachbarschaft einer Moschee ungern geduldet. Das Idealschema der Ausstattung eines muslimischen Stadtviertels *(mahalle)* lautet: eine *mescid*, ein *imam*, ein *müezzin*. Wenn die muslimischen Bewohner im Laufe der Zeit abwanderten und ihre Häuser Christen oder Juden überließen, war die Behörde zur Zwangsräumung berechtigt. Ebensowenig wurden Kirchen in der Nachbarschaft von Moscheen geduldet. Neubauten von Kirchen waren in den ersten Jahrhunderten nach der Eroberung Istanbuls ohnehin verboten; die Errichtung einer Moschee bot deshalb oft genug den Vorwand zum Abbruch einer Kirche.
Auch hier sind Pauschalurteile nicht statthaft: Mehmed II. wählte die Stelle der justinianischen Apostelkirche wohl deshalb, weil er auf die Lage an der Hauptwasserleitung der Stadt, den Valens-Aquädukt, angewiesen war. Im übrigen wurde der Patriarch entschädigt. Verhältnismäßig problemlos war die Anlage des Süleymaniye-Komplexes. Er entstand auf einer riesigen Brandfläche beim Alten Serail. Größere Enteignungen erübrigten sich. Im Gegensatz zu frühosmanischen Stiftungskomplexen bildeten die *külliyes* von Mehmed II. und Süleyman I. riesige, unorganische Einschlüsse im feinmaschigen, unregelmäßigen Gassengewirr des osmanischen Istanbul. Da die osmanische Moschee, mit der seltsamen, nie nachgeahmten Ausnahme der Hüdavendigar Camii Bursas, keine bewußte straßenseitige Front kennt und seit Mitte des 15. Jahrhunderts stets durch einen Brunnenhof ergänzt ist, hielten sich die Eingriffe ins gewachsene städtische Gefüge in Grenzen, zumal die Hofmauern leicht dem Straßenverlauf angeglichen werden konnten.
Die zweite Hauptsorge eines Bauherrn war, Finanzierung und Unterhalt der geplanten Moschee. Der osmanische Sultan verfügte über eigene Einkünfte, die vom allgemeinen Budget streng unterschieden wurden. In der Inschrift der im Zusammenhang mit dem Namenswechsel schon erwähnten Hamidiye-Moschee von Şişli wird noch im späten 19. Jahrhundert betont, der Großherr habe die Kosten aus seiner Schatulle bestritten. Als besonders verdienstlich galt die Verwendung des herrscherlichen Anteils an der Kriegsbeute. Ein junger Steiermärker, der 1583 die kaiserliche Gesandtschaft nach Istanbul begleiten durfte, drückte das so aus: *Es darf aber khain türckischer Khaiser khaine / Moschee pauen, er habe dann selbst aigner Person ein Feldtzug gethan, wans nur ein zwo oder drei Tagraiss von Constantinopel beschicht.*
Die osmanischen Chronisten bringen tatsächlich verschiedene Moschee-Bauten in Zusammenhang mit bestimmten kriegerischen Unternehmungen. So soll die Stiftung der Ulu Cami Bursas nach dem Sieg über das Kreuzfahrerheer von 1396 erfolgt sein. Der

Sultan habe gleichzeitig gelobt, nun auch vom Trinken zu lassen. Der überaus denggläubige Bayezid II. gab die Moschee in Edirne, zu der unter anderem ein berühmtes Krankenhaus zählte, vor seiner Kampagne gegen die moldauischen Städte Kilia und Akkerman im Jahre 1484 in Auftrag. Sinans Hauptwerk, die Moschee Selims II. in Edirne, ist angeblich mit der Kriegsbeute von Zypern finanziert worden. Jedenfalls rechtfertigte der Scheichülislam Ebussuud die Eroberung mit dem Bau der Moschee (der allerdings drei Jahre vor der Besetzung der Mittelmeer-Insel begann).

Um eine Vorstellung von den Beträgen, die in die großen Sultansmoscheen investiert wurden, zu vermitteln, seien einige Zahlen genannt: Der Historiker Mustafa Âlî gibt 54 Millionen *Akçe* (die gängige Silbermünze) an. Dies entspricht etwa der Hälfte des ägyptischen Tributs, in osmanischen Augen eine unvorstellbar große Summe. Wenn berichtet wird, daß der englische König Heinrich III. ein Zehntel des Gesamthaushalts für Bauprojekte aufwandte, brauchten die Osmanen einen Vergleich kaum zu scheuen. Ein weiteres Rechenbeispiel: Die angegebenen Gesamtkosten der Süleymaniye Moschee entsprechen dem Gegenwert von 5 Millionen Arbeitstagen. Dazu waren die osmanischen Moscheen mit dem Gefüge ihrer Nebenbauten als Stiftungsbesitz auf ständig fließende Einnahmequellen zum Unterhalt der Bausubstanz und zur Bezahlung des Personals angewiesen.

Das Thema der Umwandlung von Kirchen in Moscheen wurde bereits im Zusammenhang mit der Frage der Platzwahl angeschnitten. Die Tatsache, daß die Osmanen, wie vor ihnen andere muslimische Eroberer, bestehende Kirchen in Moscheen umgewandelt haben, wird von den zeitgenössischen Chronisten nicht verschwiegen. Das Beispiel der Aya Sofya in Iznik stehe für viele. Der Geschichtsschreiber Aşıkpaşazade berichtet: *Er* (Orhan) *wandelte eine große Kirche in eine Freitagsmoschee um, und aus einem Kloster machte er eine medrese.* Übrigens hat Sinan diese Moschee 200 Jahre später renovieren lassen. Oder zitieren wir die Inschrift der Moschee Mehmed Sokullus unterhalb des Hippodroms (979/1571–2): *Der Großwesir zerstörte die Kirche der Ungläubigen, der Schmutzigen, und errichtete einen Andachtsort. So entstand eine Stätte des Gebets, wo Unglauben und Finsternis geherrscht hatten.* Es ist nicht ohne Reiz zu wissen, daß der gebürtige Bosnier Sokullu als Großwesir einem christlich gebliebenen Verwandten auf den Stuhl des wiederbegründeten Patriarchats von Peć in Serbien verhalf und gelegentlich griechischen Gottesdiensten beigewohnt haben soll. – Das islamische Recht gestattete die Beschlagnahmung christlicher und jüdischer Gotteshäuser, wenn ein Ort durch Waffengewalt übergeben wurde. Im Istanbul des 16. Jahrhunderts schloß man deshalb ganz ernsthaft aus der Existenz von Kirchen, daß zumindest in einigen Stadtteilen ein Separatfriede mit Mehmed dem Eroberer abgeschlossen worden sei.

Es ist unmöglich abzuschätzen, wieviele Moscheen osmanischer Frühzeit ursprünglich Kirchen waren, da sich von den urkundlich gesicherten nur etwa die Hälfte erhalten hat und wir mit einer beträchtlichen Dunkelziffer rechnen müssen. Die meisten Umwandlungen von Kirchen in Moscheen erfolgten offenbar unter Mehmed II. und seinen beiden Nachfolgern. Im 16. Jahrhundert sind Wegnahmen von Kirchen selten geworden. Die Islamisierung der Pammakaristos-Kirche durch Murad III. im Jahre 1591 mit der Begründung, daß der Eroberer dort seine Andacht verrichtet habe, paßte kaum mehr in die Zeit.

Was die Architekten, Handwerker, Baumaterialien und den Bauablauf betrifft, verfügen wir bisher fast ausschließlich über Unterlagen zu den großen Sultansmoscheen Istanbuls. Es verwundert bei den allgemeinen zentralen Tendenzen des Osmanischen Staates nicht, daß auch die Baubefugnisse an der Staatsspitze im Amt des Reichsarchitekten zusammengefaßt wurden. Der Reichsarchitekt arbeitete mit einem Team von Fachleuten, das meist konfessionell gemischt war. Im übrigen überwogen baupolizeiliche Aufgaben sowie die Überwachung und Planung von militärischen und zivilen Nutzbauten bei weitem die „freien" Entwürfe für Moscheen. Es ist seltsam, daß sich kein einziger Grund- oder Aufrißplan einer Moschee erhalten hat, wenigstens keiner, der mehr als eine Skizze darstellt. Es gibt allerdings unmißverständliche Hinweise, daß sich die großen Architekten detaillierter Pläne bedient haben, wahrscheinlich wurden auch dreidimensionale Modelle für die sultanischen Auftraggeber angefertigt. Die Architekten hinterließen ihren Namen nur selten auf Bauinschriften. Es ist kennzeichnend, daß Sinan zwar die große Brücke von Büyük Çekmece mit seinem Monogramm versah, aber auf den Hauptmoscheen nicht verewigt ist. In frühosmanischer Zeit bis in die

Anfangsjahre des 16. Jahrhunderts sind Meister-Inschriften auf Gebäuden etwas häufiger. Im Fall der Bayezid-Pascha-Moschee Amasyas hat der Bauforscher sogar vier verschiedene Meisternamen zur Auswahl. Bei dieser Moschee, wie auch bei der hochberühmten Grünen Moschee Bursas, weiß man nicht recht, ob sich eine Signatur auf einen Architekten oder auf einen Bauaufseher bezieht. Jedenfalls hatte der Reichsarchitekt die finanzielle Seite nicht mit zu überwachen. Dafür war in Istanbul der *şehir emini* (Stadtaufseher) zuständig, dem bei Großbauten noch ein *ad-hoc*-Inspektor zur Seite stand. Es ist verhältnismäßig einfach darzulegen, daß der Reichsbaumeister Sinan kaum Bauten außerhalb Edirnes und Istanbuls bzw. der thrazischen Heerstraße an Ort und Stelle abgenommen haben kann. Die Übertragung der Bauverzeichnisse Sinans ins Kartenbild zeigt, daß von seinen anatolischen Schöpfungen die meisten im Nordwesten des Landes liegen, zwei Moschee-Bauten in und bei Kayseri lassen sich vielleicht mit familiären Beziehungen erklären. Einige Orte liegen am Pilgerweg. Die Situation der Sinan-Bauten in Südost-Europa ist ähnlich: einer äußersten Werkdichte in Ostthrazien stehen wenig repräsentative Bauten und Umbauten in Sofia, Trikkala (Thessalien) und Buda gegenüber. Trotzdem fällt die Vorstellung schwer, daß alle übrige Architektur Südost-Europas während Sinans Amtszeit von einheimischen Kräften geschaffen wurde. Interessanterweise nennt Sinans Grabinschrift neben der Süleymaniye die großen Ingenieur-Bauten seiner Wasserleitung und der Brücke von Büyük Çekmece. 400 *mescid* und 50 *cami* werden summarisch genannt, wobei verwundert, daß die Baulisten, die denselben Verfasser wie die Grabinschrift haben, nur 50 *mescid* bei Namen nennen. Vielleicht sind 400 *mescid* ein Wert, der das gesamte Bauvolumen in Sinans vierzigjähriger Amtsperiode erfaßt.

Das 19. Jahrhundert ist Zeuge des Aufstiegs der armenischen Baumeister-Familie der Balyan, deren Mitglieder teilweise in Paris geschult wurden. Die Namen der Schweizer Gebrüder Fossati, des Italieners Montani (dem man die Valide Moschee in Aksaray zuschreibt) und des Franzosen Parvillé, der von Ahmed Vefik Pascha nach Bursa berufen wurde, stehen für eine Epoche, in der sich die Verbindlichkeit des klassischen Musters auflöste und traditionelle Techniken wegen fehlender überschaubarer Bauaufgaben allmählich verloschen. Der Verfasser einer Abhandlung über den Baumeister der Sultan-Ahmed-Moschee hat uns überliefert, unter welchem „stress" ein damaliger Architekt zu arbeiten hatte. Mimar Mehmed Ağa gab ihm auf die Frage, warum er alle innere Ruhe vermissen lasse, mit dem Satz Antwort:

Außer diesem ehrenwerten Bau – gemeint ist die Ahmed-Moschee – *gibt es an vielen anderen verstreuten Orten Baustellen. Meine Pflicht ist es, jede einzelne aufzusuchen und gründlich zu inspizieren. Etwas anderes kommt gar nicht in Frage. Das ist die Ursache meiner Herzbeklemmung und inneren Unrast. Ich muß eben immer noch an diese anderen verstreuten Bauten denken.*

Die beiden mit Namen genannten Architekten Sinan und Mehmed sind über das Institut der Knabenlese, der eine aus Anatolien, der andere aus Rumelien, in die osmanische Gesellschaft eingegliedert worden und haben militärische Karrieren hinter sich gebracht. Das System, das man gebrauchte, um Handwerker und unausgebildete Arbeiter für die sultanischen Großbauten zu gewinnen, ähnelte vollkommen den Mobilmachungskampagnen, die einem großen Feldzug, z. B. an die persische oder ungarische Front, vorausgingen. Die Aufbietung von Handwerkern aus osmanischen Provinzen – in erster Linie Anatolien, Thrazien und den Inseln der Ägäis – ist zu unterscheiden von den Verpflanzungen ganzer Handwerkszweige, um sich technische Kenntnisse, die in den Kernländern des Osmanischen Reiches nicht vorhanden waren, anzueignen: dazu zählten Marmorarbeiter aus Ägypten, Fayencemosaikkünstler und Fliesenmaler aus Persien. Nur die Fähigkeiten der letzten Berufsgruppe haben bei der Ausstattung osmanischer Bauten eine gößere Rolle gespielt.

Da sich die Lohnabrechnungen der Süleymaniye-Arbeiter aus den Jahren 1553–1557 erhalten haben (2973 *defter*-Seiten), läßt sich zeigen, daß freie Handwerker mit 41 % die größte am Bau beteiligte Gruppe waren. In den Vergleichsjahren waren, bei einem leichten Übergewicht der Christen, muslimische und christliche Handwerker etwa zu denselben Proportionen beteiligt. Die Zünfte waren im Osmanischen Reich – dies nur am Rande – die einzige bedeutende soziale Einrichtung, die Christen wie Muslimen offenstand. Die Berufsgruppenaufteilung ergibt, daß die Christen unter den Maurern, Tiefbauspezialisten und Schmieden überwogen, während

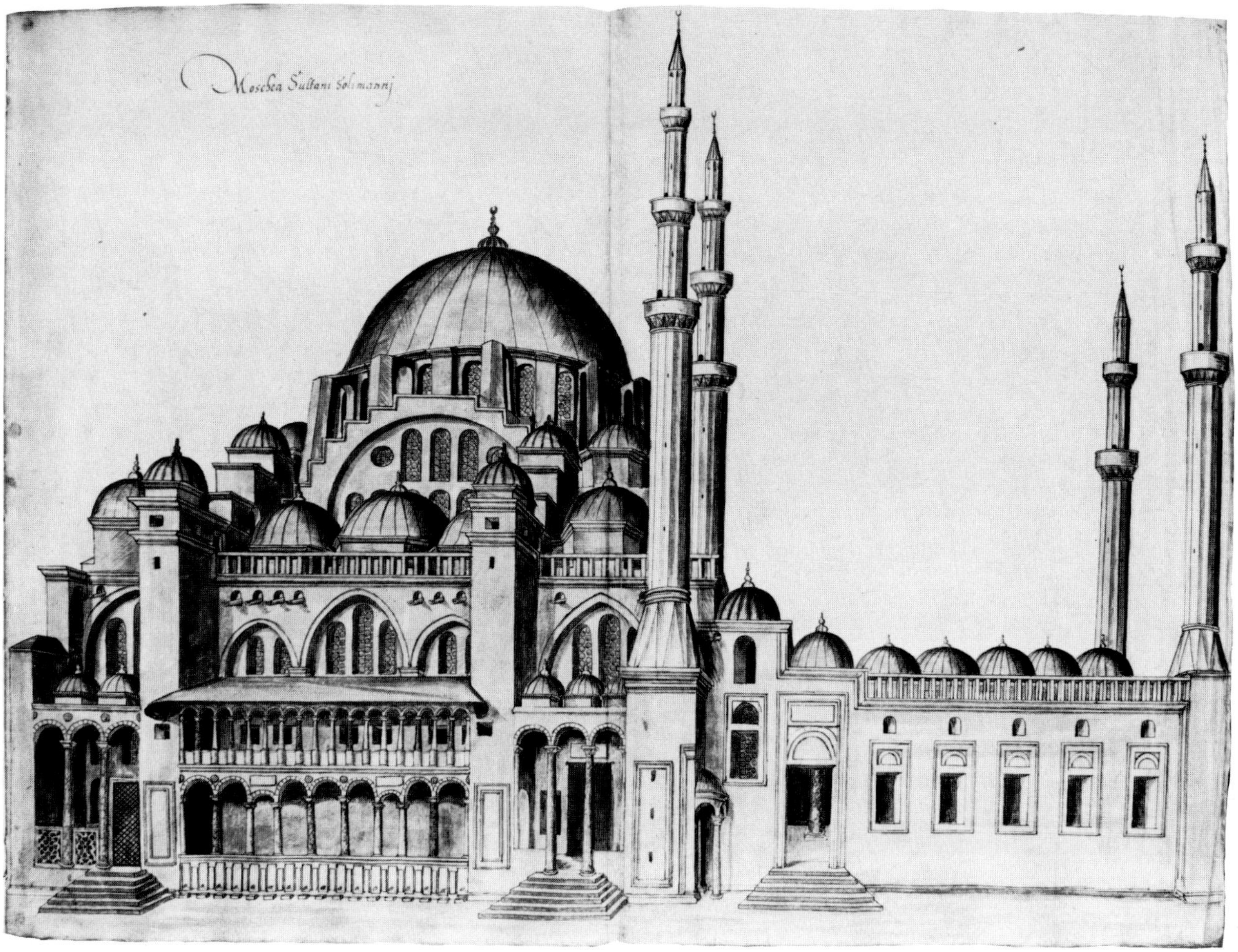

Abb. 30 Zeichnung der Süleymaniye-Moschee, 16. Jh.

sich Muslime hauptsächlich als Steinmetzen, Glaser, Bleier, Maler und Zimmerer verdingten. Die Süleymaniye-Handwerker lassen sich auch nach ihrer Herkunft aufschlüsseln. Demnach stammten sie etwa zur Hälfte aus Istanbul und zur Hälfte aus der Provinz. Neben den ägäischen Inseln spielte der Raum Kayseri und Amasya eine hervorragende Rolle als Lieferant qualifizierter Meister. Die Handwerker wurden, je nach Rang – Meister oder Gehilfe – im Tagelohn bezahlt. Gegen Ende der Bautätigkeit mußten bestimmte Arbeiten im Akkord vergeben werden. Wenn man zeitgenössischen westlichen Quellen Glauben schenken dürfte, sind die hochosmanischen Moscheen das Werk *armer, gefangener Christen* (Lubenau). Schweigger und Gerlach, die Ende des 16. Jahrhunderts die Türkei bereisten, berichten übereinstimmend, daß welsche Sklaven die großen *Stifft* Istanbuls gebaut hätten. Die von Ö. L. Barkan und seinen Mitarbeitern erschlossenen Lohnlisten zeigen jedoch deutlich, daß der Anteil christlicher Kriegsgefangener sehr niedrig war (5,8 %) und die Verwendung in untergeordneten Funktionen – etwa als Ruderer von Steingaleeren – über ihre handwerklichen Qualifikationen genügend aussagt. Auch an der Selimiye-Moschee in Edirne waren Kriegsgefangene beteiligt. Das ergibt sich aus einem Brief, den der französische Gesandte François de Noailles 1574 an Katharina von Medici schrieb: Er hatte sich in einem Gespräch mit dem Großwesir um ihre Freilassung bemüht.

Einen erheblich größeren Anteil hatten Angehörige des stehenden Heeres. Wir wissen, daß die *acemi oğlanlar* an der Baustelle selbst als Wächter, Zementmischer, Träger usw. eingesetzt wurden, ansonsten aber draußen in den Steinbrüchen arbeiteten und als Ruderer und Wagenführer Transportaufgaben übernahmen.

Noch einige Worte zum „Sozialklima“ auf einer Baustelle des Großherrn: Die unregelmäßige Präsenz der Handwerker an der Baustelle läßt auf eine nicht allzu strenge Arbeitsdisziplin schließen. Die christlichen und muslimischen Feiertage wurden von den Betroffenen ausgiebig genutzt. Bei den Zeremonien am Ende jedes größeren Bauabschnitts fielen Belohnungen in barer Münze an. Die Großbauten des frühen 17. Jahrhunderts – Yeni Cami und Sultan Ahmed – ermöglichten vielen Kräften aus den von Aufständen verwüsteten anatolischen Provinzen, Arbeit und Brot in der Hauptstadt zu finden. Die an der Moschee Sultan Ahmeds beteiligten Armenier wurden von der zwangsweisen Rücksendung in ihre Heimat ausgenommen.

Die öffentlichen Bauten einer osmanischen Stadt heben sich stark von den privaten Häusern ab. Diese waren, je nach Landschaft, aus Holz oder Rahmenwerk mit Ziegeln oder Bruchsteinen gefüllt und mit roten Tonziegeln gedeckt, während jene – also Moscheen, Medresen, Bäder usw. – aus sorgfältig behauenen Steinen bestanden und die für Kuppelkonstruktionen verwendeten Ziegel durch die Bleieindeckung nicht zum Vorschein kamen. Sicherlich ist eine scharfe Grenze zwischen öffentlichem und privatem Bauen nicht zu ziehen: Die Derwischklöster etwa und die Miniatur-Medresen der Spätzeit mit drei oder vier Wohnzellen ähnelten eher privaten Häusern, auf der anderen Seite aber wurden in den Stadtvierteln auch prächtige steinerne *konaks* (Paläste) der hohen Würdenträger gebaut. Selbst bleigedeckte Holzbauten kennen wir. Im großen und ganzen aber bot sich und bietet sich zum Teil noch – etwa bei einem Blick von einem Minarett – folgendes Bild: rote Ziegeldächer zwischen dem reichlichen Grün der Gärten und gleichmäßig verteilt die grauen Kuppeln der öffentlichen Gebäude. Mit Ausnahme der benötigten Ziegel und Steine aus Brüchen bzw. in Form von Spolien aus bestehenen Kirchen oder Tempeln und Ruinenstätten, handelt es sich bei den für den Moscheebau notwendigen Stoffen um die „strategischen“ Materialien Holz, Eisen, Blei. Die Osmanen unterhielten in der Mitte des 16. Jahrhunderts nicht nur das mit Abstand größte Landheer, ihre Seemacht kontrollierte auch das gesamte östliche Mittelmeer. Die Niederlage der osmanischen Flotte vor Lepanto (1571) fällt mit dem Bau der Selimiye-Moschee in Edirne zusammen. Das Reich besaß ohne weiteres die Kräfte, den Neuaufbau der Flotte mit der Errichtung der großartigsten Moschee zu verbinden.

Holz wurde unter anderem gebraucht für das Verschalen der Baugrubenfundamente (im Falle der Nuruosmaniye in Istanbul wissen wir von einem „Rost“ aus Eichenbalken), für den Gerüstbau, für Transportaufgaben: Wagen, Gleitschlitten für schwere Lasten, Landungsstege usw.. Eisen aus den Minen von Samakov (heute in Bulgarien) spielte eine Rolle beim Verklammern der Hausteinblöcke, als Rohstoff für Nägel (aus Izmiter Manufakturen) und für Tür- und Fensterbeschläge.

Am Beispiel des Bleis läßt sich zeigen, wie rar der Arti-

kel in den späteren Jahrhunderten geworden war. Schon Mitte des 17. Jahrhunderts benutzte ein Großwesir die Gelegenheit, bei der Aufhebung eines Derwischkonvents das dortige Bleidach für sein Grabmausoleum zu requirieren. Ein Jahrhundert später mußte das Blei für Dach und Fugenausguß der Nuruosmaniye zu „unverschämten" Preisen aus Europa bezogen werden. Aber schon in den Jahren, in denen an der Selimiye gebaut wird, wissen wir von einem schwunghaften Handel, den England mit dem Osmanischen Reich trieb: Man lieferte zerbrochene Glocken und Standbilder aus Kirchen, die während der Reformation geplündert worden waren.
Der wichtigste Baustoff war natürlich Stein: Man verfügte über Steinbrüche vor den Toren der Stadt, aber auch auf den Marmara-Inseln, auf der gegenüberliegenden Halbinsel von Kapıdağı und an einigen nordwestanatolischen Orten. Beim Stein spielten Transportprobleme eine große Rolle.
Begehrt waren antike Säulen, die man unter Angabe der gewünschten Farbe und Maße aus Ägypten und Baalbek für die Süleymaniye und aus einer Kirche in Pergamon für die Nuruosmaniye anforderte.
Obwohl die Säulen für die Nuruosmaniye wesentlich kleiner dimensioniert waren als die für die Moschee Süleymans, waren die Transportschwierigkeiten auch hier beträchtlich: Es war eine Straße zur Küste zu bauen, dort eine Landungsbrücke zu errichten, eine Art Rollschlitten zu konstruieren, auf dem die Säulen dann, von 35 Paar Ochsen gezogen, transportiert wurden. Wahrscheinlich wurden die Zugtiere, Pferde, Ochsen, Büffel, wie im Kriegsfall von den Bauern angemietet oder sogar requiriert.
Von einem Ausstattungselement muß am Schluß noch die Rede sein, obwohl es sich nicht um ein gewöhnliches Baumaterial handelt: von den Fliesen. Zahlreiche Moschee-Bauten sind wegen ihres Fliesenschmuckes überhaupt erst bekannt geworden. Es genügt, die kleine Moschee Rüstem Paschas am Goldenen Horn zu erwähnen. Bau- und Gefäßkeramik sind Domänen der islamischen Kunst seit vorosmanischer Zeit, doch haben die Osmanen ganz wesentliche technologische und ästhetische Fortschritte hinzugefügt. Die vom Palast an straffen Zügeln gehaltenen Manufakturen Izniks waren in der Lage, die Süleymaniye mit über 4.000, die Sultan Ahmed-Moschee aber mit rund 21.000 Fliesen auszustatten. Die Abstimmung zwischen Baustelle und Keramikwerkstätte ist uns aus kaiserlichen Befehlsschreiben aus der Zeit des Selimiye-Baus gut bekannt; dort hat sie auch besser funktioniert als im Falle der Blauen Moschee, wo die Komposition zahlreiche Unstimmigkeiten aufweist.
Die Grundsteinlegung zu einer Moschee war ein großes Ereignis. Wir wissen nicht immer, ob mit einem inschriftlich genannten Baubeginn das Setzen des Mihrabs gemeint ist oder das Anlegen des Bauplatzes überhaupt. War die Richtung der Gebetsnische einmal ermittelt, hatten die Astrologen bzw. Astronomen des Hofes die Aufgabe, eine „glückliche Stunde" festzulegen, in der dann unter Vollzug von Tieropfern, Gebeten und dem reichlichen Austeilen von Almosen das Zeremoniell ablief. (Ahmed I. benutzte bei der Grundlegung seiner Moschee einen noch erhaltenen goldenen Spaten.) Es war eine hohe Ehre, wenn der Sultan einem Gottesmann das Amt des „Fundament-Scheichs" *(temel şeyhi)* übertrug. Der heiligmäßige Emir Sultan aus Bursa beteiligte sich übrigens in symbolischer Weise am Bau der Ulu Cami in Bursa. Nicht weniger prunkvoll war die endgültige Einweihung der Moschee, etwa dann, wenn der Schlußstein der Kuppel gesetzt war. Die Süleymaniye wurde mit einem goldenen Schlüssel, den der Sultan angeblich Sinan selbst überließ, für den Kult freigegeben. Wie bei der Einweihung wurden Ehrenkleider und Geschenke an Würdenträger und Bauarbeiter verteilt. Der aus Flensburg stammende Maler Melchior Lorich hielt sich damals in Istanbul auf und unterschrieb eine seiner Zeichnungen mit den Worten:
Die schönste und herrlichste Kirche zu Constantinopel mitten in der Statt / so von dem Sultan Solymanno innerhalb zehen Jahren von Grund auff new erbauet / vnnd nach Verfertigung derselben von ihme Anno 1557 den 8. Octobris deneben seht vielen Pfaffen und Hoffgesinde / eingeweyhet worden.
An dieser Einweihung soll auch der Gesandte Persiens als Ehrengast teilgenommen haben. Über 100 Jahre später behauptet Evliya Çelebi, der Schah habe, natürlich um den Sultan zu demütigen, allerlei Pretiosen geschickt, um den scheinbar ins Stocken geratenen Bau zu vollenden. Süleyman habe das Schreiben des Persers verbrannt, die gesandten Kostbarkeiten an die Juden verteilt und den Baumeister Sinan beauftragt, ein Kästchen mit Edelsteinen in ein Minarett einmauern zu lassen, um zu demonstrieren, daß die persischen Pretiosen den Wert seines Baumaterials nicht übertreffen.

Der Scheichülislam, der uns hier schon öfters begegnet ist, verfaßte die Inschrift der Moschee, genauer gesagt, er komponierte sie aus koranischen Satzelementen, Herrschertiteln mit vollständiger, bis auf Osman reichender Genealogie und den Baudaten, wobei die Knappheit des Platzes eine Kürzung des ursprünglichen Textes fast um die Hälfte erforderte. Der Sultan, der sich in der Bauinschrift als *Verbreiter der Gesetze der Herrschaft* feiern ließ – er führte ja bei den Türken den Namen „Gesetzgeber" – sollte nach seinem Tod im Feldlager von Szigetvar in den Moschee-Bezirk zurückkehren. Am 28. November 1566 wurde das Totenzeremoniell, geleitet vielleicht von Ebussuud, abgeschlossen. Das schon zu Lebzeiten begonnene Mausoleum des Sultans ist weder im Grundplan noch im Aufriß des gesamten Süleymaniye-Komplexes so auffällig, daß der Gedanke an eine darauf bezogene Anlage aufkäme.

Die übrige Ausstattung einer Moschee ist bekanntermaßen schlicht. Wenn die Glasfenster eingesetzt, die Fliesen verlegt, die übrigen Wand- und Kuppelflächen ausgemalt sind, fehlen allein noch die Kanzel *(minber)* und verschiedene, *mahfil* genannte, abtrennbare Kompartimente für den Sultan, die in den großen Moscheen zu selbständigen Architekturteilen geworden sind. Diverse Hochpulte *(kürsü)* zum Sitzen für Lesungen, wertvolle Knüpfteppiche, oft aus osmanischen Manufakturen, Leuchter neben der Gebetsnische (in der Aya Sofya Beutestück aus Ungarn), Lampen und Koranständer bilden die wenigen Einrichtungsstücke (Kat. Nr. 6/1, 8/4).

Das erste in der Moschee gesprochene Gebet führte diese dann in den von nun an unantastbaren Stiftungsbesitz über. Es war wichtig, als Gebetsleiter jemanden zu gewinnen, der sich noch nie gezwungen gesehen hatte, ein versäumtes Gebet nachzuholen.

Wenn oben gesagt wurde, daß sich dem Moschee-Stifter zwei Hauptprobleme stellten, die Platzfrage und die Geldfrage, so wurde der zweite Gesichtspunkt noch nicht erschöpfend behandelt. Denn entscheidender noch als die Investition in das Bauwerk war die Bereitstellung von Mitteln zu seinem Unterhalt. Im islamischen Mittelalter sind Stiftungsinschriften beliebt. Die Osmanen haben diese Übung, den Namen des Stifters und die gestifteten Objekte, meist landwirtschaftliche Grundstücke und städtische Läden, inschriftlich zu verewigen, nur teilweise übernommen. Schon der Umfang des gestifteten Immobilienbesitzes bei Sultansmoscheen verbot eine inschriftliche Wiedergabe.

Erst im 19. Jahrhundert wurden die Inschriften wieder redseliger, war doch jetzt, aus guten Gründen, von Stiftungsbesitz nicht mehr die Rede.

Auch hier übertraf die Stiftung der Süleymaniye alle vorausgegangenen und nachfolgenden sultanischen *piae causae.* Zu ihr zählten 217 Dörfer und 30 bestellbare Fluren. Es versteht sich, daß für so umfangreiche Verhältnisse zwei Typen von Urkunden ausgestellt werden mußten: Solche, die mehr oder weniger den Stiftungsakt bezeichnen, und solche, die die Immobilien bei Namen nennen und sie womöglich katastermäßig genau beschreiben. Der gesamte Süleymaniye-Komplex beschäftigte 800 Personen und verschlang jährlich 1 Million Akçe.

Aber auch eine Großwesirs-Stiftung der klassischen Periode konnte sich sehen lassen: Zu ihrer Normalausstattung gehörten etwa eine Handvoll Dörfer in Anatolien oder Rumelien, manchmal in beiden Reichshälften, ein Bad – dessen Jahreseinnahmen im Durchschnitt einem ganzen Dorf entsprachen –, eine Markthalle sowie eine Reihe von Läden und städtischen bzw. ländlichen Grundstücken. – Aus dieser Aufzählung geht schon hervor, daß ein beachtlicher Teil der laufenden Einnahmen an die Verwalter dieses Apparates fließen mußte; es folgten Prediger, Vorbeter, Gebetsrufer, Koran-Rezitatoren usw.

Wenn es Muslimen aus einfachen Verhältnissen auch nicht möglich war, ganze Moscheen zu stiften, so trugen sie doch oft in Form einer Kapital-Stiftung dazu bei, daß fromme Männer durch regelmäßige Lesung von Koran-Abschnitten bereits vorhandene Moscheen füllten.

In süleymanischer Zeit hatte eine solche Mini-Stiftung etwa folgende Gestalt: Ein Hacı Mehmed legte 4000 Akçe Stiftungskapital an, aus dessen jährlichen Erträgen von 400 Akçe eine Person für täglich einen Akçe einen Koranabschnitt, genauer gesagt ein Dreißigstel des Korans, rezitieren sollte. Ein kleiner Stifter konnte sich auch durch die Versorgung einer Moschee mit Wasser verdient machen, eine für die hanafitischen Osmanen, deren Waschung nur bei fließendem Wasser Gültigkeit hat, besonders wichtige Angelegenheit. Seltener waren Brennholz-Stiftungen, um das Wasser im Winter anzuwärmen. Es gab auch Stiftungen, bei denen eine Leistung gegen eine andere verrechnet wurde, z. B.

Mietfreiheit in einem Häuschen mit Garten in Aya-Sofya-Nähe gegen Koranlesungen in derselben.
Die Festlegungen der Stiftungsurkunden, soweit sie quantitative Angaben enthielten, waren oft nach wenigen Generationen überholt. Aus dem 15. Jahrhundert und in der ersten Hälfte des 16. Jahrhunderts gibt es Bilanzen, die in Ein- und Ausgabeseite ausgeglichen sind und sogar Rücklagen enthalten. So flossen der Üç-Şerefeli-Moschee Edirnes in der Zeit Bayezids II. jährlich rund 320 000 Akçe zu, von denen über 70 % auf Personalausgaben und nur 3% auf Reparaturen entfielen. Rund 50 Jahre nach der Fertigstellung der Moschee bzw. ihrer Stiftungsbauten waren aber schon umfangreiche Ausbesserungen von Wassermühlen, der Moschee-Kuppel und einer Knabenschule notwendig geworden.
In der osmanischen Literatur nehmen ab dem 16. Jahrhundert die Klagen über raffgierige Stiftungsverwalter zu. Aber auch ohne häufig vorkommende Treulosikeit waren die Frommen Stiftungen äußerst bedroht: Innere Unruhen, Feuersbrünste, Erdbeben und Wirbelstürme gefährdeten nicht nur die Moscheen, Medresen, Schulen und Krankenanstalten, sondern auch die Läden, Basargebäude, Bäder und Bauerndörfer, aus denen diese ihren Unterhalt bezogen. Wir stellen fest, daß immer häufiger Mittel, die der ursprüngliche Stifter gar nicht hätte mobilisieren können, aufgeboten wurden. Die Zentralregierung unterstützte gelegentlich lokale Stiftungsverwaltungen, wenn Einnahmeverluste drohten, wie in dem Falle, als die Händler Ankaras sich weigerten, den Bedesten (das heutige Archäologische Museum der Stadt) zu beziehen, wodurch sich für die Stiftung Mahmud Paschas Ausfälle ergaben.
Die zahlreichen Istanbuler Brandkatastrophen und Erdbeben, über die wir gut unterrichtet sind, können in ihrer negativen Bedeutung gar nicht hoch genug eingeschätzt werden. 1718 sind 171 Moscheen verbrannt, 1766 die meisten vom Erdbeben in Mitleidenschaft gezogen worden. Die beiden letzten Zahlen sollen die Leistungen der Sultane des 18. Jahrhunderts würdigen helfen, denen es zwar nicht mehr gegeben war, eine *külliye* von den Dimensionen der süleymanischen in zehn Jahren aus dem Boden zu stampfen, die sich aber bemühten, die Tradition ihrer Vorfahren angemessen weiterzuführen. Zu nennen wäre Mahmud I., der sich dem Drängen der Bevölkerung nicht verschloß und eine durch Erdbeben zerstörte *mescid* beim Neuen Bedesten ersetzte. Sein Nachfolger Osman III. versäumte nicht die Gelegenheit, der neuen Moschee seinen Namen zu verleihen: Nuruosmaniye. Ansonsten stiftete Mahmud I. eine Reihe von Schulen und Bibliotheken, denen er recht disparate Stiftungsmittel zuwies. Der Löwenanteil aber scheint enorm hohen Mieten entstammt zu haben, die Mahmud den Beamten seiner eigenen Finanzbehörde für die Benutzung ihrer Kanzlei abknöpfte. Der unglückliche Mustafa III. hinterließ immerhin die Üsküdar überragende Ayazma-Moschee und die bekanntere Lâleli Cami. Letztere mußte nach dem Erdbeben von 1766 renoviert werden. Vor allem aber hatte das Erdbeben die Kuppel der Fatih-Moschee zum Einsturz gebracht. Erst nach 46 Monaten konnte diese älteste Sultans-Moschee der Stadt wieder benutzt werden.
Im 19. Jahrhundert existierten viele Stiftungen nur noch auf dem Papier von Katasterurkunden. Mit der symbolischen Zahlung eines winzigen Betrages erkennen noch zahlreiche Besitzer von Immobilien den Rechtstitel einer sultanischen Stiftung vergangener Jahrhunderte an. Als nach Ausbruch des Krimkriegs Bursa von einem vernichtenden Erdbeben heimgesucht wurde, notiert der Staatsmann und Gelehrte Ahmet Cevdet Pascha: *Das Dröhnen der im russischen Krieg abgefeuerten Kanonen hat uns nicht aufgeweckt. Wie sollen uns dann die Meteoriteneinschläge von Bursa aus dem Schlaf holen?*
Dieser kulturgeschichtliche Abriß muß manche Themen ganz übergehen, wie etwa die große Zeremonie beim allfreitäglichen *selâmlık* der Sultane oder die feierliche Schwertumgürtung in Eyüp.
Die Eingrenzung auf die osmanische Moschee erlaubt es nicht, auch auf die kultische, soziale und politische Rolle der Moschee im Islam einzugehen. Uns Heutigen ist die dynastische, geographische und ethnische Kontinuität des Osmanischen Reiches über sechs Jahrhunderte ein kaum erklärbares Phänomen. Diese Kontinuität ist nicht zuletzt auch in religiöser Hinsicht für den unverwechselbaren Habitus der osmanischen Kultur verantwortlich. Gerade die osmanische Kulturgeschichte lehrt aber, daß auch in einem Klima vollständig der Tradition verpflichteter Gelehrsamkeit unabhängige Geister mit erheblicher Distanz zu ihrer eigenen Zeit auftreten konnten. Mustafa Âlî, geboren 1541 in Gelibolu, zu einem Zeitpunkt, als Budapest und Algier Vorposten des Reichs von Süleyman waren, schreibt kurz vor

seinem Tode im arabischen Dschidda (1599) über die Heuchelei beim Bau von Moscheen:
Wenn in der ohnehin mit vielen Bauten ausgestatteten Metropole mescids und camis errichtet werden oder man in anderen großen und bekannten Städten des Landes Derwischklöster oder medresen errichten läßt, dann handelt es sich nicht um wohltätige Werke, mit denen man sich von seiner Sündenlast befreien könnte. Jeder Einsichtsvolle weiß, daß dies nichts als Schaustellungen sind, um seine Position zu befestigen und Berühmtheit zu erlangen. Da gibt es Tausende von Dörfern und Kleinstädten, deren Bevölkerung eines Klosters oder einer Moschee bedarf. Wie viele Dörfer liegen an Wegen, an denen viele Menschen vorbeiziehen und auf eine Mahlzeit aus einer allgemeinen Küche hoffen. Wer eine Fromme Stiftung tun will, sollte solche Orte ausfindig machen und dort allgemeine Küchen und mescids errichten lassen. Aber die Leute, die „Wohltaten" verrichten, um ihr eigenes Ansehen zu mehren, beschränken sich (natürlich) auf die größeren Städte. . . Mekka erreicht man auf großen Pilgerstraßen, die von Ägypten, Syrien und dem Jemen ausgehen. Wenn man schon wohltätige Werke verrichten will, dann soll man entlang dieser Straßen öffentliche Küchen und Karawanserais bauen. . . Eine bescheidene mescid zu errichten, gilt dem Erhabenen Gott so viel, wie den Grundstein zu einem vierten Heiligtum nach den Heiligen Stätten in Mekka, Medina und Jerusalem zu legen bzw. eine zweite Azhar-Moschee Kairos zu bauen.
Womit wir zum Ursprung der Moschee zurückgekehrt sind: *Cami* bedeutet: die Gläubigen zum Gebet sammeln.

Die Tekke und das Derwischwesen

Als im Jahre 1925 sämtliche Derwischkonvente (arab. *takīya*, in moderner türk. Aussprache *tekke*, auch *zaviye* bzw. *hankah*) in der Republik Türkei kraft Gesetzes aufgehoben wurden, hörten die mystischen Bruderschaften (*tarikat*, Pl. *taraik*) — zumindest an der Oberfläche — zu existieren auf. Die laizistische Türkei hat sich dennoch ihres reichen kulturellen Erbes angenommen: Literaturwissenschaftler erschlossen die mystische Volksdichtung Anatoliens, die Mevlevîye-Konvente wurden als Mittelpunkte der osmanischen Kunstmusik wiederentdeckt, Kunsthistoriker und Ethnographen untersuchten die materielle Hinterlassenschaft der *taraik*, die Architektur und das Inventar ihrer *tekkes*, Kostüme usw. In der Gegenwart rückt die Beschäftigung mit dem Derwischwesen als soziales und wirtschaftliches Phänomen in den Vordergrund.

Eine Auseinandersetzung mit der osmanisch-türkischen Kultur unter Ausklammerung der mystischen Bruderschaften wäre in der Tat so fragwürdig wie ein Bild der byzantinischen Welt oder des mittelalterlichen Abendlandes ohne Berücksichtigung des Mönchtums.

Vergleiche zwischen der islamischen und der christlichen Gesellschaft sollten freilich vermieden werden: ein Derwisch ist kein „Mönch", eine *tarikat* kein „Orden" und eine *tekke* alles andere, nur kein „Kloster". Schon zeitgenössische Beobachter empfanden die Schwierigkeit, einem abendländischen Lesepublikum einen Begriff zu vermitteln: Die im Osmanischen geläufigen Wörter *derviş* (pers.) bzw. *fakir* (arab., Pl. *fukara*) werden etwa mit *sect der geistlichen Münich* (15. Jh.: Georgius de Hungaria) oder *Monacho Eremita* (16. Jh.: Luigi Bassano) oder einfach *religieux* (Robert de Dreux) wiedergegeben. Noch schwerer fiel den Europäern ein Verständnis der Hierarchie innerhalb der Bruderschaften, wenn sie von „Prior", „Abt" oder „General" sprechen. Völlig verfehlt sind die Behauptungen der Reisenden über Zahl und Namen der einzelnen „Orden" (so der vielzitierte Nicolas de Nicolay: *Ces quatre ordres de faulse religion Mahometique, sont en leur langue appelez Geomailer, Calender, Deruis & Torlaquis*. Erst das Erscheinen von Mouradgea d'Ohssons monumentalem Werk über die Organisationsformen des osmanischen Islam (*Tableau général de l'empire othoman* Paris 1788—1824) ermöglichte sicherere Aussagen.

Man hat die islamischen Bruderschaften als *hierarchisch organisierte initiatorische Verbände, die auf einem mystischen Konzept des Islams beruhen* definiert (F. de Jong). An ihrer Spitze steht ein Lehrer (*pir, şeyh, mürşid*), der sich seinerseits über einen geistigen Stammbaum (*silsile*) auf einen „Ordenspatron", der nicht unbedingt der historische Begründer der *tarikat* sein muß, beruft. Letztlich führt diese Ableitung auf den Propheten Muhammad zurück. Über die Wundertaten der Derwischheiligen berichtet eine umfangreiche Viten-Literatur (*vilâyetname*), oft in volksnaher Sprache.

Gemeinsam sind allen religiösen Bruderschaften regelmäßige, meist wöchentliche Zusammenkünfte in der *tekke*. Hier steht der *zikr* (arab. „Gedenken", vgl. Kuran XVIII, 24: *Und gedenke deines Herrn, wenn du vergißt* bzw. XXXIII, 41f.: *Gedenket unablässig Gottes und preiset ihn morgens und abends!*) als litaneiartige Anrufung Gottes im Mittelpunkt. Die einzelnen *taraik* haben sehr unterschiedliche liturgische Formen entwickelt. Manche Bruderschaften pflegten den individuellen *zikr* (geflüstert oder mit erhobener Stimme), andere schrieben eine gemeinschaftliche Rezitation vor. Besonderen Eindruck machte der mit Instrumentalmusik begleitete Rundtanz der Mevlevîye (die „tanzenden Derwische" der Reiseberichte, Kat. Nr. I/10) und der waffentanzartige Rifa'î-*zikr*, bei dem sich die Mitglieder Selbstverletzungen mit Säbeln, Spießen usw. ohne Blutverlust beibrachten (die „heulenden Derwische"). Diese Rituale wurden bei der Halvetîye und ihren zahlreichen Verzweigungen durch Vorschriften über Perioden der völligen Zurückgezogenheit (*halvet*) über drei bis vierzig Tage (*erba'în* = Quadragesima) ergänzt.

Die wichtigsten Orden der osmanischen Neuzeit sind sunnitischer Observanz. Obwohl es bei allen Verbindungen zum Heiligenkult und zu anderen Formen unorthodoxer Frömmigkeit gibt, steht nur die Bektaşîye als große Gemeinschaft außerhalb des sunnitischen Islam. Sie hat die göttliche Natur von Ali b. Abi Talib, dem Schwiegersohn des Propheten,

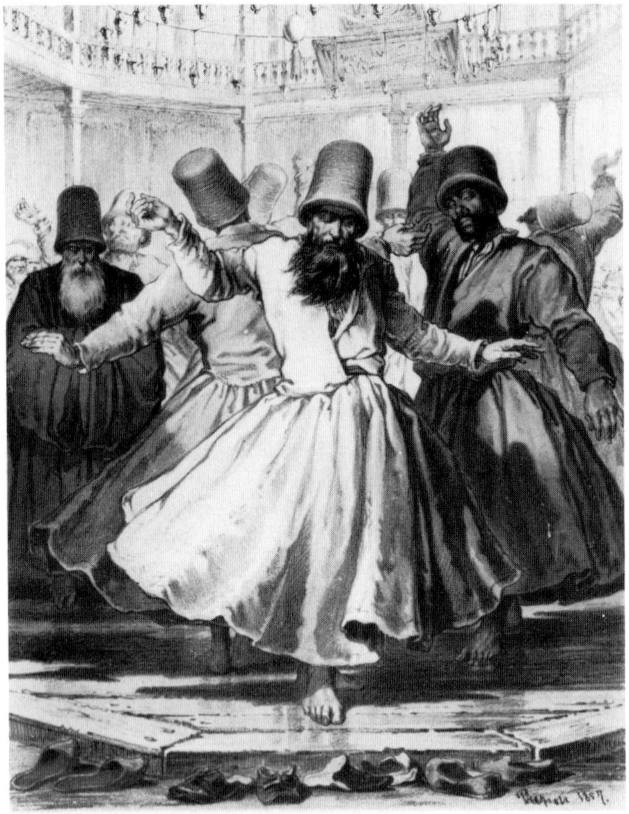

Abb. 31 Tanzende Derwische (Kat. Nr. I/10)
Lithographie von Amadeo Preziosi, 1857

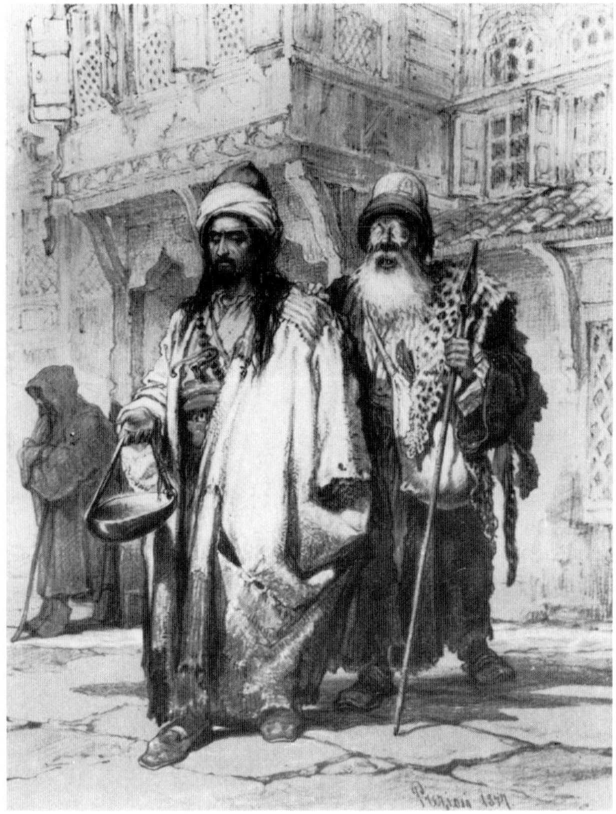

Abb. 32 Wander-Derwische (Kat. Nr. I/11)
Lithographie von Amadeo Preziosi, 1857

zum Dogma erhoben und gleicht in manchem mehr einer Sekte als einer *tarikat*.
Während der osmanischen Periode, vor allem ab der Mitte des 16. Jahrhunderts, nahm der Grad formeller Organisation der Derwisch-Gemeinschaften zu, nachdem sich schon im seldschukischen Spätmittelalter ordensähnliche Gruppierungen zu bilden begannen. Ein Beschreiten des mystischen Pfades (*tarikat* bedeutet „Weg" im übertragenen Sinn) außerhalb der Bruderschaften wurde immer weniger erwogen. Gleichzeitig dehnte der osmanische Staat seine Beaufsichtigung der *taraik* aus. Die Nachfolge im Scheich-Amt wird an Einsetzungsdiplome gebunden (Kat. Nr. I/12), unbotmäßige Derwische werden verbannt, Konvente geschlossen oder in Medresen umgewandelt. Innerhalb der Städte wächst die Abhängigkeit der *tekke*-Insassen von Geld- und Naturalabgaben des Hofes und anderer Würdenträger, weil sich die ursprünglichen Stiftungsmittel immer mehr verflüchtigen. In den anatolischen und rumelischen Provinzen sind dagegen Derwischkonvente oft selbstgenügsame wirtschaftliche Einheiten, die ihr Land teils selbst, teils durch Bauern oder Tagelöhner bestellen.
Der Wanderderwisch mit Kutte, Stab und Bettelschale tauchte nur noch an den Rändern der osmanischen Gesellschaft auf (Kat. Nr. I/11). Lediglich die Nakşbendîye pflegte auf ihren Reisen zwischen den Pilgerstätten Mittelasiens und dem Hedschas diese Tradition, wobei die Konvente am Weg die Rolle von Gästehäusern übernahmen (in Istanbul die sog. *Özbekler tekkeleri*).
Das gegenseitige Aufeinanderangewiesensein von osmanischem Staat und *taraik* wurde in den heroi-

TAFEL V
Buchminiatur (Bd. II, Kat. Nr. 1/16a)

زهی مظهر نص خلق عظیم / شهنشاه آفاق سلطان سلیم
سرافراز شاهان روی زمین / که چینی کش اوست فغفور چین

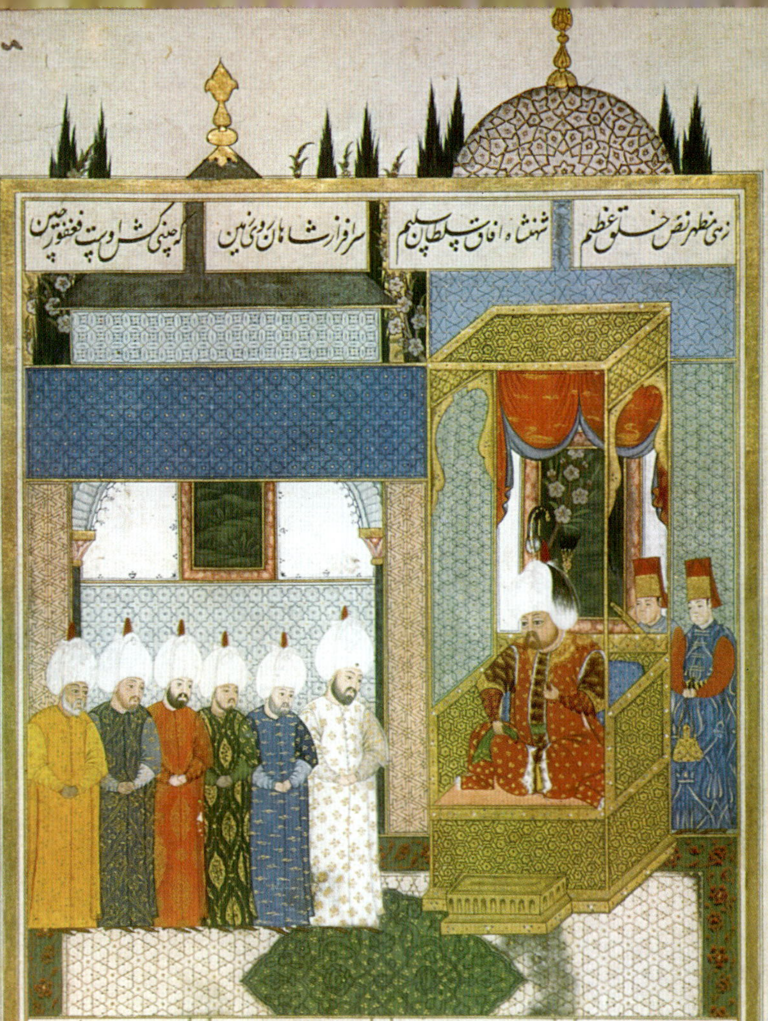

وزیران او ظل ظل الله اند / همه میر میران و چون شه هند
فریدون و جم نوکر نوکرش / چو بهرام و رستم دو صد چاکرش
گهی مصر گیر و چو چنگیز دهر / گهی جابی کسری و قیصری بهر
چو چهره و چه شهزاده‌های فرنگ / بدربانی اوست طالب لحک
سکندر که نارد کسی تاب او / بنازد بچاوشی باب او
سیاوش سر میرآخور اوست / بخدمت باصطبل معمور اوست
قرین سعادت جلوداریش / بود به که از دور سالاریش
جلودار سولاق او روز بار / خورد باج خاقان و خان تتار
سلیمان وش آیین دیوان اوست / که پیکر نهد چو دیوان اوست
بساط نشاطش بود باد پا / بجولان چو صرصر شود اوج پا
همان گونه باز و صقر شوشکار / کنندش دو پر پایه روز شکار
بنعلش کجی صخره تاب آورد / ز لطفش که بار درچاب آورد
سپاهش چو انجم فزون از عدد / منجم شمارد مگر با رصد
رود در رکابش بنی کارزار / چو مور و ملخ قاره بغدان تتار

schen Tagen der Expansion des Reiches in Kleinasien und Südosteuropa deutlich, wo die Derwische mit *tekke*-Gründungen wichtige Rollen bei der Binnenkolonisierung und Islamisierung des Landes übernahmen. Die allerorten entstehenden *tekkes* (eine Größenordnung von mehreren Tausend für die Kernländer des Reiches ist sicher zutreffend) vermittelten zwischen Formen „ziviler" und „sakraler" Architektur. Da die Zahl der ständigen Bewohner (*hücre-nişin*: „Zellensitzer") verhältnismäßig gering war (im Istanbul des 19. Jh. zählte eine *tekke* durchschnittlich vier bis sieben Insassen), existierten neben der Scheichwohnung (der *meşruta*: „in der Stiftungsurkunde zugewiesen") nur wenige Räumlichkeiten. Dem Gebet, und meist auch dem *zikr*, diente eine kleine Moschee. Nur die weit überdurchschnittlich großen Mevlevî-Konvente (ausnahmslos in Städten) bildeten ein auffälliges Gefüge von Wohn-, Wirt-

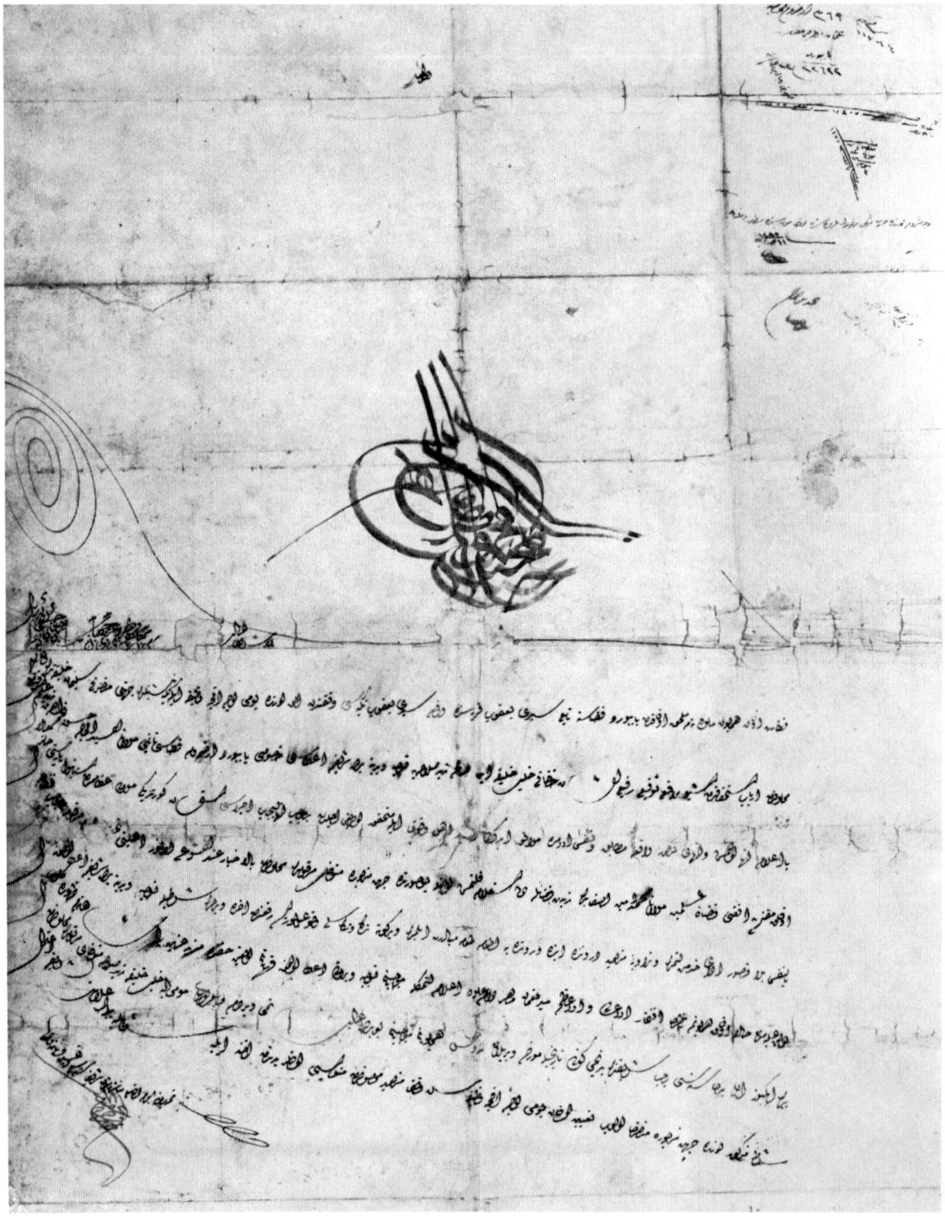

Abb. 33
Ernennungsdiplom für den Şeyh eines Derwisch-Konventes
(Kat. Nr. I/12)

schafts- und Kulträumen inmitten von Gärten gelegen und von einem Friedhof begrenzt.
Die Mevlevîs spielten zwar im kulturellen und staatlichen Leben eine besondere Rolle (pflegten sie doch Lesung und Auslegung des Mesnevî, des „persischen Koran", ihres Patrons Celâleddin Rumî „Mevlâna" und besaßen das Privileg der Schwertumgürtung beim Thronantritt eines Sultans), doch waren sie zahlenmäßig wenig bedeutend. Im 19. Jahrhundert (vorher fehlen Zahlen) waren Nakşbendîye, Kâdirîye (die wohl älteste islamische *tarikat*) und Rifa'îye sowie die Halvetîye mit ihren Zweigen wesentlich stärker an Mitgliedern.
Die Mitgliedschaft war nicht an das Leben in der *tekke* gebunden. Auch die Zugehörigkeit zu mehreren Bruderschaften wurde von den meisten Gemeinschaften geduldet. Kaum zu übersehen ist der Kreis von „Sympathisanten" (*muhibban*), der sich um den Kern legte.
Die jüngere Forschung (H. G. Majer) hat betont, daß der Gegensatz zwischen orthodoxen religiösen Amtsträgern (*ulema*) und Derwischscheichen nicht so scharf ausgebildet war, wie manche Quellen glaubhaft machen wollen. *Sofîye* als Korpus der mystischen Sufi-Scheiche und *ilmîye* bildeten einen spannungsreichen, aber nicht einander ausschließenden Gegensatz. Insofern sind *tekke* und *medrese* nur zwei Verkörperungen islamischer Religiosität im Osmanischen Reich.
Versuche, den Derwischen karitative und volkserzieherische Aufgaben an der Schwelle dieses Jahrhunderts zuzuweisen, zeigten, daß ihre spirituelle Rolle nicht mehr verstanden wurde oder erwünscht war.
Die Aufhebung der Orden hat ihre Hinterlassenschaft in die volkskundlichen Abteilungen türkischer Museen oder Privatsammlungen (Kat. Nr. I/10–17) gelangen lassen. Nur noch wenige große *tekkes* haben die Zeiten überstanden und selbst die informationsreichen Grabstelen der Derwische werden von Tag zu Tag weniger.

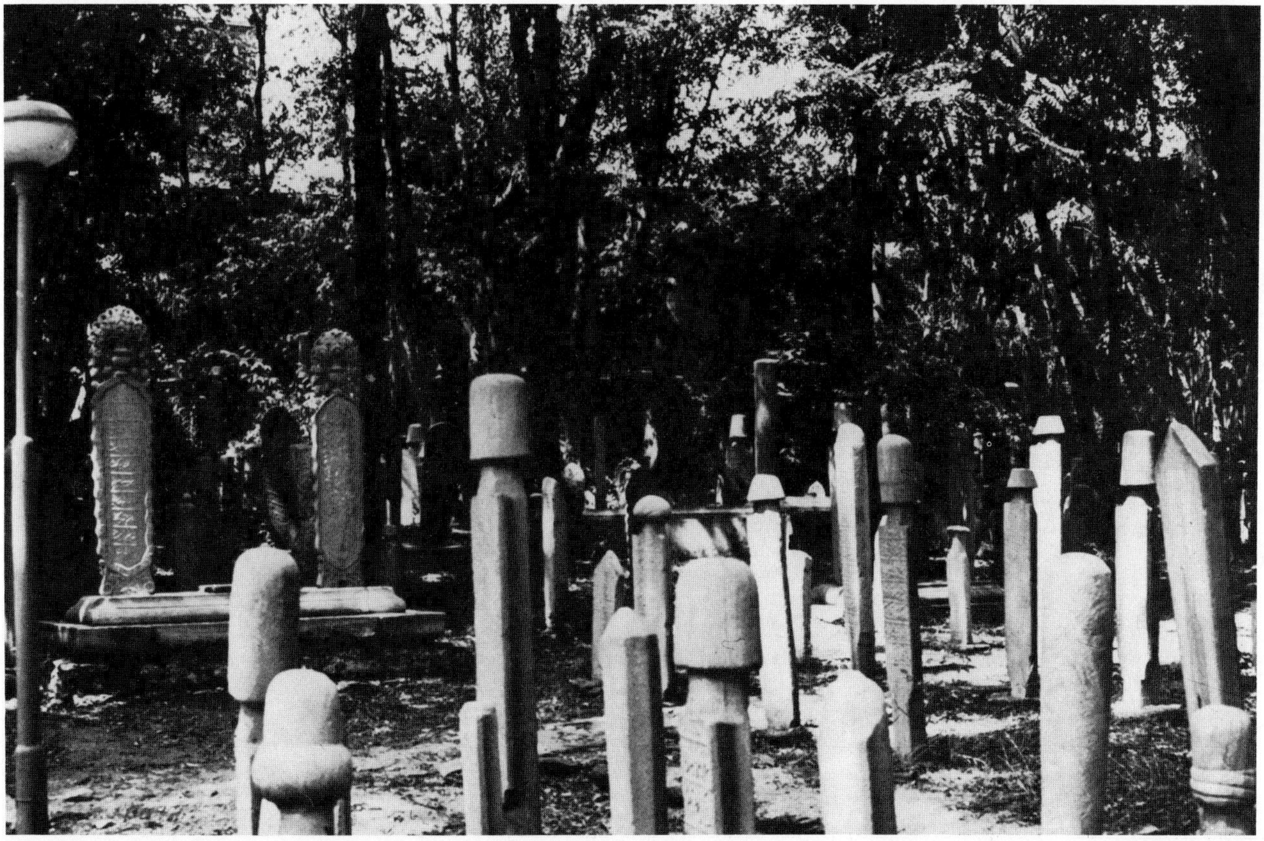

Abb. 34 Friedhof des Mevlevîye-Konventes in Istanbul-Galata

Eine Einleitung in die osmanische Literatur, die an bestimmte illustrierte Handschriften heranführen soll, muß anders aussehen als der übliche Abriß der Literaturgeschichte. Sie wird den sozialen Hintergrund literarischer Aktivität stärker in den Vordergrund stellen als die historische Entwicklung und Periodisierung; sie muß dem Übersetzen und der Wirkungsgeschichte ebenso ihre Aufmerksamkeit zuwenden wie dem Schreiben in anderen Sprachen. Mit alledem betritt sie das weite und bunte Feld der osmanischen Literaturgeschichte auf noch wenig begangenen Wegen, die erst die Handschriftenbeschreibung der letzten Jahrzehnte gebahnt hat (vgl. seit Pertsch 1889: Flemming 1968; Götz 1968; Stchoukine 1971; Sohrweide 1974; Götz 1979; Sohrweide 1981b; Schwarz 1983).

ZUR BESTIMMUNG DES GEGENSTANDES

Die Begriffe „osmanische Literatur" und „türkische Literatur" überschneiden sich in gewisser Weise. Türkisch sprach und schrieb man, lange bevor das Osmanische Reich Anfang des 14. Jahrhunderts in Anatolien gegründet wurde (vgl. Bombaci 1969; Levend 1973 und Schimmel 1973; Menemencioğlu 1978). Seit dem 12. und jedenfalls seit dem 13. Jahrhundert war Anatolien weithin türkisiert, seit dem 15. Jahrhundet auch große Teile Rumeliens. In der Türkischen Republik, dem Staat, der sich im anatolischen Kernland des alten Reiches bildete, ist das Türkische die offizielle Sprache und verfügt über eine bedeutende moderne Literatur. Die osmanische Literatur, von der hier die Rede sein soll, nahm unter den Literaturen des Nahen Ostens eine eigenartige Stellung ein als Literatur eines aus vielen Völkern bestehenden islamischen Großreiches, in dem die Türken, die sich selbst *rūmī* nannten, das Staatsvolk bildeten. Das Türkische war die verbindende Staatssprache der alten Kerngebiete und seit dem 15. und 16. Jahrhundert der hinzugewonnenen Gebiete des Nahen Ostens und Südosteuropas. In allen Bereichen des öffentlichen Lebens und der Literatur war die Kenntnis des korrekten Türkisch eine Notwendigkeit. Daneben nahmen sich die Osmanen als islamische Großmacht gleicherweise des Arabischen als Sprache des Kultus und der Theologie und des Persischen als geschätzter Sprache der Dichtung an. Auch die nichttürkischen Volkssprachen wurden nicht unterdrückt; freilich drängte das osmanische Türkisch sie mit dem höheren Sozialstatus, den es vermittelte, auf lange Zeit in den Hintergrund (vgl. Flemming 1977, 9).

ZUR SOZIALSTRUKTUR

Es sind vor allem die älteren türkischen Autoren, die wir hier betrachten. In ihren Schriften lebt eine Türkei, die nicht mehr besteht. Dem Reisenden dienten die alten Chane aus der Seldschukenzeit an den uralten Karawanenwegen durch das steppenhafte Hochland. Paßwächter und Rasthäuser beschützten ihn im Gebirge und in unwirtlichen Gegenden. In den Städten standen die Karawansereien der osmanischen Zeit, die Bäder und Moscheen. Hin und wieder, aus Anlaß von Thronbesteigungen, Prinzengeburten, Beschneidungen oder Hochzeiten von Prinzessinnen, war Istanbul der Schauplatz glänzender, kostspieliger und erfindungsreicher Festlichkeiten. Die *imarets* (Armenküchen) der Moscheen und die Gästehäuser der Derwische sorgten für Unbemittelte und Durchreisende. Jedem wurde eine Suppe gereicht, und in den Küchen „ging das Feuer nicht aus". Die alte Türkei kannte Zitadellen innerhalb der Städte, Kinderschulen, Medresen, Brunnen und Brücken aus alter Zeit. An den westlichen Grenzen spielte sich das harte Leben der *ġāzīs* ab, der Glaubensstreiter, die noch immer danach strebten, nichtmuslimisches Gebiet zu erobern. Scharf war die Grenze in dem vielsprachigen Vielvölkerstaat zwischen den steuerzahlenden Untertanen, den *re'āyā,* und der von Steuern befreiten militärischen *('askerī)* Klasse (ungenau: Beamtenstand). Zu den Untertanen gehörten die Bauern, Tagelöhner, Handwerker und Kaufleute, ob sie nun Muslime oder Nichtmuslime waren. Der Beamtenstand bildete das militärische und verwaltungsmäßige Rückgrat des Staates und war wiederum in drei Kategorien eingeteilt, von denen nur die Leute des Schwertes, die *seyfiye*, die eigentlich militärischen Aufgaben erfüllten. Die beiden anderen Militär-Kategorien, alle mit staatlich festgesetzter Besoldung, waren die Juristen und Theologen, die Wissenschaftler, *'ilmīye*, und die Kanzleibeamten und Bürokraten, die „Leute der Feder", *ḳalemīye* (vgl. İnalcik 1973; Röhrborn 1973; Káldy-Nagy 1978). Zu dieser Schicht gehörte die Mehrheit der osmanischen Dichter (vgl. ein Beispiel: Woodhead 1982). Wie wurden sie Amtsträger? Die meisten von ihnen, wenn sie gebürtige Muslime waren, gingen durch die theologischen Hochschulen, die Medresen. Eine kleine Minderheit genoß besondere Vorrechte als Abkömmlinge der Familien hoher Amtsträger, sei es der alten türkischen Militäraristokratie, sei es der neuen Elite christlicher Abkunft, der Pfortensklaven. Denn, um im Militär aufzusteigen, mußte man ursprünglich als Christ geboren, durch die Knabenlese ausgehoben und türkischsprechender Muslim geworden sein.

Der Staat erzog sich seine Funktionäre in den eigenen Palastschulen, wo der Fremdling vom Janitschar zum Reiteroffizier und Gutsherrn aufsteigen konnte, wie der bekannte Dichter Taşlıcalı Yaḥyā Beg (gest. 1582), und wo seine Karriere ihn selbst bis in die höchsten Wesirsämter tragen konnte. Aber auch die Medresen stellten dem Staat die Beamten. Unzählig erscheinen uns im Rückblick die Medresen, die im ganzen Reich für die Lehre in den traditionellen islamischen Wissenschaften sorgten. Am wichtigsten waren die hierarchisch aufgebauten „äußeren" und schließlich, als höchste, die „inneren" Medresen der Hauptstadt. Hier studierte man die vorgeschriebenen Werke in der dafür festgesetzten Zeit, wurde schließlich zum „Anwärter", *mülāzım*, auf eine freikommende Planstelle als Professor oder als Richter benannt und wartete dann Jahre, bis die eigentliche Ernennung auf eine solche Stelle kam (vgl. Fleischer 1982). Man schrieb indessen Gedichte oder auch ein Prosawerk, in der Hoffnung, auf sich aufmerksam zu machen. Vielleicht konnte ein Prinz helfen, der sich als Kenner der Dichtkunst für jemanden einsetzte, aber letzten Endes konnte doch nur der Sultan in die Laufbahn eingreifen. So stieg der Dichterfürst des 16. Jahrhunderts, Bāḳī (1526–1600), der aus bescheidener Familie stammte, besonders schnell zum Richter und schließlich zum Heeresrichter empor. Wir hören auch oft von Dichtern, die die Ausbildung nicht bis zum Schluß durchliefen und nicht Richter oder Professor werden konnten; sie wurden Vorbeter oder Prediger in den Moscheen. Wir kennen die Namen von zahllosen dichtenden Kadis, vom kleinen Provinzrichter bis hinauf zu den beiden höchsten Richtern; oft waren es bloße Reimeschmiede, die der erlernten Dichtersprache mit ihrem kasuistischen Verstand zuleibegingen.

Aus der Medresenausbildung ging auch die große Schar der Sekretäre hervor, der Leute mit klerikaler und stilistischer Bildung, die Kanzleichef bei den höchsten Wesiren werden oder in der Finanzverwaltung Karriere machen wollten. Ein glänzender Vertreter ist der Richterssohn Muṣṭafā b. Celāl, genannt Ḳoca Nişāncı (ca. 1490–1567), der von der Medrese weg zum Diwan-Sekretär ernannt wurde und fast ein Vierteljahrhundert lang Oberster Siegelbewahrer des Reiches war. Dieser schrieb im Alter, der Sekretärsberuf bedeute zwar ein unruhiges Leben, aber er sichere dem nicht zu Anspruchsvollen ein ausreichendes Einkommen (er hatte ein stattliches Vermögen); Dozent oder Professor, das sei oft Hungerleiderei, und der Kadi müsse sich immer vor anfechtbaren Einkünften (Bestechung) in acht nehmen (vgl. Kappert 1981, 9). Dennoch, der Medresen-Schüler Muṣṭafā 'Ālī (1541–1600), dem wir noch häufiger begegnen werden, wäre lieber Professor oder Richter geworden als Mann der Verwaltung (vgl. Fleischer 1982). Hatte ein gutausgebildeter Mann wie er aber einmal die Sekretärslaufbahn eingeschlagen, dann ging sein Streben nach dem Dienst an der Pforte selbst, von wo das Reich regiert wurde. Dieser Weg konnte über die Kanzlei eines der Prinzen führen, solange diese noch als Provinzgouverneure einer eigenen Hofhaltung vorstanden (vgl. Kappert 1976, 9–18). Es war natürlich ein großes Risiko dabei: da alle Prinzen geborene Thronprätendenten waren, stellten sie eine ständige Gefahr füreinander und manchmal auch für den regierenden Sultan dar. Wenn er Glück hatte, ging der Kanzleichef, Stilist, Dichter und Vertraute mit seinem Prinzen an den Hof (vgl. Ambros 1982, 28–29), wie der unten zu nennende Revānī (gest. 1523). Wenn aber sein Prinz durch die Hand eines Bruders oder des Vaters umkam, war für den Dichter sein Amt dahin; manche Trauerkaside zeugt davon.

Die Sultane und Prinzen dichteten selbst. Um sie

scharten sich Literaten, wie es alter Herrschertradition entsprach. Dazu bildeten sich am Hof Kreise, in welchen die Dichter Gönner fanden, die manchmal freigiebiger und verständnisvoller waren als der Sultan, der immer auch an die Finanzierung seiner Feldzüge denken mußte (vgl. Çavuşoğlu 1982, 54, 59). Ein Mitglied der anatolisch-türkischen Aristokratie, Ḳızıl Aḥmedlü Şemsī Paşa (gest. 1580/81) machte aus seinem Haus in Üsküdar einen Sammelplatz für Dichter und Höflinge; Ibrāhīm Paşa, in der Jugend der glanzvolle Günstling Süleymāns, Mu'ayyedzāde, Iskender Çelebi und Tācīzāde waren die Mittelpunkte solcher Zirkel im 16. Jahrhundert. Ġazanfer Aġa (gest. 1603) dessen Porträt wir von einer Miniatur kennen, ist einer dieser großen Mäzene (vgl. Atasoy, Çağman 1974, Tafel 44). Auch das 17. Jahrhundert kannte derartige Treffpunkte von Dichtern und Gelehrten (vgl. Wurm 1971, 7–72).

Auch wenn die Autoren oft darüber klagten, nicht genug gewürdigt zu sein: eine Welt trennte diese bevorrechtigten Literaten doch von den „Untertanen": nicht nur von den Bauern, die doch zusammen mit den Nomaden noch die große Mehrheit der Bevölkerung bildeten, sondern auch von den Kaufleuten, die, wie reich sie auch waren, durch den Status als Steuerzahler unter den Amtsträgern standen. In den Städten und Marktflecken waren die Handwerker und selbst die Bettler in einem umfassenden Zunftsystem organisiert. Dem „Untertan" wurde der Übertritt in die Schicht der Steuerfreien aus guten Gründen sehr schwer gemacht; konnte doch der Staat nicht auf seine Steuereinnahmen verzichten. Was dem Gerber von Amasya im 16. Jh. noch glückte, seine Werkstatt zu verkaufen und den örtlichen Mufti flehend dazu zu bewegen, ihn noch als Schüler anzunehmen (er war schon über zwanzig), wurde als besonderer Gnadenbeweis Gottes angesehen, stieg dieser „einfache Türke" doch wirklich zum Provinzdozenten auf und bekam eine Eintragung in der Biographiensammlung des 'Alī Mınıḳ (vgl. Reşer 1934, 36–38). Fehīm, ein kleinerer Dichter des 17. Jahrhunderts, war als Sohn eines ägyptischen Kuchenbäckers in Istanbul geboren; da die Ausbildung fehlte, erhielt er kein Amt; der Anschluß an das Gefolge eines Paschas mißglückte, er konnte seine unverkennbare Begabung nicht entfalten und starb 1648 in jungen Jahren. Die Trennungslinie zwischen den beiden Welten der osmanischen Gesellschaft war beinahe unüberwindlich. Das wird auch nicht durch das Leben des Schusterssohns Ẕātī widerlegt, der gute Gedichte machte, und in dessen Laden, wo er der Wahrsagerei nachging, sich die hohen Herren vom Hofe über Poesie unterhielten. Junge Talente wie Bāḳī lernten allerdings vom alten „Bohemien" Ẕātī die Feinheiten des Fachs. Elend erging es dem, der als Dichter die Gunst des Hofes verlor wie Fāżıl-i Enderūnī, der 1783 aus dem Palast ausgestoßen wurde und zwölf Jahre lang durch Istanbul vagabundierte.

Dennoch gab es eine Brücke zwischen der Welt der Untertanen und der der Bevorrechteten, die doch ihre Vorrechte nur so lange hatten, wie sie im Amt waren. Das mystische Element in der osmanischen Literatur war nicht nur bildlich gemeint: Dichter waren wirklich Derwische (vgl. Schimmel 1975; Fleischer 1982). Die zahlreichen Sufi-Orden zählten sowohl Mitglieder der „Militär"-Klasse als „Untertanen" zu ihren Mitgliedern. Die alten, lange vor den Osmanen gegründeten Mystikerorden und ihre seither entstandenen Zweigorden hatten in den Städten (vgl. Kissling 1956; Faroqhi 1979; Kreiser 1980) oder doch in Reichweite der Städte ihre „Klöster" oder Konvente, *tekke* oder *ḫānḳāh* genannt, oft mit dem Grab des heiligmäßigen Klostergründers als Anziehungspunkt. Was ihre Regeln und ihre Anhängerschaft betraf, waren sie sehr verschieden. Während etwa die Mevleviye als städtischer Orden den ländlichen Massen eher fremd und unnahbar gegenüberstand, waren die Bektaschiklöster, inmitten ihrer weitausgedehnten Güter, oft am Abhang eines weit ins Land schauenden Berges, wichtige Wirtschaftszentren für die umwohnenden Bauern und Nomaden. Manchen einzelnen Mystiker zog es ganz in die Einsamkeit der Natur, und er erbaute sich eine Klause *(zāviye)*, in der Einöde, von den Dörflern der Umgebung verehrt und besucht (vgl. Faroqhi 1981b, 48–106).

Die Derwischklöster wurden durch Stiftungen getragen (vgl. Faroqhi 1981a) und waren von Steuern befreit, wie meist auch ihre im Kloster ansässigen Funktionäre. Diese Steuerfreiheit gab ihnen den so wichtigen Status ebenso wie wirtschaftliche Unabhängigkeit. Reiche und vornehme Tekkes verdankten ihren Besitz den Schenkungen der Sultane und Hofgrößen; einzelne Scheiche, wie Bali Efendi (mit dem Dichternamen Cevherī), verfügten über beträchtliche Reichtümer. Gingen doch aus den

Derwischorden geistige Erzieher *(pīr)* der höchsten Amtsträger und einflußreiche Berater der Prinzen und Sultane selbst hervor. Bei literarisch begabten Scheichen wie dem erwähnen Bali Efendi gingen angehende Dichter ein und aus, die außer geistiger auch materielle Unterstützung bekamen. Mancher Feldherr oder Provinzstatthalter verbrachte Zeiten der Ungnade und Amtlosigkeit bei seinem *pīr* im Derwischkonvent. Die Klause des Scheichs Maḥmūd Hüdā'ī in Üsküdar war im 17. Jahrhundert eine solche Freistatt (vgl. de Groot 1978, 51 f.).
Die Derwischorden erfüllten im Leben der osmanischen Gesellschaft einerseits die Funktion, die Religiosität der muslimischen Volksmassen durch Predigt und Dichtung in der Volkssprache zu erhalten und zu stärken (vgl. de Bruijn 1974). Andererseits leiteten sie in der bevorrechteten Schicht innere soziale Spannungen ab, indem sie auch der höfischen Literatur ein aufnahmebereites Publikum boten und selbst an ihr teilnahmen (vgl. Yazıcı 1982, VIII-IX). Manchem Autor ermöglichten sie ein erträgliches Leben außerhalb der glänzenden, aber auch immer gefährdeten Hofgesellschaft, aus der, wenn man Glück hatte wie der Nakşbendi Lāmi'ī (1472–1532) aus Bursa, reichliche Geldgeschenke für die an den Hof geschickten Werke zurückkamen (vgl. Alpay 1976; Tezcan 1978). Bescheidener mußte der Bayramiye-Derwisch Ḥamdullāh Ḥamdī (1449–1503) leben, der sich nach vergeblicher Ämtersuche wieder in seinen Geburtsort Göynük zurückgezogen hatte und vom Verkauf und Abschreiben seiner Bücher lebte.
Das Prestige eines Scheichs, etwa das von Ḥamdīs Vater, dem berühmten Aḳ Şemseddīn, beruhte auf seiner asketischen Lebensführung und seinen wunderbaren Fähigkeiten, aber doch auch auf seiner an der Medrese erworbenen Gelehrsamkeit. Er war vielleicht nicht so auf Recht und Koranauslegung spezialisiert wie die Richter und Professoren, dafür aber desto mehr vertraut mit den Schriften der klassischen islamischen Mystiker. In Anatolien spielten seit der Seldschukenzeit die Lehren Ibn al-'Arabīs (1165–1240), erläutert durch seinen wichtigsten Schüler Ṣadraddīn Ḳonavī (gest. 1274), die allergrößte Rolle in Medresen und Derwischklöstern, wo Lehrbücher und Kommentare über seine vom Neuplatonismus durchtränkten Schriften entstanden. Als Meḥmed II., der Eroberer Istanbuls, in den Bann des metaphysischen Hauptwerkes von Ṣadraddīn Ḳonavī geriet, gab er Kommentare und eine Übersetzung in Auftrag. Einen dieser Kommentare schrieb ihm 1475 der Scheich Aḥmed el-Ilāhī *in seiner Klause in Edremit* (vgl. Chittick 1981). Gewiß gab es viele Ulema, die für die Mystik ebensowenig wirkliches Verständnis hatten wie für die Dichtung; mancher sprach sich ablehnend über Lehren und Praktiken der Sufis aus. Aber es gab auch zahllose Medresengelehrte, für die kein Gegensatz bestand zwischen den traditionellen Wissenschaften und der Mystik (vgl. Sohrweide 1981a). Wie sich Medrese und Klause im Leben des Einzelnen berühren konnten, illustriert die Biographie des Kommentators persischer Dichtung, Muṣliḥeddīn Muṣṭafā mit dem Dichternamen Sürūrī (1491–1562). Der Sohn eines reichen Kaufmannes durchlief die Medresen und wurde selbst Professor, fühlte sich aber immer wieder von der Abgeschiedenheit des berühmten Nakşbendi-Klosters des Emīr Buḫārī angezogen und wollte als Professor nur amtieren, wenn er dabei seine Derwischkleidung tragen durfte. 1548 hatte er, zunächst widerstrebend, die Berufung zum Prinzenlehrer bei dem Sohn Sultan Süleymāns, Muṣṭafā Sultan, angenommen. Er faßte Zuneigung zu diesem hochbegabten und im Volk beliebten Prinzen und half, ihn auf das Herrscheramt vorzubereiten, indem er Bücher über persische Fürstenethik und islamische Kosmographie für ihn übersetzte. Als ihn die plötzliche Hinrichtung des Prinzen um sein Hofamt brachte, widmete er sich ganz seiner Moschee, verdiente seinen Unterhalt durch Lehrtätigkeit, scheint aber nicht wieder ins Derwischleben zurückgekehrt zu sein.
Wie sich die Derwischorden weiterhin der Literatur bemächtigten (zur „Mevlevisierung" des Mesnevis Varḳa vü Gülşāh vgl. Smith 1976; Flemming 1976 und Welt des Islams 20.1980.127–128), wie ihre Angehörigen zur gebildeten Schicht neben der Hofgesellschaft aufstiegen, ist noch nicht beschrieben. Dies Publikum las die führenden Autoren und kannte die persischen Klassiker; für die arabischen Dichter hatte es weniger übrig. Auch bei den Osmanen gab es, wie anderwärts, literarische Kämpfe zwischen Alten und Neuen (vgl. Wannig 1980); die große Auseinandersetzung zwischen dem islamischen Erbe und westlichen, vor allem französischen, Literatureinflüssen liegt außerhalb unseres Themas. Wir können hier auch nicht auf die Entwicklung eingehen, die sich in der sozialen

Hierarchie vollzog, und die auch die Literatur nicht unberührt ließ (vgl. Tietze 1981). Die endlosen Kriege zerrütteten die Finanzen des Landes; die Staatskasse wurde leer, und die Bevölkerung verarmte. Die militärische Elite der Pfortensklaven (*ḳapıḳulları*) wurde ausgehöhlt, indem der Staat gebürtige Muslime, oft ohne gehörige Ausbildung, in Dienst nahm.

Bis ins 19. Jahrhundert – und uns geht es hier in erster Linie um die literarischen Glanzzeiten des 16. und 17. Jahrhunderts – suchten Kleiderordnungen zu verhindern, daß die Unterschiede zwischen Hoch und Nieder, zwischen Muslimen und Ungläubigen, zwischen Männern und Frauen verwischt wurden. Das Luxusverbot war ein immer wiederkehrendes Thema: die unteren Stände durften keine feinen Pelze tragen, die Schuhe der Christen und Juden mußten schwarz sein; Frauen durften sich nicht mit gestickten Pantoffeln, eng anliegenden Oberkleidern und durchsichtigen Schleiern, aber auch vor allem nicht in Männerkleidung sehen lassen. Wie sehr auch die Grenzen zwischen den verschiedenen Ständen und Gruppen betont wurden – J. von Hammer-Purgstall spricht einmal davon, daß die Funktionäre des osmanischen Staates mit ihren Pelzen, Stiefeln und Tuchfarben viel früher uniformiert waren als die Westeuropas und Rußlands – grundsätzlich gab es nur die zwei großen Gruppen: die „Herde" (*re'āyā*) der Untertanen und die Gemeinschaft derjenigen, die sie verwalteten und dafür Steuerimmunität genossen. Noch der letzte Bänkelsänger eines Janitscharenregiments, der auf den Märkten seine Spottlieder sang, stand vom Status her über dem „Volk".

Der osmanische Hof zog Glückssucher aller Art an, Einheimische und Fremde. Das ging auch innerhalb der Literatur nicht ohne Probleme vor sich. Die materielle Gleichstellung und praktische Überlegenheit früherer Christensklaven aus der Knabenlese (*devşirme*) im Militär akzeptierte man als einen integralen Bestandteil des osmanischen Staatsaufbaus; neu war die Eingliederung von nichttürkischen Muslimen, zum Beispiel von den Sultanen aus eroberten Gebieten mitgebracht, in die oberen Ränge der Wissenschaft und der Bürokratie. Entstehende Reibungen forderten den einheimisch-türkischen Teil dazu heraus, die Ungleichheit der Herkunft und vor allem der Ausbildung zu betonen. Viel Aufmerksamkeit widmeten die Biographen von altersher der Abstammung; der Geburtsort fehlt fast nie, aber der literarischen Leistung und der Eigenart des Stils wurde leider meist weniger Platz eingeräumt als der Stellung und der Besoldungsgruppe (vgl. Rescher 1927; Lugal, Rescher 1942; Rescher 1950; Meredith-Owens 1971; Kut 1978; Kutluk 1978; Kellner-Heinkele 1977; Majer 1978).

Da waren die persischen Zuwanderer, die es im Osmanischen Reich zu Ehren brachten; Dichter wie Ḳabūlī und Ḥamīdī (1427–1485) aus Isfahan, die schon am Hof Meḥmeds II. persisch dichteten, und die zahlreichen persischen Dichter an den Höfen Selīms I. und Süleymāns. Echte Perser oder *als Perser eingekleidete Türkmenen* kamen aus dem seit 1500 schiitischen Persien, wie Muṣliḥaddīn al-Lārī, Fetḥullāh 'Ārif und der noch zu erwähnende Loḳmān (vgl. Sohrweide 1981c mit früherer Literatur). Viele flohen vor der safawidischen Inquisition; andere siedelten um, nachdem die Osmanen Teile von Aserbaidschan erobert hatten. Türken kamen von den glanzvollen Höfen der Timuriden im jetzigen Usbekistan. Die tatarische Oberschicht der Krim, durch Vasallität, Ämter und Heiratspolitik mit dem osmanischen Herrscherhaus vielfältig verbunden, trug auf originelle Weise zur osmanischen Literatur bei: der Krimchan Ġāzī Giray II. (1554–1607), ein kluger und tapferer Fürst, führte kriegerische Themen in die Gaseldichtung ein. Sein Nachfahr, der Prinz Sa'īd Giray Sultan, schrieb in Yanbolu auf dem Landgut der Giray-Familie sein Tagebuch über die Jahre 1755 bis 1758 (vgl. Kellner-Heinkele 1975, 4–20). Nicht als Türken geboren, aber eingebürgert durch ihre Werke sind der Kurde Şükrī (16. Jh.), ein Mann des Militäradels, der Albaner Yaḥyā Beg, der oben schon als Taşlıcalı Yaḥyā erwähnt wurde, und der Siebenbürger Ibrāhīm Müteferriḳa (ca. 1670–1754), der den Buchdruck bei den Türken einführte.

Neben vielen gebürtigen Istanbuler Türken, die literarisch den Ton angaben – wie Fażlī, Ḥāletī, Kātib Çelebi – waren in der osmanischen Literatur die Männer aus den älteren Hauptstädten vertreten. Aus Edirne stammten Aḥmed Paşa, Necātī, Neşātī und Sehī; aus Bursa Ḳınalızāde Hasan.

Aus den alten Kulturzentren Anatoliens kamen die Dichter ebenso wie aus kleineren Orten in deren Umkreis. Firdevsī-i Rūmī wurde 1453 in Aydıncık geboren und in Bursa erzogen. Aus Amasya kamen Tācīzāde Ca'fer Çelebi (gest. 1515) und die Dichterin

Mihrī Ḫatun; aus Tokat der Satiriker Kānī. Aus Kastamonu kam der Dichterbiograph Laṭīfī. Mit seiner Vaterstadt Gallipoli, 1358 von den Osmanen erobert und zur Provinzhauptstadt gemacht, fühlte sich Muṣṭafā ʿĀlī zeitlebens verbunden. Bedeutende Provinzler waren Nābī aus Urfa, Naʿīmā aus Aleppo, Rūḥī aus Bagdad; aus Kreta, das erst im 17. Jahrhundert erobert wurde, kam ʿAzīz Efendi, der als türkischer Botschafter 1797 in Berlin starb und dort begraben ist; der hochgebildete Hezārfenn (gest. 1691) stammte von der Insel Kos (vgl. Wurm 1971, 73—75); der bereits erwähnte Fāżıl-i Enderūnī war etwa 1757 in Akka geboren. Ganze Scharen türkischer Autoren kamen aus dem südslawischen Gebiet; Sūdī (gest. 1596) und Nergisī (gest. 1635) stammten aus Bosnien, Ḫayālī (gest. 1557) und Ḫayretī (gest. 1534) aus Vardar Yenicesi; aus Užice kamen Ṣābit (gest. 1712) und andere; aus Priştine Mesīḥī (gest. 1512); Mostar, Sarajewo und Podgorica lieferten viele Autoren; aus Prusac (Akhisar) kam der Gelehrte al-Kāfī al-Aḳhiṣārī (gest. 1616); im mazedonischen Skopje waren der noch zu erwähnende Meḥmed Altıparmaḳ und der letzte Diwandichter unserer Zeit, Yaḥyā Kemāl Beyatlı (1884—1958) geboren.

Was die Dichter mit den Gelehrten und Derwischen verband, war unter anderem die persönliche Mobilität. So wie die Theologen Gewährsleute und berühmte Gelehrte in fernen Ländern aufsuchen mußten, wurden Derwische von ihren Scheichen in die Welt geschickt, um andere heiligmäßige Männer zu besuchen und den Islam zu verbreiten. Allen oblag die Pflicht der Pilgerfahrt zu den heiligen Stätten des Islams. Diese war überhaupt einer der wichtigsten einigenden Faktoren der islamischen Welt. Zahllos sind die Berichte von Begegnungen mit Lehrern und Kollegen an den heiligen Orten. Manch einer ließ sich für immer in Mekka nieder, wie jener Nūḥ Efendi im 16. Jahrhundert, der in seinem Haus Derwischfreunde empfing, um ihnen erbauliche Geschichten zu erzählen. Dann versäumten die dichtenden Offiziere, Sekretäre und die häufig überallhin versetzten Kadis nie, auf ihren beruflichen Reisen nach Handschriften und Bibliotheken auszuschauen und sich mit anderen Literaten zu treffen. So konversierte der oben genannte Ḳoca Nişāncı, als er mit dem osmanischen Heer 1534 in Täbris war, mit einigen hochgestellten Gelehrten der Stadt, und in Bagdad besuchten Yaḥyā Beg und sein Rivale Ḫayālī, ebenfalls mit der siegreichen türkischen Armee gekommen, den damals schon berühmten Fużūlī (gest. 1556). In Skopje traf sich 1570 und 1572 der dortige Kadi ʿĀşıḳ Çelebi (gest. 1572), als Dichterbiograph unübertroffen (vgl. Meredith-Owens 1971), mit dem ehrgeizigen Muṣṭafā ʿĀlī, der zwei Jahre später seine Versetzung nach Bosnien dazu benutzte, um den alten Yaḥyā Beg in Zvornik aufzusuchen.

Ungeachtet ihrer unterschiedlichen Herkunft hatten die älteren Schriftsteller in der Mehrheit den gleichen Status in der Gesellschaft, den gleichen Geschmack und die gleiche Literatursprache. Urbanität, Höflichkeit, Geselligkeit, Kenntnisreichtum, Witz und viel osmanisches Überlegenheitsbewußsein waren Eigenschaften, die den Autor jener älteren Zeit auszeichneten. Man hat den geistigen Repräsentanten dieses Osmanentums im „Çelebi" (ungefähr mit „gentleman" zu übersetzen) erblickt, der erst unter dem Eindruck der Verwestlichung im 19. Jahrhundert ausgestorben ist.

DIE PRAXIS DES DICHTERS

Zur Vorbereitung hatte der junge Dichter viel türkische und persische Verse gelesen und seine ersten Verse wohl auch noch in persischer Sprache geschrieben. Die noch auftretenden Fehler ließ er sich von einem kompetenten Lehrer verbessern, der ihn, wie Ẕātī es mit Bāḳī tat, in die Feinheiten der ererbten poetischen Formeln einführte. Sollte er sich doch, zunächst in seinem eigenen literarischen Zirkel, an ein gebildetes Publikum wenden, das die kunstvolle Variation des traditionell Vorbildlichen zu schätzen wußte. Dies galt sowohl für die lyrische wie für die erzählende Dichtung. So wie die Dichter als Zeitgenossen miteinander wetteiferten, so verachteten sie als Autoren die meisten ihrer mittelalterlichen Vorläufer: nicht zu Recht, wie uns heute erscheinen will.

Es sind nur ganz wenige Diwane, zusammenhängende Sammlungen der Gedichte eines alten Dichters zu erhalten. Die meisten waren dem Wettstreit und der Suche nach dem immer Besseren zum Opfer gefallen. Wohl aber sammelte man einzelne Gasele, um sie in eigenen „Parallelgedichten", *naẓīre* genannt, im gleichen Metrum, mit dem gleichen Reim und der gleichen Thematik zu übertreffen.

Aus diesem Vergnügen am passenden Pendant, das auch manchmal zu Preisausschreiben führte (vgl. Lugal, Reşer 1942, 125) entstanden Naẓīre-Sammlungen, in denen älteste Einzelgedichte der anatolischen Diwandichtung erhalten geblieben sind (vgl. Canpolat 1982). Auch später noch legte man gern Anthologien von türkischen und persischen Gedichten an, von denen manche kalligraphiert und mit Miniaturen ausgeschmückt wurden (Kat. Nr. 1/100).

Von alten anatolisch-türkischen Autoren, die wenigstens dem Namen nach bekannt sind, haben wir keine Werke mehr, und andere waren ganz vergessen. Taten doch die Späteren alles, um ihre älteren Vorläufer im Dunkel der Vergessenheit versinken zu lassen. An den längeren Verserzählungen in reimenden Doppelversen, *mes̱nevī*, läßt sich das noch zeigen. Şeyḫīs 1420–1428 für Murād II. geschriebene epische Erzählung *Ḫusrev ü Şīrīn* (Kat. Nr. 1/6) setzt sich deutlich ab von dem Werk des anatolischen Vorgängers Faḫrī, das er sicher gekannt hat; Şeyḫī schreibt anspruchsvolle Hofdichtung und zeigt den Helden als Repräsentanten aller Herrschertugenden, wie sie dem Empfänger, dem mächtigen Osmanensultan, gemäß waren. Das Werk wurde viel gelobt, aber es veraltete doch, und Spätere bemängelten seine bäurisch anmutenden türkischen Ausdrücke. Dabei hatte Şeyḫī gerade in der Eleganz des Ausdrucks seinen älteren Konkurrenten auf der Regionalebene übertroffen. Aber nicht nur darin, sondern auch durch die formale Technik der Motivverdoppelung, die er zur schärferen Charakterisierung seiner Personen verwendet. Die „Tötung eines Löwen durch den Helden bzw. die Heldin" ist so ein verdoppeltes Motiv, das im Uppsala-Şeyḫī auch illustriert wurde (zuerst erlegt Şīrīn einen Löwen mit Pfeil und Bogen, dann Ḫusrev einen weiteren mit der bloßen Faust) (vgl. Flemming 1974) (Kat. Nr. 1/6). Şeyḫī hatte außer den islamischen Wissenschaften auch Medizin studiert und praktizierte als Arzt. Als solcher soll er von Sultan Meḥmed I. im Jahre 1415 das Dorf Tokuzlu als Lehen erhalten haben, von den Vorbesitzern aber mißhandelt worden sein. Während sich dies nicht mehr verifizieren läßt, besitzen wir aus dem Jahre 1441 die Schenkungsurkunde Sultan Murāds II. für den Arzt und Wesir Fażlullāh b. Necmeddīn, der wir die Einzelheiten einer Dorfübereignung entnehmen (vgl. Schwarz 1981).

Die Autoren der osmanischen Frühzeit waren oft eher Bearbeiter und verfolgten häufig pragmatische Ziele; vielfach kam es auf die Vermittlung faktisch nutzbarer Kenntnisse an. Bücher über das Schachspiel oder über Musik waren oft Auftragsarbeiten, bei denen keine Kunstabsichten im Spiele waren. So greift der chirurgische Traktat *Cerrāḥiye-yi īlḫāniye* des Sabuncuoğlu Şerefeddīn, 1465–1466 Sultan Meḥmed II. gewidmet, auf ein altes Buch aus der anatolischen Mongolenzeit zurück (Kat.Nr. 1/3). Aber es ist nicht Ziel dieser Einleitung, zur vorosmanischen Zeit, deren Miniaturen nicht erhalten sind, mehr als die obigen Andeutungen zu geben, die auf die Praxis des Dichters Bezug haben.

Der junge Poet, der den persischen Vorbildern willig, aber nicht unkritisch folgte und die eigenen türkischen Vorgänger studierte, entschied sich eines Tages für einen Dichternamen (*maḫlaṣ*). Dem wurde viel Bedeutung beigemessen, und manchmal wurde der *maḫlaṣ* noch wieder revidiert. Wenn er genügend Kasiden und Gasele verfaßt hatte, konnte der Autor darangehen, einen Diwan zusammenzustellen und herauszugeben, das heißt eine Endredaktion anzufertigen und sie abschreiben zu lassen (vgl. Çavuşoğlu 1977, bietet eines von vielen Beispielen). Umfang, Auswahl und Kalligraphie waren wichtig. Ein spätes Beispiel ist der 1790 kalligraphierte Diwan des Muṣṭafā Fennī (gest. 1745). Natürlich verwendete der Dichter die arabisch-persische Metrik und Reimlehre. Der Kaside wie dem Gasel war der Endreim eigen, der durch das ganze Gedicht beibehalten wurde. Auch strophische Formen mit einem Refrain-Vers waren beliebt (vgl. İz 1966, Andrews 1976). Kasiden zum Lobe Gottes und des Propheten standen am Anfang eines vollständigen Diwans. Panegyrische Kasiden aus allerlei Anlässen, Gratulation, Kondolenz, Preis des Gönners vermittels seiner Taten und Bauwerke waren hiernach angeordnet. Die eher kurzen Gasele lyrischen Inhalts wurden alphabetisch nach dem Endbuchstaben des Reims aneinandergereiht. Eine innere Entwicklung des Dichters läßt sich daher aus seinem Diwan nur mit größter Vorsicht ableiten (einen Versuch unternimmt Kortantamer 1973). Der junge Geliebte, den die türkische Lyrik nicht anders als die persische besang, wurde als Erscheinungsform göttlicher Schönheit aufgefaßt; man ließ bewußt in der Schwebe, ob irdische oder himmlische Liebe gemeint war (vgl. Boškov 1974). Unter den rhetorischen Regeln waren zwei besonders wichtig: die „Beibehaltung der gleichen Sphäre“ und die „phantastische Begründung“. Mit der ersten ist gemeint, daß die Gegenstände innerhalb eines Verses durch das gemeinsame Bild zusammengehalten wurden: ist von einem Schatz die Rede, dann gehört dazu der ihn bewachende Drache; dieser ringelt sich wie eine Schlange, mit der wieder die geringelte Locke der geliebten Person verglichen wird. Zum Becher gehört eine Ruine, in der die Christen Wein ausschenken. Was aber „wie Katze und Kamel“ nicht zusammenpaßte, verfiel dem Tadel. Die „phantastische Begründung“ wiederum erklärte zum Beispiel Naturerscheinungen auf die folgende poetische Weise: im Frühling läßt die Wolke Tautropfen herabfallen wie Steinchen, die den Kopf der Knospen spalten; im Herbst zittern die Bäume unter dem Leiden der Gelbsucht, werden kraftlos und gelbgesichtig; am Morgen einer Schlacht rollt auch der Himmel kriegerisch die goldene Fahne auf, und die Morgendämmerung hißt am Horizont ein rotes Banner.

Die großen Meister dieser Kunstdichtung machten ihre poetische Bildersprache zum Ausdruck einer intensiven Gefühlswelt, sei es der irdischen, sei es der mystischen Liebe. *Verseschmiede und elende Dichterlinge* scheiterten schon am Skandieren, zählten mechanisch die Buchstaben und *maßen die Verse mit der Holzlatte* (vgl. Kortantamer 1979; Çavuşoğlu 1982).

Die erzählenden Mesnevis gehorchten im Prinzip denselben rhetorischen Regeln, aber sie waren formal und thematisch nicht so festgelegt wie Kaside und Gasel.

Auch in der Mesnevi-Form haben osmanische Dichter bedeutende Leistungen erzielt. Zwar wurden unermüdlich die Geschichten berühmter Liebender wie Ḫusrev und Şīrīn oder die alten Heiligenlegenden des Islam behandelt, aber es kamen auch neue Stoffe hinzu, und die alten konnten durch Eingriffe in die Motivverknüpfung durchaus inhaltlich verändert werden. Die Tendenz ging dabei vom spannenden Erzählen hin zur moralischen Belehrung, von der irdischen Liebe zur mystischen Allegorie.

Hier ist es angebracht, über die Ausstrahlung osmanischer Werke über die Landesgrenzen zu sprechen. An den Fürstenhöfen und wohl auch in Derwischkreisen im Iran, in Transoxanien und im Mamlukenstaat, überall dort, wo man Ende des 15. Anfang des 16. Jahrhunderts Türkisch sprach und las, hat man die osmanischen „Vorklassiker“ mit Eifer studiert (vgl. Beispiele in Flemming 1976, 272, und Flemming 1977, 20). Wir wissen aus Handschriften, daß man sich zum Beispiel um die Beschaffung gut geschriebener Texte des alten mystisch-didaktischen Mesnevi *Ġarībnāme* von ʿĀşıḳ Paşa vom Jahre 1329/30 bemühte, daß man am Usbekenhof in Buchara das *Iskendernāme* des Aḥmedī begeistert las, daß Şeyḫīs *Ḫusrev u Şīrīn* unter anderem in Schiraz kopiert und illustriert wurde und daß man auch die Diwane des Dichterfürsten des 15. Jahrhunderts, Aḥmed Paşa (Kat. Nr. 1/55), sowie Necātīs las. Erklärende Zusätze zum Autor, „der Osmane“ *ar-Rūmī*, oder zur Sprache, „auf türkisch“, weisen darauf hin, daß die Bibliothek, für die so ein Text geschrieben wurde, keine osmanische war.

Der ältere osmanische Mesnevi-Dichter konnte, wenn er wollte, seine Werke einzeln einem Gönner zueignen. Sein Streben ging aber dahin, nach klassischem persischem Vorbild einen „Fünfer“, *ḫamse*, zusammenzubringen. Ein außerordentlich beliebtes osmanisches Mesnevi ist Ḥamdullāh Ḥamdīs Verserzählung von Yūsuf und Zulayḫā (Kat. Nr. 1/8). Der jüngste und Lieblingssohn des Scheichs Aḳ Şemseddīn (s. o.), der nach dem Tode seines Vaters von seinen elf oder sechs faulen, dummen und streitsüchtigen Brüdern (die freilich tüchtige Ulema geworden sein sollen) schlecht behandelt wurde, fühlte sich dazu inspiriert, nach dem erst neun Jahre eher erschienenem Werk des Persers Cāmī (1414–1492), die Geschichte von Joseph zu behandeln, der von seinen neidischen Brüdern in die Sklaverei nach Ägypten verkauft wird und wegen seiner Schönheit die Liebe von Potiphars Frau Zulayḫā erregt. Ḥamdī folgte in seinem Werk, das er 1492 vollendete, dem Vorbild Cāmīs in der allegorischen Darstellung mystischer Liebe; er gebrauchte aber ein anderes Metrum und streute nach anatolischem Brauch Gasele ein (vgl. Dankoff 1984, 18). Der alte arabische Stoff von den Beduinenkindern Ḳays und Laylā wurde am schönsten von Fużūlī im wohl berühmtesten aller türkischen Mesnevis behandelt, in dessen lange erzählende Passagen Liebes- und Gebetsdichtung verwoben ist, die Gemeingut der Türken geworden ist und die Jahrhunderte überdauert hat. Ḳays, der aus Liebe zu Laylā „wahnsinnig“ (Mecnūn) wird, wird bei Fużūlī zum Protagonisten einer mystisch inspirierten Liebe, in der Laylā als „irdische Schönheit" vergehen muß, damit der heiligmäßige Mecnūn die Welt verlassen kann (vgl. Huri, Bombaci 1970, Dankoff 1984, 19–21). Die Liebespaare im klassischen Mesnevi waren Mann und Frau: Rāmīn und Vīs, Vāmiḳ und ʿAẕrā, Mecnūn und Laylā . . . Mit dieser Tradition brach der hier mehrfach genannte Yaḥyā Beg, indem er zum erstenmal in der osmanischen Literatur, freilich einem persischen Vorbild folgend (das auch Aufsehen erregt hatte), zwei Männer als Liebende vorführte, in seinem „König und Bettler", *Şāh u Gedā*, das in Istanbul spielt, und wo die selbstlose Liebe eines frommen Gelehrten aus Rumeli (dem Bettler) zu einem schönen, aber eitlen Jüngling geschildert wird. Der Mesnevidichter suchte nach neuen Stoffen, wobei eine epische Erzählung aufgegeben und der erlesenen Gestaltung eines eng umrissenen Gegenstandes der Vorzug gegeben wurde. Revānī (gest. 1523) führte so ein „Schenkenbuch" als Neuheit in die osmanische Literatur ein, ein kurzes Mesnevi von etwas über 500 Doppelversen mit dem Titel *ʿİşretnāme* über die Art, wie die alten Könige ihre Zechgelage abzuhalten pflegten. Der Richter Nevʿīzāde ʿAṭāʾī (gest. 1634), ein hochgeschätzter Gelehrtenbiograph und berühmter Stilist, verfaßte noch einmal einen „Fünfer" aus Mesnevi-Erzählungen, von denen „Haut der Blüten", *Nefḥat ül-ezhār* (Kat. Nr. 1/40), weltliche und geistliche Gegenstände, Historisches, Märchenhaftes und Obszönes aneinanderreiht (vgl. Titley 1981, Nr. 14). Aber dieses Episodenhafte gehörte auch zu der Tendenz, das Mesnevi nicht mehr als Medium für die lange, weltliche Erzählung zu gebrauchen. Wohl für die reine Allegorie: Şeyh Ġālib (gest. 1799) tat das 1782 noch einmal in seinem berühmten *Ḥüsn ü ʿAşḳ*, in der der Knabe „Liebe" nach vielen Prüfungen das Mädchen „Schönheit" erringt (vgl. Dankoff 1984, 21). Bewunderte man hier vor allem die lyrischen Einlagen und die reine Geistigkeit, so ergötzte man sich bei einer Sondergattung des kurzen Mesnevi an der ausgesprochenen Sinnlichkeit: das waren die *şehrengīz* „Stadtaufrührer" genannten Zusammenstellungen von kurzen Beschreibungen schöner Jünglinge, die ihre Stadt oder ihren Stadtteil in Aufregung brachten (vgl. Bombaci 1964). In dieser Tradition schrieb der hier schon genannte Fażıl Ḥüseyn, genannt Enderūnī (gest. 1810), ein *Ḫūbānnāme* „Buch der schönen Jünglinge" und, mit Entschuldigungen wegen der Kühnheit, in der Diwanliteratur über das weibliche Geschlecht zu sprechen, auch ein *Zenānnāme*, „Buch der Frauen" im Morgen- und Abendland (Kat. Nr. 1/44, 1/45). Diese Bücher waren populär wegen ihrer lebhaften und oft, wie es das Genre verlangte, recht derben Sprache. Das *Zenānnāme* wurde 1838 lithographiert, aber die Obrigkeit jener Reformzeit ließ es wegen seiner unzüchtigen Stellen einziehen.

Prosa-Erzählungen wie die lange Abenteuerstory, die wir als *Ḳıṣṣa-i Ferruḫruz* (London) oder als *Ḳiṣṣa-i şehr-i Şatrān* (Istanbul, Universität TY 9303) kennen, nach dem persischen *Samak-i ʿAyyār* „von einem Seemann seiner Majestät" auf türkisch erzählt, sind Zeugen einer deutlichen Ausweitung des lesenden Publikums und, wenn man will, von einer Vergröberung des Geschmacks. Das vergeistigte, mystische Mesnevi entsprach nicht jedem Temperament; man wollte eine Geschichte mit viel Handlung und Bewegung, ohne große Charakterzeichnung; unwahrscheinliche Zufälle wurden akzeptiert: Themen wie „Liebe" hielten alles zusammen. So kam es, daß vom 17. Jh. an die alten epischen Stoffe noch einmal in türkischen Prosaromanen erzählt wurden, angereichert durch allerlei Nebenhandlungen. Das *ʿIşḳnāme* des Meḥmed von 1398 wurde 1601–02 durch den unten noch zu erwähnenden Heeresrichter und Scherifen Meḥmed in Prosa bearbeitet: und danach wurde es noch einmal von einem Unbekannten nacherzählt, mit neuen Abenteuern (vgl. Sohrweide 1981, 253–254 mit früherer Literatur; Dankoff 1984). Anonym blieben offensichtlich diejenigen Schriftsteller, die lediglich die allgemein begehrte Unterhaltungsliteratur lieferten. Die Stilisten der Prosa dagegen sind namentlich bekannt; sie legten die höchsten Ansprüche des Diwanstils an und entfernten sich, ganz auf das Ästhetisch-Stilistische konzentriert, vom alltäglichen Leben. Manche (nicht alle!) Prosastücke eines Veysī (gest. 1628) oder Nergisī (gest. 1635) sind l'art pour l'art, die geradezu nach einem Kommentar verlangten.
Die Schreibweise der großen Geschichtsschreiber kann man als „stilmischend" bezeichnen (vgl. İz 1964; Tietze 1973; Flemming 1973a); sie wollten ja mit ihrer schriftstellerischen Produktion auch praktisch in die politischen und sozialen Zeitprobleme eingreifen. Unter ihnen ragen Kemālpaşazāde (1468–1534), der „Mufti der Menschen und der Engel", Saʿdeddīn (1536–1599),

der Sultanslehrer und Scheichülislam, und Muṣṭafā ʿĀlī, der hier schon öfters erwähnte ehrgeizige Verwaltungsbeamte, hervor. Natürliche Begabung, umfassende Bildung und die Konventionen ihres Kreises hatten die beiden ersten in glänzende Gelehrtenkarrieren und wie von selbst auch zur Literatur geführt. Saʿdeddīns „Krone der Geschichten", *Tāc üt-tevārīḫ* (Kat. Nr. 1/26), die Geschichte der Osmanen von ihren Anfängen bis zum Tode Selīms I. behandelnd, betrachtet Geschichtschreibung als Kunstform und läßt damit die älteren Chroniken, die sorgfältig herangezogen und kritisch verglichen wurden, weit hinter sich. Auf Kemālpaşazādes Osmanengeschichte werden wir hier nicht eingehen. Bei Muṣṭafā ʿĀlī ist die politische und ökonomische Wirklichkeit an vielen Stellen seiner Werke anwesend. Allerdings bietet er uns trotz aller gewaltigen Arbeitsleistung die eigentümlich verengte Sicht des immer um sein Amt besorgten, von Enttäuschungen geplagten Provinzbürokraten (vgl. Tietze 1979–1982; Fleischer 1982, passim). Seine literarische Tätigkeit – ʿĀlī fand auch während der intensivsten Kanzleiarbeit stets Zeit für sein Hauptwerk, den *Künh ül-aḫbār* „Inbegriff der Überlieferungen" – war ihm teils Entspannung, teils, wie er hoffte, Wegbereiterin seiner Karriere. In diesem Licht müssen wir auch das Werk sehen, das ihm dank seiner künstlerischen Ausstattung einen eigenen Platz im osmanischen Schrifttum gibt: das „Siegesbuch", *Nuṣretnāme*, über die schnelle, aber nicht gründlich genug durchgeführte Eroberung Georgiens und Schirwans im Sommer 1578 von den Safawiden. Primärquellen sind ʿĀlīs eigene Feldzugsjournale sowie die Korrespondenz des Oberkommandierenden, dessen Feldzugssekretär ʿĀlī war. Die geographischen und kulturhistorischen Exkurse über das christliche Georgien zeigen ʿĀlī, wie immer, als lernbegierigen Beobachter. ʿĀlī hat das *Nuṣretnāme* zwei Jahre nach dem Feldzug abgefaßt und persönlich die Herstellung eines illustrierten Manuskripts für die Sultansbibliothek überwacht (vgl. Fleischer 1982, 180–181); die Miniaturen zeigen den etwa Vierzigjährigen mit dunklem Vollbart und den Insignien des Sekretärs (vgl. Atasoy, Çağman (1974); Titley (1981), Nr. 9).

In den Jahren um das Jahrtausend der Hidschra (1591/92) erschütterten schwere Krisen den osmanischen Staat; das System der Militärlehen zerbrach, und als Folge breitete sich der Celālī-Aufstand aus (vgl. Atasoy, Çağman 1974; Titley 1981, Nr. 9); Feuersbrünste und Epidemien suchten die Städte heim. Die soziale und geistige Unruhe dieser Zeit (vgl. Beldiceanu-Steinherr/Bacqué-Grammont 1982) äußerte sich in der Erweiterung des Themenkreises religiöser Literatur. Hauptthemen waren: das ganze Leben des Propheten, so wie es in Lehre und Glauben seiner Gemeinde ausgestaltet war, Passions- und biographische Erzählungen und das Ende der Zeiten mit seinen Vorzeichen.

Für die Prophetenbiographie griff man nach einem alten Werk, das ursprünglich gar nicht osmanisch war, dem „Lebenslauf" des Propheten *(Siyer)*, verfaßt durch den blinden Mevlevī-Derwisch Muṣṭafā b. ʿÖmer aus dem ostanatolischen Erzurum, genannt Ḍarīr oder Żarīr „der Blinde" (Kat. Nr. 1/20). Er hatte sein Werk 1388 für den Mamlukensultan Barkuk in Kairo geschrieben, und zwar in türkischer Prosa, durchwebt mit Koranversen und arabischen und eigenen türkischen Gedichten. Das mehrbändige Werk war, ohne in Ägypten eine Wirkung entfaltet zu haben, sehr früh nach Anatolien gelangt und ist dort jahrhundertelang gelesen worden. Schon 1409 griff Süleymān Çelebi, als er in Bursa sein heute noch geliebtes Gedicht auf die Geburt des Propheten *(mevlīd)* schrieb, auf Verse in Ḍarīrs *Siyer* zurück (vgl. Flemming 1983).

Von einer Vermischung der Stile war oben schon die Rede. Man kann auch sagen, daß in einer vom Religiösen bestimmten Weltsicht eine bewußte Scheidung der Stile und Gattungen gar nicht möglich war: alles gehörte in die gleiche Gesamtordnung. Nirgends ist das besser zu beobachten als an der Geschichte Muhammads und des frühen Islams. Hier mußten schon die alten arabischen Quellen, die Ḍarīr auch heranzog, die alltäglichsten Vorgänge der Wirklichkeit im Zusammenhang heiliger Geschichte darstellen und die Grenzen zwischen dem „hohen" und dem „niederen" Stil überschreiten. Diese Stilmengung verkörpert Ḍarīrs schlichtes und eindringliches Werk. Die erhabene Wirkung Gottes greift fortwährend in das Alltägliche hinein: wenn die hungrigen Beduinenfrauen auf der Suche nach Säuglingen nach Mekka kommen und der kleine Muhammad eine Amme bekommt; wenn ein Held bei Badr die Datteln wegwirft, die er gerade verzehrte, um sich in den Kampf zu stürzen; wenn die Frauen am Tag von Uhud die Leichen der gefallenen Muslime verstümmeln. Am Hofe las man das alte Buch, die Prinzen lernten daraus, und 1594–1595 gab Murād III., der große Bibliophile, die Prachthandschrift mit über achthundert Miniaturen in Auftrag, von denen die meisten die Zeiten überdauert haben. Der Gefühlslage, die solche Texte und Miniaturen verlangten, entsprachen auch die Erzählungen über das Leiden der Märtyrer aus dem Hause des Propheten. Lāmi'i bearbeitete diesen Stoff in seinem *Maḳtel-i Āl-i Resūl*, und Fużūlīs „Garten der Seligen", *Ḥadīḳat us-su'adā'*, behandelte denselben Gegenstand in Prosa und Poesie. Von hier war es nur ein Schritt zu den legendären Viten der Stifter der großen Derwischorden; das Leben von Celāleddīn Rūmī und die Legenden um die großen Nakşbendīscheiche und vieler anderer wurden nun geschrieben, neu bearbeitet und teils auch illustriert.

Zum anderen Grundthema der religiösen Literatur wurde das Weltenende. Ein Ausdruck der Untergangs- und Endzeitstimmung vor der Jahrtausendwende waren die „Umstände der Auferstehung", *Aḥvāl-i ḳiyāmet* (Kat. Nr. 1/23) für manchen fanatischen Theologen zugleich ein Mittel, um mit Bildern endlosen Schreckens die Sündigen, die Heuchler, die Ketzer einzuschüchtern und den frommen Muslimen die ewige Seligkeit zu verheißen. In dieser apokalyptischen Stimmung (vgl. Flemming 1981b; 1983, 138) erinnerte man sich alter Traditionen der *cefr*-Literatur (vgl. Flemming 1981b) mit ihrer kabbalistischen Buchstaben- und Zahlenmystik und zog astrologische Handbücher zu Rate. Sehr respektable Gelehrte kamen dem Wunsch von Murād III. und Meḥmed III. nach, mehr oder weniger esoterische Schriften dieses Genres für sie zu verfassen. Der unermüdliche 'Ālī lieferte eine volkstümliche Kosmologie unter dem Titel *Mir'āt ül-avālim*, worin er das Weltende in fünf Jahren ankündigte (vgl. Fleischer 1982). Meḥmed Su'ūdī, aus gelehrter türkischer Seyyid-Familie, bearbeitete für Murāds III. Tochter Fāṭima auf türkisch „Die glückbringenden Aufgänge und die Quellen der Abstammung (vom Propheten)", *Meṭāli' es-sa'āde ve yenābi' es-seyyāde*. Das Buch befaßt sich mit dem Einfluß der Planeten auf das Schicksal der Menschheit und des Einzelnen. Die Miniaturen zeigen die verschiedenen Handwerke und Berufe, die der Herrschaft der sieben Planeten untergeordnet sind (vgl. Baer 1968, 526–533). Su'ūdī und sein älterer Bruder Cenābī waren gute Arabisten; Cenābī schrieb auf arabisch und auf türkisch (s. u.) seine Dynastiengeschichte. Meḥmed III. ließ gar einen Obersten Scherifen, *naḳīb ül-eşrāf*, und Heeresrichter, Şerīf Meḥmed (1552–1631), ein berühmtes *cefr*-Werk unter dem Titel *Miftāḥ Cefr ül-cāmi'* auf türkisch bearbeiten, in dem viele apokalyptische Vorzeichen behandelt wurden, wie die Herabkunft Jesu und das „Tier der Erde" (vgl. Sohrweide 1976, 309–314; Flemming 1981, 100 f.).

Die Welt ging nicht unter. Theologen wie Kemālpaşazāde hatten das schon im vornherein mit Schriftstellen wiederlegt (vgl. Flemming 1981, 100), und die Historiker setzten ihr Vorhaben fort, die Geschichte ihrer eigenen Zeit und der älteren Dynastien in den Rahmen der Weltgeschichte einzugliedern. Man bedurfte solcher Darstellungen, waren sie doch Heilsgeschichte, die mit Adam begann und mit dem Erscheinen des Islam die Geschichte der Juden und Christen fortsetzte und abschloß mit dem Leben Muhammads als Höhepunkt. Schon früh machte sich ein unbekannter Übersetzer daran, die Weltgeschichte von aṭ-Ṭabarī ins Türkische zu übersetzen. Sein Werk wäre ohne die persische Fassung des 10. Jahrhunderts nicht denkbar, und seine Fassung hatte wiederum eine vorbereitende Funktion für die türkischen Weltchroniken des 15. und 16. Jahrhunderts, zum Beispiel Edirnevīs *Nuḫbet* üt-tevārīḫ (Kat. Nr. 1/61), bis hin zum *Künh ül-aḫbār*. *'Ālī* selbst bereitete sein Hauptwerk durch eigene Übersetzungen mit vor. In Bosnien fertigte er 1575 eine türkische Übersetzung der arabischen Geschichte der Islam-Dynastien al-Īcīs (14. Jahrhundert) an, die *Işrāḳ at-tevārīḫ* (Kat. Nr. 1/25) betitelt war; er nannte seine Übersetzung, die durch Einarbeitung anderen Materials mehr eine Bearbeitung war, *Zübdet üt-tevārīḫ* „Auswahl der besten Geschichten". Denselben Tiel gebrauchte Loḳmān für seine türkisch geschriebene Kompilation alles Wissenswerten über die Propheten, die zu einer Universal-Genealogie überleitet, die schließlich bei Sultan Meḥmed III. (1595–1603) ankommt.

Einem alten Schema in der Beschreibung der guten Eigenschaften folgte der Richter 'Osmānzāde Aḥmed mit dem Dichternamen Tā'ib (gest. 1724), in dem er seinen „Garten der Könige", *Ḥadīḳat ül-mülūk* (Kat. Nr. 1/48), in Leben der Sultane, Feldzüge und Eroberungen und schließlich Fromme Werke einteilte; das Buch wurde manchmal mit Sultansporträts geschmückt.

Bekannter noch sind seine Biographien der Großwesire, der „Garten der Wesire“, *Ḥadīḳat ül-vüzerā'*, der mit Rāmī Meḥmed Paşa endet, mit dem auch wir unseren Überblick beschließen werden. Unter den osmanischen, biographischen Sammelwerken ragt das Buch des Chalwetiderwischs Ibrāhīm Uşaḳīzāde (gest. 1723) heraus (vgl. Majer 1978).

Die Kenntnis der Abstammung gehörte in die alte islamische Geschichtstradition. Sie war wichtig aus Gründen der Legitimation: Scheiche und Gottesschauer belegten ihre geistige Abstammung, die Sultane ihre politische Rechtmäßigkeit. Da die Osmanen nun einmal nicht von den Kureisch abstammten, nannten sie sich nicht *amīr al-mu'minīn*, aber als mächtigste Fürsten der islamischen Welt führten sie selbstverständlich die Titel Kalif und Imam (vgl. Gibb 1962, 287–295). Genealogische Tabellen verbanden sie aus politischen Gründen mit dem Hause Dschingis Chans und ihren eigenen ogusischen Stammvätern. Endpunkt aller Geschlechterfolgen war Noah, wobei noch die Frage zu untersuchen war, ob sie über Esau oder über Jakob von Sam abstammten oder ob sie sich von Japheth ableiteten. Dieses Problem, das einen eschatologischen Aspekt hat, hatte Kemālpaşazāde 1501–1510 durch eine quellenkritische Untersuchung aus der Welt schaffen wollen (vgl. Turan 1970, 28, 44–45), aber 'Ālī kam in seinem *Künh* doch noch einmal darauf zurück. Prachtvoll verzierte, genealogische Tabellen legten seither das Ergebnis dieser Forschungen fest, mit Porträts der Propheten und Herrscher.

Als Kalifen waren die Osmanensultane seit 1517 auch „Diener der beiden heiligen Orte“, Mekka und Medina. In der innersten Kammer des Harems im Topkapı-Palast wurden das edle Kleid des Propheten, seine Fahne, ein Stein mit seinem eingeprägten Fußstapfen und einige andere Reliquien bewahrt. Mit ihnen beschäftigte sich eine eigene Literatur, die den *Menāsik* benachbart ist, den Handbüchern für Pilger, mit Illustrationen der Heiligtümer, um deren Erhaltung sich die Osmanensultane bleibende Verdienste erworben haben (Kat. Nr. 1/19).

ZUM ÜBERSETZEN UND SCHREIBEN IN FREMDEN SPRACHEN

Bemerkungen in den Dichterbiographien, das Übersetzen sei ein unwürdiges und wenig verdienstliches Geschäft, sollten nicht darüber hinwegtäuschen, daß ein großer Bedarf an Übersetzungen bestand. Wirkliche Aufträge von Fürsten und Großen spielten eine große Rolle, angebliche Aufträge von Freunden müssen oft entsprechende Lücken füllen. Man klagte über mangelhafte Arabisch- und Persisch-Kenntnisse im Publikum und betonte, wie nützlich gute Übersetzungen sein könnten. Das Stichwort lautet wieder *imitatio,* wetteifernde Nachahmung der großen Araber und Perser, auch der eigenen Vorgänger. Es galt nicht nur als Ausweis gehobener Bildung, auf arabisch oder persisch schreiben zu können, sondern hatte auch den praktischen Nutzen, den Lesern anderer Länder zugänglich zu sein. Die arabisch geschriebenen Gelehrtenbiographien des Taşköprüzāde (gest. 1561) sind dafür ein Beispiel; die weiteste Verbreitung bis auf den heutigen Tag erfuhr die arabisch verfaßte Bibliographie *Kaşf aẓ- ẓunūn 'an asāmī l-kutub wa-l-funūn* „Entfernung der falschen Meinungen von den Namen der Bücher und Wissenschaften“ von Kātib Çelebi (Ḥāccī Ḥalıfa, gest. 1657) (Kat. Nr. 1/64). Muṣṭafā Cenābī (gest. 1590) schrieb seine Geschichte sämtlicher islamischer Dynastien erst auf arabisch unter dem Titel *Al-Aylam aẓ-ẓāhir fī aḥwāl al-awā'il wa-l-awāḫir* „Der überströmende Ozean über das, was die Anfänge und die Enden betrifft“, aber er übersetzte das Werk dann selbst ins Türkische und verfaßte dann auch noch eine türkische Kurzfassung. Für diese Werke sind verschiedene Titel im Umlauf; die türkische Fassung unter dem Titel *Cevāhir el-ġarā'ib fī tercemet baḥr el-ġarā'ib* gehört hierzu (vgl. Binney 1978, 191–194) (Kat. Nr. 1/17a).

Nachdem jeder Dichter sich das Persische angeeignet hatte und auch Gelehrte, wie der rechts oben (S. 95) erwähnte Scheich Ilāhī, das eloquente Persisch, „die süßeste der Sprachen“, für Kommentare verwandte, sollten die Literaten der Generationen Meḥmed Fātiḥs, Bāyezīds II., Selīms und Süleymāns, so wenigstens wollten es die Sultane, sich glücklich preisen, von persischen Emigranten die Sprache Firdausīs und Niẓāmīs wieder aus erster Hand zu erlernen. Die persischen Schehnamedschis (Verfasser eines „Königsbuches“) machten sich an die Arbeit. Der schon öfter genannte Loḳmān ist wohl der bekannteste, dank der künstlerischen Ausstattung seiner persisch und übrigens auch türkisch geschriebenen Werke; das *Şāhnāma-yi Salīm Ḫān* ist ebenso wie das *Şāhanşāhnāma* persisch geschrieben, das schon erwähnte *Zübdet üt-tevārīḫ* türkisch. Hierauf schrieb er noch zwei türkische Werke. Schließlich hatte es noch im 16. Jahrhundert mit den persischen Schahnames ein Ende (vgl. Woodhead 1983, 134). Die türkischen Autoren waren nämlich nicht bereit, die Werke dieser Perser unwidersprochen hinzunehmen; man riskierte offenen Spott über den staatlich vorgeschriebenen Wettstreit — *Bei uns können sich nun schon die Verkäufer gekochter Schafsköpfe mit den Persern messen* (vgl. Sohrweide 1970) — und man bemängelte auch ihr Persisch und ihre Bildung. ʿĀlī fand, Lokmān könne nicht richtig persisch dichten.

Die türkische Literaturgeschichte stand ja schon lange im Zeichen der Einbürgerung der großen Dichtungen der Perser. Natürlich durfte das Schahname Firdausīs hier nicht fehlen. Aber als Medḥī für Sultan ʿOsmān II. (1618—1622) das Schahname in türkische Prosa übersetzte (Kat. Nr. 1/31), blickten die Türken schon auf eine Reihe älterer Übertragungen zurück. Medḥī hat sicher die des Şerīf gekannt. Dieses türkische Schahname des Şerīf, im März 1511 für den vorletzten Mamlukensultan in schlichte und „derwischmäßige" Verse gebracht, kalligraphiert und von mehreren Malern mit bemerkenswerten Miniaturen versehen, holte die Wertschätzung, die es im untergehenden Mamlukenstaat nicht mehr finden konnte, bei den Osmanen reichlich nach. Das Original wurde in Sultan Süleymāns Bibliothek gebracht, und schon während seiner Regierungszeit wurden in Istanbul mehrere prächtige Abschriften angefertigt. 1785 gelangte über die schwedische Gesandtschaft in Istanbul eine vollständige Prachthandschrift nach Uppsala (Kat. Nr. 1/30), ein Exemplar aus der Bibliothek Selīms III. wurde nach London verschlagen (vgl. Flemming 1969). Das Schahname des Şerīf ist ein schönes Beispiel für den umfassenden Aufnahme- und Verarbeitungsprozeß auch aus türkischen Literaturen, der sich bei den Osmanen abspielte. Nesīmī (gest. 1418) war eingebürgert worden, sogar der Diwan des politischen Erzfeindes Schah Ismāʿīl (gest. 1524) von Persien wurde kopiert, und von den Timuridendichtern las man das Beste, was zu bekommen war, am liebsten ʿAlī Şīr Navāʾīs (gest. 1501) Diwan und seinen „Fünfer" (vgl. Birnbaum 1976), wozu die *Ġarāʾib as-siġar* „Eigentümlichkeiten der Kindheit" gehören (Kat. Nr. 1/10).

Die Einbürgerung hervorragender Werke der persischen Literatur durch Übersetzung ging seit dem Ende des 15./Beginn des 16. Jahrhunderts sehr rasch vor sich; wir sahen das schon an Ḥamdīs *Yūsuf ve Zulayḫā*. Noch immer war der Bedarf an religiösen Werken zu befriedigen. Lāmiʿī beendete 1509 die „Beweisstellen des Prophetentums", *Şevāhid ün-nübüvvet* nach dem Persischen des Cāmī; das beliebte Buch, in das Lāmiʿī auch eigene Forschungsergebnisse einarbeitete, war in vielen Handschriften verbreitet. Auch die persische Lebensbeschreibung des Propheten von Muʿīnaddīn Farāḥī (gest. 1501/2) unter dem Titel *Maʿāric an-nubuvva fī madāric al-futuvva* ließ schon Sultan Süleymān durch den hier mehrfach genannten Ḳoca Nişāncı ins Türkische übersetzen, es wurde „Schlüssel zum Paradies" *Miftāḥ ül-Cennet* betitelt. Aber diese Arbeit wurde übertroffen durch „Die Beweise des Prophetentums Muhammads und die erhabenen Eigenschaften der Heiligkeit Ahmads", *Delāʾil-i nübüvvet-i Muḥammedī ve şemaʾil-i fütüvvet-i Aḥmedī* des Meḥmed „mit sechs Fingern" Altıparmaḳ (gest. 1623/4), eines Medresengelehrten und zugleich Bayramiye-Derwischs, der in Derwischkreisen viel gelesen wurde (Kat. Nr. 1/66).

Wie groß das Interesse an kosmographischen und erdkundlichen Übersichten war, läßt die Verbreitung des kosmo-geographischen Werks des Pseudo-Ibn al-Wardī (schrieb um 1419 auf arabisch) erkennen, dessen *Ḫarīdat al-ʿacāʾib wa-farīdat al-ġarāʾib* in türkischer Übersetzung gelesen wurde (vgl. Sellheim 1976, 186, 189). Als man am osmanischen Hofe schon längst den Atlas Minor des Mercator-Hondius und den Atlas Maior von Willem Janszoon Blaeu (1571—1638) kannte, interessierte sich der Verfasser des Vertragstextes von Karlowitz, der Großwesir Rāmī Meḥmed Paşa noch so für die „Wunder der Schöpfung und die Seltenheiten der vorhandenen Dinge", die mittelalterliche Kosmographie Ḳazwīnīs, daß er vor 1703 von einer kürzlich fertiggestellten türkischen Übersetzung eine Prachthandschrift mit vielen Miniaturen anfertigen ließ.

Markus Köhbach

Das Osmanische Reich und der Westen
Zur Rezeption europäischer Kultur durch die Osmanen

Der 29. Mai 1453, das Datum der Eroberung Konstantinopels durch die Osmanen unter Sultan Mehmed II. Fatih, markiert einen glanzvollen Höhepunkt in der Geschichte des osmanischen Staates, der sich von seinen Anfängen am Beginn des 14. Jh. als nomadisches Kleinfürstentum im Westen Kleinasiens zu einem weltpolitischen Machtfaktor als Großreich, das den größten Teil Kleinasiens und der Balkanhalbinsel beherrschte, entwickelt hatte. Waren die Osmanen auch die politischen Erben der Byzantiner, so übernahmen sie aus deren kulturellem Erbe nur solche Elemente, die in ihre islamische Kultur integrierbar waren. Die Türken hatten stets im Sog von überlegenen Hochkulturen und Hochreligionen gestanden. Sie rezipierten mit der Annahme des Islam auch das von den Arabern und Persern geschaffene islamische Kulturerbe. Ihnen mangelte das tiefere Verständnis für die Kultur der Antike und des Abendlandes, das vom Christentum geprägt war und in der Zeit der osmanischen Staatswerdung und der frühen Expansion soeben begann, die antiken Grundlagen seiner Kultur neu zu entdecken. Die Osmanen förderten diesen Prozeß mittelbar, da die durch sie im 14. und 15. Jh. ausgelöste byzantinische Emigration nach Westen der Wiederentdeckung der Antike, der Renaissance, wichtige Impulse gab.
Die Beziehungen der Türken zum Westen waren jahrhundertelang durch kriegerische Auseinandersetzungen bestimmt. Die diplomatischen Beziehungen, die das Osmanische Reich zu zahlreichen Staaten Mittel- und Westeuropas unterhielt, dienten allein politischen und ökonomischen Interessen. Der nicht osmanische Teil Europas war für sie *darülharb*, Kriegsgebiet, die gemeinhin *Franken* genannten Europäer galten als *kafir*, Ungläubige. Andererseits bestand aber in der dünnen gebildeten Oberschicht stets ein waches Interesse an der Kultur der Europäer, ein Interesse, das durch Kriegsbeute, Botschaftsgeschenke, Berichte eigener Gesandter und Kontakte zu Europäern etc. genährt und teilweise befriedigt wurde.
Die christliche Religion erfreute sich seit Sultan Mehmed II., der den Patriarchen Gennadios Scholarios zur Abfassung einer Konfession, die auch ins Türkische übersetzt wurde, ermunterte, des ständigen Interesses der herrschenden Klasse, die sich über ihre christlichen Untertanen zu informieren wünschte. Im 17. Jh. wurde sogar die Bibel ins Türkische übersetzt. Daß Sultan Mehmed II. christliche Reliquien im Palast aufbewahren ließ, war wohl kein Indiz für kryptochristliche Neigungen, wie vielfach in Europa behauptet wurde und Anlaß zu Bekehrungsangeboten gab, wie z. B. durch Papst Pius II., sondern war eher durch Aberglauben und die Absicht, daraus im Verkehr mit den Christen Kapital zu schlagen, motiviert.
Mehmeds strenggläubiger Sohn, Bayezid II., bediente sich dieser Schätze als Tausch- und Handelsobjekte im Verkehr mit den Christen, um die sichere Verwahrung seines geflüchteten Bruders Cem Sultan zu gewährleisten.
Ebensowenig teilte Bayezid II. die Neigungen seines Vaters für die europäische Malerei. Mehmed II. hatte mehrfach italienische Künstler an seinen Hof geholt, darunter den Venezianer Gentile Bellini, von dessen Hand unter anderem auch ein Porträt des Eroberers entstand. Bayezid II. ließ diese Kunstwerke im Basar verkaufen; das Bild Mehmeds II. gelangte schließlich in die National Gallery in London (Kat. Nr. I/3). Leonardo da Vinci bot Bayezid II. seine Dienste zum Bau einer Brücke über das Goldene Horn an; der Sultan selbst versuchte für dieses Projekt Michelangelo anzuwerben, den sein Nachfolger Selim I. als Maler an den Hof holen wollte. Süleymans I. Großwesir Ibrahim Pascha ließ die aus der Königsburg in Buda 1526 geraubten Bronzestatuen des Herkules, der Diana und des Apollo, Werke des Bildhauers Giovanni Dalmata (Jovan Duknovich), auf drei Marmorsäulen vor seinem Palast am Hippodrom aufstellen, was zu vielem Gerede Anlaß gab, bis sie nach seinem Tode spurlos verschwanden. Auch später finden wir Bewunderer europäischer Malerei, wie Mehmed IV. Ihr Einfluß nimmt im 18. Jh. zu, wie das Schaffen von Levnî (gest. 1732) oder die Wandgemälde (entstanden 1781–1785) des Armeniers Rafael im Palast zeigen. Yirmisekiz Çelebi Mehmed Efendi, Gesandter in Paris 1720/1721,brachte Bilder und Pläne der Schlös-

ser von Versailles, Fontainebleau und Marly mit: nach ihrem Vorbild wurde 1722 das Palais von Sa'dabad mit seinen weitläufigen Parkanlagen geschaffen. Die 1748–1755 errichtete Nuruosmaniye-Moschee zeigt als erster osmanischer Monumentalbau westliche Einflüsse.

Große Nachfrage nach dem Kenntnisstand und den Entdeckungen der Europäer bestand auf dem Gebiet der Naturwissenschaften wie in Geographie, Astronomie, Medizin etc. Die osmanischen Seehandbücher und Kartenwerke des 16. und 17. Jh. sind stark von europäischen Vorlagen abhängig. Die berühmte Weltkarte des Pirî Reis aus dem frühen 16. Jh. basiert auf der verloren gegangenen Kolumbus-Karte, sein Segelhandbuch des Mittelmeeres ist von der westlichen Portolanliteratur abhängig. Auf westlichen Quellen basiert auch die 1583 entstandene Entdeckungsgeschichte Amerikas, *Tarih-i Hind-i garbi*. Der berühmte osmanische Polyhistor des 17. Jh., Kâtib Çelebi, fertigte mit Hilfe eines französischen Renegaten eine Übersetzung des *Atlas Minor* von Mercator und Hondius an; seine Weltbeschreibung *Kitab-ı cihannümâ* basiert neben Werken der klassischen arabischen und osmanischen Geographie auf europäischen Quellen. Dieses Werk wurde von Ebü Bekir b. Behram fortgesetzt, der ab 1675 auf Wunsch des Sultans den *Atlas Maior* von W. J. Blaeu übersetzte, der dem Sultan 1668 durch den niederländischen Gesandten Jacobus Colyer überreicht worden war.

Mehmeds IV. Hofastronom, Müneccimbaşı Ahmed, mit Graf L. F. Marsigli bekannt, interessierte sich lebhaft für den Stand der europäischen Astronomie. Der Sultan selbst bat die französische Botschaft um die Vermittlung europäischer Fernrohre. Der bereits genannte Gesandte in Frankreich, Yirmisekiz Çelebi, brachte 1721 eine Handschrift mit astronomischen Tabellen von G. D. Cassini mit, die unter Sultan Mustafa III., einem besonderen Liebhaber der Astronomie und Astrologie, 1772 mit Einschluß der ersten Logarithmentafel bei den Osmanen übersetzt wurde. Auf Wunsch des Sultans schickte die Académie Française astronomische Bücher nach Istanbul, darunter Lalandes *Astronomie* und *Tables astronomiques*.

Die osmanische Medizin, die in der klassischen arabischen Tradition stand und durch dieses Medium auch die grundlegenden Werke der Antike kannte, rezipierte bereitwillig die europäischen Erkenntnisse und Entdeckungen. So kannte man bereits um 1500 die erst kurz zuvor aus Amerika eingeschleppte Syphilis in der medizinischen Literatur. Europäische Ärzte wie Paracelsus, Monardès, Frenel, Sennert, Frocastoro, Mynsicht etc. werden vielfach zitiert. Abbas Vesim, der um die Mitte des 18. Jh. den medizinischen Kenntnisstand zusammenfaßte, führte 13 europäische Ärzte namentlich als Quellen an. 1771 entstand unter Mithilfe des Dolmetschers der kaiserlichen Gesandtschaft, Herbert, die Übersetzung der *Aphorismen* Boerhaves, wodurch die osmanische Medizin erstmals mit Harveys Entdeckung des Blutkreislaufes bekanntgemacht wurde. Der Reichshistoriker und Arzt Şânîzâde Atâullah übersetzt nach einer italienischen Version ein österreichisches Handbuch für Wundärzte und stellt Edward Jenners 1796 entdeckte Methode der Pockenimpfung, die Vaccination, vor, nachdem Lady M. W. Montagu zu Beginn des 18. Jh. die bei den Osmanen übliche Methode der Variolation in Europa bekannt gemacht hatte. Ganz allgemein waren zahlreiche prominente osmanische Ärzte christliche oder jüdische Renegaten; man schätzte aber auch griechische (z. B. Alexandros Mavrokordatos, Arzt und Pfortendolmetscher, in Bologna promoviert), jüdische (z. B. Mehmeds II. Leibarzt Iacopo aus Gaeta) und europäische Ärzte (z. B. ließ sich Mustafa III. von dem Neapolitaner Carli und dem Deutschen Ghobis behandeln).

Praktische Kenntnisse auf dem Gebiet der Naturwissenschaften, Technologie und des Kriegswesens vermittelten im 18. Jh. europäische Renegaten, z. B. A. Bonneval, der als Humbaracı Ahmed Pascha die osmanische Artillerie erneuerte, Instruktionsoffiziere wie Baron de Tott, Aubert u. a., aber auch die Übersetzung von militärwissenschaftlichen Büchern wie z. B. von Clavé und Turguet. Seyyid Mustafa, Zögling und später Lehrer am *Mühendishane-i Sultanî*, der großherrlichen Ingenieurschule, verfaßte 1803 eine französische *Diatribe de l'ingenieur* über den Stand des Militär- und Pionierwesens und der Naturwissenschaften. Der zweite Leiter dieser Schule, Hoca İshak Efendi (gest. 1834), gab in einem vierbändigen Werk ein Kompendium der exakten Naturwissenschaften nach westlichen, vor allem französischen Quellen heraus.

In der Historiographie bediente sich İbrahim Peçevî in der 1. Hälfte des 17. Jh. als erster europäischer Quellen (Istvánffy, Heltai, vielleicht auch Bonifatius). Kâtib Çelebi, Hüseyin Hezarfenn und Müneccimbaşı Ahmed benutzten ebenfalls europäische Werke, darunter die 1531 veröffentliche Chronik des J. Carion. Eingehende Kenntnis von den politischen und kulturellen Verhältnissen Europas vermittelten ab dem späten 17. Jh. die Gesandschaftsberichte, während der private Reisebericht Evliya Çelebis von der Gesandtschaft nach Wien 1665 noch ein sehr phantastisches, naiv-wundergläubiges Bild des Westens für den breiten Publikumsgeschmack zeichnete. Als nach dem Frieden von Passarowitz 1718 kritische Geister nach den Ursachen des eigenen Niederganges und der Überlegenheit der Franken zu fragen begannen, entstanden etliche historische, politische und militärische Traktate, die diese Fragen behandelten.

In dieser Zeit erfolgte auch die Einführung des Buchdruckes (1727) durch den ungarischen Renegaten İbrahim Müteferrika. Der Buchdruck war damals durch Juden, Griechen und Armenier längst bekannt. Der genannte Historiker İbrahim Peçevî hat die Erfindung durch Gutenberg beschrieben. Unter den 17 Büchern, die İbrahim Müteferrika selbst druckte, waren Kâtib Çelebis *Kitab-ı cihannüma*, die Entdeckungsgeschichte Amerikas, *Tarih-i Hind-i garbi*, und eine eigene Abhandlung über den Magneten und den Kompaß nach europäischen Quellen.

Im Bereich der Musik blieb man den traditionellen Formen verhaftet, doch zeigte man auch vereinzelt Interesse am Musikleben der Europäer. Im 17. Jh. wurde unter Mehmed IV. durch Ausländer die Violine populär. Der Großwesir versuchte sogar, für die großen Festlichkeiten anläßlich der Prinzenbeschneidung in Edirne 1675 durch den venezianischen Bailo ein Opernensemble verpflichten zu lassen. Nachrichten vom europäischen Musikleben, besonders von Oper und Ballett, finden wir häufig in den Gesandtschaftsberichten des 18. Jh. Aber erst Giuseppe Donizetti (gest. 1856), Bruder des bekannten Komponisten Gaetano, der als Leiter der Militärmusik und Lehrer wirkte, hat westlichen Musikstil und -geschmack im größeren Umfang bei den Osmanen einzuführen versucht.

Am geringsten war das Interesse der Osmanen an der Philosophie und schönen Literatur Europas. Zwar übersetzte der Pfortendolmetscher Murad aus Ungarn 1559/1560 Ciceros *De senectute*, und der Großwesir Ragıb Pascha wünschte im 18. Jh. eine Übersetzung von Voltaires Schriften, allerdings nur die über Newtons Physik. Âtıf Efendi polemisierte zu Ende des 18. Jh. heftig gegen die „Ketzer" Voltaire und Rousseau, die mit ihren Ideen die Französische Revolution förderten. Das erste literarische Werk unter europäischem Einfluß stammt von Aziz Ali, gest. 1798 als Gesandter in Berlin. Seine *Muhayyelat* betitelten Märchenerzählungen verbinden orientalische und abendländische Elemente; er benutzte Petis de la Croix' *Mille et un jours*, eine Bearbeitung orientalischer Geschichten und Märchen. 1859 erschienen İbrahim Şinasis *Tercüme-i manzume*, Übersetzungsproben aus La Fontaine, Racine, Lamartine etc., und Münif Paschas *Muhaverât-ı hikemiye*, Übersetzungen von Fénelon, Fontenelle und Voltaire. Im selben Jahr schloß Yusuf Kâmil Pascha seine Übersetzung von Fénelons *Télémaque*, *Tercüme-i Telemak*, ab, die 1862–1869 im Druck erschien.

Die Situation der Aufnahme europäischen Kulturguts änderte sich im 19. Jh. grundlegend. War es bislang ein beschränktes, oft rein persönliches oder utilitaristisches Interesse an abendländischer Wissenschaft und Kunst gewesen, so suchte man nun im Zeitalter der Reformen den umfassenden Anschluß an das europäische Kulturleben und seinen wissenschaftlichen und technischen Fortschritt, wobei es die Barriere von Vorurteilen der Religion und der so andersartigen Kulturtradition zu überwinden galt. In dieser Zeit wurden die Weichen für die kulturelle Integration in die europäische Kultur gestellt, die der Nachfolgestaat des Osmanischen Reiches, die Republik Türkei, forciert zu bewerkstelligen suchte. Allerdings war und ist dieser Prozeß auf eine relativ geringe Schicht von Intellektuellen beschränkt. Die vielfach nur oberflächliche Europäisierung hat auch zu Traditionsverlust und Identitätskrise geführt, ein sozio-kulturelles Problem der Gegenwart, das für die Republik Türkei noch lange eine Belastung bedeuten wird.

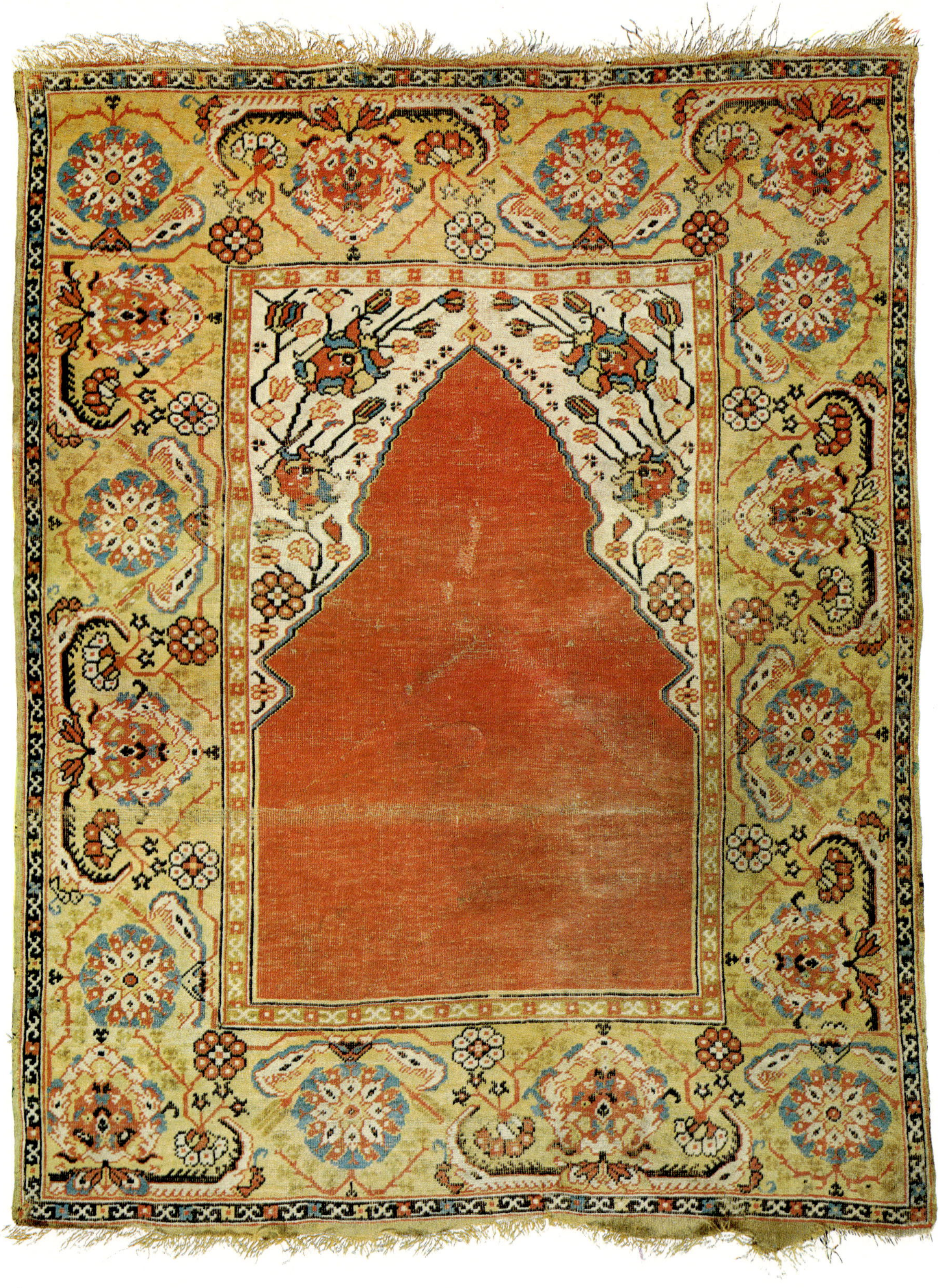

WIRTSCHAFTLICHE UND SOZIALE GRUNDSTRÖMUNGEN (1500–1800)

Auf dem Höhepunkt seiner Macht im 16. Jahrhundert erstreckte sich das Osmanische Reich über Teile der drei Kontinente Europa, Asien und Afrika von der Ukraine im Norden bis nach Ägypten im Süden, vom Kaukasus im Osten bis nach Serbien im Westen. So vielfältig die Landschaftstypen waren, die das Gesicht des Reiches prägten, so sehr unterschieden sich die Lebensformen (Städter, Bauern, Nomaden). Die annähernde Verdoppelung der Bevölkerung in den Mittelmeeranrainerstaaten im 16. Jahrhundert erfaßte auch den Osmanenstaat. Die Bevölkerungszahl betrug dort etwa 30–35 Mill., wobei die starke Zunahme insbesondere auf die hohe Geburtenzahl, das Absinken der Sterblichkeitsrate in einer Zeit relativer Stabilität und Friedens sowie den Rückgang von Seuchen zurückzuführen sein dürfte. Die wirtschaftliche Basis des osmanischen Herrschaftssystems bildete der Boden *(arz-ı miri)*, der überwiegend dem Staat gehörte. Privates Grundeigentum *(mülk)* war selten. Mit Ausnahme der Frommen Stiftungen *(vakıf)* wurden alle bebauten Flächen und das Weideland als Eigentum des Sultans angesehen.

Die Haupteinnahmequelle des Staates bestand in der steuerlichen Ausbeutung der Güter. Zu diesem Zweck wurden Teile *(mukataa)* von staatlichem Boden in Form von Pfründen *(tımar)* Inhabern militärischer, später auch ziviler Ämter anstelle eines festen Soldes zur Nutznießung übertragen. Dabei ging aber der Boden nicht in den Besitz des Timar-Inhabers (Timariot, *sipahi)* über und war auch nicht vererbbar. Dieser Umstand konstituiert einen deutlichen Unterschied zum europäischen Lehen. Die Sipahis hatten in dem zugewiesenen Gebiet das Privileg der Steuereintreibung. Als Gegenleistung mußten sie eine bestimmte Anzahl berittener Soldaten unterhalten und im Kriegsfall zur Verfügung stellen. Was die soziale Differenzierung angeht, so zerfiel die osmanische Gesellschaft in ihrer „klassischen" Epoche, namentlich zu Beginn des 16. Jahrhunderts, in zwei Hauptschichten. Die herrschende Klasse bestand neben dem Sultan aus den von Steuern befreiten Personen, deren Lebensunterhalt von den abgabepflichtigen Bevölkerungsschichten getragen wurde. Zu diesem Personenkreis zählten Mitglieder der staatlichen und religiösen Bürokratie, militärische Soldempfänger und Pfründeninhaber. Das Hauptmerkmal der beherrschten Klasse, der *reaya* (Herde), war die Steuer- und Abgabenpflicht. Die Klasse der Untertanen umfaßte Handwerker und Händler, insbesondere aber die Bauern.

Der Bauer nahm in der osmanischen Ökonomie, in der die Landwirtschaft die Grundlage bildete, eine zentrale Stellung ein. Er erhielt vom jeweiligen Inhaber des Bodens ein Stück Land, das er mit einem Paar Ochsen *(çift)* bearbeiten konnte. Vom personenrechtlichen Status her war er nicht an die Scholle gebunden und in seiner Person frei; er konnte also weder ge- noch verkauft werden. Allerdings gab es unterhalb dieser juristischen Ebene beträchtliche Möglichkeiten für die Timar-Inhaber, rechtlich nicht abgesicherte Dienste und eine Einschränkung der Freizügigkeit der Bauern einzuführen.

Im Vergleich zur Landwirtschaft spielten Handwerk und Handel eine untergeordnete Rolle. Das Handwerk produzierte unter der Aufsicht des Staates, der die Quantität und Qualität der hergestellten Güter kontrollierte und die Preise festsetzte.

Das osmanische Herrschaftssystem war auf Landnahme angelegt und bewies seine Stabilität nur, solange eine territoriale Expansion stattfand. Der Stillstand in den Eroberungen (etwa seit der Mitte des 16. Jahrhunderts) führte zu einer Verkleinerung der Pfründen und damit zu einer wirtschaftlichen Einschränkung der Sipahis. Um sein bisheriges Auskommen weiter erzielen zu können, mußte dieser sich mehr um die Landwirtschaft kümmern, was intensivere Formen der Ausbeutung der Bauern begünstigte. Ein anderer Grund für die Auflösung des Timar-Systems ist in der inflationären Entwicklung der Preise zu erblicken, ein weltweites Phänomen des 16. Jahrhunderts. Der Zufluß amerikanischen Silbers nach Europa und die Verschiebung der Handelsrou-

TAFEL VI
Gebetsteppich (Bd. II, Kat. Nr. 3/15)

ten vom Mittelmeer zum Atlantik hatten eine stete Geldentwertung und den Verlust von Zolleinnahmen zur Folge. Auch durch die mehrfache Abwertung des Aktsche konnte die Regierung den Preisauftrieb nicht bremsen. Zwischen 1534 und 1591 sanken die Staatseinnahmen um etwa die Hälfte. Danach war der Haushalt regelmäßig defizitär, was zu einer höheren Steuerbelastung führte. Die den Christen auferlegte Kopfsteuer *(cizye)* wurde in der zweiten Hälfte des 16. Jahrhunderts vier- bis fünfmal erhöht.
Gleichzeitig standen den Mindereinnahmen des Fiskus erhöhte Ausgaben gegenüber, insbesondere für das stehende Heer und die Besoldung der Janitscharen. Das Timar-System wurde von der Steuerpacht *(iltizam)* abgelöst, d. h. der Verpachtung von fixierten Einnahmen (Abgaben) an den Meistbietenden. Der Steuerpächter mußte jährlich eine festgesetzte Summe abliefern und konnte den Rest seiner Einnahmen behalten, was ihn zu einer häufig überhöhten Besteuerung der Bauern motivierte. Ursprünglich auf Einnahmequellen wie Zollabgaben beschränkt, wurde vom Beginn des 17. Jahrhunderts an das Iltizam-System auf den Zehnten *(öşr)* angewendet. Da der Steuerpächter *(mültezim)* in kurzer Zeit den größtmöglichen Gewinn zu erzielen trachtete, richtete er in der Regel die ihm überlassenen Einnahmequellen zugrunde; unter diesen Umständen war die finanzielle Bedrängnis der betroffenen Bauern groß. Mit dem Ziel, die ärgsten Mißstände zu beseitigen, die das Steuerpachtwesen hervorgerufen hatte, wurden von 1695 an Steuerpachten auf Lebenszeit *(malikane)* gewährt. Der Steuerpächter sollte dem Staat vor allem das so dringend benötigte Bargeld verschaffen. Sein Verhältnis zur Zentralgewalt war ausschließlich pekuniärer Natur. Im Unterschied zum Sipahi hatte er keine politische Mittlerfunktion zwischen Bauer und Staat.
Die Schwäche der Zentralverwaltung förderte das Aufkommen privaten Landbesitzes. Verlassenes, teilweise herrenloses Land wurde von kapitalkräftigen Personen, vor allem Steuerpächtern aufgekauft, wodurch sich das *çiftlik*-System herausbildete. Der so entstehenden Schicht von Großgrundbesitzern gelang der Aufstieg zu lokalen Potentaten, die in Anatolien als „Talfürsten" *(derebeyi)* und auf dem Balkan als „Notabeln" *(ayan)* bezeichnet wurden. Sie konnten sich von der Zentrale in Istanbul weitgehend unabhängig machen und verbanden wirtschaftliche Verfügungsgewalt mit politischen Machtmitteln, indem sie Polizeigewalt und Gerichtsbarkeit an sich rissen. Im 18. Jahrhundert produzierten die Çiftlik-Güter insbesondere auf dem Balkan Mais, Weizen, Baumwolle und Tabak für den Markt. Auf diese Weise trat an die Stelle des bislang vorherrschenden Subsistenzanbaues die Erzeugung exportfähiger Agrarprodukte. Für die Bauern bedeutete das Çiftlik-Wesen eine weitere Verschlechterung ihrer rechtlichen Stellung. Die meisten Abgaben an den Staat waren weiterhin zu entrichten, während die Besitzer vom Bauern neben seiner Arbeitsleistung die Hälfte des Ertrages nach Abzug des Zehnten verlangten.

BAUERN UND LANDWIRTSCHAFT

Der Bauer hatte seine Pacht, die in der Regel an die Söhne vererbt wurde, auf Lebenszeit inne. Er konnte nur enteignet werden, wenn er sein Land mindestens drei Jahre nicht mehr bebaut hatte. Die Teilung der Pacht war im allgemeinen verboten; die Söhne sollten das Land gemeinsam bearbeiten. Der Bauer konnte nicht nach Belieben seinen Wohnort wechseln. Zog er an einen anderen Ort, so mußte er eine Geldbuße entrichten *(çift bozan akçesi)*. Eine einschlägige gesetzliche Verordnung besagte, daß der Timar-Inhaber noch 10 bis 15 Jahre nach Wegzug des Bauern diesen zurückholen konnte. Danach wurden die Migranten an ihrem „neuen" Wohnort registriert. Ferner war es dem Bauern verboten, den Ackerbau aufzugeben, die Anbaumethode zu ändern oder das von ihm bearbeitete Land zu verkaufen, denn er hatte ja kein privates Eigentumsrecht auf das Land. Juristisch gesehen war der Bauer frei, d. h. kein Sklave oder Leibeigener, wie dies in der Blütezeit des westeuropäischen Feudalismus der Fall war. Erst mit dem Niedergang des Timar-Wesens und dem Aufkommen von Großgrundbesitz lassen sich Tendenzen zur Leibeigenschaft beobachten. Zwar übten die Timar-Inhaber offiziell keine Gerichtsbarkeit über die Bauern aus, aber de facto fanden sie immer wieder juristische Mittel, mit denen sie sich die Bauern verfügbar machen konnten.
Die Größe einer bäuerlichen Parzelle konnte je nach den örtlichen Verhältnissen verschieden sein; sie variierte zwischen 60–150 *dönüm* (1 *dönüm* = 920 m^2). Die Steuer *(resm-i çift)* betrug 22 Aktsche jährlich, unabhängig davon, wie hoch der Ernteertrag war. Sie stieg später auf 33 bzw. 50 Aktsche

in Anatolien und Syrien. Zu Beginn des 16. Jahrhunderts wurde der *resm-i çift* durch die *avarız-ı divaniye* ersetzt. Dabei handelte es sich ursprünglich um eine Sondersteuer, die nur in Kriegszeiten erhoben wurde. Sie war um ein Vielfaches höher als der *resm-i çift*. Allgemein unterschied man zwischen vom Şcheriatrecht vorgesehenen Abgaben und solchen, die nicht religionsgesetzlicher Art waren. Zur ersten Gruppe zählten der Zehnte *(öşr)*, der in Naturalien eingetrieben wurde, die Kopfsteuer für Nichtmuslime und die *zekât* (Almosensteuer) für Muslime. Zur zweiten (diese Steuern nannte man *tekalif-i divaniye)* gehörten der bereits erwähnte *resm-i çift* bzw. die *avarız*-Steuer und weitere Abgaben und Dienste, die von Ort zu Ort und Provinz zu Provinz verschieden waren. Beispielsweise mußten die Bauern dem Steuereintreiber seine Aufwendungen ersetzen, woraus sich mit der Zeit eine Sondersteuer *(salariye)* entwickelte, eine Scheuer für den Kornzehnt bereitstellen und das Korn zum nächstgelegenen Markt bringen. Der *resm-i çift* und der Zehnte machten den größten Teil der Abgaben aus. Landbewohner, die sich in neu gegründeten Dörfern ansiedelten, Straßen, Brücken und Pässe bewachten oder Militärdienst verrichteten (*yaya*- und *müsellem*-Truppen), waren von Steuern befreit.

Es geschah oft, daß Timar-Inhaber illegal Steuern oder die Verrichtung bestimmter Dienstleistungen forderten. Doch war die Pforte in Istanbul bemüht, in ihren Schreiben über die Abstellung von Ungerechtigkeiten *(adaletname)* deren Rücknahme zu fordern. Die Lage des Bauern auf *mülk*- und *vakıf*-Land unterschied sich kaum von der auf staatlichem Grund und Boden. Dabei wurden die Abgaben geteilt, ein Verfahren, das *malikâne-divani* genannt wurde. Malikâne war der private (Hälfte des Zehnten) und Divani der staatliche Anteil.

Ein Beispiel mag die wirtschaftliche Situation eines Bauern im 16. Jahrhundert in der anatolischen Provinz Karaman verdeutlichen. Seine Einnahmen beliefen sich auf höchstens 900 Aktsche im Jahr. Davon mußte er an den Timar-Inhaber 165 Aktsche, an den Staat 231 Aktsche abführen. Einschließlich aller anderen Abgaben mußte ein muslimischer Bauer 406—471 Aktsche an Steuern entrichten, ein nichtmuslimischer 456—521 Aktsche. Vom Rest bestritt er seinen Lebensunterhalt.

Die finanzielle Ausbeutung vernichtete vielfach die bäuerlichen Existenzgrundlagen. Seit dem Ende des 16. Jahrhunderts kam es zu mehreren Aufstandswellen, die mit den Celâlî-Revolten des Jahres 1595 ihren Anfang nahmen. Aber der Widerstand der Bauern erschöpfte sich häufig in der Flucht aus ihren Dörfern in die Städte. Jungbauern, denen die Landwirtschaft kein Auskommen bot, wurden von den theologischen Schulen (Medrese) angelockt, wo ihnen freie Kost und Logis geboten wurde. Andere traten als irreguläre Soldaten *(levend)* in die Dienste eines Provinzgouverneurs, wo sie sich mitunter zu Banden zusammenschlossen und Unsicherheit und Schrecken verbreiteten.

Aufs ganze gesehen waren die Außenbeziehungen der dörflichen Gemeinschaften sehr beschränkt. Durchbrochen wurde diese Isolation von den Markttagen, an denen die Bauern ihre Erzeugnisse feilboten und sich selbst bei reisenden Hökern mit dem Notwendigen versorgten. Dabei deutet die Existenz wohlhabender Bauern, die ihre Getreideüberschüsse verkaufen konnten, auf einen Differenzierungsprozeß in der Bauernschaft hin. Natürlich übte die Stadt einen gewissen Einfluß auf das Land aus, sei es daß Stadtbewohner über Grundbesitz verfügten oder Darlehen an Bauern vergaben. Schließlich waren ja auch die Frommen Stiftungen, deren Einkünfte vorwiegend aus der Landwirtschaft kamen, in der Stadt.

In den Steppengebieten Anatoliens wurden fast nur Weizen und Gerste angebaut. Im Gartenbau gediehen, was die Küstenregionen betrifft, Bohnen, Linsen und Früchte. Da der Anbau von Reis eine aufwendige Bewässerung erforderte, konnte er nur von kapitalkräftigen Steuerpächtern betrieben werden; die Reisernten waren vor allem für den Markt bestimmt.

Die Abgaben, die dem Bauern auferlegt waren, betrugen in der Regel etwa ein Siebtel bis ein Achtel der Ernte. Da keine gesicherten Informationen über das Verhältnis von Aussaat und Ernteertrag vorliegen, ist man auf Schätzungen angewiesen. Danach übertraf der Ertrag kaum das Drei- bis Fünffache der Aussaat. Zwischen einem Drittel und einem Fünftel der Ernte mußten für die Aussaat zurückgelegt werden.

In Anatolien und auf dem Balkan war Regenfeldbau möglich. Ein ausgeklügeltes Bewässerungssystem gab es in der Umgebung von Konya. Dabei wurden Überschwemmungen mit Hilfe von Deichen und künstlichen Seen systematisch zur Anlegung von Wasservorräten genutzt. Bau und Unterhaltung die-

ser Deiche war Sache der Bauern. Hier verlangte der Staat die Hälfte der Ernte und der Timar-Inhaber den Zehnten.
Zur Bearbeitung des Bodens diente im allgemeinen der Hakenpflug aus Holz, vor den Ochsen oder Büffel gespannt wurden. Daneben wurden als Haustiere Schafe und Schweine, letztere nur bei Christen, gehalten. Bauern besaßen selten Pferde. Als Transportmittel diente ein zweirädriger Karren.
Holz für den Schiffs- und Hausbau kam vorwiegend vom Schwarzen Meer (Gebiet um Varna), Südwest- und Nordwestanatolien. Wasserkraft diente dem Antrieb von Getreidemühlen. Handwerkliche Tätigkeiten im Dorf (Seifen- und Wollherstellung) sorgten für die Sicherung des Eigenbedarfs.

HANDEL UND HANDWERK

Kaufmännische und handwerkliche Aktivitäten fanden ganz überwiegend in der Stadt statt. Freilich ist der Begriff Stadt sehr relativ, wurden doch bisweilen schon Siedlungen mit 150 Steuerzahlern als Stadt angesehen. Von herausragender Bedeutung war die Hauptstadt Istanbul, im 16. Jahrhundert mit wohl 700 000 Einwohnern größtes Ballungszentrum seiner Zeit. Die alte Kapitale Bursa beherbergte in der zweiten Hälfte des 16. Jahrhunderts 65 000 Menschen. Die Einwohnerzahl Kayseris betrug etwa die Hälfte, es folgte mit geringem Abstand Ankara (ca. 25 000). Tokat und Konya hatten eine Bevölkerung von 13 000–15 000. Auf dem Balkan waren die größten Städte in dieser Reihenfolge Edirne, Saloniki und Sarajevo.

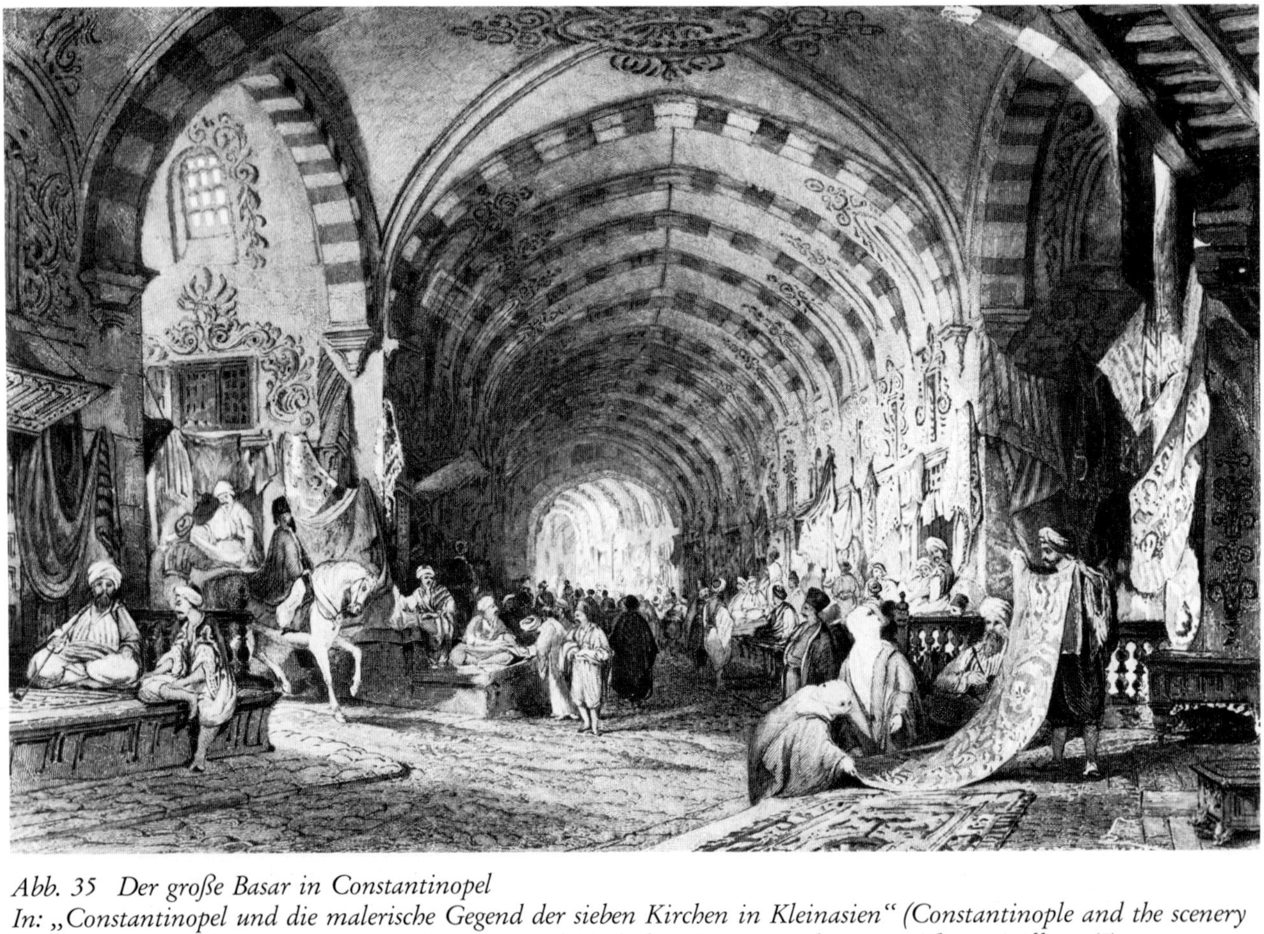

Abb. 35 Der große Basar in Constantinopel
In: „Constantinopel und die malerische Gegend der sieben Kirchen in Kleinasien" (Constantinople and the scenery of the seven Churches of Asia Minor illustrated, dt.) Nach der Natur gezeichnet von Thomas Allom, Texte von Robert Walsh, Braunschweig 1841

Die Zentren von Handel und Handwerk befanden sich in den überdeckten Märkten *(bedesten)* und Gebäudekomplexen, die *han* genannt wurden. Ankara besaß zwei Bedesten mit über 90 Läden, Konyas Bedesten wies 65 Läden auf. Im Großen Basar *(büyük* oder *kapalı çarşı)* in Istanbul gab es zwei Bedesten und mehrere Hane. (Abb. 35 und 36). Der Basar war von 67 Straßen durchzogen, die nach den dort beheimateten Zünften benannt waren. Insgesamt belief sich die Zahl der Läden und Werkstätten auf 3000 im Großen Basar und 1000 in den Hanen. In dem von Mehmed II. (1452—1481) erbauten alten Bedesten und im neuen Bedesten *(sandal bedesteni)* wurden vorwiegend Edelsteine, Teppiche und Luxusstoffe verkauft.

Der Staat übte eine strenge Kontrolle über das Wirtschaftsleben aus. Dies galt insbesondere für die handwerkliche Produktion, die den staatlichen Marktvorschriften *(hisbe, ihtisab)* unterworfen war. Die Gründe liegen vor allem darin, daß eine kontinuierliche Nahrungsmittelversorgung der Hauptstadt, des Palastes und der Armee sowie die Versorgung der Handwerker mit Rohmaterialien gewährleistet sein mußten. Das Amt des Marktvogtes war das einzige, das gewissermaßen kommunale Aufgaben zu erfüllen hatte. Ursprünglich handelte es sich dabei um ein religiöses Amt, dessen Inhaber *(muhtesib)* die Muslime zu guten Taten zu bewegen und von schlechten abzuhalten hatte. Im Laufe der Zeit war die religiöse Aufgabe zugunsten gesundheits-, markt- und sittenpolizeilicher Pflichten zurückgetreten. Der Muhtesib hatte nun die Vorgänge auf dem Markt zu überwachen; Maße und Gewichte unterstanden seiner Kontrolle. Insbesondere führte er die Aufsicht über die Zünfte und ihre Aktivitäten auf dem Markt. Er erhielt gegen Zahlung einer bestimmten Geldsumme *(bedel-i mukataa)* das Recht vom Staat, Abgaben einzutreiben; auch in der Stadt war das Timar- bzw. Iltizam-Wesen in Anwendung.

Die wichtigsten Steuern waren: die Marktsteuer *(bac-ı bazar)*, die auf alle von außerhalb der Stadt kommenden Waren erhoben wurde; die Stempelsteuer *(damga resmi)*, die wertvolle Stoffe etc. betraf; die Abgabe für die Nutzung der öffentlichen Waage *(resm-i kantar)*. Als Beispiel mag das Steueraufkommen der anatolischen Kleinstadt Gümüş bei Merzifon dienen. Hier wurden im Zeitraum von 15 Monaten (1553—55) über 11 000 Aktsche eingenommen. In Bursa war die Steuerpacht auf einem bestimmten Basar ein so einträgliches Geschäft, daß dafür eine Einstandssumme von 350 000 Aktsche für drei Jahre entrichtet werden mußte (im Jahre 1479).

Bei den Kaufleuten ist zu unterscheiden zwischen den *esnaf*, die den örtlichen Handel mit Zunftprodukten betrieben und der *hisbe* unterworfen waren, und den Groß- und Fernhändlern *(tüccar, bezirgân)*. In ihre Unternehmungen investierten die Spitzen der Verwaltungshierarchie. Die Einzelhändler und fliegenden Händler *(seyyar)* stellten die Mehrheit der Handeltreibenden. Ihr Verdienst reichte gerade aus, um ihren Lebensunterhalt zu sichern. Ihre Tätigkeit übten sie in kleinen Läden oder Buden aus. Das Warenangebot dieser Krämer umfaßte Lebensmittel, Kleidung, Schuhe und Stoffe. Die ambulanten Händler konnten ihre Waren etwas billiger anbieten als die Ladenbesitzer, weil sie keine Steuern zu zahlen hatten. Wahrscheinlich handelte es sich bei diesen *seyyar* um zugezogene ehemalige Bauern, die mit Gemüse, Früchten oder auch Trödel auf den Straßen unterwegs waren.

Die Handwerker verkauften die von ihnen verfertigten Waren selbst. Jedes Gewerbe war in einer bestimmten Straße konzentriert. Evliya Çelebi, der osmanische Reisende des 17. Jahrhunderts (1611 — nach 1683), spricht für Istanbul von 23 214 Werkstätten und Läden mit 79 264 Handwerkern, was einer durchschnittlichen Beschäftigtenzahl von 3,5 Personen pro Betrieb entspräche. Wenn man sich die berufliche Zusammensetzung der Einwohnerschaft der hauptsächlich vom Bergbau lebenden Stadt Küre, nördlich von Kastamonu gelegen, anschaut, stellt man folgende Verteilung fest: Bei insgesamt 507 Beschäftigten waren 56 religiöse Würden- und Amtsträger, 112 arbeiteten im Bergbau und in Schmelzereien, 77 im Handel und 262 waren als Handwerker und Arbeiter tätig.

Wie bereits erwähnt, war das Augenmerk des Staates darauf gerichtet, die Versorgung Istanbuls insbesondere mit landwirtschaftlichen Erzeugnissen zu gewährleisten. Einen Eindruck vom Lebensmittelbedarf vermitteln folgende Zahlen: 1674 erhielt die Stadt als Schlachtvieh 199 900 Büffel, 3 965 760 Schafe und 2 877 400 Lämmer. Im selben Jahr wurden an den Hof und die Janitscharen 325 228 Schafe und Lämmer geliefert. Die Fleischversorgung wurde von Spezialhändlern, denen auch große Herden gehörten, sichergestellt. Bereits in den Gesetzen Mehmeds II. war als Steuer ein halber Aktsche pro Schaf, das von außerhalb in die Stadt gebracht wurde, fixiert. Wenn die Schafe von lokalen Schlachtern geliefert wurden, war die Steuer um die Hälfte niedriger. Von ebenso großer Bedeutung war der Handel mit Weizen, dessen Export verboten war. Getreide für Istanbul kam beispielsweise aus Südbulgarien. Die Anlieferung erfolgte per Schiff über Varna. Während der Staat bestimmte, wohin das Getreide geliefert werden sollte, lagen Kauf, Verkauf und Transport in den Händen von lizenzierten Kaufleuten. Im einzelnen wurde ein Handel so abgewickelt: der Kadi von Istanbul stellte dem Kaufmann einen Brief über eine Weizenlieferung aus. Der Kadi des Ortes, wo der Kauf abgeschlossen wurde, zeichnete diesen gegen und vermerkte Kaufmenge und -preis, den Namen des Schiffes und seines Kapitäns sowie den Tag der Verladung und der Abfahrt. Manchmal wurde ein solcher Transport auch von Wachen begleitet, um sicherzustellen, daß die Sendung auch wirklich ihren Bestimmungshafen erreichte.

Als gegen Ende des 16. Jahrhunderts in Westeuropa die Nachfrage nach Rohstoffen und Getreide stieg, war es für osmanische Kaufleute profitabler, Produkte zu exportieren. Da dies aber verboten war, setzte ein umfangreicher Schmuggel ein. Dadurch wurde die staatliche Lenkung des Warenflusses und der Preiskontrolle massiv beeinträchtigt. Bedingt durch seine geographische Lage hatte das Osmanische Reich ein genuines Interesse, die internationalen Handelsrouten zu überwachen. Der Ost-West-

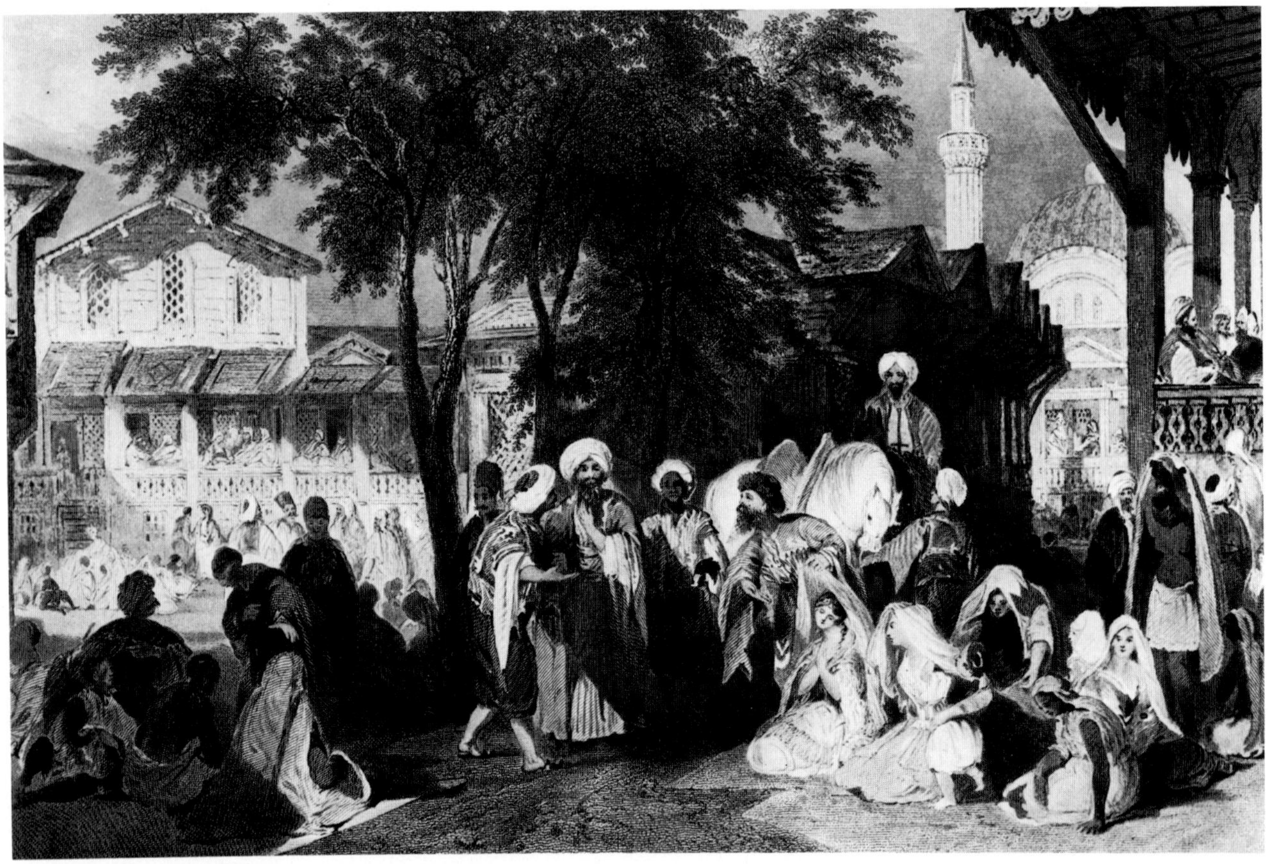

Abb. 36 Sklavenmarkt in Constantinopel
In: „Constantinopel und die malerische Gegend der sieben Kirchen in Kleinasien" (Constantinople and the scenery of the seven Churches of Asia Minor illustrated, dt.) Nach der Natur gezeichnet von Thomas Allom, Texte von Robert Walsh, Braunschweig 1841

Handel befand sich zeitweise fest in osmanischer Hand. In Bursa wurden Seide aus Iran und Gewürze aus Indien gegen Wolltuche aus Europa getauscht. Die italienischen Kommunen Venedig, Genua und Florenz hatten hierbei eine Vermittlerstellung im Handel mit Westeuropa. Weder die Entdeckung des Seeweges um das Kap der Guten Hoffnung (1487/88) noch die osmanischen Kriege mit den Herrschern Irans, den Safawiden, vermochten die Bedeutung der traditionellen Landverbindung zu schmälern. Dies traf erst ein, als Briten und Holländer in der zweiten Hälfte des 17. Jahrhunderts in den Indischen Ozean vorgedrungen waren und dort Handelsniederlassungen gegründet hatten. Groß- und Außenhandel lagen weitgehend in den Händen ethnisch-religiöser Minderheiten (Griechen, Armenier) und von Ausländern. Seit der Mitte des 16. Jahrhunderts sicherten Verträge (sogenannte Kapitulationen) mit Frankreich (1535), England (1580) und Holland (1612) diesen Staaten umfassende Privilegien im Handel mit dem Osmanischen Reich zu.
Die staatlich festgesetzten Preise waren Höchstpreise, die unterschritten werden konnten. Hier einige Preisbeispiele aus verschiedenen Jahrhunderten: Mitte des 16. Jahrhunderts kosteten zwei Laib Brot ein Aktsche. 1736 mußten für 576 g Brot ein Aktsche, für ein Kilo Fleisch 5 Aktsche, ein Kilo Butter 40—54 Aktsche, ein Kilo Käse 12 Aktsche, ein Kilo Olivenöl 36—45 Aktsche und ein Kilo Kichererbsen 9 Aktsche bezahlt werden. Ein Blick auf die Entwicklung einiger Lebensmittelpreise im 18. Jahrhundert, bezogen auf die Stadt Vidin an der Donau: 1705 kostete hier ein Kilo Fleisch 3 Aktsche. Dann setzte eine Teuerung ein, die den Preis auf 18 Aktsche im Jahre 1730 schnellen ließ. In den vierziger Jahren pendelte er zwischen 10 und 18, während er im Jahre 1766 nur noch 6 Aktsche betrug. Der Brotpreis lag zwischen 1,5 und 3,9 Aktsche. Große Preissteigerungen waren vor allem in Kriegszeiten zu verzeichnen. Im 16. Jahrhundert verdienten Bauarbeiter 12 Aktsche pro Tag im Sommer und 10 im Winter; nach einem erfolgreichen Streik im Jahre 1587 bekamen sie vier Aktsche mehr, jedenfalls was die Istanbuler Arbeiter betraf. In der ersten Hälfte des 16. Jahrhunderts verdiente ein Schreiber an der Stadtwaage 8, ein Tagelöhner 2, ein Fayencenmachermeister 8,5 und dessen Lehrling 1—4 Aktsche.
Im wirtschaftlichen und sozialen Leben spielten die „Zünfte" *(esnaf)* eine bedeutende Rolle. Die fehlende Autonomie der osmanischen Stadt führte dazu, daß die Zünfte teilweise die Verwaltung und Vertretung der ihnen angeschlossenen Mitglieder ausfüllte. Auf diese Weise wurden sie zu einer Art Bindeglied zwischen dem Staat und der Einwohnerschaft. Die Zünfte waren in allen Marktangelegenheiten die Verhandlungspartner der staatlich eingesetzten Beamten. Sie stellten eine wirtschaftliche Macht dar und nahmen auf das städtische Leben großen Einfluß.
An der Spitze einer Zunft stand der *kethüda*, der sie nach außen vertrat. Von seiten der Verwaltung gab es immer wieder Versuche, die Wahl eines *kethüda* zu beeinflussen, meist aber vergeblich, weil sich die Zünfte erfolgreich wehren konnten. Der *kethüda* war dem Staat für die Eintreibung und Ablieferung der Steuern der Zunftmitglieder verantwortlich. Das religiöse Oberhaupt einer Zunft war der *şeyh*.
Die Ausbildung der Lehrlinge *(çırak)* oblag dem Meister *(usta)*. Um Meister zu werden, mußte der Geselle *(kalfa)* verschiedene Bedingungen erfüllen, u. a. Ehrbarkeit und Fertigkeiten im erlernten Handwerk nachweisen. Der Meistertitel wiederum war die Voraussetzung für die Eröffnung einer Werkstatt oder eines Ladens. Das Dokument, das dazu berechtigte, *gedik* genannt, war ein Recht ad personam und konnte nach dem Tode seines Inhabers weitergegeben bzw. vererbt werden; dagegen leisteten mitunter die Meister einer Zunft Widerstand. Wettbewerb und Profitstreben waren im Zunftsystem verpönt. Wenn ein Mitglied zu reich wurde, er sich also an die ungeschriebenen Gesetze nicht gehalten hatte, schlossen ihn seine Kollegen aus der Zunft aus.
Die Leitung der Zunft war dem Staat für ihre Mitglieder verantwortlich, verkündete Erlasse des Sultans und haftete für die Durchführung. Die Hauptaufgabe der Zünfte bestand darin, den Wettbewerb unter den Mitgliedern zu regeln, armen oder in Not geratenen Mitgliedern zu helfen und aus Anlaß bestimmter Ereignisse Feste zu organisieren.
Die Zünfte genossen Privilegien und Unterstützung des Staates. Allerdings konnten sie, durch staatliche Maßnahmen aufgebracht, der Regierung auch gefährlich werden, indem sie mit der Schließung der Läden und damit der Lahmlegung der städtischen Wirtschaft drohten. Die Zünfte waren sehr zahlreich (nach Evliya Çelebi 1100), weil es selbst für den kleinsten Gewerbezweig noch eine solche gab. Die überwiegende Zahl der Zünfte war religiös homogen, obwohl es auch gemischt-religiöse gab.

Anders als die islamischen Vorgängerstaaten, die ein aus Dinar (Gold), Dirham (Silber) und Fals (Kupfer) bestehendes Münzwesen besaßen, bediente sich das Osmanische Reich für den Binnenhandel seit seiner ersten Prägung, dem Aktsche (neutürkisch: *akçe*), eines völlig anderen Systems. Für den Außenverkehr muß man zudem davon ausgehen, daß bis in das 20. Jahrhundert hinein die den heutigen konvertiblen Währungen entsprechenden ausländischen Münzen eine große Rolle spielten. Dies waren in der Anfangsphase byzantinische, „fränkische" oder noch umlaufende Prägungen der Seldschuken und Ilchane, entsprechend der Richtung des Außenhandels. Später waren es bei den Goldmünzen der venezianische Dukaten und der ungarische Gulden, bei den Silbermünzen vor allem der holländische Löwentaler und der deutsche Reichstaler.

Der Aktsche wurde zum ersten Male im Jahre 727 der Hidschra (1326–27 n. Chr.) von Orhan, dem Sohn und Nachfolger des Stammvaters Osman, geprägt. Die Osmanen übernahmen nicht die arabisch-islamische Tradition, die Nominalien auf ihren Münzen zu bezeichnen. Die Benennungen kennen wir jedoch aus den zahllosen zeitgenössischen Urkunden.

Das osmanische Stammland war zu Beginn des 14. Jahrhunderts noch auf Bithynien beschränkt. Wie zuvor die anatolisch-türkischen (Rum-) Seldschuken hatten die Türken des Hauses Osman einen jährlichen Tribut an die Mongolen-Chane von Iran (Ilchane) zu leisten. Der Kontakt mit deren Emissären und folglich ihren Münzen beeinflußte den Stil des ersten Aktsche. Seine Prägung war überhaupt erst möglich geworden, als der letzte ilchanidische Statthalter von Anatolien, Timurtasch, seine Stellung nicht mehr halten konnte und zum Mamlukensultan nach Kairo flüchtete. Dadurch war nicht nur dem osmanischen Stammeschef, sondern auch den etwa zehn anderen türkmenischen Emiren in West- und Mittelanatolien (*tavaīf-i mülûk*) der Weg zur Souveränität freigegeben. Die beiden Prärogative islamischen Herrschertums waren die eigene Münze (*sikke*) und die Nennung des Souveräns im Freitagsgebet (*hutbe*).

Der erste Aktsche von 727/1326–27 wurde in dem kurz vorher von den Byzantinern eroberten Bursa geprägt. Auf der Münze steht schlicht Orhan bin Osman, keine Herrscherbezeichnung. Bei einem anderen Stück ohne Jahr, das wir aber als später ansehen müssen, trägt Orhan den Sultanstitel. Beide Münzen sind selten. Dagegen gibt es eine weniger selten anzutreffende Emission ohne Ort und Jahr in gröberem Stempelschnitt, die auf dem Revers lediglich Orhan und die Formel „Möge Allah sein Reich verewigen" trägt.

Alle genannten Münzen haben auf dem Avers die Inschrift „Es gibt keinen Gott außer Allah/Muhammad ist der Gesandte Allahs" und die Namen der vier rechtgeleiteten Kalifen Abu Bakr, Umar, Uthman und Ali.

Der osmanische Aktsche wurde urkundlich auch als osmanisch bezeichnet, denn er stand in Konkurrenz mit den Aktsche anderer Emirate solange diese bestanden und nicht in der Zeit der ersten osmanischen Expansion aufgesogen wurden. Alle Aktsche hatten in Bezug auf Gewicht und Feingehalt den Asper der Komnenen von Trapezunt, die ihr Reich noch 30 Jahre über die Eroberung Konstantinopels (1453) hinaus halten konnten, zum Vorbild. Asper wie Aktsche bedeutet weiß, weißlich.

Wie angedeutet, dehnte sich das osmanische Reich nicht nur auf Kosten des byzantinischen Restreiches und der Staaten in Südosteuropa, sondern auch auf Kosten der benachbarten Emirate aus. Die osmanische Münze konnte in den eroberten Gebieten, vor allem auf dem Balkan, den Geldbedarf nicht decken, so daß Aktsche, Asper und Hyperber nebeneinander in Umlauf waren, wie verschiedene gemischte Hortfunde beweisen.

Der Aktsche – al marco geprägt – wog zunächst circa 6 Karat (1,202 g) bei einem Feingehalt von 900/1000. Bis in die Zeit Mehmeds II. (des Eroberers) hielten sich Gewicht und Standard, um dann allmählich abzusinken. Als Mehmed II. bei seinem ersten Herrschaftsantritt 1444 das Gewicht von 6 auf 5 Karat reduzieren ließ, mußte er bald darauf den Janitscharensold von 3 Aktsche täglich auf 3,5 Aktsche erhöhen, um einer Revolte vorzubeugen. Über die

Jahrhunderte verschlechterte sich die Münze Stufe um Stufe. Gegen Ende des 18. Jahrhunderts verblieb dem Aktsche nur noch ein Feingehalt von 460/1000 bei einem Gewicht von einem halben Karat. Man konnte ihn kaum mehr greifen und zählen, so unscheinbar war er geworden.

Als nächstes Metall wurde seit Murad I., dem Sohn Orhans, der 1360 den Thron bestieg, Kupfer geprägt. Der silberne Aktsche war 300 Jahre lang Standardgeldeinheit des Osmanischen Reiches, bis unter Murad IV. 1623 der Para erschien. Er wurde nach präziser Anweisung des Hofes geschlagen und in Umlauf gebracht. Für die Kupferemissionen, die den Namen des Sultans und gelegentlich Prägejahr und -ort tragen, wird dasselbe gegolten haben. Diesen steht aber die Masse anonymer, mit Ornamenten, seltener mit Tier- und Pflanzendarstellungen, geschmückter Stücke gegenüber. Für Kupfermünzen sind die Bezeichnungen Mangır oder Pul überliefert. Bei den schriftlosen Mangır handelt es sich zumeist um in der Provinz (Rumelien und Anatolien) hergestellte Stücke, die als Ersatzgeld dienten. Sie wurden von dazu ermächtigten Untertanen geschlagen (ein Münzregal wie in Deutschland oder Frankreich hat nie existiert).

In vielen Gebieten des Reiches bestand das System der Steuereintreibung darin, Händler und Gewerbetreibende zu zwingen, ihre Aktsche für einige Mangır herzugeben. Der Nominalwert des Silbers überstieg den des Kupfers erheblich. Der Gewinn ging in die sogenannte Staatskasse, die damals gewöhnlich auch die Schatulle des Herrschers war.

Die auf den Aktsche angegebenen Jahre sind bei einem Sultan meist dieselben: das Thronbesteigungsjahr. Gelegentlich kommen zwei verschiedene Jahre vor, dann haben wir es mit verschiedenen Regierungsperioden des Padischahs zu tun. Der Aktsche verheimlicht uns ansonsten, von einigen Ausnahmen abgesehen, das wirkliche Prägejahr. Erst ab Mustafa III. (1757–1774) wird auf Münzen dem Jahr des Regierungsantritts die Zahl der Regierungsjahre hinzugesetzt, so daß das Prägejahr errechnet werden kann. Bei den Mangır mit Jahresangabe hielt man sich nicht an die Regel, nur das Jahr der Thronbesteigung anzugeben; es handelt sich regelmäßig um das Prägejahr. Kupfermünzen kommen anscheinend nie in Horten vor. Sie waren zu geringwertig, als daß man sie für Notzeiten sammelte und in Katastrophenfällen vergrub. Sie sind daher relativ selten.

Erst rund 25 Jahre nach der Einnahme Konstantinopels 1453, als sich das Reich endgültig als Großmacht etabliert hatte, war die Zeit für die erste osmanische Goldmünze reif. Bis dahin bediente man sich im internen wie externen Verkehr der Goldmünzen anderer Staaten, vor allem des venezianischen Dukaten, auch Zechine genannt. Dieser war auch das getreue Vorbild des Altın, der Fındıklı Altın (türkisch für Gold oder venezianisches Gold), dessen ältestes auf uns gekommenes Exemplar im Jahre 882/1477–78 auf den Namen Mehmeds des Eroberers ausgegeben wurde.

Die Münze war vom selben Gewicht (3,48–3,50 g) und Standard (960/1000) wie die Zechine. Mit der Ausgabe des Altın schien der osmanische Sultan seine unbeschränkte Autorität unterstreichen zu wollen. Das Goldstück war äußeres Zeichen konsolidierter Zentralmacht. War die Wirtschaft bisher fast ausschließlich von Einkünften aus Eroberungsfeldzügen und Tributen abhängig gewesen, so entwickelte sich nun auch eine ökonomische Eigendynamik. Der erste Altın trägt die Aufschrift „Sultan Muhammad (Mehmed) bin Murad Han/Möge sein Sieg ruhmvoll sein/ Geprägt in Konstantinopel 882". Auf der Rückseite steht „Präger des Glänzenden (Synonym für Gold)/Besitzer der Macht und des Sieges zu Lande und zu Wasser". Für die angegebenen Jahre auf den Goldstücken der folgenden Sultane gilt das über Aktsche Gesagte. Alle osmanischen Münzen, ein Einzelfall der Spätzeit ausgenommen, tragen die Aufschriften in arabischer Sprache.

Die Nachfolger Mehmeds II. ließen die Münzen auch außerhalb Konstantinopels in vielen Prägestätten des Reiches schlagen. Viel wurde bei Silberbergwerken geprägt (z.B. Sidrekapsa, Kratova, Gümüşhane/Çanca). Trotzdem war das Rohmaterial nicht immer in gewünschter Menge vorhanden. Der Dukaten gewann wieder an Bedeutung. Zur Zeit Süleymans II. 1688 begann die osmanische Münze die importierten Dukaten mit dem Gegenstempel *sahh*, das „richtig" oder „in Ordnung" heißt, zu versehen.

Der Umlauf ungestempelter Münzen wurde verboten. Die Kontermarken sind auf den Zechinen der Dogen Nicolo da Ponte (1578–1585) bis Giovanni Corner (1709–1722) zu finden.

In der Regierungszeit Ahmeds III. (1703–1730) wurde eine Goldmünze neuen Typs eingeführt. Sie wog nur 2,60 g und wurde Zer-i mahbub genannt.

Gleichzeitig wurde das Dessin des alten Altın geändert. Er hieß jetzt Zer-i Istanbul. Das persische *zer* steht für Gold, das arabische *mahbub* für „beliebt, populär". Beide Stücke gab es in der Folge auch als Halb- und Viertelstücke sowie als Multipla. Sie trugen den neuen Münzstättennamen für Konstantinopel „Islambol", in Anlehnung an das längst umgangssprachlich übliche Istanbul.
Beide Goldmünzen tragen die Tughra, das aus dem künstlerisch verwobenen Namen und Titel des Sultans gebildete großherrliche Siegel. Auf dem Altın von 1695 (1106 der Hidschra, Mustafas III.), genannt Cedid Eşrefi, ist die Tughra erstmals in der entwikkelten, endgültigen Form geprägt worden.
Von den vielen Versuchen, das Finanzwesen, das im wesentlichen Emissionspolitik war, zu ordnen, sei der des Jahres 1687 erwähnt bei Regierungsantritt Süleymans II. Der Mangır wurde zur Hauptwährung. Sein Gewicht wurde auf 1,715 g al marco festgelegt (aus einem Okka Kupfer waren 800 Mangır zu prägen). Sein Wert entsprach zunächst dem eines halben Aktsche. Schon nach drei Monaten aber wurde ein Verhältnis von 1 : 1 festgelegt. Er trug die Tughra noch in der primitiven Form und wurde in riesigen Mengen hergestellt. Zahlungen erfolgten fast nur in dieser Münze. Das rar gewordene Silber und Gold wurde gehortet, Wirtschaft und Handel erlahmten. Unter Ahmed II. (1691–1695) verbesserte sich die Edelmetallversorung und in der Folge die wirtschaftliche Lage.
Die andere Neuerung hatte dagegen bleibende Wirkung: die Einführung des Kurusch, einer Silbermünze größeren Gewichts (19,38 g) und Durchmessers (39 mm). Der Aktsche hatte allmählich seinen Charakter als Währungsgeld verloren. Schon seit längerer Zeit waren große Münzen der christlichen Nachbarländer in Umlauf, die sogenannten Levantetaler. Dies waren der niederländische Löwentaler, genannt *arslanî*, der deutsche Reichstaler, genannt *riyal ghurusch* oder *kara ghurusch*, und Nachahmungen wie der spanische Peso de à ocho und später der Maria-Theresien-Taler, der bis in die Neuzeit hinein in den ehemaligen osmanisch-arabischen Provinzen Handelsmünze war. Nach dem Tode der Kaiserin 1780 wurde der Taler für den Handel mit der Levante weitergeprägt. In der 2. Hälfte des 18. Jahrhunderts wurden auch Tallero per il Levante von Florenz, Venedig und der Toskana eingeführt, die aber die zuvor genannten Münzen nicht verdrängen konnten.
Der Name Ghurusch, neutürkisch Kuruş, ist aus Groschen bzw. italienisch *grosso* hergeleitet. In der europäischen Literatur findet sich dafür die Bezeichnung Piaster (von ital. *piastra*), wie der Peso de à ocho auch genannt wurde. Schon mit der ersten Ausgabe erschienen auch Halbstücke, später auch Dreiviertel- (genannt Zolota, von polnisch Złoty), Viertel-, Dreiachtel- (Yarım Zolota) und Achtelstücke sowie Mehrfachstücke oder Multipla. Die Vorderseite trug, wie vorher schon eine Ausgabe des Altın, die stolze Inschrift „Sultan der beiden Kontinente/Hakan (türkisch: Beherrscher) der beiden Meere/der Sultan Sohn des Sultans". Mit den beiden Kontinenten dürften Europa und Asien, mit den beiden Meeren das Mittelmeer und das Schwarze Meer gemeint sein. Um dem Umlauf ausländischer Münzen ein Ende zu bereiten, wurden die meisten Stücke eingezogen und mit dem osmanischen Stempel überprägt. Der letzte Kuruş erschien in der Regierungszeit Mehmeds V. (1909–1918).
Unter Murad IV. wurde der silberne Para eingeführt (1032/1623). Er hatte den Wert von drei Aktsche und galt im Verkehr mit dem deutschen *(kara)* Kuruş den 40. Teil davon. Diese dem Dezimalsystem fremde Einteilung von 40 Para für einen Kuruş hielt sich trotz aller späteren Reformen bis ins 20. Jahrhundert. Die Teilstücke des Kuruş wurden nach dem Parawert bezeichnet, z. B. *yirmilik*/Zwanziger für das Halbstück, *beşlik*/Fünfer für das Achtelstück, *otuzluk*/Dreißiger für den Zolota.
Zur Zeit Abdülmecids wurden Para nicht mehr in Silber, sondern nur noch in Kupfer geprägt, in Stücken zu 1, 5, 10, 20 und 40 Para. Ab 1909 ging man zu Nickel über. Die heutige türkische Bezeichnung für Geld ist Para.
In diesem Überblick sollen noch die Gegenstempel griechischer Gemeinden in Westanatolien und auf einigen ägäischen Inseln erwähnt werden. Die prägenden Autoritäten, entweder die griechisch-orthodoxe Kirche oder die weltliche Gemeindeverwaltung, benutzten für ihre Kontermarken die in Konstantinopel emittierten 40-, 20-, 10- und 5-Parastücke von Abdülmecid (ab 1255/1839) und Abdülazīz (ab 1277/1860–61) sowie auf den 5-Parastücken von Abdülhamid II. (ab 1293/1876). Das Griechentum in Kleinasien und auf den benachbarten Inseln erlebte vom Ende des 19. Jahrhunderts bis in den 1. Weltkrieg eine kurze Blüte. Die Gegenstempel waren sichtbares Zeichen einer relativen

Autonomie innerhalb des in langsamer Auflösung begriffenen Osmanischen Reiches.
Je nach der geographischen und politischen Lage war der Geldverkehr im Osmanischen Reich mit ausländischen Münzen durchsetzt gewesen. In manchen Gebieten waren sie wichtiger als die einheimischen Münzen. Zu Beginn des 19. Jahrhunderts war das Währungschaos besonders groß. 1844 kam es zu einer Währungsreform. Dabei wurde eine Doppelwährung mit Gold und Silber als Währungsmetall eingeführt. Aus einer Okka (1283 Gramm) Feingold waren 192 Münzen zu 100 Kuruş und aus einer Okka Feinsilber 62,5 Münzen zu 20 Kuruş zu prägen. Die Wertrelation nach dem Feingehalt der Münzen und im Verhältnis zu ihrem gesetzlichen Nennwert betrug 1 : 15,19. Die neuen Goldmünzen wurden nach dem Sultan Abdülmecid Goldmecidiye und später *Osmanlı lirası* (das osmanische Goldpfund) genannt. Sie existieren in Stücken zu 500, 250, 100, 50 und 25 Kuruş. Die beiden ersteren hatten eine Wertbezeichnung in Ziffern. Unter Abdülhamid II. kam ein 12 1/2-Kuruş-Goldstück in Konstantinopel mit Wertangabe heraus. Die Silberstücke im Werte von 20 Kuruş hießen einfach Mecidiye. Es gibt sie in Teilstücken zu 10, 5, 2, 1 und 1/2 Kuruş.
Mit der Währungsreform von 1916 wurde die reine Goldwährung eingeführt. Silber- und Nickelgeld war nur noch als Scheidemünzen mit beschränkter Zahlungskraft zugelassen. In der Praxis aber war nur Papiergeld im Umlauf. Gold- und Silbermünzen bekamen einen Wert als Ware. Am 29. Oktober 1923 wurde die Türkei zur Republik erklärt, am 3. März 1924 das Kalifat abgeschafft. Im selben Jahr erschienen die ersten Goldmünzen der Republik. Aber sie dienten der Bevölkerung zur Hortung, als Schmuck oder als Vermögensanlage. Eine Zeitlang zirkulierten noch die vom Osmanischen Reich übernommenen Scheidemünzen. Langsam wurden sie durch neue Münzen der Republik ersetzt. Mit der Veränderung der internationalen währungspolitischen Auffassung schwand auch in der Türkei die Bedeutung des Edelmetalls als Prägematerial.

Herrn Dr. Hans Wilski sei an dieser Stelle für manche lehrreiche Diskussion und wertvolle Anregung gedankt.

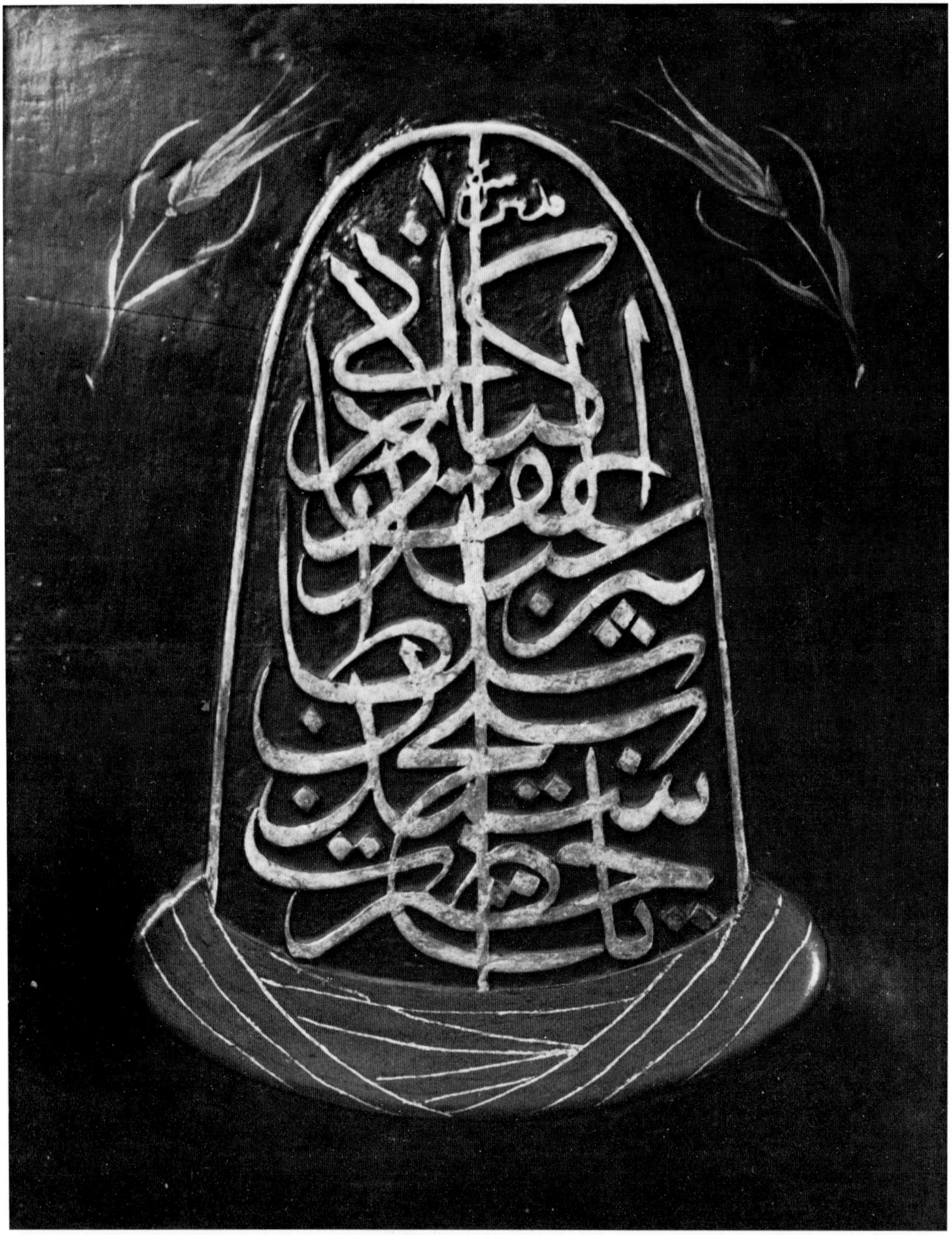

Abb. 37 Schrifttafel mit Anrufung von Abdülkadır Gilanî, Gründer eines Derwischordens

DIE MÜNZEN DES OSMANISCHEN REICHES

Der Stammvater der Osmanen, Herrscher über ein kleines Fürstentum (Beylik) im westlichen Kleinasien, hatte noch nicht die Macht, seinen Namen auf eine Münze zu setzen, wenn er auch durch die namentliche Nennung im Freitagsgebet als Fürst anerkannt war. Es ist trotzdem anzunehmen, daß Osman (1299–1324) in seiner Hauptstadt Bursa Münzen geprägt hat, und zwar im Namen seines Oberherrn. Osmans Sohn Orhan (1324–1360) konnte die Herrschaft über das ererbte Fürstentum soweit festigen, daß er es wagen konnte, seinen eigenen Namen auf die von ihm geprägten Münzen zu setzen. Die erste osmanische Münze (ein „Aktsche" = „Weißling") stammt daher aus dem Jahre 727/1326–27 und wurde in Bursa geprägt. Leider kann dieses überaus seltene Stück in der Ausstellung nicht gezeigt werden. Die Münze Mz-Nr. 1 gehört zur zweiten Emission des Sultans und ist vermutlich um 729/1329 entstanden.

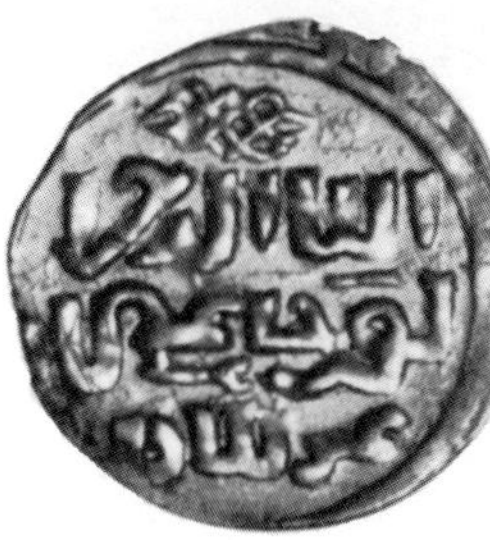

Mz-Nr. 1 Orhan (1324–1360) Aktsche um 729 H, Prägeort vermutlich Bursa. Eine der ersten Münzen des Osmanischen Reiches. (2fache Größe)

Insgesamt sind sechs Emissionen bekannt. Orhans Sohn Murad (1360–1389) prägte ähnlich wie sein Vater und getreu der islamischen Tradition fromme Sprüche auf seine Aktsche, Münze Mz-Nr. 2. Neu hinzu kommen Kupfermünzen, „Mangır" genannt, mit der Aufschrift „Murad, Sohn des Orhan" (Mz-Nr. 3). Bayezid, der Sohn Murads, prägte ebenfalls Aktsche (Mz-Nr. 4) und Mangır-Stücke (Mz-Nr. 5). Die Aufschrift ist von jetzt ab meist rein weltlich, doch sind stets Segenswünsche dabei, wie z. B. „Möge sein Reich dauern".

Nach der verlorenen Schlacht bei Ankara (1402), in der Bayezid in die Hände Timurs geriet, begann „die kaiserlose, die schreckliche Zeit" der Osmanen, in der die Söhne (und ein Enkel) des einstigen Sultans um die Vorherrschaft in Kleinasien kämpften. Ihre Münzen legen Zeugnis davon ab: Mz-Nr. 6 ein Aktsche von Süleyman Çelebi (1402–1411) aus dem Jahre 806/1403–4 sowie die seltenen Aktsche der nur kurz regierenden Brüder Musa Çelebi (1411–1413) von 813/1410–11 (Mz-Nr. 7) und Mustafa Çelebi (1419–1422) aus Edirne ohne Jahreszahl (Mz-Nr. 8) sowie ein Aktsche von Şehzade Mustafa (1423), Sohn Mehmeds, ohne Jahreszahl und Prägeort (Mz-Nr. 9). Von Mehmed Çelebi (1403–1413) liegt eine besonders interessante Münze vor (Mz-Nr. 10): Es ist eine Gemeinschaftsprägung mit dem mächtigen Timur, auf der auch Mehmeds Name erscheint. Außerdem zeigt diese Münze noch einmal das Glaubensbekenntnis nach alter islamischer Tradition: „Es gibt keinen Gott außer Allah, Mohammed ist der Gesandte Allahs". Mehmed Çelebi hat sich schließlich gegen seinen Rivalen durchsetzen können, er wurde 816/1413 Sultan. Ein Aktsche aus Edirne (Mz-Nr. 11) und ein Mangır (Mz-Nr. 12), beide mit dem Jahr des Regierungsantritts, legen Zeugnis hiervon ab. Murad II. (1421–1444 und 1445–1451) prägte ebenso schöne Aktsche wie sein Vater. Mz-Nr. 13 ist ein Stück aus Serez (heute in Griechenland) aus dem Jahr 834/1430–31. Von den zahlreichen Kupfermünzen ist Mz-Nr. 14 ein Beispiel, geprägt in Bursa ohne den Namenszug des Sultans und ohne Jahreszahl.

Von den Münzen Mehmeds II. (1444–1445 und 1451–1481) sei zunächst ein kunstvoll gestaltetes Aktsche-Stück aus Bursa, aus dem Jahr 855/1451 (dem Jahr des zweiten Regierungsantritts) erwähnt, Mz-Nr. 17. Wenig später eroberte Mehmed II.

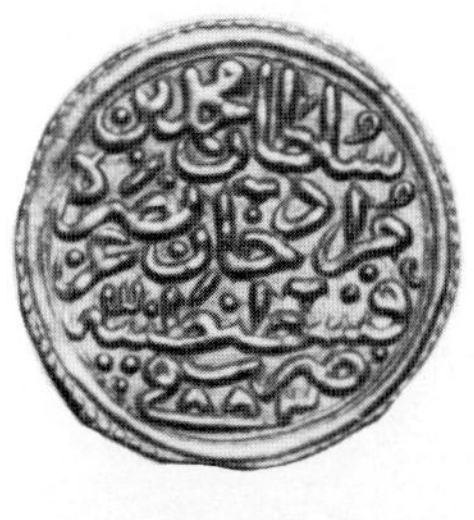

Mz-Nr. 15 Mehmed II. (1444–1445 und 1451-1481), Altın 883 H, Konstantinopel. Eines der ersten Goldstücke des Osmanischen Reiches. (1,5fache Größe)

Konstantinopel, was ihm den Beinamen Fatih (Eroberer) einbrachte. Rund 20 Jahre danach ließ Mehmed II. die erste Großsilbermünze des osmanischen Reiches im Gewicht von rund 9 Gramm in seiner neuen Hauptstadt prägen. Dieses seltene Stück (Mz-Nr. 16) war vermutlich mehr für Repräsentationszwecke gedacht, gab doch die Vorderseite genügend Platz, um den ganzen anspruchsvollen Titel des Herrschers aufzunehmen (vgl. S. 117). Die Rückseite trägt die Inschrift: „Mehmed, Sohn des Murad, des Han, Allah lasse sein Sultanat ewig währen. Geprägt in Konstantinopel im Jahre 875". Die münzkundlich wichtigste Tat dieses großen Sultans aber war die Einführung eigener Goldmünzen im Jahre 882/1477. Mz-Nr. 15 zeigt ein Exemplar aus der Hauptstadt des Reiches von 883/1478, von feinem Stil und sorgfältiger Prägung. Die neuen Goldmünzen hießen einfach Altın, was soviel wie „Gold" bedeutet. In Gewicht, Feingehalt und Durchmesser glichen sie den venezianischen Dukaten. Eine Kuriosität ist die kleine Kupfermünze Mz-Nr. 18, die Mehmed II. in Ayasoluk schlagen ließ, während sein Vater noch regierte, nämlich 852/1448. Ebenso ungewöhnlich ist das Münzbild: Ein Fabeltier, das einer Schlange ähnelt. Bilder dieser Art kommen nur selten vor und auch nur auf den Kupfermünzen des Reiches.

Mehmeds Sohn Bayezid II. (1481–1512) prägte wie sein Vater Goldmünzen. Eines der wenigen erhaltenen Exemplare aus Konstantinopel ist Mz-Nr. 19. Ein ebenfalls mit großer Sorgfalt geprägtes Aktsche-Stück aus der gleichen Stadt und mit der gleichen Jahreszahl (916/1510) ist unter Mz-Nr. 20 zu finden. Auf der Kupfermünze Mz-Nr. 21 ist dagegen die Schrift kaum lesbar. Das Wertverhältnis der einzelnen Münzen zueinander ist nicht genau bekannt. Zur Zeit Bayezids II. gingen 44 Aktsche auf ein Goldstück und 8 bis 16 Mangır auf ein Aktsche. Hierbei ist zu berücksichtigen, daß die Mangır-Prägung bis heute nur ganz unvollkommen erforscht ist. Alle alten osmanischen Kupfermünzen wurden einfach Mangır (oder *pul*, auch *fels*) genannt, obwohl sicher ist, daß auch Teilstücke und Vielfache geprägt wurden – alle ohne Wertbezeichnung.

Bayezids II. Nachfolger Selim (1512–1520), Yavuz, der „Grimme" genannt, hat wie sein Vater und wie seine Nachfolger drei Münzsorten in Anatolien prägen lassen. Beispiele sind der erste Altın aus der

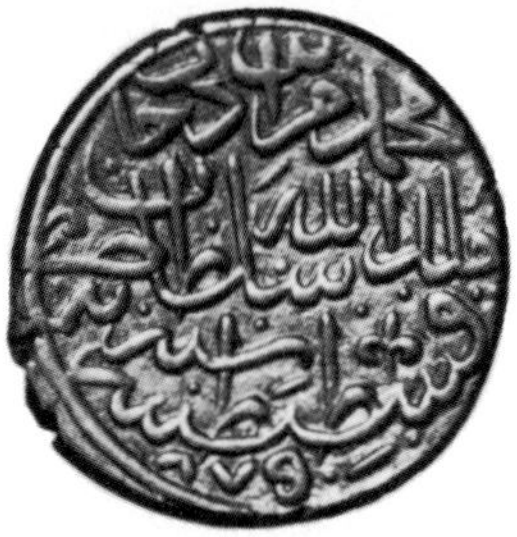

Mz-Nr. 16 Mehmed II. (1444–1445 und 1451–1481), Onluk (= 10 Aktsche) 875 H, Konstantinopel. (1,5fache Größe)

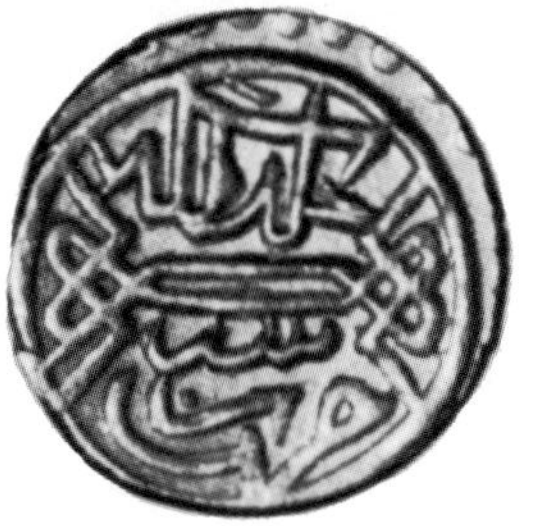

Mz-Nr. 17 Mehmed II. (1444–1445) und 1451–1481), Aktsche 855 H, Bursa. (3fache Größe)

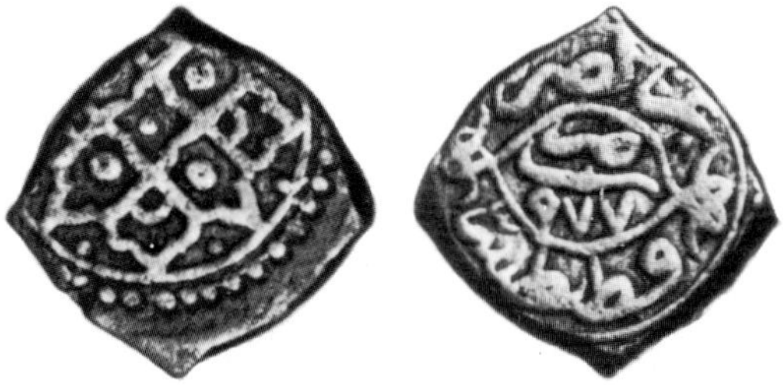

Mz-Nr. 30 Selim II. (1566–1574), Mangır mit der Aufschrift „Sein Sieg sei ruhmreich. Geprägt 977. Konstantinopel". (2fache Größe)

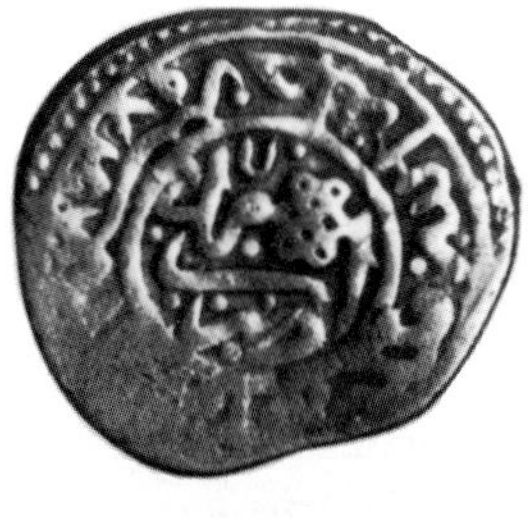

Mz-Nr. 31 Selim II. (1566–1574), Dirhem. In der Mitte: „Geprägt in Amid" (heute: Diyarbakır). (1,5fache Größe)

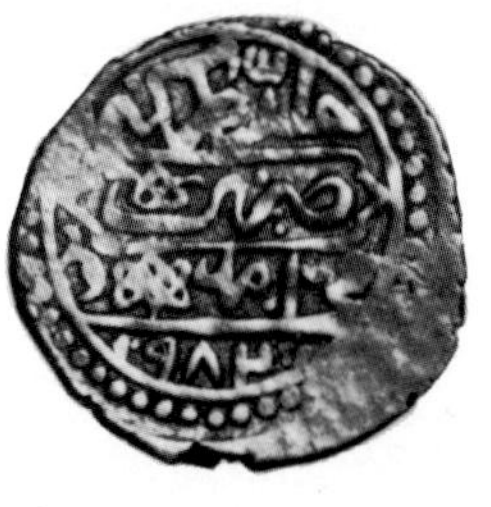

Mz-Nr. 34 Murad III. (1574–1595), Dirhem, möglicherweise der erste Para. Die Inschrift lautet: „Sein Reich dauere. Geprägt in Amid 982" (heute Diyarbakır). (1,5fache Größe)

neu gewonnenen Stadt Amid 918/1512 (heute: Diyarbakır), Mz-Nr. 22, ein Aktsche aus Edirne 918 (Mz-Nr. 23) und ein Mangır aus dem zunächst nur vorübergehend eroberten Ruha (heute: Urfa), Mz-Nr. 24. Unter Selims Sohn Süleyman (1520–1566) erreichte das osmanische Reich seinen glanzvollen Höhepunkt. Im deutschen Sprachgebrauch wird der Sultan deshalb auch „der Prächtige" genannt. Dem Türkischen ist dieser Ehrentitel unbekannt; im Reich hatte er den Beinamen Kanunî d. h. „der Gesetzgeber". Von den zahlreichen Goldmünzen des Sultans ist Mz-Nr. 25 eine Prägung aus der Hauptstadt Konstantinopel mit dem Regierungsantrittsjahr 926/1520. Mz-Nr. 26 ist ein Aktsche aus Konya mit der gleichen Jahreszahl, Mz-Nr. 27 ein Mangır aus der Hauptstadt von 953/1546. Nur am Rande sei erwähnt, daß außer den gezeigten Münztypen im Osten des Reiches auch Madinî und Dirhem-Stücke geprägt wurden. In den neu eroberten Gebieten Nordafrikas, Ägypten, Tripoli, Tunesien und Algerien wurden Münzen geprägt, die sich an die einheimischen Traditionen anlehnten, wenn auch das Münzbild sehr bald osmanischen Charakter bekam.

Mit Selim II. (1566–1574) begann langsam und fast unmerklich der Niedergang des osmanischen Reiches. Die Münzen lassen dies zunächst noch nicht erkennen. Ein Altın aus Damaskus von 974/1566–1567 (Mz-Nr. 28), im Wert und im Aussehen den in Anatolien geprägten Stücken gleich, ist genau so sorgfältig gefertigt wie die früheren Münzen. Das gleiche gilt für ein Aktsche aus den Silberbergwerken von Sidrekipsī (heute: Sidirokastron/Griechenland), Mz-Nr. 29, und einen Mangır mit der Aufschrift: „Sein Sieg sei ruhmreich! Geprägt 977, Konstantinopel", Mz-Nr. 30. Auf der Rückseite befindet sich, wie bei vielen anderen Mangır-Stücken auch, nur ein Ornament. Die vorliegende Münze ist nahezu viereckig, da sie aus einem flachen Kupferband hergestellt wurde. Im Osten Anatoliens, im ehemaligen Armenien, wurden bereits seit Süleyman Münzen geprägt, die sich nicht in die Münzordnung des Reiches einfügten.

Mz-Nr. 31 zeigt einen Dirhem von 3,9 Gramm Gewicht. In der Mitte der Münze die Angabe „Geprägt in Amid". Die Randschrift enthält die Jahreszahl 974/1566–1567. Von Sultan Murad III. Sohn Selims II. (1574–1595) liegt ein in Ägypten geprägtes Goldstück vor. Dieses (Mz-Nr. 32) unterscheidet sich von den in Anatolien geprägten Stücken nur duch das Wörtchen „Misr" (=Kairo) unter dem langgezogenen Strich des „fi" (=in). Unterhalb, am Rande der Münze, steht das Jahr des Regierungsantritts 982 (in arabischen Ziffern). Ein Aktsche aus Amasya (Mz-Nr. 33) trägt die gleiche Jahreszahl. Das Gewicht des Aktsche ist von ursprünglich rund 1,2 Gramm jetzt auf 0,3 Gramm gesunken. 120 Aktsche muß man jetzt für ein Goldstück (einen Altın) hergeben. Dieser hat seit Mehmeds II. Zeiten unverändert sein Gewicht (3,4 Gramm) und seinen Feingehalt (960/1000) beibehalten. Wiederum abweichend von der „normalen" Münzordnung ist ein zweiter Dirhem aus Amid, Mz-Nr. 34, mit der Aufschrift: „Sein Reich dauere. Geprägt in Amid 982". Auf der anderen Seite befindet sich die Tughra. Das geringe Gewicht von nur 3,0 Gramm und das vom üblichen abweichende Münzbild lassen die Vermutung aufkommen, daß es sich bei diesem Stück in Wirklichkeit um die erste Para-Prägung handelt.

„Sultan Mehmed, Sohn des Sultan Murad Han, sein Sieg sei ruhmreich, geprägt in Amid (im) Jahr 1003" lautet die Inschrift auf der Rückseite des Altın Mz-Nr. 35. Nach der osmanischen Reichshistoriographie handelt es sich um Mehmed III. (1595–1603). Die Vorderseite trägt den üblichen Titel. – „Sein Sieg sei ruhmreich, geprägt (in) Çanca 1003" lautet die Inschrift auf dem Aktsche Mz-Nr. 36. Die silberreiche Stadt Çanca, etwa 100 km südlich von Trabzon, heißt heute Gümüşhane, d. i. „Silberhaus". Das Aktsche-Stück ist also eine Art Ausbeutemünze, wenn auch dieser Begriff in der osmanischen Numismatik nicht üblich ist. Die Vorderseite trägt wieder den Herrschernamen: „Sultan Mehmed, Sohn des Murad". Die Eigenart der arabischen Schrift erlaubt es, einen so langen Text auf einer so kleinen Münze (nur 12 mm Durchmesser) unterzubringen. Das Goldstück Mz-Nr. 37 wurde von Ahmed I. (1603–1617) in Tokat geprägt. Die Inschrift entspricht der des Vaters. Das dazugehörige Aktsche-Stück Mz-Nr. 38 stammt aus Konstantinopel; beide Münzen zeigen das Regierungsantrittsjahr 1012 der Hedschra.

Von den Münzen Mustafas I. (1617–1618 und 1622–1623) wird ein Goldstück, Mz-Nr. 39, aus seiner zweiten Regierungsperiode gezeigt (1031/1622) sowie ein *onluk*, ein 10-Aktsche-Stück, mit der gleichen Jahreszahl, Mz-Nr. 40. Die 10-Aktsche-

Stücke werden jetzt, den Bedürfnissen des Handels entsprechend, in größerem Umfang geprägt. Zwischen den beiden Regierungsperioden Mustafas regierte Osman II. (1618–1622). Das Goldstück Mz-Nr. 41 trägt seinen Namen „Osman, Sohn des Ahmed“ und das Jahr 1027/1618. Der Onluk Mz-Nr. 42 zeigt in der Mitte in einem Kreis sehr schön seinen Namen; der Name des Vaters erscheint in der Umschrift. Mz-Nr. 43 ist das dazugehörige Aktsche-Stück aus Konstantinopel.
Die Qualität der Münzen hat unter den letzten Herrschern ständig abgenommen, unter Murad IV. (1623–1640) wurde sie geradezu katastrophal. Das Goldstück Mz-Nr. 44 ist zwar noch lesbar, doch läßt sich die Inschrift des Para-Stückes Mz-Nr. 45 aus Amid nur noch mit großer Mühe entziffern. Das Aktsche-Stück Mz-Nr. 46 aus Konstantinopel wurde aus einer riesigen Zahl praktisch unleserlicher Münzen ausgesucht; es ist in seiner Qualität nicht typisch für die Zeit. Ähnliches gilt für die Münzen Ibrahims (1640–1648).
Die Qualität der gezeigten Münzen ist ebenfalls untypisch für die Zeit. Mz-Nr. 47 ist ein Altın aus Misr (= Kairo), Mz-Nr. 48 ein Onluk aus Konstantinopel und Mz-Nr. 49 ein Aktsche aus dem gleichen Prägeort. Von Mehmed IV. (1648–1687) liegt ein Altın aus Konstantinopel vor, Mz-Nr. 50, und ein fast unleserliches Aktsche-Stück aus dem gleichen Ort, Mz-Nr. 51. Da Mehmed IV. fast gar keine Silbermünzen prägen ließ, verschärfte sich während seiner Regierungszeit der ohnehin stets vorhandene Mangel an kleiner Münze ganz erheblich. Als dessen Folge wurden französische 1/12-Ecu-Stücke (= 5 Sous) in großen Massen importiert. Diese wurden von der Bevölkerung gerne angenommen. Um diese guten Münzen von späteren minderwertigen Nachahmungen zu unterscheiden, erhielten sie um 1669 verschiedene, bisher noch nicht lesbare, Gegenstempel. Ein solches Exemplar zeigt Mz-Nr. 52.
Die Goldmünzen von Süleyman II. (1687–1691) spiegeln in ihrer Qualität den Verfall des Reiches. Mz-Nr. 53 ist ein Beispiel dafür. Neben den eigenen Goldmünzen liefen seit jeher zahlreiche venezianische Zechinen (= Dukaten) um. Da sich zwischen diesen inzwischen eine große Anzahl gefälschter Stücke befand, ließ die Hohe Pforte diese

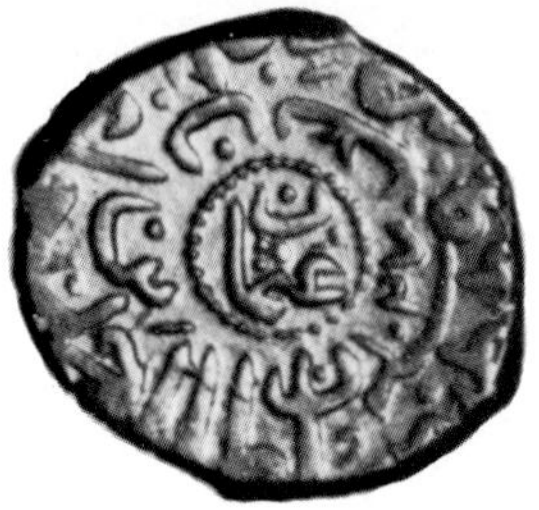

Mz-Nr. 42 Osman II. (1618–1622), Onluk (= 10 Aktsche) 1027 H, Konstantinopel. In der Mitte der Name „Osman“. (2fache Größe)

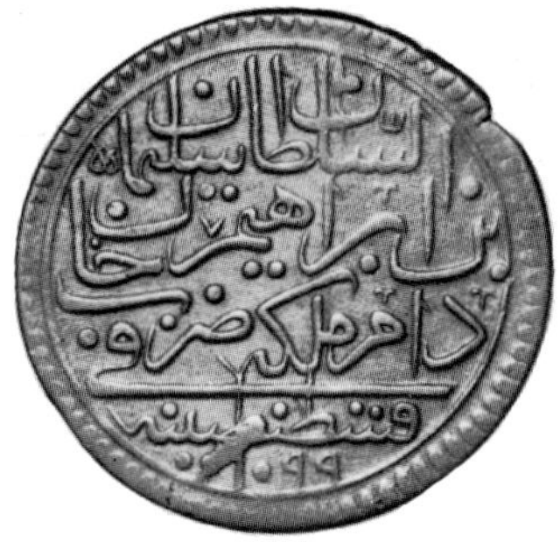

Mz-Nr. 55 Süleyman II. (1687–1691), erste osmanische Großsilbermünze, der Kurusch (= „Piaster“): „Der Sultan Süleyman, Sohn des Ibrahim Han. Sein Reich dauere. Geprägt in Konstantinopel 1099“. (Originalgröße)

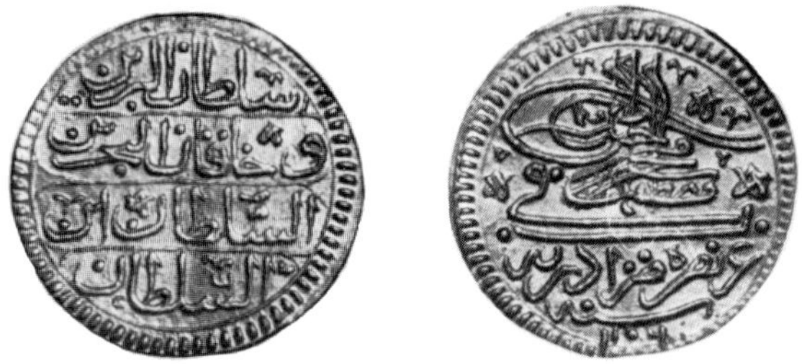

Mz-Nr. 56 Mustafa II. (1695–1703), erste osmanische Goldmünze mit Tughra. Geprägt in Edirne 1106 H. (1,5fache Größe)

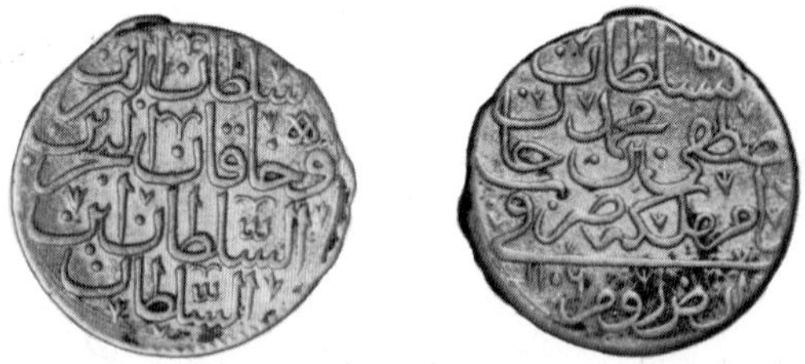

Mz-Nr. 57 Mustafa II. (1695–1703), Halber Kurusch, geprägt in Erzurum 1106 H. (Originalgröße)

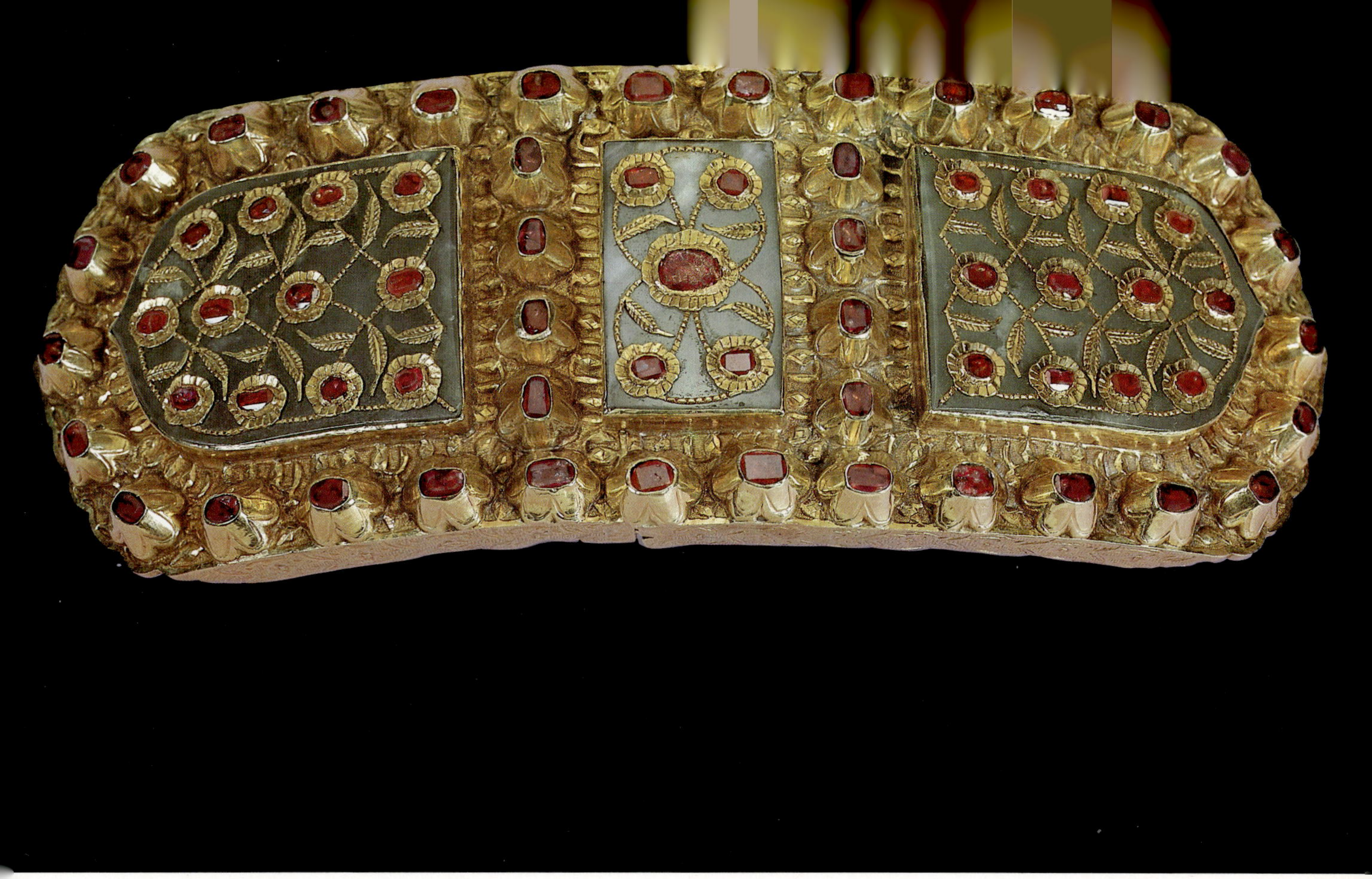

Gürtelschnalle (Bd. II, Kat. Nr. 7/4)

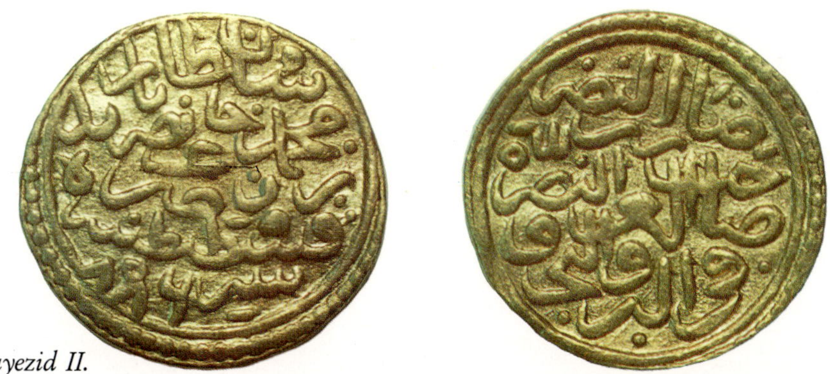

TAFEL VII *Goldmünze Bayezid II.*

Münzen prüfen und die echten mit dem Vermerk *sahh* (in Ordnung) gegenstempeln. Mz-Nr. 54 ist ein solches Exemplar des Dogen Dominicus Contarini. Die numismatisch wichtigste Neuerung des Sultans aber war die Einführung einer neuen Münze, des Kurusch. Sein Vorbild waren die europäischen Taler. Infolge der wirtschaftlichen Notlage des Staates wurden allerdings nur ganz wenige Exemplare geprägt. Mz-Nr. 55 zeigt eines dieser seltenen Stücke. Die Vorderseite der Münze trägt den seit langem üblichen Herrschertitel: „Sultan der beiden Erdteile und Beherrscher der beiden Meere, der Sultan, Sohn des Sultans". Auf der Rückseite steht: „Der Sultan Süleyman, Sohn des Ibrahim Han, sein Reich dauere, geprägt in Konstantinopel, 1099". Mz-Nr. 56 ist das dazugehörige Halbstück, das die gleichen Inschriften trägt. Unter Mustafa II. (1695–1703) gab es wieder eine wichtige Neuerung: Das Aussehen der Goldmünzen wurde geändert und eine zweite, kleinere eingeführt. Mz-Nr. 57 ist eine der ersten neuen Goldmünzen, die jetzt die Tughra tragen, darunter „Sein Sieg sei ruhmreich, geprägt in Edirne, im Jahr 1106". Die Vorderseite trägt den üblichen Titel (wie Mz-Nr. 55). Mz-Nr. 58 ist ein Kurusch aus Erzurum, Mz-Nr. 59 das dazugehörige Halbstück. Letzteres ist von größter Seltenheit: Bis jetzt sind nur zwei Exemplare bekannt.

Unter Ahmed III. (1703–1730) wurde wiederum eine neue Goldmünze eingeführt, der *findık*, Mz-Nr. 60. Auf der Vorderseite dieser schönen Münze befindet sich nur die Tughra, auf der Rückseite steht kurz und bündig: „Geprägt in Islambol 1115". Die Silbermünzen wurden im Rahmen einer Währungsreform verändert. Das Gewicht des Kurusch wurde von 19 Gramm auf 25 Gramm heraufgesetzt, allerdings bei einer entsprechenden Verminderung des Feingehaltes. Außerdem wurde der Kurusch jetzt in 40 Para zu je 3 Aktsche eingeteilt. Die Nummern 61 bis 68 zeigen eine vollständige Serie dieser Münzen (aus Konstantinopel): Mz-Nr. 61 Kuruş (40 Para), Mz-Nr. 62 Yirmilik (20 Para), Mz-Nr. 63 Onluk (10 Para), Mz-Nr. 64 Beşlik (5 Para), Mz-Nr. 65 Para, Mz-Nr. 68 Akçe. Alle diese Münzen unterscheiden sich nur in Gewicht und Durchmesser, nicht aber in der Aufschrift, mit Ausnahme der beiden kleinsten Münzen. Daneben gab es noch den Zolota (30 Para) und den Yarım Zolota oder Onbeşlik (15 Para).

Diese beiden tragen keine Tughra. Kupfermünzen waren zu Ahmeds III. Zeiten längst nicht mehr üblich. Eine sehr seltene Ausnahme ist der roh geprägte Mangır aus Bitlis aus dem Jahr 1128/1716, Mz-Nr. 69.

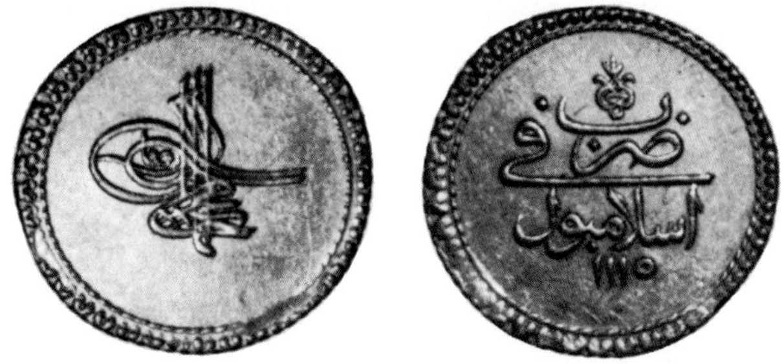

Mz-Nr. 60 Ahmed III. (1703–1730) Der erste „Fındık". Vs.: Tughra, Rs.: „Geprägt in Islambol 1115". (2fache Größe)

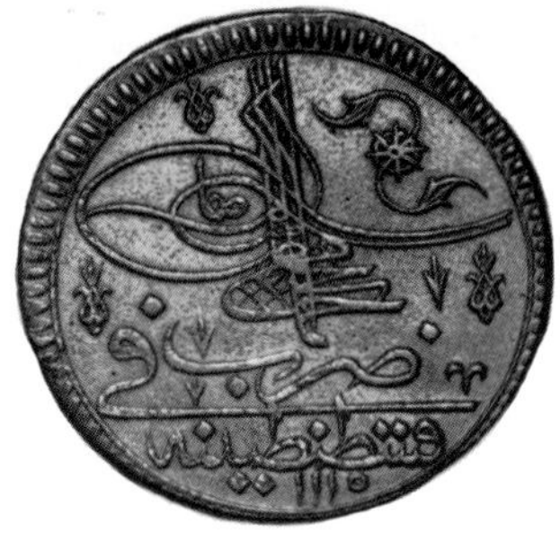

Mz-Nr. 61 Ahmed III. (1703–1730). Kurusch nach der Währungsreform Ahmeds. Geprägt in Konstantinopel 1115 H. (Originalgröße)

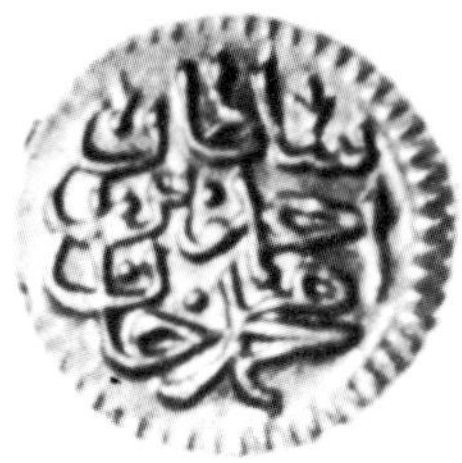

Mz-Nr. 68 Ahmed III. (1703–1730). Aktsche. „Sultan Ahmed, Sohn des Mehmed Han". (3fache Größe)

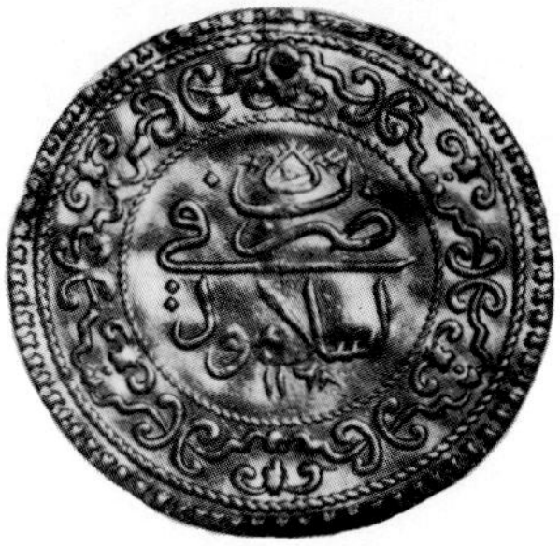

Mz-Nr. 70 Osman III. (1754–1757). 3-Fındık-Stück mit verziertem Rand, sog. Haremsmünze. „Geprägt in Islambol 1168". (Originalgröße)

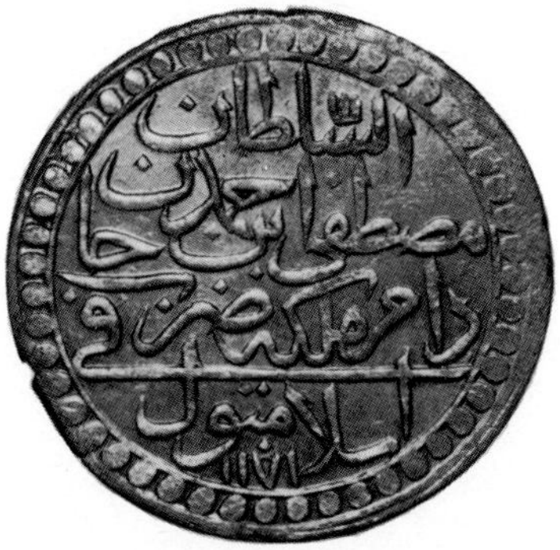

Mz-Nr. 73 Mustafa III. (1757–1774). Doppelter Zolota (= 60 Para). Islambol 1171 H. (Originalgröße)

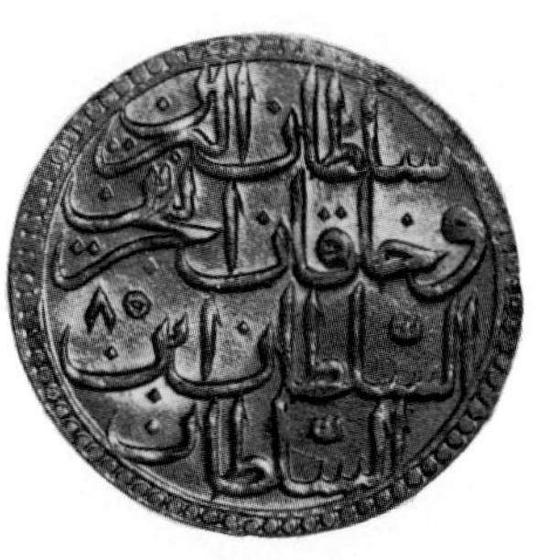

Mz-Nr. 74 Mustafa III. (1755–1774) Zolota (= 30 Para). Prägejahr (11)85 H. (Originalgröße)

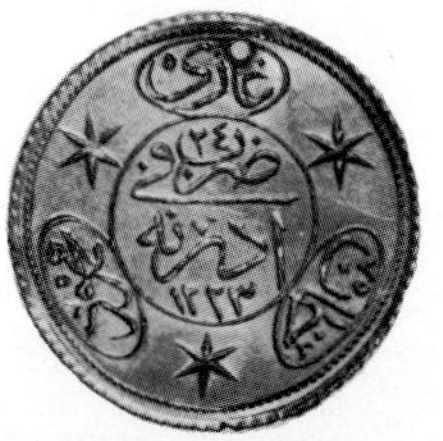

Mz-Nr. 83 Mahmud II. (1808–1839) Çifte Hayriye Altını. Geprägt anläßlich des Besuches des Sultans in Edirne im 24. Jahr seiner Regierung. (Originalgröße)

Von Sultan Osman III. (1754–1757) sind nur wenige Münzen erhalten geblieben. Mz-Nr. 70 ist ein 3-Fındık-Stück mit verziertem Rand, eine sogenannte „Haremsmünze". Diese wurden als Auszeichnung an die Mitglieder des Harems ausgegeben und meist (gelocht) als Schmuckstück getragen. Mz-Nr. 71 ist ein Onluk (10 Para) aus Konstantinopel 1168/1754–1755. Die Serie der großen Goldmünzen wird fortgesetzt mit dem 1 1/2-Fındık-Stück von Mustafa III. (1757–1774) „Geprägt in Islambol 1181", Mz-Nr. 72. Wiederum neu ist die Einführung des Doppelten Zolota (60 Para), Mz-Nr. 73. Dazu gehört das Zolota-Stück (30 Para) aus dem Jahr 1185/1771, Mz-Nr. 74. Die kleinste Münze ist das inzwischen selten gewordene Aktsche-Stück, Mz-Nr. 75. Von Abdülhamid I. (1774–1789) liegt ein Zer-i Mahbub vor, „Geprägt in Islambol 1171", Mz-Nr. 76. Im 16. Regierungsjahr führte der Sultan wieder eine neue silberne Großmünze ein, den *ikilik*, ein 2-Kurusch-Stück (80 Para), Mz-Nr. 77. Daneben blieb das 2-Zolota-Stück (60 Para), Mz-Nr. 78, unverändert im Umlauf. Die kleinste Münze ist nach wie vor der Aktsche, Mz-Nr. 79. Von Selim III. (1789–1807) ist Mz-Nr. 80 ein Fındık mit verziertem Rand. Gleich im ersten Jahr seiner Regierung führte der Sultan wiederum eine neue Silbermünze ein, die alle früheren an Größe übertraf: den *yüzlük* (100 Para), Mz-Nr. 81.
Der İkilik (80 Para), von seinem Onkel und Vorgänger eingeführt, wurde ebenfalls während der ganzen Regierungszeit von Selim III. geprägt, Mz-Nr. 82.
Mahmud II. (1808–1839) trug den Beinamen Adlî („der Rechtssicherheit Schaffende"); er könnte scherzhaft aber auch „der Münzreiche" genannt werden, denn er hat weit mehr Münzen herausgebracht als jeder andere osmanische Sultan vor ihm. Unter seiner Regierung folgte eine Münzreform auf die andere, manche liefen sogar gleichzeitig nebeneinander in einem merkwürdigen Verwirrspiel ab. Aus der Unzahl der Goldmünzen ist Mz-Nr. 83 ein Çifte Hayriye Altını-Stück mit verringertem Gewicht und Goldgehalt (3,4 Gramm, 873/1000). Die Aufschrift „Geprägt in Edirne" entspricht nicht der Wahrheit.
Die Münze wurde in Konstantinopel geprägt, und zwar im 24. Regierungsjahr des Sultans.
Von den Silbermünzen seien zwei Serien (allerdings nur unvollständig) hervorgehoben:

Die bekanntesten Münzen des osmanischen Reiches sind die „Metallık" genannten „Silber"münzen mit nur 220/1000 (später sogar nur 170/1000) Silbergehalt, beim Herstellungsprozeß aber äußerlich versilbert. Die Nummern 84 bis 86 sind ein *Cedid Beşlik* („Neuer Fünfer", 5 Kurusch), ein Yüzlük (100 Para, 2 1/2 Kurusch) und ein Kurusch. Eine auf diese Emission folgende Serie hatte wieder einen höheren Feingehalt, nämlich 435/1000. Mz-Nr. 87 bis 89 sind: ein *altılık* („Sechser", 6 Kurusch), ein *üçlük* („Dreier", 3 Kurusch) und ein *altmış para* Stück (60 Para, 1 1/2 Kurusch). Bei allen diesen Münzen steht auf der Rückseite „Geprägt in Konstantinopel 1223" sowie oben das aktuelle Regierungsjahr. Die Vorderseite trägt stets die Tughra mit dem Zusatz „Adlî".
Sultan Abdülmecid (1839–1861) führte eine gründliche Währungsreform durch und ließ seine Münzen mit modernen Maschinen prägen. Der von ihm eingeführte Münztyp blieb bis zum Ende des Reiches unverändert. Mz-Nr. 90 zeigt das neue Goldstück von 7,2 Gramm, das osmanische Goldpfund oder Lira, im Türkischen Yüzlük (100 Kurusch). Mz-Nr. 91 ist ein halbes Pfund (50 Kurusch), Mz-Nr. 92 ein viertel Pfund (25 Kurusch). Silbermünzen wurden zu 20, 10, 5, 2, 1 Kurusch (Mz-Nr. 93 bis 97) und zu 20 Para (Mz-Nr. 98) geprägt. Das Aussehen der Gold- und Silbermünzen ist gleich: Auf der Vorderseite die Tughra und eine Rose, darunter das aktuelle Regierungsjahr. Auf der Rückseite stets: „Sein Sieg sei ruhmreich, geprägt in Konstantinopel 1255". Die kleinste Münze bildet wieder eine Ausnahme: Sie trägt auf der Rückseite oben die Wertbezeichnung „20" (Mz-Nr. 98). Die Kupfermünzen haben die gleiche Vorderseite wie vorher, auf der Rückseite tragen sie jedoch den gleichen Text wie vorher als Randschrift, dazu in der Mitte die Wertbezeichnung. Stücke zu 40, 20, 10, 5 und 1 Para (Mz-Nr. 99 bis 103) wurden geprägt.
Unter Abdülazīz (1861–1876) geriet das Osmanische Reich in die bekannte schwere Wirtschaftskrise, als deren Folge sich auch ein unerhörter Mangel an Kleingeld einstellte. Viele griechische Gemeinden behalfen sich in dieser Zeit mit einer Art Notgeld. Sie kauften die außer Kurs gesetzten Kupfermünzen auf und machten sie durch einen Stempel im Gemeindegebiet wieder umlauffähig.

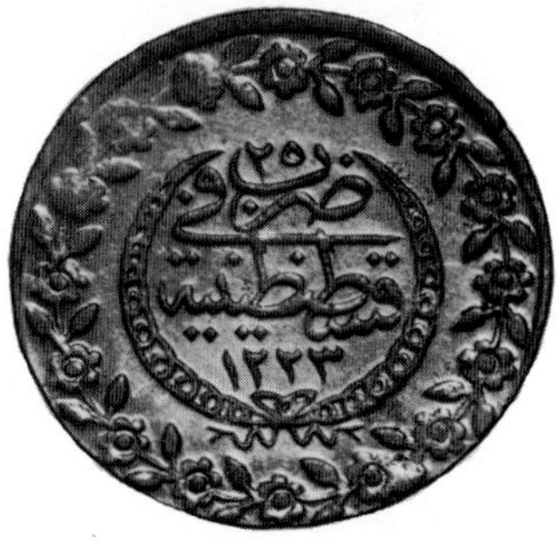

Mz-Nr. 84 Mahmud II. (1808–1839). Cedid Beşlik (= 5 Kurusch). Geprägt im 25. Regierungsjahr des Sultans in Konstantinopel. (Originalgröße)

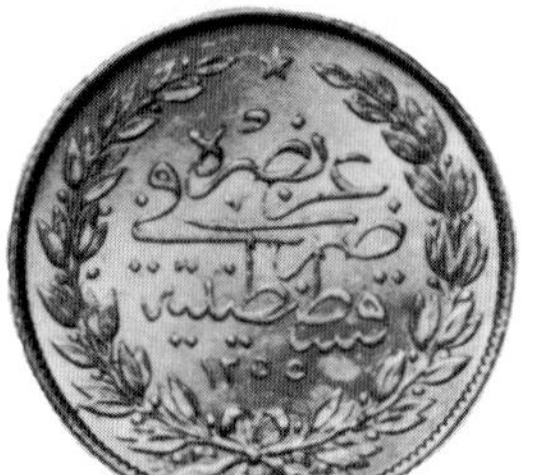

Mz-Nr. 90 Abdülmecid (1839–1861). Lira (= 100 Kurusch). Konstantinopel 1255, nach der Währungsreform von 1844. (1,5fache Größe)

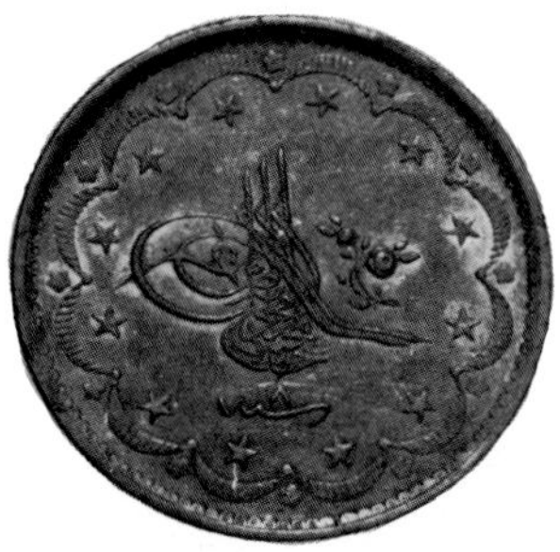

Mz-Nr. 93 Abdülmecid (1839–1861). 20 Kurusch („Mecidiye"), Konstantinopel 1255, nach der Währungsreform von 1844. (Originalgröße)

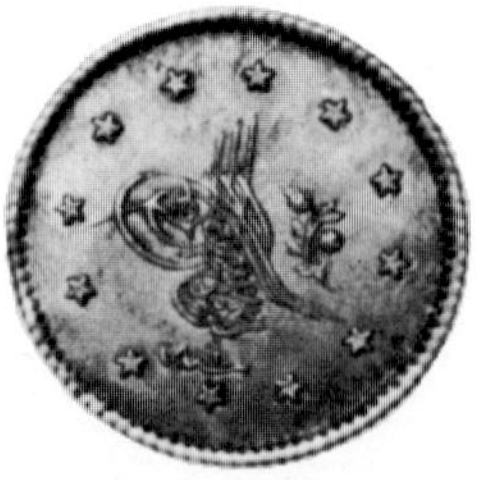

Mz-Nr. 97 Abdülmecid (1839–1861). Kurusch, Konstantinopel 1255, nach der Währungsreform von 1844. (2fache Größe)

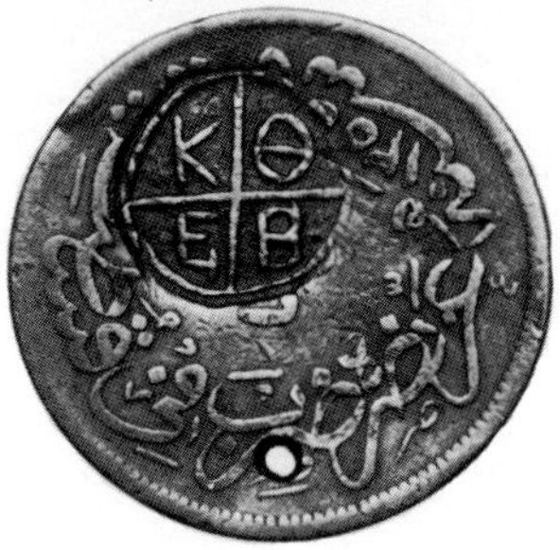

Mz-Nr. 104 Gegenstempel des Dorfes Vurgaro/Thasos auf 40 Para von Abdülmecid. KOEB = Ruhe der Mutter Gottes. Kirche von Vurgaro. (Originalgröße)

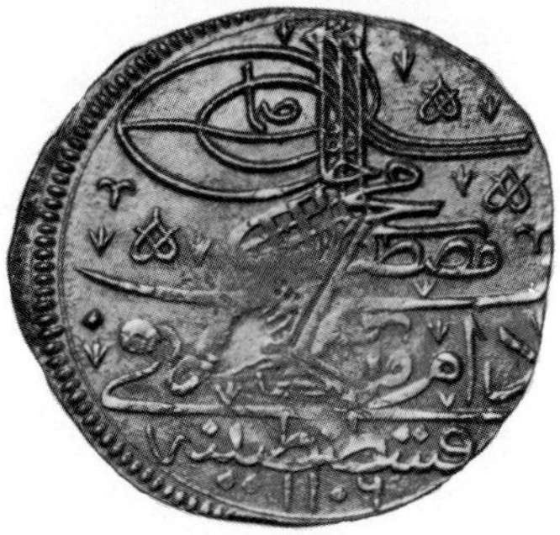

Mz-Nr. 113 Mustafa II. (1695–1703), Kurusch. Überprägung eines holländischen Löwentalers, Konstantinopel 1106 H. Der Arm des Ritters ist noch schwach zu erkennen. (Originalgröße)

Mz-Nr. 104 ist ein 40-Para-Stück mit einem Gegenstempel des Dorfes Vurgaro auf der Insel Thasos. Mz-Nr. 105 ist ein 40-Para-Stück mit den griechischen Gegenstempeln des Städtchens Plomari auf der Insel Lesbos. Der gleichzeitig von der türkischen Verwaltung aufgebrachte Stempel (in arabischer Schrift) zeigt, daß diese Aktion von offizieller Seite geduldet oder sogar gebilligt wurde. Sultan Mehmed V. Reşad („der Aufrechte") (1909–1918) wird heute noch von den Türken hochgeehrt. Seine sogenannten „Reiseprägungen" sind beliebte Sammlermünzen. Alle diese Münzen wurden in Konstantinopel geprägt, wenn diese auch die jeweils besuchte Stadt als (angeblichen) Prägeort ausweisen. Folgende 1 Lira-Stücke (100 Kurusch) sind zu sehen: Mz-Nr. 106 Konstantinopel, Mz-Nr. 107 Bursa, Mz-Nr. 108 Edirne, Mz-Nr. 109 Kosovo (heute Priština/Jugoslawien), Mz-Nr. 110 Monastir (heute Bitola/Jugoslawien) und Mz-Nr. 111 Selanik (heute Saloniki/Griechenland). Rund 600 Jahre nach seiner Gründung zerfiel das Osmanische Reich. Aus den Trümmern formte Mustafa Kemal Pascha, genannt Atatürk (Vater der Türken), einen neuen Staat, die heutige Türkei. Mz-Nr. 112 zeigt sein Bild auf einem 250-Kurusch-Stück des Jahres 1971.

ZUR ENTWICKLUNG DES KURUSCH (PIASTER)

Während das osmanische Goldstück, der Altın, über Jahrhunderte eine geradezu erstaunliche Wertkonstanz aufwies, verfielen alle anderen Münzen des Reiches im Laufe der Zeit. An der Gewichts- und Feingehaltsabnahme des in Konstantinopel/Islambol geprägten Kurusch ist diese „schleichende Inflation" besonders deutlich zu erkennen. Der Kurusch wurde in wirtschaftlich schwerer Zeit von Süleyman II. eingeführt; von ihm und seinem nur kurz regierenden Nachfolger Ahmed II. wurden daher nur ganz wenige Stücke geprägt. Unter Mustafa II. kam es gelegentlich zu Überprägungen europäischer Taler, die immer noch in großen Mengen neben den Kurusch-Stücken umliefen. Mz-Nr. 113 ist ein solcher überprägter Löwentaler, auf dem noch ein Arm des ursprünglich vorhandenen Ritters zu erkennen ist. Mz-Nr. 114 ist ein unbeschädigter Löwentaler, der „Ebu Kelb" (Vater des Hundes) genannt wurde, weil man in dem Wappentier einen Hund sah.

Die Gewichtsangaben der Tabelle sind rohe Mittelwerte der stark schwankenden Münzgewichte. Die genauen Soll-Gewichte sind noch Gegenstand der Diskussion.

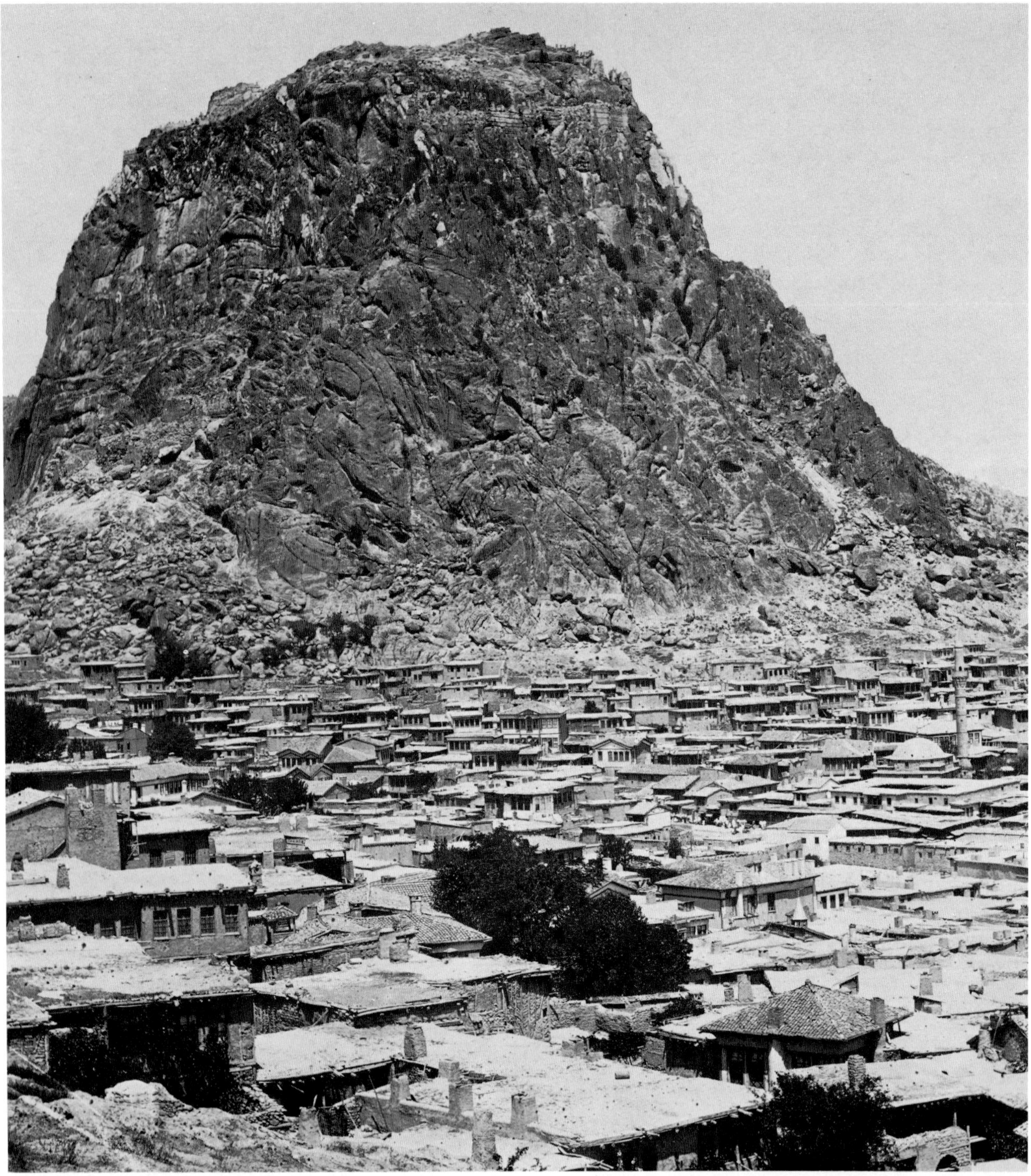

Abb. 38 Afyon-Karahisar, Blick auf den Stadtkern. Ende des 19. Jh. Traditionelle ein- bis zweigeschossige Bebauung mit Flach- und Walmdächern nebeneinander. Im Hintergrund die alte Zitadelle. (Foto: DAI, Istanbul)

Siedlungen waren zu allen Zeiten räumlicher Ausdruck der sozialen und wirtschaftlichen Struktur eines politischen Gefüges, das sich in bestimmten, zeitgebundenen Formen manifestiert.
Die Türken waren ihrem Ursprung nach zwar ein Nomadenvolk; sie hatten sich jedoch schon lange vor dem Entstehen des Osmanischen Reiches zumindest zu einem Teil an städtisches Leben gewöhnt (vgl. Kissling 1968). Sie waren in Westkleinasien und auf dem Balkan mit alten Stadtkulturen in Berührung gekommen und hatten hier die alt-ansässige Bevölkerung entweder islamisiert oder als *reaya* unter ihre Herrschaft genommen. Ein nicht geringer Teil der aus dem Osten Zuwandernden hat allerdings bis in unser Jahrhundert hinein sein Nomadendasein beibehalten und ist somit unbeteiligt an der Ausbildung einer eigenen Stadtkultur geblieben. Eine gewisse Reserviertheit gegenüber städtischem Leben zeigte sich aber auch bei den ersten Osmanensultanen im 14. Jh.; selbst noch im 17./18.Jh. zogen einzelne Herrscher das freie Leben im Zelt ihrem reich ausgestatteten Palast in Istanbul vor.
Als die Türken nach dem Sieg bei Malazgirt (1071) und dem ersten raschen Vorstoß ins Kerngebiet des byzantinischen Reiches seit dem 12. Jh. darangingen, sich auf Kosten von Byzanz ein eigenes Reich in Zentralanatolien zu schaffen, verlief der Prozeß der Übernahme ehemals byzantinischen Gebietes in den einzelnen Regionen sehr verschieden. Im östlichen Anatolien eroberten die Seldschuken relativ intakte Städte, während den Osmanen später im westlichen Kleinasien und auf dem Balkan vielfach verarmte und oft völlig verfallene Städte in die Hände fielen. Wieder anders war die Lage Anfang des 16. Jhs. in Syrien, Palästina und Ägypten, wo die osmanischen Eroberer auf völlig intakte Städte mit uralter urbaner Tradition und überwiegend arabischer Bevölkerung stießen. Wie immer der Zustand der einzelnen Städte aber auch war: in allen Fällen wurden mit den alten Ortskernen und ihren Bewohnern bestimmte Traditionen und örtlich recht unterschiedliche, historisch gewachsene Voraussetzungen übernommen, die dann ihre Auswirkungen auf die spätere Weiterentwicklung der betreffenden Stadt und auf das Bild der osmanischen Stadt hatten. Andererseits haben die vor allem im 14./15.Jh. häufigen Umsiedlungen ganzer Stadtbevölkerungen über weite Entfernungen hinweg diese lokalen Komponenten etwas abgeschwächt.
Gegenüber diesen Alt-Städten hat es nur eine sehr geringe Zahl von Neugründungen in den verschiedenen Teilen des Reiches gegeben, bei denen jeweils Anlaß und Ausgangspunkt ganz unterschiedlich waren: Stadtgründungen neben Festungen (Albasan/Albanien 1466) oder an wichtigen Paß- oder Brücken-Stellen (Ergene-Uzunköprü/Thrakien um 1443; Karapınar östl. Konya A. 16. Jh.); Städte, die sich im Anschluß an Mineralvorkommen entwickelten (Küre, Bilecik und Zonguldak; vgl. Faroqhi 1984, 172 ff.) oder die am Platz ehemaliger Dörfer angelegt wurden (u. a. Nevşehir A. 18. Jh.; Yozgat im 18. Jh.; Adapazarı, Ordu, Mersin im 19. Jh. u. a.)
Ebensowenig wie von der „islamischen" Stadt kann man also von der „osmanischen" Stadt sprechen, zumal neben jenen unterschiedlichen Traditionen auch die verschiedenen Funktionen zu deutlich voneinander absetzbaren Stadtformen führten. Neben dem seit dem 16. Jh. ganz zielstrebig als Hauptstadt ausgebauten Istanbul (damals überwiegend Kostantiniye genannt) standen die früheren Hauptstädte Bursa und Edirne, die zeitweiligen Prinzenresidenzen Manisa und Amasya sowie die (gelegentlich wechselnden) Sitze von Provinzstatthaltern (u. a. Sıvas, Konya, Kars, Kütahya, Trabzon; Damaskus, Aleppo; Kairo u. a.). Dazu gab es die große Zahl mittlerer (*sancak*) und kleinerer Verwaltungssitze (*kaza*) und schließlich die sich von der Masse einfacher Landstädtchen abhebenden Heimatorte bedeutender Feudalfamilien – oft turkmenischer Abstammung –, so z. B. Kastamonu mit den İsfendiyaroğulları, Yozgat mit den Çapanoğulları und Adana mit den Ramazanoğulları. Angesichts derart tiefgreifender Unterschiede ist es außerordentlich schwierig, einen kurzgefaßten Überblick über die „osmanische Stadt" zu geben, zumal nur geringe Teile unseres Wissens über Städte des Osmanischen Reichs aus Provinzorten kommen, die meisten aber aus Istanbul stammen, das gerade nicht typisch für die große Zahl

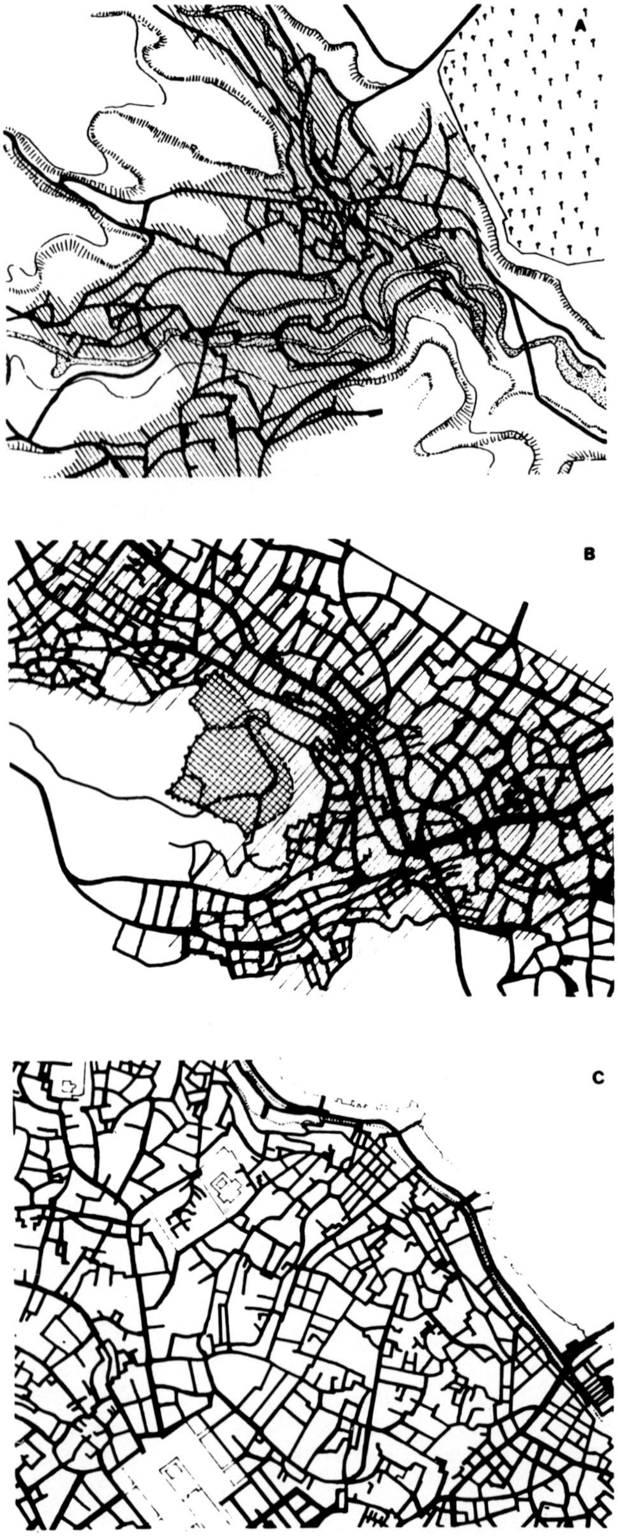

Abb. 39 Darstellung von Stadtplänen türkischer Städte (Maßstab 1 : 20 000)

A)
Inneranatolische Kleinstadt mit kleinem Basarviertel, sonst überwiegend landwirtschaftliche Funktion

B)
Westanatolische Bezirkshauptstadt mit alter byzantinischer Zitadelle (kreuzschraffiert) und zwei deutlich erkennbaren Hauptstraßen; einzelne moderne Quartiere

C) Istanbul
Ausschnitt aus dem Gesamtplan; erfaßt ist das am Goldenen Horn gelegene, noch heute ungefähr traditionell strukturierte Gebiet zwischen Fatih Camii (unten links) und Selimiye Camii (oben rechts), östlich davon wurde ein altes Brandgebiet im Karree-Schema neubesiedelt

anatolischer oder balkanischer Städte ist und schon gar nicht für die Städte der arabischen Reichsteile. Hinzu kommt, daß nur in sehr wenigen Orten der städtebauliche Entwicklungs- und Veränderungsprozeß untersucht wurde und das Fehlen zuverlässigen älteren und neuen Planmaterials solche Untersuchungen auch empfindlich behindert. Was hier angedeutet werden kann, ist ein allgemeines Bild der osmanischen Stadt des 15.–18. Jhs. Seit dem späteren 18. Jh., vor allem aber im 19. und 20. Jh., haben sich die Verhältnisse zum Teil grundlegend verändert; geblieben ist jedoch die Bedeutung der Stadt als Zentrum des politischen, wirtschaftlichen und kulturellen Lebens ihrer Zeit. Ähnlich vielgestaltig wie ihre Geschichte war auch die geographische Situation der meisten Städte, zumal sich im osmanischen Reich praktisch alle denkbaren Landschaftsformen – von der Steppe über fruchtbares Hügelland bis zu Hochgebirgen – fanden, und im übrigen die die Standortwahl bestimmenden Faktoren im Laufe der Jahrhunderte mehrfach wechselten. Bevorzugt wurden Lagen an Flüssen oder Hanglagen am Rande fruchtbarer Talauen mit ausreichender Wasserversorgung; denn ebenso wie im zeitgenössischen Europa waren auch im Osmanischen Reich die Städte zu einem wesentlichen Teil an der agrarischen Produktion beteiligt, wie Steuerlisten z. B. des 16. Jhs. zeigen (vgl. Faroqhi 1978/80,25 f. und 1984, 242 ff.). Eine relativ geringe Rolle haben bis ins 18./19. Jh. hinein die Hafenstädte gespielt (vgl. Faroqhi 1984, 104 ff.).

Eine juristisch-klare Abgrenzung unterschiedlicher Siedlungsformen (wie das etwa die Verleihung des Stadtrechtes oder der Stadtmauerbau im europäischen Mittelalter bewirkten) hat es im Orient nie gegeben. Allerdings gab es qualifizierende Bezeichnungen für einzelne Siedlungsformen, unter denen *şehir* (Stadt) die allgemeinste war; befestigte Städte hießen oft *kale* oder – wie auch die Zitadellen innerhalb sonst offener Städte – *iç kale* im Gegensatz zu den offenen Vorstädten (*varoş*); kleinere Städte nannte man *kasaba*. Daneben gab es in den einzelnen Reichsteilen noch regionale Sonderbezeichnungen. In der heutigen Türkei führte erst das Dorfgesetz von 1924 zur klaren Trennung von *kasaba* und *şehir* mit einem Grenzwert von 20 000 Einwohnern, während früher bestimmte typische Funktionen – die Existenz eines lokalen Marktes oder die Rolle als geistliches oder Verwaltungszentrum mit Freitagsmoschee (*cami*) und Kadi-Amt eine Stadt vom Dorf unterschieden. Genauere Daten über Einwohnerzahlen osmanischer Zeit sind selten. Überliefert sind allerdings Steuerlisten mit Angabe der Anzahl von Haushalten, aus denen sich ein erheblicher Anstieg der Bevölkerungsdichte zwischen 1520–1570 erkennen läßt. Für Istanbul und seine Vororte darf man im 16. Jh. mit etwa 6–700 000 Einwohnern rechnen. Für Bursa – die zweite Stadt des Reiches – ist gegen Ende des 16. Jhs. mit rund 65 000 Menschen und für Edirne zur gleichen Zeit mit ca. 30 000 zu rechnen, während normale Provinzstädte kaum mehr als 3–8000 Einwohner, also ungefähr 1000–1400 *hane* (Haushalte) hatten und Orte mit mehr als 10 000 Einwohnern bereits als große Städte galten (vgl. Faroqhi 1984, 10).

Als wirtschaftliche und damit Steuern einbringende Zentren erfreuten sich die im Osmanischen Reich bestehenden Städte zwar eines gewissen Wohlwollens der Machthaber, doch gab es keine deutlichen Tendenzen zu irgendeiner Art Städte-Förderung (vgl. Faroqhi 1984, 296 f). Im Gegensatz zu mitteleuropäischen Städten hatten sie keine eigenen politischen Rechte, sondern standen unter steter Kontrolle der Obrigkeit. Ihr Rechtsstatus war dabei bis ins 16. Jh. hinein recht unterschiedlich. Manche Städte waren – oft samt umliegendem Land – zeitlich befristeter Lehensbesitz (*tımar*) eines Feudalherren (im allgemeinen eines Sancakbey oder eines Subaşı), andere gehörten als *has* dem Großherrn oder Mitgliedern der Herrscherfamilie (Todorov 1983, 79 ff.). Einen Unterschied zwischen Städten und Dörfern gab es in diesem Bereich nicht. Klare gesetzliche Regelungen gab es dagegen schon seit der Mitte des 15. Jhs. zur Sicherung der Versorgung der Städte mit Lebensmitteln und Rohstoffen sowie zur Regelung des wirtschaftlichen Lebens, der Märkte und der Gewerbe. Die Kanunname der Sultane Mehmed II. Fatih und Süleyman I. garantierten diese Ordnung, zugleich aber auch eine weitgehende Kontrolle der innerstädtischen Verhältnisse durch die islamische Oberschicht (Beldiceanu 1973, 63 ff.). Während die hauptstädtischen Aufsichtsorgane (*kaymakam* und die ihm unterstellten Beamten) eng mit der obersten Staatsverwaltung verbunden waren, lockerten sich diese Bindungen in den Provinzen deutlich. Je nach Art und Größe der Stadt kam der jeweilige örtliche Machthaber aus der militärischen Laufbahn (*sancak beyi*, *subaşı* o. ä.) oder dem zivilen Sektor (*kadı*) und hatte eine von Ort zu Ort wechselnde Zahl von Untergebenen für die einzelnen Aufsichtsaufgaben. In kleineren Städten war der aus der geistlichen Hierarchie hervorgehende Kadi die oberste Autorität, der für seinen Amtsbezirk (*kaza*) die Anordnungen der fernen Obrigkeit zu übermitteln und ihre Ausführung durchzusetzen hatte; daneben hatte das Kadi-Amt bestimmte Steuern zu erheben und notarielle Aufgaben wahrzunehmen. Nicht zuletzt aber hatte der Kadi mit Hilfe des ihm unterstellten Marktaufsehers (*muhtesib*) für Ruhe und Ordnung in den nach Religion oder Volkstum (*millet*) gegliederten Wohnbezirken (*mahalle*) zu sorgen und zugleich die Aufsicht über die durch zahlreiche Gilden (*esnaf*) straff geordneten Bereiche der Gewerbe und des Handels zu führen (vgl. Faroqhi 1981, 38), oft auch als *nazır* einer frommen Stiftung (*vakıf*) über deren Besitzungen.

Neben diesen beiden Bereichen — Mahalle und Gilde –, in die das alltägliche Leben aller Stadtbewohner fest eingebunden war, gab es für den Einzelnen noch zusätzliche Bindungen an religiöse Institutionen – an die offiziellen „orthodoxen" Einrichtungen wie Moscheen, Kirchen oder Synagogen, dazu aber auch an die verschiedenen, mit den Gilden vielfach verflochtenen geistlichen Orden (*tarikat*), deren Niederlassungen (*tekke*, *zaviye*, *hanekah*) in den Städten verteilt lagen und als geistliche Zentren vor allem während der Islamisierung der neu-eroberten Gebiete eine nicht zu unterschätzende Bedeutung hatten. Zu diesen eng an die jeweilige Stadt gebunde-

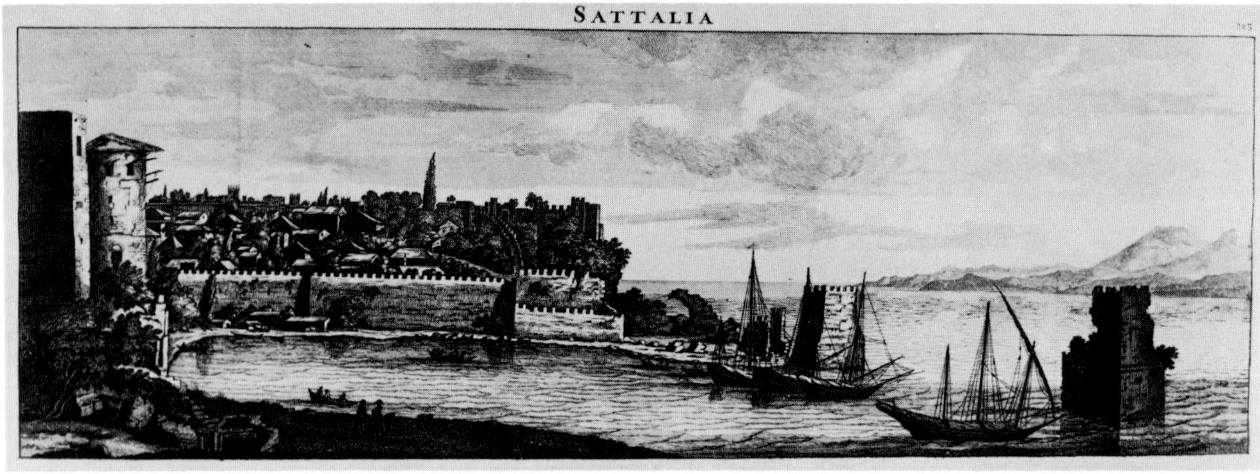

Abb. 40 Stadtbild von Antalya (hier als Sattalia bezeichnet) mit den aus der Spätantike stammenden Befestigungen. In: Voyage au Levant . . . par Corneille le Brun. Paris 1714. S. 393

nen sozialen Gruppierungen traten noch die oft nur zeitweilig am Ort ansässigen Angehörigen militärischer Einheiten: Festungsbesatzungen oder Schiffsmannschaften, in Kriegszeiten in Grenzplätzen auch größere Armee-Einheiten, deren Anwesenheit sogar gelegentlich in entfernt-liegenden Regionen zu wirtschaftlicher Belebung beitrug (s. Murphey 1980).
Dazu fand sich schließlich in größeren Handelsstädten und Hafenplätzen stets eine gewisse Zahl ausländischer Kaufleute und Handwerker, deren rechtlicher Status sie deutlich von den osmanischen Untertanen unterschied und ihnen ihre eigenen Lebensweisen gestattete.

Daß sich eine derart in einem zentralisierten Reichsverband eingefügte Stadt in ihrem räumlichen Gefüge klar von dem einer mittelalterlichen Bürgerstadt Mitteleuropas unterschied, ebenso aber auch von der barocken Residenz eines absoluten Territorialfürsten, liegt auf der Hand. Marktplatz oder Schloßfreiheit als zentrale städtische Räume kannte die osmanische Stadt nicht, obwohl die Markt- und Gewerbezone zusammen mit der Hauptmoschee in Lage und Erscheinungsbild deutlich ihren Mittelpunkt markierte. Um diese durch einige durchgehende Straßen von außen her erreichbare Mitte lagerte sich locker ein Ring von Wohnquartieren, die in ihrer Anlage mit kleinen Sub-Zentren und individuellen Einrichtungen alte orientalische Raumordnungsformen wiederholten. Dieser Funktionsordnung entsprechend reduzierten sich auch Maßstab und Ausstattung der Einzelbauwerke vom Zentrum nach außen hin deutlich – auch wenn gelegentlich am einstigen Stadtrand errichtete größere Stiftungskomplexe (*külliye*) bei weiterem Wachstum des Ortes allmählich zu Zentren neuer Stadtquartiere wurden –, genau wie auch die ursprünglich das Stadtganze außen umschließenden Friedhöfe bei solchem Wachstum allmählich mitten in reine Wohngebiete hineingerieten. Als Verbindung zwischen dem Zentrum und den Randzonen gab es einige größere durchlaufende Straßenzüge mit Anschluß an die ins Umland führenden Straßen.
Das innere Straßennetz der Städte war ein unregelmäßiges, sich stark verästelndes Maschenwerk von Durchgangswegen (*tarik-i âm*) und kleineren Gassen (vgl. Abb. 39), die als Privatstraßen (*tarik-i has*) die einzelnen Wohnquartiere erschlossen und im wesentlichen nur für Tragtiere und Fußgänger ausgebaut waren. Fahrzeuge tauchen in der osmanischen Stadt erst spät auf.

Da es keine übergeordnete Stadtplanung gab, sondern nur die Erfordernisse des Alltags – Zugänglichkeit aller Häuser, ausreichende Durchgangsbreiten und ähnliche zweckbedingte Wünsche – Lage und Form der Straßen und anderer öffentlicher Räume bestimmten, fiel jeglicher Anlaß für eine architektonisch-höherrangige Stadtgestaltung, für lange gerade Straßenachsen oder gar für die monumentale Ausbildung von Platzräumen fort. Die sich hier dokumentierende Lockerheit zeigte sich auch in der äußeren Begrenzung der Städte, die nur selten durch

Stadtmauern klar definiert war. Im allgemeinen lockerte sich die Bebauung gegen das umgebende Land hin mit Einzelhäusern, Gärten und Friedhöfen allmählich auf, in einzelnen Fällen (z. B. in Denizli, Eski Malatya, Kırşehir u. a.) kann man sogar von Gartenvorstädten sprechen (vgl. Faroqhi 1984, 45 f.). Intakte Befestigungsanlagen finden sich fast nur bei Städten in umkämpften Grenzgebieten – im Balkanraum (z. B. Niş, Skopje, Elbasan, Şumla, Vidin u. a.) oder im östlichen Anatolien (z. B. Kars, Tiflis, Mossul, Erzurum, Suchumi u. a.), dazu auch bei einzelnen Orten in Küstengebieten (u. a. Sığacık, Nauplia, Patras, Jaffa usw.) – letztere oft nur Verstärkungen oder Reparaturen älterer Anlagen. In Anatolien wurden allerdings zum Schutz der Einwohner während der Celâlî-Aufstände des 16./17. Jhs. in einzelnen Städten einfache Befestigungen errichtet (z. B. in Bursa, Ankara, Konya; vgl. Faroqhi 1984, 272 ff.). Ältere Befestigungsanlagen wurden dagegen meist nicht mehr unterhalten, mit Ausnahme der bei vielen Orten liegenden alten Zitadellen, die zum Teil bis ins 19. Jh. hinein von kleinen Truppeneinheiten besetzt gehalten wurden (z. B. in Izmir, Kütahya, Afyon, Trabzon, Sinop u. a.). Hier und da hatten Stadtmauern aus vergangenen Jahrhunderten die Zeiten überstanden – antike oder byzantinische Anlagen wie z. B. in Iznik, Sinop, Izmir, Athen und Istanbul oder Mauern aus der Seldschukenzeit wie in Erzurum, Konya oder Kayseri –, die nicht selten ein weit größeres als das derzeit genutzte Territorium umschlossen. Als städtische oder staatliche Bauaufgabe, vor allem aber als stadtbild-prägendes Motiv fielen Wehrbauten in den zentralen Regionen des Osmanischen Reiches jedoch aus. Allein der malerische Reiz jener halbzerfallenen alten Mauern oder antiquarisches Interesse der Besu-

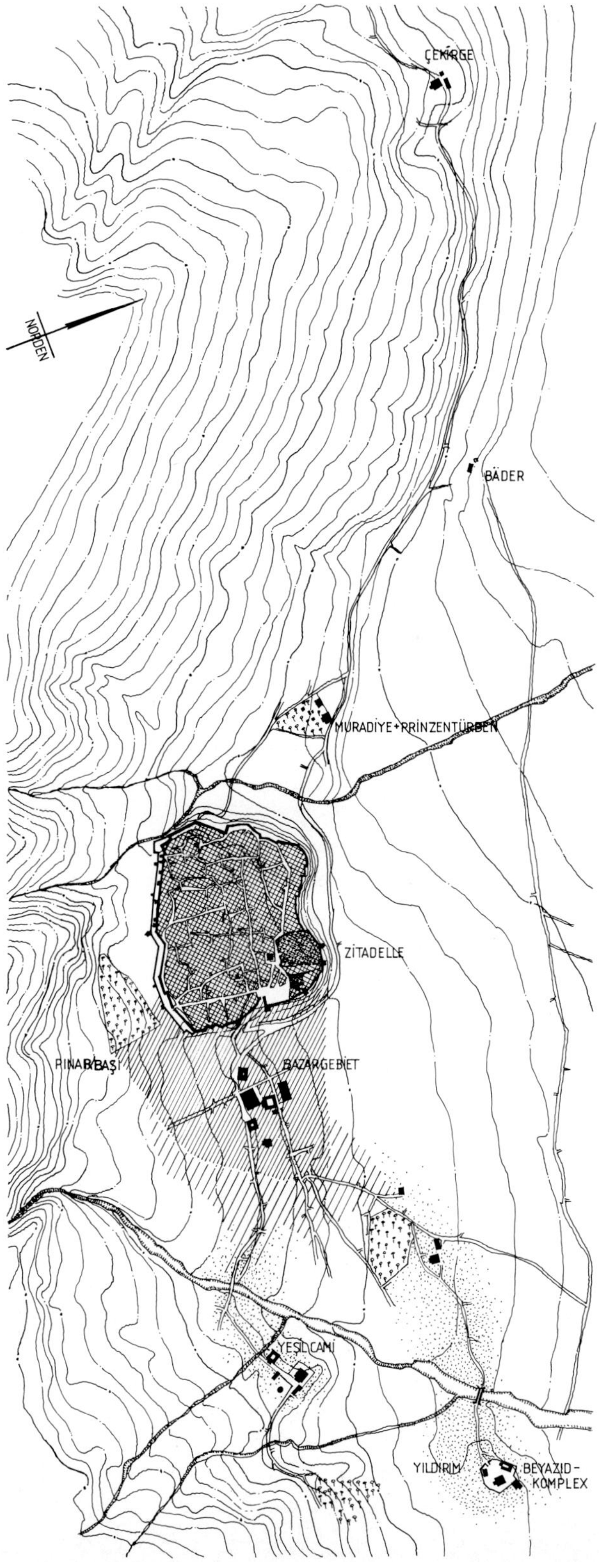

Abb. 41 Plan der Stadt Bursa mit den einzelnen Entwicklungsstufen im 14. und 15 Jh.: kreuzschraffiert = antik-byzantinischer Stadtkern, im frühen 14. Jh. zur Zitadelle ausgebaut; eng-schraffiert = Erweiterung z. Z. des ersten Osmanensultans Orhan (1326–60); weit-schraffiert = Erweiterung unter Sultan Murad I. (1362–89); punktiert = Neubaugebiete aus der Zeit der Sultane Bayezid I. (1389–1402) und Mehmed I. (1413–21)

cher haben dazu geführt, daß sie trotzdem so oft in Reisewerken abgebildet wurden (Abb. 40).
Blieb das bauliche Ensemble der Städte als Gesamtgefüge also im allgemeinen ziemlich unbestimmt, so war ihr Zentrum doch klar definiert durch Hauptmoschee und Marktzone, die sich in Materialwahl und Bauformen deutlich von den offenen und meist stark durchgrünten Wohngebieten unterschieden und nicht selten die Stadtsilhouette mitbestimmten: einige der großen Istanbuler Sultansmoscheen sind bewußt im Hinblick auf ihre Wirkung in der Fernsicht plaziert worden. In vielen Städten wurde kurz nach der Eroberung durch die Osmanen ein neues Zentrum mit Markt und Moschee dicht neben oder unterhalb der alten Zitadelle angelegt, die als Rückzugsplatz letzter byzantinischer Siedlungskern gewesen war — so u. a. in Kayseri, Konya, Afyon, Trabzon, Kütahya (vgl. Abb. 39), Tokat und Bursa (vgl. Abb. 41). In Edirne war es die alte trapezförmig ummauerte Stadt, vor der rund 60 Jahre nach der Eroberung durch die Türken (um 1369) mit Ulu Cami und Bedestan sowie etwas später der großen Üç Şerefeli Cami ein neues, für diese Zeit durchaus monumentales Stadtzentrum entstand, während der Palast weit vor der Stadt auf dem westlichen Tunca-Ufer angelegt wurde.
Neben der städtischen Hauptmoschee gab es in allen größeren, aber auch in vielen kleineren Orten noch weitere bedeutende Moscheekomplexe, die — als Külliye aus einer örtlich sehr unterschiedlichen Zahl einzelner Bauten bestehend — Stiftung (*vakıf*) eines Sultans oder hoher Würdenträger des Reiches waren. Viele von ihnen sind wichtige Markpunkte in der Geschichte der osmanischen Baukunst und werden daher im Einzelnen in deren Rahmen behandelt.
In vielen — durchaus nicht allen — Fällen sind diese zur Zeit ihrere Anlage am Stadtrand liegenden Komplexe bei weiterem Wachstum der Stadt zu Mittelpunkten neuer Stadtteile geworden, wie sich das z. B. in der Entwicklung von Bursa recht gut verfolgen läßt, wo außerhalb des frühosmanischen Stadtzentrums mit Zitadelle, Markt und Ulu Cami in rascher Abfolge eine ganze Reihe solcher Stiftungsbauten errichtet wurde (vgl. Abb. 41). Das begann zunächst im weit westlich gelegenen Çekirge mit dem Bau der Moschee Murads I. (um 1366/85), setzte sich im Osten fort mit den jenseits des tiefeingeschnittenen Gökdere liegenden Baugruppen des Sultans Bayezid I. (1391/95) und dem Komplex um die Yeşil Cami (ab 1419) und endete vorläufig mit der wieder westlich der Altstadt gelegenen Muradiye Camii (1425/6), um die herum jeweils in kurzer Zeit neue Stadtteile entstanden. Ähnlich war es in Manisa, wo mit der Valide Camii (1522/23) und den zugehörigen Bauten sowie später mit der Muradiye Camii (1583/86) neue Siedlungskerne geschaffen wurden, ähnlich auch in Edirne mit den Baugruppen Bayezids II., der Muradiye Camii und der Selimiye Camii. Daß bei den anfangs erwähnten Neugründungen von Städten solche von den Gründern errichtete Komplexe am Anfang des Ganzen standen, ist eher selbstverständlich, und so bildeten in Nevşehir die große Stiftung des Damad Ibrahim Paşa (1726) und in Yozgat die von den Çapanoğulları gestiftete Ulu Cami einen eindeutigen Akzent dieser Städte.
Nicht selten wurde solche größeren Stiftungskomplexe auch in der Nähe alter Dörfer an wichtigen Straßen errichtet, etwa an der Pilgerstraße nach Mekka (Payas) oder an der großen Heerstraße zum Balkan (Lüleburgaz). Wie die zuvor genannten städtischen Stiftungen bildeten diese Komplexe den Kern neuer Städte, wenngleich sich die Komplexe selbst in Art und Zusammensetzung der einzelnen Bauten klar von innerstädtischen oder am Rande älterer Städte gelegenen Stiftungen unterschieden — etwa durch den größeren Anteil an Kervansaray-Teilen.
Die Existenz bedeutender Bauwerke in der osmanischen Stadt ist also stets mit einer Stiftung (*vakıf*) einer im Reich oder in der Region bedeutenden Persönlichkeit verbunden, während kleinere Moscheen auch häufig von Angehörigen des Beamten- oder Gelehrtenstandes (*ilmiye*), Quartiermoscheen nicht selten auch von Leuten aus der jeweiligen Stadt gestiftet wurden. Die Stadt selbst kann als Bauherr nicht erscheinen. In Stiftungsbesitz waren auch die meisten Gebäude in der Gewerbezone, des Basars: Läden, Bedestane und die meisten großen Hane, diese vielfach zum Unterhalt der Moscheekomplexe bestimmt.
Während die großen Moscheekomplexe mit Kuppeln und Minarets ihre zentrale Funkion auch optisch im Stadtbild deutlich machten, (Kat. Nr. I/20–25) war der Aufwand für die Bauten des wirtschaftlichen Mittelpunkts der Städte, für den Basar, eher bescheiden. Von einzelnen in Stein errichteten Bedestan- und Han-Bauten abgesehen waren die im Basar liegenden Gebäude bis ins 18. Jh. hinein überwiegend Holz- oder Lehmziegelbauten in den regional üblichen Formen.

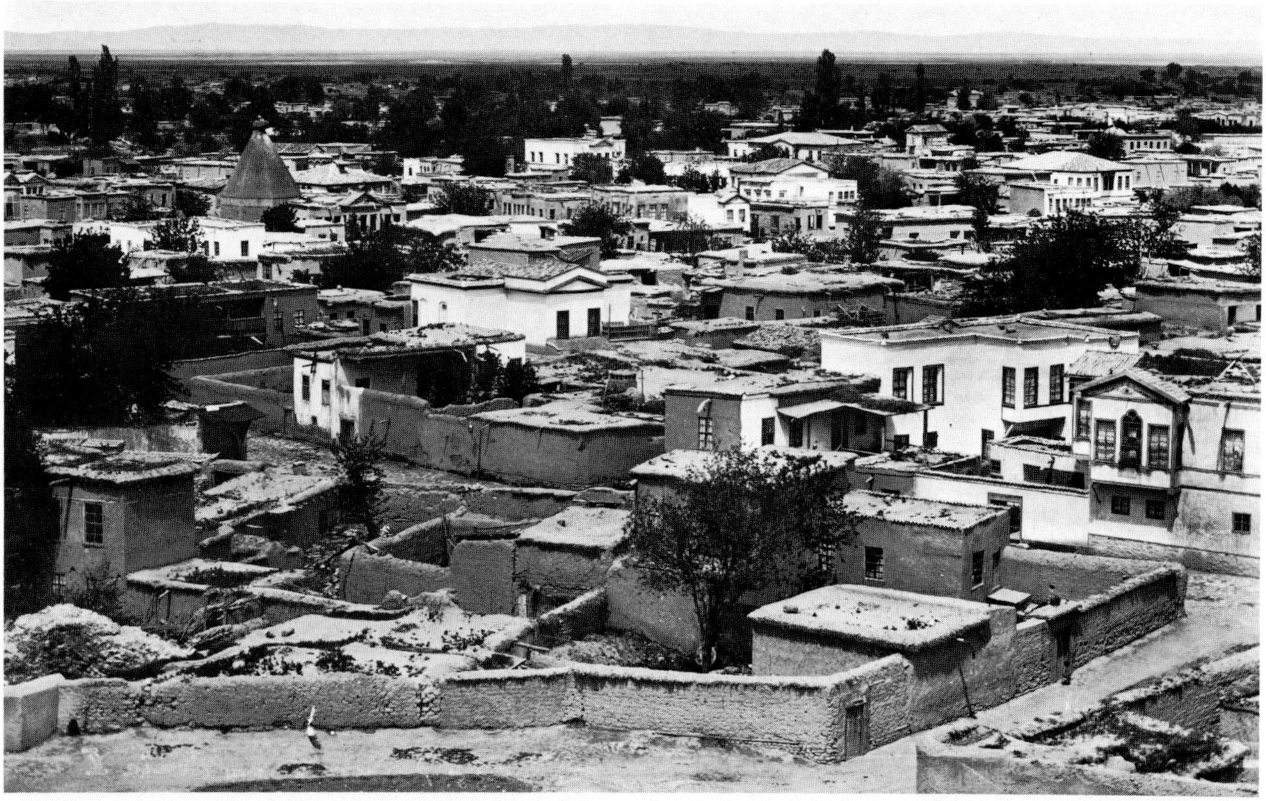

Abb. 42 Konya, Blick auf die Wohngebiete, Ende des 19. Jh. Für Inneranatolien typische Mischung von Walmdach- und Flachdach-Häusern innerhalb größerer, mauerumschlossener Gärten. (Foto DAI Istanbul Neg. Nr. 440)

Die einzelnen Raumelemente – Läden oder Werkstätten – waren meist ziemlich klein (10–30 qm) und ergaben bei ihrer Addition lange, schmale Baublöcke mit dazwischen verlaufenden, meist nicht sehr breiten Gassen. Den Angehörigen der einzelnen Gilden waren dabei – wie bekannt – bestimmte gemeinsame Bereiche zugeteilt, um somit eine bessere Überwachung zu ermöglichen. Aus dieser Addition ergaben sich kleinteilige, gelegentlich regelmäßige Netze schmalerer und breiterer Gassen. Typisch für die Baustruktur von Basarzonen ist die Verbindung derartiger Netze mit größeren Baublöcken, in deren Innenflächen die großen Hane liegen, die an ihren Außenseiten oft dicht durch Reihen kleinerer Läden umbaut waren, in deren Abfolge irgendwo und nur selten durch reichere Portalausbildung hervorgehoben der Eingang zum Han liegt. Gelegentlich waren solche Basarbezirke eigens ummauert (z. B. in Adana; vgl. Faroqhi 1984, 29 f.). In größeren Städten waren auch ganze Flächen überwölbt – so in Istanbul (Abb. 35) im sog. Kapalı Çarşı (vgl. Müller-Wiener 1977, 345 ff.), andernorts mit einzelnen, langen überwölbten Kaufstraßen (*arasta*) wie z. B. in Izmir, Edirne, Bursa (Abb. 41), Ilgın u. a. Darüberhinaus waren natürlich vielfältige Kombinationen der einzelnen Gewerbe-Gebäudetypen möglich. Wesentlich ist, daß diese Basarzonen nur gewerblichen Zwecken und dem Handel dienten und nie mit Wohnbauten durchsetzt waren. In vielen Fällen wurden sie abends verschlossen. Dagegen fanden sich im Basar alle für das tägliche Leben der hier Tätigen notwendigen Einrichtungen: Moscheen, Bäder, Brunnen sowie Teestuben und Küchen; gelegentlich gab es auch für Unverheiratete Schlafplätze innerhalb der Werkstättenbereiche. Obwohl das Warenangebot in Basaren üblicherweise auf eine allgemeine Versorgung der Bevölkerung von Stadt und Umland zugeschnitten war, gab es durchaus regionale, an spezifische örtliche Erzeugnisse gebundene Schwerpunkte wie z. B. Mohair-Produkte in Ankara

und Beypazarı, Seidenstoffe in Bursa oder Baumwollwaren in Izmir (vgl. Faroqhi 1984, 29 ff.); darüberhinaus gab es einzelne Gebiete mit besonderer, für den Hof, die Armee oder die Flotte bestimmter Produktion, die nicht auf dem lokalen Markt vertrieben wurde (Segeltuch und Seile für die Flotte, Waffen u. ä.).
Neben dem Hauptmarkt fanden sich in allen größeren Städten an der Peripherie Plätze für Wochenmärkte sowie Märkte für spezielle Aufgaben: häufig waren Pferdemärkte *(at pazarı)*, die oft mit den Werkstätten der Sattler und anderer einschlägiger Gewerbe verbunden waren; daneben gab es Fisch- und Viehmärkte, letztere oft in Nähe der Schlachtplätze. An der Peripherie lagen auch einzelne Gewerbebetriebe, deren besondere Arbeitsbedingungen (Gerber, Seifensieder, Färber, Seiler u. ä.) solche Lage – oft an fließendem Wasser – erforderlich machten (vgl. Faroqhi 1978/80, 32 ff. sowie Faroqhi 1984, 146 ff.).
Obwohl diese höchstens zweigeschossig bebauten Gewerbezonen einen nicht geringen Teil der Gesamtfläche einer Stadt einnahmen (in Edirne im 17. Jh. ca. 10%), entfiel der weitaus größte Teil dieser Fläche auf die Wohngebiete (ebenda 60%), die allerdings bis in unsere Zeit hinein meist sehr locker bebaut und stark mit Gärten und Grün durchsetzt waren (ebenda ca. 10%). Diese in einem lockeren Ring um das Zentrum herumliegenden Wohngebiete waren aus einzelnen Nachbarschaftseinheiten *(mahalle)* zusammengesetzt, die sich durch Religionszugehörigkeit oder durch ethnische Herkunft ihrer Bewohner, in allen Fällen aber durch langjähriges Gemeinschaftsleben deutlich voneinander absetzten. Eine solche Gliederung mag in einzelnen Fällen bis in byzantinische Zeit, vielleicht hier und da sogar bis in die Antike zurückzuverfolgen sein. Ähnliche Innengliederungen von Städten sind uns überliefert. Für ihre überragende Bedeutung in osmanischer Zeit sind aber neben jenen älteren Traditionen wesentlich die zumindest in der Frühzeit des Reiches üblichen Zwangsumsiedlungen ganzer Bevölkerungsgruppen, mit denen die Sultane einerseits neue Bewohner in die oft nahezu entvölkerten neueroberten Städte brachten, mit denen sie sich aber zugleich auch gegen mögliche Aufstände in weiterentfernten Landesteilen sicherten (vgl. Beldiceanu 1973, 36 ff.).
Diese am neuen Ort fremden Bevölkerungsgruppen bewohnten ihre eigenen Viertel – in den arabischen Städten ziemlich große, gegeneinander absperrbare Bezirke *(hare)*, in den türkischen die durch größere Durchgangsstraßen voneinander getrennten kleineren *mahalle*, die gelegentlich auch religiös gemischt sein konnten. Die einzelne Mahalle ist mit eigener Moschee und meist auch anderen Gemeinschaftseinrichtungen (je nach Größe Bad, Schule, Brunnen usw.) ein dorfähnliches Element, dessen Größe allerdings in erheblichen Grenzen schwanken konnte – zwischen 5–60 Herdstellen *(hane)*, was etwa 20–300 Einwohnern entspricht (vgl. Kreiser 1974). Im Gegensatz zum Dorf war eine solche Mahalle jedoch kein kultisch und wirtschaftlich selbständiges Gebilde, sondern lediglich ein Zusammenschluß von Individuen, die in dieser Gemeinschaft ihre ethnische oder religiöse Identität bewahren und pflegen konnten. Ihren Namen erhielt eine Mahalle meist von ihrer Moschee, die ihrerseits oft den Stifternamen trug, oft aber auch eine örtliche Besonderheit charakterisierte: den Herkunftsort oder den Beruf ihrer Bewohner (nicht selten der Gerber) – ohne damit aber etwa den Gewerbestandort anzugeben. Diese im Inneren durch Privatstraßen erschlossenen *mahallat* (pl. von *mahalle*) waren feste soziale Einheiten, wahrscheinlich die wichtigsten, durch die ganze osmanische Geschichte hindurch bestehenden, die bis in die Tanzimat-Zeit hinein unter einem Imam oder dem jeweiligen christlichen oder jüdischen Geistlichen standen und erst danach in der Person des Muhtar (Gemeindevorsteher) neue Oberhäupter erhielten.
Die bauliche Erscheinung eines türkischen Wohnquartiers hat bei westlichen Besuchern stets Verwunderung hervorgerufen. Statt der von daheim gewohnten Palais und stattlichen Bürgerhäuser fanden sie hier niedrige Lehmziegel- oder Holzhäuser an engen, winkligen Gassen vor, die sich nur im Obergeschoß mit kleinen Erkern zur Straße richteten, im übrigen aber zu den von der Straße her nicht einsehbaren Gärten orientiert waren, wenn sie nicht überhaupt – wie bei reicheren Häusern öfter zu beobachten – hinter hohen, vielleicht von Grün überwucherten Gartenmauern verborgen lagen (vgl. Abb. 38, 42). Bei einfachen Häusern spielte allerdings die Aussicht von den im Obergeschoß liegenden Familien-Wohnräumen auf die Straße eine wichtige Rolle. Nicht minder wesentlich war in vielen Städten auch der durch andere Häuser unverstellte Blick auf das Meer oder in die freie Landschaft. Die im Inneren von Wohnquartieren häufigen Sackgassen *(çıkmaz)* scheinen im türkischen Raum eher eine Folge zunehmender innerstädtischer Verdichtung zu

sein, während sie in arabischen Städten wesentlicher Teil der *hare*-Struktur waren. Hinter der scheinbaren Regellosigkeit des Ganzen stand als regulierende Kraft die Gemeinschaft der Mahalle und ihre Tradition mit ihren über viele Jahre hin entstandenen, jedoch nie schriftlich fixierten Regeln; mit einer Tradition gegenseitiger Rücksichtnahme, die zweifellos nicht ohne Reibungen blieb, insgesamt aber doch diese Jahrhunderte überdauernde städtebauliche Ordnung schuf. Regelmäßige Rastergrundrisse, die sich in manchen Städten innerhalb der sonst ungeregelten Bebauung finden, sind meist Resultate einer nach Großbränden in neuerer Zeit von der Obrigkeit durchgeführten Regulierung des Brandgebietes (wie z. B. an vielen Stellen in Istanbul; s. Abb. 39c), gelegentlich aber auch Zeichen einer planmäßigen Ansiedlung von Umsiedlern (so z. B. um die Mitte 19. Jhs. in Afyon und Ankara: vgl. Aktüre 1981, 187 ff.). Mittelpunkt jeder Mahalle ist ein kleiner unregelmäßig begrenzter Platz, an dem meist auch die Moscheen, ein Brunnen, das Kaffeehaus und vielleicht ein Bad oder eine Schule *(mekteb)* liegen; solche Plätzchen finden sich häufig auch an Kreuzungspunkten durchgehender größerer Straßen, oft markiert durch große alte Bäume (Abb. 43).
Regelmäßig angelegte Platzanlagen, breite und über längere Strecken hin gerade geführte Straßen sind durchweg Zeichen moderner Eingriffe – ebenso wie die „Verwilderung" der städtischen Randzonen, die sich als Folge der Industrialisierung ergab. Hier handelt es sich um Erscheinungen neuester Zeit; denn die in einigen größeren Städten gegen Ende des 18. Jhs. einsetzende Industrialisierung hat – außer in einigen Teilen Istanbuls – zunächst keine städtebaulich wirksamen Folgen gehabt (vgl. Clark 1974). Aus dem durch diese Entwicklungen der letzten 30–40 Jahre entstandenen Erscheinungsbild türkischer Städte ihre Gestalt und Struktur in osmanischer Zeit zu rekonstruieren, ist demnach ein nahezu hoffnungsloses Unternehmen.

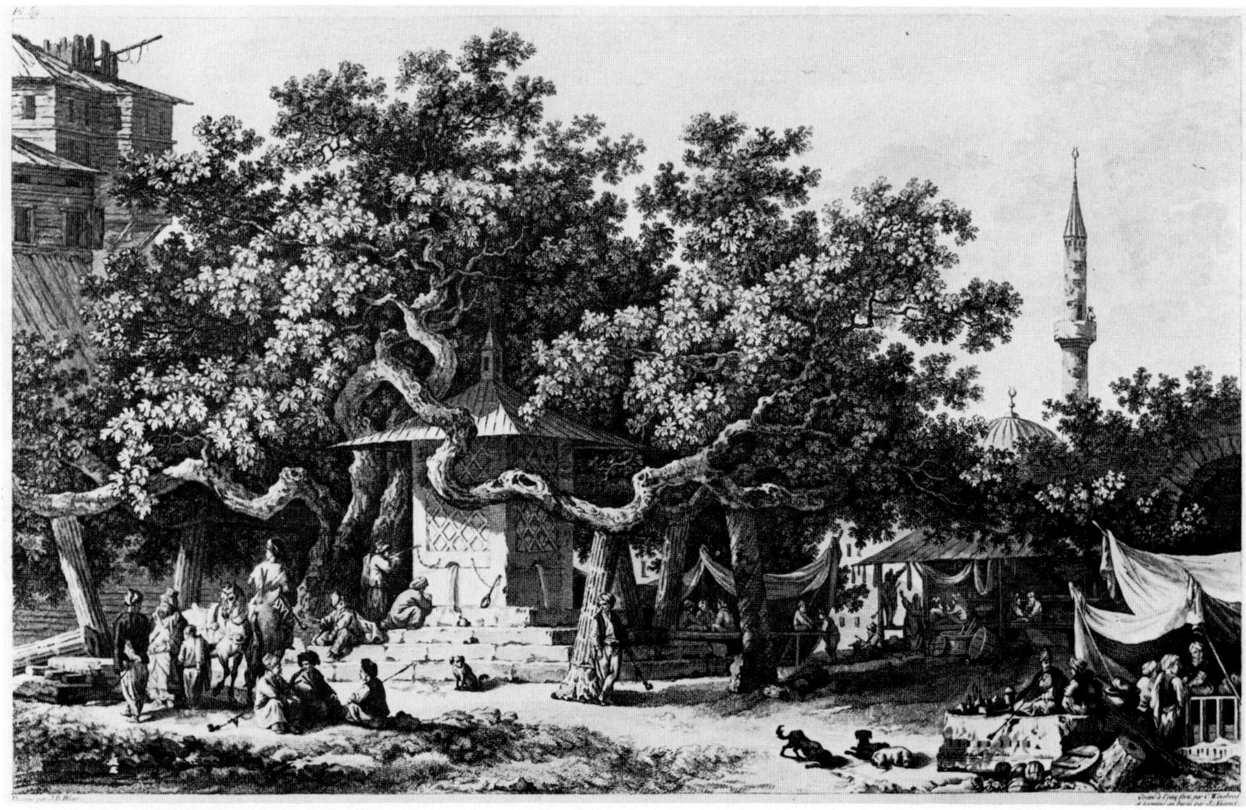

Abb. 43 Hauptplatz des Städtchens Kos (türkisch İstanköy) zu Anfang des 19. Jh. mit Moschee, Brunnen und offenen Marktbuden. In: Voyage pittoresque dans l'Empire Ottoman. Atlas. 1ère partie. Paris 1842. Taf. 59

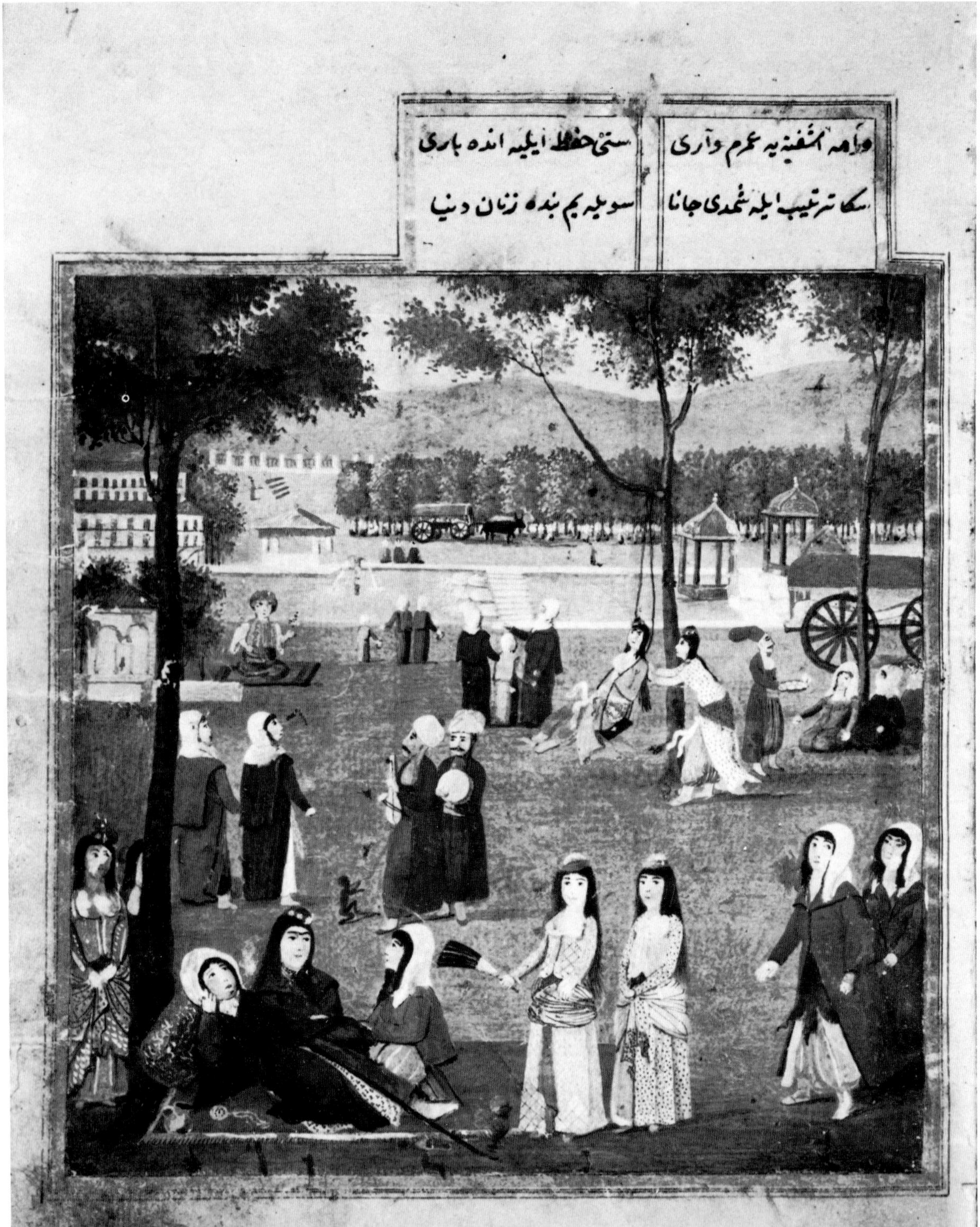
وارمه اشغینه یه عزم و آری
سنی حفظ ایلیه انده باری
سکا ترتیب ایله شمدی جانا
سویلیه یم بنده زنان دنیا

Ebenso unterschiedlich wie Geschichte und Kultur der einzelnen Völker, die seit dem 16. Jh. der Herrschaft des Padischah unterstanden, waren auch die Formen ihrer Häuser und ihre Wohnkultur. Häuser in Ägypten oder Südarabien, in Syrien und in Mesopotamien, in Anatolien, der Ägäis oder den Balkanländern sind – den unterschiedlichen Klimazonen und lokalen Traditionen entsprechend – nach jeweils ganz anderen Regeln entwickelt, obwohl die in osmanischer Zeit nicht seltenen Verpflanzungen ganzer Bevölkerungsgruppen zu erheblichen Störungen traditioneller Gefüge geführt haben. Dem Konzept der Ausstellung folgend, soll hier nur die Hausform im türkischen Kernland des Osmanischen Reiches behandelt werden. Der Typus des Walmdachhauses in reiner Holz- oder in Fachwerkkonstruktion ist im westlichen und nördlichen Kleinasien, in Thrazien, im heutigen Griechenland, in Bulgarien, Serbien und Albanien in Stadt und Land beheimatet. Dieser Typus findet sich als städtisches Wohnhaus mit geringfügigen Varianten auch in den südlichen und östlichen Regionen Anatoliens, obwohl hier in ländlichen Gebieten einfache Flachdachhäuser mit Stein- oder Lehmziegelwänden die Regel waren (s. Hütteroth 1968, 150 ff.), die im übrigen auch in einzelnen Küstengebieten und auf den Inseln der Ägäis vorkommen. Solche Häuser überwogen natürlich auch in den einfachen Quartieren dortiger Städte, während sich in den „besseren Vierteln" jener Typus des Walmdachhauses findet, der sich – ohne immer in Holz errichtet zu sein – bis in die Hauptstädte der einst osmanischen Provinzen verbreitete: nach Aleppo, Damaskus, Kairo und vielen anderen, eigentlich arabischen Städten – übertragen durch die aus der Hauptstadt hierher versetzten Beamten.

Die einfachen Holzhäuser türkischer Städte haben schon seit frühen Zeiten die an mitteleuropäische Wohngebräuche und -formen gewöhnten Besucher durch ihr überaus bescheidenes Äußeres überrascht und irritiert, doch läßt sich die geringe Achtung, die der Wohnbau in der osmanischen Stadt erfährt, aus einer ganzen Reihe unterschiedlicher Gründe verstehen. Zum einen gab es eine alte Holzbautradition – im Balkan und in Nordwest-Kleinasien bis in die Antike zurückreichend –, die sich seit frühosmanischer Zeit verband mit einer mindestens bis ins 17. Jh. hinein gültigen Regelung, wonach in den Städten des Osmanischen Reiches Wohnbauten nur in Holz errichtet werden durften. Damit sollte für den Fall von Aufständen der Bildung von Widerstandsnestern in massiven Steinbauten vorgebeugt werden. Dazu kam, daß Häuser von Staatsbediensteten, oft auch Häuser reicher Privatleute nach dem Tode ihrer Besitzer, samt aller Habe an den Sultan fielen. Ein Bauherr konnte also kaum daran interessiert sein, einen teuren Bau zu errichten, von dem seine Nachkommen aller Voraussicht nach nichts haben würden. Steinbau aber war, wie u. a. der 1578–81 in Istanbul weilende Salomon Schweigger berichtet (Kat. Nr. I/30), erheblich teurer als Holzbau und angesichts der ständigen Erdbebengefahr auch nicht einmal viel günstiger, da Holzbauten elastischer auf Erdstöße reagieren. Ein Weiteres war, daß das Haus dem frommen Muslim nie in dem Maße als dauerhafte Bleibe galt wie dem für Jahrzehnte bauenden Mitteleuropäer und man es schließlich vermied, durch zuviel äußeren Aufwand den vielleicht vorhandenen Reichtum allzu deutlich zur Schau zu stellen. Für Istanbul und einige größere Städte war darüber hinaus auch die stete Gefährdung durch Großbrände ein Grund, nicht allzuviel in den Bau zu investieren, da die durchschnittliche Lebenserwartung eines Hauses zehn Jahre kaum überstieg – ein Grund dafür, daß sich von den innen oft prächtig ausgestatteten Häusern reicher Kaufleute oder hoher Würdenträger so wenig erhalten hat.

Im Gegensatz zu den gemischt genutzten Handwerker-, Kaufmanns- und Ackerbürger-Häusern mitteleuropäischer Städte war das Haus in den Städten des Osmanischen Reiches eine reine Familienwohnung. Neben den Angehörigen mehrerer Generationen der gleichen Familie lebten hier nur die

Abb. 44 „Sommerliche Vergnügungen an den Süßen Wassern Europas" Miniaturmalerei (Bd. II, 1/44)

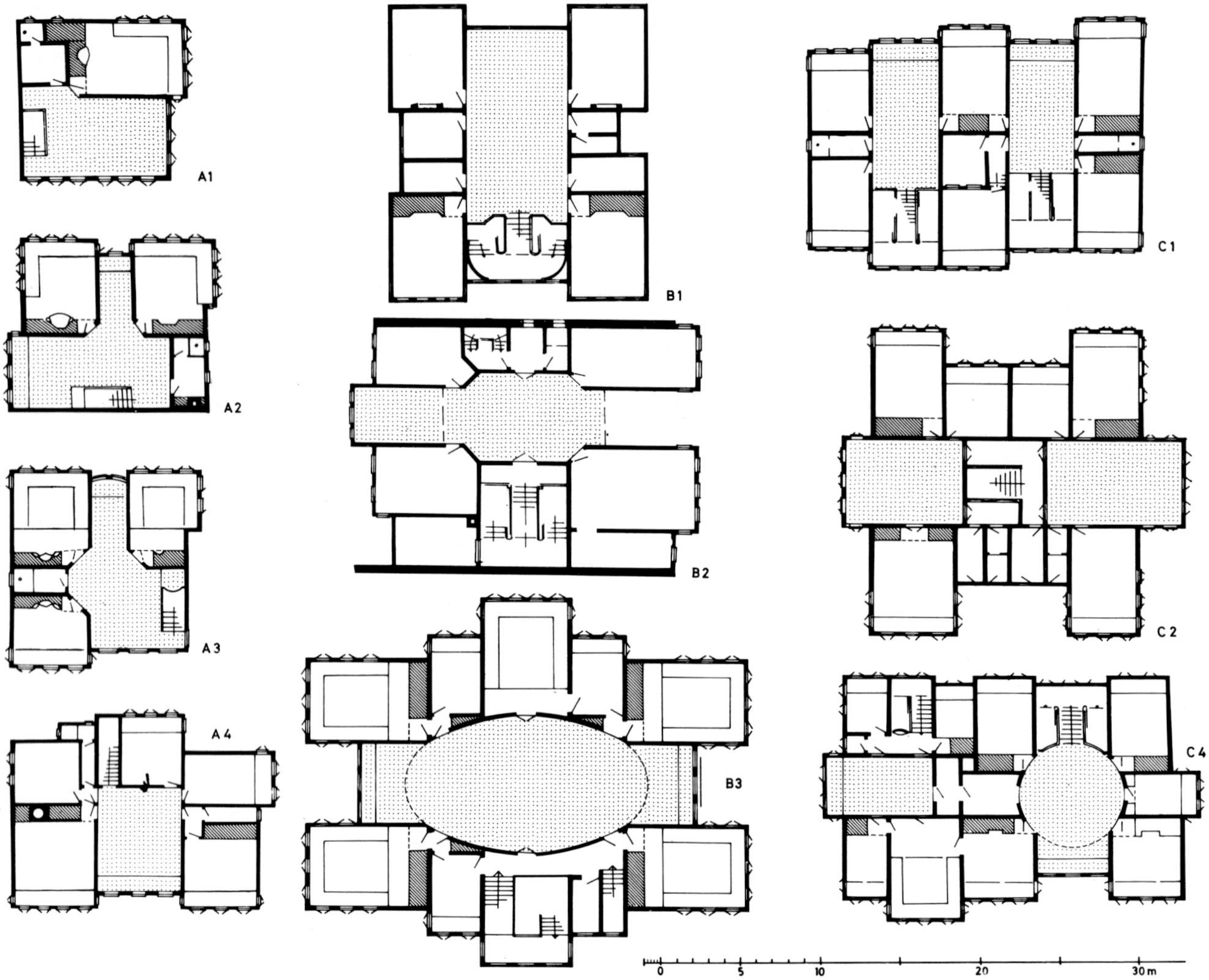

Abb. 45 Istanbul: Zusammenstellung verschiedener Wohnhausgrundrisse des 19. Jh.

A) Grundrißformen mit unterschiedlicher ‚oda'-Zahl und Wohndiele (hayat):
A 1: Firuzağa, bei Çukurcuma Camii; A 2: Firuzağa, Hardal Sok.; A 3: Zeyrek Ömer Efendi Sok.; A 4: Mevlevikapı. Mevlâhane Yolu.

B) Symmetrisch angelegte Häuser (freistehend und eingebaut 2): B 1: sog. Comt Ostrorog Yalısı in Kandilli; B 2: Konak in Arnavutköy, Kuruçeşme Cadd.; B 3: sog. Prinzessin Rukiye Hanım Yalısı in Kanlıca.

C) Häuser mit parallel-liegendem Selâmlık und Haremlık: C 1: Bayezid, Baltaban Yokuşu; C 2: Köşk in Acıbadem, Çamlıca Yolu; C 3: Yalı in Kandilli, Göksu Caddesi.
Entwurf: W. Müller-Wiener

zum Haus gehörigen Diener und Sklaven, dazu oft auch die jung verheirateten Söhne mit ihren Frauen. Wirtschaftliche oder gewerbliche Nutzung von Wohnbauten war nur in ländlichen Regionen oder Kleinstädten üblich, dazu natürlich im Bauernhaus. In größeren Städten gab es daneben noch für unverheiratete junge Männer die sog. *bekâr evleri* mit einzeln vermietbaren Zimmern. Angehörige der Derwischorden und Studenten wohnten in ihren Konventshäusern *(tekke)* oder den Schulen.
Die Größe des einzelnen Hauses war durch den sozialen Status des Hausherren bestimmt, seine innere Gliederung durch die von europäischen Gebräuchen stark abweichende Art des Familienlebens, mit einer vor allem bei höheren Ständen zunehmenden Trennung der Lebensbereiche des Hausherrn einerseits und der Frauen und Kinder andererseits. Ersterer verfügte im *selâmlık* über Räume zum Empfang von Gästen und Besuchern – bei kleineren Häusern im allgemeinen nur ein größeres Zimmer im Erdgeschoß, bei größeren das gesamte Erdgeschoß oder gar ein selbständiger Hausteil. Frauen, Kinder und die Haussklavinnen lebten dagegen in dem nach außen weitgehend abgeschlossenen *haremlik*, das im allgemeinen im Obergeschoß lag, bei reichen Familien oft zu einem selbständigen Hausteil und bei Palästen auch zu einem eigenen Bauteil geriet (vgl. Abb. 45). Beide Hausteile waren

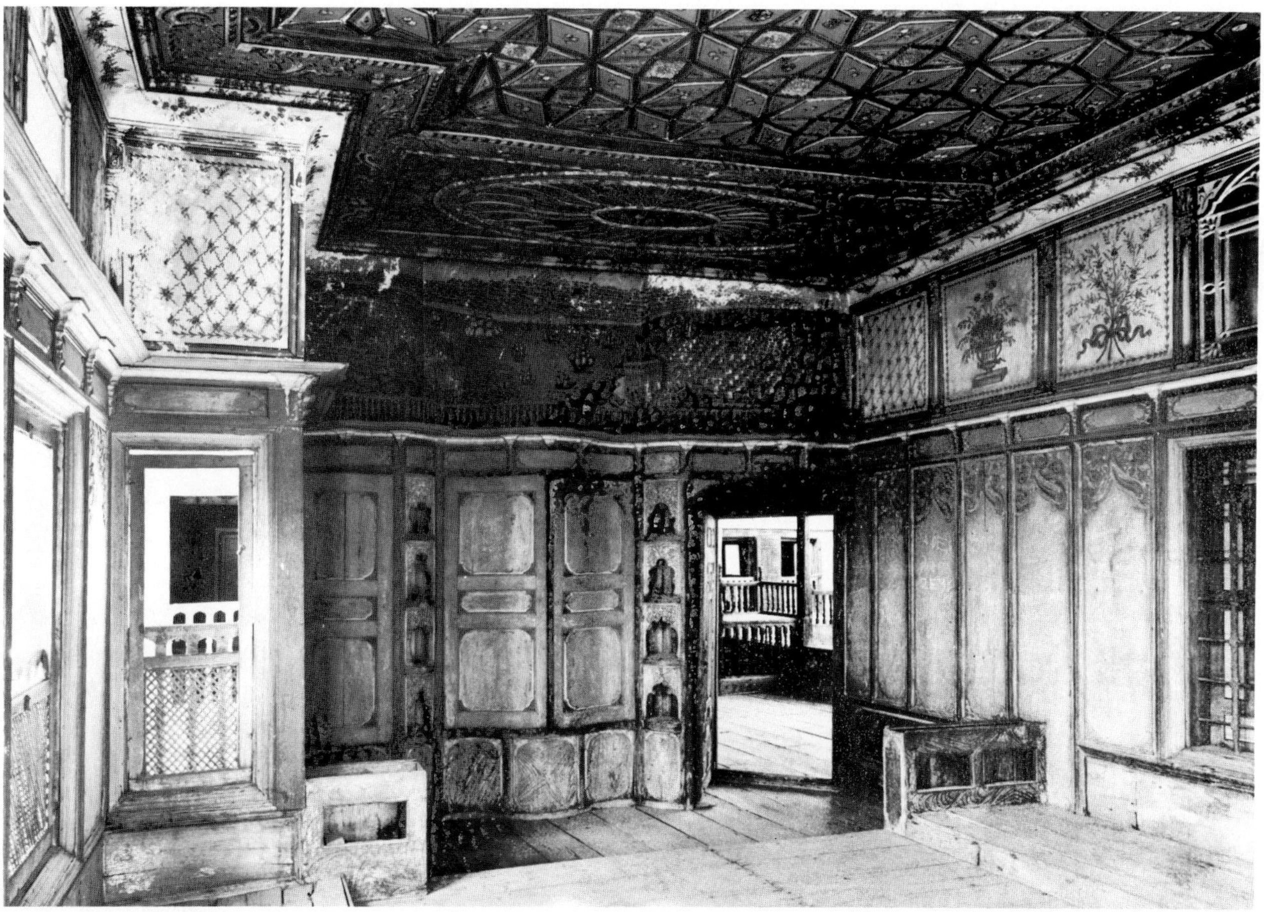

Abb. 46 Birgi, Wohn-Schlafraum (oda) im Çakır Ağa Konağı, einem reich-ausgestatteten Haus einer wohlhabenden Grundbesitzersfamilie aus dem 18. Jh. im Hinterland von Izmir (Foto: W. Schiele; Archiv DAI Istanbul R 5748)

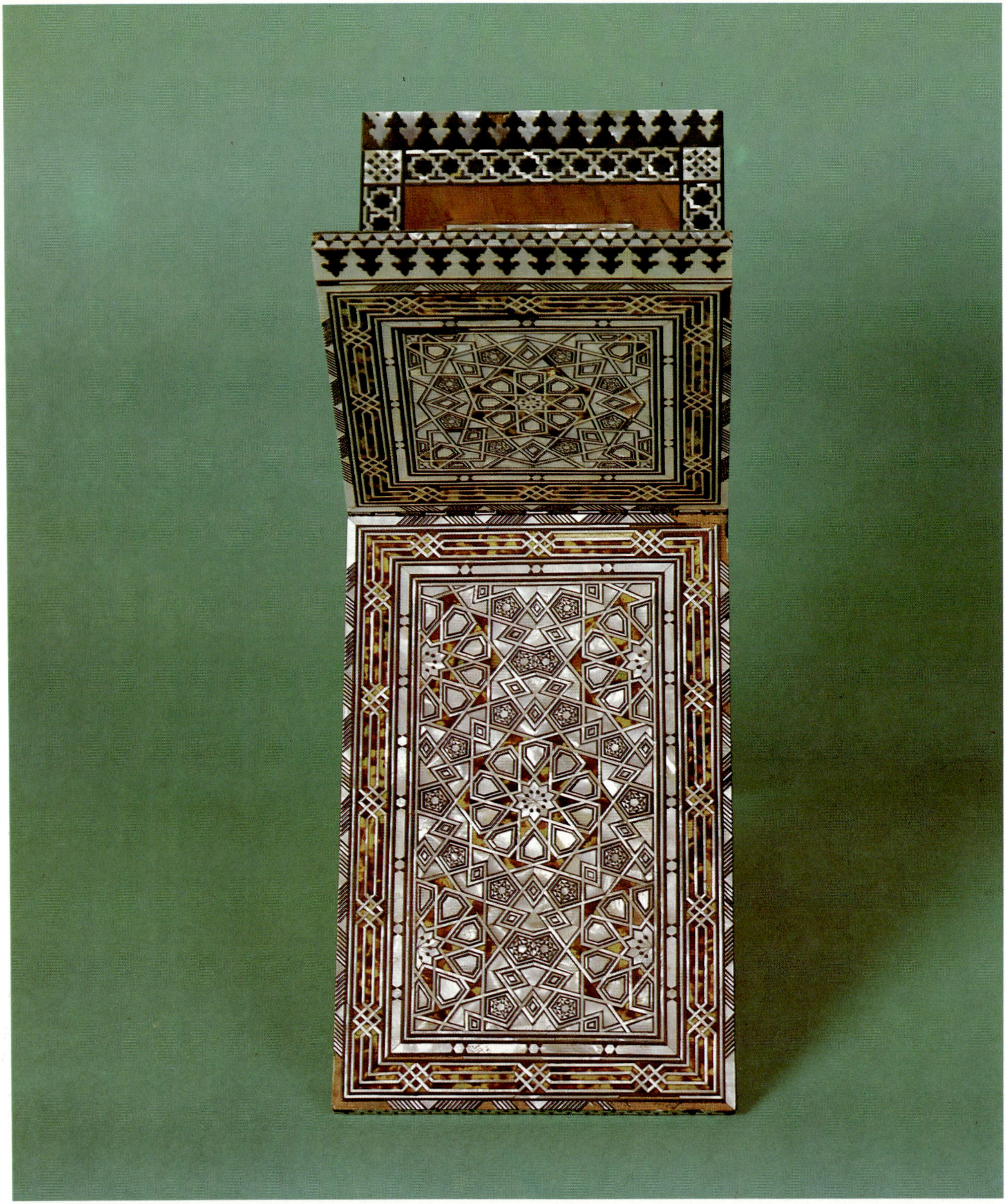

durch eine Tür, eine Treppe oder einen schmalen Gang, bei größeren Häusern auch durch einen besonderen Raum *(mabeyin)* so miteinander verbunden, daß der Hausherr zu beiden Teilen Zutritt hatte. Mittelpunkt des Haremlik, bei größeren Häusern mit selbständig ausgebildetem Selâmlık auch dieses Bauteiles, war ein dielenartiger Raum, *sofa* oder *hayat* genannt. Er war – im mittleren und südlichen Anatolien oft in Form einer Galerie zu einem Hof oder zum Garten gerichtet – Schauplatz des innerfamiliären Lebens, Arbeitsraum, oder – im Selâmlık – offizieller Empfangssalon *(divanhane)*. Da diese Räume als Repräsentationsräume oder als funktioneller Mittelpunkt des Hauses so wichtig waren, ist es verständlich, wenn das auch im Grundriß deutlich zum Ausdruck kam. Die Gestaltungsmöglichkeiten reichen vom einfachen korridorartigen Durchgangszimmer bis hin zum großen, reich ausgestatteten Saal mit aufwendigem Malerei- und Schnitzdekor, mit Stuckierung und kostbaren Lüsterkronen, oft auch mit flachen, bunt ausgemalten oder vergoldeten Holzkuppeln. Um diesen zentralen Raum herum wurden je nach Grundstücksform, nach Vermögen, Familiengröße oder sonstigen Bauherrenwünschen in lockerer, dem Grundstückszuschnitt angepaßter Form einzelne Wohn-Schlafräume *(oda)* angeordnet, die ohne Verbindung untereinander, nur von der zentralen Halle aus zugänglich waren. Diese stets in den Obergeschossen liegenden Räume waren häufig mit kleinen, erkerartigen Ausbauten *(şahnişin, çıkma)* ausgestattet, die den Bewohnerinnen ungestörte Aussicht auf die Straße boten.

In den einzelnen *oda* (Abb. 46) – einer Art Einraum-Apartement – ist auf der Fensterseite und oft auch den beiden anschließenden Seiten eine niedrige Sitzbank *(minder)* fest eingebaut, auf der Polster, Kissen, Teppiche und Decken liegen. An der Türwand findet sich ein über die gesamte Wandbreite gehender Einbauschrank, in dem in Nischen Vasen, Wasserpfeifen oder ähnliches Hausgerät standen, während man im verschließbaren Teil tagsüber das Bettzeug aufbewahrte; hier war oft auch ein Waschbecken eingebaut. Je nach Größe der Familie waren diese Räume über mehrere Obergeschosse verteilt. Die Anordnung der einzelnen Räume war aber im Prinzip additiv, so daß sich eine überaus breite Skala verschiedenartigster Grundrißlösungen ergibt. Allerdings sind bei größeren Häusern des 19. Jhs. Tendenzen zu symmetrischer oder andersartig systematisierter Anordnung der Räume zu erkennen: beliebt waren dreiteilige oder kreuzförmig gegliederte Grundrisse (vgl. Abb. 45) oder bei sehr großen Häusern Reihungen mehrerer in sich unterschiedlich organisierter Raumgruppen. Die weitaus überwiegende Zahl der mittelständischen Wohnbauten mit ihrer vielfach variierten Grundrißausbildung entzieht sich jedoch einer klaren typologischen Systematisierung: hier waren dank der durch den Holzbau gegebenen konstruktiven Freiheiten nahezu unbeschränkte Möglichkeiten vorhanden. Bestimmend für die Grundrißentwicklung war das Streben nach Rechtwinkligkeit der einzelnen Räume, obwohl sich in reicheren Häusern des 19. Jhs. für Hayat-Sofa nicht selten Rund- und Ovalformen finden; deutlich ist ferner die Vorliebe für im Außenumriß stark gegliederte Grundrisse, bei denen die unterschiedlich weit vorspringenden Erker eine für Grund- wie Aufriß wichtige Rolle spielen. Deren Bedeutung war übrigens so groß, daß der Großvezir Derviş Mehmet Paşa im Jahre 1606 in Istanbul eine Erkersteuer einführte, die allerdings nach seiner frühen Hinrichtung bald wieder in Vergessenheit geriet (Abb. 47; Kat. Nr. I/29).

Neben dieser nur kurzfristig gültigen Forderung gab es in Istanbul für den Wohnhausbau neben Vorschriften über Dach- und Gesimsausbildung nur recht allgemeine Regelungen des Mimarağa für die Höhenentwicklung, die die Höhe türkischer – also muslimischer – Häuser seit 1725 auf 12 Ellen (ca. 9 m) und später auf 14 Ellen (ca. 10,5 m) begrenzte, während nichtmuslimische Häuser auf 7–7,5 m beschränkt blieben. Diese Regelungen wurden im Laufe des 19. Jhs. durch neue Bauordnungen geringfügig abgewandelt und durch Vorschriften über einzuhaltende Straßenbreiten ergänzt, doch sind auch diese Regelungen nicht längerfristig und allgemein angewendet worden. Im übrigen galten generell in der islamischen Tradition begründete Ordnungsformen und jahrhundertealte Bautraditionen, die in allen Fragen nachbarschaftlicher Beziehungen bindende Normen zum Schutz der Privatsphäre jedes Einzelnen fixierten und darüber hinaus ein hohes Maß an Einheitlichkeit des städtebaulichen

TAFEL VIII
Koranständer (Bd. II, Kat. Nr. 8/5)

Maßstabs gewährleisteten – bei aller Verschiedenheit des äußeren Erscheinungsbildes der einzelnen Häuser. Wie schon mehrfach betont, war Holz nicht nur das jahrhundertelang vorgeschriebene, sondern auch das allenthalben am leichtesten erreichbare Baumaterial – von den baumlosen Steppen Inneranatoliens abgesehen, in denen sich aber auch kaum größere Städte entwickeln konnten und wo daher in den kleinen Dörfern Stein- und Lehmziegelbau die Regel blieb. In

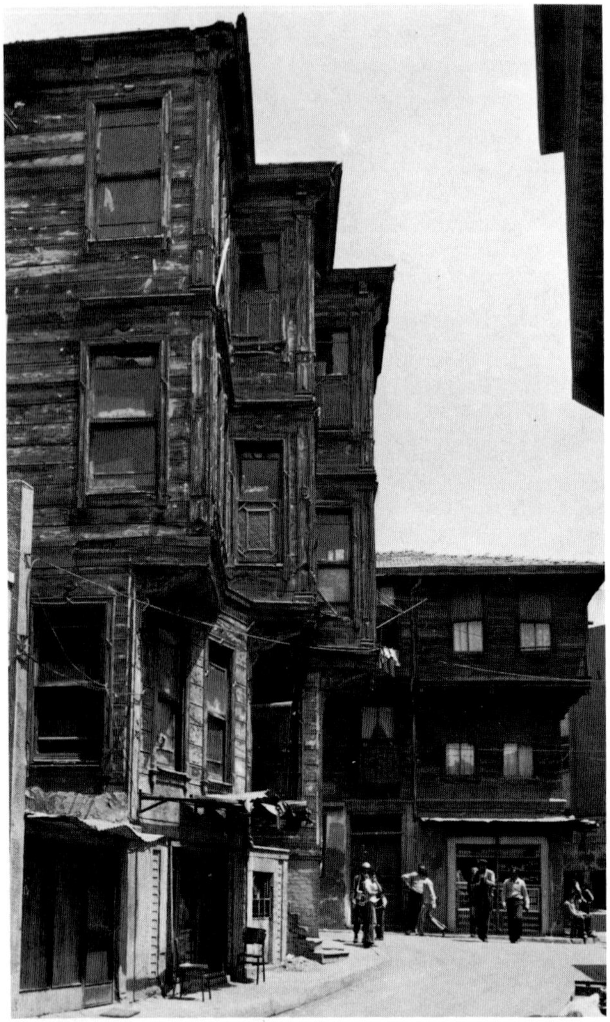

Abb. 47 Istanbul, Wohnhäuser aus dem späten 19. Jh. in der Altstadt (Kayserili Ahmet Paşa Sokağı). Beispiele für das Wohnen der oberen Mittelschicht in der Hauptstadt (Foto: DAI Istanbul R 15751)

den Städten aber war zumindest für die oberen Wohngeschosse Holz das wichtigste Baumaterial, auch wenn diese angesichts der oft recht bewegten Geländeverhältnisse in anatolischen und balkanischen Städten gelegentlich auf mehrgeschossigen Steinsockeln auflagen. Niedrige bis geschoßhohe Steinsockel waren überall die Regel und wurden als Wirtschafts- oder Lagerräume, als Ställe oder Küchen genutzt. Der hölzerne Oberbau – in der Regel 1 bis 2 Geschosse, in der Istanbuler Altstadt seit dem Ende des 18. Jhs. gelegentlich auch mit 3 bis 4 Geschossen (vgl. Abb. 47) – war als Ständerfachwerk ausgebildet mit etwas stärkeren, oft durch 2 Geschosse durchgehenden Eckpfosten und einer meist ziemlich unregelmäßigen Ausfachung mit schräggestellten Streben an den Wandanschlußpunkten, sonst aber dünnen Zwischenpfosten und horizontalen Riegeln. Die einzelnen Gefache wurden je nach Landschaft und sozialem Stand des Bauherrn mit Lehmpatzen oder Lehmwickeln, mit gebrannten Ziegeln oder seltener mit Bruchsteinen ausgefüllt, vielfach aber auch ohne innere Ausfachung nur von innen und außen verbrettert oder mit einem auf Spalierlatten aufgebrachten Putz (*bağdadî*-Arbeit) überzogen. Auffallend ist die dichte Reihung von Fenstern in den Wohngeschossen, vor allem bei den Erkern, deren Wände bis auf die schmalen Pfostenabschnitte nahezu gänzlich aus Glas bestanden. Bei aufwendiger gebauten Häusern waren Fenster oft in zwei übereinanderliegenden Reihen angeordnet, mit farbig verglasten kleineren Fenstern in der oberen Reihe (Kat. Nr. I/29). Derartig reiche Verwendung von Glas blieb freilich in den früheren Jahrhunderten auf reichere Häuser in Istanbul beschränkt. In den Provinzen wurden selbst in den von den Provinzgouverneuren bewohnten Konaks die Fenster im 19. Jh. oft nur mit Pergament oder wachsgetränktem Stoff oder gar nur mit hölzernen Klappläden verschlossen, wie Reisende berichten; Glas war Importware und daher teuer.

Das äußere Erscheinungsbild der Häuser war somit sehr unterschiedlich, doch waren die oben aufgezählten Wandkonstruktionen lokal und zeitlich gebunden: Ziegelausfachung herrschte im Raum Bursa-Ankara vor, während in den westlichen Provinzen die *bağdadî*-Arbeit überwog und in Istanbul zumindest seit neuerer Zeit (19./20. Jh.) die Verkleidung mit gesägten Holzbrettern die Regel war. Die Außen- und Innenwände der Häuser muslimischer

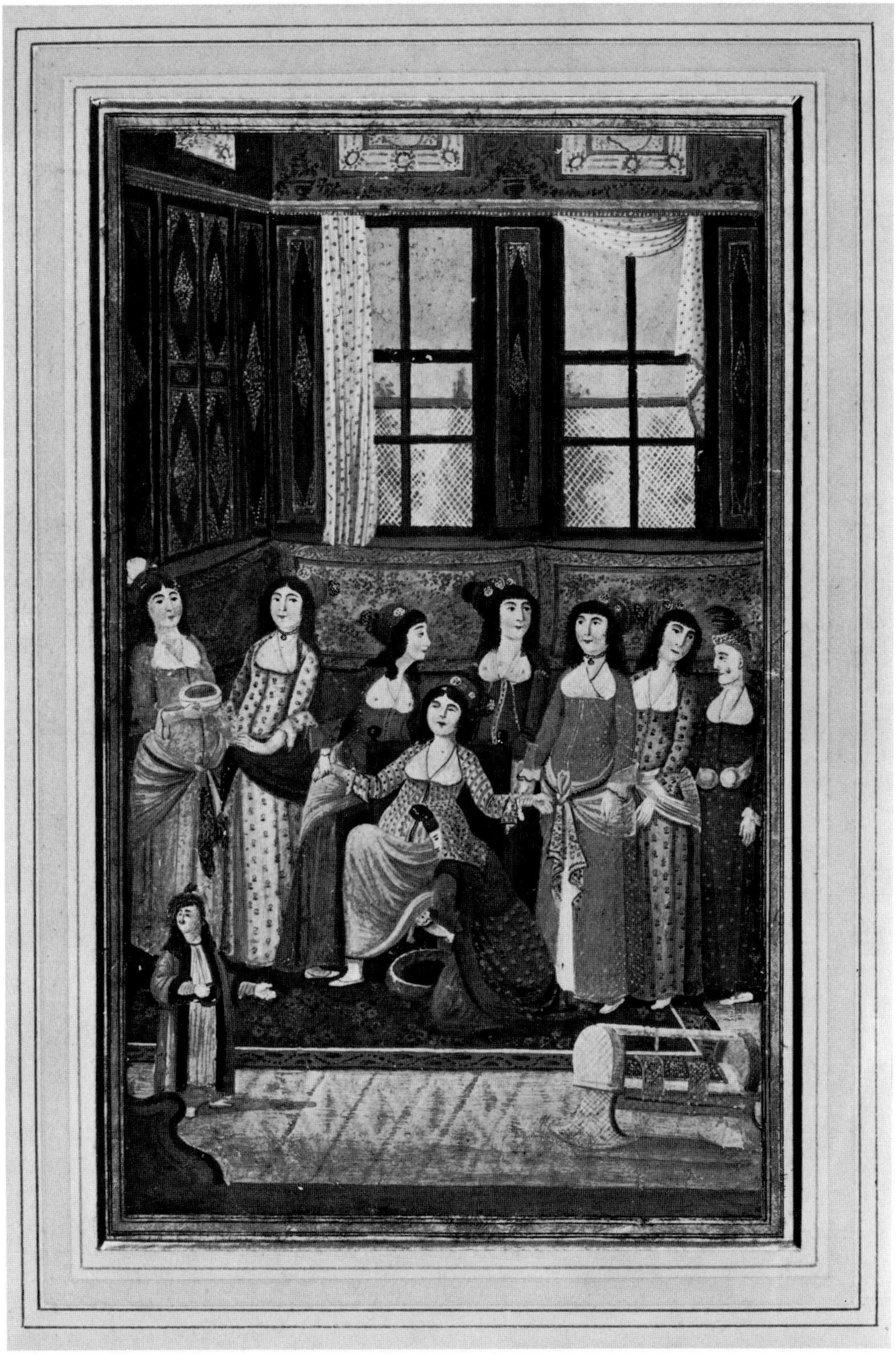

Abb. 48 Innenraum mit Darstellung einer Geburt, 18. Jh. (Bd. II, Kat. Nr. 1/46)

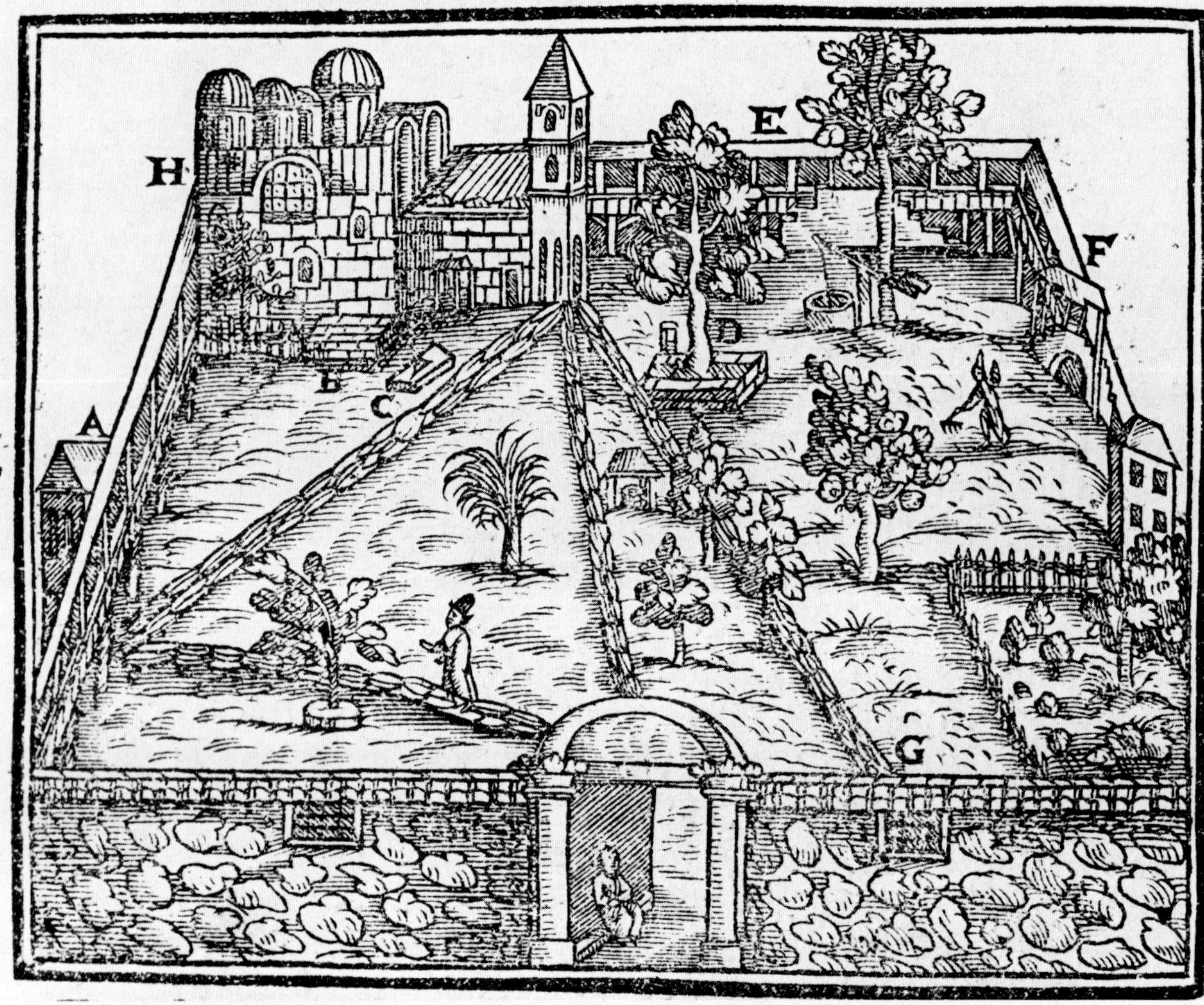

Abb. 49 Blick auf das dem Patriarchen als Wohnsitz dienende Kloster der Theotokos Pammakaristos (ab 1586 Fethiye Camii) in Istanbul mit dem vorgelagerten Garten, der mit seiner lockeren Bepflanzung und dem Ziehbrunnen etwa normalen Hausgärten entspricht. Einzelne Bereiche des Geländes waren vermutlich als Nutzgarten (Weinberg, Gemüse o. ä.) angelegt, umschlossen war es durch einfache zweigeschossige Wohnbauten der Mönche und des Patriarchates.

Besitzer waren zudem farbig behandelt – die Außenflächen in früheren Zeiten vielfach rot, später aber auch in anderen, oft recht lebhaften Farben, wie aus älteren Reiseberichten hervorgeht. Nicht selten waren einzelne Wandflächen mit ornamentalen Malereien, Blumen in Vasen oder Blütengirlanden dekoriert, wie sich solche noch in einzelnen anatolischen und balkanischen Orten erhalten haben (z. B. Plovdiv, Gjirokastro, Kula, Milas, Birgi u. a.). Ähnliche dekorative Malereien gab es auch in den Innenräumen, hier oft ergänzt durch Stadtansichten, Veduten, Landschaften oder auch einfache Genreszenen (vgl. Renda 1978; sowie Abb. 48; Bd. II, Kat. Nr. 1/45). Häuser christlicher Besitzer durften dage-

gen seit 1722 nur in dunklen Farbtönen angestrichen werden oder verblieben in der natürlichen Farbe ihrer hölzernen Verbretterung.
Im Gegensatz zur mittel- und nordeuropäischen Fachwerkbaukunst mit ihren oft recht komplizierten Holzverbindungen beschränkten sich die osmanischen Handwerker sowohl bei Wand- wie bei Decken- und Dach-Konstruktionen auf einfachste Nagelverbindungen; Verblattungen oder Zapfenverbindungen finden sich nur äußerst selten. Auch die angesichts der stark gegliederten Hausgrundrisse vielfach geneigten und gewinkelten Dächer sind oft nur aus Rundhölzern mit einfachsten Abstrebungen zusammengefügt, zumal sie ohnehin nur eine relativ leichte, von unten belüftete „Haube" über dem Haus bilden, nur dazu dienend, die aus rohen Brettern und Mönch-Nonne-Ziegeln gebildete Dachhaut zu tragen. Als Speicher wurden Dächer nur im dörflichen Haus genutzt; in Stadthäusern sind sie normalerweise nicht einmal zugänglich. Auch bei den weitverbreiteten Erkern mit ihren schrägen Stützbalken überwiegen einfachste Nagelverbindungen; bei etwas reicheren Häusern waren diese Stützbalken seitlich mit aufgenagelten Brettern, Profilleisten und geschnitztem Dekor so verziert, daß sie die Form schräger Konsolen bekamen. In ähnlicher Weise sind auch bei vielen Häusern aus dem 19. Jh. die Außenfassaden durch aufgenagelte Leisten, ausgesägte Ornamente oder geschnitzte Dekor-Elemente verziert, die überwiegend klassizistische oder neoklassizistische Motive aus dem Formenrepertoire zeitgenössischer europäischer Architektur in oft recht eigenwilliger Ausbildung widerspiegeln, die aber auch Jugendstil-Formen reinster Wiener Schule oder „Laubsäge-

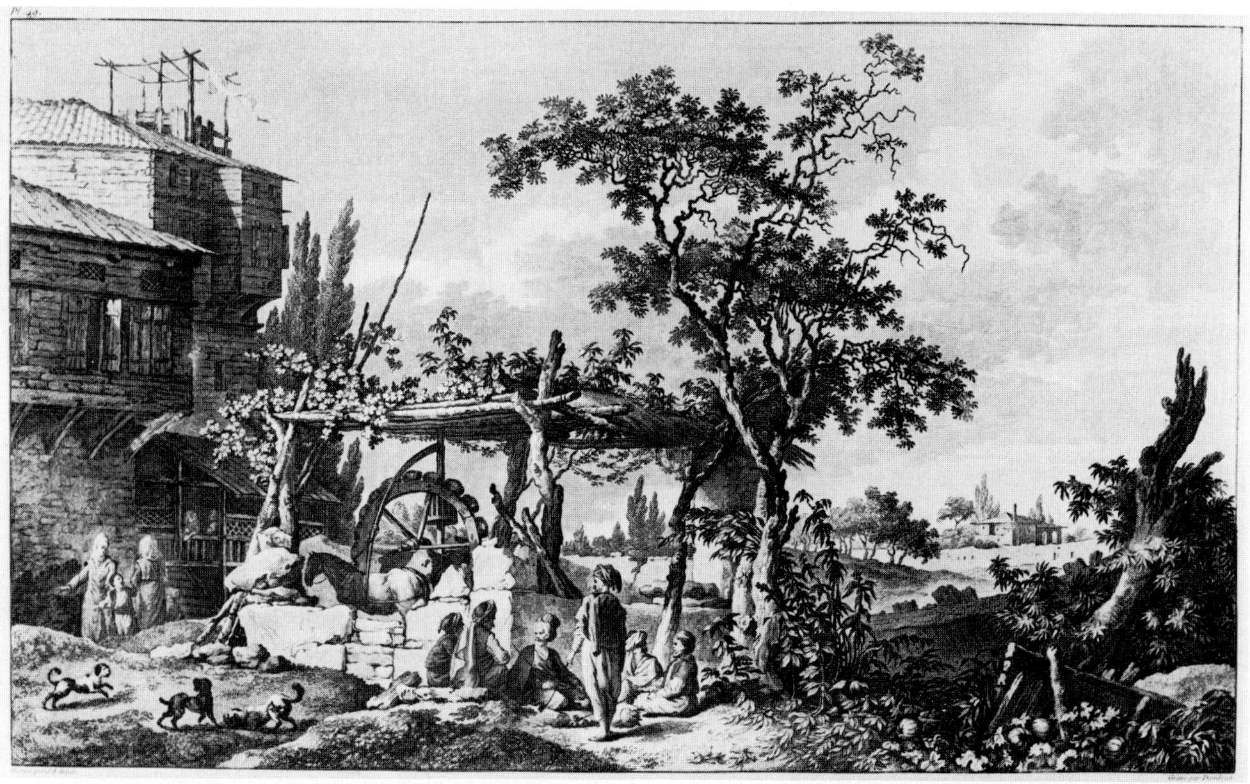

Abb. 50 Garten eines bäuerlichen Hauses auf Chios mit Sakıye (Wasserschöpfrad) mit Göpel-Antrieb. Aus: Voyage pittoresque dans l'Empire Ottoman. Atlas. *1ère partie. Paris 1842. Taf. 49.*

Dekor" Schweizer Chalets kopieren. Die Vorlagen hierfür wurden wohl europäischen Fachzeitschriften entnommen. Dazu scheint es nach Angaben älterer Bauleute auch Musterbücher gegeben zu haben, die sie selber den Bauherren vorlegten.
Neben den zahlenmäßig überwiegenden Holzhäusern gab es in einzelnen holzarmen Regionen (Ost-Anatolien, Syrien u. a.) auch Steinbauten in ähnlichen Formen mit in Stein „übersetzten" Holzbau-Elementen. In Istanbul vermehrte sich die Zahl der in Stein gebauten Häuser seit der Mitte des 19. Jhs. beträchtlich, nachdem hier infolge neuer Verfahren bei der Ziegelherstellung die zuvor bestehenden Preisunterschiede etwas ausgeglichen wurden. Für Brandmauern waren Ziegel bei sonst hölzernen Häusern schon im 19. Jh. gesetzlich vorgeschrieben und wurden hier auch regelmäßig verwendet. Daneben besaßen größere Häuser in Istanbul auch schon im 17. Jh. oft steinerne Innenräume mit eisernen Türen *(kârgir)*, in denen man für den Brandfall seine Wertsachen aufbewahren konnte.
Die Innenausstattung des türkischen Hauses hat sich im Laufe der letzten 150 Jahre grundlegend verändert, ist aber infolge des Mangels an authentischen bildlichen Darstellungen nur sehr schwer zu fassen. Reichstes Element waren überall die Decken der Räume, die – aus Holzbrettern gefügt – oft mit Leinwand, seltener mit Leder bespannt und mit Sternenornamenten aus aufgenagelten Leisten gegliedert waren. Die Flächen wurden mit geometrischen Ornamenten, Blüten, gelegentlich auch Schriftbändern bemalt und Teile der Gliederung vergoldet (Abb. 48). Ähnliche Dekorationen fanden sich auch an den Wänden, wo Nischen gelegentlich auch mit halbnaturalistischen Landschaftsdarstellungen ausgemalt wurden. Nach älteren Reiseberichten gab es hier erhebliche Spannweiten zwischen einfachen und reicheren Häusern; in letzteren fand sich in der Mitte des Empfangsraumes – den es dort sowohl im Selâmlık wie im Haremlik gab – oft ein kleiner marmorner Springbrunnen (vgl. Abb. 48). Möbel der in Mitteleuropa üblichen Typen fanden sich im traditionellen osmanischen Haus nicht. Außer dem schon zuvor erwähnten Einbauschrank mit offenen Nischen und der umlaufenden Polsterbank *(minder)* gab es nur vereinzelte Kleinmöbel und dazu eine reiche textile Ausstattung mit Teppichen, Kissen und kostbaren Stoffen; dazu kamen Stroh- und Schilfmatten, oft mit reichen Webmustern, als Bodenbeläge.
Europäische Sitz- und Schrankmöbel kamen erst mit zunehmendem europäischem Einfluß seit Anfang des 19. Jhs. in Gebrauch. Gleiches gilt auch für die Einrichtungen für Heizung und Beleuchtung. Im alttürkischen Haus war das in verschiedenen Formen hergestellte Holzkohlebecken *(mangal)* die einzige Wärmequelle. Offene Kamine mit Schornstein gab es nur in reicheren Häusern und in Steinbauten mit Wohnmöglichkeiten (Medresen und Han-Bauten o. ä.), wobei die Schornsteine dann stets an einer Außenwand des Hauses lagen (Kat. Nr. I/29).
Ähnlich schwierig wie eine Rekonstruktion der Innenausstattung ist die der früher fast zu jedem Haus gehörenden Gärten (vgl. Eldem 1976), für die sich nur aus einzelnen Beschreibungen und Veduten annähernde Vorstellungen gewinnen lassen. Die weit überwiegende Zahl der Häuser in Provinzstädten und in den einfacheren Quartieren Istanbuls verfügte kaum über mehr als einen mit einigen Büschen und Bäumen bestandenen Hof, in dem vielleicht noch einige Rosenstöcke angepflanzt waren; dazu fand sich in vielen dieser Gartenhöfe ein Ziehbrunnen. Die stets von hohen Mauern oder ebenso hohen hölzernen Lattengittern umschlossenen Hausgärten *(bahçe)* größerer Häuser waren hingegen – wohl persischen Vorbildern folgend – überwiegend rechtwinklig angelegt mit umlaufenden und sich kreuzenden Wegen, die mit Kies bestreut oder auch mit farbigen Kieselmosaiken belegt, bei reichen Gärten auch von Baumreihen gesäumt waren. Häuser der Oberschicht hatten darüber hinaus nicht selten getrennte Gärten für Selâmlık und Haremlik. Die durch diese Wege unterteilten Gartenflächen waren meist noch weiter in einzelne Beete gegliedert oder nach dem Vorbild französischer Garten-Broderien in ornamentalen Formen angelegt, wobei freilich die seit Beginn des 18. Jhs. kopierte französische Gartenkunst nur in recht bescheidenem Rahmen übernommen wurde und nur in den großen sultanischen Parkanlagen oder in den von europäischen Fachleuten angelegten Palastgärten deutlichere Auswirkungen hatte.
Blumen spielten eine wichtige Rolle – unter ihnen vor allem Rosen, Tulpen, Lilien und Hyazinthen; daneben waren blühende Büsche beliebt: Jasmin, Granatapfel und Weichselkirsche. Die Hauptrolle aber spielten die Bäume – Platanen und Nußbäume, Zypresse, Kiefer und Zeder sowie verschiedenartige Obstbäume. In Istanbul und seinen Vororten zwang

das hüglige Gelände oft zu Terrassierungen *(set bahçe)*, wobei die einzelnen Terrassen durch Treppen miteinander verbunden und gerne zur Anlage von Wasserkünsten in mehreren Stufen genutzt wurden. Solche Wasserspiele, reich mit Marmorarbeiten gezierte Brunnen oder auch nur einfache Wasserbecken fanden sich in fast jedem Garten und zeugen von der liebevollen Phantasie, mit der man seinen Garten ausstattete.

Ebenso gehörte zu den größeren Gärten ein selbständiger Pavillon *(köşk)* – je nach dem Vermögen des Hauseigners ein einfaches hölzernes Schutzdach mit niedrigen Sitzbänken, ein reich ausgestatteter Pavillon oder – wie etwa in den sultanischen Gärten – kostbar mit Glasfenstern und Fliesen dekorierte Prachtbauten. Hier verbrachte man Abende mit Freunden, hier genoß man im Anblick der schönen Aussicht seinen *keyif*, seine besinnlichen Ruhestunden, und hier hielten sich im Sommer die Frauen zu Spiel und Tanz auf – alles das in seinem Aufwand den jeweiligen Mitteln und Möglichkeiten angepaßt.

Daß die Verbindung zwischen Haus und Hof oder Garten in türkischen Häusern allein infolge der klimatischen Bedingungen enger als im zeitgenössischen europäischen Wohnbau war, wurde von Reisenden öfter angemerkt, ebenso die zwanglose Lockerheit, die sich für das Wohnen daraus ergab (Kat. Nr. I/29).

Oft in einer Ecke des Gartens gelegen, oft aber auch zusammen mit Küche und anderen Wirtschaftsräumen in einem Anbau des Hauses untergebracht, gehörte zu reicheren Häusern stets das kleine Bad, dessen Größe natürlich entsprechend den finanziellen Möglichkeiten des Besitzers variierte. Grundbestandteil war ein heizbarer, meist gewölbter Raum mit einem marmornen Waschbecken, das mit warmem oder kaltem Wasser gefüllt werden konnte. Bei Palästen kamen noch Vorräume und ein Ruheraum hinzu – Räume also, die in gleicher Weise zum festen Raumprogramm öffentlicher Bäder gehörten (Kat. Nr. I/46).

Die eingehendere Schilderung der Verhältnisse in Häusern der Oberschicht darf jedoch nicht darüber hinwegtäuschen, daß der weitaus größte Teil der Bevölkerung in den mittelgroßen und kleinen Städten des osmanischen Reiches wesentlich einfacher wohnte. Ein erheblicher Prozentsatz verfügte über kaum mehr als eine einfache Hütte, und die hier geschilderten reicheren Häuser fanden sich nur in Istanbul und einigen wenigen Provinz-Hauptstädten. Für die Wohn- und Lebensverhältnisse der großen Masse findet man in abgelegenen Dörfern und Kleinstädten noch heute ausreichend Beispiele (Abb. 50).

Gustav Schoser / Sofia Renz-Rathfelder

Osmanische Blumen – Der Weg einiger osmanischer Pflanzen nach Mitteleuropa und ihre Geschichte im 16. Jahrhundert

In der osmanischen Kultur spielten Pflanzen, besonders Blumen, eine große Rolle. Tulpen, Rosen, Hyazinthen, Gartenranunkeln, Lilien und viele andere Blumen wurden nicht nur gerne in den Gärten kultiviert, sondern waren auch beliebte Motive der bildenden Kunst und der Literatur. Über die Vorliebe der Osmanen für Blumen berichtete 1555 schon der französische Gelehrte Pierre Belon (1517–1564) in seinen Reisebeschreibungen. Er erzählt, daß die Türken schöne Blumen einzeln in den Falten ihres Turbans trugen und daß die Handwerker mehrere Blumen verschiedenster Farben in einem Wassergefäß vor sich stehen hatten. Auch sollten sie weder Mühe noch Kosten scheuen, fremde Pflanzen, besonders solche mit schönen Blüten zu entdecken und sie in ihren Gärten zu kultivieren. Blumen waren auch ein wichtiger wirtschaftlicher Faktor. So erwähnt der Gesandte des deutschen Kaisers in Konstantinopel, Ogier Ghiselin von Busbeck, 1555 in einem Brief, daß sogar der Verwalter des Sultans Suleiman des Prächtigen mit den Kräutern, Rosen und Veilchen aus den Gärten des Sultans Handel trieb. Eine der bedeutendsten osmanischen Blumen ist die Tulpe. Sie war neben der Rose, der Hyazinthe und der Nelke das wichtigste Blumenmotiv des sogenannten *quatre fleurs*-Stils im Kunsthandwerk. Dieser relativ naturgetreue Stil, der hauptsächlich für Fliesen und Keramikgefäße verwendet wurde und seinen Höhepunkt in der zweiten Hälfte des 16. Jh. erreichte, war bei den Osmanen sehr beliebt und ist als typisch osmanisch anzusehen (vgl. Petsopoulos 1982). Vor dem 16. Jh. soll es keine Darstellungen der Tulpe gegeben haben. Zum ersten Mal wird die Tulpe in der persischen Literatur u. a. von dem persischen Lyriker Hafis (1329–1390) unter dem Namen *lâle* erwähnt. Diese Bezeichnung für Tulpe wurde von den Türken übernommen. Die Osmanen bekamen demnach die Gartentulpe von den Persern, die auf eine uralte Gartenkultur zurückblicken können, die schon von Xenophon (um 430–ca. 354 v. Chr.) erwähnt wird. Die Tulpe erreichte in der türkischen Gartenkultur ihren Höhepunkt unter Sultan Ahmed III. in der sogenannten Tulpenzeit (1718–1730), *Lâle Devri*. Diese Epoche ist auch für die prächtigen Tulpenfeste am Hofe bekannt. Zwei türkische Manuskripte, die der Tulpengärtner Scheich Mohammed im Auftrag des Großwesirs Damad Ibrahim Pascha zwischen 1728 und 1730 schrieb, zeigen den enormen Umfang der Tulpenzucht. Ein Manuskript zählt 1323 Varietäten auf (vgl. Abb. 10).

Wildtulpen findet man noch heute in Kleinasien, in Zentralasien, im südöstlichen und im südlichen Europa. Als Zwiebelgewächse sind sie typische Vertreter der Steppenflora Inner- und Vorderasiens. In der botanischen Systematik werden Tulpen der Familie der Liliengewächse zugeordnet und mit dem Gattungsnamen Tulipa bezeichnet.

Ein weiteres wichtiges Zwiebelgewächs der osmanischen Kultur ist die Hyazinthe. In der osmanischen Lyrik, z. B. in den Gedichten Fazlis (1512–1562), ist das Hyazinthenmotiv häufig zu finden. Busbeck schreibt 1555, daß die Landschaft zwischen Adrianopel/Edirne und Konstantinopel voll von duftenden Hyazinthen gewesen sei. Ein Teil der Hofgärten des Sultans war meist den Hyazinthen reserviert.

Die ersten Gartenhyazinthen sollen aus den Gärten in Bagdad und Aleppo in die osmanischen Gärten in Konstantinopel gekommen sein (vgl. Hehn 1877, Reinhardt 1911). Im *quatre fleurs*-Stil wird die Hyazinthe immer mit sehr wenigen Blüten in der Infloreszens dargestellt und unterscheidet sich somit wesentlich von den heutigen Zuchtformen. Man kann mit großer Sicherheit annehmen, daß es sich bei der osmanischen Hyazinthe um den violettblauen *Hyacinthus orientalis* handelt, der als Stammform der modernen Gartenhyazinthen angesehen wird. Die Wildform kommt in der Türkei, in Syrien und im Libanon noch heute vor (vgl. Abb. 17).

Die Rose war den Osmanen, wie allen Muslimen, heilig und spielte daher in ihrer Kultur eine sehr große Rolle. Als Mehmed II. 1453 Konstantinopel eroberte, betrat er nach einer Überlieferung die Kirche der Hagia Sophia nicht eher, als bis sie mit Rosenwasser vollständig „gereinigt“ war; erst dann wurde sie in eine Moschee umgewandelt. Die neugeborenen Kinder des Serails wurden in Rosenblätter gewickelt, später in rosafarbenen Stoff. Über das

Verhältnis der Türken zu den Rosen schreibt Busbeck 1555: *Sie lassen auch keine Rosenblätter am Boden liegen; denn wie die Alten die Rose aus dem Blute der Venus, so glauben die Türken sie aus dem Schweiß Mahomets entstanden.* Der alte persische Mythos von der Liebe der Nachtigall zur Rose (türkisch *gül ü bülbül*) wurde von osmanischen Dichtern wieder aufgegriffen. Das türkische Wort *gül* für Rose stammt von der persischen Bezeichnung *gul* ab. Obwohl es wissenschaftlich noch nicht eindeutig bewiesen ist, sprechen viele Tatsachen dafür, daß der Ursprung der Gartenrosen im alten Rosenland Persien liegt. Aus griechischen Berichten von Herodot (um 490–ca. 425 v. Chr.) und Theophrast (372–287 v. Chr.) schließt man weiterhin, daß die Rosenkultur von Persien dann sowohl nach Kleinasien und Griechenland als auch nach Mesopotamien, Syrien und Palästina gewandert ist. Im Osmanischen Reich hatte die Rosenölindustrie eine große Bedeutung. Die Frage stellt sich nun, welche Rosenarten eine Rolle gespielt haben könnten. Bedeutend war sicherlich *Rosa gallica*, die Essigrose oder Gallische Rose, die ihren Ursprung in Westasien hat und von Süd- bis Mitteleuropa natürlich verbreitet ist. Seit undenklichen Zeiten wurde sie zur Gewinnung von Duftstoffen verwendet. Der niedrige Rosenstrauch trägt hell- oder dunkelrote Blüten. Andere wichtige Ölsorten des Orients findet man unter den meist rosafarbenen Damaszener Rosen. Die Sorte Rosa damascena *Trigintipetala* ist die Hauptsorte der Ölrosenkultur der Türkei und Bulgariens. Vor 300 Jahren wurde sie von der Türkei nach Bulgarien gebracht und dort zur „Rose von Kasanlik". *Rosa damascena* ist eine Naturhybride aus *Rosa gallica Rosaphoenicia*. Eine andere alte orientalische Rose ist *Rosa foetida*, die auch als die „Gelbe Rose von Asien" bezeichnet wird. Von arabischen Schriftstellern wird sie seit dem 12. Jh. erwähnt. Ihre natürliche Verbreitung hat die tiefgelbe Wildrose in Kleinasien, Persien bis Afghanistan und im Nordwest-Himalaja. Der Wiener Hofbotaniker Carolus Clusius (Charles de l'Ecluse, 1526–1609) soll sie und *Rosa hemisphaerica* 1583 von einer Reise durch Ungarn bis an die türkische Grenze nach Holland gebracht haben (vgl. Krüssmann 1974; Abb. 21).

Die Nelke ist die vierte Blume der *quatre fleurs*. Sie wurde schon 300 v. Chr. von Theophrast erwähnt. Die Stammform der Gartennelken ist der fünfblättrige *Dianthus caryophyllus* aus Dalmatien. Die Nelken der osmanischen Kunst um die Mitte des 16. Jh. ähneln schon unseren Gartennelken, denn sie sind zumindest teilweise gefüllt dargestellt. Es ist bekannt, daß Nelken von arabischen Muslimen in alter Tradition kultiviert wurden. Die arabische Bezeichnung der Gewürznelke *qaranful* stammt von dem lateinischen Namen *caryophyllus* und der griechische Name *karyphillon* ab. Es ist denkbar, daß die Osmanen das Nelkenmotiv von den Arabern übernahmen. Auf eine Blume sei noch hingewiesen, die häufig auf osmanischer Keramik abgebildet ist: die Gartenranunkel (*Ranunculus asiaticus*). Der naturliebende Wesir Yara Mustafa soll sie in die Gärten des Sultans gebracht haben. Sie wurde die Lieblingsblume Sultan Mehmeds IV. (1648–1687). Der in der Türkei beheimatete *Ranunculus asiaticus* ist mit seinen großen scharlachroten, weiß-gelben oder orangefarbenen Blüten die auffälligste Hahnenfußart überhaupt.

In der Familie der Liliengewächse findet man die meisten osmanischen Blumen. Nicht nur den Tulpen und Hyazinthen, sondern auch den Lilien, den Narzissen und der Kaiserkrone begegnet man in der türkischen Landschaft und Kultur auf Schritt und Tritt. Liliengewächse sind auf Grund ihrer Zwiebeln oder Knollen besonders gut der Hochsteppe Westasiens angepaßt. Die Kulturgeschichte der Lilien (*Lilium*-Arten) ist ebenso alt wie die der Rosen.

Viele orientalische Pflanzen hielten durch rückkehrende Kreuzfahrer Einzug in Europa. Französische Kreuzfahrer brachten im 13. Jh. z. B. *Rosa damascena* und eine gefüllte Form von *Rosa gallica* von Westasien und *Dianthus caryophyllus* von Tunis nach Frankreich. Ungefähr zwischen den Jahren 1550 und 1620 fand ein neuer Schub östlicher Pflanzen aus dem Südosten Europas und dem Westen Asiens nach Mitteleuropa statt. Osmanische Pflanzen gelangten von Konstantinopel über die großen Handelswege im allgemeinen zuerst nach Wien, Prag und Venedig. Die meisten Liebhaber fanden sie in Holland und England. Eine neue Ära der Gartenkultur und Blumenzucht für Europa begann.

Den größten Erfolg in Mitteleuropa hatten die Gartentulpen. Busbeck berichtete als erster in dem Brief von 1555 von den Blumen nahe Konstantinopels, welche die Türken *Tulipan* nennen. *Tülbend* aber ist die türkische Form des persischen Wortes *dulband*, mit dem das rote Turbantuch bezeichnet wird (vgl. Marzell 1979). Vielleicht wurde die Tulpe von Busbecks Dolmetscher als turbanähnliche Blume bezeichnet. Der Name „Tulipan" für Tulpe ging jedenfalls 1577 in den deutschen Sprachgebrauch ein. Es entwickelte sich daraus das französische Wort *tulipe* und das niederländische Wort *tulp* (1598), aus dem dann endgültig 1642 das deutsche Wort Tulpe entstand. Aus Busbecks Briefen ist bekannt, daß er Pflanzenmaterial und Zeichnungen von Konstantinopel dem kaiserlichen Leibarzt und Botaniker Matthioli (Petrus Andreas Matthioli, 1501–1577) nach Prag sandte. Matthioli brachte 1565 sein berühmtes Kräuterbuch „Commentarii Dioscuridis Anazarbei de Materia medica" mit der ersten Illustration der Tulpe ohne Referenz im Text heraus. In Frankfurt befindet sich eine handschriftliche Ausgabe von Matthiolis Kräuterbuch, herausgegeben im Jahre 1590 von Joachim Camerarius. Darin ist die Tulpe unter dem Namen *Narcissus tulipa* in weiß mit lila Musterung zu sehen. Schon 1561 beschrieb der Schweizer Naturforscher und Stadtarzt Konrad Gesner (1516–1565) eine rote Gartentulpe, die von Konstantinopel oder Kappadokien gekommen sein soll. Er hatte sie 1559 im Garten eines Bürgers in Augsburg blühen sehen. In dem „New vollkommentlich Kreuterbuch" des Jacobus Theodorus (1520–1590) wird berichtet, daß die *grossen roten oder weißen Narcissen Lilien, die Tulipa rubra vel alba maior* in Deutschland jetzt sehr verbreitet seien. In Holland wurde die Tulpe erst durch Carolus Clusius richtig populär. Clusius erhielt 1572 Samen und Zwiebeln von Busbeck in Wien. 1593, nach einem sechsjährigen Aufenthalt in Frankfurt, bekam er einen Ruf als Professor der Botanik nach Leiden. Seine Tulpenzwiebeln nahm er nach Holland mit und kultivierte sie dort. Viele seiner als kostbar bewerteten Zwiebeln wurden ihm gestohlen und verbreiteten sich sprungartig in Holland. Die Tulpenliebhaberei wurde zur Sucht, die in den Jahren 1634–1640 in der wohlbekannten „Tulpomanie" gipfelte. 1753 belegte der Systematiker Linné alle Gartentulpen dieser Zeit mit dem Sammelnamen *Tulipa gesneriana*, zum Andenken an Konrad Gesner.

Durch Busbecks Vermittlung kamen noch drei weitere Pflanzen von Konstantinopel nach Mitteleuropa: der Kalmus (*Acorus calamus*), die Roßkastanie (*Aesculus hippocastanum*) und der Gemeine Flieder (*Syringa vulgaris*). Die beiden letztgenannten Pflanzen sind Relikte der früheren sommergrünen Laubwälder Südosteuropas. Busbeck sandte die Kalmusstaude und die Früchte der Roßkastanie von Konstantinopel an Matthioli, wie in dessen Kräuterbuch (vgl. Matthioli 1590) nachzulesen ist. Die Zeichnung der Roßkastanie wird von Matthioli mit dem Namen *Castanea equina* betitelt. Als *Castanea* (gr. *Kásava*, arab. *qastal*) wurde sie wohl wegen der Ähnlichkeit mit der Eßkastanie *Castanea sativa* bezeichnet. Den Artennamen *equina* erklärt er folgendermaßen: *Die Türken nennens Roßkastanie, darum das sie den keichenden Rossen sehr behülflich sind.* Roßkastanien wurden von den Türken gemahlen unter das Pferdefutter als Mittel gegen Husten und schweres Atmen gemischt. Im 17. Jh. hatte die Roßkastanie ganz Mitteleuropa erreicht und wurde zum beliebten Zierbaum. Der Kalmus, eine schilfartige Staude aus der Familie der Aronstabgewächse, hat seinen eigentlichen Ursprung in Ostasien. Dank Busbeck und Matthioli findet man ihn seit Ende des 16. Jh. wild in Feuchtgebieten Mitteleuropas. Der Gemeine Flieder, beliebter Zierstrauch orientalischer Gärten, wurde im deutschen Volksmund noch lange als Türkischer Flieder bezeichnet.

Im Kräuterbuch des Theodorus in der Frankfurter Ausgabe von 1613 findet man auch eine Beschreibung von *Ranunculus asiaticus* unter dem Namen *Ranunculus Constantinopolitanus* oder *Ranunculus Turcicus* mit der Erwähnung, daß er erstlich aus der Türkei von Konstantinopel zu uns gebracht worden sei. Auch *Hyacinthus orientalis* und *Fritillaria imperialis* fanden in der zweiten Hälfte des 16. Jh. ihren Weg aus den Gärten von Konstantinopel nach Mitteleuropa. Wie die Tulpe wurden sie in Holland rasch beliebt und dort seit dem 16. Jh. in vielen Varietäten kultiviert. Die Liste der osmanischen Pflanzen in Mitteleuropa ließe sich beliebig erweitern.

Beim Studium der alten Kräuterbücher drängt sich immer derselbe Gedanke auf: Wieviel ärmer wäre unsere Gartenkultur ohne das osmanische Erbe.

Michael Ursinus Die Ess- und Trinkgewohnheiten der Osmanen

Die Eß- und Trinkgewohnheiten der Türken in osmanischer Zeit gehen in wesentlichen Grundzügen auf vorosmanische Verhältnisse zurück. Sie reichen andererseits aber auch bis in die Gegenwart hinein. Trotz ihrer großen Beständigkeit erfuhren die Eß- und Trinkgewohnheiten im Laufe der Zeit dennoch einige Veränderungen, und zwar hauptsächlich während der Blütezeit des Osmanischen Reiches und später im Verlauf der Periode, die von den Reformen bis zur Gegenwart reicht. In hochosmanischer Zeit resultierten diese Veränderungen in erster Linie aus Einflüssen der Hofetikette in der neuen Hauptstadt (Einnahme Konstantinopels 1453) auf die Istanbuler Eßkultur und darüber hinaus aus der Einfuhr bisher unbekannter Produkte, z. T. aus Übersee: Tomate, Aubergine, Kaffee, Tabak. Im 19. Jh. war es vor allem die beginnende Orientierung der osmanischen Oberschicht an westlichen Vorbildern, die auch europäischen Eßgewohnheiten zu größerer Verbreitung verhalf. In der Gegenwart sind es dagegen die Bedingungen der modernen Industriegesellschaft, in Gemeinschaft mit dem nivellierenden Einfluß der internationalen Sandwich-Kultur, die viele traditionelle Elemente der türkischen Eßgewohnheiten verdrängen.

Das Frühstück bestand in osmanischer Zeit gewöhnlich aus einer Tasse Milch, Ayran oder Kaffee, zu der man die Pfeife zu rauchen pflegte. Lediglich Frauen begannen den Tag auch mit einer Süßspeise aus Milch, Zucker und Zimt – um rundlich zu werden! Erst etwa zwei Stunden vor Mittag und noch einmal kurz vor Sonnenuntergang setzte bzw. hockte man sich zu einem ausgiebigen Mahl nieder, das auf einer kreisrunden, flachen Eßschüssel serviert wurde. In einfacheren Haushalten pflegte man diese *sini* genannte, oft aus Holz oder verzinntem Kupfer bestehende Platte direkt auf den Boden zu stellen, während die Teilnehmer des Mahles mit untergeschlagenen Beinen auf den umgebenden Sitzkissen Platz nahmen. Dies geschah nicht etwa in besonders dafür hergerichteten Eßzimmern, sondern überall dort, wo bequeme Sitzmöglichkeiten bestanden. In wohlhabenden Haushalten bediente man sich dagegen eines kleinen runden Tischchens, auf das die flache Eßschüssel abgestellt wurde – ein Möbel, das am Sultanshof bereits in der ersten Hälfte des 16. Jh. beobachtet worden ist: *In dem hat man Ein gros sylbren plat einem Runden tisch geleich pracht vnd auf einen runden stuel gelegt* (J. V. Lamberg, 1530, nach: Dilger, Hofzeremoniell, 110).

Erst mit der zunehmenden Orientierung der osmanischen Oberschicht an westlichen Vorbildern seit Beginn der Tanzimat (1839–1876) fanden Tisch und Stuhl zunächst Eingang in manche Stuben der hauptstädtischen Bevölkerung. Aber auch hier währte die Umstellung bis in die Zeit der frühen Republik und darüber hinaus. Erheblich langsamer verlief und verläuft die Entwicklung auf dem flachen Lande: Noch 1969 aßen von den Bewohnern des Dorfes Hasanoğlu in der Nähe von Ankara lediglich 3% am Tisch, wenngleich 45% der Dorfbewohner einen solchen besaßen. In den höheren gesellschaftlichen Schichten war es üblich, daß der Hausherr sein Mahl gesondert vom Harem einnahm, während diese Trennung in den beengten Verhältnissen der einfachen Bevölkerung natürlich nicht durchführbar war. Hier aßen tatsächlich alle Familienmitglieder aus ein und derselben Schüssel und tun dies im Landesdurchschnitt zu 63,9% noch heute (Köksal 1977; nach Tezcan in: Türk Mutfağı Sempozyumu bildirileri, 124).

Auch an der schon früh belegten, geradezu atemberaubenden Eßgeschwindigkeit hat sich – in ländlichen Gebieten zumindest – bis heute wenig geändert. Dies ist nicht verwunderlich, gilt schnelles Essen doch als Tugend und im Falle von Kindern als gutes Omen für ein erfolgreiches Arbeitsleben. Hier wird das Essen als Pflicht empfunden, derer man sich möglichst schnell zu entledigen hat, um für die anstehenden Aufgaben so bald wie möglich wieder bereit zu sein. Dem entspricht, daß während des Essens kaum gesprochen wird (Rigler, Türkei I, 196). Die Essensaufnahme folgt strengen Regeln. *So wie in Europa nach der Rangordnung servirt wird, so folgen sich in entsprechender Reihenfolge die Löffel in der Suppe, an das Pillav oder die Finger an den Braten, jedoch stets nur jene der rechten Hand, da die linke, als bei der Reinigung der Geschlechtstheile und des Afthers thätig, zum Ergreifen der Nahrungsmittel*

nie gebraucht wird, und es ist dem Türken ein Grauen, mit dem Europäer zu essen, der – aus Unkenntnis dieser Sitte – mit der linken Hand an den Braten greift. (Rigler, Türkei I, 194).
Als unfein galt, jedenfalls im späteren 19. Jh., so übermäßig zu essen, daß es die Tischgenossen ekeln mußte, dem Nächsten jeden Bissen zu neiden, über die Speisen zu niesen oder zu husten, schließlich, unappetitliche Worte zu sagen (Kochbuch der Fahriye von 1897/98).
Eine große Rolle für den ordnungsgemäßen Ablauf eines Mahles spielten verschiedene Servietten und Wischtücher, mit deren Hilfe man die eigenen Finger wieder in einen für die anderen akzeptablen Zustand brachte (Bd. II, Kat. Nr. 5/26). Die Türken *haben khaine teller, auch khain tischtucher, doch gemainiglich ire aygenen rotz facelet, doran sy sich wuschen* (Dernschwam 1554, 213, nach Dilger, Hofzeremoniell, S. 112). Besonders anschaulich berichtet über die Eßgewohnheiten in osmanischer Zeit ein Beobachter aus der zweiten Hälfte des 18. Jh.: Muradgea d'Ohsson, der armenische Dolmetscher der schwedischen Botschaft und spätere Chargé d'affaires an der Hohen Pforte. Seine Schilderung enthält eine Fülle wichtiger Details, weshalb sie hier – leicht gekürzt – im Wortlaut der deutschen Übersetzung von Christian Daniel Beck (1793) wiedergegeben werden soll:
Die Tafeln sind überhaupt nur auf vier, fünf, höchstens sechs Personen eingerichtet. Man kann sie mit den europäischen nicht vergleichen, denn in keinem Mohamedanischen Hause giebt es ein Speisezimmer, und zur Speisestunde lässt sich jeder in dem Zimmer, oder vielmehr in der Stube, auftragen, wo er sich aufhält (. . .). Zur Tischzeit tragen die Bedienten auf dem Kopfe die Schüsseln, auf eine Art von Schaale, tabla, gesetzt, herbey (. . .). Die Tafeln, an denen man speist, sind klein, rund, und von wohl verzinntem Kupfer. Man nennt sie Siny; sie werden auf eine Art von Schemel gesetzt, der ihnen statt der Füsse dient, und darunter wird ein weisses oder vielfärbiges Tuch gelegt, welches zur grössten Reinlichkeit auch über den Fussboden vor dem Sopha mit ausgebreitet wird. Ein oder zwey Freunde setzen sich nebst dem Herrn hin auf die Kniee, oder vielmehr den einen Fuss unter die Tafel gestreckt: die übrigen setzen sich rund herum auf Küssen, welche statt der Sessel dienen (. . .). Bey diesen Mahlzeiten herrscht die grösste Einfachheit; man sieht kein Tischtuch, keine Teller, Gabeln, Messer. Mehrere Stücke Brod von zweyerley oder dreyerley verschiedenen Arten, sind auf den Tisch gelegt; ein einfaches Salzfass, hölzerne oder kupferne Löffel, fünf oder sechs kleine Schüsseln mit Sallat, Oliven, Eingemachtem, kleinen Gurken, Sellerie und anderen Gewächsen, die man in Essig gelegt hat, und die deswegen tourschy genannt werden, stehen auf dem Tisch. Die übrigen Gerichte werden auf einmal aufgetragen, und mitten auf die Tafel gesetzt. Ein Bedienter giebt dem Herrn und den Tischgenossen eine an beyden Enden bordierte Serviette. Man wirft sie auf der einen Seite über die rechte Schulter, und bedeckt auf der anderen sich damit den Schoos und die Beine. Zugleich wird noch ein gewöhnliches Handtuch zur Abwischung der Finger gegeben. Da man die ersten Finger statt der Gabel braucht, so muss man sich dieses Handtuchs alle Augenblicke bedienen. Sobald das Essen aufgetragen ist, langt jeder in die Schüssel, und der Hausherr macht allemal den Anfang. Man wird schnell bedient, die Gerichte kommen mit grosser Geschwindigkeit; bisweilen hat man kaum Zeit, drey oder vier Bissen zu nehmen. In grossen Häusern besteht das Mahl aus 25 bis 30 Schüsseln. Suppe wird zuerst aufgetragen, und das Pilau zuletzt. (. . .) Zu diesen beyden Schüsseln allein giebt man Löffel. Nach dem Pilau werden verschiedene Arten Käse gegeben, in sehr kleine Stücken geschnitten und auf kleine Teller gelegt, die rund um ein Gefäss mit Khosch'ab stehen: diess ist der gewöhnliche Nachtisch bey den Mohammedanern; (. . .) Wenige Personen fordern während dem Essen zu trinken, vornehmlich im Winter, und man giebt ihnen dann reines Wasser in crystallenen Gefässen (Bd. II, Kat. Nr. 9/1). *Im Sommer wirft man Eis hinein, um es frischer zu haben (. . .).*
Man fängt die Mahlzeit an und endigt sie mit einem kurzen, von der Religion vorgeschriebenen Gebet. Nie setzt man sich zu Tische, ohne sich die Hände zu waschen, und nie geht man davon, ohne sich den Bart und den Knebelbart mit Seifenschaum zu reinigen. Nicht nur der Reinlichkeit wegen, sondern aus Gehorsam gegen das Gesetz beobachten dies alle. Daher geben die Hausbedienten vor und nach dem Essen dem Herrn und den Tischgenossen Wasser zum Waschen. Einer reicht eine schöne Serviette, peschkir, mit welcher man sich die Knie bedeckt; ein anderer hält in der linken Hand ein Becken von Silber, oder von verzinntem Kupfer, leyenn, und giesst mit der rechten Hand Wasser hinein, aus einer Giesskanne von gleichem Metall, ibrik (Bd. II, Kat. Nr. 6/2, 6/3); *ein dritter*

steht zur Seite mit einem ringsherum brodirten Handtuch, das er gleich nach dem Waschen giebt. Eben so geht es bey den übrigen Gästen, die längs dem Sopha sitzen, und ruhig mit der ernsthaftesten Miene abwarten, bis die Reihe an sie kömmt (. . .). Beym Weggehen vom Essen präsentirt man eine Pfeife und den Caffee, und so endigen sich alle Mahlzeiten des Mittags und des Abends. Diese Gebräuche werden von den Bürgern der letztern Klassen eben so wie von den Vornehmsten des Hofes beobachtet. nach A. Süheyl Ünver;

BEMERKUNGEN ZUM GEBRAUCH DES LÖFFELS

Bei der Vorstellung, seine Suppe nicht vom eigenen Teller, sondern gemeinsam mit anderen aus derselben Schüssel löffeln zu sollen, empfindet der Europäer – und mit ihm der „kultivierte" Türke – Unbehagen, ja Ekel: Abgesehen davon, daß ihm hinsichtlich der Hygiene bei der Zubereitung der einfachen traditionellen Speisen Bedenken kommen mögen, wird er auch glauben, daß sich der Inhalt der Schüssel vor ihm auf dem flachen, runden Eß-„Tisch", in die er wie die anderen seinen Löffel taucht, unweigerlich mit den Speiseresten und dem Speichel aus den schnauzbärtigen Mündern seiner Tischgefährten vermischen muß. Denn jedermann führt seinen Löffel direkt vom Mund in die gemeinschaftliche Suppenschüssel und zurück, ohne Anstalten zu machen, den Löffel vor jedem Eintauchen in die Suppe zu säubern. Muß einem da nicht der Appetit vergehen?
Tatsächlich ist die Benutzung des Löffels und die Art und Weise des Löffelns genauestens reglementiert – und zwar durch altüberkommene, ungeschriebene Regeln: Niemals darf von der Spitze des Löffels gegessen werden, sondern nur von der Seite, genauer: von einer Seite. Die rechte kommt dafür nicht in Frage, denn sie fungiert als „Schöpfseite". Sie wird, bei schräg gehaltenem Löffel, sacht in die Suppe eingetaucht, doch nicht weiter als bis zur Mitte des Löffelbodens (d. h. nur bis zur Verbindungslinie von der Löffelspitze zum -Stiel). In dieser Stellung bedarf es lediglich einer zügigen Bewegung des Löffels nach rechts bei gleichzeitiger Rückführung in die Horizontallage, um den Löffel zu füllen. – Wird dieser nun zum Munde geführt, darf er nur mit der linken Seite den Mund berühren. Denn die linke ist die „Eßseite". Die Lippen sollen sie auch nur in ihrem randnächsten Abschnitt berühren, indem die Suppe soweit als möglich vom Löffel geschlürft wird. Niemals darf der Mund weiter als bis zur Mittellinie des Löffelbodens geführt werden. Auf diese Weise bleiben Eß- und Schöpfseite streng voneinander geschieden. Wozu daher den Löffel noch abwischen?.

BEMERKUNGEN ZUM TÜRKISCHEN KAFFEE

Nach vollendeter Mahlzeit wird Kaffee gereicht. Er wird ganz schwarz getrunken, wobei auch ein Teil des Bodensatzes mitgeschlürft wird. Früher wurde der Kaffee auch sehr oft ohne Zucker genossen, da dieser vergleichsweise kostbar war. Über die Zubereitung des Kaffees und die Art, ihn zu servieren, schreibt Ami Boué 1839 (nach der deutschen Übersetzung der Boue-Stiftung-Commission, 1889, I, 492) wie folgt:
Der Kaffee wird erst, wenn das Wasser siedet, hineingegeben; man lässt ihn nur kurze Zeite darin, gibt dann einige Tropfen kaltes Wasser dazu und tischt ihn in dem Topf aus Weissblech oder verzinntem Kupfer, Kavé-Ibrik, albanisch Gogome, auf. (. . .) Der Kaffee wird in sehr kleinen, weissen Porzellantassen, Fildschan (s. a. Fildzan, g. Philutzani) aufgetragen, welche oftmals mit einem feinen Goldrand, aber nur bei sehr reichen Leuten mit Malereien verziert sind (Bd. II, Kat. Nrn. 2/54, 2/55). *Die Tasse wird auf eine kleine Stütze oder vielmehr eine Art Becher aus Messing gesetzt, dem Zarf, welcher bei wohlhabenden Leuten durch silberplattirte Becher, solche aus Silberfiligran (Kafeslizarf) oder vergitterte Becher, welche von den Türken, Griechen oder Armeniern sehr kunstvoll gearbeitet werden, ersetzt wird; manche sind sogar aus Gold und mit kostbaren Edelsteinen verziert. Der Diener hält den Fildzan und den Zarf zwischen seinen Daumen und seinen ausgestreckten Fingerspitzen und trägt sie mit etwas eingebogenem Arm; die Tasse wird mit der linken Hand gereicht, indem er die Rechte ans Herz legt.*
Doch bedeutete der Kaffee für die Osmanen weit mehr als bloß ein gern und oft genossenes Getränk. Schon bald nach 1555, dem Jahr, in das die Chronisten das erste Auftauchen der in Südarabien kultivierten Bohne in Istanbul datieren, schossen

zahlreiche Kaffeestuben wie Pilze aus dem Boden und entwickelten sich bald zu beliebten Versammlungsstätten der männlichen Bevölkerung. Verstärkt wurde die Attraktivität der Kaffeehäuser noch, als nach 1600 auch der Tabak im Osmanischen Reich Verbreitung fand, den man mit Vorliebe in den anregenden Kaffeestuben zu rauchen pflegte. Natürlich wurde diese Entwicklung von den Ordnungshütern argwöhnisch verfolgt, boten die neuen „Vergnügungszentren" doch einen idealen Nährboden für die politische Agitation. 1633 gab der verheerende Brand Istanbuls, für den man glühende Asche aus den Pfeifen der Kaffeehaus-Kunden verantwortlich machte, den Anlaß, sich dieser potentiellen Keimzellen organisierter Unruhen zu entledigen: Am 16. September 1633 wurden sämtliche Kaffeestuben durch Befehl Sultan Murads IV. geschlossen und nicht nur das Rauchen auf offener Straße verboten, sondern allgemein der Besitz von Tabak und Pfeife unter Todesstrafe gestellt. Der Sultan soll sich persönlich davon überzeugt haben, ob seinen Anordnungen Folge geleistet wurde, indem er verkleidet durch die Straßen Istanbuls zog. Jeden Morgen fand man in den Gassen ein oder zwei Leichen als Opfer sultanischer Strenge – ein warnendes Beispiel, das seine Wirkung nicht verfehlt haben dürfte. Doch allen Verboten zum Trotz (die im übrigen bald wieder rückgängig gemacht wurden, da der Staat auf die Einnahmen aus dem Handel mit Kaffee nicht verzichten konnte) verloren die Kaffeehäuser nicht an Anziehungskraft. Diese steigerte sich sogar noch, als im letzten Viertel des 19. Jh. mit der Entwicklung des osmanischen Zeitungswesens ein neues Element hinzutrat: Suchte man sich über die neuesten Nachrichten des Tages zu informieren und wollte man dies in gepflegter Atmosphäre bei Kaffee und Pfeife tun, so setzte man sich in eines der großen Cafés in der Nähe der Bayezid-Moschee, bestellte die gewünschte Zeitung und ließ sich Getränke und Tabak reichen. In diesen bald berühmten „Klubs" verkehrten Beamte, Gelehrte, Schreiber, Dichter und vor allem Literaten wie Namık Kemal, Ahmed Midhat und Ebüzziya Tevfik. Die bekannteste dieser Lesestuben war die des Armeniers Serafim Efendi nahe der Türbe Reşid Paschas, des großen Reformers der Tanzimat-Zeit. Wie sehr sich das Bild seit dem Beginn der kulturellen Erneuerung im Osmanischen Reich geändert hatte, zeigt die Notiz Riglers vom Aussehen eines Kaffeehauses um 1850:

Eine Bude mit ungepolsterten Bänken im Umkreise, ein Kohlenfeuer in der Mitte, mit ein paar Dutzend Pfeifen, Narkilé, Caffeeschalen und Kannen zur Bereitung desselben bilden ein Café turque. Wer also seine Bequemlichkeit dort pflegen, Zeitungen finden, Billard oder Karten spielen, Gefrorenes, Scherbet oder gutes Wasser geniessen wollte, darf nicht dahin gehen, da der Orientale sich mit Politik nicht beschäftigt, in vollkommener Gleichgiltigkeit über die Ergebnisse der Aussenwelt lebt, der Pfeife, des Caffee's, so wie der Ansprache wegen der Ort besucht (. . .). (Rigler, Türkei I. 192 f.).

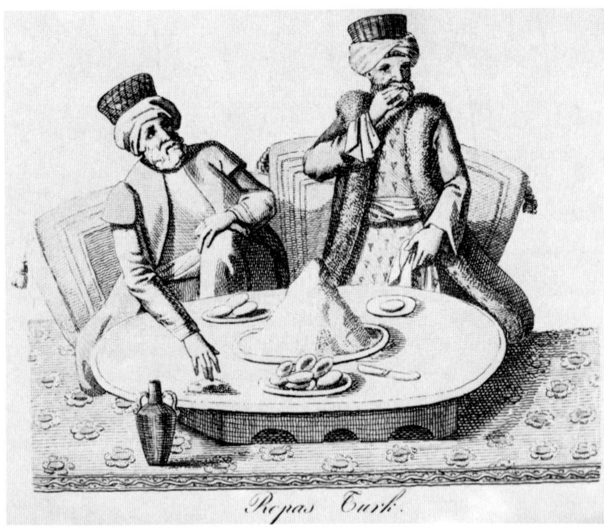

Abb. 51 Türkische Mahlzeit. Aus: „Moeurs, Usages, Costumes des Othomans, et Abrégé de leur Histoire" par A. L. Castellan. Paris 1842.

Das Musikleben in osmanischer Zeit

Die türkische Musik setzte sich in osmanischer Zeit aus der nach strengen *makam*-Regeln (Reinhard, 1984, 58 ff.) aufgebauten türkisch-islamischen Kunstmusik, der Militärmusik und aus der bis heute wenig veränderten und lebendig gebliebenen Volksmusik zusammen. Dagegen ging die sogenannte „klassische Musik", wie die Kunstmusik auch genannt wird, mit dem Ende des Sultanats nach dem Ersten Weltkrieg ihrem Niedergang entgegen und wird allmählich von einer europäisierten türkischen Kunstmusik weitgehend abgelöst. Nur gehobene bürgerliche Kreise pflegen die klassisch-türkische Tonkunst weiter, und Rundfunk und Fernsehen versuchen in nicht sehr zahlreichen Sendungen die Tradition aufrechtzuerhalten. Die Instrumente, mit denen diese Musik ausgeführt wird, sind überwiegend dieselben, wie sie in osmanischer Zeit im Sultansschloß und in den Palais der Würdenträger gebraucht wurden. Es gab keine feststehenden Ensembles. Nach den Abbildungen auf türkischen Miniaturen (Reinhard 1981) aus der Zeit zwischen 1550 und 1900 können fast alle Arten von Instrumenten miteinander gespielt werden. Da gab es in der frühen Kammermusik z. B. Besetzungen mit der Längsflöte *ney* (Kat. Nr. I/34), der Rahmentrommel *def* (Kat. Nr. I/33) und der Harfe *çeng*. Die letztere verschwand um 1811 aus dem Musikleben. Auch das Zusammenspiel der Spießgeige *ıklık*, der Kurzhalslaute *kopuz* und der Panflöte *mıskal* währte nur eine gewisse Zeit, weil die Panflöte in Vergessenheit geriet.

Zusammen traten ebenfalls die Längsflöte *ney* mit der Kurzhalslaute *ud* oder der Langhalslaute *tanbur* (Kat. Nr. I/36) auf u. ä. mehr. Auf einer Miniatur von Levnî (Reinhard 84, Abb. 9) spielen Musikerinnen sogar die scharf und durchdringend klingende Oboe *zurna* (Kat. Nr. I/35) zusammen mit der Rahmentrommel mit Schellen *def* (Kat. Nr. I/33), der Panflöte *mıskal* und der Langhalslaute *tanbur* (Kat. Nr. I/36). Die Konzerte mit den *fasıl* genannten „Suiten", in denen Lieder von Instrumentalstücken eingerahmt erklangen, konnten sowohl eine Besetzung mit nur einem Sänger mit einer Schellentrommel und vier Instrumentalisten als auch eine große Besetzung aufweisen, zu der dann mehrere Sänger sowie Fiedeln *kemençe rumi* (Kat. Nr. I/41), Längsflöten *ney* (Kat. Nr. I/34), Langhalslauten *tanbur* (Kat. Nr. I/36), Kurzhalslauten *ud* (Kat. Nr. I/39), mit Stäbchen geschlagene Zithern *santur*, Trapezzithern *kanun* (Kat. Nr. I/40), kleine Pauken *kudüm* bzw. *nakkare*, wie sie in der Militärkapelle genannt wurden, (Kat. Nr. I/32), Becken *zil* (Kat. Nr. I/31) und die obligaten Rahmentrommeln mit Schellen *zilli def* (Kat. Nr. I/33) in den Händen des ersten Sängers und Gegenschlagstäbe *çarpare* gehörten. Bei Hoffesten spielten kleinere Gruppen von Spießgeigen, Panflöten, Längsflöten und Schellentrommeln usw. und sehr oft die noch heute im Balkan, in ganz Asien und Nord- und Westafrika verbreitete Gruppe mit der Oboe *zurna* (Kat. Nr. I/35) und der großen zylindrischen Zweifelltrommel *davul*. Die letztere hat in den Türkenkriegen gemeinsam mit dem Schellenbaum *çağana* Einzug in unsere europäischen Orchester gehalten. Alle auf türkischen Miniaturen dargestellten Ensembles aufzuzählen, wäre ein müßiges Unterfangen, da es offensichtlich für die Zusammenstellung der Instrumente keine Regeln gab. Wichtig war nur, daß immer ein oder mehrere Rhythmusinstrumente dabei waren, die der einstimmigen, sehr melismatischen, arabeskenhaften und weitgeschwungenen Musik einen tönenden Untergrund gaben. Die Rhythmusinstrumente spielten in der damaligen Zeit übrigens eine viel größere Rolle in der Verbindung mit den Melodieinstrumenten, als es heutzutage der Fall ist (Reinhard/Ahrens) (Abb. 52).

Zu den wichtigsten, in der Ausstellung gezeigten Instrumenten muß man sich für die Kunstmusik noch die Spießgeige *rebab* und die mit Stäbchen geschlagene Zither *santur* vorstellen. Zum Bereich der Militärmusik gehören noch die Trommel *davul*, die bei uns „türkische Trommel" genannt wurde, die Trompeten *boru*, die Naturhörner *nefir* und der Schellenbaum *çağana*. Die rein türkische Volksmusik bedient sich vor allem des wohl beliebtesten und echt türkischen Instruments, der Langhalslaute *saz* bzw. *bağlama* (Kat. Nr. I/37) in vielen verschiedenen Arten, der Hirtenflöte *kaval*, die Ähnlichkeit mit der *ney* hat und auch so gespielt wird, der Kernspaltflöte *düdük*, der tönernen Bechertrommel *deblek*, die wie ein Weinglas ohne Stiel geformt ist, und vor allem auch der Trommel *davul* in Verbindung mit der Oboe *zurna* (Kat. Nr. I/35). Die beiden letzteren werden fast immer von einem Zigeunerpaar zu Hochzeiten und Festen jeglicher Art gespielt. Wie wichtig diese Gruppe schon immer war, erhellt die Redensart „*davul zurnasız düğün olmaz*" („Keine Hochzeit ohne Trommel und Oboe"). Das traf auch für die großen Feste am Sultanshof zu, die anläßlich von Thronbesteigungen, Siegen, nationalen Feiertagen, Hochzeiten der Sultane, Beschneidungsfeiern der Prinzen und anderen Gelegenheiten mit großem Pomp gefeiert wurden. Da traten außer *davul-zurna*-Gruppen auch andere große Ensembles, Sänger, Tänzerinnen und Tanzknaben auf. Artisten und Clowns wetteiferten in ihren Vorführungen mit Jongleuren und Ringern. Tierbändiger und Bärenführer zeigten vor dem Hofstaat und dem Sultan, der oft von einem eleganten Kiosk aus zuschaute, ihre Künste. Vielfach fanden diese Feste am Ufer des Meeres statt, und manchmal zeigen türkische Miniaturen Musikergruppen in Booten, die vom Wasser her ihre Musik ertönen lassen (Kat. Nr. I/42).

Die Ausbildung aller Musiker, Sänger, Tänzer, Künstler, aber auch Gelehrten und Dichter fand in der Palastschule Enderun in Istanbul statt, in der auch Leibdiener des Sultans, Militärmusiker, Handwerker und andere Bedienstete in eigenen Abteilungen herangezogen wurden. Im Harem dagegen wurden die Sklavinnen *cariye* des Padischah im Gesang und Instrumentalspiel ausgebildet, um ihren Gebieter durch Musik erfreuen zu können. So wurde, wenn der Sultan bei einem Besuch in seinem Harem ein Mädchen ausgesucht hatte, die Erwählte gebadet, geschmückt und mit Gesang und Instrumentalspiel in das Schlafgemach des Herrschers geleitet. Hielt er sich aber mit seinen Damen zusammen in anderen Räumen auf, so mußten die Musiker hinter einem Vorhang spielen.

Viele Herrscher hatten nicht nur ein passives Interesse an der Tonkunst, sie betätigten sich auch selbst musikalisch, und es gibt eine Reihe von Sultanen, die Komponisten waren. Der bedeutendste von ihnen war Selim III. (1789—1807), der die *ney* meisterhaft spielte und dessen Werke noch heute aufgeführt werden.

Nicht nur im Bereich des Serail herrschte ein reges künstlerisches Leben, auch an den Höfen der hochgestellten Persönlichkeiten und Heerführer gab es Sänger, Musiker und Künstler. Die Musikkapellen waren je nach Stand und Vermögen größer oder kleiner und trugen nicht selten zum Image etwa der Prinzen, Wesire und anderer wichtiger Untertanen des Sultans bei. Es ist erstaunlich, wie intensiv man sich im islamisch ausgerichteten Osmanischen Reich mit weltlicher Musik befaßte, da doch der Islam die weltliche Musik und ihre Instrumente als von Gott ablenkend und daher abträglich verbietet.

So durfte eigentlich nur die rein vokale geistliche Musik, die nicht eigentlich als Musik, sondern als Rezitation des Korans und der Gebete aufgefaßt wurde, eine Rolle spielen. Ausgeführt wurden die für unser Verständnis dennoch gesungenen Rezitationen bei Hofe und in den Moscheen von dem Gebetsrufer, dem Muezzin, und dem Geistlichen, dem Imam. Die osmanischen Herrscher hatten in früher Zeit einen eigenen Imam. Vom 18. Jh. an waren es sogar mehrere, ja bis zu dreißig Geistliche, die vor ihrem Sultan im Pelzgewand erschienen, um zu beten und zu rezitieren. Die Imame des Padischah mußten selbstverständlich außerordentlich schöne Stimmen haben. Es kam öfter vor, daß ein Sultan einen besonders eindrucksvoll rezitierenden Vorbeter zum Dienst in den Serail verpflichtete. Ein Imam gehörte zunächst der niedrigsten Rangstufe an, konnte sich aber bis zum höchsten Rang emporarbeiten.

Die der Tonkunst sehr zugewandten Derwischklöster *(tekke)* waren die wichtigsten Aufführungs- und zugleich Ausbildungsstätten der klassischen Kunstmusik. Hier wurde sie bewußt dem Glauben dienstbar gemacht und als Mittler zwischen Allah und den Menschen angesehen, denn mit Hilfe mystischer Musik hoffte man Gott nahe und mit ihm zu einer liebenden Vereinigung zu kommen und die Fesseln der Welt abstreifen zu können. Auf der Suche nach diesem Ziel erfand der große Dichter und Mystiker Celâleddin Rumî, der Gründer des Ordens der Mevlevî, der „Tanzenden Derwische", in Konya im 13. Jh. den Drehtanz (Abb. 31). Er wurde der Mittelpunkt des kultischen Zeremoniells und wurde und wird noch heute von chorisch ausgeführter Vokal- und Instrumentalmusik begleitet. Zu Zeiten Celâleddins wurden zu diesem Reigen die mystisch klingende *ney* und die kleinen Paukenpaare *kudüm* (Kat. Nr. I/32) gespielt. Celâleddins Sohn Veled, der die Organisation des Klosters später kanonisiert hat, soll die Spießgeige *rebab* gespielt haben. Im Laufe der

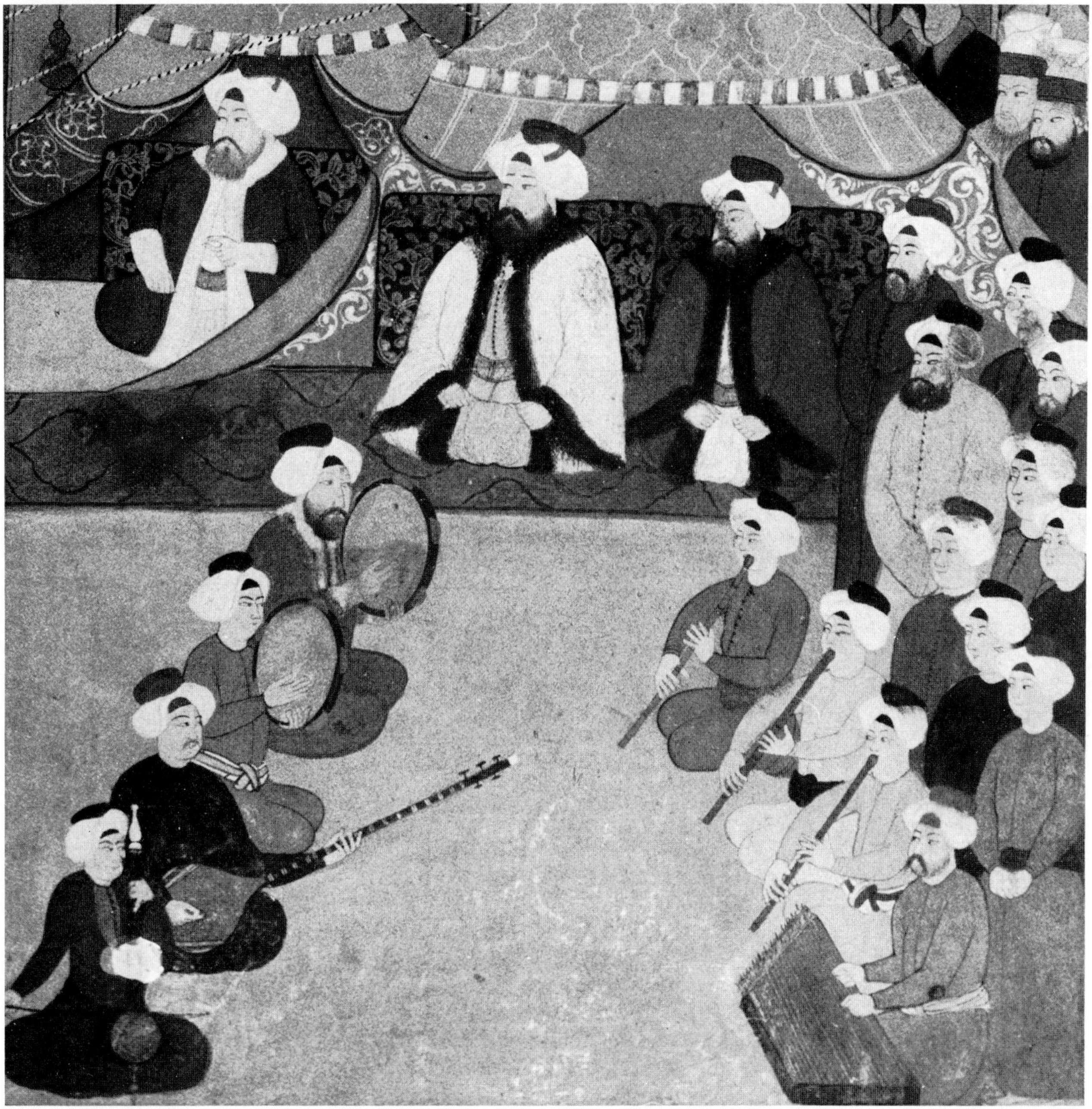

Abb. 52 Musiker vor dem Sultan
An Instrumenten ist in der Reihenfolge von vorne nach hinten zu sehen: 1 Spießgeige (rebab), *1 Langhalslaute* (tanbur), *2 Rahmentrommeln mit Schellen* (zilli def). *Von rechts nach hinten: 1 mit Stäbchen geschlagene Zither* (santur), *3 Längsflöten* (ney).
In: Surname-i Vehbi *von Abdülcelil Çelebi (Levnî) um 1720. Istanbul, Topkapı Sarayı Bibliothek.*

Jahrhunderte wurden die Langhalslaute *tanbur*, die Fiedel *kemençe rumi*, die Zither *kanun* (Kat. Nr. I/40), die Hackbrett-Zither *santur*, die Kurzhalslaute *ud*, die Rahmentrommel *def*, mit arabischem Namen *daire*, die Becken *halile* (Kat. Nr. I/31) und später sogar die Violine und andere europäische Instrumente miteinbezogen.

Die Osmanen verfügten selbstverständlich auch über Militärkapellen, die *mehterhane*. Bereits Osman I. (1288—1326) erhielt zur Ernennung zum Bey von dem Seldschukenherrscher zusammen mit der Fahne eine große Trommel *davul* und eine Oboe *zurna*. Ihre Spieler bliesen und schlugen damals nur zu den Gebetszeiten *nevbet* („die Wache schlagen"), was die Osmanen sich stehend anhörten, um das Seldschukenoberhaupt zu ehren. Erst 200 Jahre später wurde diese Sitte unter Mehmed dem Eroberer aufgehoben. Inzwischen hatten sich unter Hinzuziehung anderer Instrumente Militärkapellen formiert. Nach dem Reiseschriftsteller Evliya Çelebi bestand die osmanische Militärkapelle im 17. Jh. aus zwölf Abteilungen (*kat*). Im 18. und 19. Jh. waren es dann neun *kat*. Jede Instrumentengruppe bestand aus neun Musikern. Zusammen waren es 54 Spieler und ein Spieler der großen Pauke *kös*. Die Instrumente der einzelnen *kat* waren 9 Oboen *zurna* (Kat. Nr. I/35), 9 Trommeln *davul*, 9 kleine Doppelpauken *nakkare* (Kat. Nr. I/32), 9 Trompeten *boru*, 9 Becken *zil* (Kat. Nr. I/31) und 9 Schellenbäume *çağana*. Dazu kam die große Pauke *kös*. Inmitten der zu einem Kreis formierten *mehter*-Musiker standen ein *zurna*-Spieler und ihm gegenüber ein *çağana*-Spieler gleichsam als Dirigenten. Die *mehter* spielten nun nicht mehr nur die aus drei Zyklen bestehenden musikalischen Folgen des *nevbet*, sondern auch spezielle Musik an den Vortagen der großen Feste, bei Thronbesteigungen, Hochzeiten der Sultane, nach der Geburt der Prinzen, zu deren Ehre vor Beginn des Spiels fünf Kanonenschüsse abgefeuert wurden, während die Prinzessinnen nur mit drei Kanonenschüssen, aber doch auch mit *mehter*-Musik gefeiert wurden. Ferner ließ die Militärkapelle sich bei Siegesnachrichten und Staatsempfängen, beim Auszug ins Feld und im Feldlager hören. Da ertönten dann die dunklen Trommelschläge in der Nacht, immer wieder unterbrochen von *„yektir Allah"*-Rufen („Es gibt nur einen Allah"), um die Soldaten am Einschlafen zu hindern. Beim Nahen der Feinde schlugen die *mehter* ihre *davul* und *kös* besonders lautstark, um die Feinde zu schrecken und zu entnerven, und beim Angriff marschierten und ritten die Musiker auf prächtig geschmückten Pferden hinter den Fahnen, aber die großen Trommeln *davul* und die Pauken *kös* wurden auf weißen Kamelen transportiert und gespielt, da diese Tiere durch die lauten Klänge nicht so erschreckt wurden wie die Pferde (Abb. 53).

In Friedenszeiten spielten die *mehter* des Sultans im Schloß, vor den Schloßtoren und von den Türmen. Andere Gruppen weckten die Bevölkerung zum Morgengebet von entlegeneren Istanbuler Türmen und ließen sich ebenfalls nach dem Abendgebet hören. Evliya Çelebi schätzte, daß zu seiner Zeit ca. 1000 Musiker, in einzelne Gruppen aufgeteilt, in der Stadt Istanbul zu diesem Zweck eingesetzt waren.

Nicht nur der Sultan besaß eine Militärkapelle. Auch in den verschiedenen Provinzen gab es Soldatenmusik mit denselben Instrumenten. Dem Sultan aber allein vorbehalten war die große Pauke *kös*. Weder die Orchester der Prinzen noch die der Wesire besaßen dieses Statussymbol. Evliya Çelebi berichtete, jede *kös* sei so groß wie die Kuppel eines *hamam* (eines Bades), was aber, nach den erhaltenen Instrumenten zu urteilen, übertrieben erscheint.

In der Überlieferung wird die Musik der *mehterhane* als ungeheuer laut geschildert, so daß Himmel und Erde erbebten. Die Menschen glaubten 200 bis 300 große Trommeln auf einmal zu hören, wobei die sehr durchdringenden Oboen in den Hintergrund gerieten. Christian Friedrich Daniel Schubart schrieb 1806 (S. 330 ff.): *Der Charakter dieser Musik ist so kriegerisch, daß er auch feigen Seelen den Busen hebt... Wer aber das Glück gehabt hat, die Janitscharen selber musicieren zu hören,... der muß mitleidig über die Nachäffungen lächeln, womit man unter uns meist die türkische Musik verunstaltet...* Mit diesen Ausführungen spielt Schubart auf die im 18. Jh. in Europa in Mode gekommene „alla turca"-Musik an, der wir unter vielen sogenannten „Türkenopern" auch Mozarts Entführung aus dem Serail und den Türkischen Marsch aus der A-dur-Klaviersonate, Köchel-Verzeichnis 331, verdanken (Reinhard 1981).

Im Jahre 1826 verschwand mit der Auflösung des Janitscharenkorps auch die *mehterhane*-Kapelle. Der zum kaiserlichen Hofkapellmeister ernannte Guiseppe Donizetti ersetzte sie im Zuge seiner westlich ausgerichteten musikalischen Reformen durch eine europäisch zusammengesetzte Militärkapelle. Später, im Jahre 1912 wurde auch die Musikschule im Enderun durch das Institut Darülelhan abgelöst, in dem vornehmlich abendländische Musik gelehrt wurde. Auch im Serail spielte nun ein Orchester *muzika-ı hümayun* europäische Werke. Damit begann der allmähliche Verfall der türkisch-klassischen Musik. Ob es möglich sein wird, diese Musik zu bewahren oder gar in irgendeiner Form wiederzubeleben, kann nur die Zukunft erweisen.

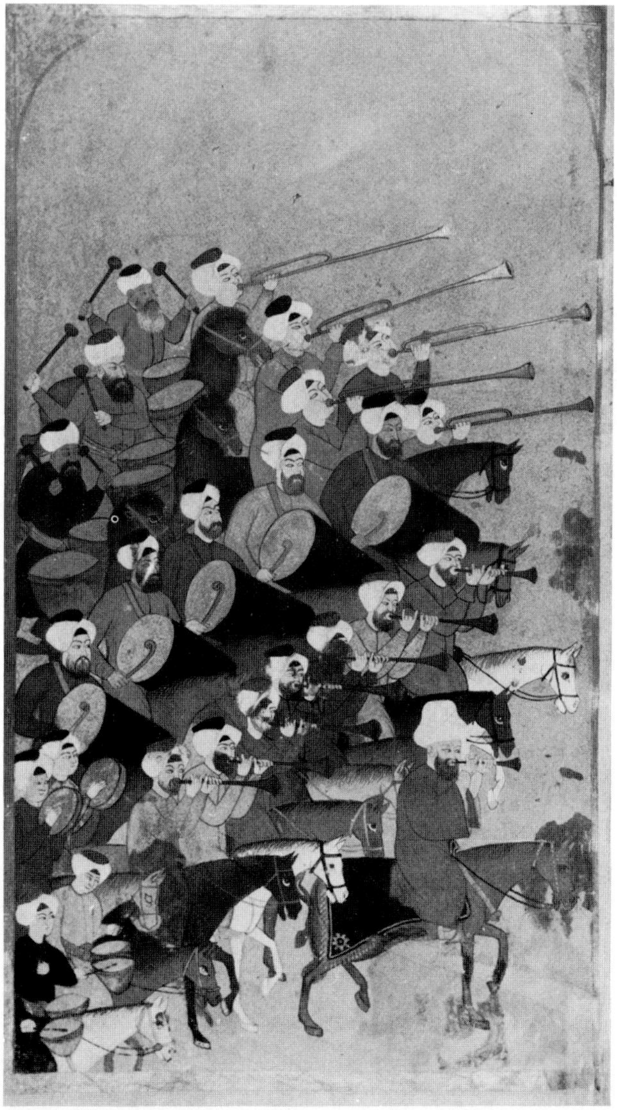

Abb. 53 Mehterkapelle zu Pferde
An Instrumenten ist in der Reihenfolge von vorne nach hinten zu sehen: 2 kleine Doppelpauken (nakkare), *7 Oboen* (zurna), *2 Rahmentrommeln* (def), *5 große Trommeln* (davul), *3 große Pauken* (kös), *5 Trompeten* (boru).
In: Surname-i Vehbi, *von Abdülcelil Çelebi (Levnî) um 1720. Istanbul, Topkapı Sarayı Bibliothek.*

Andreas Tietze – Ingeborg Baldauf

Karagöz – Das türkische Schattentheater

Das türkische Schattentheater ist eine traditionelle Kunstform, die im Zusammenprall mit den modernen Medien unserer Zeit unterliegen mußte und unterlegen ist. Wie konnte es dazu kommen, daß eine noch vor ganz kurzer Zeit bei allen Schichten der Bevölkerung so beliebte Unterhaltungsgattung zur Bedeutungslosigkeit herabgesunken ist?
Kaum eine andere Form der Volkskunst ist ähnlich anspruchsvoll wie das Schattentheater, was die Fähigkeiten und Fertigkeiten der ausführenden Künstler angeht: Die Vorstellung wird im wesentlichen von einer einzigen Person gestaltet. Der Künstler betätigt bis zu drei Puppen zugleich, die er sprechen, singen, tanzen und raufen lassen muß – und all das ohne jedwede schriftliche Vorlage. Er muß auf die Stimmung im Publikum eingehen, muß variieren und zugeben können, er spielt ein Stück, in dem es keine Pausen gibt. So hohen Anforderungen genügen kann nur derjenige, der mitten in einer lebendigen Tradition steht und dessen Publikum die Einzigartigkeit seiner Kunst zu schätzen weiß. Die lebendige Tradition ist durch den sozialen Wandel gestört, das vielfältige und beeindruckende Unterhaltungsangebot der modernen Medien bildet eine übermächtige Konkurrenz. Das Schattentheater ist keine Form des Amüsements in der Öffentlichkeit mehr, es wird höchstens noch als besondere Attraktion im Rahmen von Familienfesten geschätzt. Was Wunder, daß auch die moderne Dichtung sich dieses Genres kaum angenommen hat? Abgesehen von einigen, wenngleich ausgezeichneten Stücken des Dichters Aziz Nesin und etlichen Versuchen, politische Satiren als Schattentheaterstücke aufzuführen, fristet das Schattentheater heute ein kärgliches Dasein.
Ganz anders in früherer Zeit. Die ältesten Hinweise auf ein türkisches Schattentheater oder eine diesem verwandte Gattung stammen schon aus dem 14. Jahrhundert; sie sind aber, ebenso wie Erwähnungen aus dem Jahrhundert danach, zu vage, als daß sie die Annahme zuließen, das Schattentheater in der uns bekannten Form sei schon damals entwickelt gewesen. Sowohl osmanische Werke als auch Berichte von europäischen Reisenden aus dem 16. Jahrhundert berichten von einer Schattenbühne, auf der dem Publikum die Darstellung von seltsamen Tieren, fliegenden Vögeln, einer mausenden Katze, einem Storch, der eine Schlange verschluckt, einem menschenfressenden Drachen, zwei raufenden Personen und ähnlichem geboten wird.
Der osmanische Reisende des 17. Jahrhunderts, Evliya Çelebi, beschreibt eine Reihe von Schattentheaterstücken, die den uns aus neuerer Zeit bekannten nicht nur nach der Art und Weise ihres Aufbaus ähneln, sondern die man sogar mit uns bekannten Stücken identifizieren kann. Aus dieser Zeit kennen wir auch die Namen von berühmten Schattenspielern. Dürfen wir also annehmen, daß im 17. Jahrhundert das Schattenspiel unter der Führung einiger begabter, kreativer Künstler einen stürmischen Aufschwung erlebt hat? Zieht man in Erwägung, daß das Volksleben, die Volkskunst im Istanbul jener Zeit eine Blüte erlebte, klingt diese Annahme sehr plausibel.
Dennoch wollen wir auch eine alternative Hypothese nicht aus den Augen verlieren. Illusionsspiele und Illusionisten werden schon früher als wichtiges Element der Beschneidungsfeierlichkeiten am Sultanshof genannt; vermutlich handelt es sich dabei um eine Form des Puppenspiels, die nicht der später gängigen Gattung Schattentheater entspricht. Möglicherweise waren Charaktere und Handlungen schon von der Puppenbühne her bekannt und gewannen im 17. Jahrhundert auf der Schattenbühne besondere Berühmtheit. Was spricht für diese Hypothese? Werfen wir einen Blick auf das geistige Klima der Epoche. Ähnlich der Gegenreformation in Europa durchlebte das Osmanische Reich damals eine Periode des Drangs hin zur Orthodoxie, verbunden mit einer strafferen Kontrolle des sozio-religiösen Bereiches. Die volkstümliche Puppenbühne mochte den islamischen Geistlichen schon ob ihres wenig moralischen, oft geradezu obszönen Charakters ein Dorn im Auge sein. Zudem stand es eigentlich in Widerspruch zum islamischen Verbot, sich durch allzu naturgetreue Darstellung von Menschen gleichsam zum Schöpfer aufzuspielen.
Das Schattentheater dagegen kann sich zumindest dem zweiten Vorwurf leicht entziehen. Einmal ist

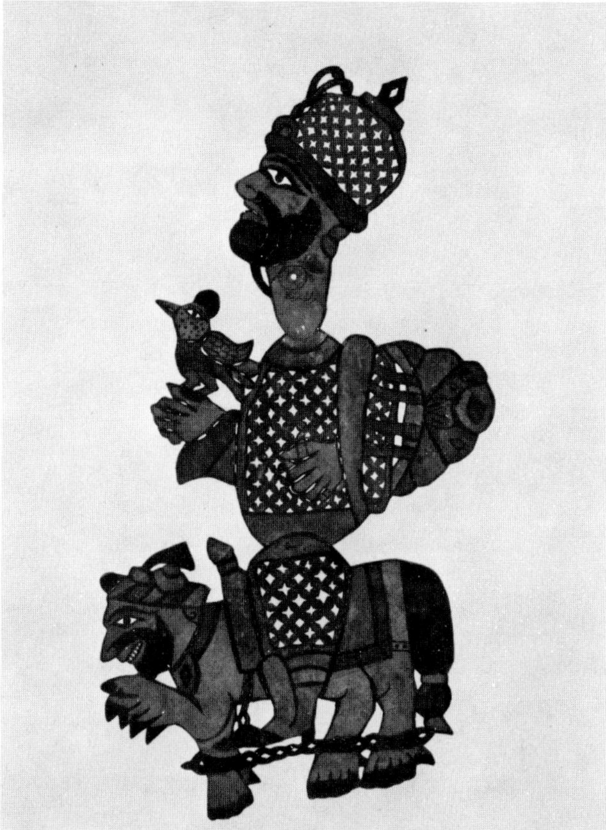

Abb. 54 Schattenspielfigur: Karagöz

die Schattenfigur dadurch, daß sie auf zwei Dimensionen reduziert wird, dem Menschen noch unähnlicher als die „nur" verkleinerte Puppe; zum anderen ist sie ganz bestimmt nicht lebensfähig, da sie in der Nacken- und Herzgegend durchlöchert ist! (Die Löcher sind die Ansatzstellen für die Stöcke, mit deren Hilfe der Spieler die Puppen bedient.)
Die unmoralische Handlung der Stücke läßt sich ebenfalls tolerieren, wenn es nur die Absicht des Zuschauers ist, sich ein Exempel geben zu lassen: wer die Sünde sieht, wird sich zur Tugend wenden, wie ein Rechtsbescheid aus dem 16. Jahrhundert feststellt.
In diesem Zusammenhang gewinnt die mystische Tradition des Schattentheaters an Bedeutung. Jedes Stück wird von einem Prolog eingeleitet, der die symbolische Natur des Schattentheaters erläutert: Die weltlichen Dinge sind ebenso vergänglich, scheinbar und eitel wie das Schattentheater. Der Prolog erwähnt stets den legendären Gründer des Schattenspiels und Patron der Schattenspielerzunft, Scheich Kuşteri. Im weiteren Verlauf des Stückes kommt der mystische Aspekt nicht wieder zur Sprache; nichtsdestoweniger ist der Prolog Ausdruck der religiösen Skrupel, die man in jener Zeit haben mußte. Ein Element, das diesem Prolog ähnlich wäre, fehlt der volkstümlichen Puppenbühne; vielleicht ist dies mit eine Begründung dafür, daß dem Schattentheater seitens der Obrigkeit der Vorzug gegeben wurde.
Die schwunghafte Entwicklung der Schattenbühne geht mit dem Aufschwung einer anderen „sündhaften" weltlichen Zerstreuung einher: dem Kaffeehaus. 1554 soll das erste Kaffeehaus in Istanbul eröffnet worden sein. Bald war das Kaffeehaus beliebter Treffpunkt der Angehörigen unterprivilegierter Schichten und somit den Autoritäten an sich schon ein Dorn im Auge, mehr aus politischen denn aus moralischen Überlegungen heraus. Im Kaffeehaus traten Märchenerzähler und Gaukler auf – und die Schattenbühne. Besonders in den Ramazan-Nächten gaben die Schattenspieler allabendlich ihre Stücke zum besten. Europäische Reisende berichten wiederholt von dieser Belustigung.
Das Schattentheater spielte noch in einem anderen Bereich eine wichtige Rolle: Wer es sich leisten konnte, ließ die Schattenbühne bei der Beschneidungsfeier auftreten. Die Beliebtheit dieser Gepflogenheit illustriert wohl am besten die Tatsache, daß es sogar ein Schattenstück gibt, in dem der Held beschnitten wird und ihm aus diesem Anlaß ein Schattenspiel im Spiel vorgeführt wird.
Auch der Sultanshof schätzte diese Zerstreuung; Murad IV. (1623–1640) ließ sich zwei Abende der Woche auf diese Art verkürzen, und noch im 19. Jahrhundert, in einem gewissen Ausmaß sogar bis zum Ende der Dynastie, gab es Hofspieler.
Nun aber zur Beschreibung der Schattenbühne und ihrer Figuren (Kat. Nr. I/43). Der Spieler ist von den Zuschauern durch einen hohen Vorhang getrennt, in dem ein weiß bespanntes „Fenster" die eigentliche Bühne bildet. Die Bühne kann nicht verdeckt werden, kein Vorhang markiert Anfang und Ende von Szene oder Stück. Hinter dem Fenster befinden sich zwei Lichtquellen, früher Kerzen,

dahinter wiederum der Spieler. Die Figuren sind aus feinem Leder, vorzugsweise aus Kamelhaut, hergestellt; bei ihren Gelenken werden sie durch kurze Schnurstückchen mit Knoten an den Enden zusammengehalten. Die Figuren sind im undurchleuchteten Zustand von unscheinbarer Farbe; werden sie aber durchleuchtet, kommen ihre Farben heraus wie bei Kirchenfenstern. Das schon erwähnte Loch im Nacken ist der Punkt, an dem der Spieler die etwa einen halben Meter langen Stöcke ansetzt, mit deren Hilfe er die Figuren dirigiert. Die meisten Figuren haben nur ein Loch, nur eine der Hauptgestalten, Karagöz, hat noch ein zweites Loch in seiner riesigen Hand, mit der er seine Partner stets ohrfeigt. Die Figur einer Tänzerin hat Löcher an beiden Händen, an denen fixiert sie tanzen kann. Die Bedienung der Figuren, meist mehrerer gleichzeitig, verlangt hohes Geschick des Spielers; die Bewegungen fallen meist ein wenig grotesk aus.

Die zentralen Figuren des Spieles sind zwei Nachbarn, die einander so unähnlich wie nur möglich, dabei aber unzertrennlich sind. Der feine, gebildete Hacivat befleißigt sich gewählter Worte, ist höflich und behandelt seinen Freund-Feind wohlwollend von oben herab. Ganz anders Karagöz: er ist arm, faul, gerissen, ungebildet, er bezeichnet sich oftmals als Zigeuner. In seiner ewigen Erfolglosigkeit ist er der kleine Mann schlechthin, er ist auch der Liebling des Publikums. Er ist so sehr zur Zentralfigur der Stücke geworden, daß man heute das Schattentheater als „Karagöz-Spiel" schlechthin bezeichnet.

Daneben treten alle möglichen Typen des Istanbuler Lebens auf: der Säufer, die leichte Dame, der Playboy, die Angehörigen der verschiedenen im Osmanischen Reich vertretenen Nationalitäten und Stände, Mißgestaltete, Dämonen, Teufel und so weiter.

Ein Stück setzt sich aus vier Hauptteilen zusammen, die untereinander nicht in Verbindung stehen: Prolog, Dialog, Haupthandlung und Epilog.

Wenn es im Raum dunkel geworden ist, erscheint auf der Leinwand eine Schattenfigur von besonderer Schönheit, ein Schaustück (*göstermelik*), etwa ein kunstvoll gestalteter Brunnen, ein Baum mit Früchten und Vögeln – kurzum eine Figur, die die Zuschauer in Ruhe betrachten können.

Zum Prolog tritt Hacivat unter den Klängen einer Schilfflöte auf, wobei ein Helfer des Spielers ein Kunstlied singen kann. Nach einem Ausruf des Hacivat „Oh Gott!" wird das schon erwähnte Gedicht zur Erläuterung der mystischen Bezüge, das „Vorhang-Gedicht" (*perde gazeli*) vorgetragen, gefolgt von Lobpreisungen Gottes und Segenswünschen für Zuschauer und Herrscher. Nach dieser zeremonialen Einleitung verleiht Hacivat seinem Wunsch nach einem gebildeten und feinen Gesprächspartner Ausdruck, er verlangt nach einer „Unterhaltung".

Karagöz kommt aus dem Haus und beginnt, sich sofort mit Hacivat zu prügeln. Diese stumme Szene erinnert an das, was frühe Berichte über das Schattenspiel erzählen. Schließlich flüchtet Hacivat, Karagöz bleibt jammernd zurück. Damit ist der Prolog zu Ende.

Der nun folgende Dialog (*muhavere*) ist wesentlich freier gestaltbar als der Prolog. Der Spieler hat die Wahl zwischen mehreren Dutzend wohlbekannter Themen, die mit dem eigentlichen Stück in Verbindung stehen können, aber nicht müssen. Der komische Effekt des Dialogs kommt dadurch zustande, daß die beiden Beteiligten, Hacivat und Karagöz, ganz verschiedene Sprachen verwenden, daß Karagöz die überfeinerten Ergüsse seines Kontrahenten stets auf seine Weise mißversteht, Situationskomik wie sie nur sein kann. Die Szene endet wiederum in einer Rauferei, Hacivat flieht, Karagöz erklärt, er werde sich jetzt im Vergnügungspark Attraktionen anschauen gehen. Diese Passage verweist vielleicht auf eine frühere, weniger aufwendige Form des Spiels zurück, bei der die Show nun vorüber war und das Publikum zum Besuch weiterer Belustigungen, die daneben angeboten wurden, animiert werden sollte.

Die eigentliche Handlung (*fasıl*) ist der Teil der Aufführung, der das Genre eigentlich erst zu einer dramatischen Gattung macht. Außer den beiden Hauptfiguren treten nun die verschiedensten anderen Darsteller auf, eine richtige Handlung wird aufgebaut. Aus technischen Gründen besteht das Stück aus einer Abfolge von Kurz-Szenen mit wenigen beteiligten Figuren; es gleicht also eher einer „Parade" als einer „Galerie". Dies ergibt eine lineare, rhythmische Struktur des Spiels, wobei Wiederholungen die Entwicklung verzögern.

Ein wesentliches Charakteristikum der Haupthandlung ist, daß sie niemals ganz das Possenhafte ablegt. Während das Schattentheater bei anderen Völkern sakral oder patriotisch-heroisch sein mag, hat das

türkische Schattentheater nie einen wirklichen „hohen Stil" ausgebildet. Sogar wenn es Themen aus „hohen" Gattungen übernimmt, gerät das Stück durch die beiden Hauptpersonen stets zur Posse.
Die oben erwähnten Stücke, in denen Themen aus volkstümlichen Heldengeschichten übernommen werden, einmal nicht berücksichtigt, beginnen die meisten Handlungen damit, daß Karagöz eine Aufgabe übernimmt, für die er völlig ungeeignet ist. Nachdem er in Erfüllung dieser Aufgabe hinreichend Unheil gestiftet und zahlreiche Personen übel behandelt hat, greift eine respekteinflößende Figur aus dem Stadtviertel ein und setzt dem Spuk ein Ende.
In anderen Stücken wieder überwiegt ein sexuelles Motiv. Die leichte Dame *(zenne)*, eine perfekte Ergänzung zu den männlichen Hauptdarstellern, ist das Ziel von Karagöz' Wünschen; seine Versuche, dieses Juwel zu erreichen, bleiben aber fruchtlos. Neben diesen Haupttypen von Handlungen gibt es freilich noch andere, zum Teil sehr originelle.
Im Epilog schließlich, der sehr kurz ausfällt, sind wieder nur die beiden Hauptfiguren auf der Bühne. Sie streiten sich herum, und Hacivat beschuldigt Karagöz in Versen, er habe den „Vorhang", also die Bühne, zerstört, und droht ihm, das dem Besitzer zu melden, worauf er die Bühne verläßt. Karagöz spricht nun die Schlußformel, in der er sich ob seiner verbalen Ausrutscher entschuldigt und dem Hacivat für das Stück, das am nächsten Tag stattfinden soll, neuerliche Prügel verspricht. Somit ist das Stück abgeschlossen, und das Publikum ist auf die nächste Vorstellung gespannt.
Fassen wir zusammen. Die Tradition, welche die ersten folkloristisch interessierten Europäer im 19. Jahrhundert in der Türkei festhalten konnten, läßt sich sicher bis ins 17. Jahrhundert zurückverfolgen. Die Analyse der Spielstruktur enthüllt drei Stadien der Entwicklung: Das Schaustück und die unmotivierte Rauferei im Prolog verweisen auf die ersten Experimente mit der neuen Schattentechnik. Auch der Dialog, mit seinen zwei Darstellern und

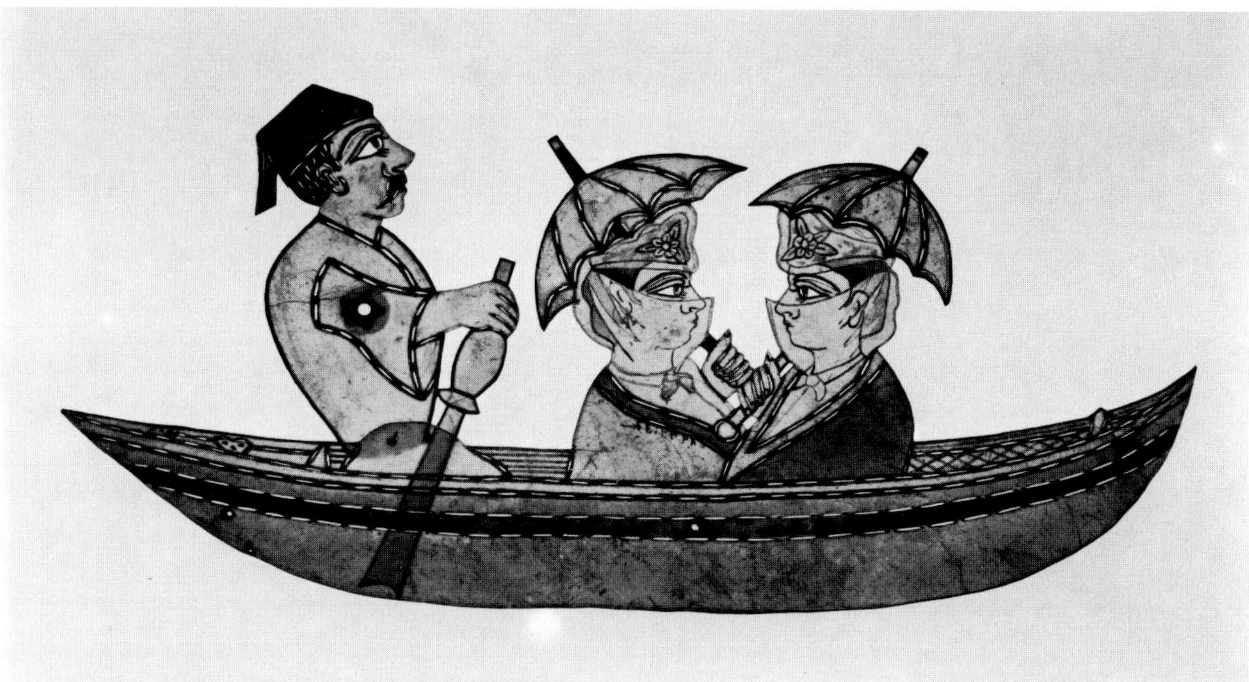

Abb. 55 Damen im Ruderboot (Kat. Nr. I/43)

bestimmten Elementen, die aus der Erzähltechnik geläufig sind, gehört auf diese Stufe; das Ende des Dialoges war einst auch Ende des Stückes.
Der Hauptteil bietet möglicherweise eine Adaption einer schon früher entwickelten Tradition, wohl von der Puppenbühne her, mit deren Handlungen und Reichtum an Charakteren. Der Epilog, eine Fortführung des Dialogs, kommt ebenfalls auf dieser Stufe dazu. Als schließlich die ganze Gattung eine Aufwertung erfährt, wird eine förmlichere Einleitung nötig: Anrufung, Segnung und das „Vorhang-Lied", das die mystischen Bezüge erläutert, müssen in diesem Stadium zugefügt worden sein.
Wenn diese Analyse richtig ist, setzt das türkische Schattentheater ältere Theatertraditionen fort, indem es sie der Technik, Figuren auf einer durchleuchteten Leinwand auftreten zu lassen, anpaßt. Es setzt die Tradition der Posse fort und macht sie zugleich ehrbar, indem es die Möglichkeit einer symbolischen Interpretation eröffnet.

ARCHITEKTUR

Das Bauen von Kulturvölkern beginnt nie am Punkte Null – es war bei ihnen stets schon etwas da, an das man anschloß und das man den sich verändernden Zeitläufen gemäß variierend weiterführte oder verwarf, um aus Eigenem Neues hinzuzufügen. So begann auch in den von den Osmanen im Laufe des 14. und 15. Jhs. eroberten Gebieten Westkleinasiens und des Balkans nicht sofort etwas völlig Neues, sondern es mischten sich in der sich allmählich formierenden osmanischen Baukunst viele verschiedene Elemente zu einem neuen Eigenen. Uralte Steppengewohnheiten und iranisches Erbe verbanden sich mit byzantinischer Lokaltradition und Arabisch-Islamischem zu einer Architektur, die anfangs nur eine Spielart im vielgestaltigen Bereich islamischer Baukunst war. Mit dem allmählichen Aufstieg osmanischer Herrschaft zu einem das ganze östliche Mittelmeer, Kleinasien und den Balkan umfassenden Reichsgebilde wurde sie aber zu einer allgemein verbindlichen Reichskunst. So finden sich seit Mitte 16. Jhs. neben den jeweils örtlich gebundenen Bautraditionen in Anatolien wie in Ägypten, auf dem Balkan wie in Syrien und in der Ägäis dieselben Bau- und Kunstformen, an deren Ausprägung alle Volksgruppen des Reiches beteiligt waren. Freilich hat sich diese Reichskunst in den erst im 16. Jh. dem Osmanenreich eingegliederten Gebieten des ehemaligen Mamlukenreiches nur sehr allmählich – und auf einige zentrale Orte beschränkt – entwickelt. Die traditionellen Formen lokaler Bauschulen sind daneben durchaus lebendig geblieben, wie sich im übrigen über die gesamte Dauer des osmanischen Imperiums hinweg zeigt, daß der Einfluß jener „Reichskunst" gegen die Peripherie des Staates hin im gleichen Maße abnahm, wie andererseits die lokalen Schulen ihre Bedeutung bewahrten (vgl. Kiel 1978; Meinecke 1978). Deshalb konzentriert sich die vorliegende Betrachtung stärker auf die Zentren des Reiches.

MOSCHEEN

Am Anfang osmanischer Baukunst um 1330/40 (vgl. Ayverdi 1966) standen recht bescheidene kleine Kuppelbauten in Sögüt – der Heimat der Dynastie –, in Bilecik, Bursa und Iznik (hier die kleine Yeşil Cami [1378–91] vgl. Abb. 56 A und B), denen zu dieser Zeit, aber auch in den anderen Emiraten des kurz zuvor auseinandergebrochenen Seldschukenreiches nichts Bedeutenderes gegenüberstand. Erst in der nächsten Generation entstand mit der Moschee Murads I. Hüdavendigâr in Bursa (1366–85) ein großmaßstäblicher, in seiner Form ganz neuartiger Bau (vgl. Abb. 59 B), bei dem ein großzügig dimensionierter Kuppelraum auf drei Seiten von einer zweigeschossigen Medresenanlage umgeben ist, die sich mit der vieldiskutierten, ebenfalls zweigeschossigen Fassade zum Tal wendet. Sowohl in dieser Fassade wie auch in dem deutlichen Hinwenden zum Kuppelbau zeigt sich das Bemühen, von den bisher im seldschukischen Bereich gängigen Formen loszukommen. Der Typus des mehrschiffigen Saalbaues mit seinem auf zahlreichen Holzpfeilern ruhenden Flachdach war überholt und die Tendenz zum Kuppelbau offensichtlich – obwohl noch bis ins 17. Jh. hinein einzelne Moscheen jene ältere Grundrißform zeigten (vgl. Abb. 56 F–K). Die Bemühungen jener Frühphase zielten neben der Steigerung des Kuppeldurchmessers – von anfänglich etwa 7–8 m auf rund 10–12 m in Bursa – auf eine Bereicherung des räumlichen Gefüges durch zusätzliche, zum Teil funktional notwendige Raumelemente sowie auf eine Vermehrung der schmückenden Bauglieder mit der Gesamttendenz einer stärker differenzierten Gesamterscheinung. Bauten dieser Zeit, wie z. B. die Nilüfer Hatun Zaviye in Iznik, erinnern stark an die Zierlichkeit gleichzeitiger Paläologenbauten, mit denen sie im übrigen auch die handwerklichen Techniken verbinden, während sie sich deutlich von den zeitgenössischen Bauwerken in Mittel- und Ostanatolien absetzten, in denen das seldschukische Erbe noch weiterlebte (Abb. 57).

Kurz vor dem Ende des 14. Jhs. entstand in Bursa als Stiftung des Sultans Bayezid I. (1389–1402) das erste Beispiel einer Külliye, eines aus mehreren Einzelbauten (hier: Moschee, zwei Medresen, Imaret, Bad, Türbe und kleiner Palast) zusammengefügten Komplexes, dessen Moschee (1391–1395) die für die nächste Zeit verbindliche Form mit offener Vorhalle und zweikuppligem Betraum zeigt (Abb. 56 B). In der Ausbildung derartiger, in der Folgezeit sich erheblich vergrößernder Stiftungskomplexe wirkte zweifellos eine im mediterranen Raum im islamischen wie im christlichen Bereich heimische Tradition fort, die dem Sakralbau (Kirche, Kloster, Moschee) auch soziale Aufgaben zuwies und ihn in Verbindung mit geeigneten zusätzlichen Bauten zu einem Mittelpunkt einzelner Stadtteile oder ganzer Ortschaften machte. Die wirtschaftliche Grundlage fast aller derartigen Komplexe war eine eigens dazu gegebene Stiftung (*vakıf*).

Trotz klarer Tendenz zum Kuppelbau setzte sich wenig später im ersten großen innerstädtischen Moscheebau der Osmanen, in der Ulu Cami in Bursa (1396—1399; vgl. Abb. 56 F), der alte Saaltypus mit freistehenden Innenstützen nochmals durch — freilich in bis dahin nicht gekannter Größe und Monumentalität mit 20 in vier Reihen hintereinander angeordneten Kuppeln auf massigen Steinpfeilern. Nur wenig kleiner war die mit neun Kuppeln überdeckte Eski Cami in Edirne (1404—1413; vgl. Abb. 56 G und 58), für die ein Baumeister aus Konya überliefert ist. Hier stieg der Durchmesser der einzelnen Kuppeln auf 13,5 m (gegenüber ca. 10—11 m in Bursa). Diesem Grundrißtyp folgten zwar noch einige Moscheen des 16. Jhs. (u. a. in Istanbul die Piyale Paşa Camii; vgl. Abb. 56 K), doch war die Vorherrschaft des Zentral-Kuppelbaues nicht mehr aufzuhalten.

Ähnlich tastendes Suchen nach neuen Formen läßt sich in dieser 2. Hälfte des 14. Jh. auch in den anderen Herrschaftsbereichen Anatoliens beobachten. Den Bau der İsabey Camii in Ayasoluk (1375; heute Selçuk) im Gebiet des Aydınoğlu-Emirates leitete ein Baumeister aus Damaskus, der sich an syrischen Modellen orientierte. Dagegen wurde die von den Saruhan-Herren in Manisa gestiftete Ulu Cami mit der danebenliegenden Medrese (1376/8) in einer eigenartigen und — wie sich bald zeigen sollte — zukunftsweisenden Kombination von Hallenhof und Saalbau mit dominierender Kuppel in der Achse vor dem Mihrab errichtet (vgl. Abb. 56 L und M). Allein die Bauten des Menteşe-Emirates — die Firuzbey Camii in Milas (1394) und die İlyasbey Camii in Balat (1403/4) — zeigen deutliche Tendenz zum Kuppelbau (Kat. Nr. I/56).

Sultan Bayezid I. hatte mit seinen Bauten in Bursa einen neuen Maßstab in das bisher kleingliedrige osmanische Bauen gebracht, den der nach fast zehnjährigem Bruderzwist 1413 zur Herrschaft gekommene Sultan Mehmed I. (1413—1421) zunächst nicht wiederholen konnte. Mit der im Detail außerordentlich reich und zierlich ausgestatteten Yeşil Cami und den übrigen zur Stiftung gehörigen Bauten (1419—1424) (Abb. 56 D) folgte er dem Vorbild der Bayezid-Stiftung am gleichen Ort, das er jedoch in Reichtum und Farbigkeit der Innenausstattung übertraf. Der hier von Meistern aus Täbris gefertigte Fliesendekor gehört ohne Zweifel zu den bedeutenden Kunstleistungen frühosmanischer Zeit. Hatte sich das Bauen der osmanischen Sultane bisher auf ihr Stammland konzentriert, wendete sich Murad I. (1421—1451) stärker auch dem schon unter seinen Vorgängern als Hauptstadt ausgebauten Edirne zu. Dort ließ er mit der Üç Şerefeli Cami (1438—1447) das bislang größte Bauwerk frühosmanischer Zeit errichten, in dem sich die Suche nach neuer Form und das Streben nach Monumentalität in großartiger Weise äußerten (vgl. Abb. 56 N, 58). Ähnlich wie bei den beiden Moscheen in Manisa und Selçuk, wurden hier ein querrechteckiger Hallenhof und ein stark in die Breite entwickelter Moscheeraum zu einem einheitlichen Baugefüge verbunden. Es zeigt auch in

Abb. 56 Moscheegrundrisse I
A Emiratszeitliche Vorformen
B Iznik – Yeşil Cami
C Bursa – Bayezid Camii
D Bursa – Yeşil Cami
E Istanbul – Mahmut Paşa Camii
F Bursa – Ulu Cami
G Edirne – Ulu Cami (Eski-Cami)
H Istanbul – Atik Ali Paşa Camii
K Istanbul – Piyale Paşa Camii
L Selçuk – İsabey Camii
M Manisa – Ulu Cami
N Edirne – Üç Şerefeli Cami
O Manisa – Hatuniye Camii
P Üsküdar – Eski Valide Camii
Q Istanbul – Azapkapı Camii
R Istanbul – Mihrimah Camii
S Istanbul – Bayezid Camii
T Istanbul – Süleymaniye Camii

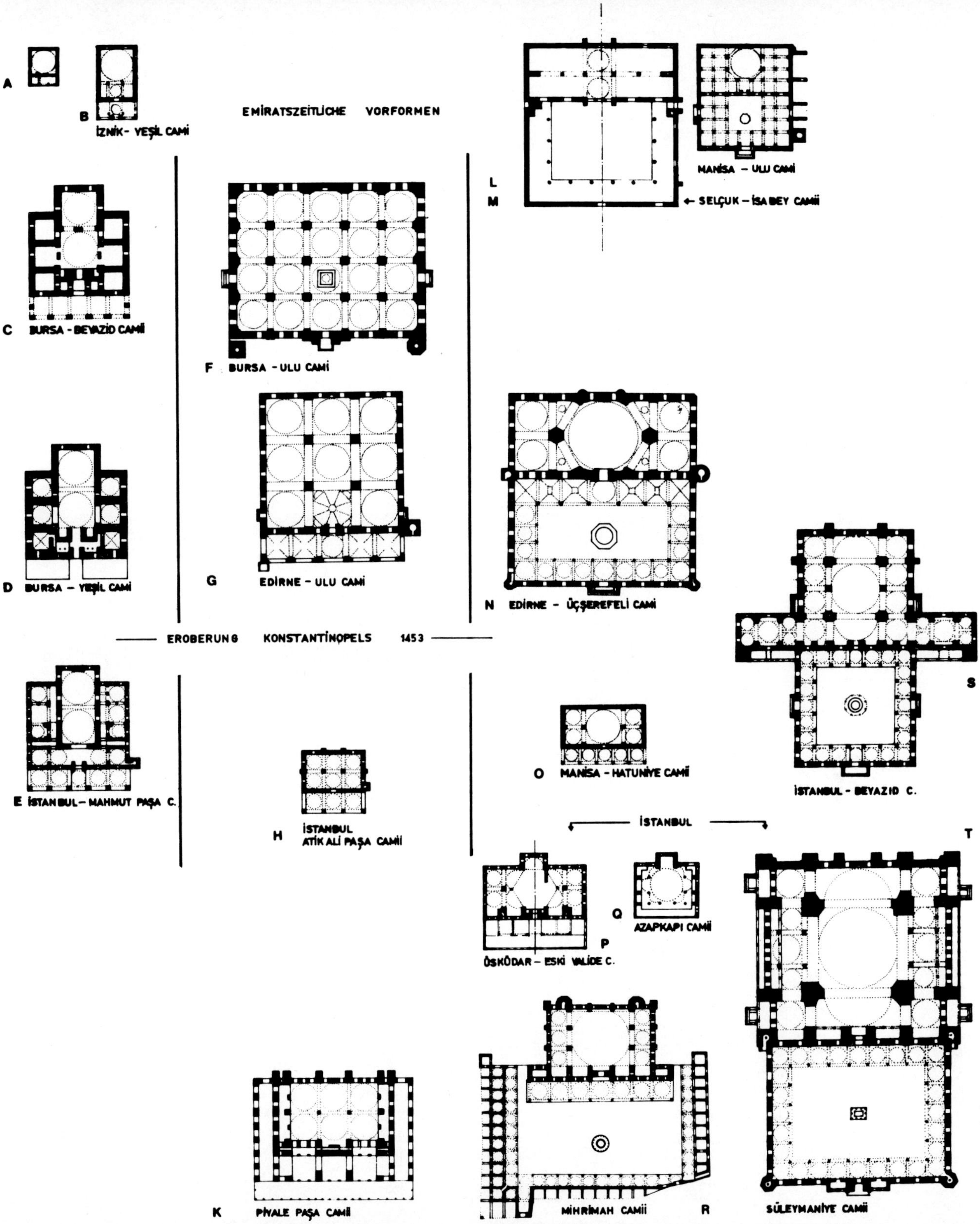
A
B
İZNİK - YEŞİL CAMİ
EMİRATSZEITLICHE VORFORMEN
L
M
MANİSA - ULU CAMİ
← SELÇUK - İSA BEY CAMİİ
C BURSA - BEYAZID CAMİ
F BURSA - ULU CAMİ
D BURSA - YEŞİL CAMİ
G EDİRNE - ULU CAMİ
N EDİRNE - ÜÇŞEREFELİ CAMİ
EROBERUNG KONSTANTİNOPELS 1453
E İSTANBUL - MAHMUT PAŞA C.
H İSTANBUL ATİK ALİ PAŞA CAMİİ
O MANİSA - HATUNİYE CAMİİ
S
İSTANBUL - BEYAZID C.
İSTANBUL
T
Q AZAPKAPI CAMİİ
P ÜSKÜDAR - ESKİ VALİDE C.
K PİVALE PAŞA CAMİİ
MİHRİMAH CAMİİ R
SÜLEYMANİYE CAMİİ

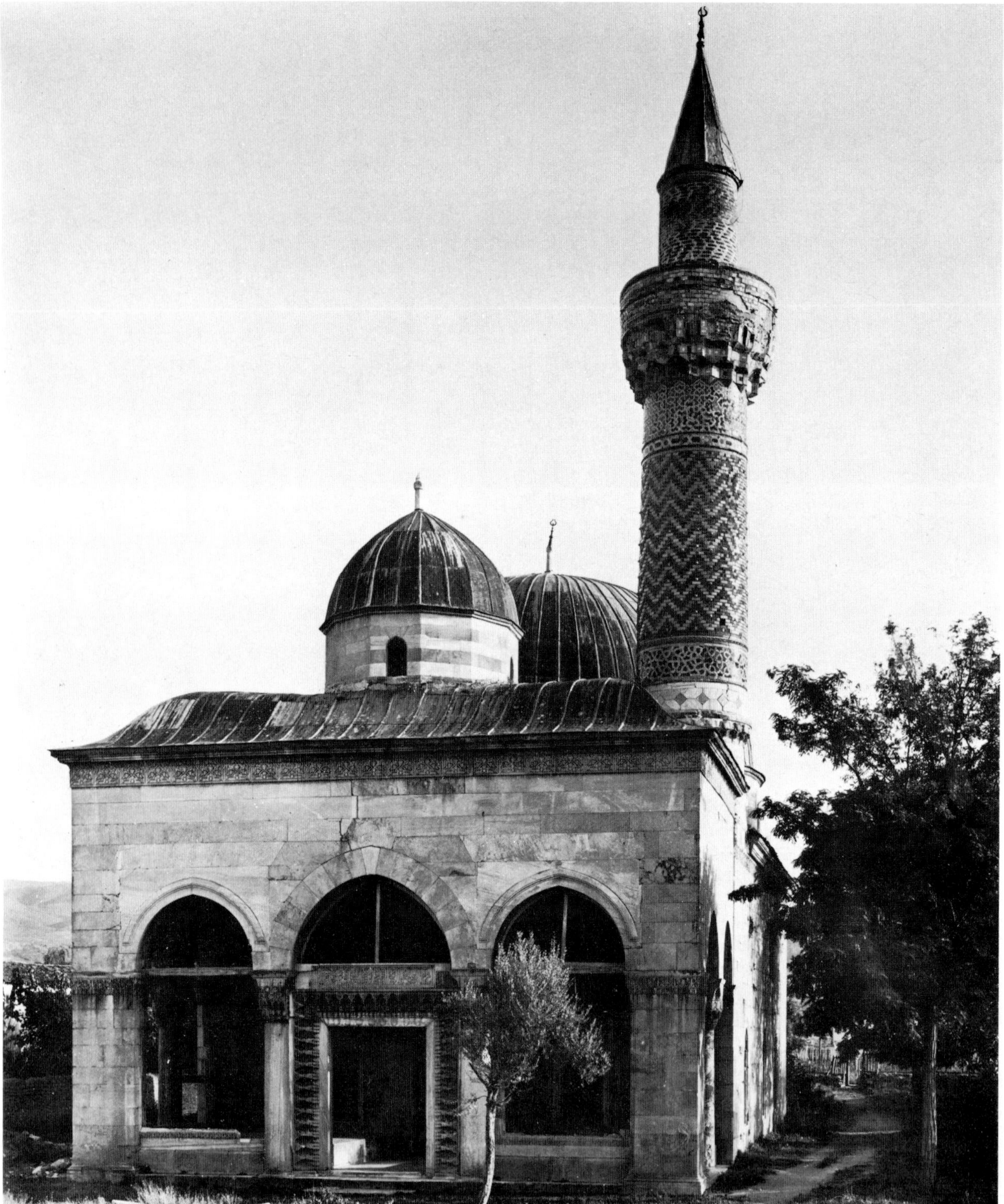

seiner äußeren Erscheinung mit den zur Hauptkuppel hin ansteigenden kleineren Kuppeln diese Einheit, unterstützt auch durch die Materialwahl: statt des bisher üblichen Mischmauerwerks aus Haustein und Ziegeln wurde hier im gesamten Bau einheitlich ein lokaler Kalkstein verwendet. Neu war auch die später bei Sultansmoscheen wiederholte Betonung der Baumasse durch vier Minarette, die an den Hofecken liegen; darunter das bislang höchste mit 67 m und drei Austritten, das der Moschee ihren Namen gab. Auch die über einem Sechseck entwickelte Hauptkuppel erreichte bei einem Durchmesser von 24 m eine bis dahin nicht erreichte Weite, obwohl der Raum trotz der Scheitelhöhe von rund 27 m etwas gedrückt wirkt. Während die kleineren Moscheebauten der Zeit beim Gewohnten blieben, schuf der unbekannte Baumeister der Üç Şerefeli Cami einen Bau, der in vielem Bauideen vorwegnahm, die erst ein gutes Jahrhundert später Sinan in seinen Bauten wieder aufgriff.

Der Einschnitt, der sich hier um die Mitte des 15. Jh. zeigt, blieb aber nicht auf die Architektur beschränkt. Er zeigte sich gleicherweise im machtvollen Ausgreifen und im Wachstum des Reiches, vor allem aber in der Eroberung Konstantinopels 1453 durch Murads Nachfolger Mehmed II. (1451–1481). Auch wenn das byzantinische Reich in dieser Zeit nur mehr aus der alten Metropole und ihrem nächsten Umland bestand, bedeutete die Einnahme der Kaiserstadt einen wichtigen Abschnitt in der Entwicklung des Osmanenreiches wie in der Geschichte Europas, übernahm der Sultan damit doch ein Erbe, das ihn den europäischen Mächten nun als gleichgewichtigen Kontrahenten gegenüberstellte. Für den Eroberer selbst war freilich die nächstliegende Aufgabe, die in den letzten Jahrzehnten der Paläologenherrschaft stark verfallene Stadt soweit auszubauen, daß sie sowohl den alltäglichen Bedürfnissen einer größeren Bevölkerung wie auch den Ansprüchen an Sicherheit und Repräsentation des Hofes und des Herrschers genügen konnte.

Neben der Herrichtung der Stadtbefestigungen und dem Bau einer geeigneten Residenz sowie Anlage oder Reparatur der notwendigen Versorgungs- und Wirtschaftseinrichtungen galt es vor allem,

Abb. 57 Iznik – Frontansicht der Yeşil Cami (um 1890)

Moscheen samt den zugehörigen Nebenanlagen zu errichten, wobei der Sultan mit seiner eigenen, am Platz der 1461 abgerissenen Apostelkirche erbauten Külliye voranging und auch seine Wesire zum Bau eigener Moscheen anhielt. Während diese in Grundriß und Aufbau den aus Bursa bekannten Typus wiederholten (Mahmud Paşa Camii 1464 (Abb. 56 E); Murad Paşa Camii 1470), entwarf der Baumeister des Padischah – der Überlieferung nach der Renegat Atik Sinan, vielleicht unterstützt durch den in diesen Jahren in Istanbul weilenden italienischen Renaissancebaumeister Antonio Averlino – in der Fatih Camii (1463–70) einen Komplex, wie es ihn in dieser Größe und Regelhaftigkeit in der osmanischen Baukunst noch nicht gegeben hatte. Achsial zwischen je zwei Reihen von größeren und kleinen Medresen lagen die Moschee mit ihrem Vorhof sowie dahinter der Friedhof mit der Türbe des Stifters.

Neben den größeren Moscheen samt ihren keineswegs unbedeutenden Nebenbauten wurden im gesamten Stadtgebiet Istanbuls zahlreiche kleinere Moscheen von einzelnen Stiftern errichtet (vgl. Ayverdi I–IV). Darunter waren mehrere Einkuppelbauten in der für Edirne typischen Form, aber auch viele einfache Saalbauten in Holzkonstruktion. Darüberhinaus wurden einige der guterhaltenen Kirchen in Moscheen umgewandelt, so daß sich ein breites Spektrum ganz unterschiedlicher Bauformen ergab. Trotz der intensiven Bemühungen um den Ausbau der neuen Hauptstadt, die einen beträchtlichen Teil der verfügbaren Mittel verschlangen, gaben weder Mehmed II. noch sein Nachfolger Bayezid II. (1481–1512) das Bauen in der älteren Hauptstadt Edirne auf. 1484–88 wurde hier ein außerordentlich reizvoller Moscheekomplex errichtet, den der Mimar Hayrettin Ağa am Ufer der Tunca mit Moschee, Spital, Imaret, Schule und kleineren Nebengebäuden baute (Kat. Nr. I/56, 57 und 59). Trotz klarer Parallelität der einzelnen Bauteile zeigt die sonst lockere Massenverteilung, daß die monumentale Symmetrie des Fatih-Komplexes osmanischen Architektur-Vorstellungen offenbar nicht so ganz entsprach. Das wird anscheinend auch durch das Konzept der großen Moschee-Stiftung Bayezids II. im Zentrum Istanbuls bestätigt, dessen einzelne Bauteile im Bereich des ehemaligen Forum Tauri in Nähe des Alten Serail recht zusammenhanglos angeordnet wurden (Kat. Nr. I/55), was

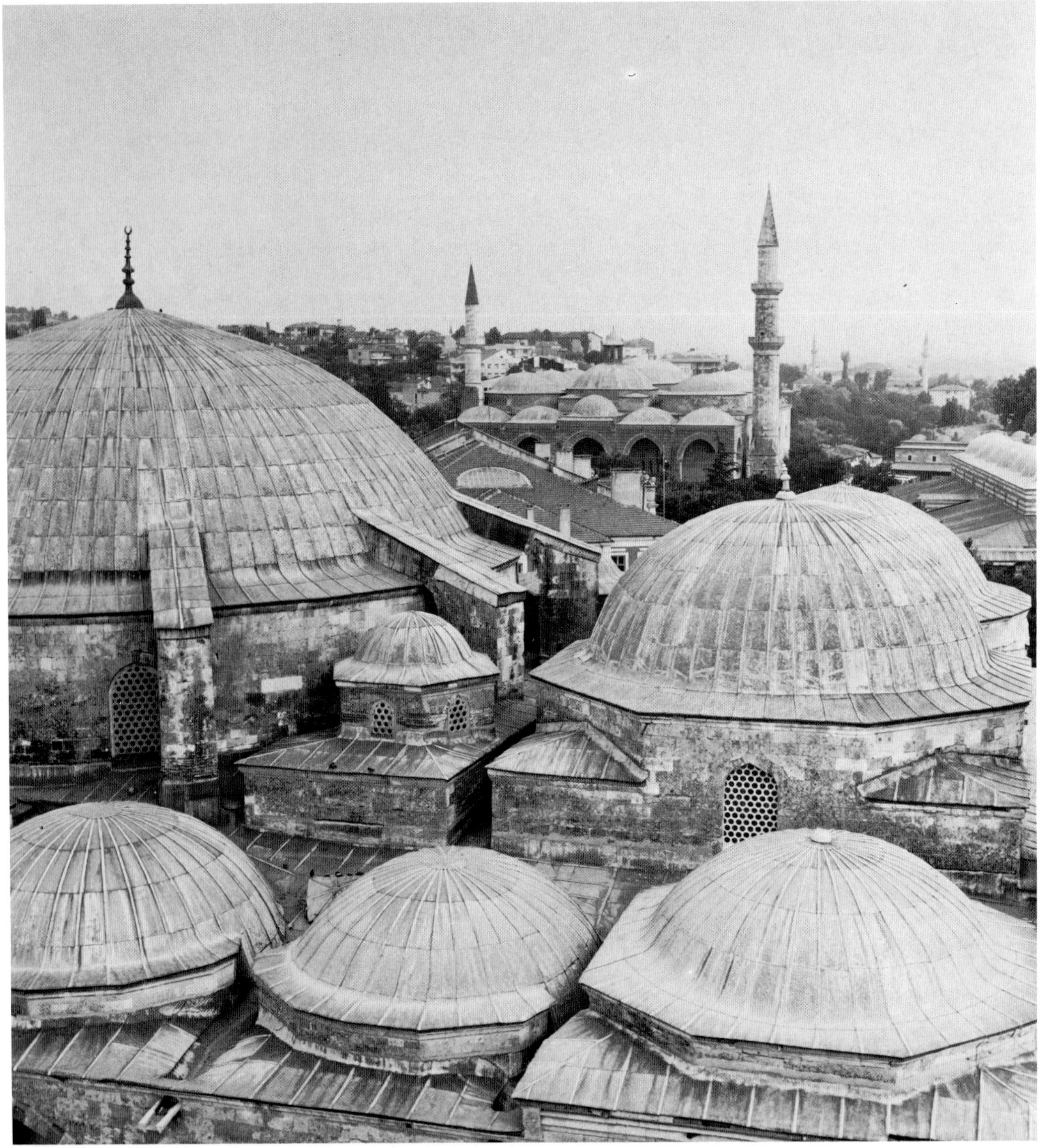

Abb. 58 Edirne, Blick vom Minarett der Üç Şerefeli Cami über deren Hauptkuppel auf die Eski Cami (erb. 1404–13); am rechten Bildrand der Bedestan des Bazars von Edirne. (Neg. DAI Istanbul; R. Schiele)

freilich – im Gegensatz zu der offenen Lage in Edirne – hier vielleicht auch durch Grunderwerbs-Probleme bedingt gewesen sein mag. Während in der Moschee des Komplexes in Edirne die im 15./16. Jh. häufiger anzutreffende Bauform mit großer, über Pendentifs errichteter Kuppel gewählt wurde (ähnlich u. a. in der Davud Paşa Camii 1485 und in der Sultan Selim Camii 1522 in Istanbul; Kat. Nr. I/56), setzte der Baumeister der Istanbuler Bayezid Camii die Richtung fort, für die die Hagia Sophia Modell stand: Erweiterung des Kuppelraumes in der Längsrichtung durch stützende Halbkuppeln im Osten und Westen (Abb. 56 S). Wie dort wurden auch hier die beiderseits der mittleren Raumfolge liegenden seitlichen Raumteile durch eine Reihe kleinerer Kuppeln überdeckt. Dagegen griff der Architekt in der auffallenden Breitenentwicklung der Fassade mit den seitlichen Flügeln (*tabhane*) ein Motiv auf, das in ähnlicher Tendenz auch an der vermutlich etwas älteren Bayezid Camii in Amasya (1486) zu beobachten ist, bei der allerdings der in Istanbul vorgelegte Hallenhof fehlt. Wohl noch unter Sultan Bayezid II. begonnen, jedoch erst 1517 vollendet, wurde die am Platz eines früheren Klosters gelegene Tekke des Battal Gazi in Seyyitgazi (Nakoleia) in der Nähe von Eskişehir. Ein unter Verwendung byzantinischer Bauteile angelegter Komplex mit Moschee, Türbe sowie Wohn- und Wirtschaftsgebäuden, dessen weithin sichtbare Lage auf freier Bergeshöhe seltsam dem sonst im Osmanischen Üblichen widerspricht, da man fast ausschließlich in Städten oder ihrer Nachbarschaft baute. Die Abweichung an dieser Stelle könnte mit der Bindung an Derwisch-Traditionen und der Funktion des Ensembles als einer der Mittelpunkte des Bektaşi-Ordens zusammenhängen.
Während der kurzen Regierungszeit Selims I. (1512–1520), der das Reich durch die Eroberung von Syrien und Ägypten erheblich vergrößerte, waren kaum wesentliche Bauaktivitäten zu verzeichnen. Dagegen erlaubten die großen Mittel, die bei diesen Feldzügen sowie bei den ersten Unternehmungen des jungen Sultans Süleyman I. Kanunî (1520–1566) zusammengekommen waren, und die aus dem riesigen Reich zusammenströmenden Steuern seit etwa 1520/30 eine in diesem Umfang bis dahin nicht gekannte Intensität des Bauens. Dabei dominierte nicht nur bloße Quantität, sondern die Werke zeichneten sich, dank des Wirkens eines der bedeutendsten Baumeister der osmanischen Baugeschichte, auch durch überragende Qualität aus. Es war die Zeit, in der als Leiter des Hofbauamtes Sinan (ca. 1490–1588) tätig war, dessen uns überlieferte Werkverzeichnisse neben rund 150 Moscheen (*cami* und *mescit*) 82 Medresen und ähnliche Bauten, 48 Bäder (*hamam*) sowie noch zahlreiche weitere Nutzbauten nennen. Von den insgesamt rund 450 Bauwerken wurde weit über die Hälfte in Istanbul oder dessen näherer Umgebung errichtet. Damit gewann die erneut zum Zentrum eines Weltreiches gewordene Stadt den in spätbyzantinischer Zeit verlorenen Glanz zurück und erhielt zugleich ihr bis in unsere Tage hinein erhaltenes charakteristisches Erscheinungsbild (Kat. Nr. I/22 und I/28).
Ein langfristig geplanter, in einzelnen Abschnitten durchgeführter Ausbau war das freilich nicht, wenngleich durch die geographische Situation der Stadt mit ihren Hügeln und Tälern bestimmte Schwerpunkte vorgegeben waren, die man unter deutlicher Berücksichtigung der Stadtsilhouette dann auch als Standorte der vom Sultan selbst, von seinen Angehörigen sowie von seinen Wesiren in Auftrag gegebenen Bauten auswählte. Da Urkundenmaterial zu dieser Phase – vor allem zu den einzelnen Bauwerken selbst – fehlt, bleiben im Leben und Wirken des großen Baumeisters Sinan vorerst noch mancherlei Fragezeichen stehen – vor allem für seine jüngeren Jahre. Überliefert ist, daß der aus der Gegend von Kayseri stammende Sinan zur Janitscharentruppe gehörte, zwischen 1520/30 mehrere Feldzüge mitmachte und sich dabei als Genieoffizier auszeichnete. Nach einigen kleineren Bauaufträgen in Istanbul erhielt er 1539 die Leitung des Hofbauamtes und errichtete als ersten Bau in diesem Amt die von der Gattin des Sultans, der Haseki Hürrem Sultan, gestiftete Haseki Camii. Seinen ersten Großbau begann er 1543 mit der Şehzade Camii, dem dann in den Jahren 1550–1557 der gewaltige Stiftungskomplex der Süleymaniye Camii folgte (Kat. Nr. I/44, Kat. Nr. I/55) – zwei Bauten, die Sinan als sein Lehrlings- und Gesellenstück bezeichnet haben soll. Als sein Meisterwerk sah er die 1569–1574 errichtete Selimiye in Edirne an. Während bei der Şehzade Camii die auf strenger Grundriß-Systematik beruhende Planung einen echten Zentralraum mit vier die Hauptkuppel stützenden Halbkuppeln und Einzelkuppeln über den vier Ecken vorsah (Abb. 60 A), griff der Architekt bei der Süleymaniye (Abb. 60 B) auf die bereits früher

angewendete Form einer in der Längsachse durch je eine Halbkuppel abgestützten Hauptkuppel zurück, wobei der dabei entstehende längsgerichtete Raum beiderseits durch seitenschiffartige Raumteile erweitert wurde. Demgegenüber ruht bei der Selimiye in Edirne die mit 31,3 m Durchmesser bei weitem größte aller in osmanischer Zeit gebauten Kuppeln auf einem achtteiligen Stützensystem. Dieses wurde so mit den Außenwänden des querrechteckig umschlossenen Raumes verbunden, daß Wände und Pfeiler gemeinsam die Last der Kuppel tragen. Die damit bewirkte Empfindung von Weite und Großzügigkeit des Raumes wird noch gefördert durch die geschickte Lichtführung mit einer nach oben hin deutlich zunehmenden Vergrößerung der Fensterflächen.

Neben diesen so unterschiedlich konzipierten Großbauten steht eine Fülle mittelgroßer und kleiner Moscheen, die aber ebenso wie jene das zentrale Problem in immer neuen Anläufen angingen: die Verbindung des für das Gebet notwendigen, möglichst querrechteckigen Raumes mit der für Raumwirkung und Gesamterscheinung gewünschten Kuppel. Ausgehend von der einfachsten Form der über quadratischem Raum errichteten Pendentifkuppel, gibt es für dieses Problem nur eine begrenzte Zahl grundsätzlicher Lösungsmöglichkeiten, bei denen die Kuppel über vier, sechs oder acht im Raum freistehenden oder in die Wände eingebundenen Pfeilern entweder als Pendentifkuppel frei aufragt oder aber in Kombination mit bis zu acht seitlich anschließenden Stütz-Halbkuppeln zu unterschiedlichen Raumformen entwickelt werden kann (Kat. Nr. I/56, I/59, Abb. 61). Alle diese Möglichkeiten hat Sinan mit verschiedenartigen Formen der Raumbegrenzung kombiniert, wobei die bei jedem

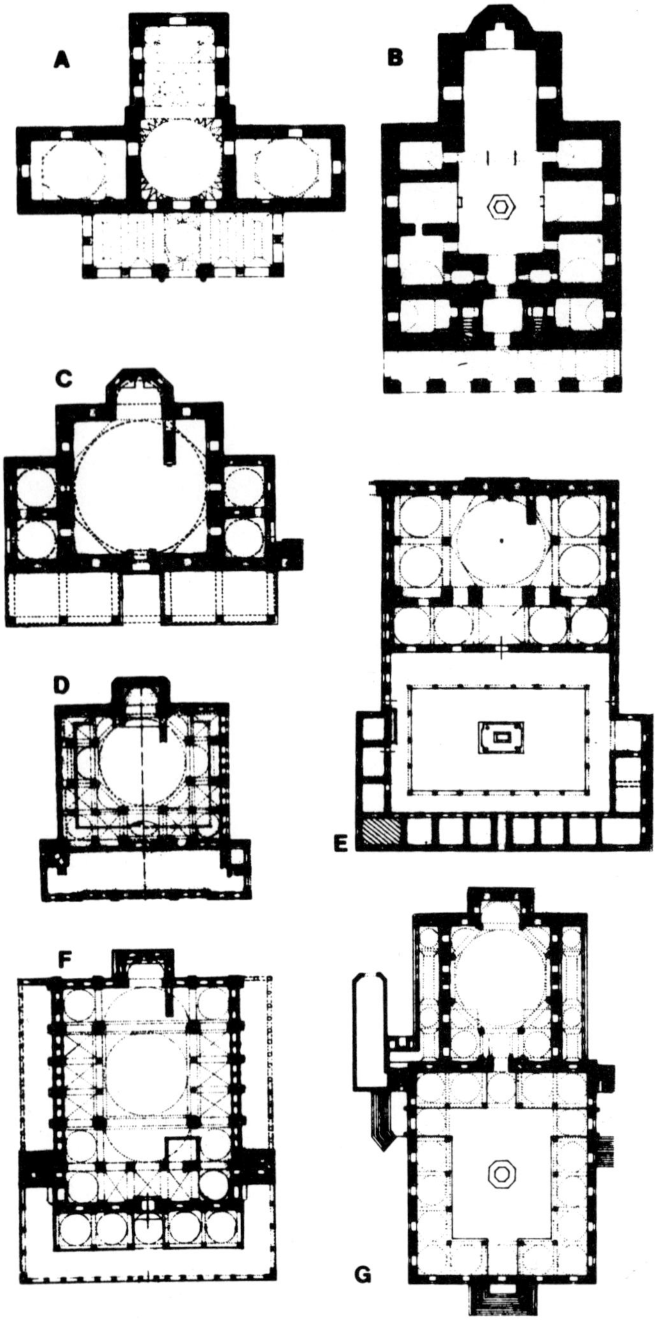

Abb. 59 Zusammenstellung von Moschee-Grundrissen vom 14.–18. Jh. (im gleichen Maßstab 1 : 1000)
A Iznik, Nilüfer Hatun Zaviye (1388)
B Bursa, Hüdavendigâr Camii (Murad I. 1366–85)
C Istanbul, Davud Paşa Camii (1483–85)
D Istanbul, Azapkapı Camii (Sinan 1577)
E Istanbul-Beşiktaş, Sinan Paşa Camii (1555–56)
F Istanbul-Tophane, Kılıç Ali Paşa Camii (1578–83)
G Istanbul, Lâleli Camii (1759–63)

Projekt variierenden Lagevoraussetzungen dahin wirkten, daß unter allen – jeweils auch noch aus verschiedenen Baukörpern zusammengesetzten – Stiftungskomplexen tatsächlich keiner dem anderen auch nur entfernt gleicht. Zweifellos spiegelt sich in dieser Variationsbreite, die vom Plan bis zum Baudekor das gesamte Œuvre Sinans charakterisiert, in gewissem Umfang auch die Vielfalt der personellen Zusammensetzung des von ihm geleiteten Hofbauamtes, doch können derartige Gedanken keinesfalls die schöpferische Leistung des Leiters schmälern.
Der Baudekor, der sich bei den Bauten des 14. und 15. Jhs. außen und innen im allgemeinen auf die traditionellen Stellen beschränkte – auf Portale und Fenster, Kapitelle und hier und da Gesimse (Kat. Nr. I/61), gelegentlich auch umlaufende Friesbänder oder den damals beliebten, aus Hausteinen und Ziegeln gestalteten Flächendekor der Wandflächen mitumfaßte (Kat. Nr. I/64), wurde im 16. Jh. dem Quaderbau und dessen andersartigen Bedingungen angepaßt. Einzelne, noch aus dem seldschukischen Formenkreis stammende Detailformen – wie man sie u. a. noch an der Yeşil Cami in Bursa findet – wurden abgelöst durch insgesamt deutlicher strukturierende Elemente. Gleiches läßt sich auch in der Ausbildung der Innenräume erkennen (Kat. Nr. I/59). Anstelle der bei frühen Bauten oft etwas zufällig wirkenden Flächengliederungen wurden die dekorativen Elemente – Schriftfriese und Fliesenpaneele ebenso wie rahmende und flächenfüllende Einzelformen – nun tektonisch in Pfeilerflächen oder Gesimszonen eingebunden, oft auch symmetrisch oder in klaren Achsbezügen angeordnet und durchweg in klareren Bezug zu den wichtigen strukturbildenden Baugliedern gesetzt. Daß hierbei die Fliesenkunst eine vorher und nachher nie wieder erreichte Qualität gewann, sei unter Verweis auf den dieser Gattung gewidmeten Abschnitt hier nur angedeutet.
Sinans Wirken überschattete auch nach seinem Tode 1588 noch lange die türkische Architektur, hatte er doch in seinem Werk nahezu das ganze Spektrum

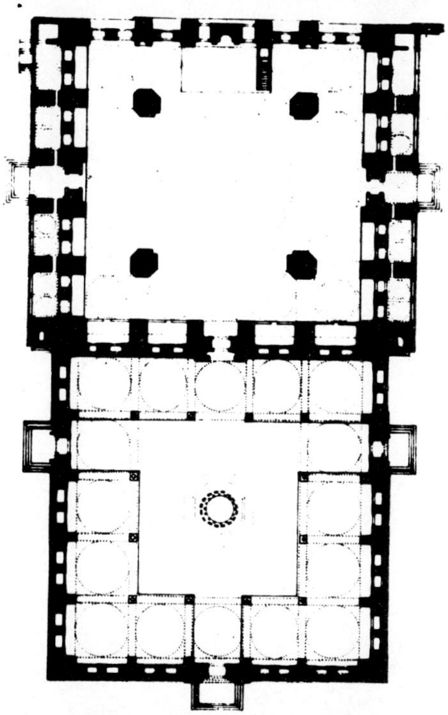

A

B

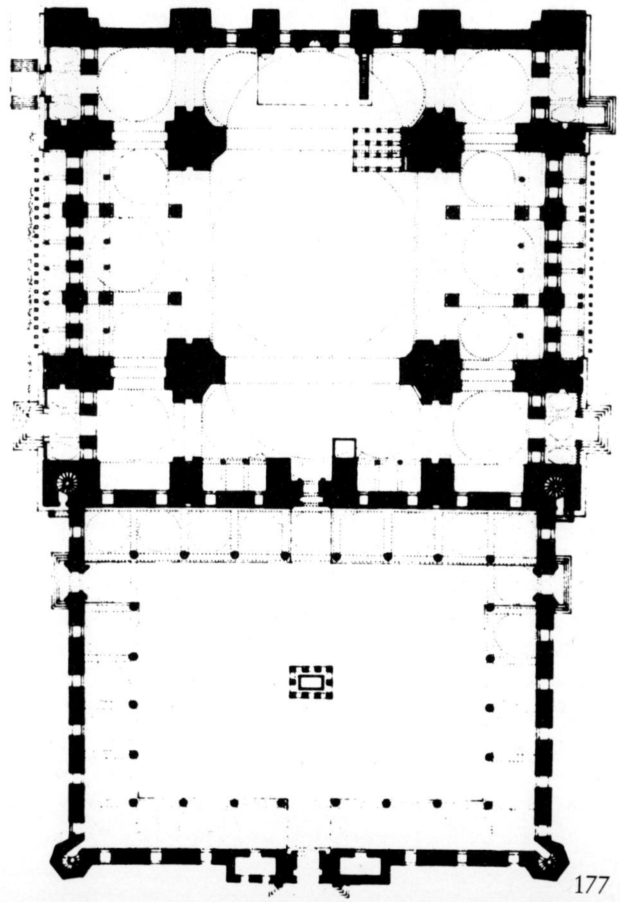

Abb. 60 Grundrisse der beiden ersten großen Sinan-Moscheen in Istanbul (Maßstab 1 : 1000)
A Şehzade Camii (Prinzenmoschee, erb. 1543)
B Süleymaniye Camii (erb. 1550–57)

möglicher Lösungen der Bauaufgabe „Moschee" erschöpft. Was nun kam, waren fast durchweg Bauten, deren Grundkonzept er irgendwo schon einmal ausprobiert hatte, auch wenn sie im Detail, vor allem im Bauornament, deutliche Veränderungen gegenüber dem Formenkreis des 16. Jhs. zeigten (z. B. in Istanbul die Moscheen der Wesire Nişancı Mehmed Paşa (1584–88; Kat. Nr. I/60, 64), Cerrah Paşa (1593) u. a.). Zu den großen Leistungen der Spätzeit gehören zweifellos noch die zwei unter Sinans unmittelbaren Nachfolgern im Amt des Mimarbaşı ausgeführten Sultansmoscheen in Istanbul: die von Davud Ağa 1598 begonnene, aber erst 1663 fertiggestellte Yeni Cami mit den zugehörigen Stiftungsbauten (vgl. Abb. 62) sowie die von dem Baumeister Sedefkâr Mehmed Ağa 1609–1617 errichtete Külliye des Sultans Ahmed I. (1603–1617) (Kat. Nr. I/45 a, b), die beide bei nur geringfügigen Differenzen das von Sinan in der Şehzade Camii angewendete Vierpaß-System zeigen. Hatte man hier noch den alten imperialen Maßstab bewahren können, so zeigen die nach längerer Pause im 18. Jh. folgenden Moschee-Neubauten eine deutliche Reduktion der Dimension — was durchaus den nachlassenden finanziellen und wirtschaftlichen Möglichkeiten des Reiches entsprach. Ebenso war andererseits das hartnäckige Beharren auf den im 16. Jh. entwickelten Lösungen ein klares Signal für die geistige und soziale Verkrustung, die in erster Linie den allen Neuerungen sich aufs heftigste widersetzenden Ulema zur Last fällt. Freilich wurde der Mangel an Monumentalität und Erfindungskraft in vielen Fällen ausgeglichen durch ein höheres Maß an Intimität und malerischer Wirkung, durch vielfach außerordentlich reizvolle Raum- und Baukörper-Gruppierungen und eine der europäischen Entwicklung weit vorausgehende Tendenz zu engerer Verbindung von Innen- und Außenraum. Zugleich spielten das immer mehr durch Einflüsse aus Europa verfeinerte Bauornament und die bewegtere und reichere Profilierung einzelner Bauglieder eine zunehmend wichtige Rolle.
Ein erstes Beispiel dieses immer stärker in barocke Richtung führenden Bauens ist die im alten Hafen von Üsküdar 1708–1710 errichtete Yeni Valide Camii. Die Reihe setzte sich dann in Istanbul fort mit dem vom Großwesir Damad İbrahim Paşa gestifteten Darülhadis (1720) und der Moschee des Großwesirs Hekimoğlu Ali Paşa (1734) bis zur Nuruosmaniye Camii (1748–1755) und zur Lâleli Cami (1759–1763; vgl. Abb. 59 G), deren Kuppeln sich durch ihr steileres Profil und ihre kräftige Plastizität von allen früheren Kuppeln absetzen. Wenngleich im Detail noch nicht näher untersucht, spricht vieles dafür, daß beim Bau in nicht geringem Umfang Eisenanker verwendet wurden. Der Istanbuler Tendenz folgten gegen Ende des 18. Jh. zunehmend auch Bauten in den Provinzen, deren Stifter meist dort mächtige Feudalherren *(derebey)* waren: Moscheen in Adana, Yozgat, Safranbolu und Gülşehir. Freilich wurden die eleganten hauptstädtischen Formen hier oft etwas hölzern nachempfunden.
Istanbuls zentrale Stellung als politischer und wirtschaftlicher Mittelpunkt des Reiches bestimmte seit dem 16. Jh. seine Rolle bei der Prägung osmanischer Architektur. Darüber hinaus war Istanbul aber auch der Platz mit den stärksten Verbindungen zu Mitteleuropa. Hier saßen die diplomatischen Vertreter der fremden Mächte, hier und in Izmir auch die Vertreter der europäischen Wirtschaft. Dies und die Existenz einer seit den Reformen Selims III. und seines Neffen Mahmud II. (1808–1839) an europäischer Kultur interessierten Oberschicht führten schon im 18. Jh., vor allem aber im 19. Jh., dazu, daß man begierig viele der damals meist aus Paris kommenden neuen Moden mitmachte. So finden sich, zunächst in Wohnhäusern und Palästen, bald aber auch bei Moscheen Bauformen, bei denen Barock und Rokoko Europas Pate gestanden haben. Man trifft sogar auf Bauformen eines „arabischen" oder „maurischen" Stils, die wohl über zeitgenössische französische Unterrichtswerke hierher gekommen sein mögen und sich z. B. an der Moschee der Valide Pertevniyal (1871) in Istanbul-Aksaray finden. Auch auf klassizistisch beeinflußte Formen westlicher Prägung stößt man bei einer Vielzahl von Bauten des späteren 19. Jhs. — insbesondere bei den Bauten aus den Ateliers der in Paris geschulten Balian-Familie: Dolmabahçe Camii (1853), Ortaköy Camii (1835/4) u. a., aber natürlich auch bei den Bauten aus Europa kommender Architekten. Ebenso erfreuten sich seit der Jahrhundertwende Formen aus dem Kreis des Art Nouveau besonderer Zuneigung

Abb. 61 Istanbul, Innenraum der Mihrimah Camii nach Westen

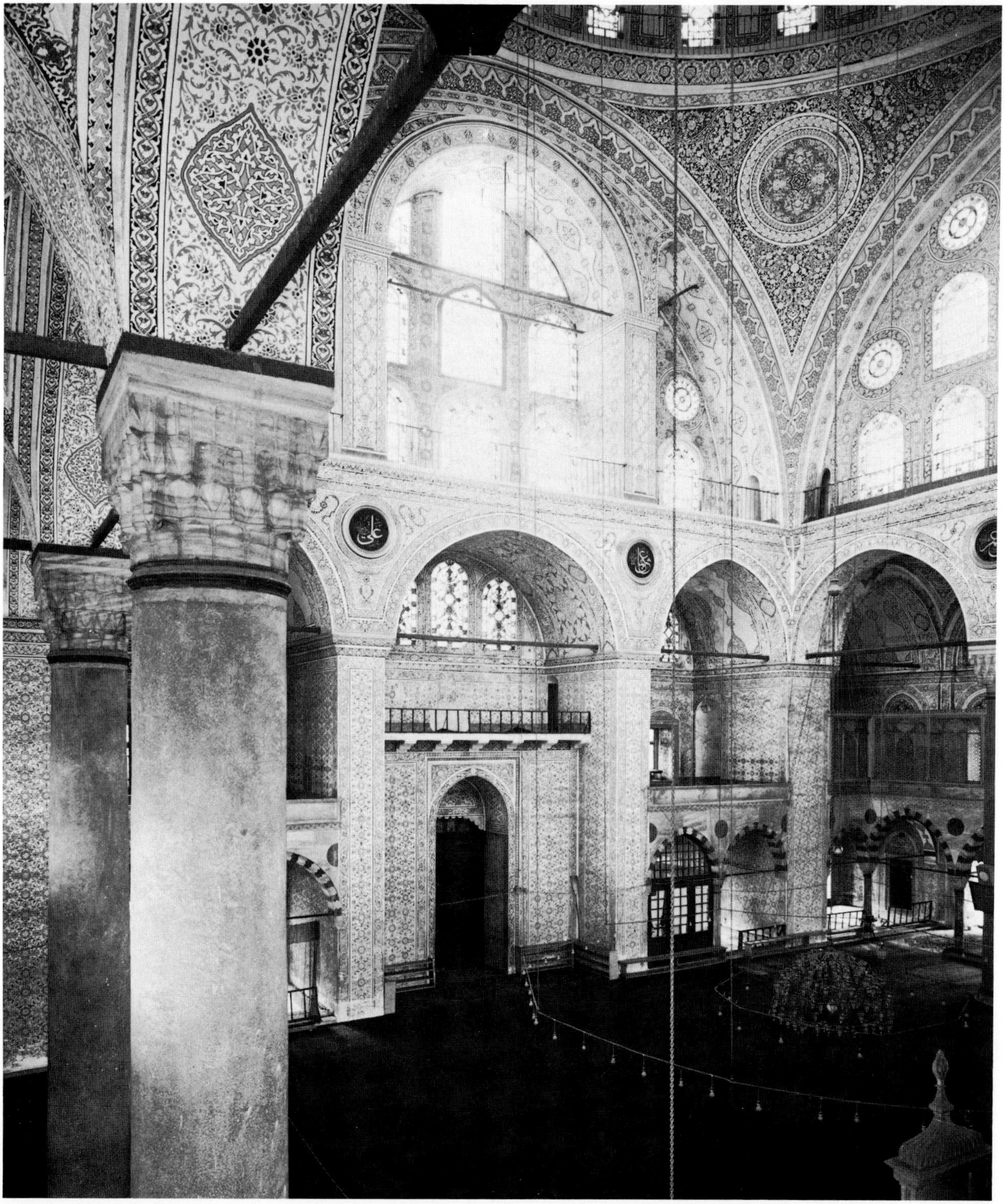

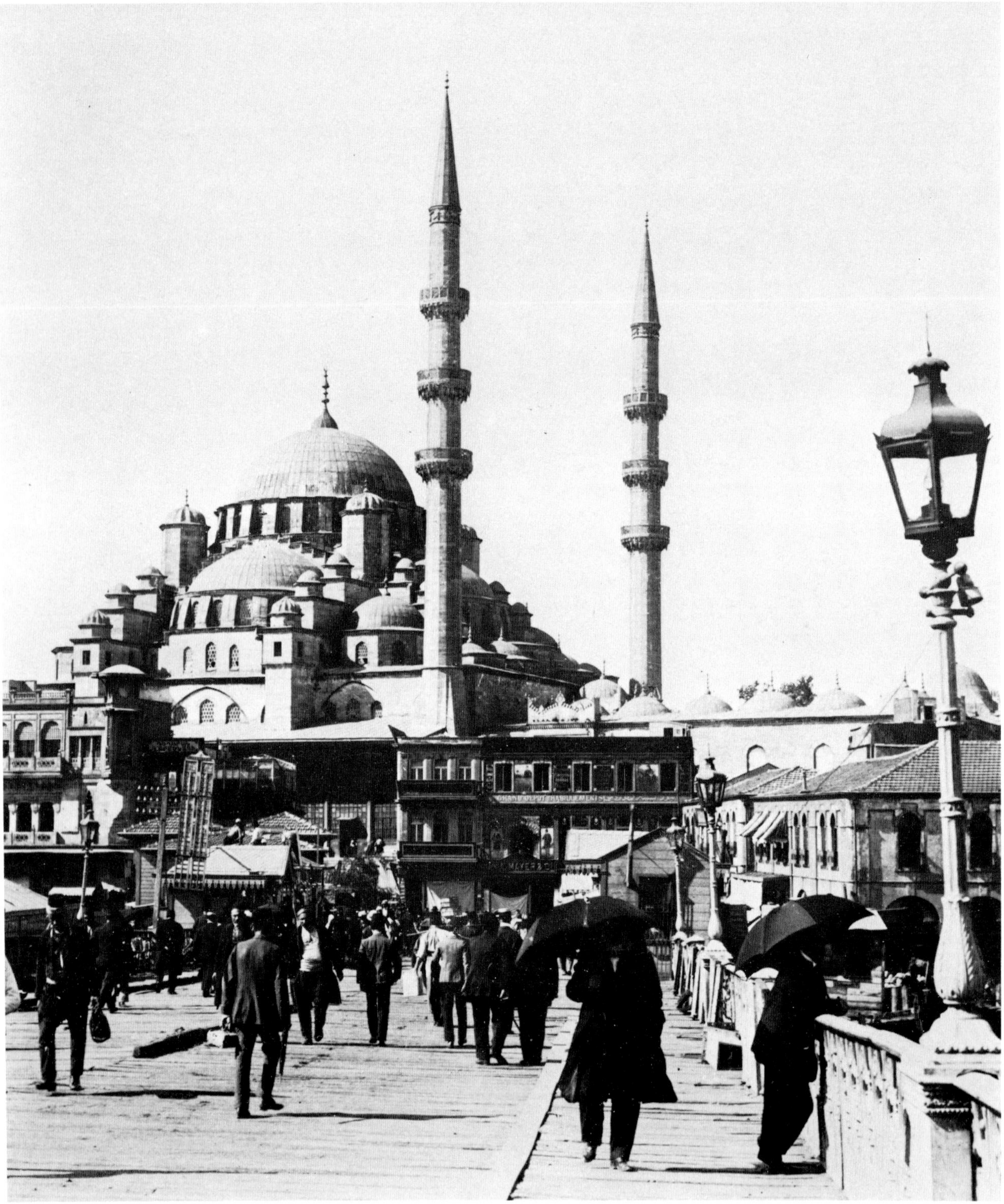

der hauptstädtischen Oberschicht. Sie finden sich an zahlreichen Wohn- und Geschäftshäusern, aber auch im sakralen Bereich, z. B. an der Şeyh Zafiri Türbesi in Beşiktaş (1906). Daneben zeichnen sich in den letzten Jahren des Osmanischen Reiches dem deutschen „Heimatstil" ähnelnde Tendenzen zu einer Rückbesinnung auf traditionelle, einfachere Formen ab, deren Hauptvertreter Vedat Bey und Kemalettin Bey dann auch nach dem Ende des Osmanenreichs das Bauen der jungen Republik in die selbe Richtung führten.

MEDRESE UND SOZIALE EINRICHTUNGEN

Nächst den Moscheen wichtigste Bauaufgabe im sakralen Bereich war die Medrese (s. Kuran 1969), die – seit dem Frühmittelalter als Koran- und Rechtsschule genutzt – im 12./13. Jh. unter den ersten türkischen Dynastien auch in Anatolien als Bauaufgabe auftauchte, nicht selten in enger baulicher Verbindung mit dem Grabmal des Stifters oder mit einer Moschee. Neben den Anlagen mit einem oder mehreren Iwanen und unterschiedlich großen Kammern um einen offenen Innenhof stehen hier die im Grundriß ähnlich konzipierten Bauten mit überkuppeltem Zentralraum mit Kuppeldurchmessern bis zu 14 m, wie z. B. die großen Medresen in Konya. Im osmanischen Raum wurde die erste Medrese 1331 von Sultan Orhan in Bursa errichtet. Ältester erhaltener Bau ist die Süleyman Paşa-Medrese in Iznik (M. 14. Jh.) mit dreiseitig umbautem Hof und mittig gelegenem, überkuppeltem *dershane*, in einer Form also, die ebenso deutlich vom üblichen seldschukischen Typus abweicht wie sie den später weitverbreiteten osmanischen Medrese-Typus vorwegnimmt.
Medresen gab es im gesamten Reichsgebiet in großer Zahl und mit jeweils deutlich fixierter Rangstellung innerhalb der acht Stufen umfassenden Lehrordnung, von der einfachsten *(haşiye-i tecrid-)*Medrese bis hin zu den acht zur Fatih Camii in Istanbul gehörenden Schulen der obersten Klasse. Diese ältere Ordnung wurde allerdings unter Sultan Süleyman I. nach dem

Abb. 62 Istanbul, Blick auf die Yeni Cami über die alte Galatabrücke hinweg (um 1900)

Bau seines großen Moscheekomplexes (1550–1556) mit vier neuen Medresen in ein vierstufiges System umgewandelt, wobei in den Medresen der ersten Stufe *(hariç)* die Grundlehre vermittelt wurde, in der zweiten Stufe *(dahil)* neben einer Vertiefung der früheren Fächer auch Rechts- und Koranlehre. In den Medresen der beiden obersten Stufen wurde daneben auch Unterricht in Mathematik und Naturwissenschaften erteilt (vgl. Uzunçarşılı 1965). Damit ergab sich für Schüler wie für Lehrer eine klare Laufbahn, denn jede Tätigkeit im geistlichen Bereich (*ilmiye*) wie der staatlichen Verwaltung setzte einen gewissen, mit jenem System gekoppelten Ausbildungsstand voraus. Die hier festgelegte Rangordnung drückte sich freilich im Gebäudetypus nicht aus. Allein die Qualität der Bauausführung, der Reichtum des Baudekors oder die Zugehörigkeit zu einem bedeutenderen Stiftungskomplex *(külliye)* erlaubten Rückschlüsse auf jenes System.
Die Grundrißform und der Aufbau von Medresen haben sich seit jenen ersten Bauten im osmanischen Raum kaum verändert. Bis ins 18. Jh. hinein herrschte eindeutig der Typus mit meist drei- oder vierseitig um einen offenen Hallenhof herum angeordneten Kammern und einem durch seine Größe herausragenden Unterrichts- und Betraum *(dershane)* vor (Abb. 63 A–F). Daneben finden sich – bedingt durch die örtlichen Gegebenheiten – auch hakenförmige Anlagen, bei denen das Dershane meist an einem Ende angeordnet war (Abb. 63 D). Häufig waren vor allem in späteren Zeiten Verbindungen von Medresen und Türben, bei denen der Grabbau in Lage und Gestaltung besonders ausgezeichnet war – so z. B. bei der Reihe von Wesir-Stifungen am Istanbuler Divanyolu, der alten hauptstädtischen Feststraße: Medresen des Köprülü Mehmed Paşa, des Koca Sinan Paşa, des Merzifonlu Kara Ahmed Paşa und des Kemankeş Mustafa Paşa (vgl. Müller-Wiener 1977, 358–367). Hier findet sich auch die Verbindung mit einem Brunnenhaus *(sebilhane)* – auch dies natürlich in der Absicht, das Andenken an den Stifter wachzuhalten. Selten waren vom Rechteck abweichende Grundrißformen. Die Kapıağa-Medrese in Amasya (1488/9) sowie die Rüstem Paşa-Medrese in Istanbul (1550; Abb. 63 E) wurden um einen achteckigen Innenhof herum entwickelt, während der Innenhof der Kuyucu Murad Paşa-Medrese (1606) in Istanbul vermutlich infolge von Schwierigkeiten beim Grunderwerb trapezförmig war.

Im Prinzip ähnliche Grundrißlösungen wie bei Medresen finden sich, trotz andersartiger Funktionen und gewisser Unterschiede in Einzelheiten der Grundrisse, bei Spitälern *(dar üş-şifa, şifahane, bimarhane)* und Irrenhäusern *(tımarhane)* sowie bei einer Gruppe, die als *dar ul-hadis* oder *dar ül-kurra* bezeichnet wurde, also als höhere Schule im Grunde ähnliche Funktionen wie eine Medrese hatte. Die ebenfalls meist als geschlossene Hofanlagen konzipierten Armenküchen *(imaret)* unterschieden sich dagegen im Grundriß und Aufbau deutlich von Medresen durch ihre über den großen Küchenräumen aufragenden höheren Kuppeln und dicken Schornsteine sowie durch erheblich stärker differenzierte Raumprogramme für Küche, Bäckerei und Magazine für die Lagerung von Lebensmittelvorräten (Kat. Nr. I/56, Abb. 63 F). Ihre durch das jeweilige Vakıfname festgelegte Rolle für die Betreuung und Ernährung der Bewohner der umliegenden Wohngebiete war bedeutend: im Istanbul des 17. Jhs. gab es 19 Imarets, unter denen die größeren sultanischen Stiftungen täglich zwischen 1 000–3 000 Essensportionen verteilten.

Neben Moschee und Medrese gehörten in den weiteren Kreis von Bauten mit sakralen Funktionen auch die Gruppe der als Tekke, Zaviye oder Hankah bezeichneten Gebäude, die für den weiten Kreis der in den verschiedenen Derwisch-Orden *(tarika)* gebundenen Gläubigen bestimmt waren, der Sufi und ihrer Anhänger in Stadt und Land. Freilich standen sich Sufitum und die Ulema als Vertreter des gelehrten Islam oft als konträre religiöse und soziale Gruppierungen feindlich gegenüber (vgl. Majer 1979, 218 ff.). Bauwerke der Derwischorden – soweit sie nicht als Tabhane oder Zaviye Element

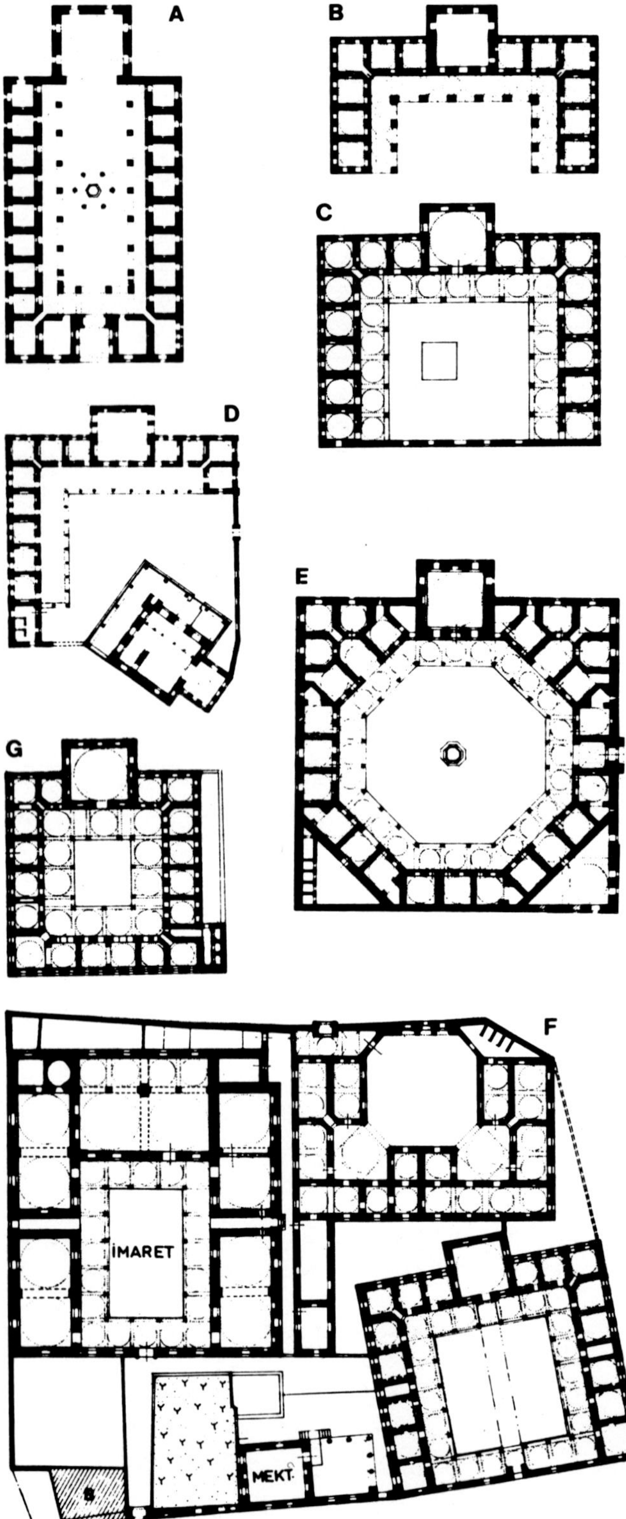

Abb. 63 Zusammenstellung von Medresen-Grundrissen (im gleichen Maßstab 1:1000):
A Bursa, Yıldırım Bayezid-Stiftung (1391–95)
B İnegöl, İshak Paşa-Stiftung (1481)
C Istanbul, Davud Paşa Medrese (1483–85)
D Istanbul-Üsküdar, Şemsi Ahmet Paşa Külliye (1580)
E Istanbul, Rüstem Paşa Medrese (1550)
F Istanbul, Haseki Hürrem-Stiftung (um 1550; mit Imaret, Spital, Medrese und Mektep)
G Istanbul, Kılıç Ali Paşa Medrese (1578–83)

einer Külliye oder bei dem Typus *zaviyeli cami* integraler Bestandteil eines Moscheebaues waren — sind als Typen nicht recht faßbar. In der Frühzeit findet sich für Tekke-Anlagen die Kombination von Iwan und Kuppelraum mit umliegenden kleineren Räumen (Konya, Tokat), ähnlich einigen frühen Medresen. Später ähneln sie im Äußeren oft den umliegenden Wohnhäusern, von denen sie sich allerdings durch ihren Grundriß deutlich absetzen. Wesentliches Raumelement jeder Tekke ist der große, für den *zikr* bestimmte Kultraum meist in runder oder oktogonaler Form mit umliegenden niedrigen Tribünen. Dazu gehören je nach Größe der jeweiligen Gruppe Wohnzellen *(hücerat)* sowie das Wohnhaus des Scheichs *(şeyh hane)* und ein kleiner Friedhof. Funktionswechsel von der Tekke zur Medrese sind in Einzelfällen zu beobachten, seltener in umgekehrter Richtung. Grundlage für die Existenz aller dieser Bauanlagen ist fast immer ein, oft durch weitere zusätzliche Stiftungen bereicherter, Vakıf.

Eine der einfachsten Formen mit minimalem baulichen Aufwand ist schließlich der Typus der offenen Betplätze *(namazgâh)*, die sich an den großen Fernstraßen, vor allem am Pilgerweg nach Mekka, aber auch im Umkreis größerer Städte finden. Zu ihnen gehörte regelmäßig ein Brunnen, gelegentlich auch noch ein durch eine Mauer mit Mihrab und Mimbar begrenzter, oft gepflasterter Platz, den heute nicht selten schöne alte Bäume beschatten (Kat. Nr. I/63).

PROFANBAU

Neben den fast durchweg monumental in Stein errichteten Bauwerken für sakrale Aufgaben traten Bauten für profane Zwecke in den Städten des osmanischen Reiches stets etwas in den Hintergrund. Seit dem 18. Jh. ist eine allmähliche Qualitätssteigerung zu beobachten, nachdem seit Ende 17./Anfang 18. Jhs. im Hinblick auf die zahlreichen Stadtbrände Steinbau in größeren Städten auch für Wohn- und Gewerbsbauten vorgeschrieben war — freilich, angesichts der erheblich höheren Kosten, nur in einzelnen Fällen tatsächlich ausgeführt wurde. Im allgemeinen waren das dann größere Bauten für den Fernhandel, die überwiegend von Stiftern bedeutender Moscheekomplexe zu deren Unterhalt errichtet wurden. Bäder wurden dagegen seit altersher stets in Stein erbaut, auch sie in der Regel einträglicher Besitz von frommen Stiftungen (vgl. Faroqhi 1984, 23 ff.).

BÄDER

Das Bad war seit der Antike wesentlicher Bestandteil des alltäglichen Lebens in jeder orientalischen Stadt, ja nicht selten Maßstab für den Lebensstandard. Seine Bedeutung liegt zum einen in den Reinlichkeitsvorschriften des Koran begründet, zum anderen in seiner Rolle als Kommunikationszentrum für Männer wie Frauen, deren allwöchentlicher Ausflug aus dem Harem ins Bad für das familiäre Leben von erheblicher Bedeutung war. Hier wurden doch, neben dem Austausch von Klatsch und Tratsch, auch langdauernde Familienverbindungen über Heiraten angeknüpft. Nicht zuletzt spielte sich auch ein Teil des Hochzeits-Zeremoniells im Bad ab. Obwohl einzelne reichere Häuser ihre privaten Bäder besaßen, spielten die öffentlichen Bäder die Hauptrolle, die sich in jeder Stadt in unterschiedlicher Zahl und Größe fanden. (Nach einer offiziellen Liste gab es in Istanbul 1608 980 Bäder.) Voraussetzung war freilich ein gut ausgebautes Wasserleitungsnetz. Wassermangel führte z. B. in Istanbul 1527 dazu, daß auf Anordnung des Sultans mehrere Bäderneubauten wieder abgerissen werden mußten und erst nach dem Ausbau des Leitungsnetzes in den folgenden Jahrzehnten neue Bäder errichtet werden konnten.

Nicht selten nutzte man aber auch natürliche heiße Quellen in darüber erbauten Bädern wie z. B. in Bursa oder Yalova.

Im türkischen Bad stößt der Besucher auf eine seit 2000 Jahren kaum veränderte Tradition in der Art des Badens wie in der räumlichen und technischen Ausstattung des Gebäudes. Ähnlich wie die römischen Thermen besteht auch das türkische Bad *(hamam)* aus drei Hauptbauteilen: dem Umkleideraum *(camekân)*, einem halb-warmen Durchgangsraum *(soğukluk)* und dem eigentlichen Baderaum *(sıcaklık, früher harara)*. Diese drei Bauteile wurden bei Doppelbädern parallel nebeneinander, seltener auch hintereinander-gereiht angeordnet (Abb. 64), wobei, je nach örtlichen und finanziellen Bedingungen, recht unterschiedliche bauliche Lösungen mög-

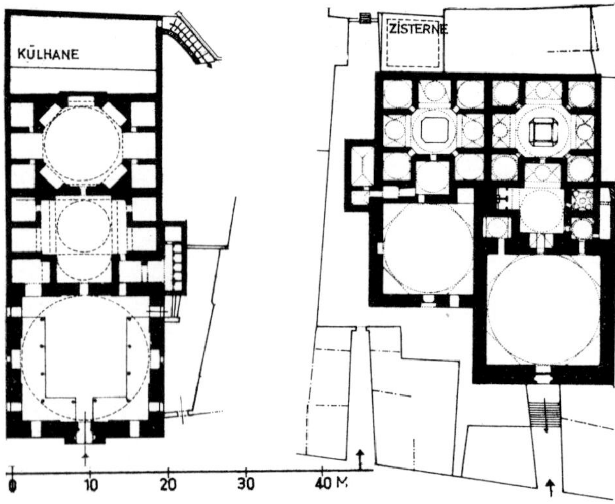

Abb. 64 Istanbul – Grundrisse eines Einzelbades (links Mahmud Paşa Hamamı, 1466–67) und eines Doppelbades (rechts Gedik Paşa Hamamı, um 1474); Maßstab 1:1000.

lich waren. Die Heizung erfolgte wie in der Antike durch Hypokaustenanlagen, die von einer in einem abgeschlossenen Hof *(külhane)* liegenden Feuerstelle aus beheizt wurden. Die Innenausstattung öffentlicher Bäder war im allgemeinen nicht sehr aufwendig (Kat. Nr. I/46); charakteristisch für ihre Gesamterscheinung waren die vielen unterschiedlich großen, mit Glaskugeln besetzten Kuppeln.

BAUTEN FÜR HANDEL UND GEWERBE

Im Gegensatz zu dem relativ breiten Formenspektrum sakraler Bauwerke ist die Typendifferenzierung bei Bauten für Handel und Gewerbe nicht sehr groß, da weder die Funktionen wesentlich variierten noch das Repertoire an möglichen Bauformen und -konstruktionen sehr reich war. Letztlich ging es fast immer auf eine Addition der einfachen, seit der Antike gebräuchlichen Kombination „Kammer-Reihe und offene Hofhalle" hinaus, deren einzelne Raumelemente meist mit kleineren Kuppeln überwölbt waren und nur bei kleineren Bauten oder im inneren Anatolien flache Dächer besaßen. Wichtigster Typus dieser Gruppe ist der allseits geschlossene Gewerbehof *(han)*; daneben gab es in fast allen größeren Städten, aber auch in manchem kleineren Ort eine massiv gebaute, überwölbte Kaufhalle, den Bedestan. Dazu fanden sich außerhalb der Städte an den Fernstraßen Karawanenhöfe *(kervansaray)*. Mittelpunkt und meist auch aufwendigstes Gebäude der Bazarzone war überall der Bedestan, auch *bezzazistan* oder in arabischen Städten *qaysarīya* genannt, der in seinem vom Wort *bez, bazz* (Tuch) abgeleiteten Namen wie aber auch in einem Teil seiner Funktionen der europäischen Tuchhalle entspricht. Freilich wurden hier neben Tuch auch andere wertvolle Waren gehandelt. Gleichzeitig dienten die festen Bauwerke auch zur Aufbewahrung von Geldern und Wertsachen. Die in einigen Fällen von Herrschern (Bursa, Edirne, Istanbul), überwiegend aber von Wesiren gestifteten Bauten verteilen sich ziemlich gleichmäßig auf das 15.–16. Jh. mit einzelnen Nachzüglern im 17.–18. Jh., doch sind die Datierungen gerade der frühen Bedestane ziemlich unsicher. Kriterien eines Bedestan sind seine massive Bauweise, die Überwölbung und seine Verschließbarkeit. Von der Form her sind die eigentlichen Bedestane – meist mehrschiffige Hallenbauten – und die ebenfalls überwölbte und verschließbare Kaufstraße *(arasta)* voneinander zu trennen. Doch kommen beide Bauformen oft nebeneinander im gleichen Bazar vor (z. B. in Tokat und Vezirköprü) oder selbst in unmittelbarer baulicher Kombination (z. B. in Istanbul und Ankara mit umlaufender *arasta)*. Am Anfang der Entwicklung – bei der zweifellos ältere Vorbilder mitgewirkt haben – stehen nebeneinander mehrschiffige Hallenbauten mit 2–3 Kuppelreihen, die innerhalb des Gassengewirrs des jeweiligen Basars freistanden, sowie Hallenbauten – bei denen – wie in Bursa oder Istanbul (vgl. Abb. 65) außen noch weitere Ladenreihen angebaut waren (ähnlich auch in Beyşehir, Tire und Vezirköprü; vgl. Kreiser 1979). Innerhalb dieser weiten Hallenbauten hatten die Kaufleute eigene hölzerne Buden oder größere Schränke, in denen sie ihre Waren aufbewahrten und vor denen sie auf hölzernen Bänken hockten. Demgegenüber waren Bauten des *arasta*-Typs sehr viel einfacher und entsprechend häufiger: hier reihten sich kleine Läden mit 4–10 qm Fläche beiderseits eines meist tonnengewölbten Ganges, der abends an beiden Ende durch eisenbeschlagene Türen verschlossen werden konnte (s. Abb. 65 C).

In einzelnen Städten (u. a. Bergama, Sivas, Sarajevo, Ilgın, Incesu) waren solche *arasta*-Anlagen unmittelbar mit Han-Bauten verbunden. In Istanbul ist der gesamte Bezirk des sog. Kapalı Çarşı ein derartiger Verbund von Bedestanen, Kaufgassen und Hanen: auf einer Fläche von 30,7 ha sind hier heute ca. 3000 Läden, zwei Bedestane und 13 Hanbauten unterschiedlicher Größe zu einem Ganzen verbunden (vgl. Abb. 65 A, sowie Müller-Wiener 1977, 345 ff.; Gülersoy 1980), wobei die Variationsfähigkeit des Ganzen für einen über 500jährigen Betrieb ausgereicht hat. Das liegt nicht zuletzt daran, daß nur geringe funktionsspezifische Anforderungen an die einzelnen Raumelemente gestellt wurden und diese sich aber auch infolge ihrer geringen Größe in fast jeder erforderlichen Grundrißfigur kombinieren ließen.

Das zeigt sich vor allem bei dem häufigsten Typus dieser Gruppe – dem *Han,* bei dem Kammern von rund 10–20 qm Größe mit vorgelagerter offener Arkadenhalle in einem oder mehreren Geschossen um einen offenen Innenhof herum angeordnet sind. Diese Höfe, deren Größe zwischen wenigen Quadratmetern bis zu Flächen von 50–70 m Seitenlänge (rund 4100 qm beim Validehanı in Istanbul) schwankt, dienten als Lager- und Arbeitsflächen. Von hier aus erhielten die Kammern Licht und Luft, während bei größeren Anlagen in der Mitte oft noch eine kleine Moschee stand (s. Abb. 65, 66; vgl. ferner Müller-Wiener 1983 sowie Faroqhi 1984, 28 ff.).

Zu diesen im allgemeinen im Inneren von Ortschaften – überwiegend in deren Basarzone – liegenden Bauten kommt noch das stets außerhalb geschlossener Siedlungen liegende *Kervansaray* hinzu, das als Stützpunkt des Fernhandels, der Post und gelegentlich der Armee an den Fernstraßen lag und sichere

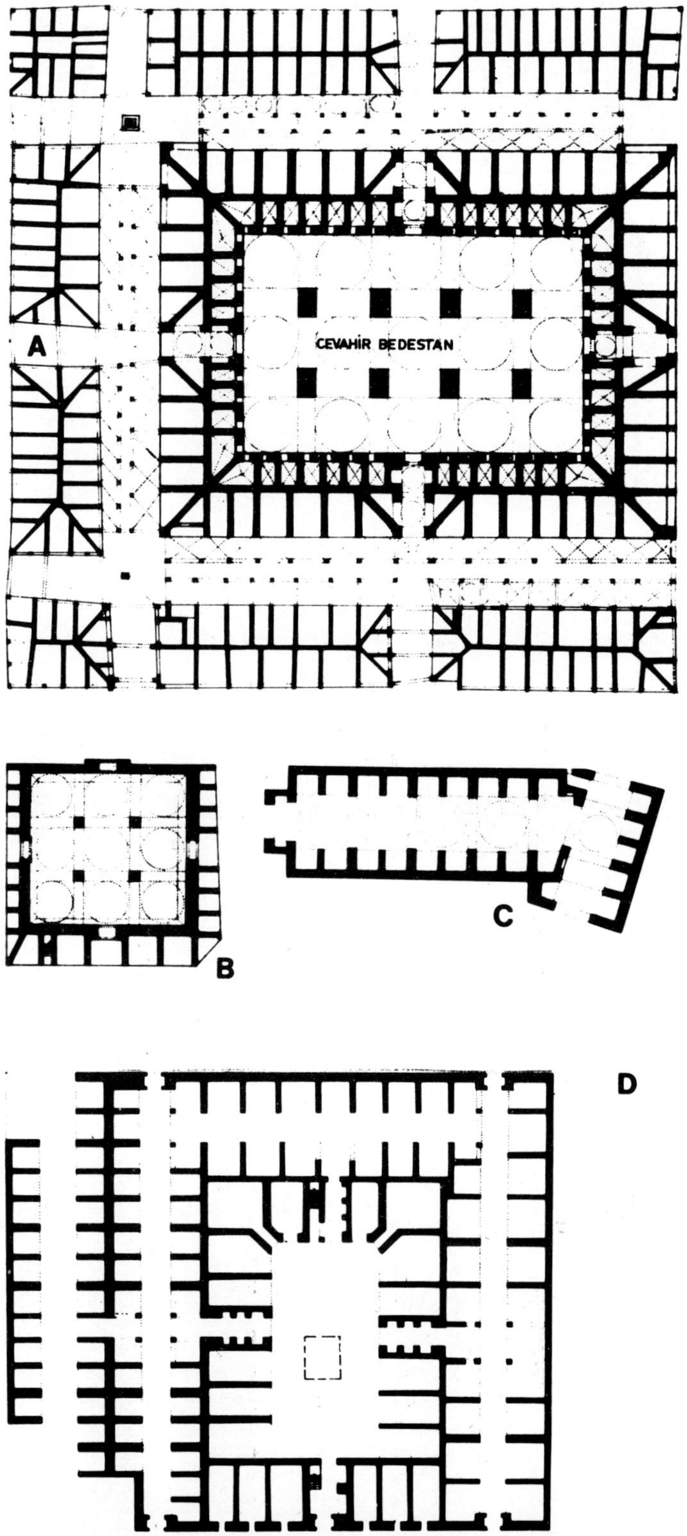

Abb. 65 Grundrisse von Bauten für Handelszwecke (im gleichen Maßstab 1:1000)
- A *Istanbul, Ausschnitt aus dem Plan des Kapalı Çarşı mit dem Cevahir Bedestan (sog. Waffenbazar) und umgebenden Gassen*
- B *Istanbul-Galata, Bedestan (erb. 4. V. 16. Jh.)*
- C *Bursa, Sipahilar Çarşısı* (arasta-*Typus; erb. wohl A. 15. Jh. ?)*
- D *Izmir, Kızlar Ağası Hanı (städtischer Han, erb. 1744)*

Unterkunfts- und Versorgungsmöglichkeiten für Reisende und Kaufleute samt ihren Tragtieren bieten sollte; es waren daher eine oder mehrere große Hallen für deren Unterbringung, eine kleine Moschee sowie Räume für den örtlich ansässigen Verwalter notwendig. Die Blütezeit dieser Kervansaray-Anlagen fällt ins 13. Jh., doch sind auch in osmanischer Zeit in den später eroberten Gebieten noch bedeutende Karawanen-Stützpunke gebaut worden. Besonders großzügig sind die beiden vom Großwesir Sokollu Mehmed Paşa gestifteten Anlagen in Lüleburgaz (1569) und Payas (1574) und eine von Lala Mustafa Paşa gestiftete Baugruppe in Ilgın (vor 1580). Etwas kleiner ist der vom Vezir Öküz Mehmed Paşa errichtete Komplex in Ulukışla in Nähe der Tauruspässe (1616), dem sich noch eine beachtliche Zahl kleinerer Bauten zur Seite stellen ließe. Neben den an den Fernstraßen liegenden Kervansarays gab es auch solche an nicht weiter ausgebauten Schiffsländen (z. B. in der Nähe von Ayvalık und Enez – vielleicht in Verbindung mit hier gelegenen Salzlagunen) (Kat. Nr. I/49).

BRÜCKEN UND AQUÄDUKTE

Zum Ausbau der Fernstraßen gehörten neben den Kervansarays und den entlang der Straßen angelegten Brunnen seit altersher Brücken, die im Staatsgebiet des Osmanischen Reiches eine weit zurückreichende Geschichte hatten, sowohl als einfache Holzbrücken wie als weitgespannte Steinbauwerke. Brücken waren teils staatliche oder aus staatlichen Mitteln unterhaltene Bauten, teils Stiftungen örtlicher Herren. In beiden Fällen oblag der Unterhalt festangestellten Arbeitsgruppen, die als *köprücüler* – ähnlich wie die für Fernwasserleitungen zuständigen *suyolcular* – für die Instandhaltung dieser Anlagen zu sorgen hatten (vgl. Orhonlu 1973; Faroqhi 1984, 63 f.). Die Form der Brücken war bedingt durch Breite und Wasser-

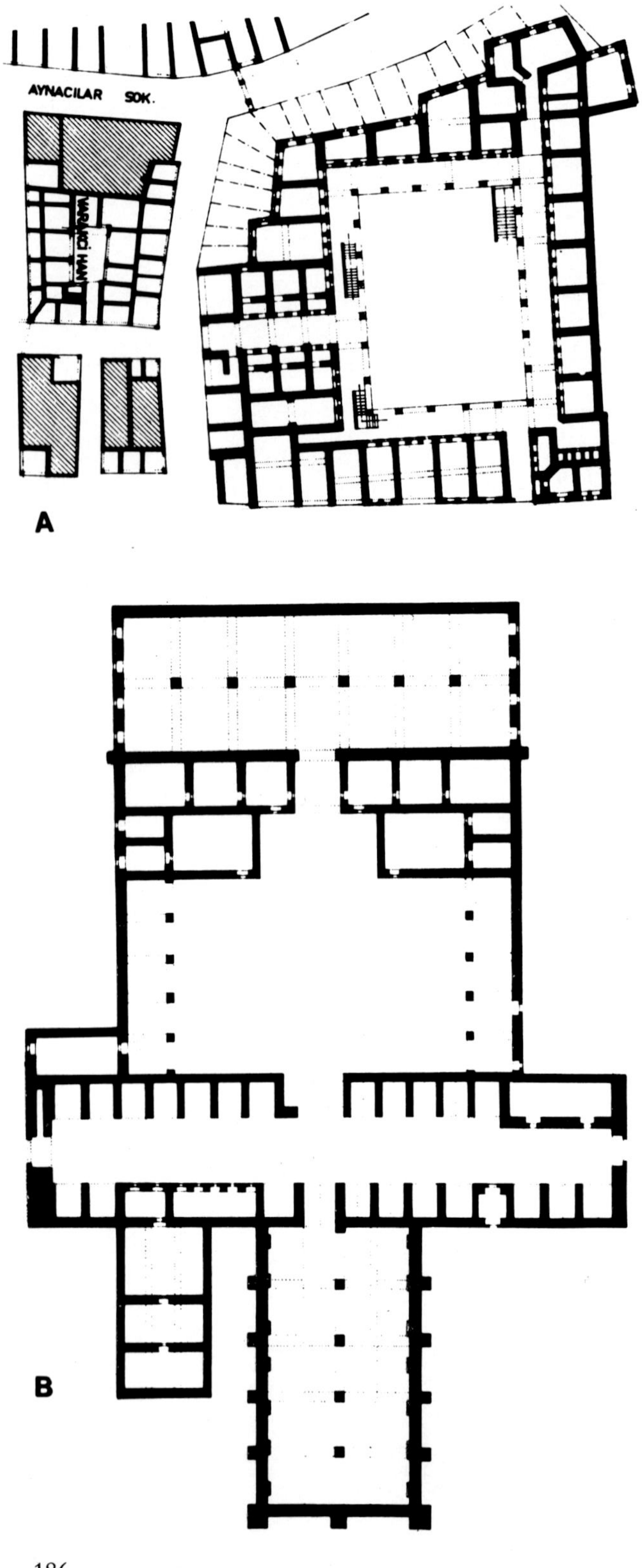

Abb. 66 Grundrisse größerer Gewerbebauten (Maßstab 1:1000):
A Istanbul, Çuhacılar Hanı (Hof der Wolltuch-Händler; erb. A. 18. Jh.)
B Ulukışla, Kervansaray des Wezirs Öküz Mehmed Paşa (erb. 1616)

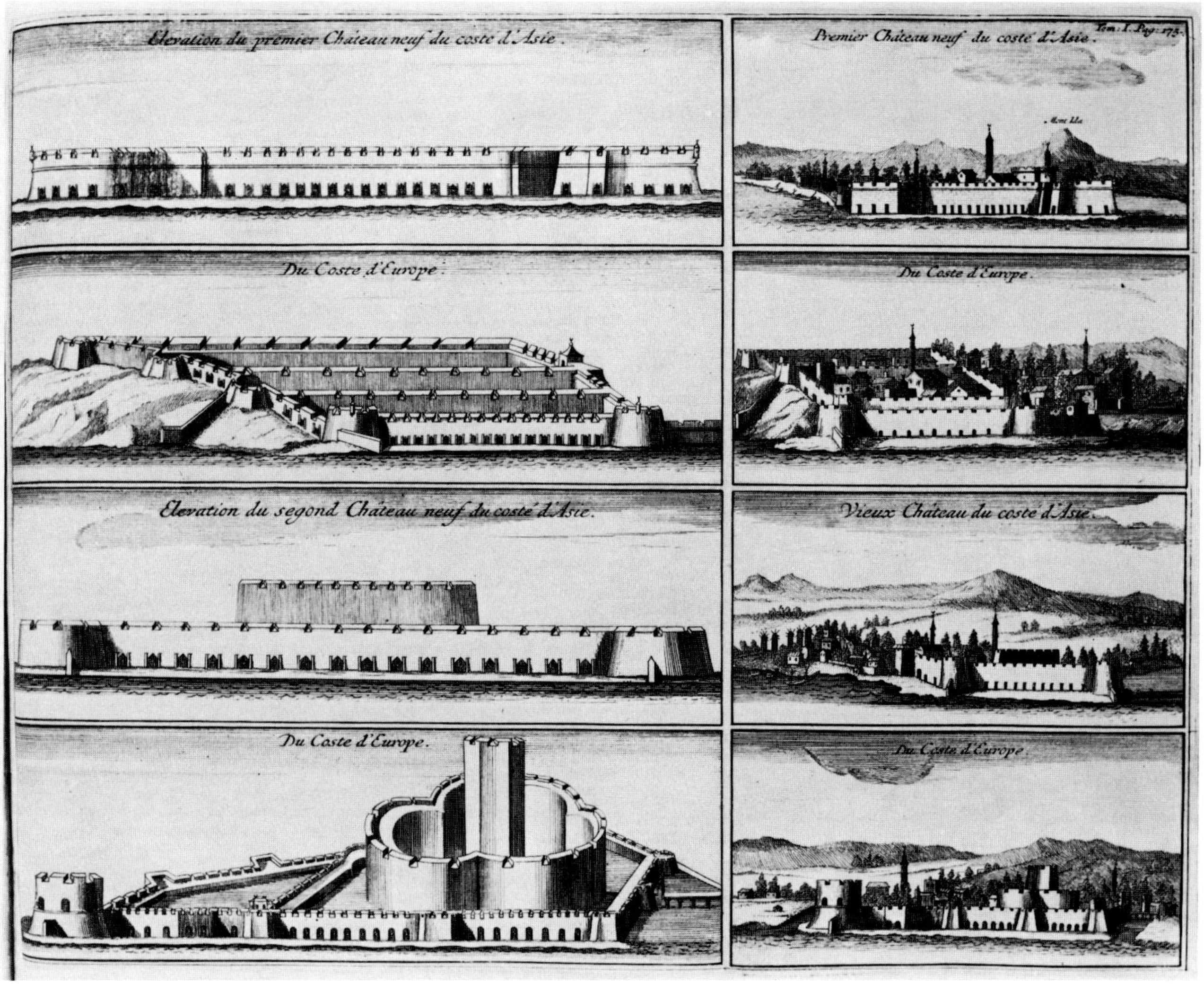

Abb. 67 Ansichten der Dardanellen-Befestigungen aus der Zeit um 1700 mit den alten Burgen von Çanakkale und Kilid ül-bahreyn sowie den neueren Außenwerken. Aus: Relation d'un voyage du Levant. Par M. Pitton de Tornefort. Amsterdam 1718. S. 174

führung des jeweiligen Flusses. Bei Gebirgsflüssen und hochwassergefährdeten Flüssen überwogen die hochgestelzten Bogenbrücken, die sich – wie z. B. die bekannte Mostarbrücke – zwischen Felswiderlagern spannten oder aber auf sehr kräftigen Strompfeilern auflagen. In den breiten Flußtälern mit oft großflächigen Überschwemmungszonen finden sich meist vielbogige Brücken auf kleineren Strompfeilern mit meist ebener oder nur an einzelnen Stellen aufgewölbter Fahrbahn. So etwa im Flußgebiet um Edirne herum, wo seit dem 14. Jh. mehrere große Brücken gebaut wurden – u. a. die 1443 auf Anordnung Sultan Murads II. bei Uzunköprü erbaute Brücke, die mit 174 Bögen über 1254 m Länge die längste Brücke osmanischer Zeit ist (vgl. Çulpan 1975).

Konstruktiv ähnliche Formen wie bei Brücken finden sich – bei sonst andersartiger Funktion – bei den Aquädukten, die in osmanischer Zeit hier und dort errichtet wurden, auch sie natürlich in der Tradition antiker und byzantinischer Vorgängerbauten. Die wichtigsten Beispiele von Aquädukten finden sich in der weiteren Umgebung von Istanbul, dessen Wasserversorgungsnetz bereits in der Fatih-Zeit und danach erneut unter Süleyman I. durch Sinan ausgebaut wurde (vgl. Müller-Wiener 1977, 514 ff. Kat. Nr. I/50). Hier mußten einzelne Stränge des Leitungsnetzes über Aquädukte geführt werden, die wegen der erforderlichen Höhe meist zweigeschossig angelegt waren, wobei Bogenweiten und -höhen recht variabel gestaltet waren. Bescheidenere Anlagen finden sich u. a. in Izmir und bei Kuşadası. Im Zusammenhang mit dem Istanbuler Wasserversorgungssystem müssen auch die zahlreichen im 18. und 19. Jh. in der Umgebung der Stadt angelegten Staudämme *(bend)* genannt werden (Kat. Nr. I/51), die bei rund 10–15 m Höhe teilweise als einfache gerade Schwergewichtsmauern konstruiert waren, überwiegend aber bei bogenförmigen Grundriß den Typus „Gewölbestützmauer" zeigen. Die aus massivem Quaderwerk in Kalkmörtel aufgeführten Mauern sind zwischen 4–9,5 m dick und stützen sich beiderseits in der lehmigen Erde der Talwände ab.

FESTUNGSANLAGEN

Obwohl in Berichten des 17./18. Jhs. wie auch in neueren Darstellungen immer wieder davon geredet wird, daß es im Osmanischen Reich Wehrbauten in größerem Umfang nicht gegeben habe, findet sich bei näherem Zusehen sehr wohl eine recht große Zahl von Befestigungsanlagen aus allen Phasen der Reichsgeschichte. In größerem Umfang begann der Bau von Festungen unter Sultan Mehmed II. Fatih mit der Anlage der Istanbuler Burgen Rumelihisarı (1451/2; Kat. Nr. I/52, I/54) und Yedikule (1457/8), mit der Befestigung der Dardanellen durch zwei Kastelle (1462) (Abb. 67) sowie mit einzelnen Anlagen im balkanischen Grenzraum (u. a. Elbasan als Stützpunkt gegen Skanderbeg, 1466). Bei diesen Bauten blieb man bei den für den Einsatz von Kanonen hergerichteten spätmittelalterlichen Formen, die auch im 16. Jh. noch das Bild beherrschten (Abb. 68). Da das osmanische Heer bis ins 17. Jh. hinein meist selbst in der Offensive stand, war die Zahl von Festungsbauten nicht sehr groß. Erst mit dem Nachlassen der osmanischen Offensivkraft und der Verschärfung der Kämpfe mit dem safawidischen Gegner im Osten, später auch in den Kriegen mit Polen und Rußland, sah sich die osmanische Führung immer öfter gezwungen, Städte im Grenzraum zu sichern und gleichzeitig feste Stützpunkte für die eigenen Truppen anzulegen. Bisher sind erst wenige Einzelheiten über Entwurf und Form dieser Befestigungswerke bekannt, die von zeitgenössischen Militärs im allgemeinen als den eigenen, europäischen Anlagen deutlich unterlegen beurteilt wurden. Im westlichen Grenzraum fanden sich seit dem späten 18. Jh. gelegentlich bastionierte Fronten, während man im Osten noch lange bei den veralteten Formen verharrte (Kat. Nr. I/20). Im Zusammenhang mit den seit dem 18. Jh. unternommenen Reformen der Armee versuchte man mit Hilfe ausländischer Offiziere diese Mängel zu beheben, doch fehlten häufig die für einen neuzeitlichen Ausbau der Werke notwendigen Mittel. Man beschränkte sich daher meist auf rasch herstellbare, aber wenig dauerhafte Erdwerke, von denen heute angesichts des raschen Wachstums aller Städte jedoch kaum mehr Reste erhalten sind.

PLANEN UND BAUEN

Eine Betrachtung von Architektur kann sich aber nicht allein auf die Entwicklung bestimmter Bautypen oder Stilformen beschränken: Bauen war im Gegensatz zu anderen Kunstgattungen immer auch eine Aufgabe von Organisation und Finanzen. Wie zuvor gezeigt, war die Mehrzahl der größeren Bauten aus Stiftungen der Sultane oder der Oberschicht hervorgegangen. Es waren also staatliche oder nahezu staatliche Bauaufgaben, die vom Hofbaumeister *(mimar ağa; ser-mimaran-ı hassa)* oder einem Angehörigen seines Amtes *(hassa mimarları; hassa mimarları ocağı)* zu betreuen waren. Dieses in ähnlicher Form auch in den Mamlukenstaaten bestehende Amt (dort *muallim as-sultan)* war dem Şehremini und damit dem Defterdar unterstellt und bestand in dieser Form bis 1831; damals wurde es im Rahmen der allgemeinen Reformen in das *ebniye-i hassa müdürlüğü* ungewandelt (vgl. Turan 1963).
Während Entwurf und Planung aller vom Padischah oder Angehörigen des Hofes gestifteten Bauten –

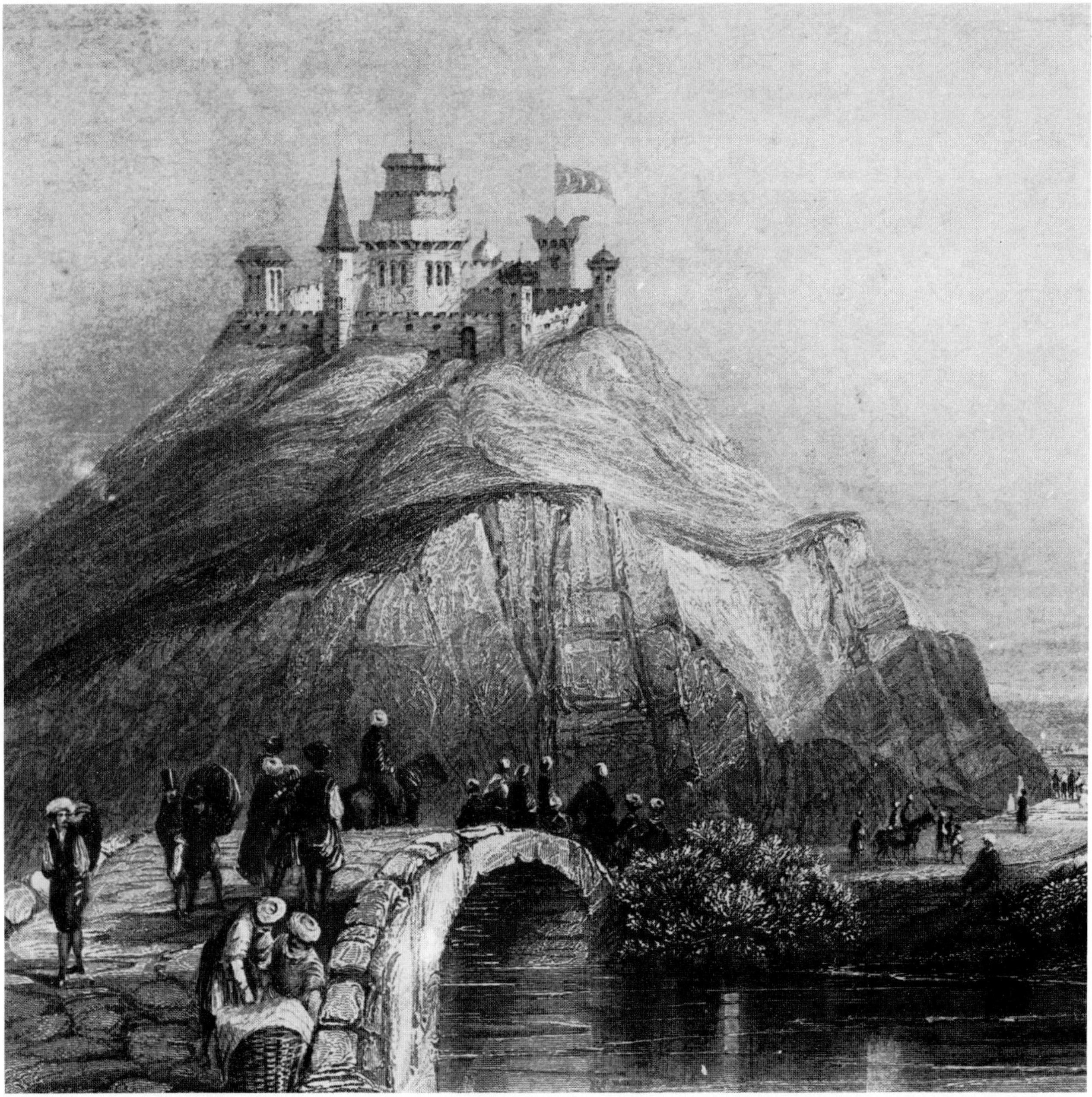

Abb. 68 Ansicht der kleinen Festung Silivri – Beispiel einer weitgehend in spätmittelalterlichen Formen angelegten Festung in balkanischen Raum. „The Fort & Toun of Silivria, the Ancient Selymbria“ Lithographie, 1. Hälfte 19. Jh.

gleich, in welchem Teil des Reiches liegend – dem zentralen Hofbauamt oblagen, wurde die örtliche Bauleitung eines größeren Bauvorhabens einem eigens hierzu bestellten Aufseher *(bina emini)* übertragen. Daneben gab es in größeren Städten (z. B. Manisa, Sofia, Jerusalem, Adana u. a.) seit etwa dem 17. Jh. für größere örtliche Bauvorhaben auch besondere Stadt-Architekten, die in Verbindung mit den örtlichen Gilden tätig waren. Ebenso gab es auch Architekten, die als Vertreter des Hofbauamtes für eine bestimmte Region zuständig waren (vgl. Orhonlu 1978; Anhegger 1954) und die ebenso wie die Mitglieder jenes Amtes beim Tode eines Sultans von seinem Nachfolger erst wieder neu in ihrem Amt bestätigt werden mußten. Kleinere Bauten und Wohnhäuser wurden ohne Mitwirkung von Architekten allein von Handwerkern errichtet, die auch sonst, zusammen mit ihren Gehilfen, bei den großen Bauwerken als Ausführende auftreten. Die Differenzierung der einzelnen, jeweils in eigenen Gilden zusammengeschlossenen Handwerkszweige war ziemlich groß, wie wir aus Bauabrechnungen wissen (vgl. Barkan 1972). Für Hilfsarbeiten wurden bei staatlichen Bauten auch Angehörige bestimmter Truppenteile, sehr oft auch Gefangene eingesetzt, die in jenen Abrechnungslisten getrennt aufgeführt sind.

Über Einzelheiten der Planungs- und Entwurfsarbeit osmanischer Architekten wissen wir leider nur sehr wenig, da sich in dem ungeheuren Schatz osmanischer Archivalien bisher weder Pläne noch Baubeschreibungen oder -berichte gefunden haben. Daß es Pläne wie auch Modelle gab, darf nach verschiedenen Indizien (u. a. Abbildungen in Miniaturen) als sicher gelten; dazu haben sich in größerem Umfang Abrechnungsunterlagen für einige bedeutende Bauvorhaben gefunden – so u. a. für den Süleymaniye-Komplex in Istanbul (vgl. Barkan 1972), die ein detailliertes Bild des Bauvorganges selbst, der daran Beteiligten und der Kosten geben. Dagegen bleiben – im Gegensatz zu den aus der europäischen Baugeschichte bekannten, oft recht ausführlichen Diskussionen um Plan und Gestalt des künftigen Bauwerks – hier alle Überlegungen des leitenden Baumeisters ebenso im Dunkel wie die Wünsche und Forderungen der jeweiligen Bauherren. Der Betrachter ist also allein auf die Analyse des bestehenden Bauwerks und seiner Einzelheiten angewiesen. Hierbei tritt erschwerend hinzu, daß auch die Biographien selbst wichtiger Bauten jener Zeit erst recht unvollkommen erforscht sind, man also in vielen Fällen gar nicht sicher ist, wie weit es sich bei dem zu beurteilenden Bau oder Bauglied um den einstigen Originalzustand handelt oder um einen durch spätere Ergänzungen oder Reparaturen veränderten. Die zahlreichen großen und kleineren Stadtbrände, Erdbeben und in einzelnen Fällen auch Funktionsänderungen haben bei fast allen Bauten Istanbuls, aber auch vieler anderer türkischer Städte, oft recht erhebliche Baumaßnahmen im Gefolge gehabt.

Die Mittel für diese Baumaßnahmen kamen fast immer aus Leistungen Einzelner, die sowohl für den Bau wie auch für seinen späteren Unterhalt und Betrieb Gelder und Sachwerte aus ihrem Privatvermögen stifteten *(vakıf)*. Im Falle der großen Sultansmoscheen sollten die Baugelder nicht aus Steuermitteln, sondern aus Kriegsbeuten stammen, was freilich seit Anfang des 17. Jhs. kaum mehr möglich war. Viele der höheren Würdenträger stifteten ihre Bauten erst im Alter, oft erst kurz vor ihrem Tode, aus ihren bis dahin angesammelten Reichtümern. In einzelnen Fällen wurden auch Lehen eigens zu dem Zweck vergeben, daraus größere Bauten zu errichten (vgl. Cezar 1983, 258 ff.). Die für den Unterhalt und den Betrieb einer Stiftung bereitgestellten Mittel waren in einem besonderen Stiftungsbrief *(vakıfname)* genauestens aufgeführt. Es handelte sich um Kapitalien, häufiger aber um Einkünfte aus Ländereien, Dörfern, Gewerbeeinrichtungen oder Bädern irgendwo im Reich oder auch in derselben Stadt. Die fachliche Leitung des Bauunterhalts lag in Händen eigens dafür bestellter Baumeister, deren Rolle jedoch seit dem 17./18. Jh. unklar ist – wie auch die Effektivität vieler Stiftungen infolge ihrer oft weitverstreuten Lage gelegentlich nachließ. Nicht zuletzt aus diesen Gründen wurden im Zusammenhang mit den Verwaltungsreformen des 19. Jhs. die bis dahin einzeln verwalteten Stiftungen in dem 1826 neugegründeten Evkaf-ı Hümayun Nezareti (Amt für großherrliche Vakıf) zusammengefaßt.

I/1

Sultan Osman I. FARBTAFEL S. 17

Gemälde, Öl auf Holz · H 75 cm, B 55 cm

„OTHOMANNVS IMP PRIMVS MCCC REGN A XXVIII"

Administration des Prinzen Friedrich von Preußen Schloß Reinhartshausen, 6228 Erbach/Rheingau

Phantasieporträt des Reichsgründers Sultan Osman I. (ca. 1300–1326). Teil einer Serie von Sultanporträts aus Schloß Reinhartshausen bei Eltville (früher Schloß Kamenz, Schlesien), die über die berühmte Sammlung des Paolo Giovio in Como letztlich auf eine Miniaturenserie im Besitz des osmanischen Großadmirals Hayreddin Barbarossa zurückgeht. Die heute größtenteils verlorene Sammlung Giovios diente einer Holzstichserie von Tobias Stimmer als Vorlage und wurde 1552–1560 von Cristofano dell'Altissimo für Cosimo I. de Medici in Öl kopiert (heute in den Uffizien in Florenz). Kopien der Florenzer Serie wiederum barg die Porträtsammlung Erzherzog Ferdinands von Tirol in Schloß Ambras (heute Kulturhistorisches Museum Wien), mit der die Reinhartshausener Porträts in engem Zusammenhang stehen; doch fehlt in allen anderen Sammlungen dieses Porträt Osmans. Auch Paolo Giovio besaß es nicht, beschrieb aber eines, das die Vorlage gewesen sein könnte: *Imaginem eius, quae maxime ardentes oculos representat, habitu acinacem distringentis expresserunt . . .*

Lit.: Kudret Ayıter, Ren Kıyılarında Osmanlı Padişahları. Osmanlı Padişahlarına ait tanınmamış sekiz yeni tablo. In: Kültür ve Sanat Nr. 5. Ocak 1977, 177–186. Ubaldo Meroni, Le serie dei sultani turchi da Osman a Murad III. In: Ritratto Antico Illustrato I, 1983, 28–53. (Ma)

I/2

Sultan Selim II. FARBTAFEL S. 17

Gemälde, Öl auf Holz

H 75 cm, B 55 cm

„SELIM SVLTAN XII"

Administration des Prinzen Friedrich von Preußen Schloß Reinhartshausen, 6228 Erbach/Rheingau

Bildnis von Sultan Selim II. (1566–1574), 12. Herrscher der Dynastie, wenn, wie früher üblich, der Teilherrscher Emir Süleyman mitgezählt wird. Spätestes Stück einer lückenhaften Serie von Sultanporträts aus dem Schloß Reinhartshausen bei Eltville. Während die meisten früheren Porträts über bekannte Zwischenglieder auf die berühmte Sammlung Paolo Giovios zurückgehen (siehe Beschreibung des Porträts von Osman I. (Kat. Nr. I/1) ist die Vorlage dieses Porträts unbekannt. Die große Ähnlichkeit eines venezianischen Holzschnittes von 1598 dürfte auf einer direkten Abhängigkeit von diesem Porträt beruhen. Doch andere Darstellungen Selims II., westliche Stiche und Gemälde wie auch osmanische Miniaturen, allesamt noch zeitgenössisch oder annähernd zeitgenössisch, zeigen ebenfalls die charakteristischen Züge des Sultans mit dem Beinamen *Sarı*, „der Blonde", oder *Sarhoş*, „der Säufer": den lang herabhängenden blonden Schnurrbart, die schweren Augenlider, das fleischige, gerötete Gesicht des Alkoholfreundes, den übergroßen Turban. All diese Charakteristika werden in den Relationen venezianischer Botschafter bestätigt. So kann dieses Porträt tatsächlich einen Eindruck vom Aussehen Selims II. vermitteln.

Lit.: Kudret Ayıter, Ren Kıyılarında Osmanlı Padişahları. Osmanlı Padişahlarına ait tanınmamış sekiz yeni tablo. In: Kültür ve Sanat Nr. 5. Ocak 1977, 177–186. Ubaldo Meroni, Le serie dei Sultani turchi da Osman a Murad III. In: Il Ritratto Antico Illustrato I, 1983, 28–53. Nurhan Atasoy, Nakkaş Osmanın Padişah Portreleri Albümü. In: Türkiyemiz 6. Şubat 1972, 2–14. Nigâr Anafarta, Die Porträts der Sultane. Istanbul 1967, Tafel VI. Ferenc Szakaly (Hrsg.), Szigetvári Csöbör Balázs török miniatúrái (1570). Budapest 1983, Tafel 2. (Ma)

I/3

Sultan Mehmed II. Fatih „der Eroberer"

Gentile Bellini · Istanbul 1480

Öl auf Holz · H 76,8 cm, B 59,4 cm

London National Gallery 3099

Unter den verschiedenen erhaltenen Bildnissen von Mehmed II. (1451–1481) nimmt das Gemälde in der Londoner National Gallery eine hervorragende Stellung ein. Der schlechte Erhaltungszustand des Bildes gab gelegentlich Anlaß zu Zweifeln an der Autorschaft von Bellini; doch lassen die Forschungen der jüngsten Zeit, zuletzt von Mey-

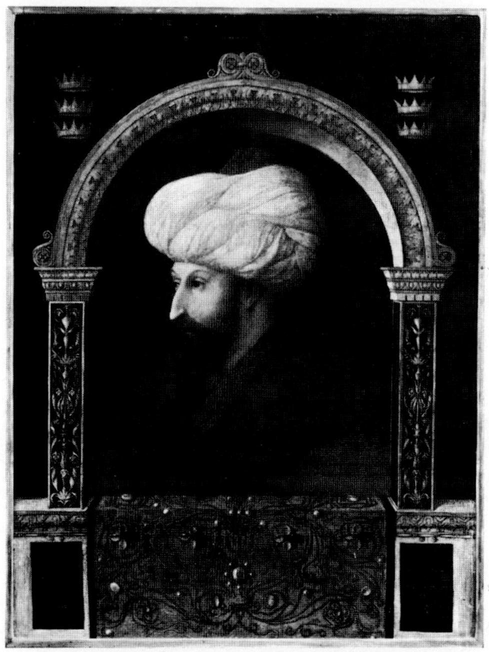

er zur Capellen, keinen Zweifel mehr daran, daß es sich um ein authentisches Werk des Venezianers handelt.
Mehmed II., der seinen Beinamen „der Eroberer" vor allem der Einnahme von Konstantinopel im Jahre 1453 verdankt, erbat 1479 in Briefen nach Venedig und Neapel einen Maler und einen Bronzegießer für seinen Hof. Gentile Bellini traf im September 1479 mit einigen Gehilfen in Istanbul ein und blieb dort bis Januar 1481. Er malte im Auftrag des Sultans nicht nur Porträts, sondern dekorierte auch Räume des Palastes, wovon jedoch keine Spuren erhalten blieben. Bellini kehrte nur wenige Monate vor dem Tode des Sultans nach Venedig zurück.
Die Handelsbeziehungen zu den italienischen Höfen und Republiken und das Bestreben, sich den Renaissancefürsten Italiens gleichzustellen, mögen die Berufung von Künstlern an den Hof des Großherrn veranlaßt haben, ohne daß Mehmed ausgeprägte humanistische Neigungen gezeigt hätte. Immerhin ist es erstaunlich, daß er, im Gegensatz zu den Vorschriften des Korans, Bildnisse in Auftrag gegeben hat (Abb. 1, S. 18).
Gentile malte den Herrscher in knapper Dreiviertel-Ansicht, gerahmt von einer Bogenstellung in reinen Frührenaissanceformen. Über der Brüstung, die das Bild nach vorne abgrenzt, hängt eine reich bestickte Decke, die dem osmanischen Geschmack entsprechend mit Edelsteinen besetzt ist. Innerhalb dieses reichen Dekors wirkt der Sultan sehr schlicht. Sein Mantel mit dem breiten Pelzkragen ist schmucklos und ebenso das Weiß des umfangreichen Turbans. Nur die warmen satten Farbtöne und die symmetrisch angeordneten Gruppen von drei Kronen seitlich des Arkadenbogens deuten den Rang des Dargestellten an. Sie symbolisieren die von Mehmed eroberten Reiche: das Byzantinische Kaiserreich mit Konstantinopel, seiner neuen Hauptstadt, das 1461 eroberte Kaiserreich von Trapezunt und den Sieg über Uzun Hasan, den Herrscher des Ak Koyunlu-Turkmenenreiches mit seiner Hauptstadt Erzurum im Jahre 1473.
Das Gesicht des Sultans, der zu diesem Zeitpunkt 49 Jahre alt war, zeigt im Gegensatz zu seinen früheren Darstellungen auf Miniaturen und Medaillen (Kat. Nr. I/6), deutlich die Spuren von Krankheit und Verfall. Mehmed litt schon lange an Gicht und Rheumatismus, eine Folge seiner vielen Feldzüge und dem damit verbundenen Leben im Zelt. Die Wangen sind eingefallen, sein Blick ist abwesend, nur die markante Nase stellt noch die Ähnlichkeit zu früheren Bildnissen her. Der Sultan starb nur wenige Monate nach Fertigstellung des Bildes, am 3. Mai 1481 bei der Vorbereitung eines Feldzuges in Anatolien. Sein strenggläubiger Sohn und Nachfolger Bayezid ließ alle Bilder aus dem Palast entfernen und auf dem Markt verkaufen. Das Porträt Bellinis gelangte über Venedig schließlich nach London.

Literatur zu Bellini: Jürgen Meyer zur Capellen, Monografie über Gentile Bellini (Erscheint 1985), hier zusammengefaßte Literatur; ders.: das Bild Sultan Mehmed des Eroberers. In: Pantheon, Heft 3, 1983, S. 208 ff. hier zahlreiche Vergleiche und Literaturangaben; Franz Babinger, Mehmed der Eroberer und seine Zeit. Weltenstürmer einer Zeitenwende, München 1953 (Ro)

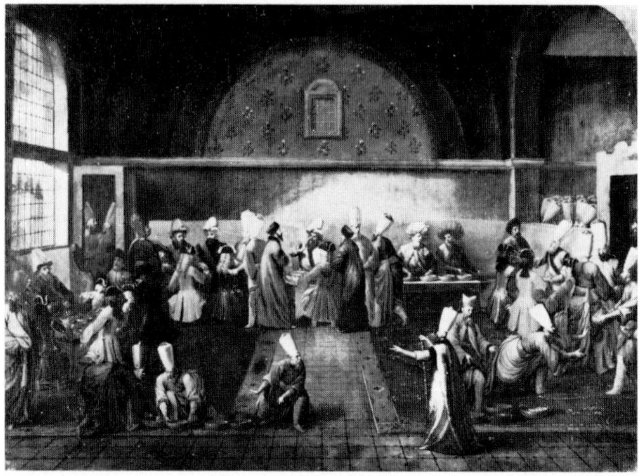

I/4 FARBTAFEL S. 53

Empfang des französischen Gesandten durch Sultan Ahmed III.

Jean-Baptiste Van Mour
1724
Öl auf Leinwand
H 90 cm, B 121,5 cm

Bordeaux, Musée des Beaux-Arts 5730

Jean-Baptiste Van Mour (geb. 1671 in Valenciennes, gest. 1737 in Istanbul) schildert auf seinen beiden Gemälden (Kat. Nr. I/4 und I/5) ein authentisches Ereignis. Es handelt sich um den Empfang des französichen Gesandten, den Vicomte d'Andrezel, durch Sultan Ahmed III. am 10. Oktober 1724. Der Sultan thront bei dem Empfang auf Kissen unter einem Baldachin, der mit Ziergehängen geschmückt ist. Rechts erkennt man den französischen Gesandten mit seinem Gefolge, schon bekleidet mit den als Geschenk überreichten Ehrengewändern und umgeben von zahlreichen Hofchargen. Das Gespräch mit dem Sultan wird nur indirekt über einen Dolmetscher und den Großwesir geführt.
Gemeinsam mit der anschließenden Mahlzeit für den Gesandten geben die Gemälde Van Mours detaillierte Auskünfte über das Aussehen der Räume des Palastes, ihre Ausstattung mit Fliesen, Wandmalereien, Teppichen und Kaminen. Besonders aufschlußreich ist auch die Wiedergabe der Kleidung aller dargestellten Personen, die bis in alle Einzelheiten und entsprechend ihrer Rangstellung und Funktion bei Hofe unterschiedlich war.

I/5
Mahlzeit des Großwesirs

Jean-Baptiste Van Mour · 1724
Öl auf Leinwand · H 90 cm, B 121,5 cm

Bordeaux, Musée des Beaux-Arts 5731

Entsprechend dem Protokoll nahm der Sultan nicht an der Mahlzeit nach dem Empfang teil. Das Gastmahl wurde vielmehr vom Großwesir veranstaltet. An seiner Tafel sitzt allein der Gesandte, während das Gefolge sich — nach seiner Rangordnung — an den übrigen Tischen verteilt. Im Vordergrund überwacht ein Hofbeamter das Verteilen der Speisen, die in schneller Abfolge von rechts in verdeckten Schüsseln herbeigebracht werden.
Wie bei der Audienz des Sultans gibt auch dieses Gemälde Auskunft über die vielfältige Differenzierung der Kleidung entsprechend der Funktion des Trägers.

Lit.: R. van Luttervelt, De „Turkse" schilderijen van J. B. Van Mour en zijn school, Istanbul, 1958. – Histoire littéraire de la France, Paris, T. p. 205 (repr. L'audience du Sultan); Catalogue de l'exposition „Les peintures turques de Jean-Baptiste Van Mour 1671–1737" Ankara; Istanbul, 1978, ci p. 9.– B. de Boysson, Catalogue des Peintures de l'Ecole Française du XVIIIe siècle, Musée des Beaux-Arts de Bordeaux, (Mémoire de Maîtrise, Bordeaux III, dact.) Bordeaux, 1980, T. I, n°s 85 et 86. – T. II, pl. n°s 86. – Kat. L'Orient des Provençaux dans l'histoire. 1982/3 (Ro)

I/6a, b
MEDAILLEN

a) Gentile Bellini

Sultan Mehmed II.
Bronze · Dm 9,5 cm

Lissabon, Fundação Calouste Gulbenkian Museu 2422

Vs.: *MAGNI SVLTANI MOHAMETI IMPERATORIS* (Weinblatt). Büste nach links, mit Vollbart und Turban, Gewand mit breitem Kragen.

Rs.: *GENTILIS BELLINUS VENETVS EQVES*
AVRATVS COMES Q · PALATINVS · F

Die drei Kronen von Konstantinopel, Erzurum und Trapezunt übereinander im Feld.

Gentile Bellini, Sohn des Malers Jacopo Bellini, ist wahrscheinlich 1429 in Venedig geboren, wo er im Februar 1507 starb. Der berühmte Maler war hauptsächlich in Venedig tätig, ging jedoch von September 1479 bis Januar 1481 nach Konstantinopel, wo er für Mehmed II. arbeitete und auch ein Porträt des Sultans anfertigte (Kat. Nr. I/3). Es ist nur eine Medaille bekannt: offenbar versuchte sich der Maler nur ein einziges Mal am Bronzeguß. Die Medaille ist vermutlich gleich nach seiner Rückkehr aus Istanbul 1481 entstanden.

Lit.: Katalog Italienische Medaillen und Plaketten von der Frührenaissance bis zum Ende des Barock. Frankfurt, Museum für Kunsthandwerk 1966, S. 38 f; Katalog Lissabon, 1982, Nr. 657

b) Bertoldo di Giovanni

Sultan Mehmed II.
Bronze, gelocht
Dm 8,5–9 cm

München, Staatliche Münzsammlung

Vs.: Büste nach links mit gestutztem Vollbart, Turban und breitem Kragen.

Rs.: MAVMENTES
OCTOMAN – TVRCHA
PRIMVM · COGNOMENTO
MAGNVS · XXXI · ANNOS · INPERAVIT
TRABEZONTII · CONSTANTINOPOLIS ·
AC · ANDRINOPOLIS · IMPERIA ·
ET · PRAETER · NEC · DVODECIM · REG-
NA · SVBEGIT · SOLVS · Q · APVD · NOS ·
CITRA · SAEVICIEM · RERVM · MAD
NIT · VDINE · MEMORADVS

Die Medaille wiederholt den Bildnistypus der Medaille des Costanzo da Ferrara, die 1477/78 entstanden ist. Der kraftvolle Gesichtsschnitt mit prononcierter Nasenkrümmung und dem weitgeöffneten Auge gleicht sich bei beiden Stücken ebenso wie die Wicklung des Turbantuches und die vom Turban abgeknickte Ohrmuschel, die auch auf einer Miniaturmalerei im Topkapı Sarayı (H. 2153, fol. 143 b) wiederkehrt. Eine weitere Medaille Bertoldos wiederholt den Typus der Medaille von Bellini. (Ro)

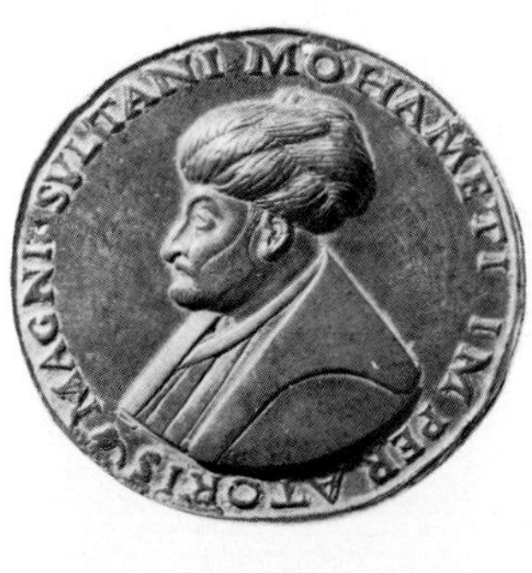
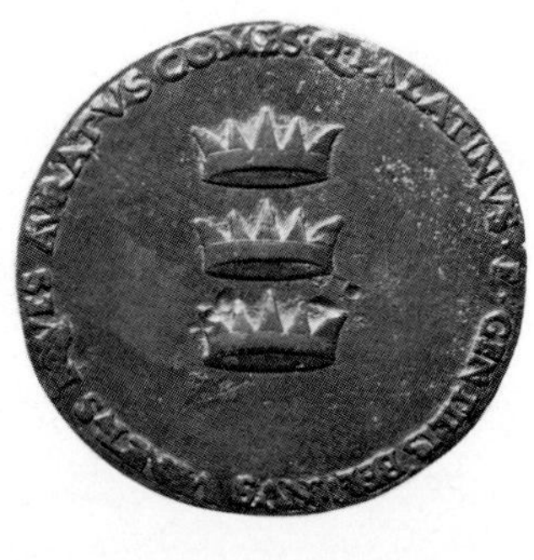
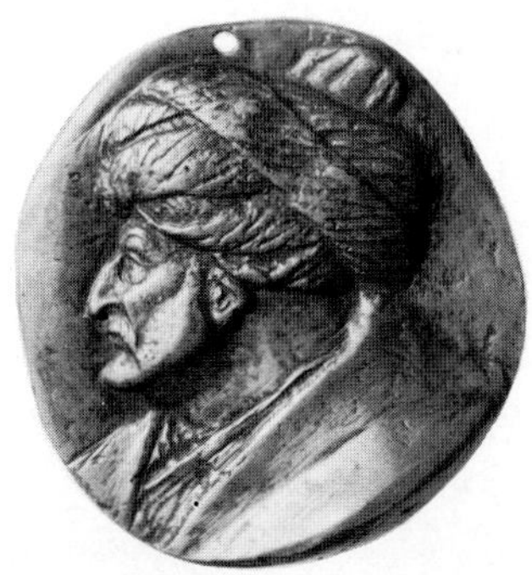
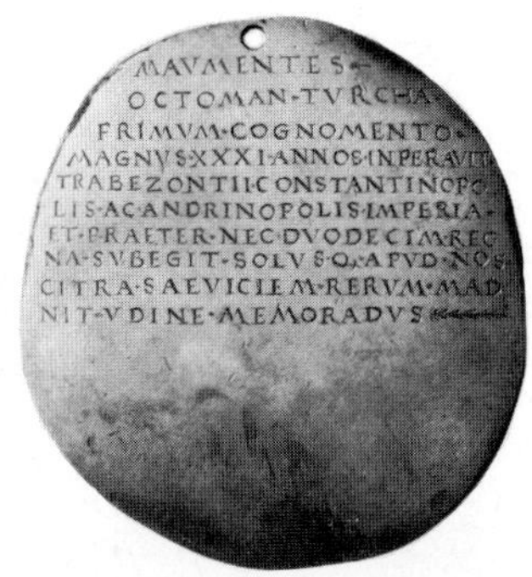

I/7
Modell des Topkapı Sarayı
Palast des Sultans in Istanbul

Maßstab 1 : 1000
L 120 cm, B 86 cm
Material: Holz, Kork, Farbe
Modell: Jens Misiakiewicz, Frankfurt

Das Modell gibt den Zustand des Palastes im späten 19. Jahrhundert wieder. Es enthält das 1896 errichtete Archäologische Museum, jedoch nicht das Gelände der Eisenbahn und die anschließende Wohnbebauung.
Innerhalb der Ummauerung ist in der Abfolge der Höfe von links nach rechts zu sehen:
Das Hauptor — Bab-i Hümayun —, der große erste Hof mit der als Zeughaus benutzten Irenenkirche, dem Archäologischen Museum und dem Çinili Köşk.
Das Mitteltor — Bab-i Salam — und im zweiten Hof Kubbe Altı, Defter Hane und der langgestreckte Küchentrakt.
Im dritten Hof folgt auf das Tor — Bab-i Saadet — Arz Odası, die Bibliothek Sultan Ahmeds III., die Ağalar Camii und der Harem. Ferner erkennt man das Schatzhaus, Sünnet Odası, Bağdad Köşkü und den Revan Köşkü mit dem Elefantengarten.
Es fehlt der seit 1863 nicht mehr vorhandene Sommerharem.
Außerhalb der Serail-Mauer liegt die Aya Sofya-Moschee.

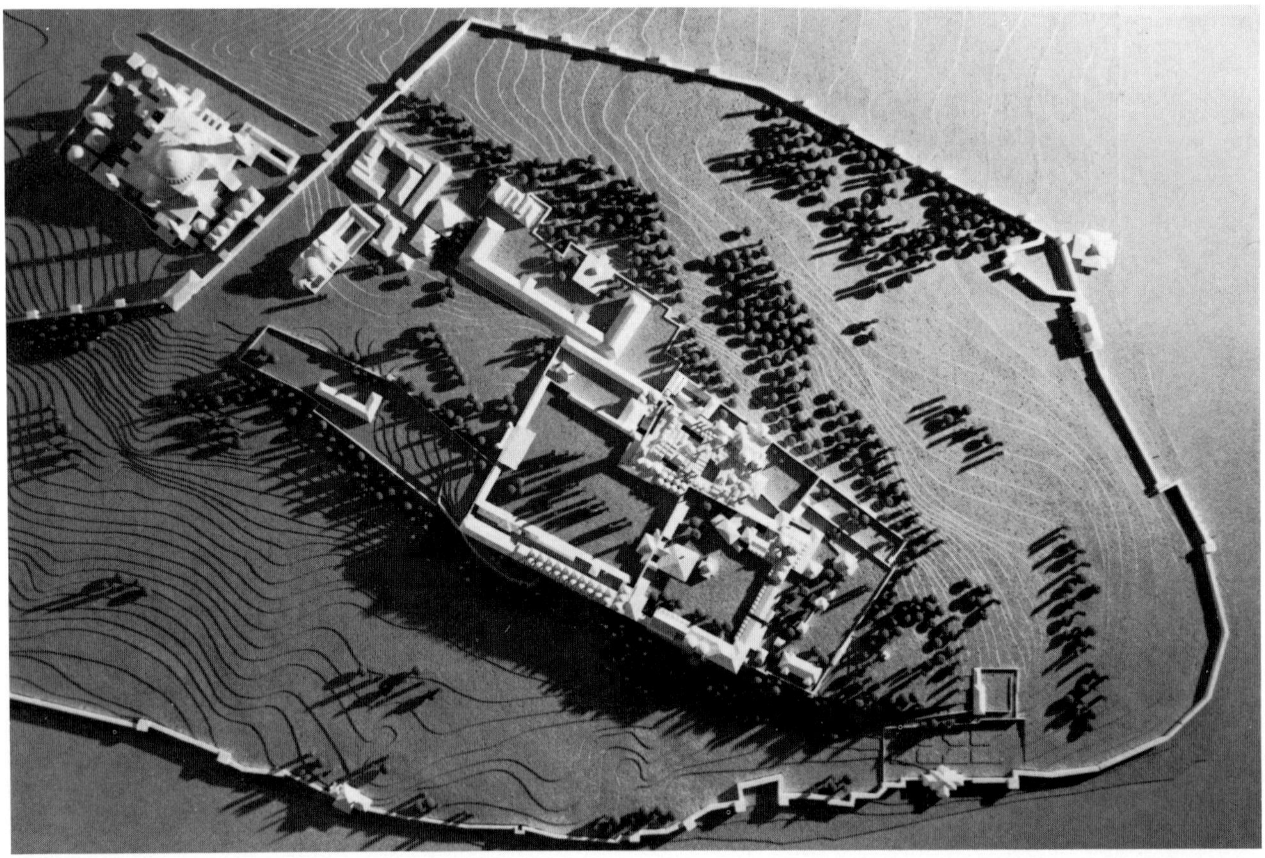

I/8

Plan der Stadt Istanbul, des Serailbezirks (rechts oben) und des Gebietes von Yedikule (rechts unten)

Anton Ignaz Melling
Aus: Voyage pittoresque de Constantinople et des rives du Bosphore d'après les dessins de M. Melling, Architecte de l'Empereur Sélim III. et dessinateur de la Sultane Hadidgé sa soeur, publié par MM. Treuttel et Würtz (Paris 1819)
Radierung von F. P. Michel
H 65, B 102 cm

Berlin Stiftung Preußischer Kulturbesitz – Kunstbibliothek Lipp Lb 41

Seit Anfang des 18. Jh. hatten engere Verbindungen der Türkei zu Frankreich Einfluß auf viele Bereiche des Lebens, nicht zuletzt auf die Armee. So kamen nicht wenige französische Offiziere in die Türkei, unter denen sich auch François Kauffer (gest. 1802) befand, ein aus Lothringen stammender Bauingenieur, der bereits 1776 den späteren französischen Botschafter Comte de Choiseul-Gouffier auf dessen Levantereise als Zeichner begleitet hatte. Kauffer ist der hier gezeigte, erstmals auf Messungen beruhende Plan Istanbuls zu verdanken (eine erste genaue Katastervermessung folgte erst seit 1917), der alle Teile der Stadt zeigt: Stambul, das alte Konstantinopel innerhalb des Mauerringes = Eyüp, Galata-Pera und auf der asiatischen Seite Üsküdar samt den am Marmarameer gelegenen Palästen und Dörfern. Die Einsatzpläne am rechten Rand stellen das Gebiet um Yedikule – die durch fünf weitere Türme befestigte alte Porta Aurea byzantinischer Zeit – und den Bezirk des Sultanspalastes dar – letzterer der erste exakte und auf teilweiser Autopsie Mellings beruhende Plan dieses geheimnisumwitterten Baukomplexes.

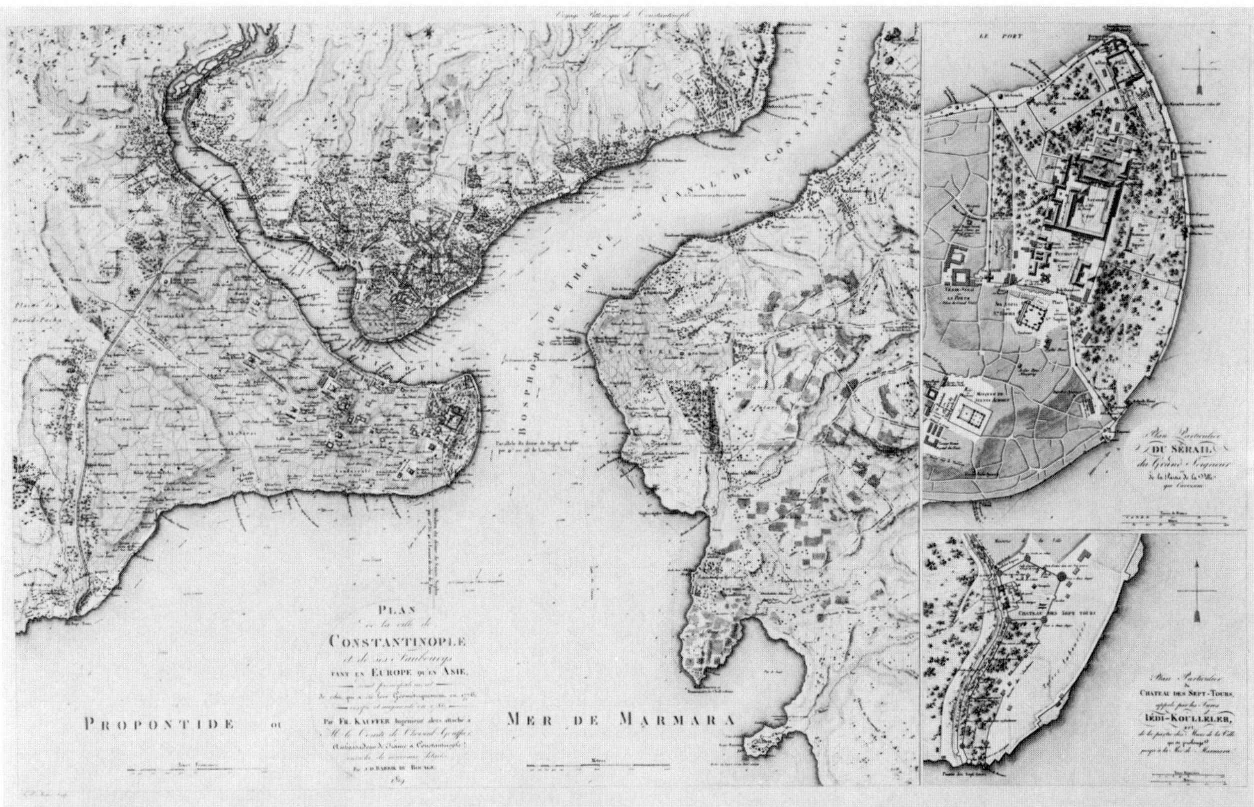

I/9
Blick in einen Teil des Harems

Anton Ignaz Melling
Aus: Voyage pittoresque de Constantinople et des rives du Bosphore d'après les dessins de M. Melling, Architecte de l'Empereur Sélim III. et dessinateur de la Sultane Hadidgé, sa soeur, publié par MM. Treuttel et Würtz (Paris 1819).
Radierung von Duplessi-Berteaux, Desmaisons, Née (1811) nach Zeichnung von A. I. Melling.
H Platte 48,3, B 74,3 cm

Berlin, Stiftung Preußischer Kulturbesitz – Kunstbibliothek Lipp LB 41

Obwohl sich der hier dargestellte Raum mit keinem der im heutigen Haremsbereich erhaltenen Räume identifizieren läßt, darf angenommen werden, daß Melling hier nicht ein reines Phantasiegebilde schuf, sondern einen — vielleicht im 1863 abgebrannten Sommerharem liegenden Raum zeigt, was angesichts der im Bild sichtbaren reinen Holzkonstruktion möglich scheint. In dem beigegebenen Text wird darauf verwiesen, daß möglichst alle alltäglichen Funktionen innerhalb des Harems — Essen, Schwatzen und Arbeiten, aber auch das tägliche Gebet — dargestellt werden sollten. Der kasernenartige Raumeindruck läßt sich übrigens auch in den im heutigen Harem erhaltenen Räumen der weißen und schwarzen Eunuchen beobachten. Der Verfasser des hier in Blättern vertretenen Stichwerkes, *Anton Ignaz Melling* (1763—1831) aus Karlsruhe, gelangte nach Ausbildung bei seinem Onkel Joseph Melling im Gefolge des russischen Botschafters J. I. Bulgakow schon früh nach Konstantinopel und kam dadurch bald in die Kreise der europäischen Botschaften. Nachdem er für den dänischen Geschäftsträger Baron von Hübsch Entwürfe für dessen Garten in einem Bosporusvorort angefertigt hatte, engagierte ihn zunächst die recht aktive Schwester Sultan Selims III., Hadice Sultan für den Ausbau ihres Palastes in Ortaköy, danach der Sultan selbst für den Ausbau seiner Residenz in Çirağan. Beide Aufgaben haben Melling viele Türen in Istanbul geöffnet und es ihm ermöglicht, sowohl an allen Stellen der Stadt seine Ansichten zu skizzieren, aber auch Plan und Ansichten des damals noch voll genutzten Topkapı Sarayı zu zeichnen. 1801 ging er — angeblich wegen der zwischen der Türkei und Frankreich bestehenden Spannungen — nach Paris zurück und machte sich dort einen Namen als Landschaftsmaler.

Lit.: Thieme-Becker, Allg. Lexikon Bild. Künstler 24 (1930) 366; A. Boppe, Les peintres du Bosphore au XVIIIe siècle (Paris 1911) 165 ff. 198 ff.

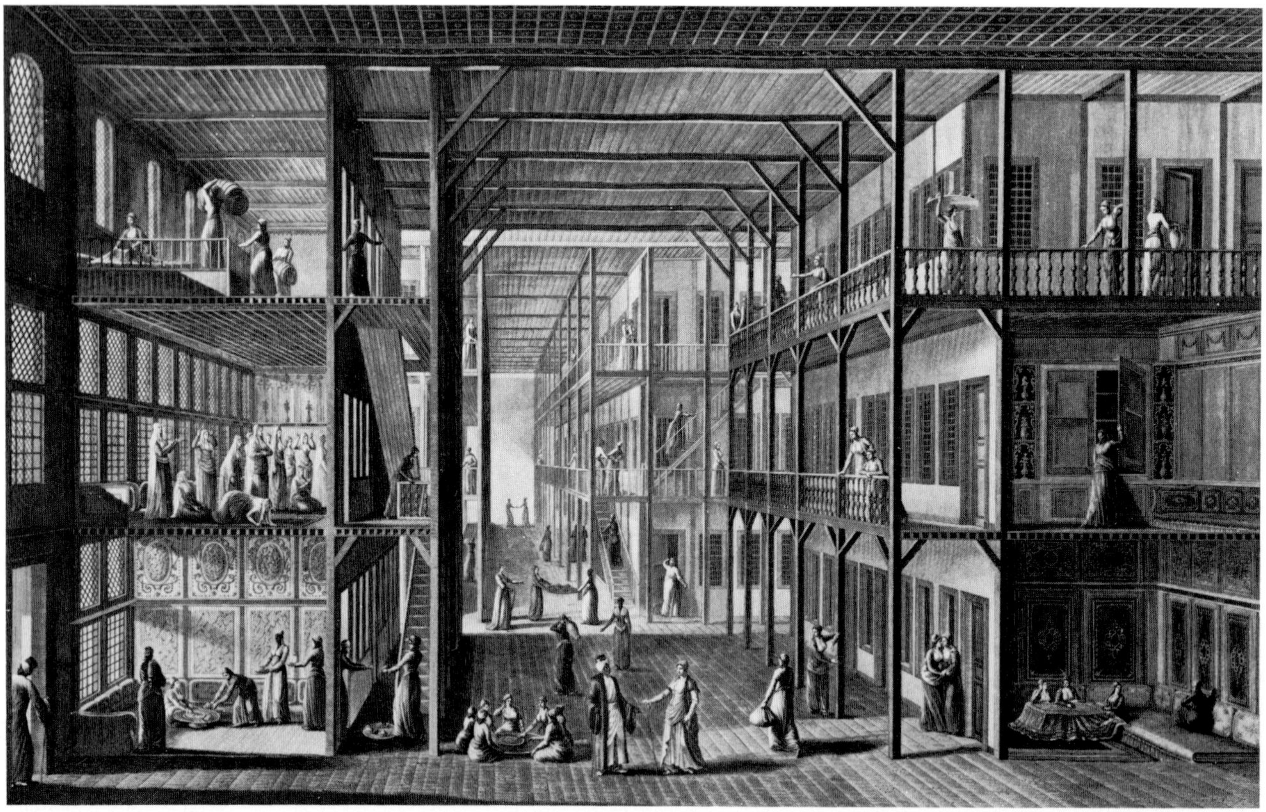

I/10

Tanzende Derwische

Lithographie von Amadeo Preziosi
Aus „Stamboul. Souvenir d'Orient . . ."
Paris um 1858

Berlin, Stiftung Preußischer Kulturbesitz, Kunstbibliothek, Lipp Lb 62

Abbildung des *semâ* genannten Rundtanzes der Mevlevî-Derwische in ihrem Kulekapı oder Galata Mevlevîhanesi genannten Konvent in Istanbul. Der aus Malta stammende Maler Amadeo Preziosi (1817—1882) war wie alle westlichen Besucher der osmanischen Hauptstadt im 19. Jahrhundert von den vielfältigen Übungen in den fast 300 *tekye* (auch *tekke*) der verschiedenen mystischen Bruderschaften fasziniert (siehe Abb. S. 88).

Lit.: Öndeş, 1972; Kerametli 1977, Abb. 18

I/11

Wandernde Derwische

Lithographie von Amadeo Preziosi
Aus: „Stamboul. Souvenirs d'Orient . . ."
Paris um 1858

Berlin, Stiftung Preußischer Kulturbesitz, Kunstbibliothek Lipp Lb 62

Im Gegensatz zu den auf wenige, aber verhältnismäßig große Konvente verteilten durchaus ortsansässigen Mevlevîs, befanden sich unter den Nakşbendî-Derwischen immer wieder Pilger, die ihren Unterhalt durch Betteln verdienten. Preziosi zeigt zwei, vielleicht aus Mittelasien stammende, Vertreter dieser bedeutendsten Bruderschaft im späten Osmanischen Reich (siehe Abb. S. 88).

Lit.: Öndeş, 1972

I/12

Ernennungsdiplom *(berat)* für einen Scheich *(şeyh)*

Papier
H 72 cm, B 54 cm

Berlin, Staatsbibliothek Preußischer Kulturbesitz Ms. or. fol. 4250

Die am 7. Şevval 1257/22. XI. 1841 ausgestellte Urkunde setzt einen Nachfolger im Amt des *şeyhs* einer *tekke* bei Bayburt (Ostanatolien) ein (siehe Abb. S. 90).

Lit.: Islamische Buchkunst aus 1000 Jahren. Ausstellung Staatsbibliothek Preußischer Kulturbesitz, Berlin (Berlin 1980) Nr. 043

I/13

Schmuckblatt *Yâ Ḥażret-i Mevlânâ*

1251 / beg. 29. 4. 1835
Künstler: Izzet
goldene Schrift auf blauem Karton
H 44,5 cm, B 32,5 cm

Berlin Staatsbibliothek Preußischer Kulturbesitz Hs. or. 6543, 16

Schriftbild: Die Züge der Anrufung *Yâ Ḥażret-i Mevlânâ* (Oh, erhabener Mevlânâ) formen die *sikke* (Kopfbedeckung) eines Mevlevî-Scheichs. Auch von den *başlık* anderer spiritueller Häupter türkisch-islamischer Bruderschaften sind Darstellungen in verschiedenen graphischen und plastischen Techniken bekannt.
Der Kalligraph Izzet mag mit dem bekannten Kadıasker Mustafa Izzet Efendi (1801—1876) oder dem nicht weniger berühmten Zeitgenossen Yesarî-Zade Izzet (1774—1848) identisch sein. Vgl. die große Schrifttafel in Istanbul, Divan Edebiyatı Müzesi No. 282 (Abb. bei *Kerametli* 1977 und *Aksel* 1967, S. 55—62. Zur Zuschreibung vgl. Bd. II Kat. Nr. 1/79.).

Lit.: Katalog Berlin 1980, Nr. 056, Abb. 72; Zick, 1981 (Hamburg-Rissen) 8. 2. 5. S. 20 Abb. b
Vergleiche in der Lit.: Uzluk, 1957, Abb. 141.

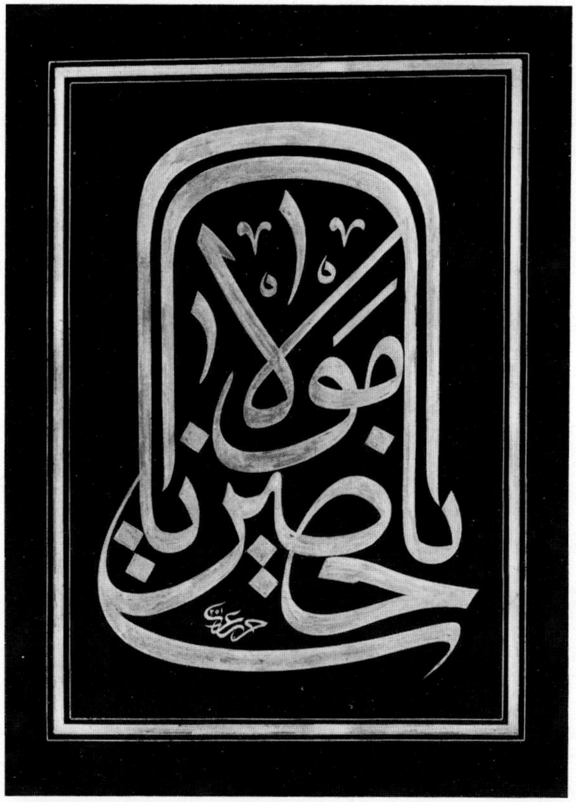

I/14
Derwisch-Stirnstützen
Türkei, 18.–19. Jh.
Stahl

Die Derwischbruderschaften, welche die vierzigtägige Zurückgezogenheit *(erbain)* unter Gebetswachen pflegten, kannten als Hilfsmittel *mütteka* genannte Stäbe, auf denen die Stirn während des bewußten Schlafentzugs ruhen durfte. Die *mütteka* bestehen aus Holz oder Stahl. Die bogenförmige Auflage ist gelegentlich aus anderem Material (Messing). Die gezeigten Beispiele sind z. T. als Messer ausgebildet und mit Scheiden versehen.
Vergleichsmaterial: Elezović 1925; Kerametli 1977, Abb. 20

a Stütze mit Drachenköpfen · L 54,5 cm
Athen, Benaki-Museum 13214

b Stütze, aus Messer mit Scheide bestehend
Griff mit Drachenköpfen, Blatt mit Silber eingelegt · L 53,5 cm
Athen, Benaki-Museum 13215

c Stütze, aus Messer mit Scheide bestehend
Griff in Form eines angewinkelten Armes mit Hand, Scheide mit Rippenmuster · L 58 cm
Athen, Benaki-Museum 13216

d Stütze, aus Messer mit Scheide bestehend
Griff mit Vogelköpfen, Scheide mit Arabeskenranken bedeckt · L 53,5 cm
Athen, Benaki-Museum 13216 a

e Stütze mit Silbereinlage
Oberes Ende in Buchstabenform „*Yā ʿAlī*"
(Oh Ali) · L 63 cm
München, Staatliches Museum für Völkerkunde 14. 47

f Stütze mit Drachenkopf · L 68,5 cm
München, Staatliches Museum für Völkerkunde 60. 14

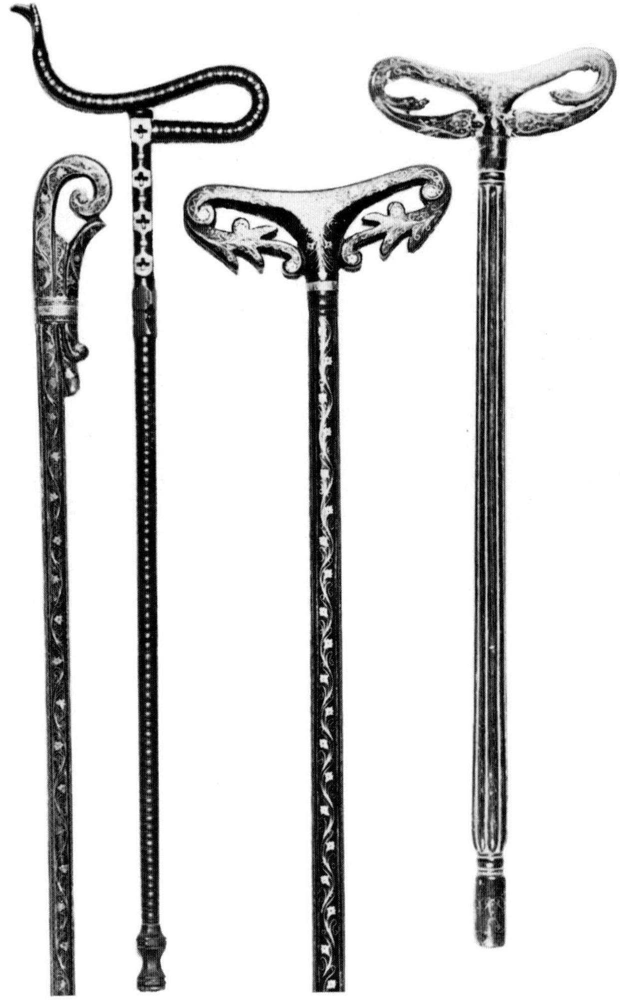

I/15
Schriftbild in Form eines Derwischhutes
Türkei, 19. Jh.
Holz geschnitzt, auf grünem Grund mit Gold gemalt
H 39 cm, B 30 cm

Privatbesitz

Schriftbild: *Yâ Ḥażret-i Seyyid Şeyh ibn Sulṭân ʿAbdülḳâdir Gîlânî* (Oh erhabener Abdülkâdir Gilanî) Darstellung des typischen fingerhut-förmigen *tac* der Kadirîye Derwische die sich auf den in Bagdad begrabenen Heiligen ʿAbd al-Ḳādir (1166) berufen.

Lit.: Aksel, 1967, S. 55–62

I/16
Derwisch-Almosenschale in Form eines Schiffchens
Türkei, 1210 / beg. 18. 7. 1795 · Messing, L 21 cm

München, Staatliches Museum für Völkerkunde, SMV 4803

Die Bettelschale der Derwische heißt bei den Osmanen und anderen islamischen Völkern *kaşkûl* (in türk. Aussprache *keşkül).* Sie besteht aus der Schale einer Kokosnuß, Holz oder wie in diesem Beispiel aus Metall. Sie wird (vgl. Kat. Nr. I/11) an einer Kette, die durch zwei Ringe an den Enden des Gefäßes geführt ist, gehalten und in der Hand bzw. über der Schulter getragen.
Die in Konventen *(tekke)* lebenden Derwische lieferten die gesammelten Almosen abends bei ihrem Scheich ab.
Oft trugen die Bettelschalen Schriftzüge mit koranischen und anderen Zitaten.

Lit.: Gölpınarlı 1977, S. 192; EI iv, s. v. Kashkūl (Cl. Huart)

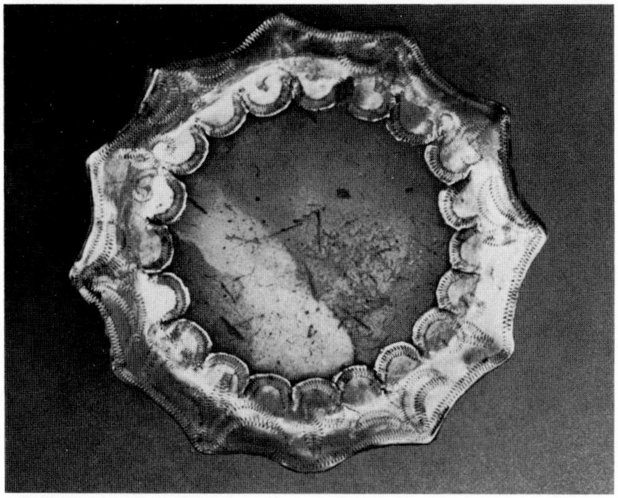

I/17
Derwischsteine *(teşlîm taşı)*

Türkei, 19. Jh.
Dm zwischen 5 und 9,5 cm
Jade oder Nephrit, z. T. mit Silber gefaßt

Privatbesitz

Zum festen Bestandteil eines Bektaşî-Kostüms gehörten ein bis drei *teslîm taşı* (auch *kanaat* oder *Hacı Bektaş taşı* genannt). Die „Steine der Ergebung (nämlich in Gottes Willen)" waren aus Karneol bzw. Jade gefertigt und hatten immer die Form eines zwölfeckigen Sterns (der Zahl der Imame entsprechend, vgl. auch die Kopfbedeckungen der Bektaşî-Derwische mit 12 Zwickeln). Ein Stück ist noch

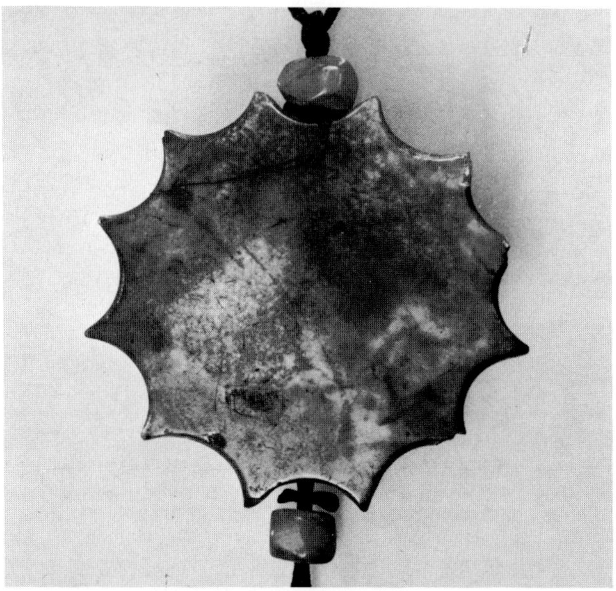

vollständig mit den beiden kennzeichnenden sechseckigen, Perlen von einem Woll- oder Baumwollfaden (zwölffach gewunden) durchzogen, versehen. Sie heißen nach der Grabstätte Alis *dürr-i Necef.*
Der Bektaşî-Scheich *(baba)* überreichte den Derwischen nach abgeschlossener Initiation den *teslîm taşı.* Man trug ihn, in Herzhöhe, aber auch als Gürtelschließe und in anderer Form.

Lit.: G. Jacob, Beiträge 1908. S. 19

I/18
Nichtosmanische Münzen

a) Maria-Theresia-Taler · 1771
Silber, mit altem Henkel · *(Privatbesitz)*

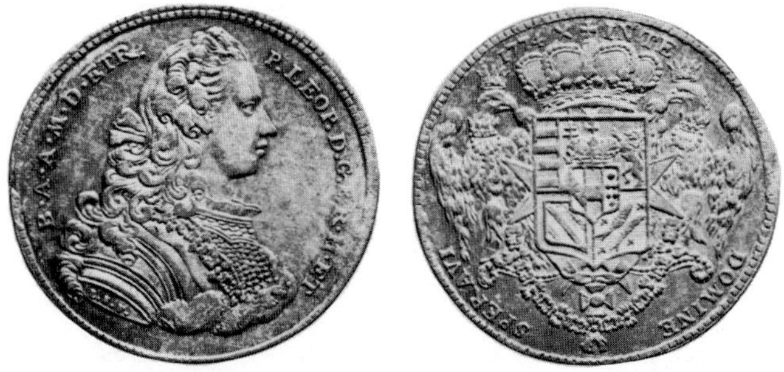

b) Levante-Taler
Toscana, Florenz · 1774 · Silber

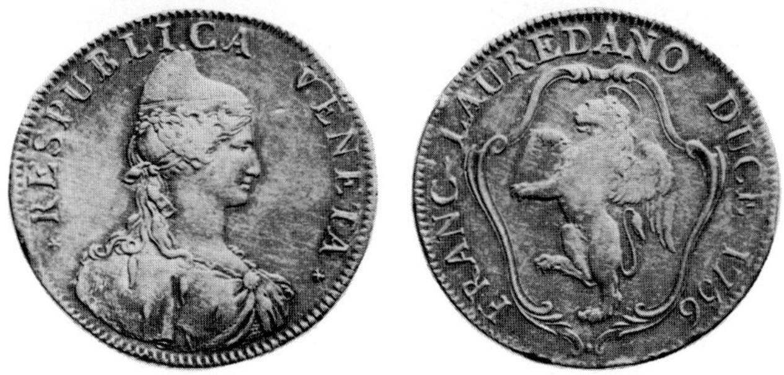

c) Levante-Taler
Venedig · 1756 · Silber

Die sogenannten „Levante-Taler" wurden von verschiedenen Staaten für den Handel in der Levante geprägt. Der bekannteste und in den Ländern des Vorderen Orients beliebteste Taler war der ursprünglich gar nicht als Levante-Taler gedachte Maria-Theresia-Taler (a). Ihm folgte an Bedeutung der spanische Piaster. Levante-Taler wurden auch in Preußen, Holland, Italien und anderen Ländern geprägt. Gezeigt wird außer einem Maria-Theresia-Taler (1771) (ohne Abbildung) ein „tallero per il levante" von Florenz (1774) und ein zweites Exemplar aus Venedig (1756) (b und c).

München, Staatliche Münzsammlung

I/19

Liste der osmanischen Münzen (Mz. Nr. 1–130)

Zeichenerklärung: NP = Literatur: Nuri Pere, Osmanlilarda Madeni Paralar. Istanbul 1968
Ag = Silber, Au = Gold, Cu = Kupfer
Zeitangaben in Hidschrajahren
o. P. = ohne Angabe eines Prägeortes
Mz = Münze

Mz. Nr.	NP	Wert Herrscher	Material ∅ mm	Zeit
1	NP 25	Aktsche Orhan Typ II ANSM.	Ag 16,4	ca. 729 o. P.
2	NP 7	Aktsche Murad I.	Ag 16,2	763–791 o. P.
3	NP 10	Mangır Murad I.	Cu 17,2	763–791 o. P.
4	NP 15	Aktsche Bayezid I.	Ag 14,7	792 o. P.
5	NP 18	Mangır Bayezid I.	Cu 17,1	791–804 o. P.
6	NP 23	Aktsche Emir Süleyman	Ag 15,9	806 o. P.
7	NP 27	Aktsche Me. Çelebi und Timur	Ag 15,5	(806 Bursa)
8	NP 40	Aktsche Mustafa Çelebi	Ag 12,3	822 Edirne
9	NP 41	Aktsche Şehzade Mustafa	Ag 12,4	826 o. P.
10	NP 35	Aktsche Musa Çelebi	Ag 13,3	813 o. P.
11	NP 43	Aktsche Mehmed I.	Ag 12,0	816 Edirne
12	NP —	Mangır Mehmed I.	Cu 16,4	865 Edirne
13	NP 62	Aktsche Murad II.	Ag 13,0	834 Seres
14	Typ NP 67	Mangır Murad II.	Cu 15,2	824–55 Bursa
15	NP 80	Altın Mehmed II.	Au 19,4	883 Kostantiniye
16	NP 82	Onluk Mehmed II.	Ag 22,9	875 Kostantiniye
17	NP 85	Aktsche Mehmed II.	Ag 11,0	855 Bursa
18	NP 93	Mangır Mehmed II.	Cu 13,4	852 Ayasoluk
19	NP 101	Altın Bayezid II.	Au 18,2	886 Kostantiniye
20	Typ NP 105	Aktsche Bayezid II.	Ag 12,0	886 Kostantiniye
21	NP 108	Mangır Bayezid II.	Cu 13,5	886–918 Kostan.
22	NP 111	Altın Selim I.	Au 18,1	918 Amid
23	ähnlich NP 128	Aktsche Selim I.	Ag 13,8	918 Edirne
24	NP —	Mangır Selim I.	Cu 17,2	Ruha
25	NP 177	Altın Süleyman I.	Au 19,3	926 Kostantiniye
26	NP —	Aktsche Süleyman I.	Ag 11,9	926 Konya
27	NP 221	Mangır Süleyman I.	Cu 15,5	953 Kostantiniye
28	NP 234	Altın Selim II.	Au 20,4	974 Dimaşk/ Damaskus
29	Typ NP 253	Aktsche Selim II.	Ag 11,0	974 Sidrekipsi
30	NP 257	Mangır Selim II.	Cu 13 x 13	977 Kostantiniye
31	—	Dirhem Selim II.	—	974 Amid
32	NP 273	Altın Murad III.	Au 19,2	982 Mısır/Kairo
33	NP —	Aktsche Murad III.	Au 12,4	982 Amasya
34	—	Dirhem Murad III.	—	982 Amid
35	NP 313	Altın Mehmed III.	Au 21,5	1003 Amid
36	Typ NP 340	Aktsche Mehmed III.	Ag 12,0	1003 Canca
37	NP 360	Altın Ahmed I.	Au 21,5	1012 Tokat

Mz. Nr.	NP	Wert Herrscher	Material ∅ mm	Zeit
38	NP —	Aktsche Ahmed I.	Ag 11,7	1012 Kostantiniye
39	NP 379	Altın Mustafa I.	Au 21,9	1031 Mısır
40	NP 383	Onluk Mustafa I.	Ag 16,5	1031 Kostantiniye
41	NP 394	Altın Osman II.	Au 21,0	1027 Mısır
42	NP 398	Onluk Osman II.	Ag 17,6	1027 Kostantiniye
43	NP —	Aktsche Osman II.	Ag 12,2	1027 Kostantiniye
44	ähnlich NP 412	Altın Murad IV.	Au 21,3	1032 Mısır
45	NP —	Para Murad IV.	Ag 19,3	1032 Amid
46	Typ NP 423	Aktsche Murad IV.	Ag 11,0	1032 Kostantiniye
47	NP 429	Altın Ibrahim	Au 23,0	1049 Mısır
48	NP 434	Onluk Ibrahim	Ag 20,0	1049 Kostantiniye
49	NP 440	Aktsche Ibrahim	Ag 11,1	1049 Kostantiniye
50	NP 447	Altın Mehmed IV.	Au 21,5	1058 Kostantiniye
51	NP 461	Aktsche Mehmed IV.	Ag 12,1	1058 Kostantiniye
52	Ilisch: Lagom 1981	1/12 Ecu Ludwig XIII. 1643 mit Gegenstempel a	Ag 20,1	AD 1643 Frankreich
53	Wilstei: G. N. 1984	Dukat D. Contarini Venedig m. G. „ṣaḥḥ“	Au 21,3	AD 1659–74 Venedig
54	NP 465	Altın Süleyman II.	Au 24,4	1099 Mısır
55	NP 468	Kurusch Süleyman II.	Ag 39,5	1099 Kostantiniye
56	NP 469	1/2 Kurusch Süleyman II.	Ag 28,8	1099 Kostantiniye
57	NP 481	Altın Mustafa II.	Au 21,0	1106 Edirne
58	NP —	Kurusch Mustafa II.	Ag 39,5	1106 Erzurum
59	NP —	1/2 Kurusch Mustafa II.	Ag 27,3	1106 Erzurum
60	NP 499	Fındık Ahmed III.	Au 17,6	1115 Islambol
61	NP 516	Kurusch Ahmed III.	Ag 37,6	1115 Kostantiniye
62	NP 520	Zolota Ahmed III.	Ag 34,7	1115 Kostantiniye
63	NP 517	1/2 Kurusch Ahmed III.	Ag 29,3	1115 Kostantiniye
64	NP 521	1/2 Zolota Ahmed III.	Ag 25,0	1115 Kostantiniye
65	NP 518	10 Para Ahmed III.	Ag 24,0	1115 Kostantiniye
66	NP 519	5 Para Ahmed III.	Ag 19,2	1115 Kostantiniye
67	NP 523	1 Para Ahmed III.	Ag 15,5	1115 Kostantiniye
68	NP 526	Aktsche Ahmed III.	Ag 9,6	1115 Kostantiniye
69	NP —	Kupfermünze Ahmed III.	Cu 17,7 x 28,2	1128 Bitlis
70	NP 590	3 Fındık Osman III.	Au 37,3 gestopftes Loch, Lötspur	1168 Islambol „Haremsmünze“
71	NP 600	Onluk Osman III.	Ag 25,3	1168 Kostantiniye

Mz. Nr.	NP	Wert Herrscher	Material Ø mm	Zeit
72	NP 611	1 1/2 Fındık Mustafa III.	Au 29,4 Loch	1171 Islambol–81
73	NP 632	2 Zolota Mustafa III.	Ag 44,3	1171 Islambol–8
74	NP 633	Zolota Mustafa III.	Ag 35,8	1171 Islambol–85
75	NP 640	Aktsche Mustafa III.	Ag 11,5	1171 Islambol
76	NP 661	Zer-i Mahbub (Abdülhamid I.)	Au 22,8 Loch	1187 Islambol–7
77	NP 673	Zer-i 2 Kurusch (Abdülhamid I.)	Ag 45,3	1187 Kostantiniye–16
78	NP 674	Zer-i 2 Zolota (Abdülhamid I.)	Ag 42,6	1187 Kostantiniye–13
79	NP 682	Aktsche (Abdülhamid I.)	Ag 11,5	1187–15 Kostantiniye
80	NP 693	Fındık Selim III.	Au 20,0	1203–1 Islambol
81	NP 705	2 1/2 Kurusch Selim III.	Ag 43,5	1203–12 Islambol
82	NP 706	2 Kurusch Selim III.	Ag 41,8	1203–4 Islambol
83	NP 742	2 Hayriye Altını Mahmud II.	Au 22,2 Loch	1223–24 Edirne
84	NP 833	Altılık Mahmud II.	Ag 37,2	1223–29 Kostantiniye
85	NP 834	Üçlük Mahmud II.	Ag 33,0	1223–26 Kostantiniye
86	NP 835	60 Para Mahmud II.	Ag 28,0	1223–27 Kostantiniye
87	NP 821	Cedid Beşlik Mahmud II.	Ag 39,2	1223–25 Kostantiniye
88	NP 823	Yüzlük Mahmud II.	Ag 34,5	1223–24 Kostantiniye
89	NP 825	Kuruş Mahmud II.	Ag 22,8	1223–23 Kostantiniye
90	NP 878	1 Lira Abdülmecid	Au 22,0	1255–8 Kostantiniye
91	NP 879	1/2 Lira Abdülmecid	Au 17,6	1255–7 Kostantiniye
92	NP 880	1/4 Lira Abdülmecid	Au 14,7	1255–23 Kostantiniye
93	NP 891	20 Kurusch Abdülmecid	Ag 36,6	1255–8 Kostantiniye
94	NP 892	10 Kurusch Abdülmecid	Ag 27,4	1255–6 Kostantiniye
95	NP 893	5 Kurusch Abdülmecid	Ag 23,5	1255–10 Kostantiniye
96	NP 894	2 Kurusch Abdülmecid	Ag 18,2	1255–8 Kostantiniye
97	NP 895	1 Kurusch Abdülmecid	Ag 15,0	1255–9 Kostantiniye
98	NP 896	1/2 Kurusch Abdülmecid	Ag 13,4	1255–21 Kostantiniye
99	NP 902	40 Para Abdülmecid	Cu 37,0	1255–19 Kostantiniye
100	NP 904	20 Para Abdülmecid	Cu 31,3	1255–21 Kostantiniye
101	NP 905	10 Para Abdülmecid	Cu 27,2	1255–21 Kostantiniye
102	NP 906	5 Para Abdülmecid	Cu 22,0	1255–16 Kostantiniye
103	NP 907	1 Para Abdülmecid	Cu 13,5	1255–9 Kostantiniye
104	NP —	40 Para mit Gegenstempel K|O E|B	Cu 37,0 Loch	1255 Kostantiniye
105	NP —	40 Para mit Gegenstempel Pilmar (vollständig)	Cu 37,0	1255 Kostantiniye Gegenst. 306
		Reiseprägungen		
106	NP 1023	1 Lira Mehmed V.	Au 22,2	1327–3 Kostantiniye
107	NP 1008	1 Lira Mehmed V.	Au 22,2	1327–2 Edirne
108	NP 1004	1 Lira Mehmed V.	Au 22,2	1327–1 Bursa
109	NP 1011	1 Lira Mehmed V.	Au 22,2	1327–3 Kosovo
110	NP 1014	1 Lira Mehmed V.	Au 22,2	1327–3 Manastir
111	NP 1017	1 Lira Mehmed V.	Au 22,2	1327–3 Selanik
112	Türkei	250 Kurusch Atatürk „Harem"	Au 40,0	1971 o. P.
113	Holland	Löwenthaler	Ag 40,7	1589 o. P.
114	NP 468	1 Kurusch Süleyman II.	Ag 39,3	1099 Kostantiniye
115	NP 476	1 Kurusch Ahmed II.	Ag 38,2	1102 Kostantiniye
116	NP —	1 Kurusch Mustafa II.	Ag 40,7	1106 Überprägung Löwenthaler
117	NP 516	1 Kurusch Ahmed III.	Ag 39,1	1115 Kostantiniye
118	NP 568	1 Kurusch Mahmud I.	Ag 41,2	1143 Gümüşhane
119	NP 635	1 Kurusch Mustafa III.	Ag 37,5	1171 Islambol–82
120	NP 675	1 Kurusch Abdülhamid I.	Ag 38,1	1187 Kostantiniye–1
121	NP 708	1 Kurusch Selim III.	Ag 36,0	1203 Islambol–1
122	NP 733	1 Kurusch Mustafa IV.	Ag 34,6	1222 Kostantiniye–1
123	NP 803	1 Kurusch Mahmud II.	Ag 34,5	1223 Kostantiniye–2
124	NP 826	1 Kurusch Mahmud II.	Ag 27,6	1223 Kostantiniye–26
125	NP 895	1 Kurusch Abdülmecid	Ag 15,0	1255–11 Kostantiniye
126	NP 933	1 Kurusch Abdülaziz	Ag 15,0	1277–2 Kostantiniye
127	NP 963	1 Kurusch Murad V.	Ag 15,0	1293–1 Kostantiniye
128	NP 987	1 Kurusch Abdülhamid II.	Ag 15,0	1293–33 Kostantiniye
129	NP 1053	1 Kurusch Mehmed V.	Ag 15,0	1327–1 Kostantiniye
130	NP 1079	1 Kurusch Mehmed II.	Nickel 23,5	1336–4 Kostantiniye

I/20
Buchillustration: „Vue d'Erzeron"

Radierung
H 16,7 cm, B 10,3 cm
Relation d'un voyage du Levant. Par M. Pitton de Tournefort.
Amsterdam 1718. S. 111.

W. Müller-Wiener, Darmstadt

Unter den Reisewerken des 18. Jh. ist das des französischen Botanikers Pitton de Tournefort eines der wichtigsten, da sein Verfasser 1701–02 nicht nur die klassischen Landschaften Westkleinasiens bereiste, sondern auch das östliche und mittlere Anatolien bis Bayburt mit Stationen in Ankara und Eskişehir. Die Ansicht des an der Ostgrenze des Reiches gelegenen Erzurum zeigt eine stark befestigte Stadt – in den Kriegen des 16./17. Jh. gegen Iran einer der Hauptwaffenplätze der Osmanen. Trotz dieser Funktion und der damit verbundenen Gefährdung war die Stadt ringsum von vorstädtischer Bebauung umschlossen, die wie die im Stadtinneren überwiegend eingeschossig war.

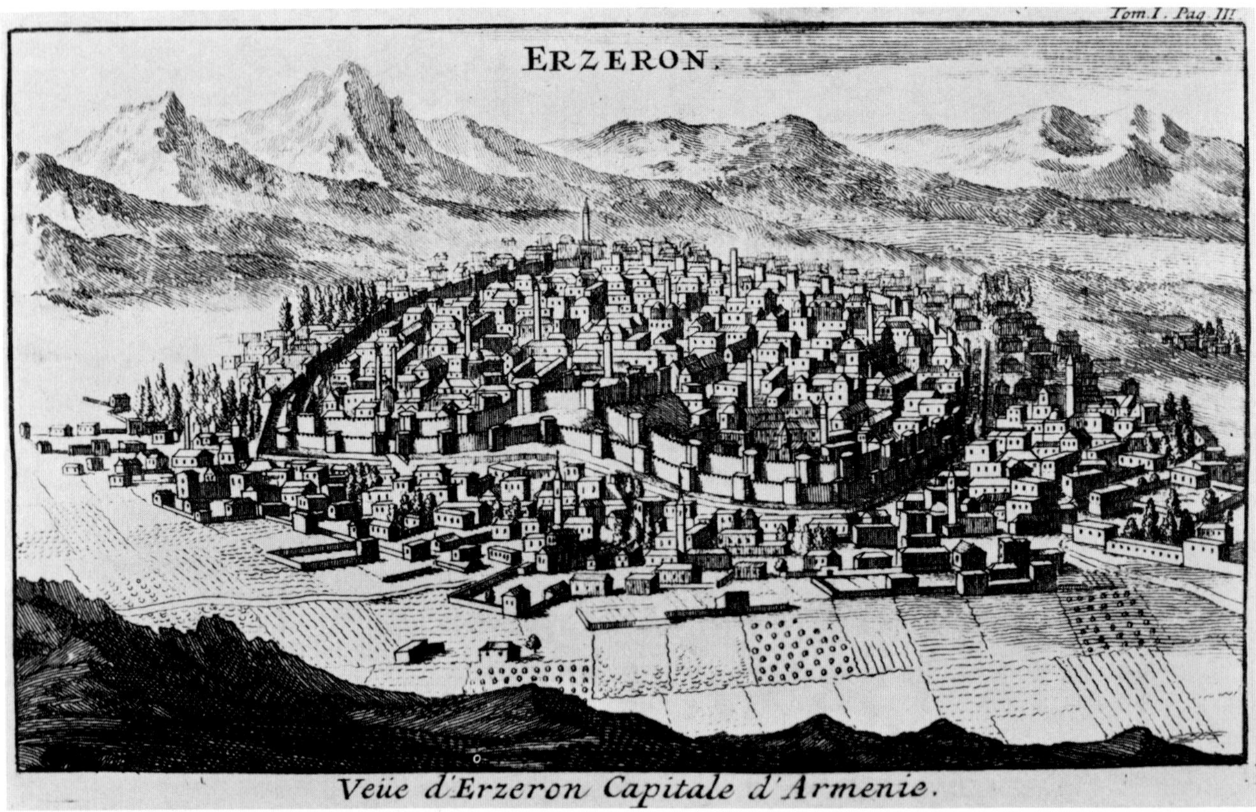

I/21

„Byzantivm nunc Constantinopolis"

Ansicht Istanbuls um 1560/70
Holzschnitt eines unbekannten Meisters
H 33 cm, B 49 cm

Germanisches Nationalmuseum Nürnberg, Inv. Nr. SP 1661, Kapsel 1103.

Wachsendes Interesse an dem seit Anfang des 16. Jh. auch für Mitteleuropa bedrohlich nahegerückten Osmanenreich, dessen Expansionsdrang bis Ende des 16. Jh. ungebrochen war, führte — neben dem allgemein zunehmenden Interesse für fremde Länder — zu einer Fülle von Beschreibungen und Berichten. In ihnen wurden — mangels besserer Vorlagen — immer wieder die wenigen authentisch-scheinenden Drucke kopiert, obwohl in der Zeit von 1530—1565 einige sehr viel bessere Zeichnungen entstanden, die jedoch aus unterschiedlichen Gründen nicht die ihnen gebührende Verbreitung fanden.
Wie auf dem vorliegenden Blatt im Vergleich zu der sog. Vavassore-Ansicht (vgl. Kat. Nr. I/26) zu sehen, wurden solche Nachstiche durch schmückendes Beiwerk (hier eine Art genealogischer Tafel und eine Kostüm-Gruppe) bereichert und abgewandelt, mit denen man dem Leser der Reiseberichte diese fremde Welt verständlich zu machen versuchte. Das vorliegende Blatt wurde u. a. auch verwendet bei G. Braun — F. Hogenberg, Beschreibung und Contrafactur der vornehmsten Städte der Welt (Köln 1574).

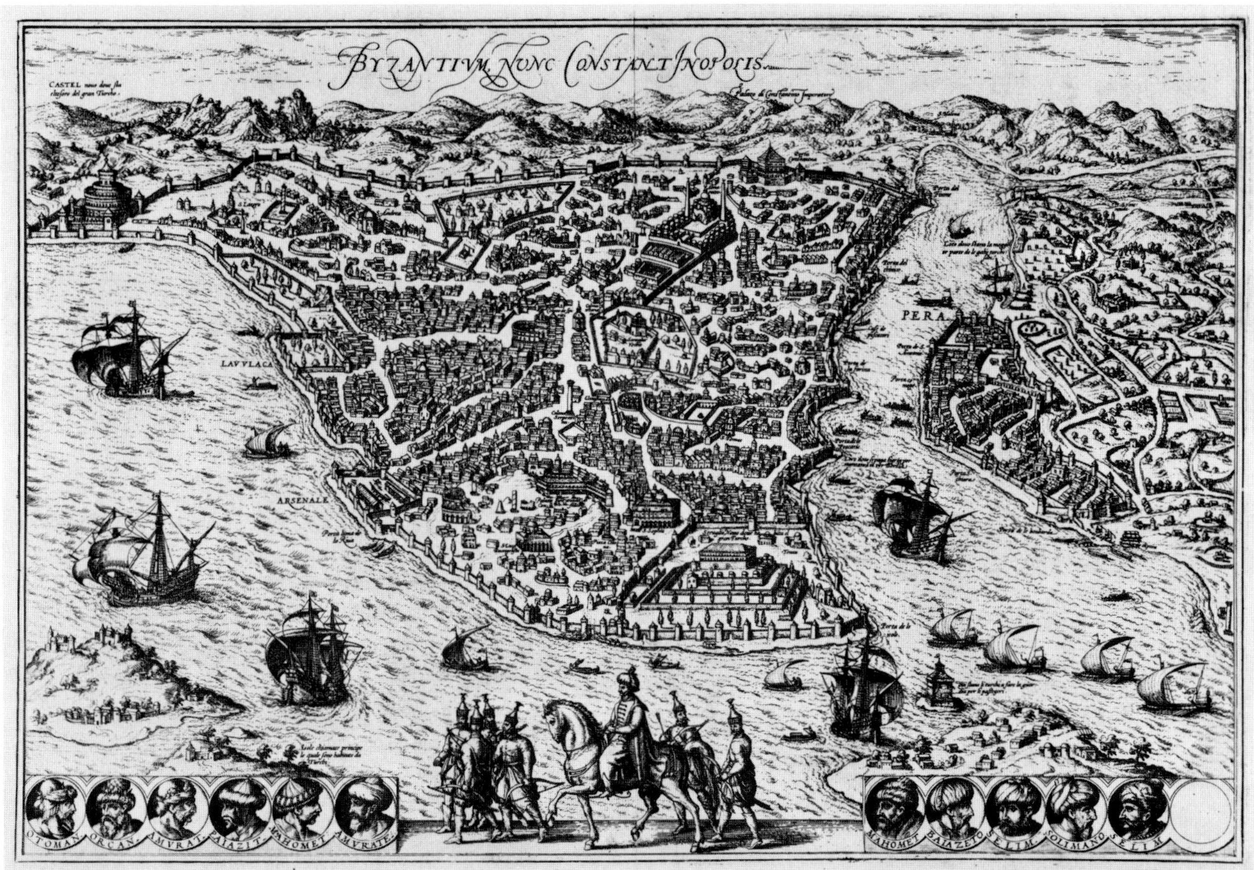

I/22

„Constantinopolis“

Ansicht von Istanbul von Galata aus. Kupferstich aus: Voyage au Levant, c'est-à dire dans les principaux endroits de l'Asie Mineure, dans les îles de Chio, Rhodes, Chypre . . . par Corneille le Brun (Paris 1714)
H 30,2 cm, B 189,5 cm (aus 3 Einzelblättern zusammengeklebt)

Istanbul, Deutsches Archäologisches Institut

Das aus dem Reisewerk des Cornelis de Bruyn (1652–1719) entnommene Faltblatt mit einer Ansicht Istanbuls von Norden her zeigt einen Ansichts-Typus, der nicht allzuselten ist. Es war für Ausländer schon im 16. und 17. Jh. möglich, von einem der von ‚Franken' bewohnten Häuser Peras aus das Panorama der Stadt zu zeichnen. Das tat auch der holländische Reisende, der 1674 seine Levantereise begann, zunächst etwa 3 Jahre in Italien lebte und sich dann während seiner Tour durch die Ägäis 1679/80 rund 6 Monate in Istanbul aufhielt. Nach Reisen durch Ägypten, Palästina, Syrien und Zypern lebte der Autor dann von 1701–08 in Venedig, um in dieser Zeit nach kurzem Aufenthalt in Holland auch Rußland und Persien zu besuchen. In seinen jeweils in mehreren Sprachen und Auflagen erschienenen Reisebüchern gab C. de Bruyn ausführliche Beschreibungen der besuchten Orte, erläutert durch zahlreiche Stiche, und damit ein gutes Beispiel einer vom 16.–18. Jh. äußerst beliebten Literaturgattung. Das Blatt zeigt das dichtbesiedelte Stadtgebiet Istanbuls am Goldenen Horn mit dem Sultanspalast links, anschließend daran die Basarzone mit den großen Han-Anlagen, über der sich die Kuppeln und Minarets der großen Moscheen erheben. Von der Bildmitte bis zum rechten Rand folgen die dichtbesiedelten Wohngebiete mit dem traditionellen Typus des ein- bis zweigeschossigen Holzhauses mit flachem Walmdach.

I/23

Blick auf die Stadt Izmir

„Vue générale de Smyrne“
Lithographie von L. Sabatier nach einer Zeichnung von J. Schranz.
um 1840
Spiegel H 25,6 cm, B 39,3 cm

W. Müller-Wiener, Darmstadt

Blick von den durch Friedhöfe besetzten Höhen südlich der Stadt auf Hafen und Stadtzentrum. Im Vordergrund die 1827–29 neugebauten Kasernen, dahinter das Basargebiet mit den größeren Moscheen; im Hintergrund die griechischen und fränkischen Wohngebiete; die türkische Bevölkerung wohnte überwiegend an den Hängen rechts im Bild.

Lit.: W. Müller-Wiener, Istanbuler Mittlg. 12,1962, 60–94 sowie ders. Mitteilg. d. Fränk. Geograph. Gesellschaft 27/28, 1980/81, 420–454.

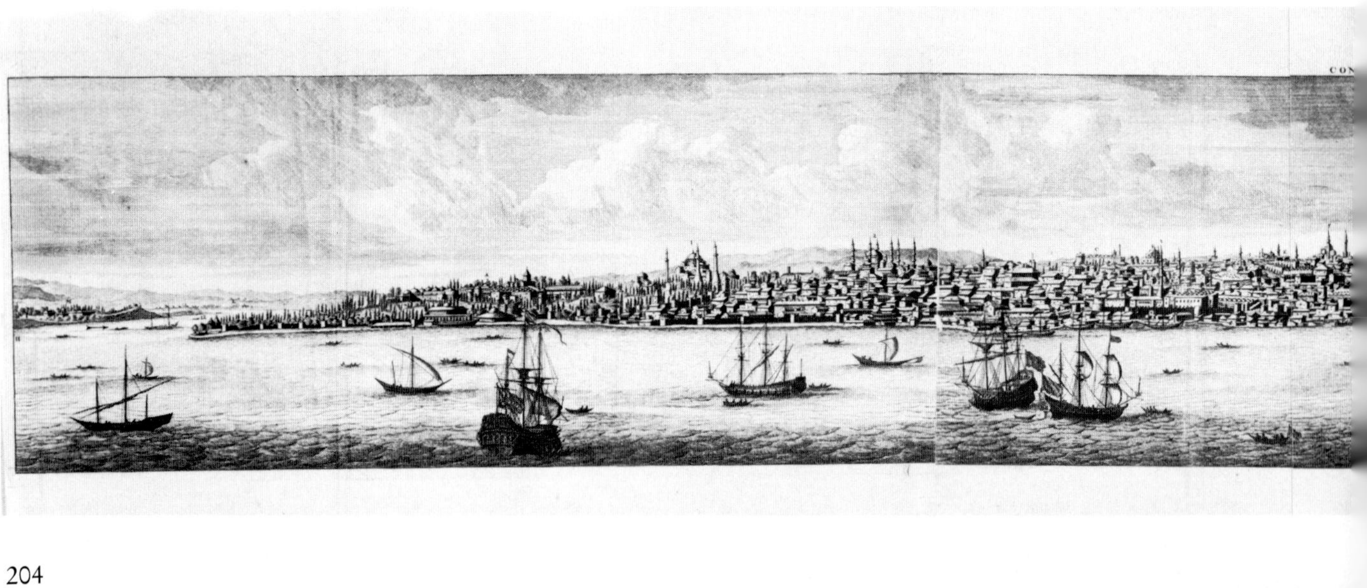

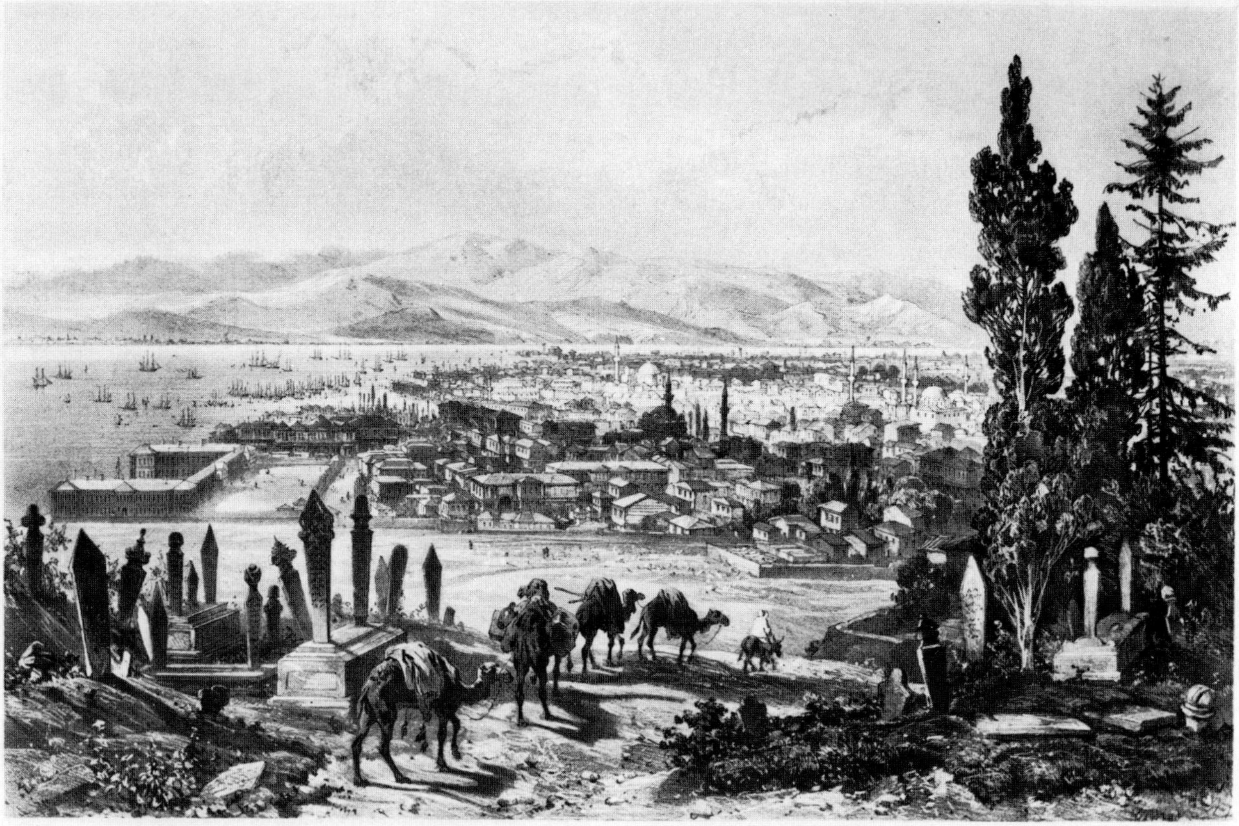

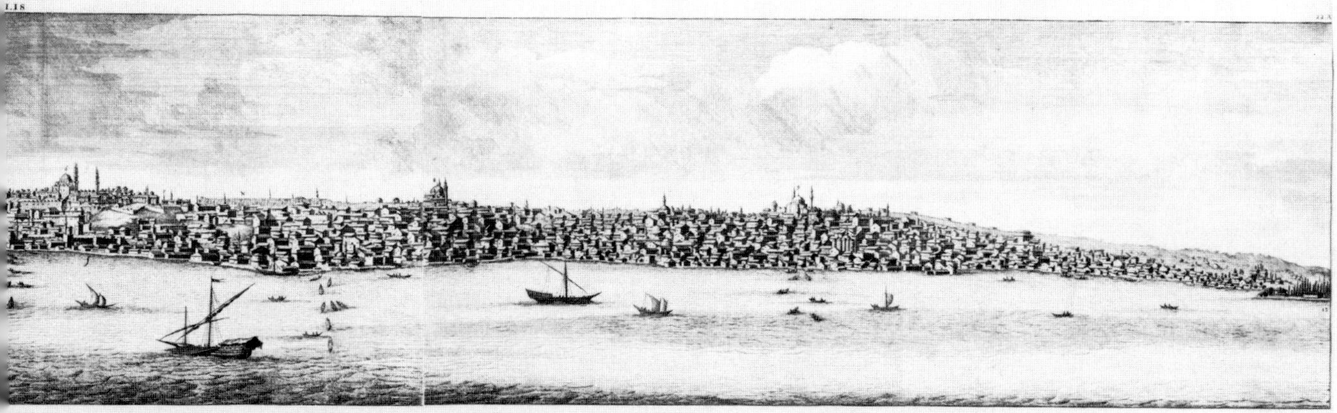

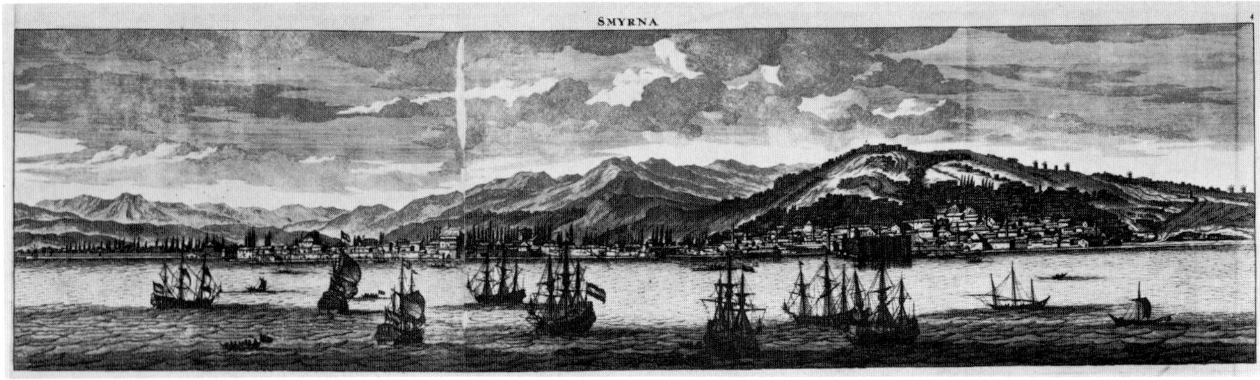

I/24

Ansicht von Stadt und Hafen Izmir (Smyrna) von der Seeseite aus

(um 1600)
Kupferstich aus: Voyage au Levant . . . (vgl. Kat. Nr. I/22) (Paris 1714)
Platte H 30 cm, B 99 cm

W. Müller-Wiener, Darmstadt

Das in dem Reisewerk des Cornelis de Bruyn (1652—1719) enthaltene Faltblatt (vgl. dazu Kat. Nr. I/22) zeigt die Seeseite der zu dieser Zeit allmählich aufblühenden ägäischen Hafenstadt, die sich über fast 2 km hin erstreckt. Links das sog. Frankenviertel mit den Konsulaten der hier vertretenen europäischen Mächte, in Bildmitte unterhalb des die Stadt überragenden Pagos-Kastells der Bezirk des Hafens und des Basars, vor dem am Ufer das (dunkel gezeichnete) Hafenkastell liegt. Nach rechts schließen die am Hang aufsteigenden türkischen Wohngebiete und die Friedhöfe an (vgl. hierzu Kat. Nr. I/23). Auf der Höhe sind die für die Ägäis typischen Gruppen von Windmühlen zu erkennen. Auch in dieser Ansicht dominiert die für Ansichten türkischer Städte charakteristische Horizontale der Dächer, die nur durch die Vertikalen der Minarette unterbrochen ist. Im Vordergrund die in Izmir stets auf Reede ankernden fremden Kauffahrteischiffe.

Lit.: W. Müller-Wiener, Istanbuler Mittlg. 12,1962, 60–94 sowie ders., Mitteilg. d. Fränk. Geograph. Gesellschaft 27/28, 1980/81, 420–454.

I/25

Ansicht von Istanbul und Galata

Zeichnung von Nasuh el-Silâhî el-Matrakî
Aus: Beyan-ı menazil-i sefer-i Irakeyn (Mecmua-ı menazil)

Istanbul, Universitätsbibliothek TY 5964 fols 8 b–9 a; je Blatt
H 31,2 cm, B 22,5 cm

Die hier in einer (vergrößerten) Fotografie gegebene Ansicht entstammt einem mit 128 Miniaturen geschmückten Buch, das den Feldzug des Sultans Süleyman I. im Jahre 1534—35 gegen Irak und Iran mit der Eroberung von Bagdad schildert. Unter den zahlreichen Stadtansichten ist die hier gezeigte die erste. Sie zeigt rechts das mauerumschlossene Istanbul und links — jenseits des Goldenen Horns gelegen — Pera-Galata.
Nächst den rund 10 Jahre älteren, aber recht schematischen Plänen aus dem Segelhandbuch des Piri Reis sind diese — im Stil anderer Miniaturen schematisierenden — Ansichten die ältesten genaueren Darstellungen der osmanischen Hauptstadt aus türkischer Hand. Ähnlich wie bei zeitgenössischen europäischen Stadtansichten werden vor allem die wichtigeren Bauten gezeigt: der stark befestigte Palastbezirk oben, daneben Aya Sofya und Hippodrom, in Stadtmitte das Alte Serail *(eski saray)* und dicht darüber die Bayezid Camii. Auch im nebenstehenden Blatt mit der Ansicht von Pera-Galata sind die wichtigsten Bauten verzeichnet: der große Galata- (ein Christus-)Turm und links, unterhalb des Mauerrings, die damals im Ausbau befindlichen Anlagen des Galeerenhafens; rechts oben ist der alte Bau des Tophane, der Kanonengießerei zu erkennen.

Lit.: A. Gabriel, Syria 9,1928, 328–344; W. B. Denny, Ars Orientalis 8,1970; N. Atasoy – F. Çağman, Turkish Miniature Painting (Istanbul 1974) 26 und Taf. 6; Katalog Wien 1983.

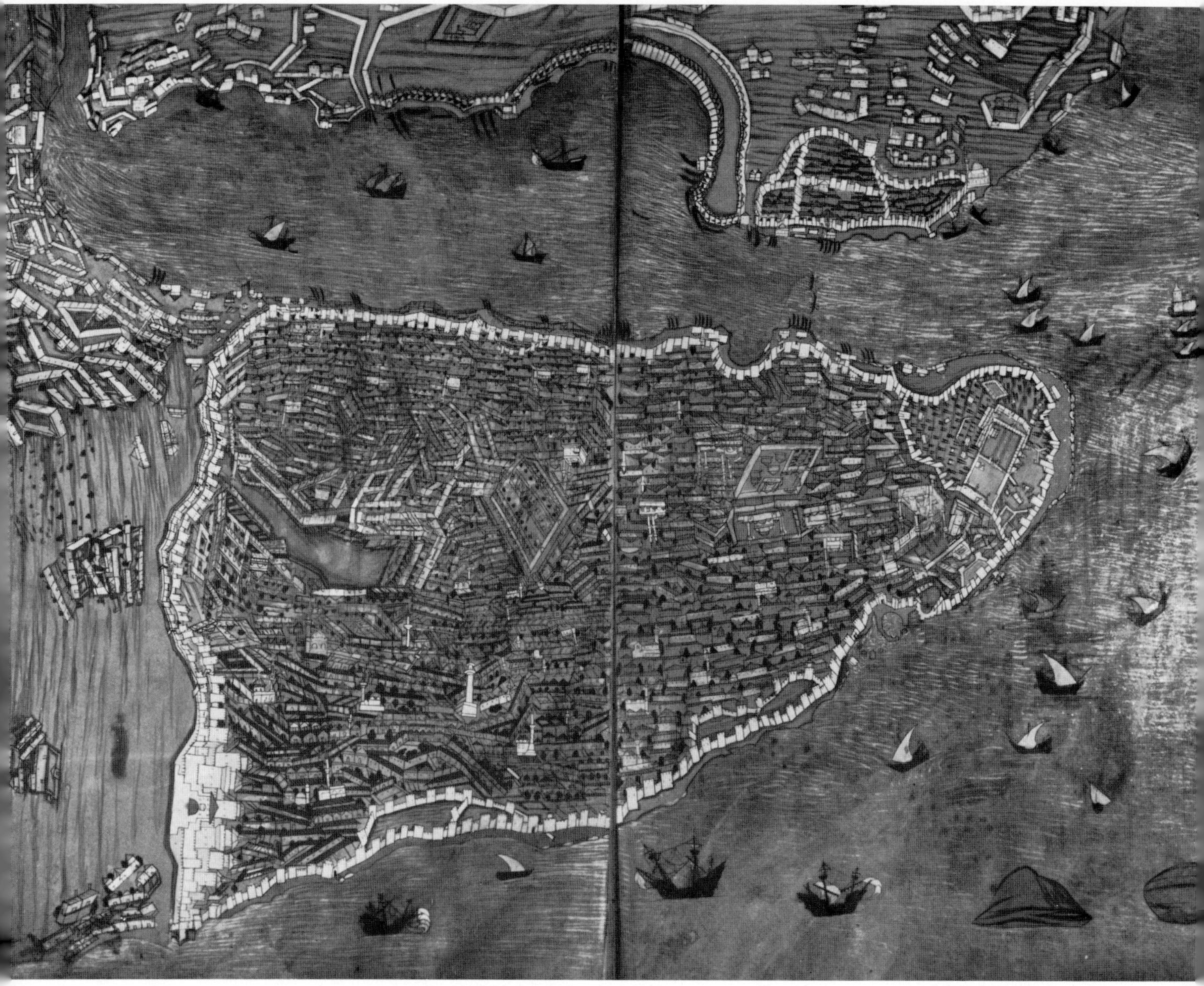

I/26

„Byzantivm sive Costantineopolis“

Ansicht Istanbuls aus dem Anfang des 16. Jh.
Holzschnitt des Giovanni Andrea Vavassore (gen. Guadagnino) aus Venedig
Ende 15. Jh. — 1572
H ohne Rand 52,6 cm, B 36,8 cm

Nürnberg, Germanisches Nationalmuseum Inv. Nr. SP 8190, Kapsel 1103

Der als Kartenstecher und Verleger bekannte Venezianer (die Familie der Vavassori stammt ursprünglich aus der Gegend von Brescia) hat mit diesem Blatt die älteste nach der türkischen Eroberung gefertigte Stadtansicht Istanbuls geschaffen. Sie beruht auf einer Vorzeichnung, die eine intime Kenntnis der Stadt voraussetzt, sodaß man sie gelegentlich dem zur Zeit des Sultans Mehmed II. Fatih in Istanbul weilenden venezianischen Maler Giovanni Bellini (ca. 1428—1516) zugeschrieben hat. Dem steht entgegen, daß eine eingehende Analyse der Ansicht mit der noch stehenden Theodosiussäule *(colona istoriata)* am Rande des Eski Saray und dem noch voll genutzten Arsenal am Marmarameer, für die Vorzeichnung ein Datum um 1500—1510 nahelegt (was sich auch in anderen Details zeigt, u. a. in dem noch bescheidenen Ausbauzustand des späteren Topkapı Sarayı). Die hier gegebene Ansicht ist noch über Jahrhunderte hin Vorbild für zahllose Nachstiche gewesen.

Lit.: E. Oberhummer, Konstantinopel unter Suleiman dem Großen (München 1902) 21; F. Babinger, Drei Stadtansichten von K'pel, Galata (Pera) und Skutari aus dem Ende des 16. Jhs.; Österr. Akademie d. Wiss., Phil.-Hist. Kl. Denkschriften 77, 3 (Wien 1959) mit weiteren Verweisen.

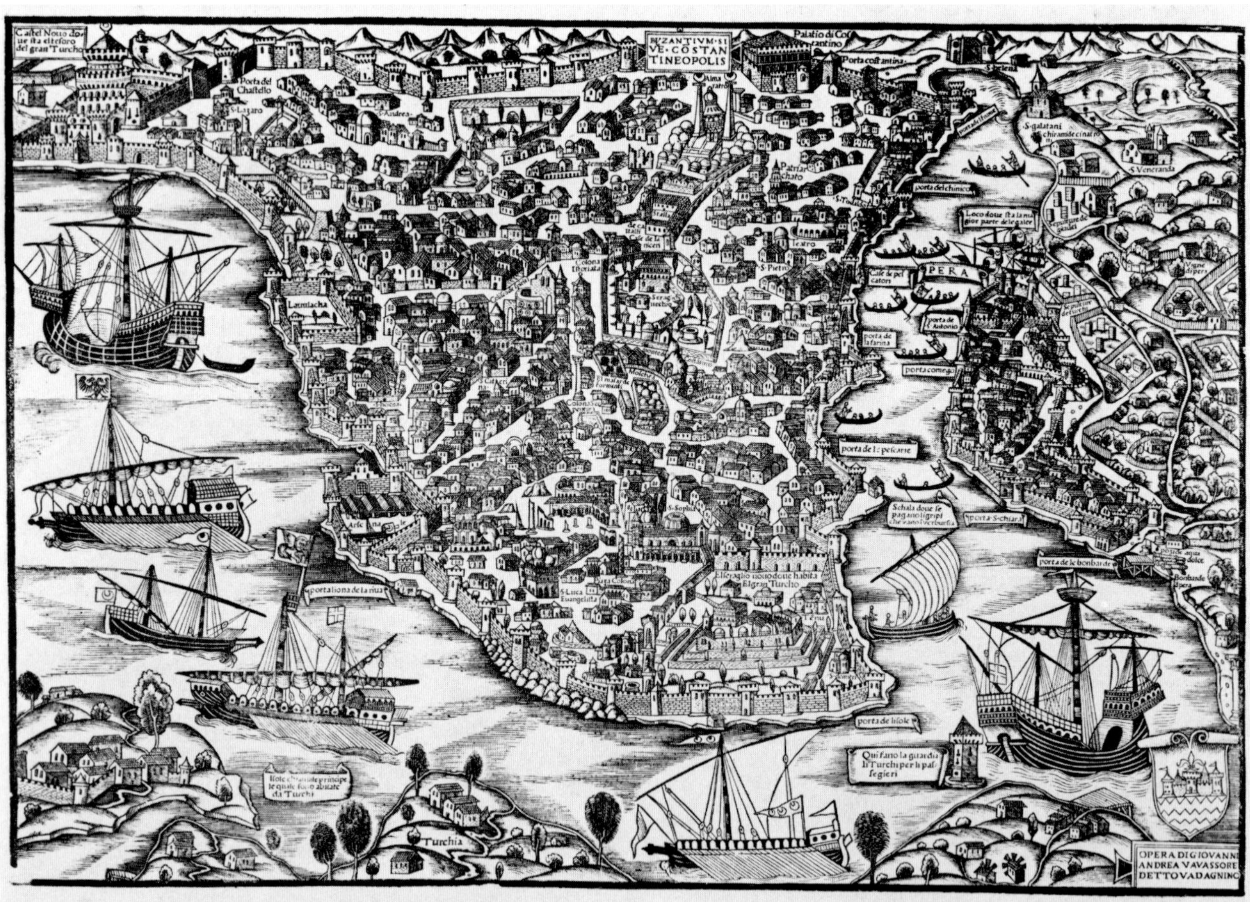

I/27
Haus und Garten des Patriarchates

aus: Salomon Schweigger „. . . Reyszbeschreibung nach Constantinopel vnd Jerusalem. Darin die Gelegenheit derselben Länder / Städt / Flecken Gebeu ec. der innwohnenten Völcker Art / Sitten / Gebräuch / Trachten / Religion vnd Gottesdienst . . .“ Nürnberg 1613

Blick auf das dem Patriarchen als Wohnsitz dienende Kloster der Theotokos Pammakaristos (ab 1586 Fethiye Camii) in Istanbul mit dem vorgelagerten Garten, der mit seiner lockeren Bepflanzung und dem Ziehbrunnen etwa normalen Hausgärten entspricht. Einzelne Bereiche des Geländes waren vermutlich als Nutzgarten (Weinberg, Gemüse o. ä.) angelegt, umschlossen war es durch einfache zweigeschossige Wohnbauten der Mönche und des Patriarchates.

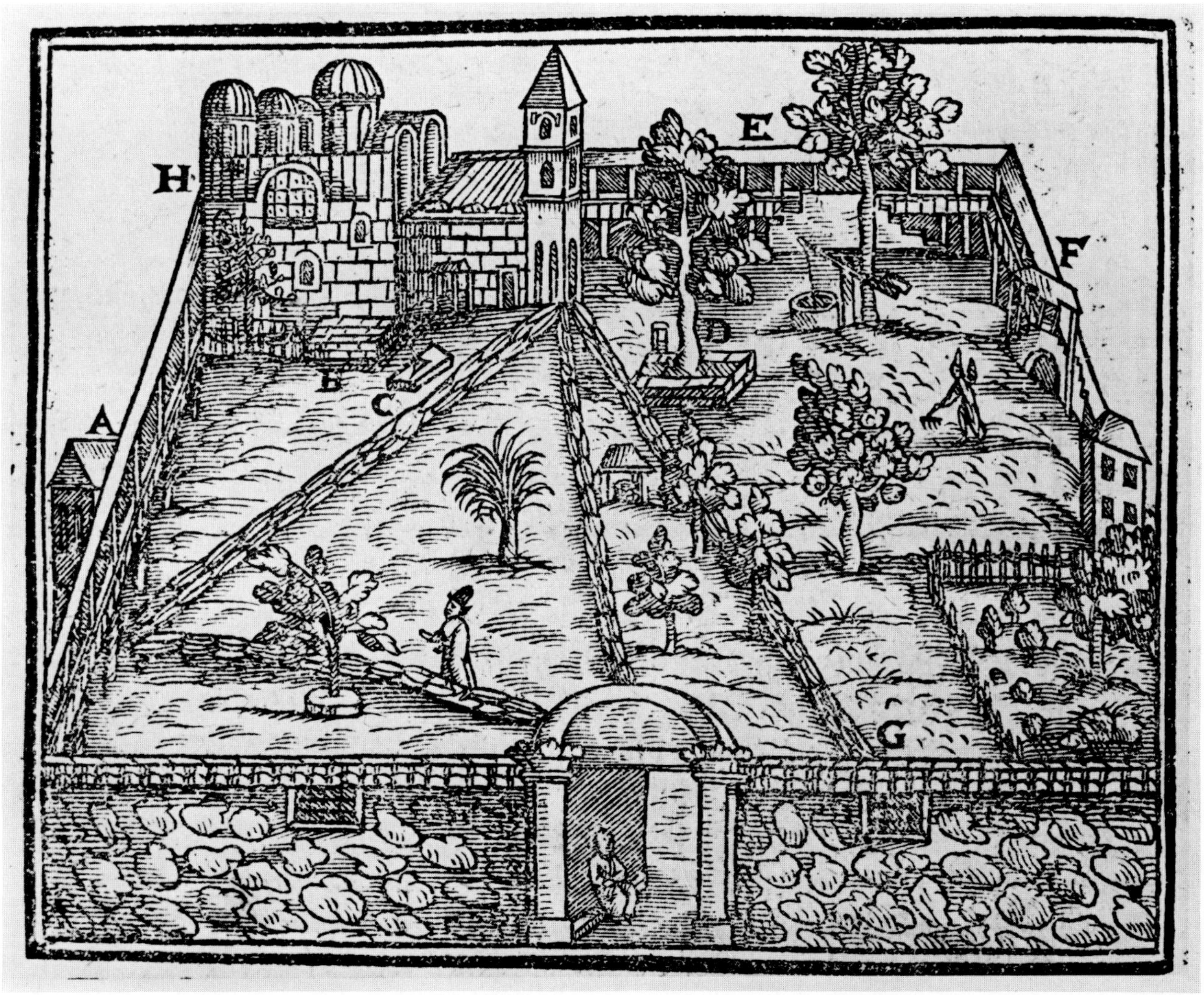

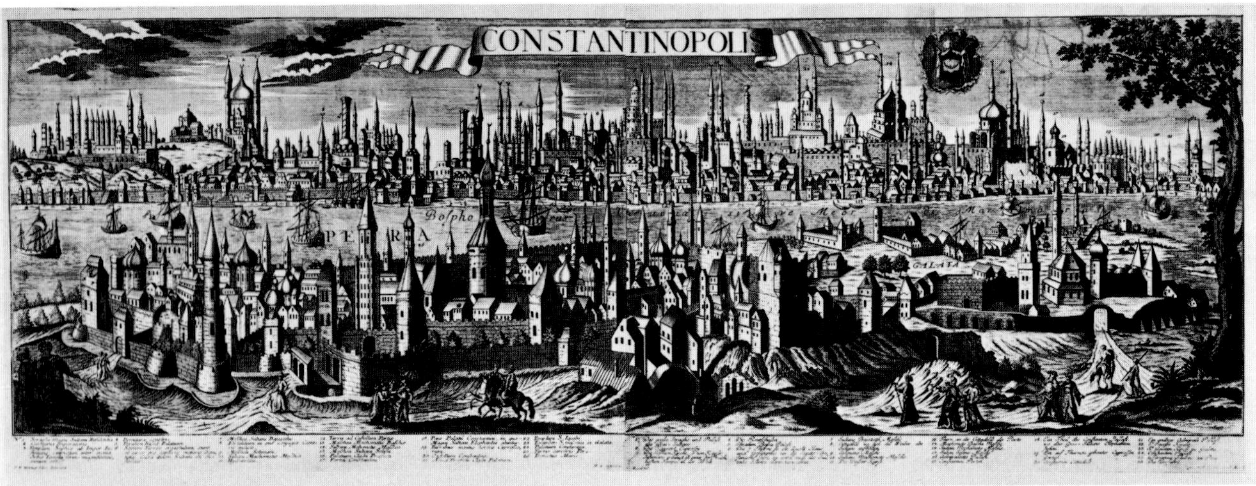

I/28 „Constantinopolis"
von S. B. Werner, 18. Jh.
Kupferstich · H 41 cm, B 110,5 cm
Nürnberg, German. Nationalmuseum SP 1665, Kapsel 1103

Ansicht der Stadt von Pera-Galata aus auf Alt-Stambul. Etwas übersteigerte Ansicht, offenbar nach fremden Vorlagen gearbeitet.

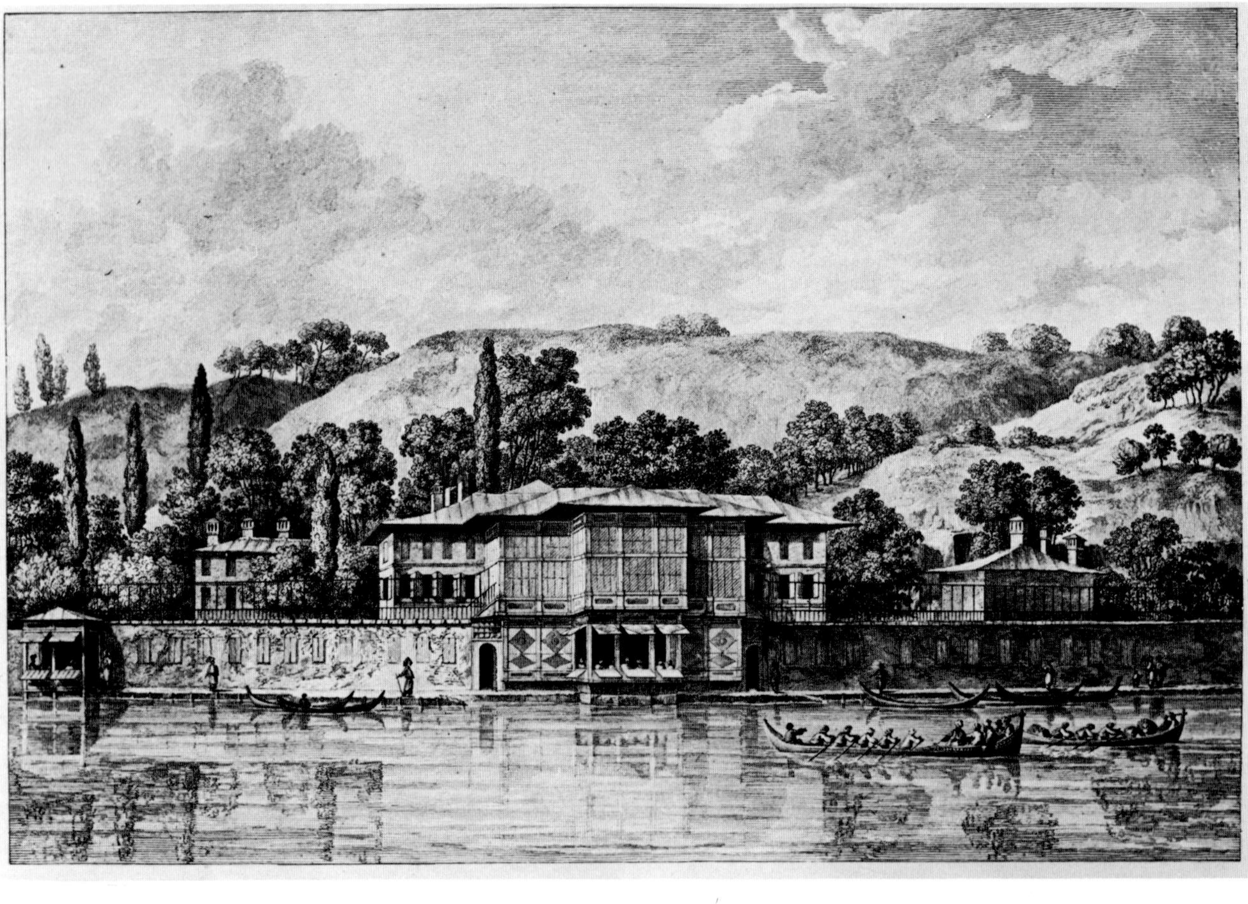

I/29 a,b

Ansicht zweier Uferpavillons am Bosporus

„Vue du Kiosque du Grand-Seigneur à Defterdar-bournou" (pl. 150); „Vue d'un kiosque entre Defterdar-bournou et Kourou-Tchechmé" (pl. 151).
Zeichnung J. B. Hilair (?); Druck L. Letronne.
Aus: Voyage pittoresque dans l'Empire Ottoman, en Grèce, dans la Troade . . . par M. le Comte de Choiseul-Gouffier (2. Ed. Paris 1842) II Taf. 150—151.
Plattenmaß nicht feststellbar.

W. Müller-Wiener, Darmstadt

Die beiden auf diesem Blatt gezeigten Pavillons sind Beispiele der zahlreichen, an beiden Ufern des Bosporus gelegenen Sommersitze, welche die Herrscherfamilie und die hohen Würdenträger in den zwischen den alten Bosporusdörfern liegenden flachen Uferzonen erbauten. Das hier genannte Defterdar burnu (ein leichter Vorsprung hinter dem heutigen Dorf Ortaköy) galt als „Grenze" zwischen dem von der Herrscherfamilie „besetzten" europäischen Uferbereich und dem nördlich anschließenden Teil, in dem Wesire und reiche Familien, vor allem ehemals im Phanar ansässige Familien der griechischen Oberschicht, die sog. Phanarioten, ihre Besitzungen hatten.
Die im 18. Jh. noch recht bescheidenen Anlagen — leichte Holzbauten auf Steinsockeln in weitläufigen Gärten — sind im Laufe des 19. Jh. weitgehend durch große Häuser oder Paläste ersetzt worden. So entstand am Platz des unten gezeigten Köşk um die Wende vom 18. zum 19. Jh. der Neşatabad-Palast, der aber gegen Ende des 19. Jh. verschwunden ist. Um 1925/30 hat man sämtliche zwischen Defterdarburnu und dem nördlichen Dorf Kuruçeşme liegenden Häuser beseitigt und an ihrer Stelle den Kohlenhafen für Istanbul angelegt.

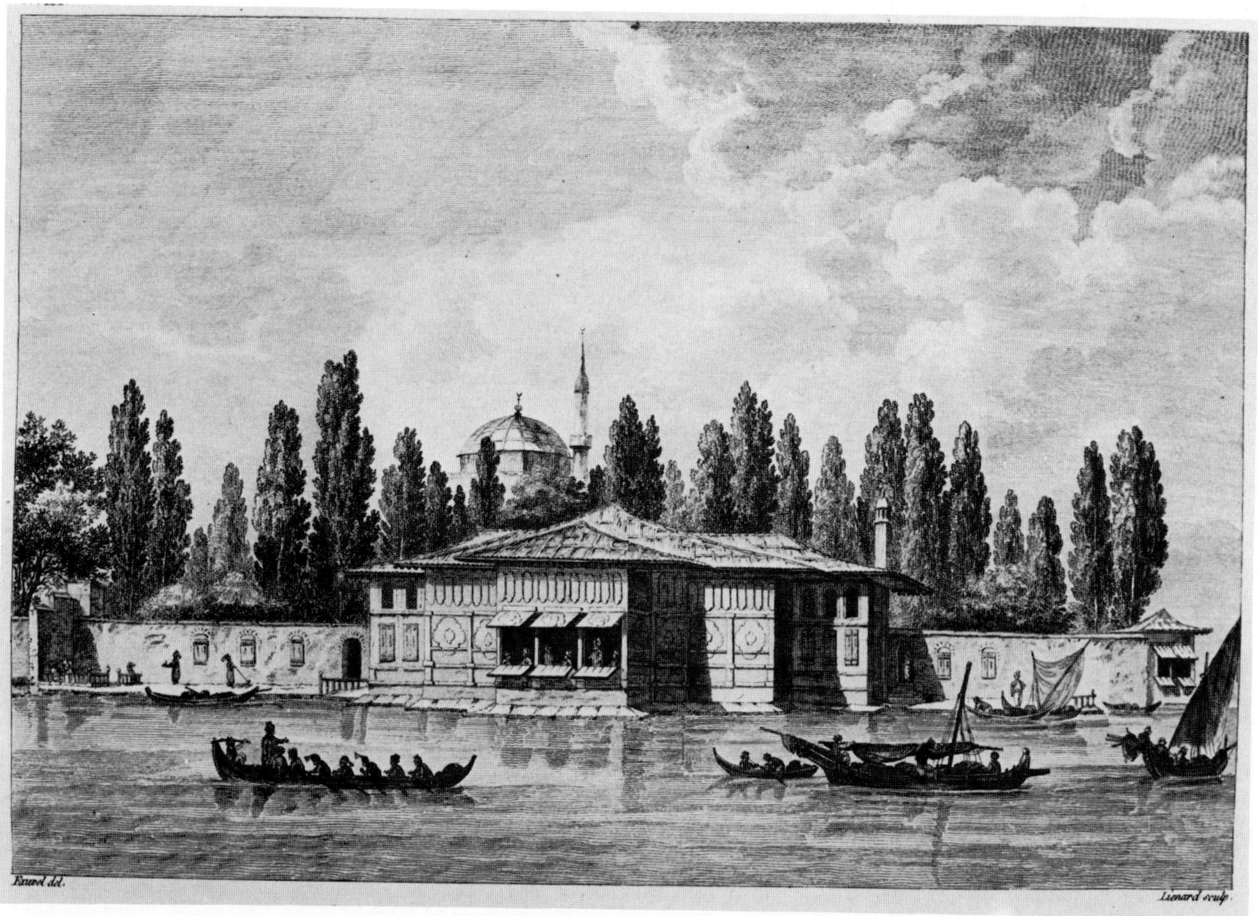

I/30

Istanbul. Ansicht des Palastes von Beşiktaş

„Palais de Beschik-Tasch, Séjour habituel du Grand-Seigneur pendant l'été.“ · Radierung von Mlle. Levé und Duparc nach Zeichnung von A. I. Melling.
Aus: Voyage pittoresque de Constantinople et des rives du Bosphore d'après les dessins de M. Melling, Architecte de l'Empereur Sélim III. et dessinateur da la Sultane Hadidgé, sa soeur, publié par MM. Treuttel et Würtz.
(Paris 1819) · Platte H 46,3 cm, B 73,3 cm

Stiftung Preußischer Kulturbesitz Berlin – Kunstbibliothek
Inv. Nr. LB 41

Die heute nicht mehr existierenden Palastbauten von Beşiktaş — einem der nahe der Stadt gelegenen Bosporus-Vororte —, die Sultan Mahmud I. um die Mitte des 18. Jh. hatte errichten lassen und die unter späteren Herrschern weiter ausgebaut wurden, sind ein charakteristisches Beispiel für das Bauen mit Holz auch für Bauten der obersten Schichten. Ein großer Teil der auf diesem Bild dargestellten Bauten bestand — wie jedes normale Wohnhaus — aus Holz und war mehr oder minder reich bemalt. Allein der am rechten Bildrand sichtbare Kuppelbau war aus Stein und reich mit farbigen Fliesen belegt. Neuartig war der in der Bildmitte liegende, von A. I. Melling für Sultan Selim III. errichtete Bauteil mit symmetrisch beiderseits eines zweigeschossigen Galerieflügels liegenden Pavillons — ein Beispiel für die seit Anfang des 18. Jh. zunehmenden Einflüsse europäischer Bauideen in der Hauptstadt.

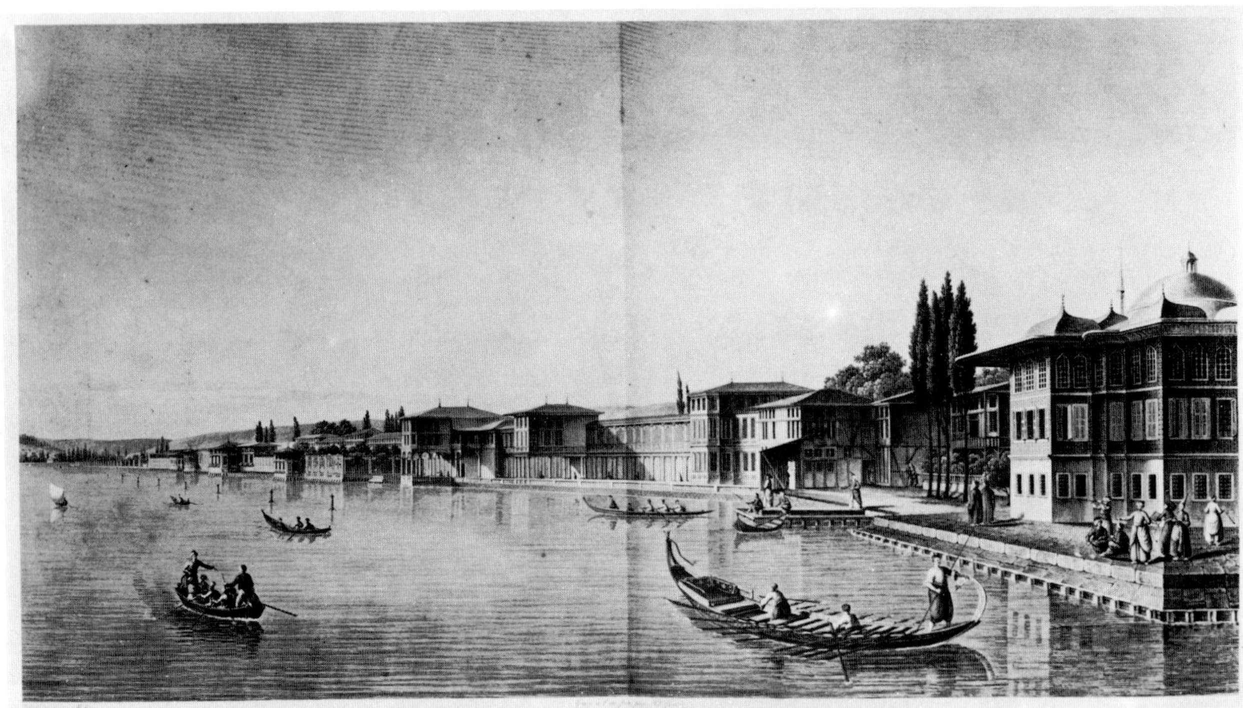

I/31

Becken – Halile / Zil

Bronze · Dm 45 cm

Istanbul, Topkapı Sarayı Müzesi 8/873

Die Rhythmusinstrumente spielen eine wichtige Rolle in der türkischen Musik. Eine Reihe von ihnen ist im Verlauf der Türkenkriege nach Europa gekommen. Die Becken haben in der Türkei eine doppelte Bezeichnung: *halile* und *zil.* Als *zil* der Janitscharenkapelle gelangte das Instrument ins Abendland, wo es noch heute als großes Beckenpaar verwandt wird. Das nur in der Musik der Derwische *halile* genannte, helltönende Rhythmusinstrument ist uralter, aus Zentralasien mitgebrachter Besitz der Türken.

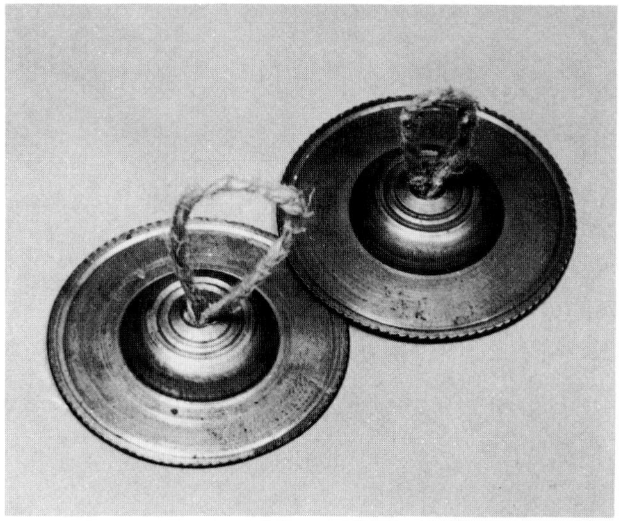

I/32

Handpauke – Nakkare / Kudüm

Türkei, 1874/75

Metall, Fell

Privatbesitz

Das kleine Paukenpaar, das bei den Mehter (der Janitscharen) *nakkare* und bei den Mevlevî (den Tanzenden Derwischen) *kudüm* genannt wurde, gelangte während der Kreuzzüge nach Europa, wo es mit der Zeit größere Ausmaße annahm. In der Mevlevî-Musik gehört die *kudüm* mit der Flöte *ney* zum Hauptrequisit des instrumentalen Ensembles. Die Felle werden durch Ringe gehalten, die ihrerseits durch um das Korpus gezogene Schnüre gespannt sind. Der tiefere Ton, auf dem rechten Instrument eingestimmt, dient der Wiedergabe der Hauptschläge, während man mit der linken Hand die höher getönten Schläge des vorgeschriebenen Rhythmus ausführt. Beide Hände benutzen Schlegel *(zahme).* Bei dem ausgestellten Instrument, das eine Aufschrift aus dem Jahr 1874/75 trägt, fehlt die Bespannung. Es gehörte einem Scheich aus einem Rifa'î-Kloster.

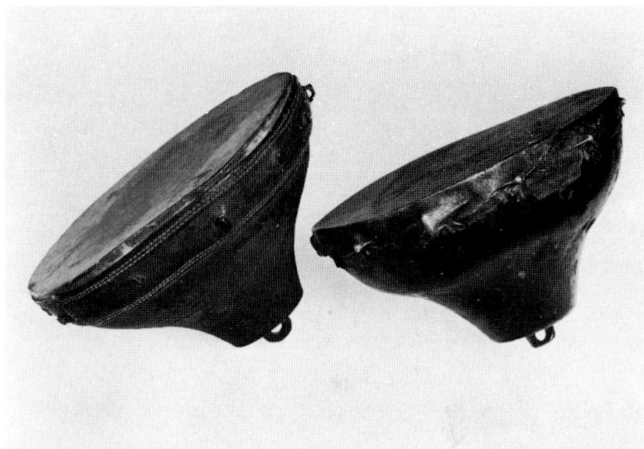

I/33

Rahmentrommel mit Schellen – Def / Daire

Istanbul

Korpus aus Holz mit Perlmuttintarsien, Fellbespannung und 5 x 2 Messingplatten zum Rasseln

H 4,5 cm, Dm 31,7 cm

Berlin, Staatliche Museen Preußischer Kulturbesitz, Museum für Völkerkunde VII b 49 a

Die einfellige Rahmentrommel *def,* oder *daire* („Kreis"), in deren Zargen kleine Becken eingelagert sind, die bei jedem Schlag auf das Fell mitklingen, geben nur geräuschhaft unpräzise Klänge wieder, die den Rhythmus unterstützen sollen. Man hält das Instrument vor dem Körper, faßt mit dem Daumen hinter die Zarge und schlägt rechts und links Haupt- und Nebenschläge.

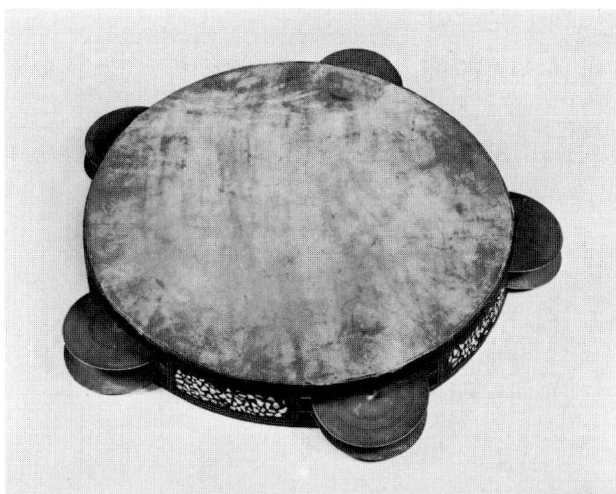

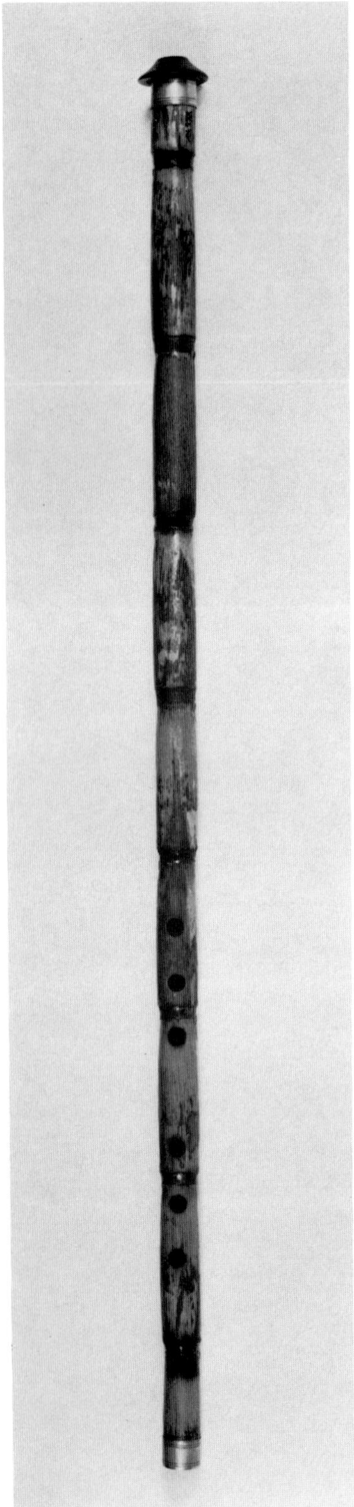

I/34
Offene Längsflöte — Ney

Bambus mit 9 Wachstumsknoten
6 Grifflöcher, 1 Daumenloch
L 88 cm, Dm 7,5–9 cm

Berlin, Staatliche Museen Preußischer Kulturbesitz, Museum für Völkerkunde VII b 40

Die *ney* (wörtlich: „Schilfrohr") ist aus Bambus bzw. Rohr hergestellt. Sie ist am oberen Ende zugespitzt, d. h. sie hat keine Kerbe und ist daher sehr schwer anzublasen. An der Stelle der einfachen Anspitzung hat sie einen scharfrandigen Ring aus Ebenholz. Das *ney*-Rohr muß neun Wachstumsknoten und sechs vordere, sowie ein hinteres Griffloch haben. Diese Löcher bringt man nach alten, ursprünglich vielleicht zahlenmystischen Regeln an, indem das Rohr in 26 gleiche Abschnitte eingeteilt wird. Das Festhalten an einer solchen Tradition läßt auf ein hohes Alter des Instrumentes schließen und zeugt zugleich für einen in der Türkei lange noch lebendig gebliebenen altasiatischen, dem Kult verhafteten Musikgeist. Es gibt verschiedene Größen der *ney.* Auf mittleren und großen Instrumenten kann man angeblich 128 Töne hervorbringen. Obwohl sich diese Stufen auf fast drei Oktaven verteilen, sind dabei zahlreiche feine Zwischenstufen, sogenannte Mikrotöne mitgezählt. Diese bilden den großen Vorteil der *ney,* die man zweifellos so naturhaft und ohne jegliche Mechanisierung belassen hat, damit ihr Ton flexibel bleibt, so daß der Spieler so etwas werden kann wie ein Sänger auf dem Schilfrohr. Der volle und schöne, etwas hauchige Klang, den man als mystisch bezeichnet, wurde zum wichtigen Ausdrucksmittel in den Zeremonien der Mevlevî (der Tanzenden Derwische).

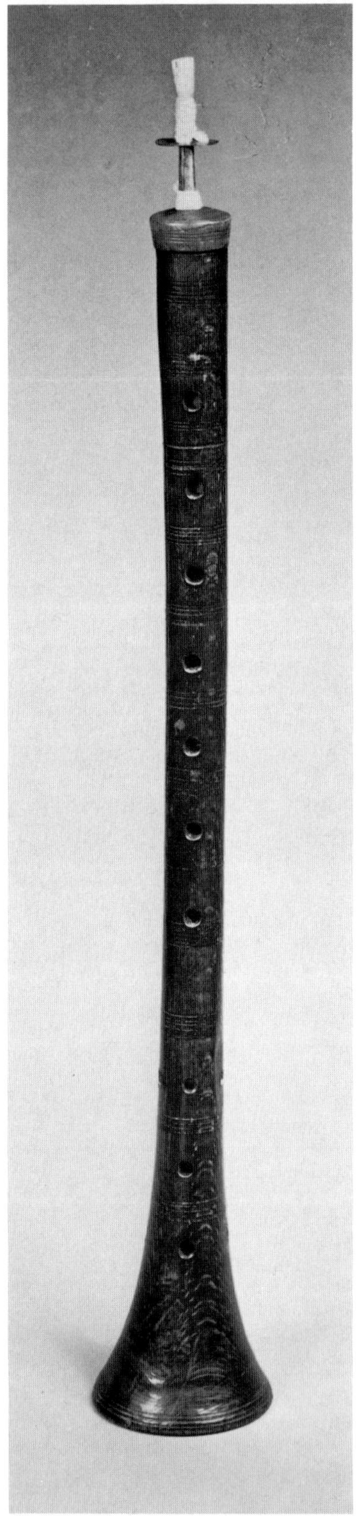

I/35
Kegeloboe — Zurna

Helles Holz, mit braun-schwarzen Einkerbungen zwischen den Löchern
7 Vorderlöcher, 1 hinteres Loch,
7 „Teufelslöcher"
L 58 cm, Dm 3,5–7,3 cm

Berlin, Staatliche Museen Preußischer Kulturbesitz, Museum für Völkerkunde VII b 47

Fast untrennbar von der großen zweifelligen Trommel *davul* ist die Kegeloboe *zurna.* Das Schallstück des aus Holz gearbeiteten Instruments ist kegelartig. Zum Blasen dient ein kleines Doppelrohrblatt, unter dem oft eine kreisförmige Lippenstütze angebracht ist. Dieser Typ ist zum Vorbild der abendländischen Oboe geworden. Man spielt sie in der Türkei noch in der alten Weise, d. h. man nimmt das Doppelrohrblatt gänzlich in den Mund, hat also kaum Einfluß auf Stärke und Farbe des Tons. Dafür kann man aber kontinuierlich spielen, d. h. der Spieler braucht die *zurna* nicht abzusetzen um Atem zu holen. Er atmet immer wieder während des Spiels schnell durch die Nase eine größere Luftmenge ein und preßt dann aus der aufgeblähten Mundhöhle die Luft in das Instrument. So können gute Musiker lange Zeit spielen, ohne zu unterbrechen. Die *zurna* hat an der Vorderseite bis zu acht Grifflöcher und hinten ein Daumenloch. Eine Beeinflussung des Klanges kann man durch die sogenannten „Teufelslöcher“ *(şeytan delikleri)* im Trichter der Oboe erreichen, weil sie die Intensität der Partialtöne vermindern.

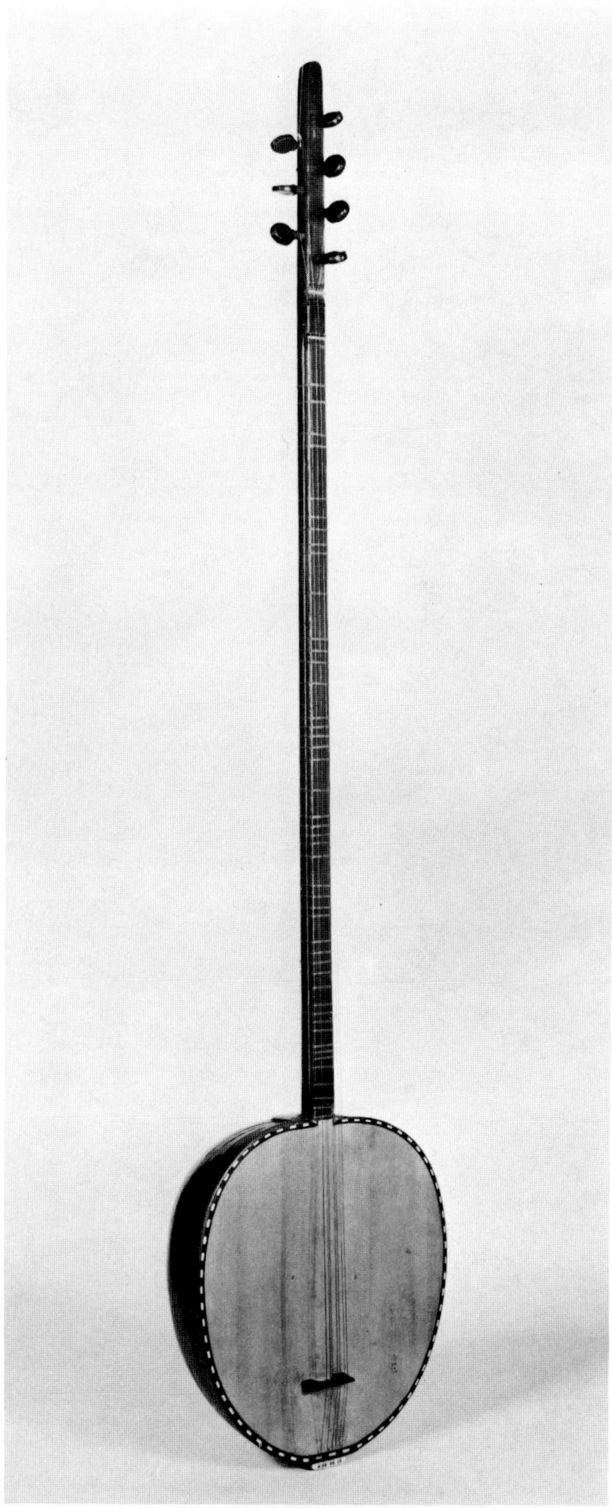

I/36

Langhalslaute — Tanbur

Nußbaum mit Tanne und Elfenbeineinlagen
7 Saiten, 7 Wirbel
L 141 cm, B 32,5 cm

Berlin, Staatliche Museen Preußischer Kulturbesitz, Museum für Völkerkunde VII b 36

Die Saiteninstrumente und besonders die Zupfinstrumente stellen mit ihren prononciert einsetzenden Tönen und der Betonung des rhythmischen Elements eine wichtige Ergänzung zu der dominierenden Melodik der türkischen Musik dar. Daher spielen die Lauteninstrumente eine große Rolle. Da gibt es für die Kunstmusikausübung die Langhalslaute *tanbur.* Sie hat acht doppelchörige Saiten und wird mit einem Plektron gespielt. Mit Hilfe der *tanbur*-Laute stellte man im Mittelalter musiktheoretische Zusammenhänge dar, vor allem Tonverhältnisse, Skalen usw. Das war deshalb möglich, weil diese Langhalslaute über bewegliche Bünde verfügt, d. h. um den Hals herumgebundene Saiten. Das gezeigte Instrument besitzt 46 Bünde, so daß viele Mikrotöne innerhalb einer Oktave erklingen können, die aber nicht, wie oft fälschlich behauptet wird, Vierteltöne sind, sondern kleinere Abweichungen von den verschiedenen Stufen. Je nach der Skala und der Absicht eines Spielers können die Bünde verschoben werden (vgl. Reinhard 1984, I, 211 ff.)

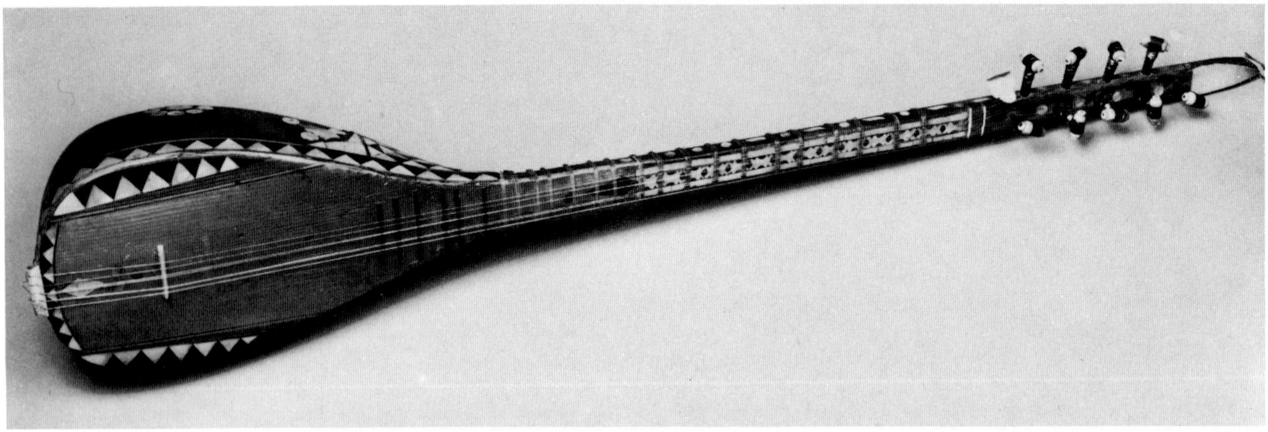

I/37

Langhalslaute – Bağlama / Saz

Istanbul, 19. Jh.
Laubbaum und Tanne, eingelegte Sterne und Ornamente aus Perlmutt · 24 Bünde, 6 Saiten · L 38,5 cm, B 18,5 cm

Istanbul, Topkapı Sarayı Müzesi, 8/845

Auch die rein türkische Langhalslaute *baglama* („binden") ist mit unterschiedlich vielen Bünden versehen. Der Musiker, der vermittels vieler Mikrotöne ein sehr farbiges Spiel erreichen will, wird sich ein Instrument mit vielen Bünden erwerben, während der dörfliche Musikant sich mit weniger Tönen in der Oktave zufrieden geben wird. Die *bağlama* weist bis heute Parallelen mit Langhalslauten in der ehemaligen zentralasiatischen Heimat auf, sowohl im Bau, der Spieltechnik, der Stimmung und in ihrem mehrstimmigen Stil, der durch den vielfach durchgehend angerissenen Bordun erreicht wird. Es gibt verschiedene Größen der *bağlama.* Alle werden mit einem Plektron gespielt. Von den drei doppelchörigen, manchmal mehrchörigen Saiten sind je zwei Melodiesaiten, die anderen Bordunsaiten. Die heute gebräuchlichste Stimmung ist die *kara düzen* g-d'-a'.

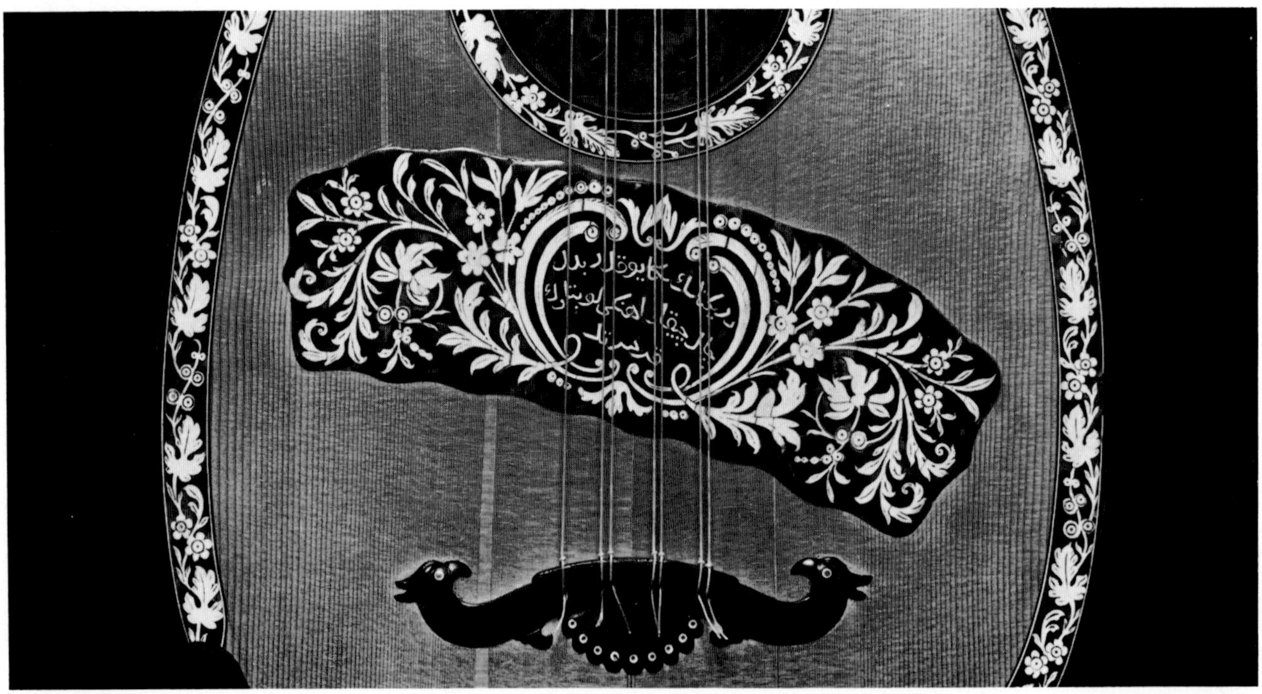

I/38

Schalenhalslaute — Lavta

Griechische Arbeit, 1856
Holz dunkel und hell, Schildpatt und florale Elfenbeinformen
7 Saiten, 7 Wirbel
L 91 cm, B 29 cm

Berlin, Staatliche Museen Preußischer Kulturbesitz, Museum für Völkerkunde VII b 35

Die *lavta* ist ebenfalls eine Kurzhalslaute, die aber Bünde hat, die temperiert chromatisch angeordnet sind. Ihre doppelchörigen Saiten sind in Quinten gestimmt. Wegen dieser für die türkische Musik fremden Eigenarten fand sie in die klassische Musik keinen Eingang. Sie diente dagegen der Unterhaltungsmusik, bei Tanzvorstellungen im Harem und zur Begleitung in leichter Kammermusik. Die ausgestellte Laute trägt im Korpus eine Eintragung, daß sie 1856 von Dimitri Mide hergestellt worden ist.

I/39

Schalenhalslaute, Kurzhalslaute — Ud

Armenische Arbeit · Holz, Perlmutt florale Motive
11 Saiten, 11 Wirbel · L 88 cm, B 36,5 cm

Berlin, Staatliche Museen Preußischer Kulturbesitz, Museum für Völkerkunde VII b 41

Die Kurzhalslaute *ud* unterscheidet sich von den Langhalslauten durch den viel größeren Schallkörper, die auf der Holzdecke verzierten Schallöcher und den kurzen abgeknickten Hals ohne Bünde. Sonderformen der *ud* gab es schon in der orientalischen Antike. Im 7. Jh. ist die Laute von Persien oder dem Irak zu den Arabern gekommen. Zu al-Farābī's Zeit (10. Jh.) hatte sie vier in Quarten gestimmte Saiten. Al-Farābī fügte eine fünfte hinzu. Zu diesen fünf doppelchörigen Saiten brachte man gelegentlich eine sechste einzelne Saite an. Die Stimmung der *ud* ist G-A-D-g-c'. Die *ud* ist vom Abendland fast unverändert übernommen worden und hat sich bis nach China und Japan verbreitet.

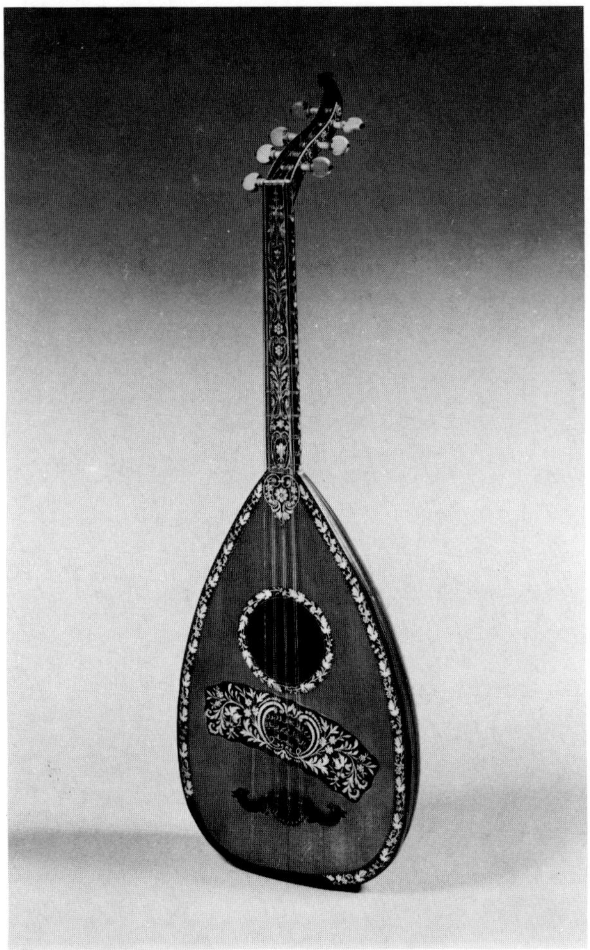

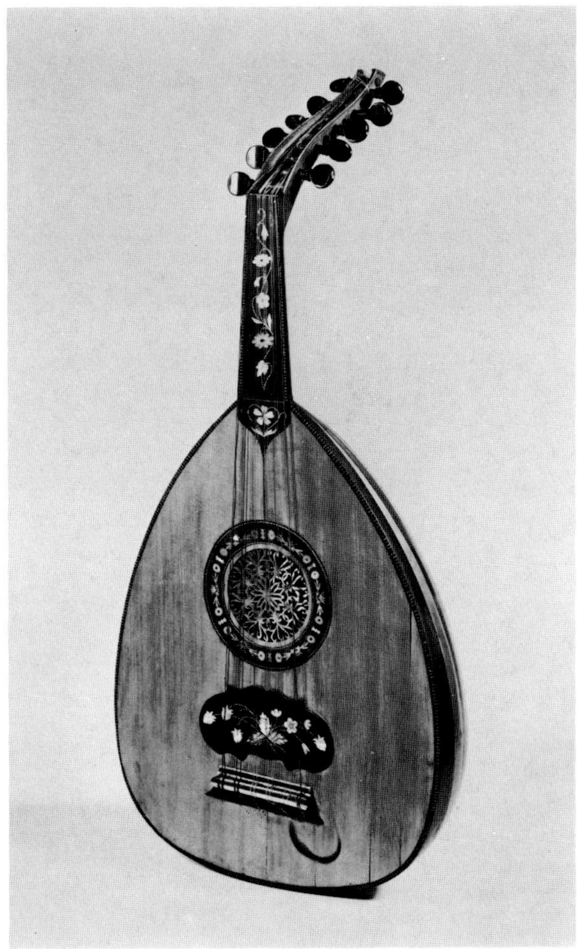

I/40
Trapezförmige Kastenzither – Kanun

Holz schwarz und braun mit Blütenmustern und Fellbespannung
24 dreichörige Saiten, 72 Wirbel
L 95 zu 74 cm, B 37,5 cm

Berlin, Staatliche Museen Preußischer Kulturbesitz, Museum für Völkerkunde VII b 48 d

Die Herkunft der trapezförmigen Kastenzither *kanun* („Gesetz", „Regel") liegt im Dunkeln. Sie begegnet uns seit Jahrhunderten vom Vorderen Orient über Zentralasien bis nach Ostasien. In früh-islamischer Zeit wurde sie zum Lehren der Tonsysteme gebraucht. Das Abendland hat sie übernommen, entwickelte sie aber durch Mechanisierung über mehrere Stadien bis zu den Klavierinstrumenten. Die Zither *kanun* hat dreimal 24 Saiten, die zwischen H und d" in mehr als drei siebenstufige Skalen eingestimmt sind. Ende des 19. Jh. wurden unter jedem Saitenchor mehrere bewegliche Riegel *mandal* angebracht, die die jeweilige Saite durch Umklappen umstimmen konnten. In demselben Jahrhundert fing man in der Türkei wieder an, die *kanun* zu spielen, nachdem sie zeitweise in Vergessenheit geraten war.

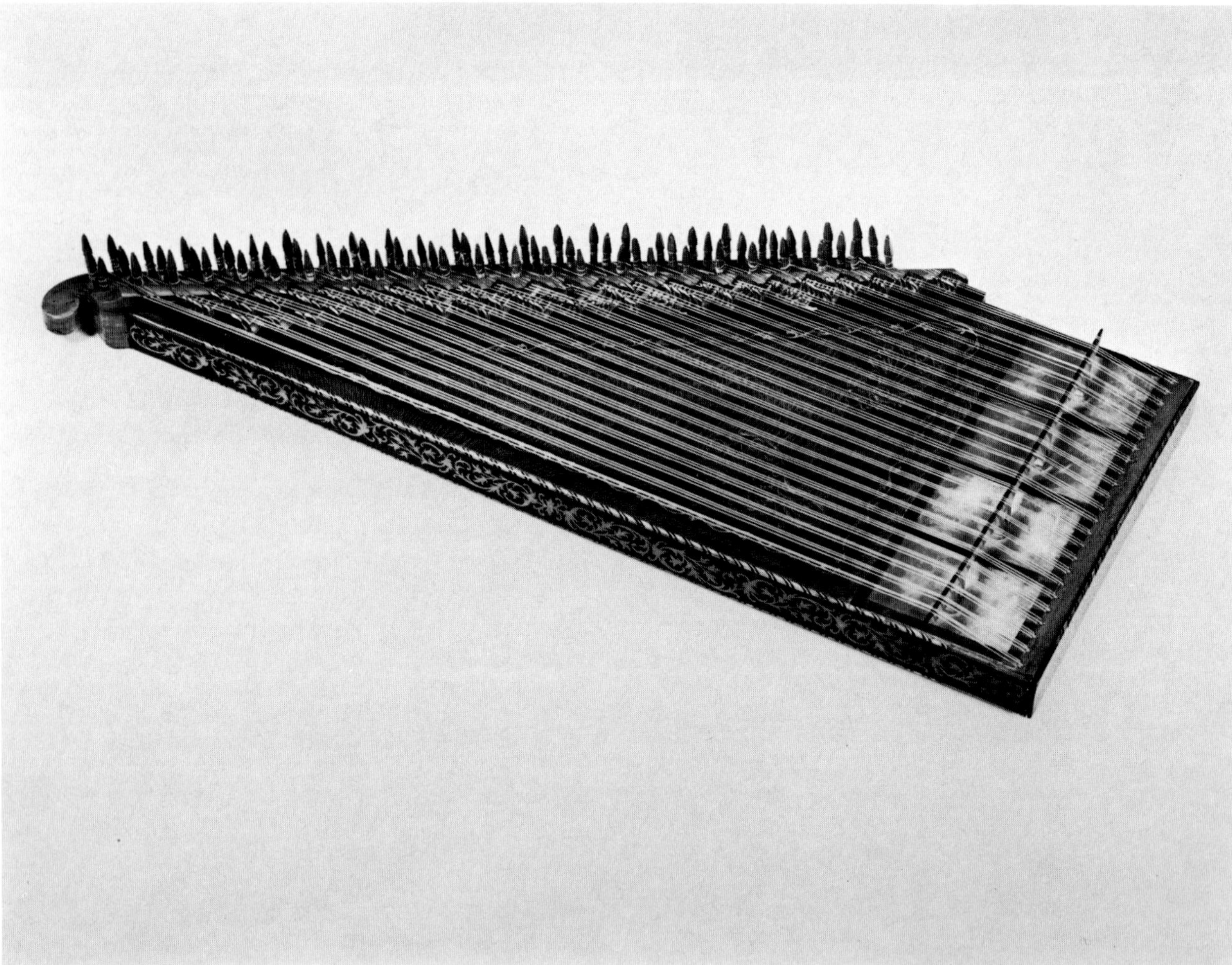

I/41
Schalenhalslaute mit Bogen – Kemençe rumi

Holz mit Elfenbein
gestreckter Bogen aus Holz mit Roßhaaren
L 42 cm

Berlin, Staatliche Museen Preußischer Kulturbesitz, Museum für Völkerkunde VII b 43 a + b

Streichinstrumente waren schon bei den Turkvölkern Zentralasiens bekannt. Oghusen und Seldschuken nahmen sie nach Anatolien mit, wo sie im 12./13. Jh. auftauchten. Im 15. Jh. hatten einige von ihnen den Namen *kemençe* erhalten. Die *kemençe rumi* („westliche" oder „griechische Geige") hat drei Saiten und keinen Sattel, so daß die Saiten ungleich lang sind und demzufolge auch ungleiche Griffabstände erfordern. Das stört aber deshalb nicht sonderlich, da zum melodischen Spiel vor allem nur die oberste Saite verkürzt wird, und zwar nicht durch Niederdrücken auf das Griffbrett, sondern durch seitlichen Druck mittels der Fingernägel der linken Hand. Die beiden anderen Saiten werden leer gespielt, oft um der Melodie Bordunklänge zu unterlegen. Die *kemençe rumi* diente zeitweise der Unterhaltungsmusik. Später wurde sie auch in die Kunstmusik integriert.

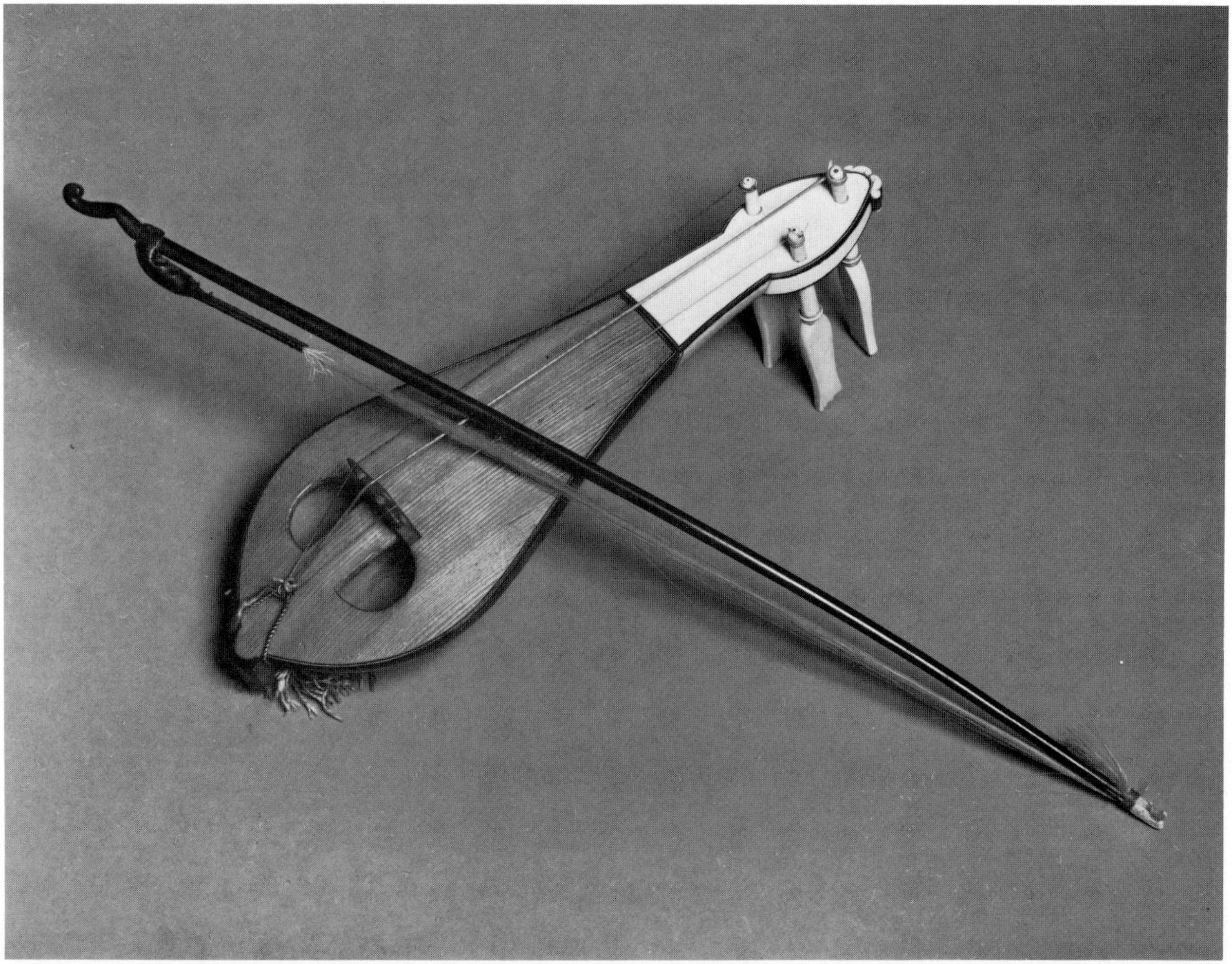

I/42 a, b

Hoffest mit Bärenkampf

Zwei Miniaturen mit der Darstellung von Musikkapellen, die bei höfischen Vergnügungen spielen:
a) Vorführung von Tieren mit Musik.
An Instrumenten ist in der Reihenfolge von vorne nach hinten zu sehen: eine Spießgeige *(rebab)*, zwei Panflöten *(mıskal)*, zwei Langhalslauten *(tanbur)*, zwei Längsflöten *(ney)*, vier Rahmentrommeln mit Schellen *(zilli def)*

Hoffest am Bosporus

b) Musikanten auf einem Floß, zusammen mit Tänzern.
An Instrumenten ist in der Reihenfolge von vorne nach hinten zu sehen: zwei kleine Doppelpauken *(nakkare)*, vier Rahmentrommeln mit Schellen *(zilli def)*, eine mit Stäbchen geschlagene Zither oder Hackbrett *(santur)*, dahinter vier Oboen *(zurna)*

Fotos aus: Surname-i Vehbi *von Abdülcelil Çelebi (Levnî) um 1720. Istanbul, Topkapı Sarayı Bibliothek.*

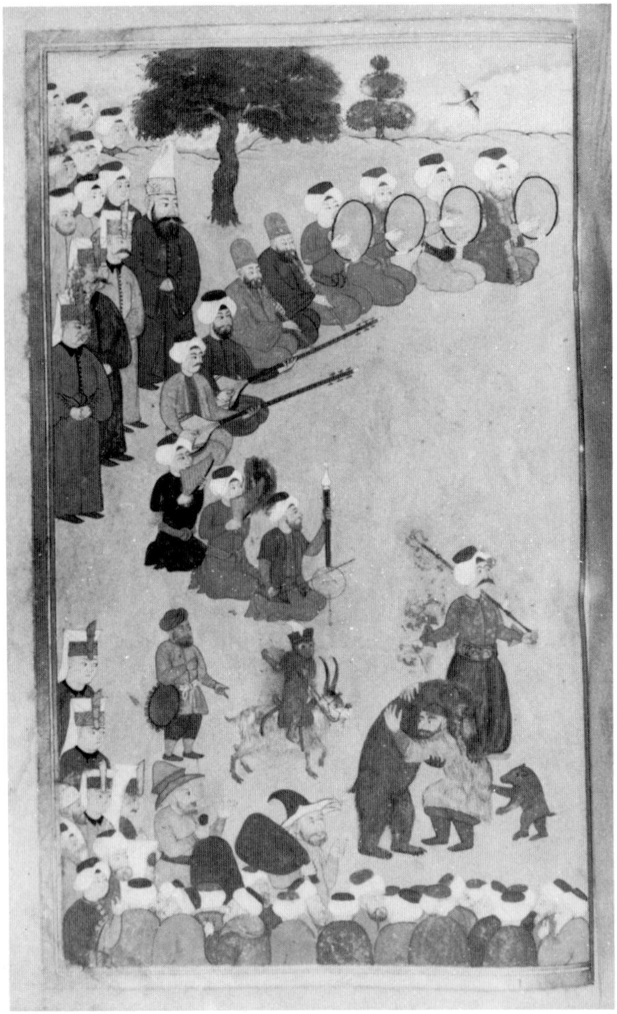

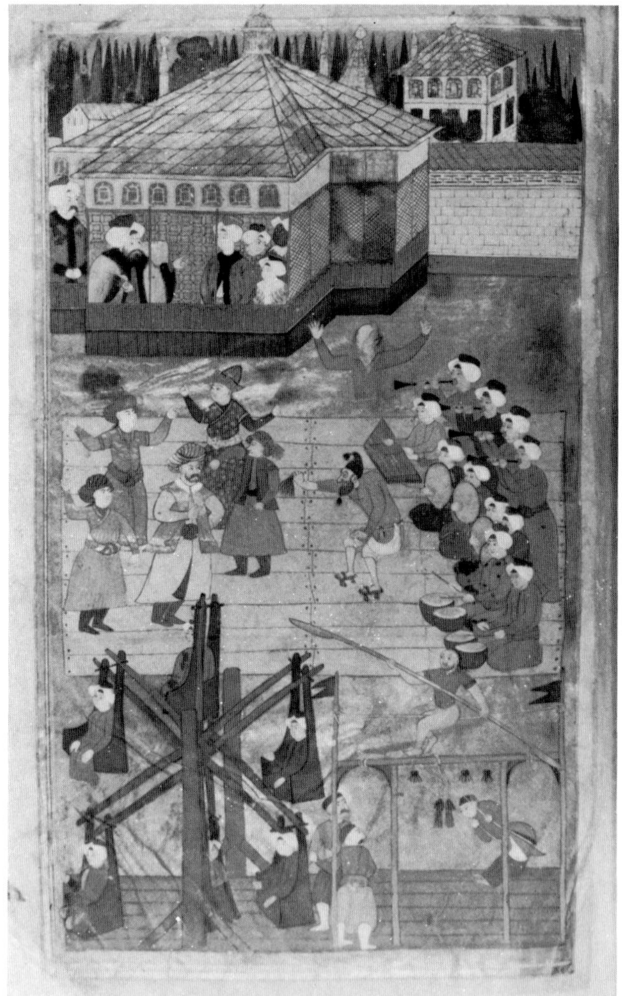

I/43
Schattenspielfiguren („Karagöz"-Figuren)

Türkei, um 1900 · Verschiedene Dimensionen
Gegerbtes, geschnittenes und gefärbtes Leder mit Durchbrucharbeiten; mit Band zusammengeknüpft

Hamburger Museum für Völkerkunde, Inv. Nr. 19.44: 4, -12, -16, -30–35, -37–38, -63, -68, -92, -97, -107–108, -155–166; 1 Stück ohne Inv. Nr.; Köln, Sammlung Oppenheim, 2 Figuren.

Die hier vorgestellten Schattenfiguren bilden eine Auswahl aus der Sammlung von über 100 Exemplaren, die der Orientalist Hellmut Ritter 1918 in Istanbul für das Hamburger Museum für Völkerkunde erwerben konnte. Für einige Figuren konnte Ritter den Namen dessen, der sie gearbeitet hatte, feststellen. Der Hofschattenspieler Nazif Bey z. B. wußte auch Schattenfiguren zu verfertigen. Die Figuren gelten als umso besser, je sprechender ihre Umrißlinien sind und je feiner die Durchbrucharbeit ist, die sie aufweisen. Kamelhaut war das am besten geeignete Grundmaterial.
Die gezeigten Figuren gehören zu mindestens neun der bekanntesten Schattenspielstücke und konnten teilweise in mehr als einem Stück verwendet werden.

a) Albanier in der charakteristischen Nationaltracht aus dem Stück *Kanlı kavak* („Die Blutpappel")
H 29 cm

b) Jude aus dem Stück *Yalova sefası* („Der Ausflug nach Yalova") oder auch aus *Kayık* („Das Boot")
H 32,7

c) Eingangsbild *(göstermelik)* „Kaffeestampferei" aus dem Stück *Tahmis* („Die Kaffeestampferei")
H 28,3 cm.

d–h) Figuren aus dem Stück *Bahçe* („Der Garten"): d) Karagöz als Perser; e) Musikantin; f–g) zwei Perser zu Pferde; h) ein persischer Diener zu Pferde.
H zwischen 29,3 cm und 43 cm

i) Karagöz als Dame aus dem Stück *Sahte gelin* („Die falsche Braut") und *Bahçe oyunu* („Das Gartenspiel").
H 33 cm

j) Auch der Zwerg Bebe Ruhi stammt aus *Sahte gelin* („Die falsche Braut"), kommt aber auch in anderen Stücken vor.
H 33 cm

k–l Die Hauptheldén und Kontrahenten der Karagöz-Stücke Karagöz und Hacivat, so wie sie in dem Stück *Kanlı Nigar* („Die blutige Nigar" oder „Die blutige d. h. grausame Schöne") auftreten, nämlich ihrer Kleidung beraubt.
H zwischen 29 cm und 29,3 cm

m) Boot mit Ruderer und zwei verschleierten Frauen.
H 23,5 cm

n) Karagöz in einer seiner Musikantenrollen, hier als Dudelsackbläser.
H 35,2 cm

o) Junger Mann, wahrscheinlich Sivrikoz, der Sohn des Karagöz.
H 23,5 cm

p) Junger Mann in farbenfrohem Gewand, wahrscheinlich ein Tänzer, wie sie in den Stücken *Sahte gelin* („Die falsche Braut"), *Sünnet* („Die Beschneidung") oder *Meyhane* („Die Schenke") vorkommen.
H 36 cm

q) Die Frau des Bekri Mustafa, einer historisch faßbaren Trinkergestalt aus dem 17. Jh., mit ihren zwei Kindern aus *Meyhane* („Die Schenke").
H 29,2 cm

r–t) Eingangsbilder *(göstermelik)*: r) drei Musikantinnen; s) ein Zitronenstrauch; t) der sagenhafte Baum Wak Wak, von dem ein siebenköpfigers Fabeltier die Früchte herunterfrißt, diese in Form von lauter kleinen nackten Menschen.
H zwischen 26,3 cm und 34,5 cm

(Ke)

I/44
Modell des Süleymaniye-Komplexes, Külliye

Maßstab 1 : 500
L 86 cm, B 60 cm
Material: Holz, Kork, Farbe

Modell Jens Misiakiewicz, Frankfurt

Das Modell zeigt die Süleymaniye-Moschee mit den umgebenden Nebengebäuden: Medrese, Bibliothek, Armenküche und dem Grabbau des Architekten Sinan.

I/45a
Istanbul — Gesamtansicht der Sultan Ahmed-Moschee.

Jean Baptiste Lepère, um 1796/98
Bleistiftzeichnung auf Karton
H 24,7 cm, B 43 cm

Wallraf-Richartz-Museum, Köln (Nachlaß Hittorf, Umschlag 26, Mappe 6 Nr. Je 67)

Während seines rund zweijährigen Aufenthaltes in Istanbul (1796—98), bei dem er im Auftrag der französischen Revolutionsregierung eine Kanonenfabrik aufbauen sollte, hat der junge französische Architekt Jean Baptiste Lepère (1761—1844) eine ganze Reihe bedeutender Bauten Istanbuls und Üsküdars skizziert, soweit ihm diese zugänglich waren. Besonders eingehend hat er sich dabei mit der Sultan Ahmed Camii befaßt (erbaut 1609—17), deren beherrschende Lage innerhalb der kleinteiligen Holzhausbebauung, ihr Kuppelaufbau und die architektonischen Details sein besonderes Interesse fanden. Auf anderen Blättern hält er die für Istanbul charakteristische enge Verbindung von Bauwerk und innerstädtischem Grün fest, die dem Baumeister, der aus dem engen Paris kam, hier besonders nachdrücklich auffiel. Diese Verbindung hat er auch in dem vorliegenden Blatt betont, das darüber hinaus, dank der hier dargestellten, heute nicht mehr vorhandenen Palastbauten neben der Moschee, einen erheblichen Wert für die lokale topographisch-historische Forschung hat.

Lit.: bisher unpubliziert

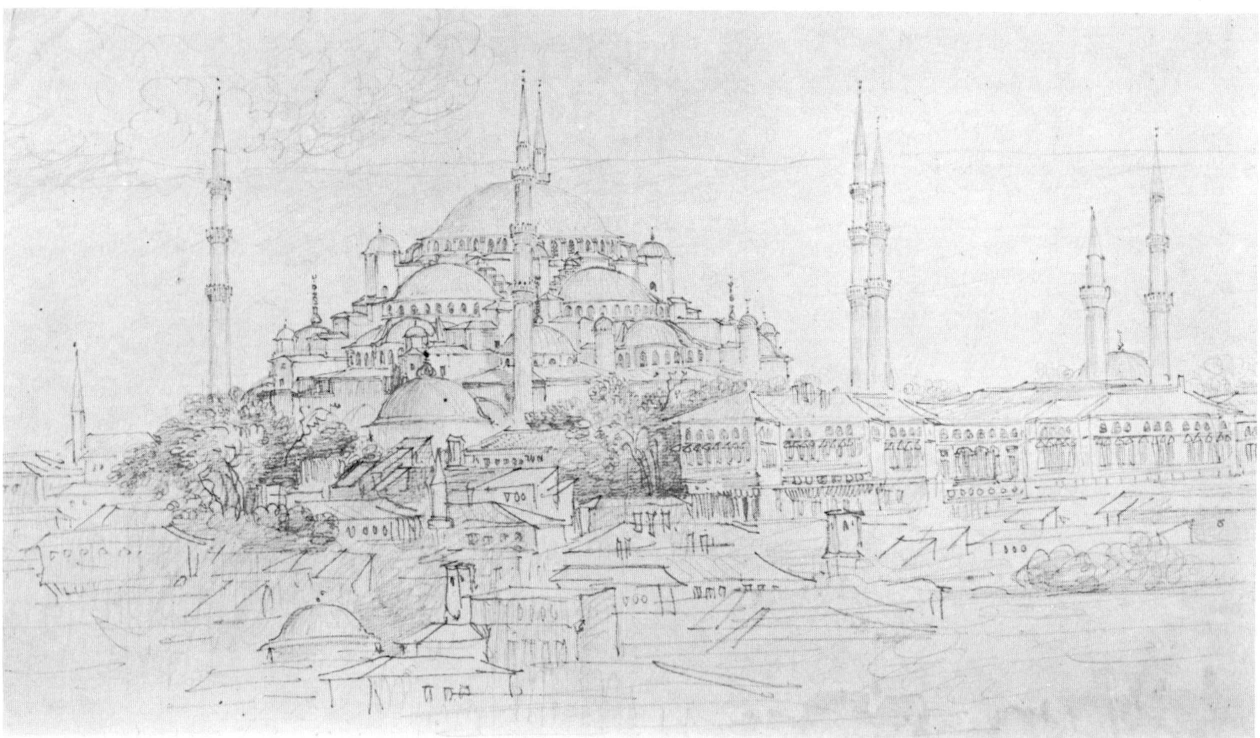

I/45b
Istanbul – Blick in den Innenhof der Sultan Ahmed-Moschee.

Jean Baptiste Lepère, um 1796/98
Bleistiftzeichnung auf Papier
H 32,1 cm, B 42,6 cm

Wallraf-Richartz-Museum, Köln (Nachlaß Hittorf, Umschlag 26, Mappe 6 Nr. Je 65)

Während sich der junge Architekt J. B. Lepère bei seinen Zeichen-Exkursionen in Istanbul überwiegend mit der städtebaulichen Einbindung der von ihm besuchten Bauten befaßte, versuchte er in dem vorliegenden Blatt die beeindruckende Wirkung des über dem offenen Hallenhof aufragenden Kuppelaufbaues der Moschee zu erfassen, die auf einem überaus regelmäßigen Vierpaß-Grundriß errichtet und somit relativ leicht zu greifen ist: die zentrale Hauptkuppel wird auf vier Seiten von Halbkuppeln abgestützt, die die Lasten auf das tragende Wand- und Pfeilergerüst überführen. Den im Hof gelegenen *şadırvan* (Waschbrunnen) mit seinen dem Zeichner ungeläufigen Detailformen hat er auf anderen Blättern ausführlicher skizziert.

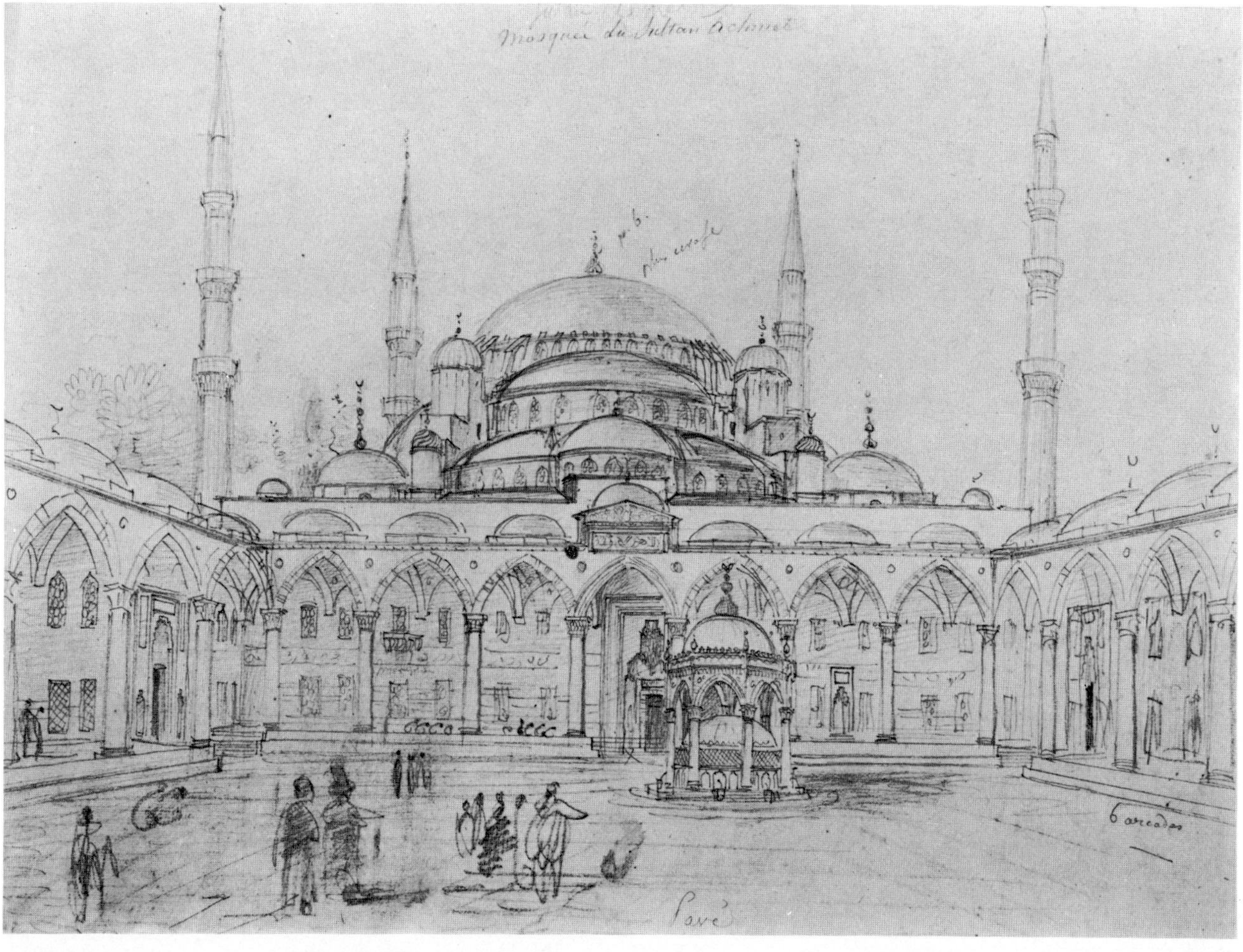

I/46

Innenansicht eines türkischen Bades

Kupferstich von L. Fuhrmann
Aus: Malerische Reise in einigen Provinzen des Osmanischen Reiches aus dem Polnischen des Herrn Gr(afen) Eduard Raczynski übersetzt von Friedr. Heinr. von der Hagen · (Breslau 1824)
Buch H 47 cm, B 34,5 cm · Platte H 33 cm, B 24,2 cm

W. Müller-Wiener, Darmstadt

Dargestellt ist der Baderaum eines Männerbades mit dem mittig angeordneten sog. *göbek taşı,* einer niedrigen Marmorplattform, auf der Badegäste massiert oder anderweitig behandelt wurden. Trotz der Bedeutung öffentlicher Bäder sind Darstellungen aus dem Innenbetrieb selten.

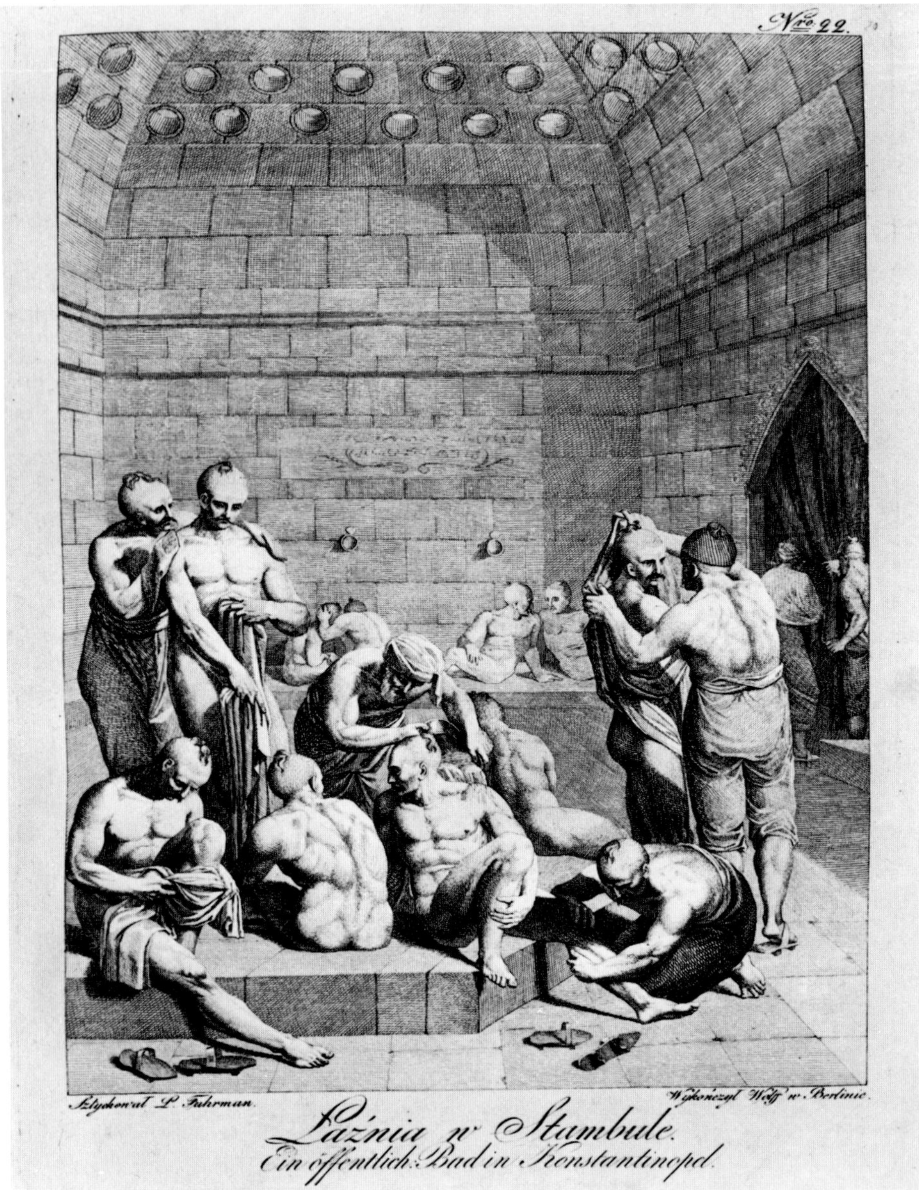

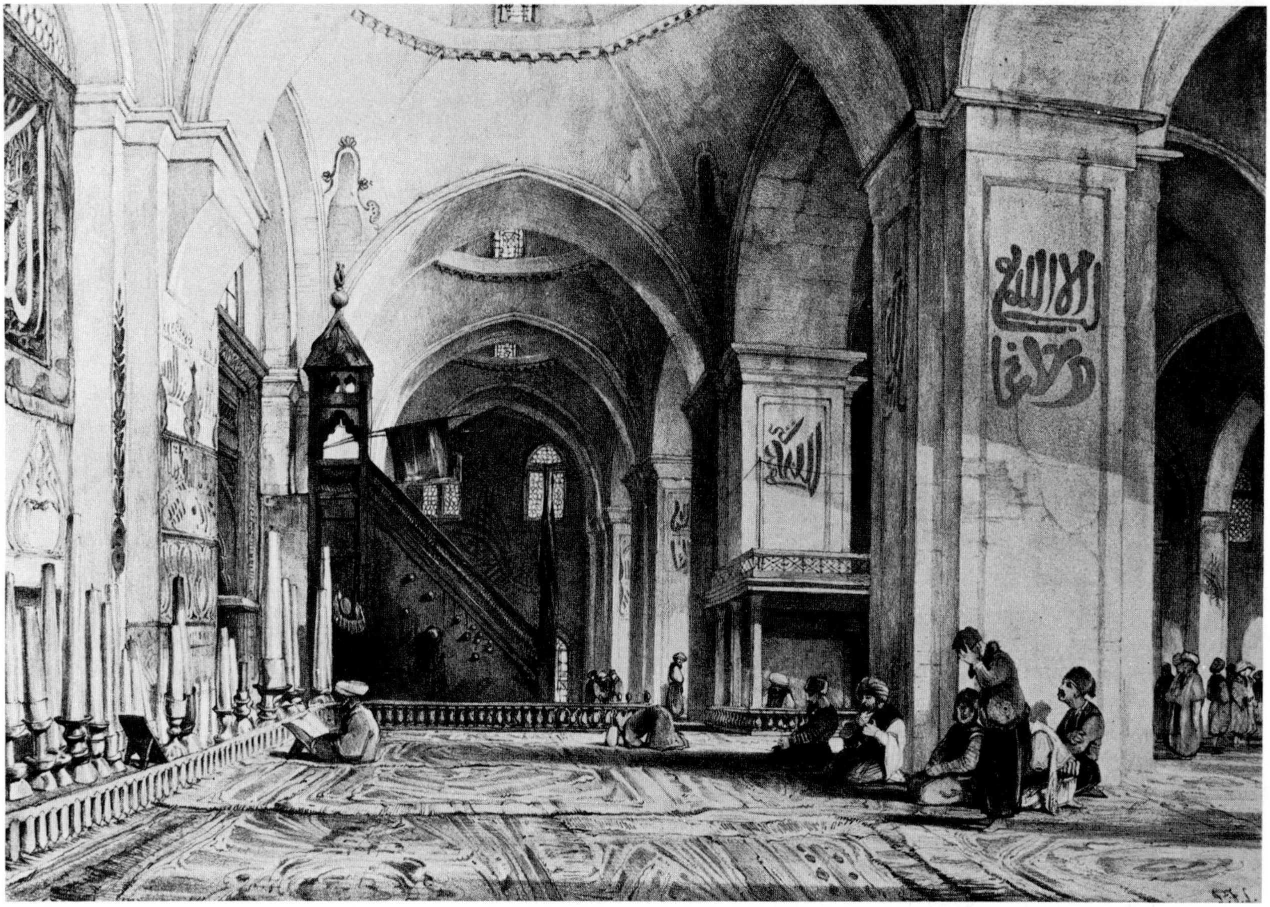

I/47

Bursa – Innenansicht der Ulu Cami

Lithographie von John F. Lewis nach Skizzen von Coke Smyth
Aus: Lewis's Illustrations of Constantinople made during a Residence in that City etc. in the years 1835–6 (London o. J.)

Deutsches Archäologisches Institut, Abt. Istanbul Inv. Nr. 61/227.

Dargestellt ist ein Blick von Osten durch die Moschee auf Mihrab und Minbar, der noch den vor der Erdbebenzerstörung von 1855 bestehenden alten Zustand zeigt, den die anschließenden Restaurierungen stark verändert haben.

I/48
Zeichnungsalbum

sog. Freshfield-Album
anonymer Zeichner, um 1574
Papier, 21 kolorierte Zeichnungen
H 42 cm, B 28 cm

Cambridge, Trinity College Library Ms. 0.17.2, Fol. 21

Die Zeichnung der *Moschea Sultani Solimannj* (Fol. 14; siehe Zeichnung Seite 81), also der Süleymaniye Camii wurde um 1570/75 von einem bislang anonymen Künstler angefertigt, der im Gefolge eines der kaiserlichen Botschafter nach Istanbul gekommen war und das Blatt aller Wahrscheinlichkeit nach von einem Haus in Galata aus gezeichnet hat — ähnlich wie wenige Jahre zuvor Melchior Lorich seine berühmte Stadtansicht. Es handelt sich um eine der ersten Darstellungen des zu der Zeit erst knapp 20 Jahre vollendeten Baues des großen Architekten Sinan (erbaut 1550—1557), die — vergleicht man die Details mit dem heutigen Bau — bis in Einzelheiten hinein korrekt ist — freilich im Hinblick auf das in der Länge nicht ausreichende Papier etwas zu kurz geraten. Im Gegensatz zur Mehrzahl der in der Ausstellung gezeigten Bilder und Zeichnungen mit Darstellungen osmanischer Bauten lag dem Zeichner, der das sog. Freshfield-Album zusammenstellte, mehr daran, die noch allenthalben zwischen den neuen Bauwerken vorhandenen Reste byzantinischer Architektur zu zeigen. Für Fremde war dies bunte Nebeneinander von Bauten so ganz unterschiedlicher historischer Phasen immer wieder Anlaß zur Verwunderung; für die Türken selbst war die Existenz dieser einst christlichen Monumente gelegentlich Anlaß, sie sich selbst als Moscheen anzueignen; daneben aber vermittelten sie ihnen den imperialen Maßstab, den das junge Osmanenreich zur eigenen Selbstdarstellung brauchte und an dem sich im Wettstreit die eigene Baukunst entwickelte.
Fol. 21 zeigt einen Blick in das Mausoleum Sultan Selims II. nahe der Hagia Sophia (Ayasofya Camii). Im Hintergrund ist die Mauer des Serails zu sehen.

Lit.: Edwin Hanson Freshfield, Byzantin. Zeitschr. 30, 1929/30, 519 ff.
C. Mango, Jahrbuch Dtsch. Arch. Inst. 80 (1965) 305 ff.

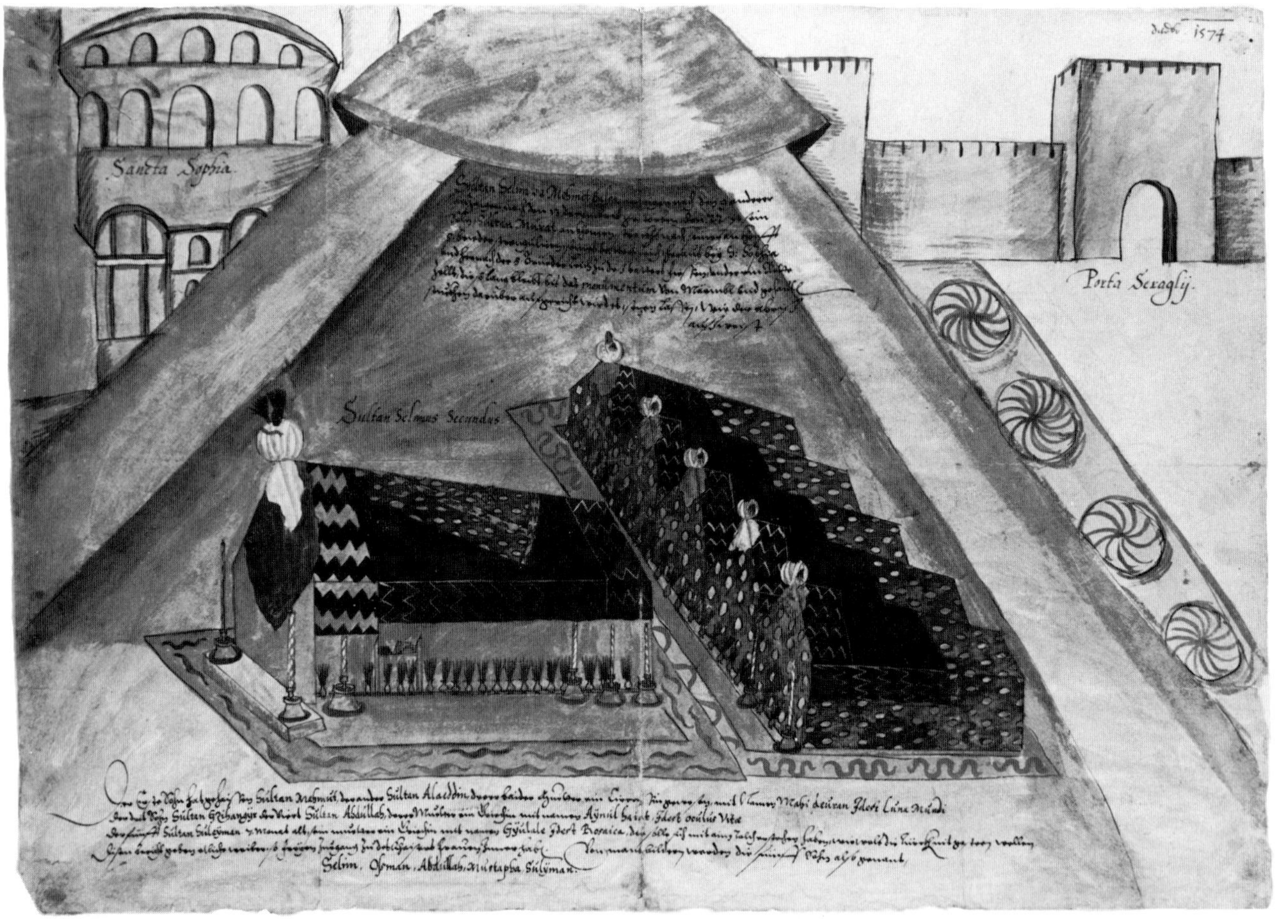

I/49

„Vue de l'interieur d'un Khan ou Kharvansérai.“

Blick in den Hof eines Hanes
Zeichnung J. B. Hilair, Stich Dambrun
Aus: Voyage pittoresque dans l'Empire Ottoman, en Grèce, dans la Troade . . . par M. le Comte de Choiseul-Gouffier (2. Ed. Paris 1842). II Tafel 7
Platte H 27,4 cm, B 38,0 cm

W. Müller-Wiener, Darmstadt

Die mit reicher Figurenstaffage gefüllte Ansicht des Innenhofes eines städtischen Karawanenhofes ist zweifellos im Stile des 18. Jh. dramatisiert, vermittelt aber doch einen zutreffenden Eindruck vom lebhaften Treiben in einem solchen Hof. Es ist hier kein bestimmter Bau dargestellt, doch ergibt sich aus der Planfolge des Buches, daß es sich um einen Karawanenhof im Gebiet von Izmir-Bergama handelt. Hier wurde noch bis zum 1. Weltkrieg ein großer Teil der Landtransporte von und zum Hafen Izmir durch Kamel-Karawanen besorgt und Kamele waren selbst in der Innenstadt von Izmir keine Seltenheit.

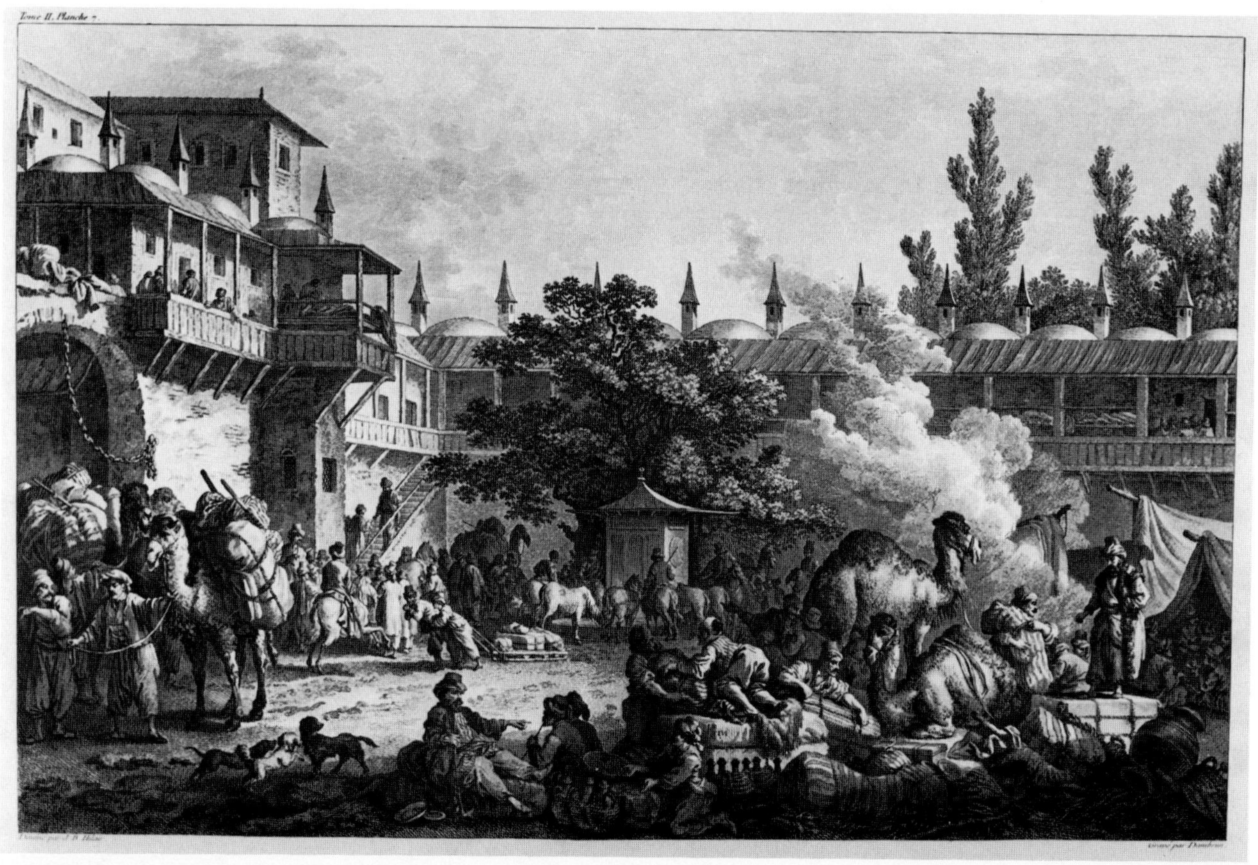

I/50

Ansicht des Maglova Kemeri

(auch Moğol Ağa kemeri genannt)

Radierung von Schroeder und Duparc nach Zeichnung von A. I. Melling

Aus: Voyage pittoresque de Constantinople et des rives du Bosphore d'aprés les dessins de M. Melling, Architecte de l'Empereur Sélim III. et dessinateur de la Sultane Hadidgé sa soeur, publié par MM. Treuttel et Würtz (Paris 1819)

Platte H 68,9 cm, B 84,4 cm

Stiftung Preußischer Kulturbesitz Berlin – Kunstbibliothek, Inv. Nr. LB. 41

Das Blatt zeigt einen der schönsten, und daher jahrhundertelang fälschlich dem Kaiser Justinian zugeschriebenen Aquädukte des Istanbuler Wasserversorgungs-Systems. Er gehört zum sog. Kırkçeşme-Strang, der auf Veranlassung Sultan Süleymans I. in den Jahren zwischen 1554—1565 unter Leitung des Hofarchitekten Sinan errichtet wurde, um Wasser aus den ca. 20 km nördlich der Stadt liegenden Waldgebieten heranzuführen. Der ganze, in Werkstein errichtete, zweigeschossige Aquädukt war während der Bauzeit 1563 durch ein Unwetter stark beschädigt worden, was Anlaß für die besonders kräftige Ausführung mit verstärkten Strebepfeilern gewesen sein mag.

Lit.: Zu den Wasseranlagen: Müller-Wiener 1977, 514 ff.; S. N. Nirven, Istanbul suları (Istanbul 1946) 96 ff.

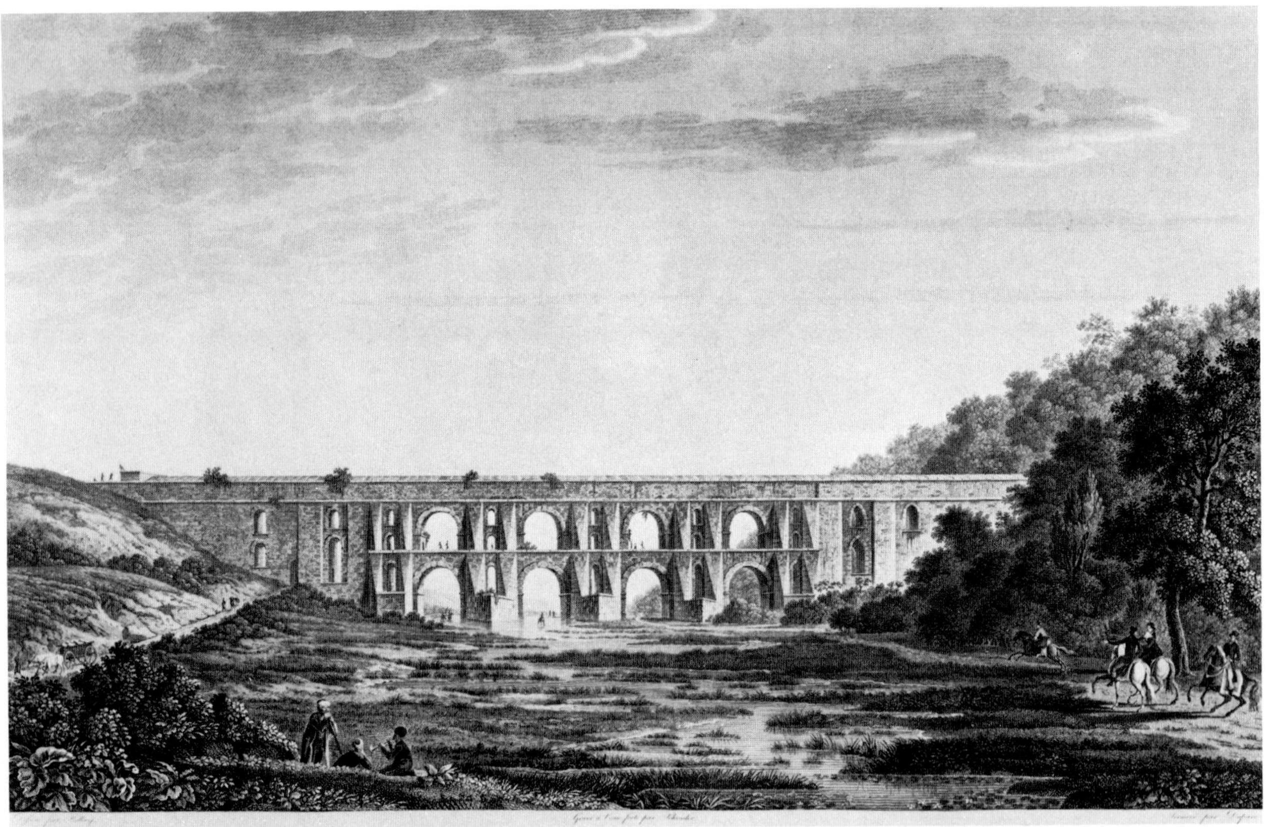

I/51
Ansicht einer Staudamm-Anlage *(bend)* bei Istanbul

Aquaforte-Stich von Pillement-frs., Née (1814) nach einer Zeichnung von A. I. Melling
Aus: Voyage pittoresque de Constantinople et des rives du Bosphore d'après les dessins de M. Melling, Architecte de l'Empereur Sélim III. et dessinateur da la Sultane Hadidgé sa soeur, publié par MM. Treuttel et Würtz (Paris 1819).
Platte H 47,7 cm, B 67,4 cm

Stiftung Preußischer Kulturbesitz Berlin – Kunstbibliothek, Inv. Nr. LB 41

Mangels ausreichender Quellen in der näheren Umgebung Istanbuls war man für die Wasserversorgung der seit dem 16. Jh. stark gewachsenen Bevölkerung auf Zufuhr von außen angewiesen. Die regenreichen Waldgebiete in Nähe der Schwarzmeerküste – des sog. Belgrader Waldes – waren schon im byzantinischer Zeit dafür mitherangezogen worden. Um das anfallende Regenwasser für die trockenen Sommer- und Herbstmonate speichern zu können, errichtete man seit dem 16. Jh. in mehreren längeren Bauabschnitten zahlreiche Staumauern, zu denen auch der 65,5 m lange und 9,4 m hohe große Bend *(büyük bend)* gehört, der mit einem Fassungsvermögen von rund 783.000 cbm ein Areal von 993 Hektar umfaßt. Seine Anlage erfolgte im 18. Jh. unter Sultan Ahmed III.; letzter Ausbau unter Sultan Abdülhamid I. 1785.

Lit.: Müller-Wiener 1977, 514 ff.

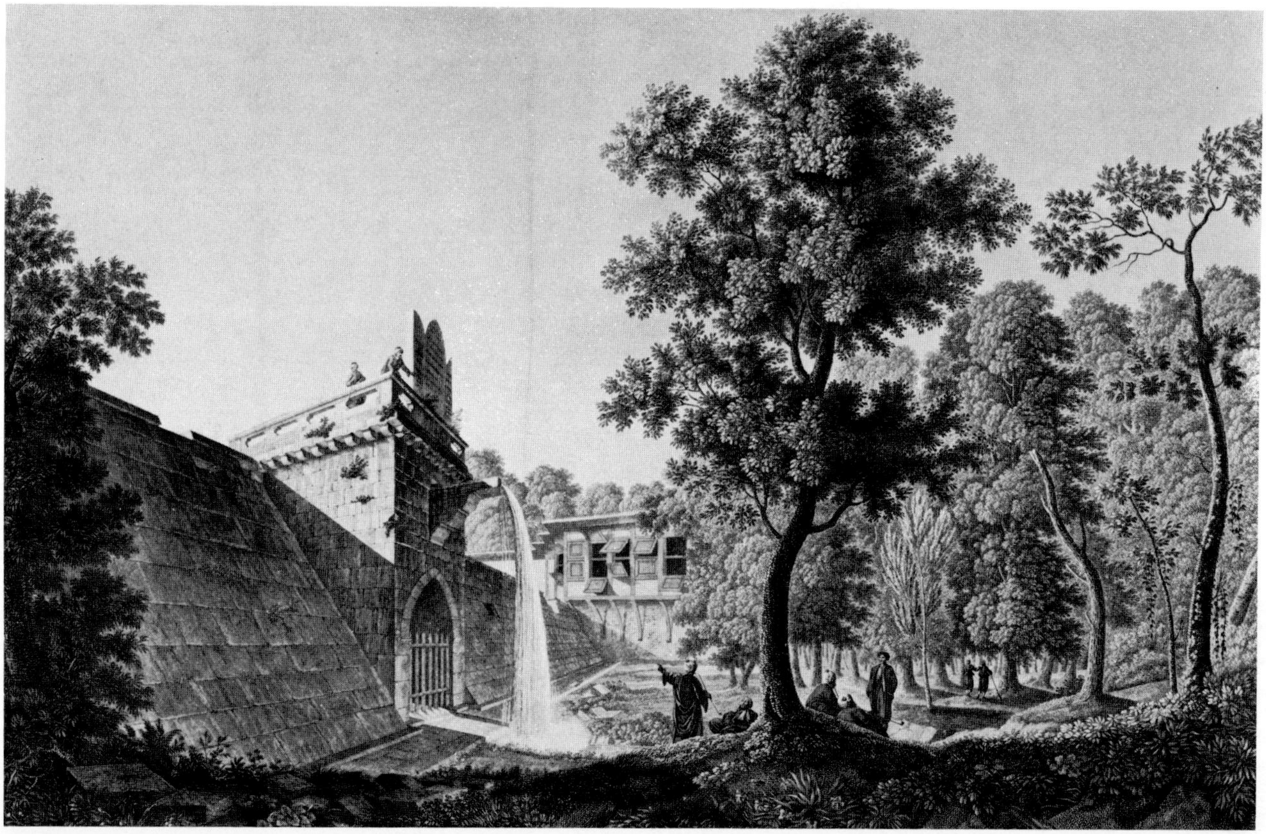

I/52
Türkische Hochzeit

Gemälde von Jean-Baptiste Van Mour
1. Hälfte 18. Jh.
Öl auf Leinwand
H 56 cm, B 90 cm

Amsterdam, Rijksmuseum A 2000

Unter den zahlreichen Künstlern, die sich kürzer oder (seltener) länger in Istanbul aufhielten und alltägliches Leben am Bosporus aufzeichneten, war J. B. Van Mour (1671–1737) einer der fruchtbarsten – wenngleich nicht eben begabtesten: er hat neben den hier gezeigten Bildern mit Istanbuler Bauten eine umfängliche Serie von Porträts und Kostümbildern gemalt, die sich zu seiner Zeit bei Besuchern der Stadt großer Beliebtheit erfreuten. Da sein Interesse (und seine Fähigkeiten) überwiegend dem fremdartigen und farbigen Leben des Orients galten, sind Bauten überall nur als Hintergrund dargestellt – und dann nicht immer in den richtigen Proportionen.
Das unten abgebildete Gemälde von Van Mour zeigt einen prächtigen Aufzug im Vordergrund – einen Hochzeitszug, für den der Maler als Hintergrund eine Bosporuslandschaft mit der 1451/52 erbauten Sperrfestung Rumelihisarı wählte. Im Inneren der zu dieser Zeit nur mehr als Staatsgefängnis genutzten Burg drängen sich niedrige Holzhäuser, die auch noch das nördlich anschließende Ufer säumen; die vier dicken Türme der Burg tragen noch ihre alten spitzen Dächer.

Lit.: R. van Luttervelt, De „Turkse" schilderijen van J. B. Van Mour en zijn school, Istanbul, 1958

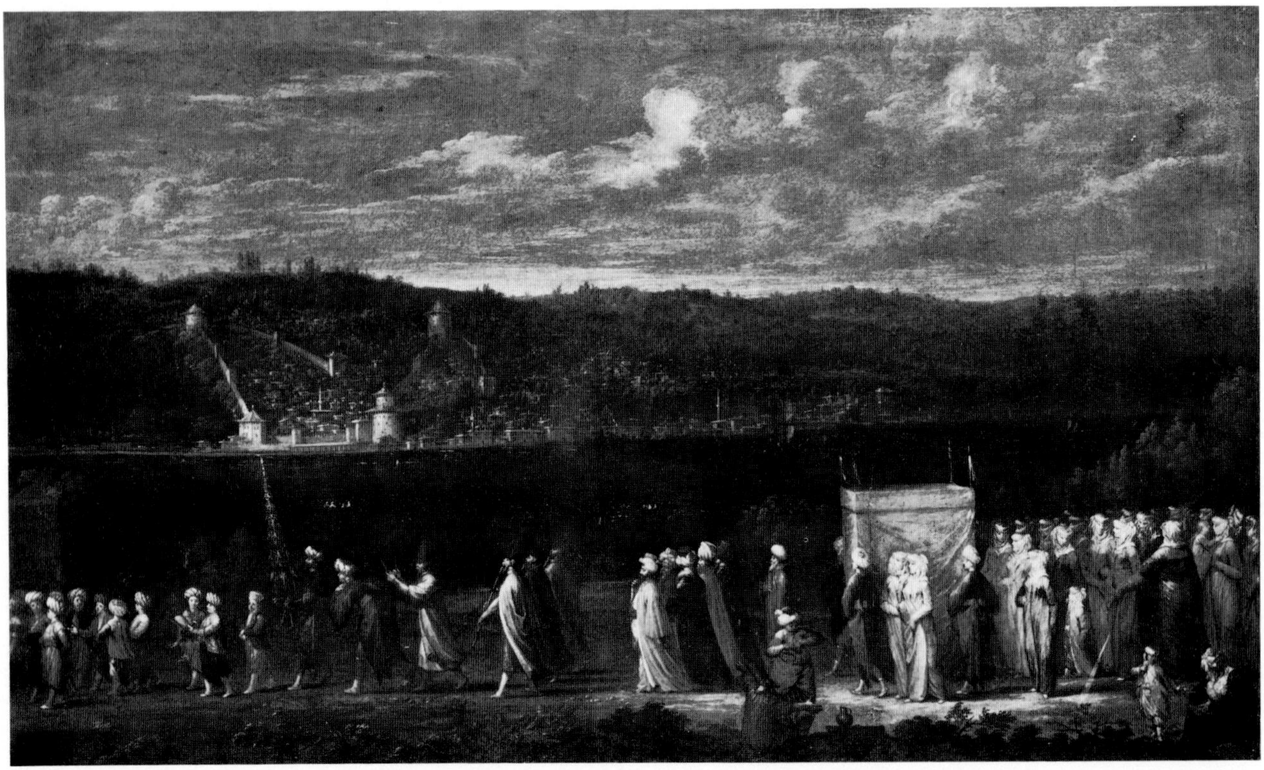

I/53

Der Großwesir auf dem Atmeydan (Hippodrom)

Gemälde von Jean-Baptiste Van Mour
1. Hälfte 18. Jh.
Öl auf Leinwand
H 61 cm, B 114,5 cm

Amsterdam, Rijksmuseum A 1998

Das Bild vom Aufzug des Großwesirs zeigt als Schauplatz den Atmeydan — das einstige Hippodrom — mit dem Moscheekomplex Sultan Ahmeds I. links und dem einst vom Großwesir Ibrahim Paşa bewohnten Palais auf der rechten Seite; in der Mitte ragen die beiden Obelisken auf, hinter denen weitere zum Stiftungskomplex der Moschee gehörige Bauten erscheinen.

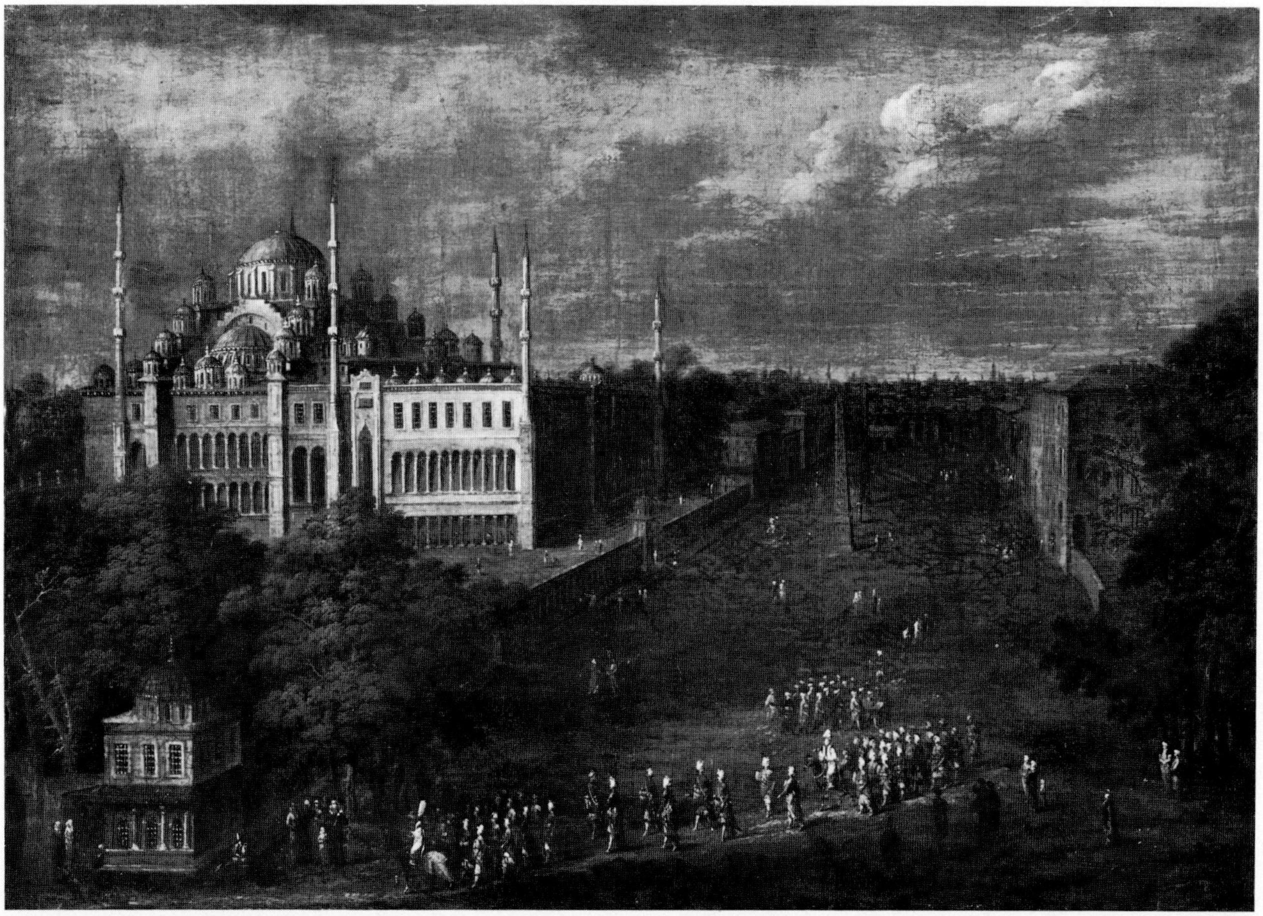

I/54

„An den süßen Wassern Asiens“

Gemälde von J. M. Wittmer
Öl auf Leinwand, 1837
H 81 cm, B 118,5 cm

München, Bayerische Staatsgemäldesammlungen Neue Pinakothek München. Inv. Nr. 13690

Der 1837 im Gefolge des Kronprinzen Max von Bayern in der Levante reisende Maler Johann Michael Wittmer (1802—1880) hat auf diesem — nach Skizzen am Ort wohl erst später ausgeführten — Gemälde das Volksleben an einem der heute noch beliebten Ausflugsorte am Bosporus, an den sog. Süßen Wassern Asiens, dargestellt: im Vordergrund Wasserpfeife und Tschibuk (die kleine Tonpfeife am langen Jasminrohr), dahinter der Wasserträger *(saka)* und ein fliegender Händler, im Mittelfeld die für die Frauen notwendigen Ochsenwagen *(araba)* und links der heute noch am Ort vorhandene Brunnen. Jenseits des Bosporus das europäische Ufer mit den Mauern und Türmen von Rumeli Hisarı, der 1451—1452 unter Sultan Mehmed II. Fatih erbauten Sperrfestung — und dazwischen buntes Volkstreiben mit tanzenden Mädchen, schaukelnden Kindern, Gruppen beim Picknick und — nicht zuletzt — auch einer Gruppe ‚Franken‘.

Lit.: Ph. Jullian, The orientalists. European painters of the Eastern scene (Oxford 1977) 150; Müller-Singer, Allg. Künstler-Lexicon 5 (Ffm. 1920) 113 f.; Thieme-Becker, Allg. Lexikon Bild. Künstler 36 (Leipzig o. J.) 141 ff.

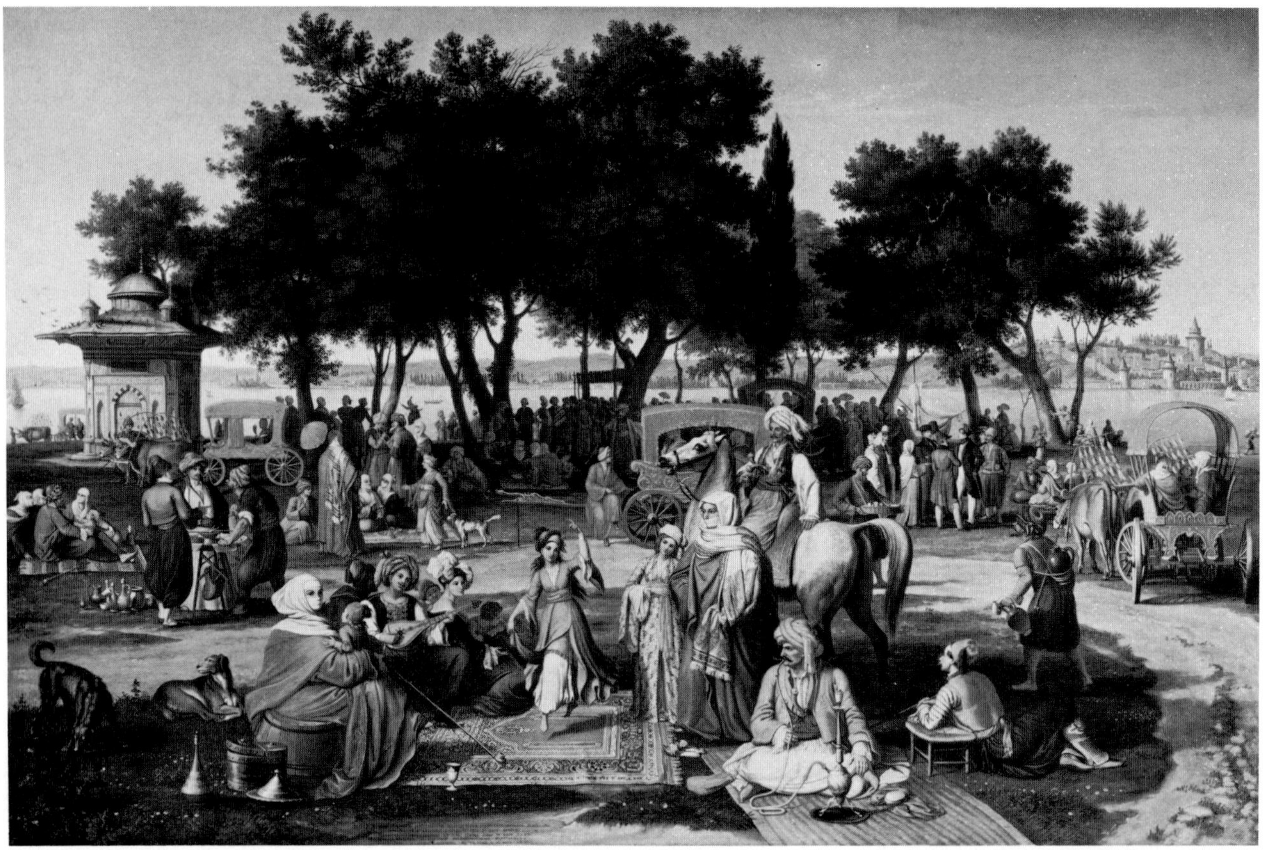

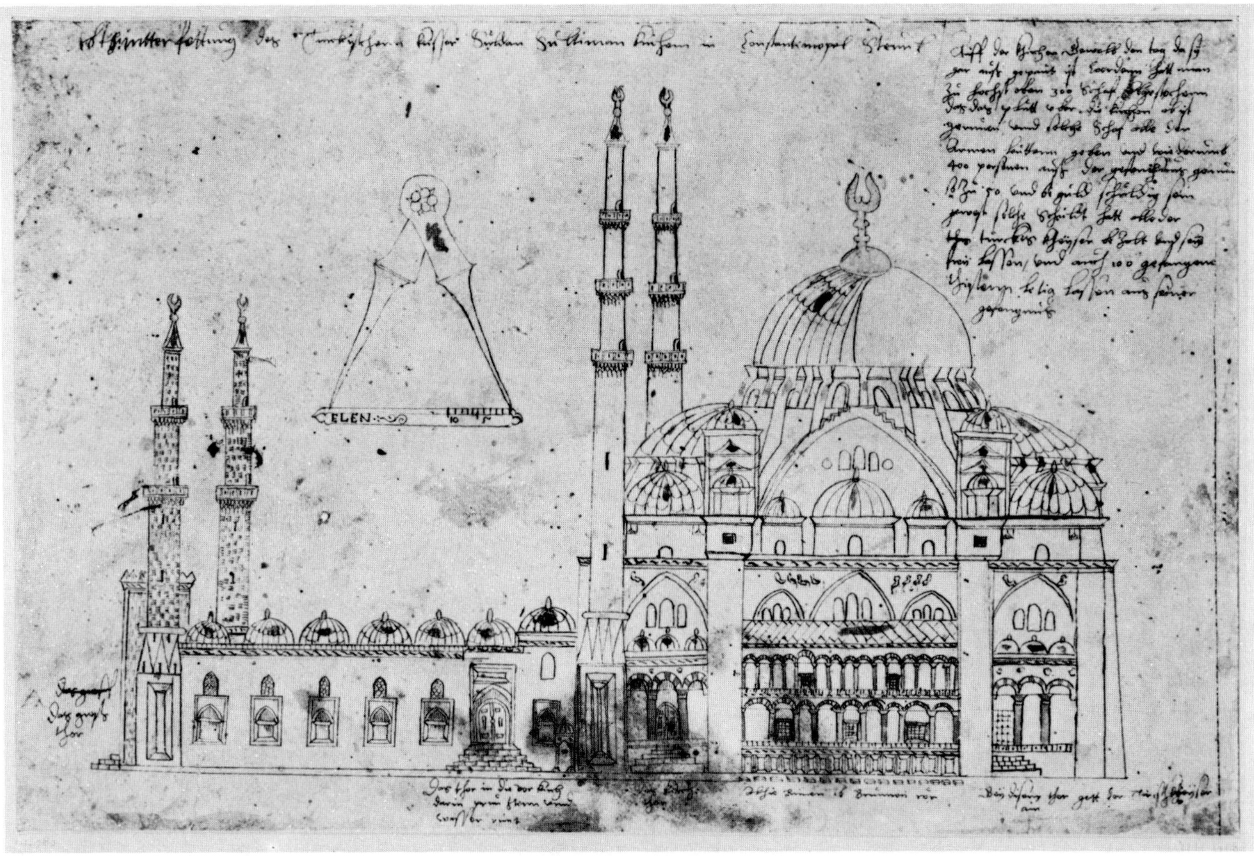

I/55
Ansicht der Süleymaniye Moschee · 16. Jh.

Federzeichnung auf Papier, braun- und rotgetuscht
H 19,6 cm, B 29,7 cm

Berlin, Staatliche Museen Preußischer Kulturbesitz
Kunstbibliothek Hdz 4168

„Kuntterfettung deß Turkyschen Kaisser Suldan Suleiman Kirchen in Constantinopel Stemul"
Der Text berichtet, daß anläßlich der Vollendung des Bauwerkes 300 Schafe geschlachtet und an die Armen verteilt, ferner Schuldnern Schulden erlassen und Gefangene freigelassen wurden.

I/55a
Buch mit Holzschnitten

Melchior Lorich

Berlin, Staatliche Museen Preußischer Kulturbesitz,
Kunstbibliothek Lb 14

„Des Kunstreichen und weitberuhmten Melchior Lorichs Wolgerissene und geschnittene Türckische Figuren in Kupffer und Holtz . . ."
bey Tobias Gundermann, Hamburg 1641
Ansicht der Atik Ali Paşa Camii von 1576

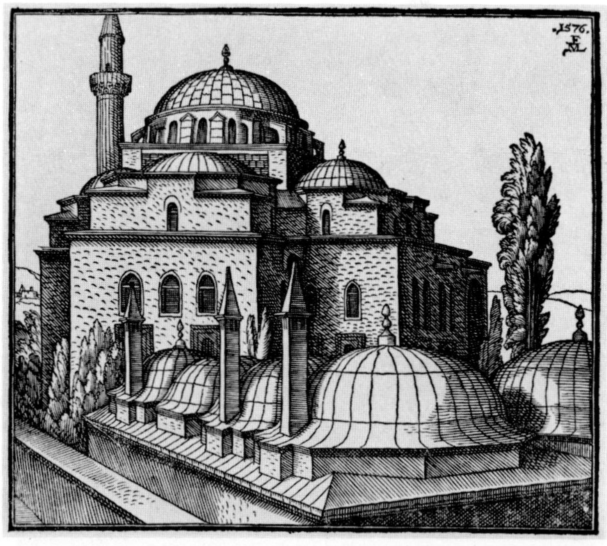

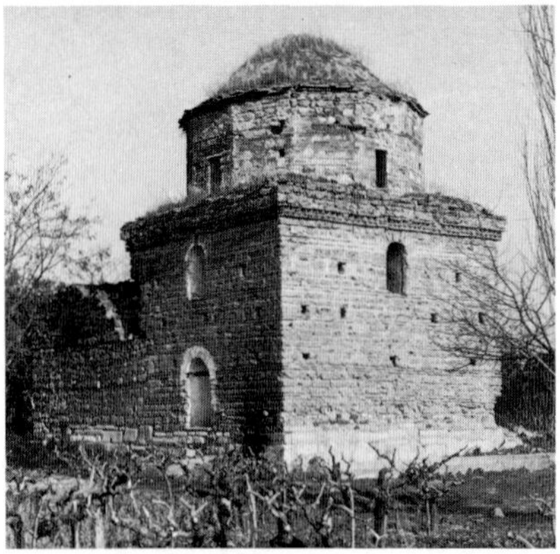
1
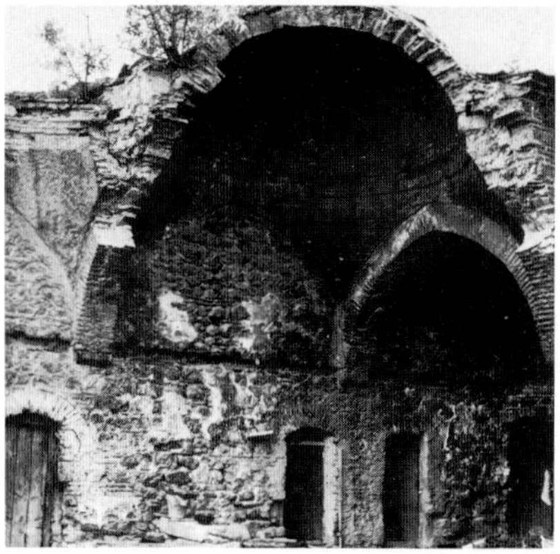
2
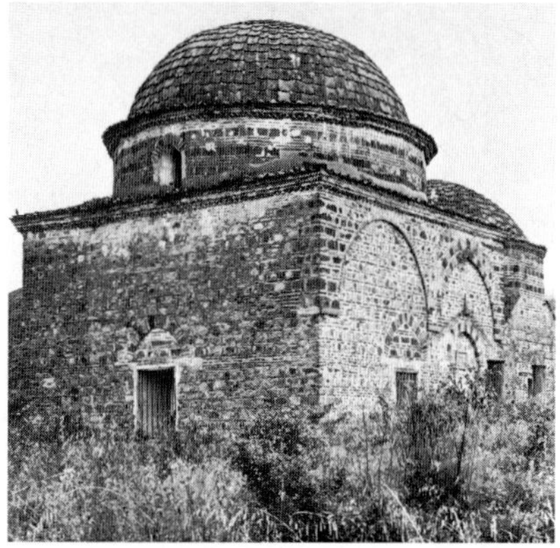
3
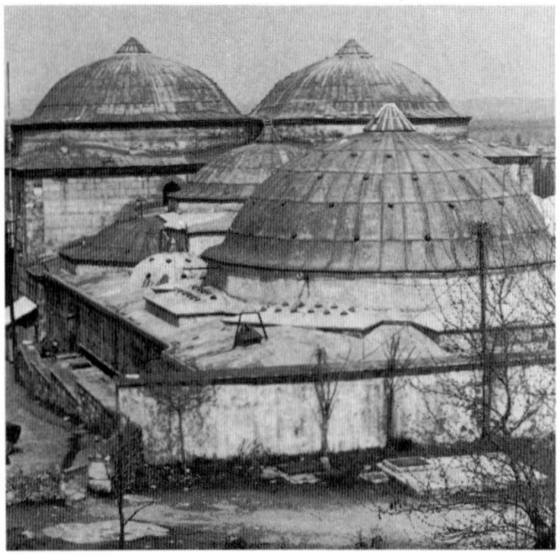
4
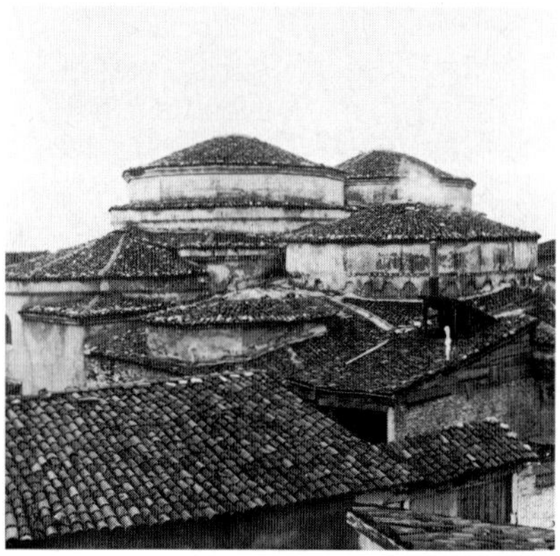
5
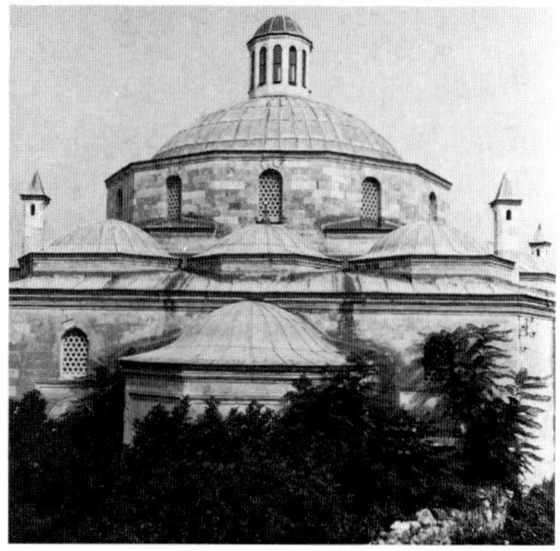
6
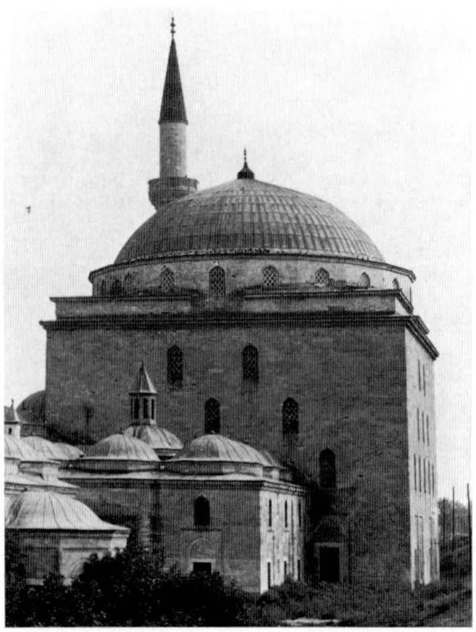
7
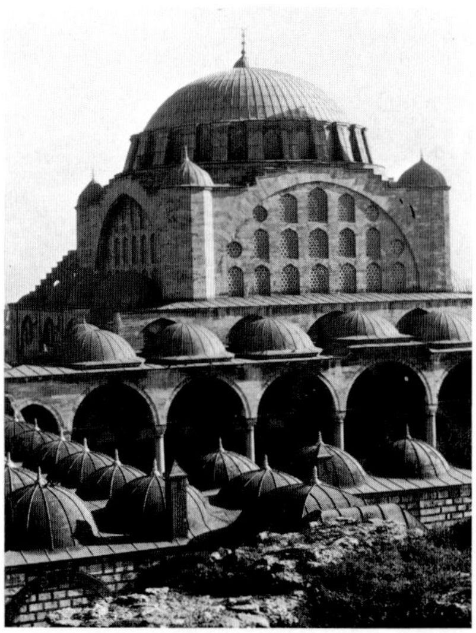
8
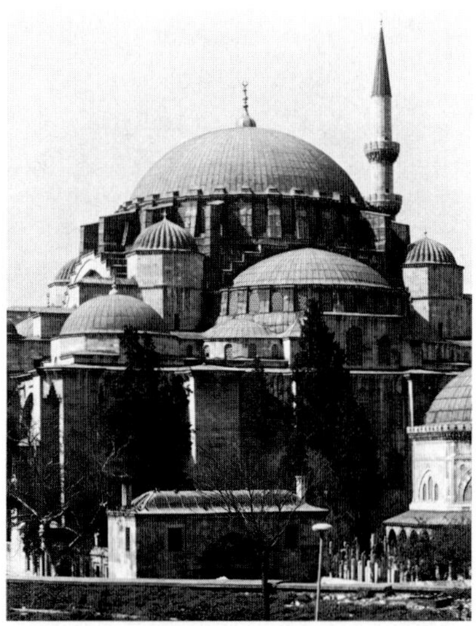
9

I/56
Kuppeln

Die Kuppel ist eine seit der Antike im mediterranen Raum vielfach verbreitete Bauform. Sie war auch in der osmanischen Architektur bei allen über den Wohnbau hinausgehenden Bauaufgaben ein wichtiges Bauelement: in bescheidenerer Form bei Grabbauten (Abb. 1—3), bei Bädern (Abb. 4—5) und bei Nebenbauten größerer Stiftungskomplexe (Abb. 6), in monumentaler Form im Sakralbau (Abb. 7—9). Kuppeln wurden fast immer aus Flachziegeln aufgemauert und mit Dachziegeln, bei Großbauten überwiegend mit Bleiplatten gedeckt.
Neben der Bewältigung dieser Probleme war auch die Außenform der Kuppel ein wichtiger Gesichtspunkt für den Entwerfer: von den einfachen Kuppeln für Nutzbauten oder den relativ schmucklosen Kuppeln der Blütezeit führte seit dem 17. Jh. der Weg zu reicheren Formen, bei denen statt des einfachen oder leicht gestelzten Halbkreisprofils auch kielbogenartige Formen auftraten (Abb. 11) oder die Tambourzone durch zusätzliche ornamentalgliedernde Elemente belebt wurde (Abb. 10—12).

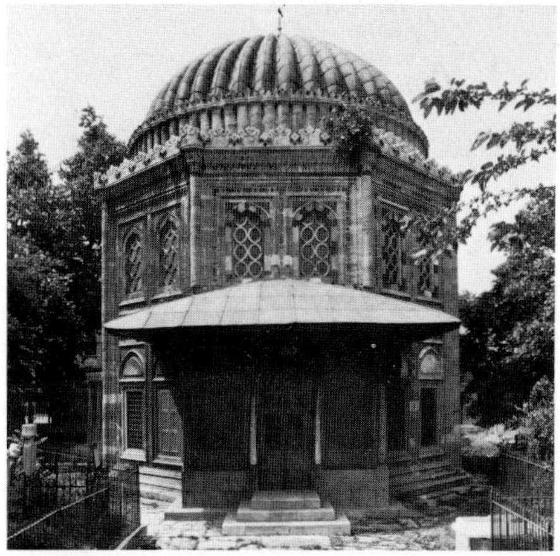
10

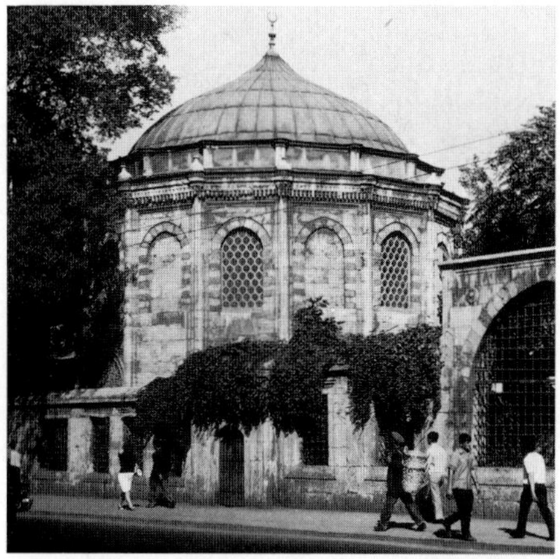
11

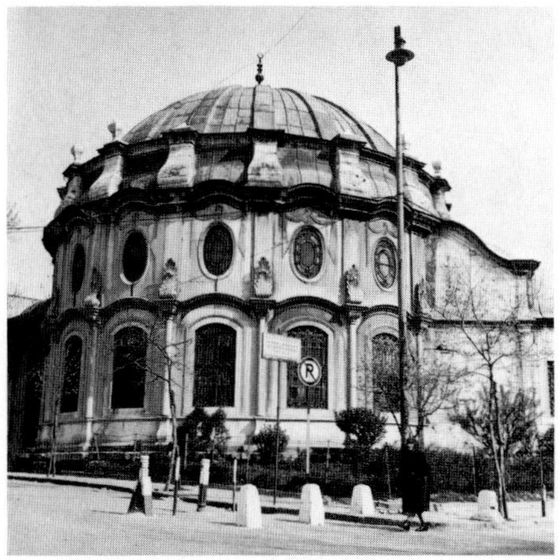
12

1 Iznik	Haci Çamasa Türbe (wohl spätes 14. Jh.)
2 Iznik	Süleyman Paşa Medrese (erbaut Mitte 14. Jh.), schadhafte Kuppel der Hofhallen mit Einblick in die Konstruktion
3 Iznik	Hayreddin Türbe (erbaut nach 1389; Kuppel Ende 16. Jh. erneuert)
4 Bursa	Yeni Kaplıca (erbaut 1553)
5 Bursa	Eski Kaplıca (Bauzeit fraglich; Anfang 16. Jh. erneuert)
6 Edirne	Spitalbau des Stiftungskomplexes von Sultan Bayezid II. (erbaut 1484—88)
7 Edirne	Moschee Sultan Bayezids II. (erbaut 1484—88)
8 Istanbul	Mihrimah Camii (erbaut um 1556—60)
9 Istanbul	Süleymaniye Camii (erbaut 1550—57)
10 Istanbul	Türbe bei Şehzade Camii
11 Istanbul	Türbe des Koca Sinan Paşa (erbaut 1593)
12 Istanbul	Türbe der Nakşidil Sultan (erbaut 1817—18)

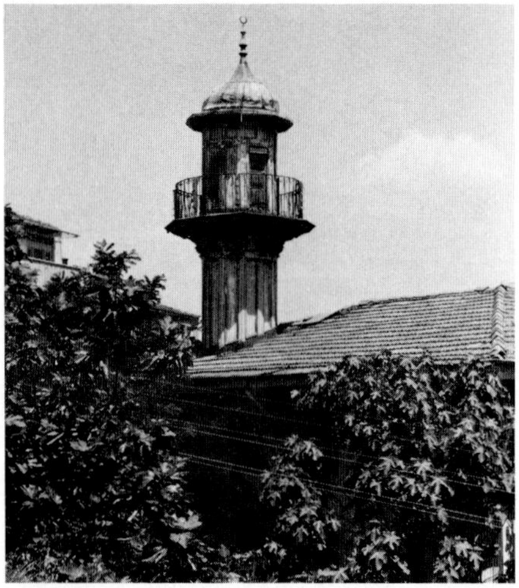

1

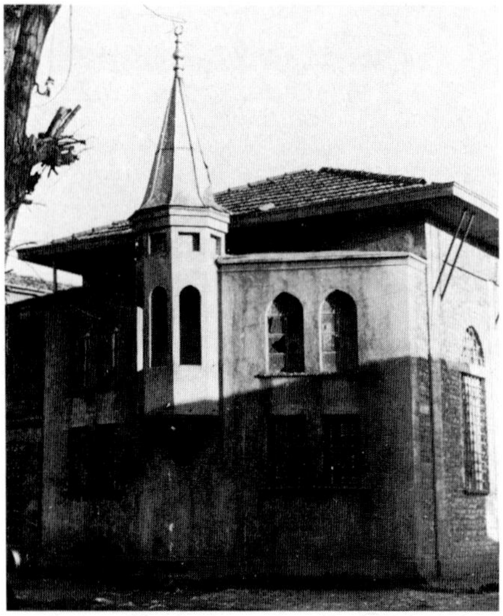

2

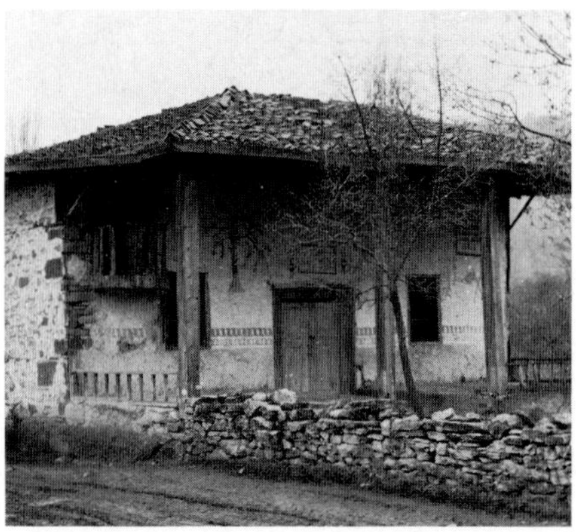

3

I/57
Minarett

Das wohl charakteristischste Element des Moschee-Baues ist seit frühen Zeiten das Minarett (von arab. *manāra*), dessen formale Variationen in der osmanischen Baukunst freilich nicht so reich waren wie in der Baukunst anderer Nahostländer. Von einzelnen Sonderausbildungen (Abb. 1—4) abgesehen sind es fast immer die gleichen schlanken, rund oder polygonal gebildeten Türme mit ein bis zwei, seltener auch drei Austritten *(şerefe)* und spitzer oder barock gedrechselter Spitze. Unterschiede in der Ausbildung der Austritte — von einfachen korbartigen Formen (Abb. 4, 6) zu reicheren stalaktit-geschmückten Bildungen mit durchbrochen gearbeitetem Geländer (Abb. 9) waren zeit- und rangbedingt. Fast überall führt im Inneren eine enge Wendeltreppe zum Şerefe, in einzelnen Fällen (Abb. 5) waren es mehrere kunstvoll ineinander verschraubte Treppenspindeln, die jeweils zu einem der zwei bis drei Austritte führen.

1 Istanbul-Üsküdar	Ahmed Çelebi Mescidi
2 Istanbul	Raşid Efendi Tekkesi
3 Ilıca bei Kütahya	Alte Dorfmoschee mit kleinem Austritt
4 Bursa	Veled Yanıç Mescidi
5 Edirne	Üç Şerefeli Cami (erbaut 1438—47)
6 Istanbul-Balat	Çavuş Mescidi (erbaut 1. Hälfte 18. Jh.)
7 Istanbul	Karagümrük Camii (erbaut ?)
8 Istanbul-Zincirlikuyu	Atik Ali Paşa Camii (erbaut Anfang 16. Jh.)
9 Istanbul	Mehmed Ağa Camii (erbaut 1585—90)

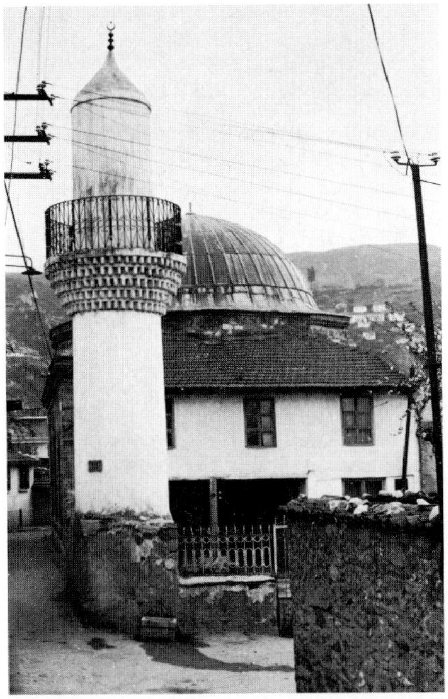
4

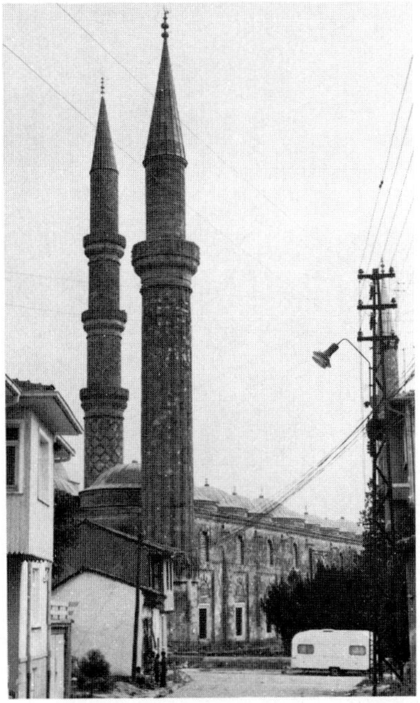
5

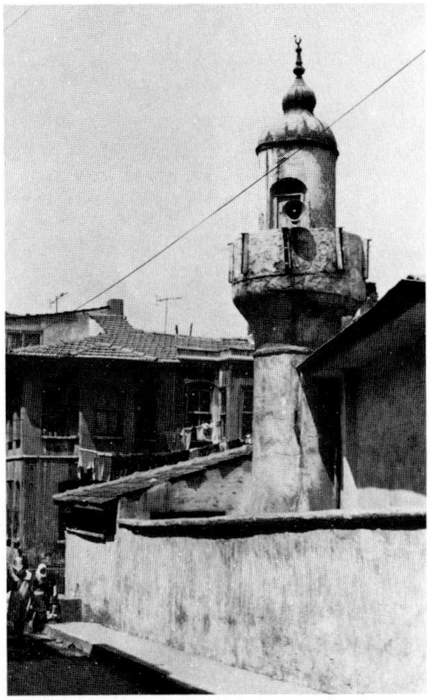
6

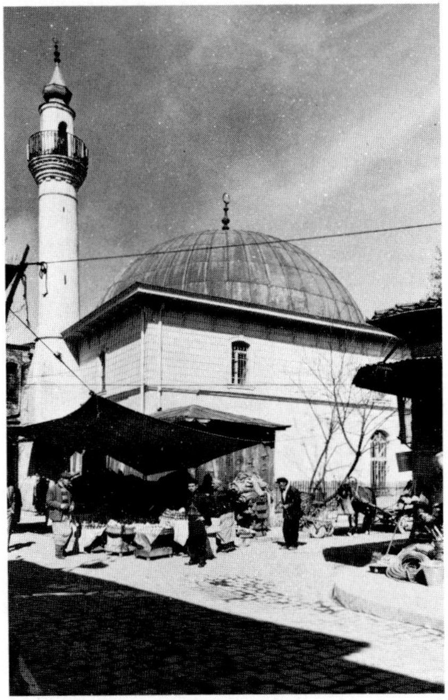
7

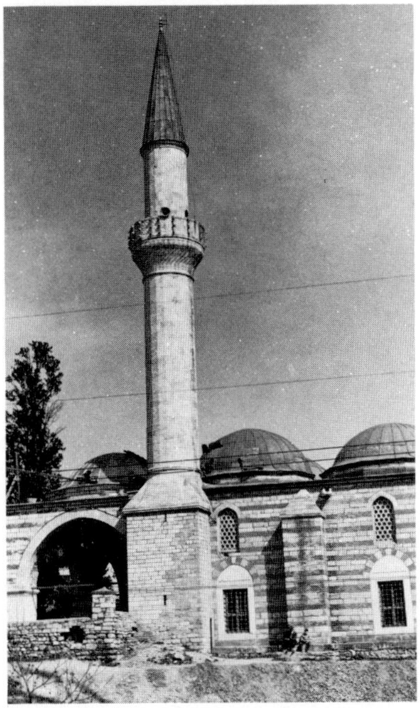
8

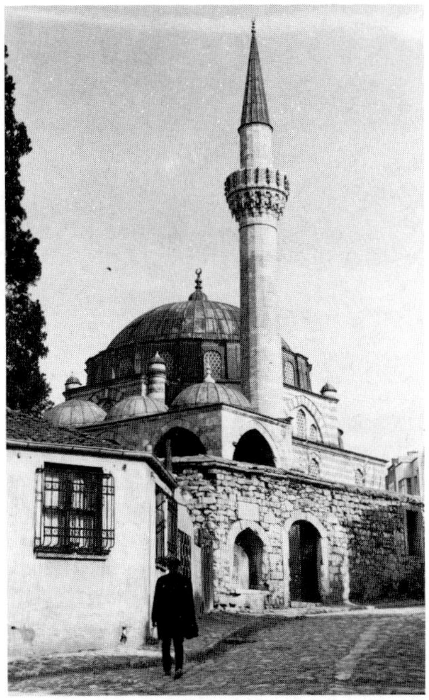
9

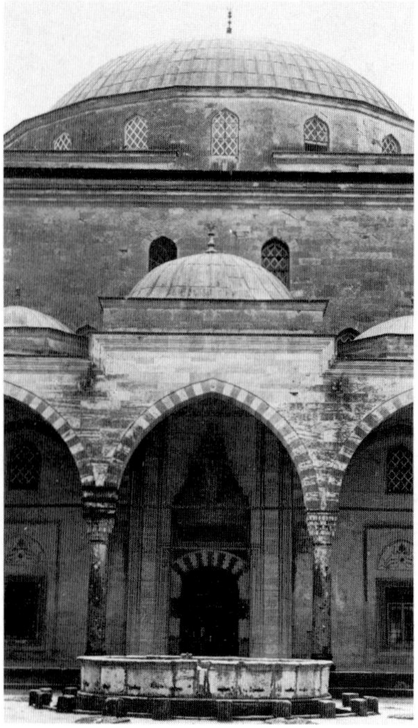
1

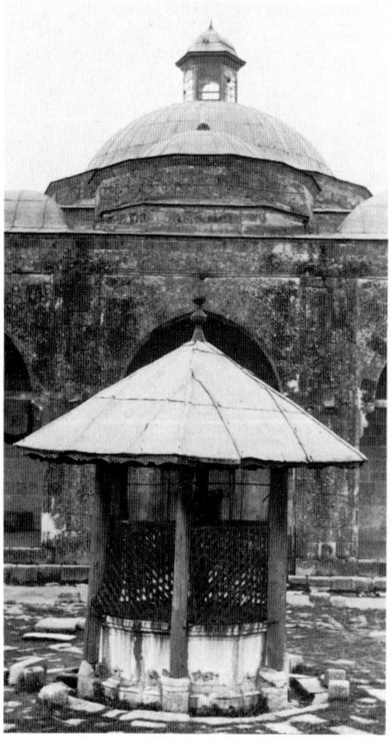
2

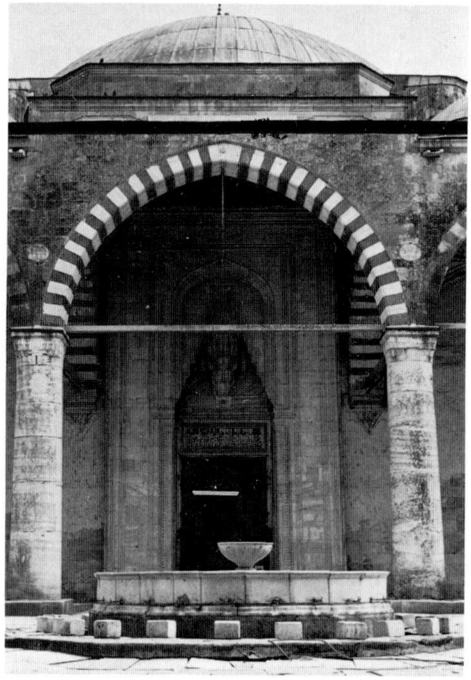
3

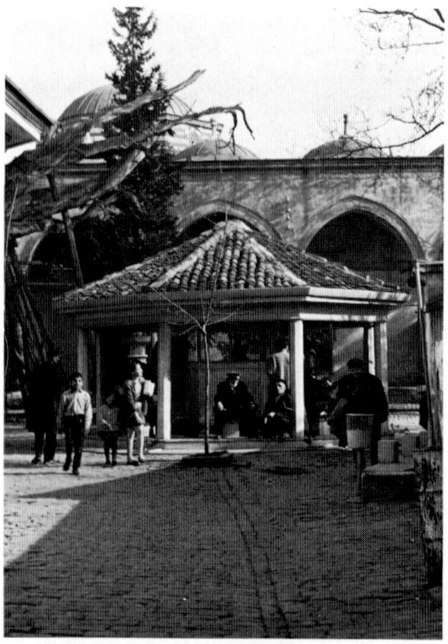
4

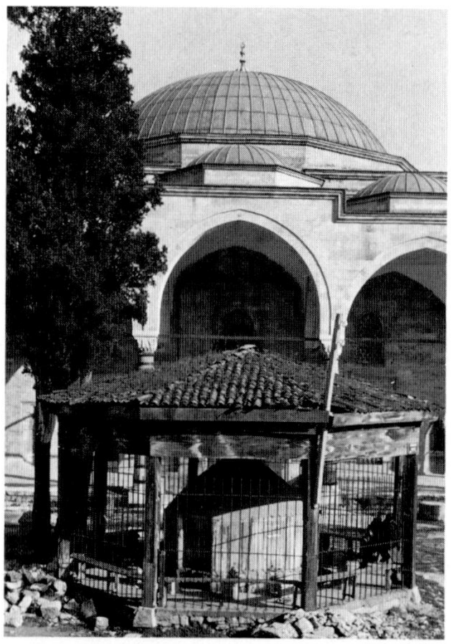
5

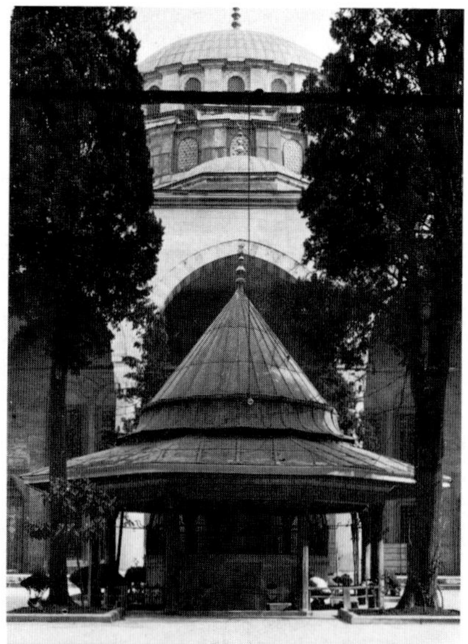
6

I/58
Reinigungsbrunnen

Unter den durch die Gebets- und Reinigungsvorschriften des Islam geforderten Bauteilen der Moschee ist der Waschbrunnen *(şadırvan)* das im allgemeinen am wenigsten reich ausgebildete Element. Es zog erst seit dem 17. Jh. etwas mehr Aufmerksamkeit auf sich und wurde z. B. in der 1708–10 erbauten Yeni Valide Camii in Üsküdar (Abb. 8) reicher ornamentiert. Die Spannweite möglicher Formen ist daher beträchtlich: von einfachen runden oder polygonalen Wasserbecken reicht sie über leichte Holzbauten (Abb. 4–5) bis hin zu massiv aus Stein aufgeführten selbständigen Kuppelbauten.

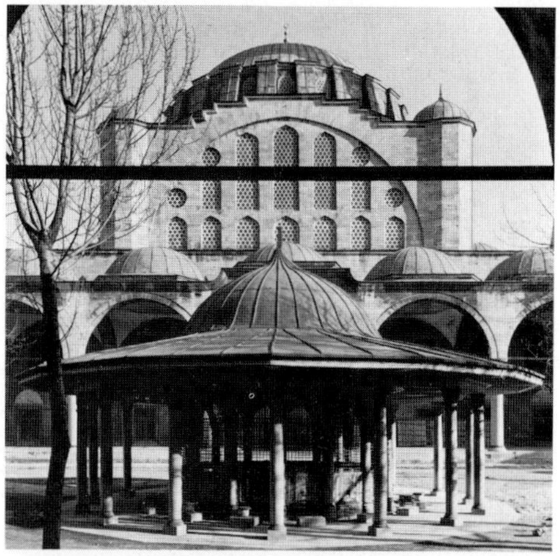
7

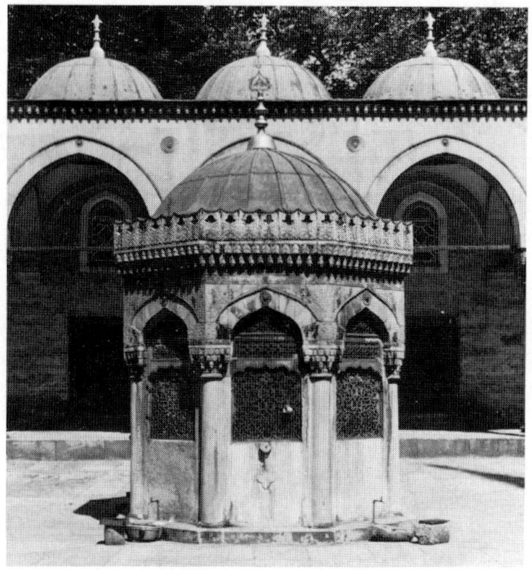
8

1 Edirne	Üç Şerefeli Cami (erbaut 1438–47)
2 Edirne	Muradiye Camii (erbaut um 1429)
3 Edirne	Stiftungskomplex *(külliye)* des Sultans Bayezid II. (erbaut 1484–88)
4 Istanbul	Koca Mustafa Paşa Camii (1489 aus einer Kirche in eine Moschee umgewandelt)
5 Istanbul	Davud Paşa Camii (erbaut 1485)
6 Istanbul	Fatih Camii (1463–70 erbaut, 1766 wiederhergestellt)
7 Istanbul	Mihrimah Camii (erbaut um 1556–60)
8 Istanbul-Üsküdar	Yeni Valide Camii (erbaut 1708–10)
9 Istanbul	Şehzade Camii (erbaut 1544–48)

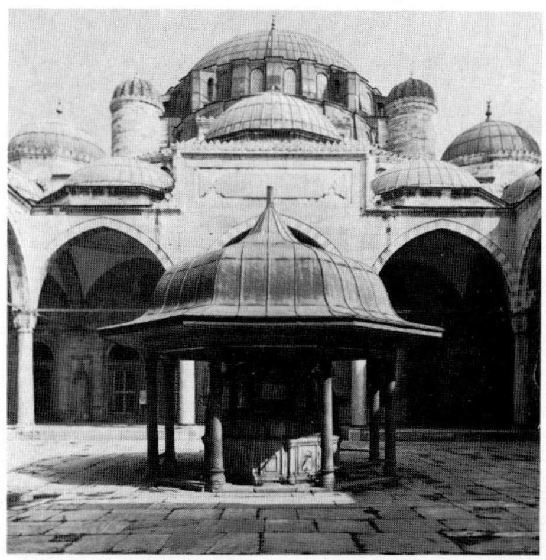
9

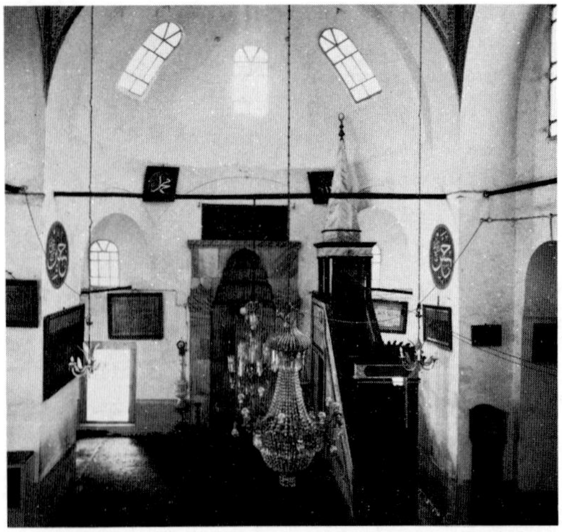

1

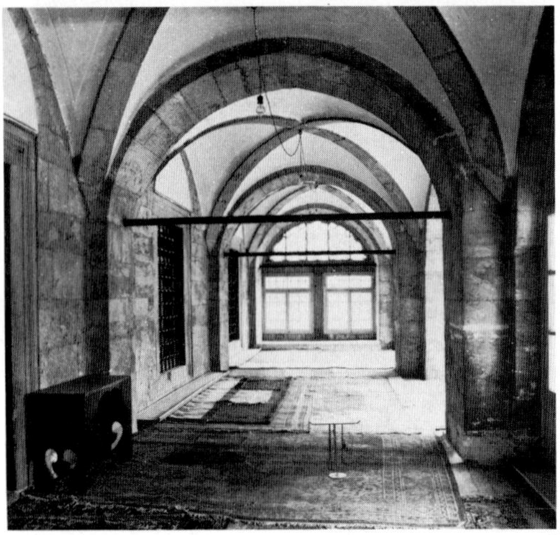

2

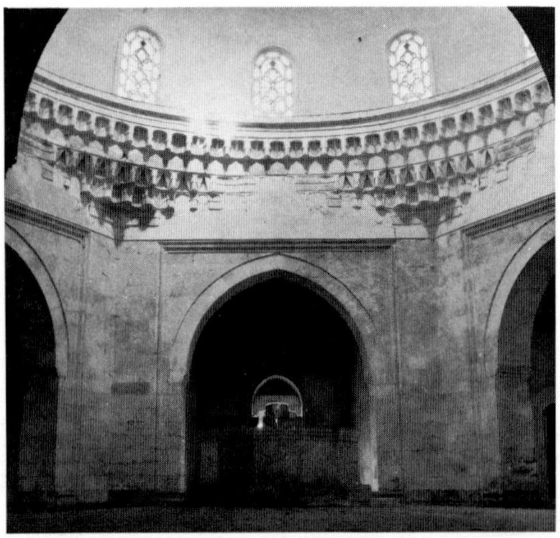

3

I/59
Innenräume

Mit Worten gar nicht und mit wenigen Bildern nur schwer darzustellen ist die Vielfalt der Raumformen im osmanischen Bauen: von der niedrigen überwölbten Moscheevorhalle (Abb. 2) über einfachere Kuppelräume vorwiegend funktionsbestimmter Bauten (Abb. 3) bis zu den reich ausgestatteten und kompliziert gegliederten Räumen der großen Moscheen. Hier finden sich – im Gegensatz zu den oft locker gegliederten Räumen von Nutzbauten – fast immer klar achsial-symmetrisch gebildete Räume, in denen die zentrale Kuppel das beherrschende Motiv ist, bereichert durch die sehr unterschiedlich ausgebildeten Stützsysteme mit lastabfangenden Halbkuppeln (Abb. 6–9) oder mit kräftig entwickelten Pfeiler-Wand-Verbundkonstruktionen. Nicht unwichtig – im Foto freilich in ihrer räumlichen Wirkung kaum zu zeigen – ist die kaum drei Meter über dem Boden hängende „Schicht" der kleinen Glaslämpchen, die dem am Boden kauernden Beter gleichwohl eine deutliche Trennung zwischen seinem Bereich und dem sich darüber wölbenden Großraum bewußt macht (Abb. 6–8).

1 Istanbul	Koca Mustafa Paşa Camii (1489 aus einer Kirche in eine Moschee umgewandelt)
2 Istanbul	Vorhalle der Mesih Paşa Camii (erbaut 1585–86)
3 Edirne	Hauptsaal des Spitals in der Stiftung Sultan Bayezids II. (erbaut 1484–88)
4 Istanbul	Davud Paşa Camii (erbaut 1485)
5 Istanbul	Piyale Paşa Camii (erbaut 1573)
6 Istanbul	Selimiye Camii (erbaut vor 1522)
7 Istanbul	Mihrimah Camii (erbaut um 1556–60)
8 Istanbul	Şehzade Camii (erbaut 1544–48)
9 Istanbul	Mesih Paşa Camii (erbaut 1585–86) – Hauptraum

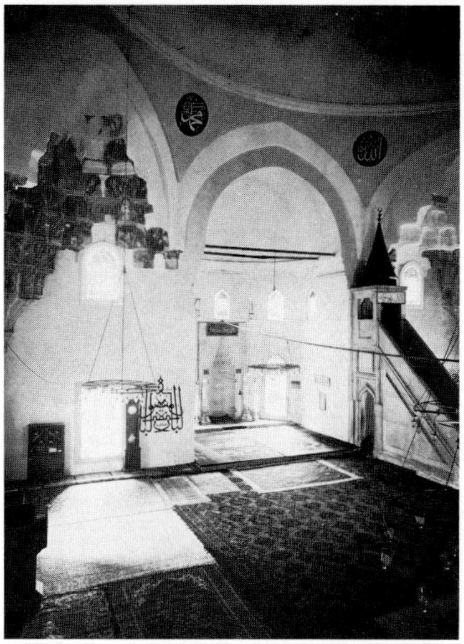
4

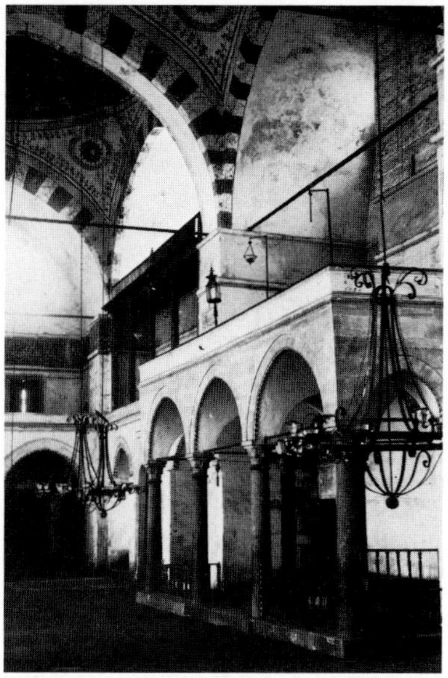
5

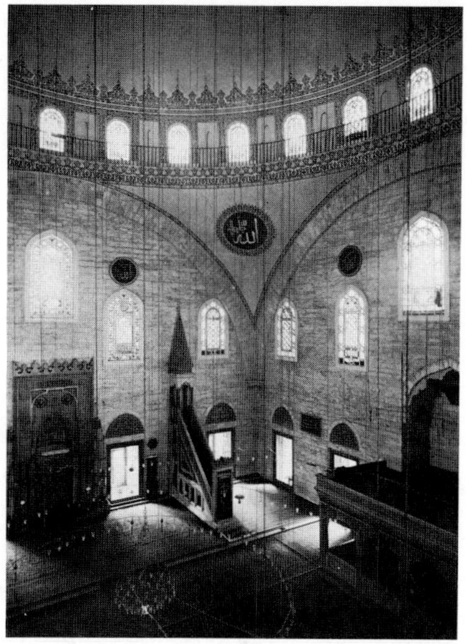
6

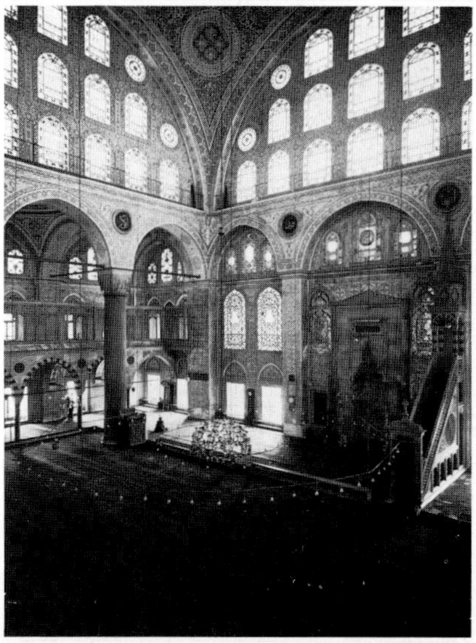
7

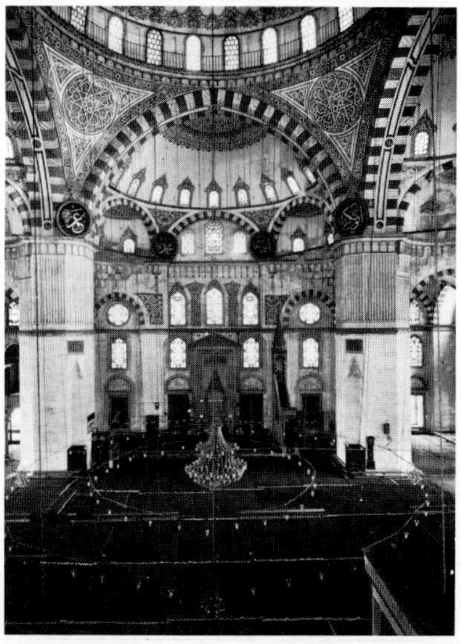
8

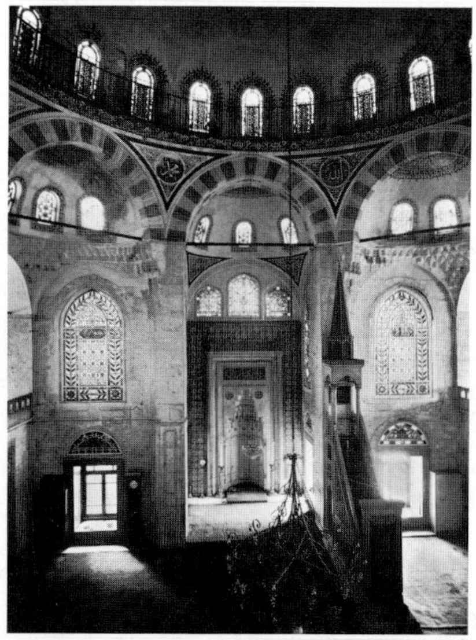
9

I/60
Mihrab

Durch ihre Lage und meist auch durch entsprechenden Dekor ist die Mihrab-Nische eines der kennzeichnenden Elemente des Moschee-Innenraumes mit einer bis in die Osmaijadenzeit zurückreichenden Geschichte und einer von Land zu Land recht unterschiedlichen Formtradition. Im Osmanischen wird die schon in der seldschukischen Architektur gebräuchliche Form der flachen Nische in hoch-rechteckigem Rahmenwerk (Abb. 1—3) weitergeführt. Sie trägt dort häufig Fayence-Dekor, ist später zu einem großen Teil in Marmorarbeit ausgeführt mit dem üblichen Mukarnas-Gewölbe über der Nische, umlaufenden Ornamentbändern oft in mehreren Reihen und häufig mit Inschriften in diesen Bändern oder in eigens eingesetzten Schriftfeldern. Nicht selten wurden — vor allem in der Blütezeit der osmanischen Fliesenkunst — Mihrab-Nischen auch gänzlich mit farbigen Fliesen ausgelegt, wobei die Gliederung des Ganzen der von Marmormihrabs entspricht.
Neben dem im Innenraum der Moscheen in der Hauptachse angeordneten Mihrab finden sich bei vielen Moscheen auch kleinere Mihrab-Nischen in der dem Hauptraum vorgelegten offenen Halle *(son cemaat yeri;* Abb. 8).

1 Ankara	Arslanhane (Ahi Şerafeddin) Camii (Bau Anfang 13. Jh., erneuert Ende 13. Jh.; Mihrab Ende 13. Jh.)
2 Bursa	Yıldırım Bayezid Camii (erbaut 1391—95; restauriert nach 1855)
3 Balat	Ilyas Bey Camii (erbaut 1403—4)
4 Istanbul	Selimiye Camii (erbaut vor 1522)
5 Edirne	Selimiye Camii (erbaut 1568—74)
6 Iznik	Yeşil Cami (erbaut 1378—91)
7 Istanbul	Piyale Paşa Camii — Hauptmihrab und acht Mihrabnischen in der Vorhalle (erbaut 1573)
9 Istanbul-Eyüp	Cezeri Kâsım Paşa Camii (erbaut 1515; Fliesendekor wohl aus dem Anfang des 18. Jh.)

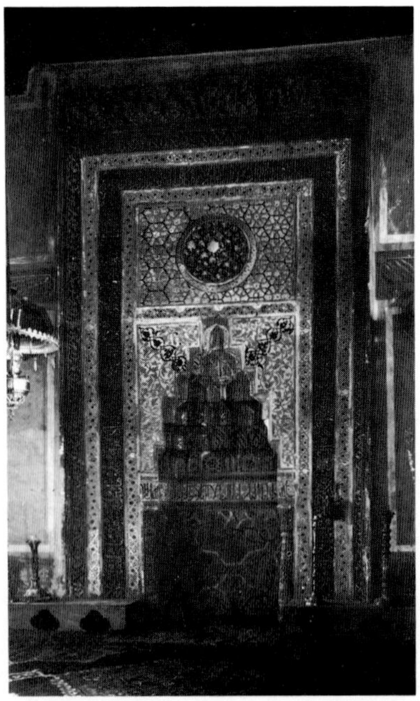
1

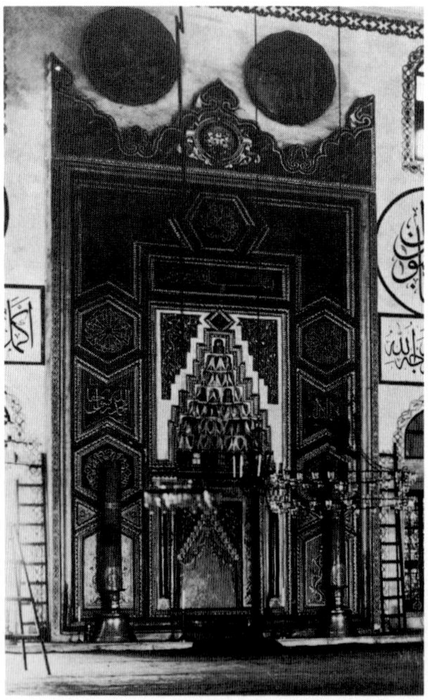
2

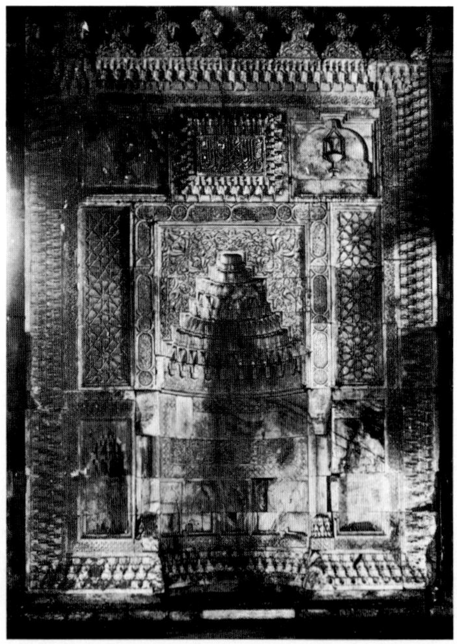
3

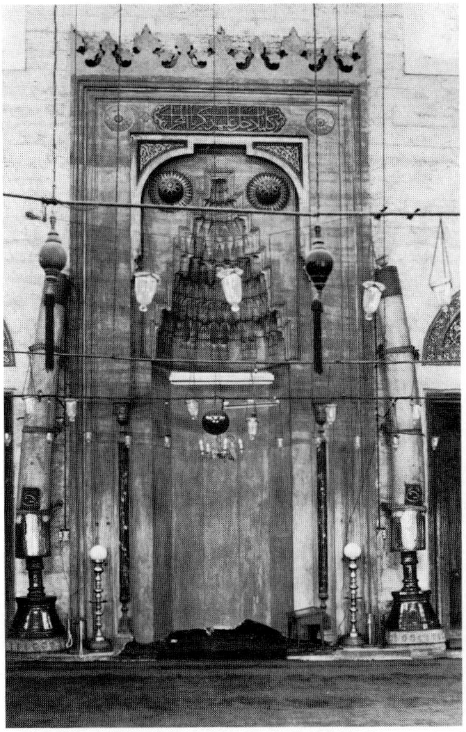
4

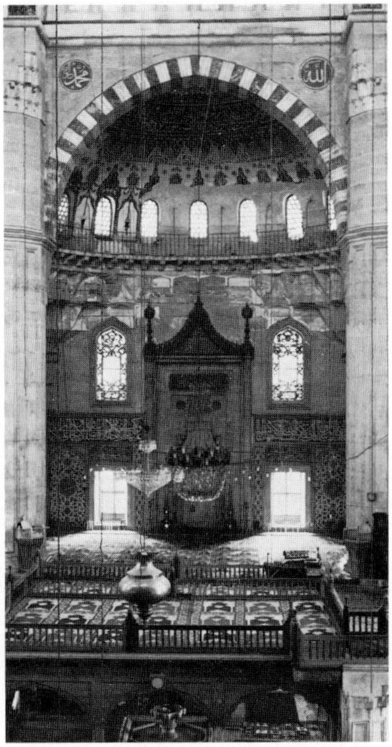
5

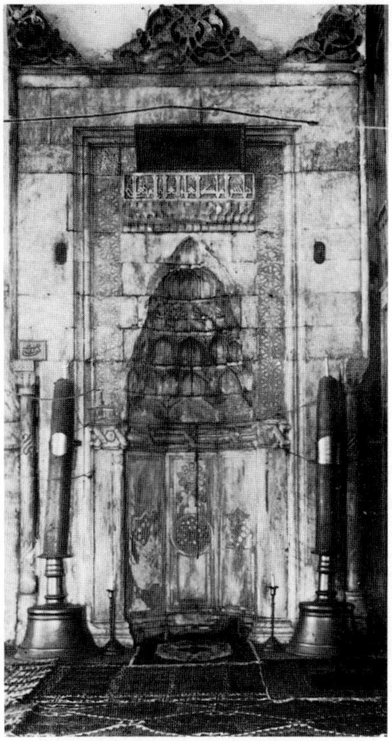
6

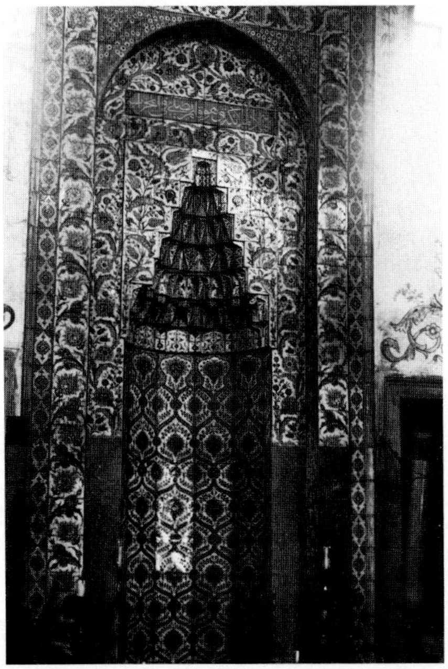
7

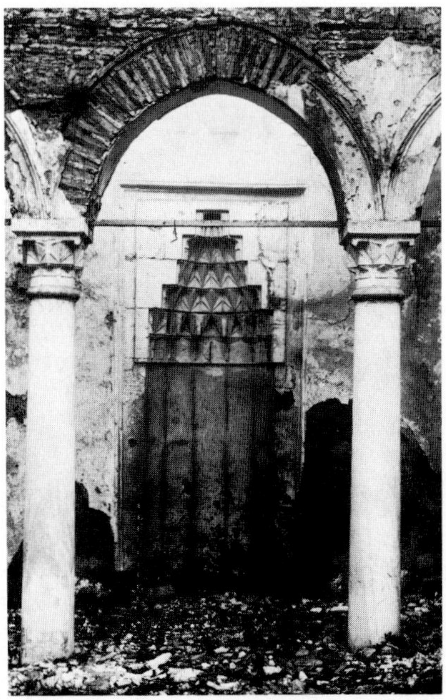
8

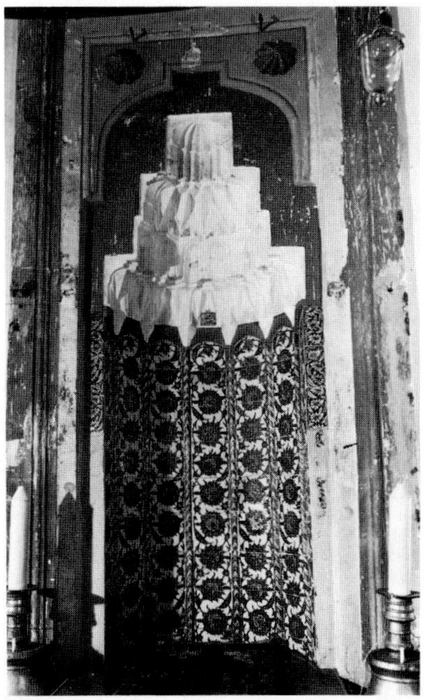
9

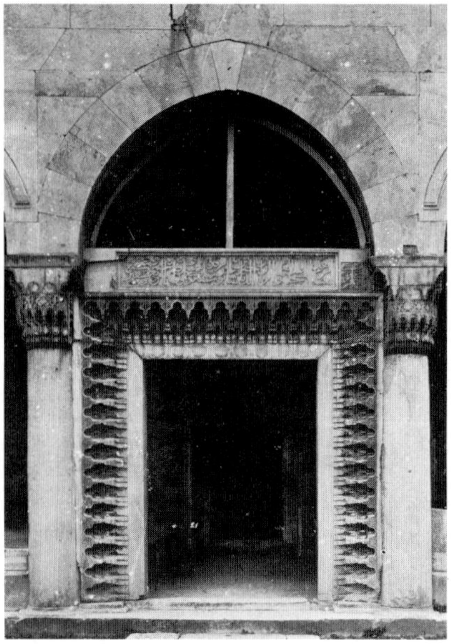
1

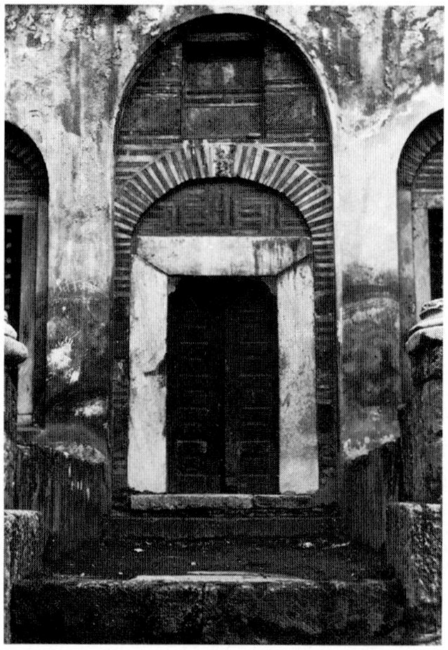
2

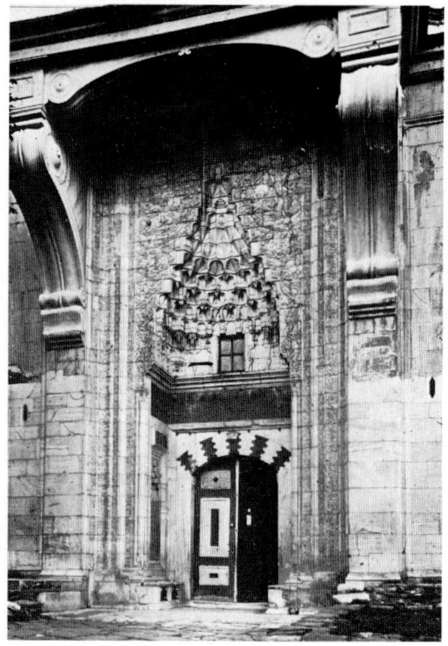
3

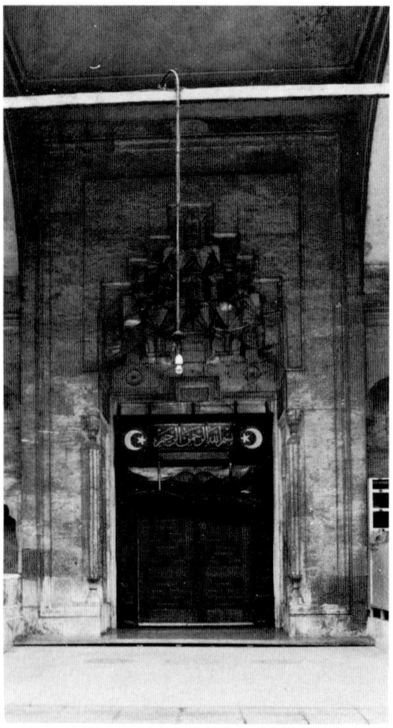
7

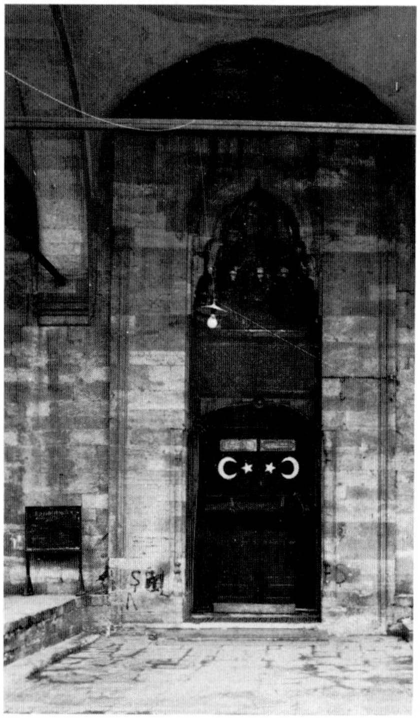
8

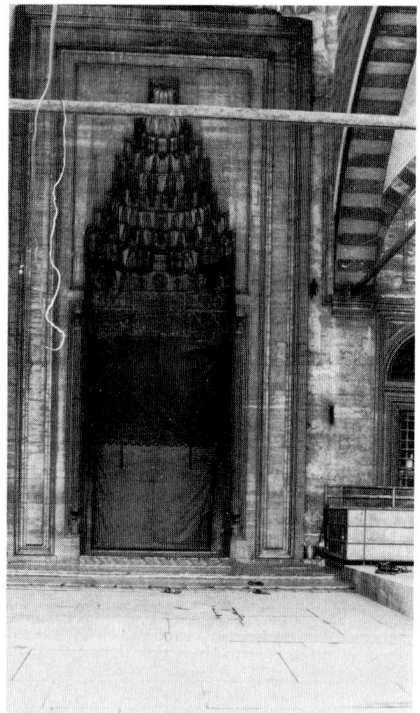
9

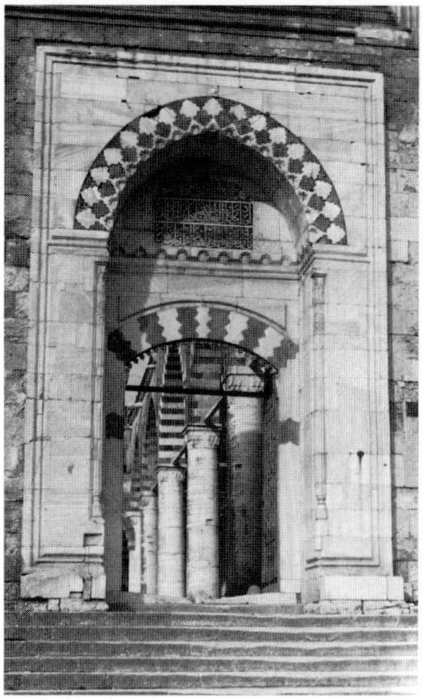
4

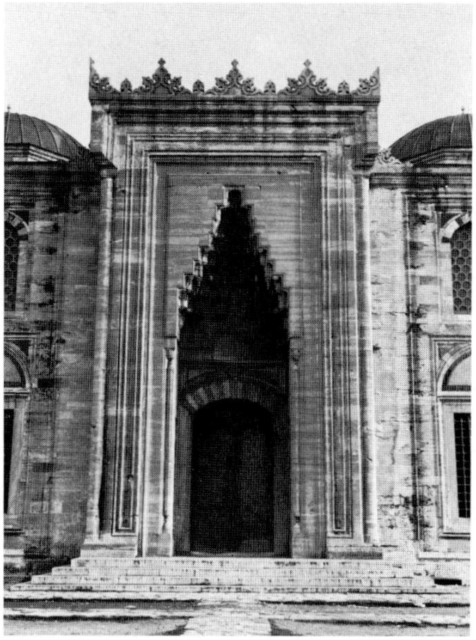
5

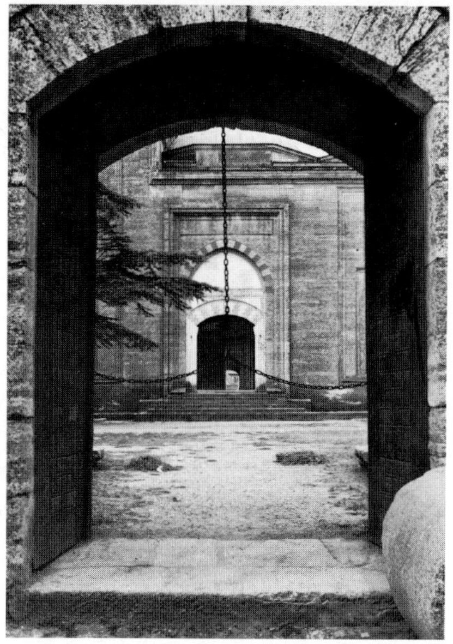
6

1	Iznik	Yeşil Cami (erbaut 1378–91)
2	Bursa	Yahşi Bey Mescidi (erbaut wohl 15. Jh. ?)
3	Bursa	Yeşil Cami (erbaut vor 1420)
4	Edirne	Üç Şerefeli Cami (erbaut 1438–47), Südportal
5	Istanbul	Şehzade Camii (erbaut 1544–48), Außenportal
6	Edirne	Selimiye Camii (erbaut 1568–74), äußeres Hofportal
7	Istanbul	Mesih Paşa Camii (erbaut 1585–86), Hauptportal
8	Istanbul	Davud Paşa Camii (erbaut 1485), Hauptportal
9	Istanbul	Şehzade Camii (erbaut 1544–48), Hauptportal

I/61
Tore und Portale

Tor und Portal haben – nicht nur im Orient, dort aber seit altersher – immer eine besondere Rolle in der Architektur gespielt: als Sitz des Königs, des Richters, ganz allgemein der Obrigkeit und daher am besten gesicherter Teil des Baues, zugleich auch einer der am reichsten ausgestalteten. So blieb es auch in der osmanischen Baukunst: neben einfachen Portalen von Bädern oder kleineren Moscheen sowie den Außentoren großer Moscheebezirke (Abb. 5) stehen die reicher ausgebildeten Hauptportale von Moscheen, deren formale Tradition deutlich an die Seldschukenzeit anschließt (Abb. 3) und an die Ausbildung der Mihrab-Nische erinnert. Wie dort wird auch hier die vielfach von einer Stalaktiten-(Mukarnas) Halbkuppel überdeckte Tür durch ein mehrgliedriges Rahmenwerk umschlossen; dazu gehören bei den großen Moscheeportalen fast stets die neben dem Eingang angeordneten flachen Nischen mit Bänken davor, auf denen Wächter oder Wartende ausruhen mochten.

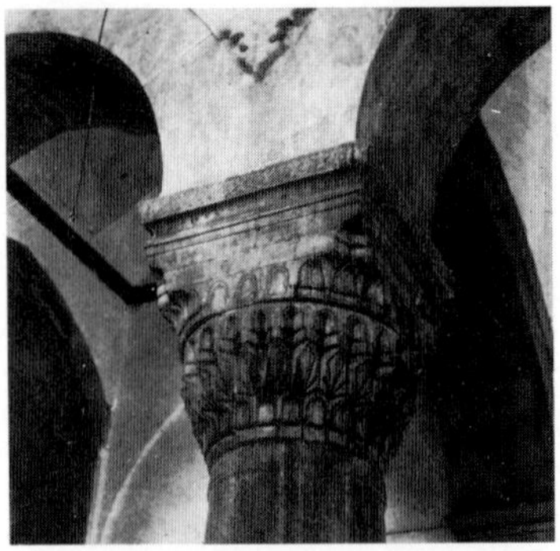

1a

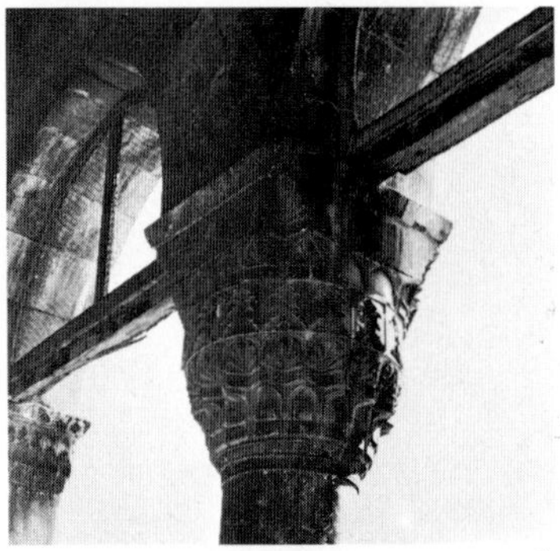

1b

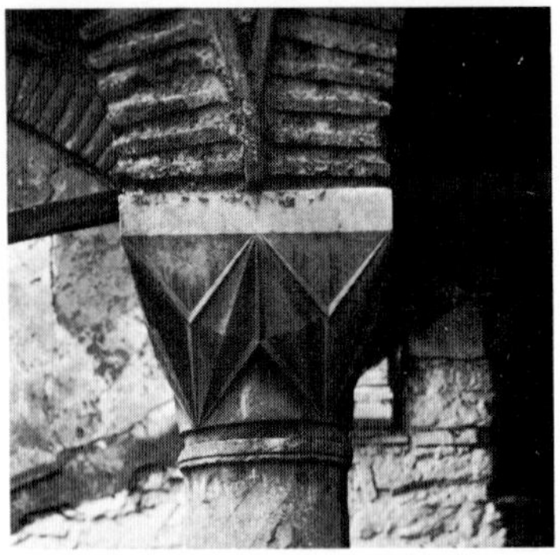

2a

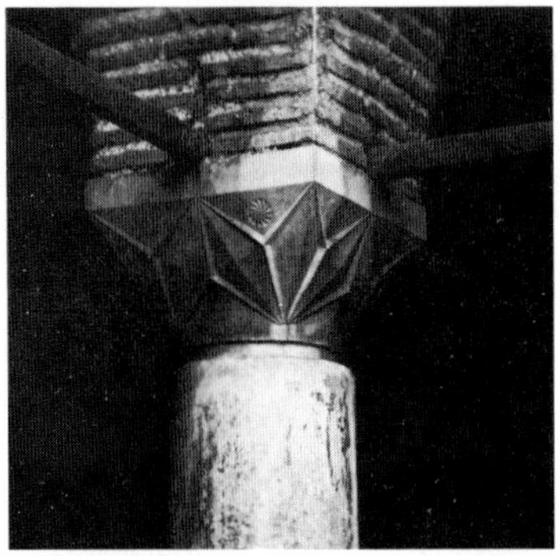

2b

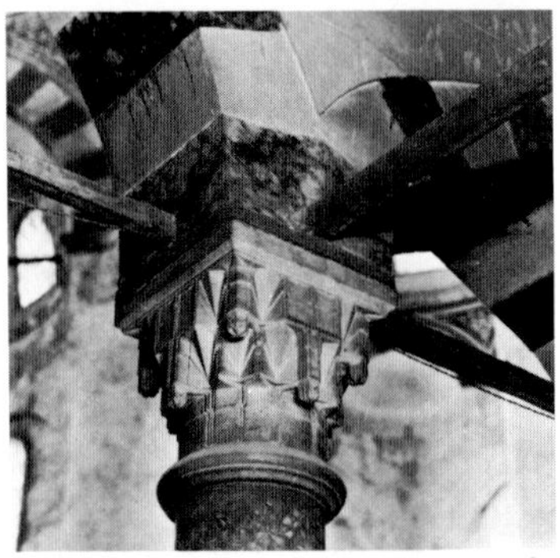

3

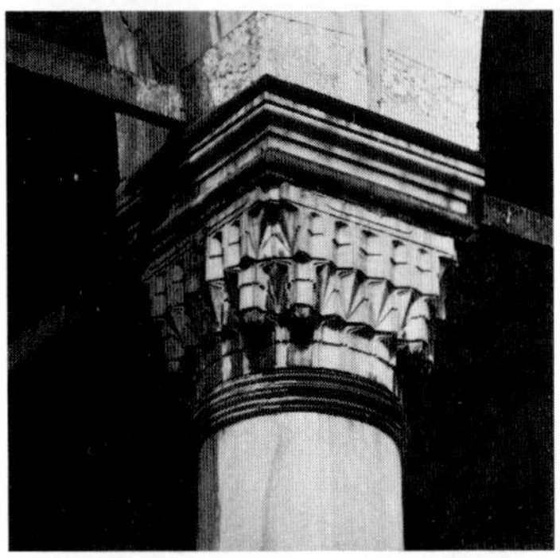

4

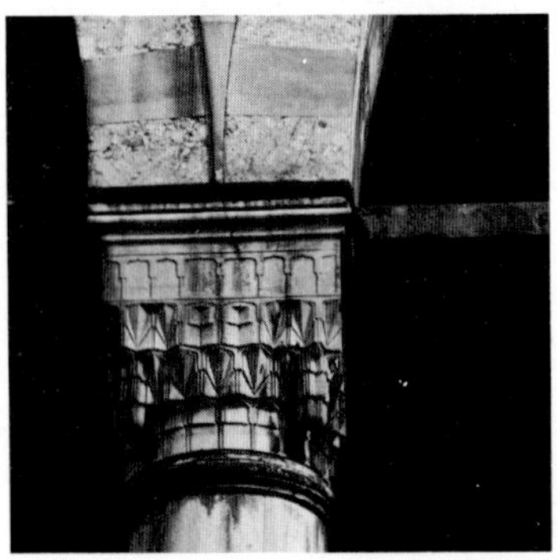

5

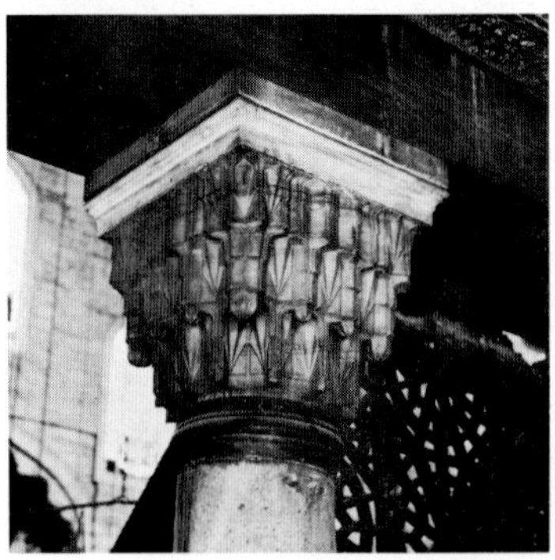

6

I/62
Stalaktiten-Dekor (Mukarnas)

Während in der Baukunst der Antike vegetabiles oder zumindest aus Pflanzenformen abgeleitetes Ornament vorherrschte, das in verwandten Bildungen auch in der abendländischen Architektur auftrat, wurden in den islamischen Architekturen überwiegend abstrakte geometrische Ornamentformen verwendet: flächendeckende Motive aus sich überschneidenden Sternen, Kreisen oder Rechtecken, aber auch die aus vegetabilen Formen entwickelte Arabeske und verwandte Gebilde. Eine der am häufigsten verwendeten Dekorformen ist das stalaktiten-ähnlich gebildete Mukarnas, eine als Addition zahlreicher kleiner Trompen erklärbare, äußerst komplizierte geometrische Form, die im 10. Jh. im Iran aufkam und ein breites Anwendungsspektrum fand: an Kapitellen (Abb. 1—8), in Wölbungen aller Arten, über Portalen oder Mihrab-Nischen (Abb. 10—12), in Pendentifzonen oder Trompen (Abb. 7—9) — stets dazu bestimmt, einfache geometrische Bauformen locker zu überspielen und kritische Anschlußpunkte zu überdecken.

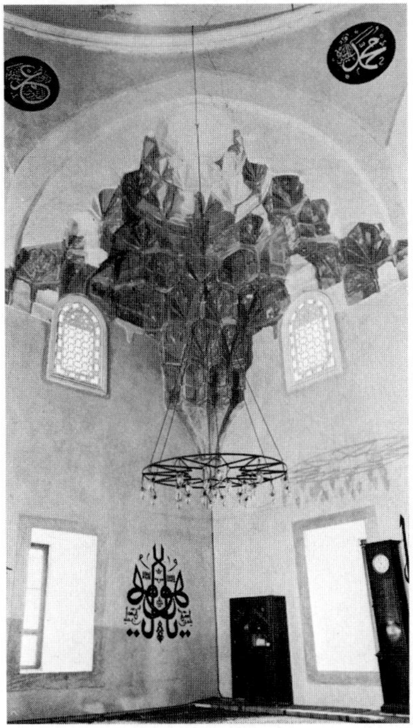

7

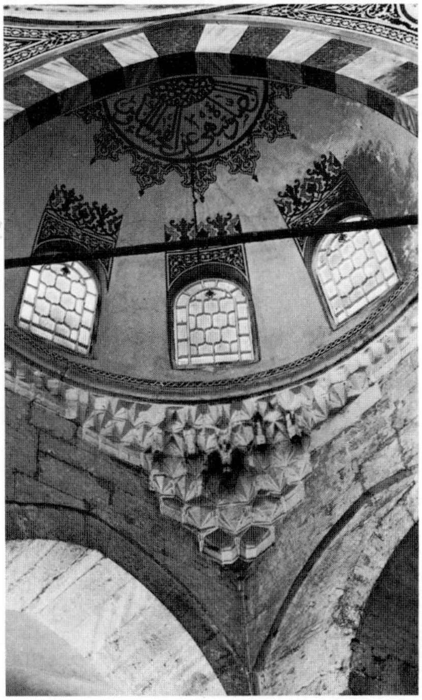

8

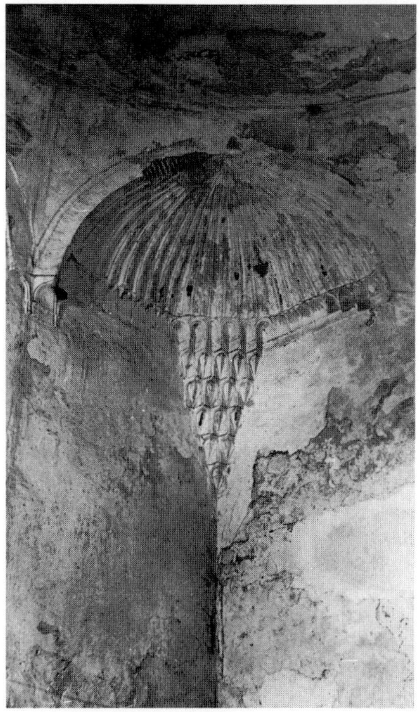

9

1 a, b Iznik — Yeşil Cami, Kapitelle der Vorhalle (erbaut 1378–91)
2 a, b Istanbul — Davud Paşa-Medrese, Kapitelle
3 Istanbul — Nişancı Mehmed Paşa Camii, Kapitell an der Empore
4, 5 Istanbul — Şehzade Camii, Kapitelle im Vorhof
6 Istanbul — Selimiye Camii, Kapitell im Hauptraum
7 Istanbul — Davud Paşa Camii, Trompe in der Südost-Ecke
8 Istanbul — Mesih Paşa Camii, Mukarnas unter Stützhalbkuppel
9 Iznik — Hacı Hamza Hamamı, Ecklösung im Auskleideraum
10 Edirne — Mukarnasgewölbe über dem Hauptportal der Moschee Sultan Bayezids II.
11 Edirne — Muradiye Camii, Hauptportal
12 Bursa — Yeşil Türbe, Hauptür mit Mukarnasfries, Übergangszone mit sog. türkischen Dreiecken und Melonenkuppel

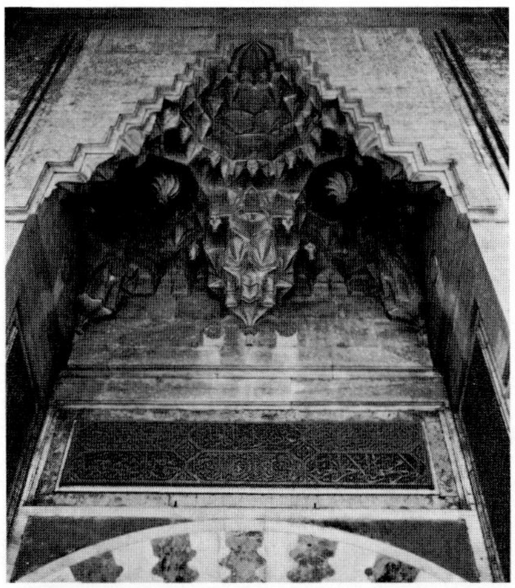

10

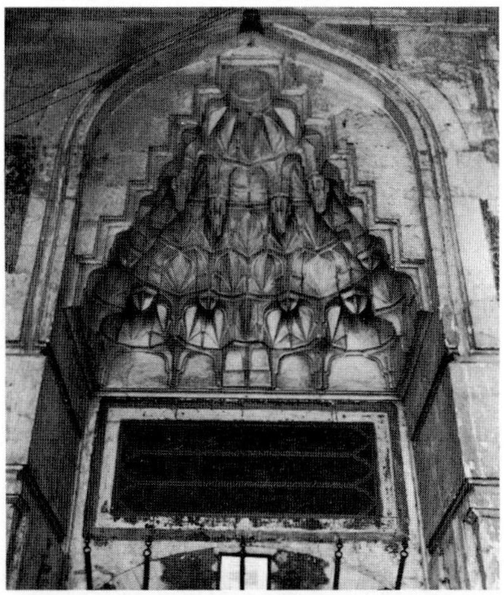

11

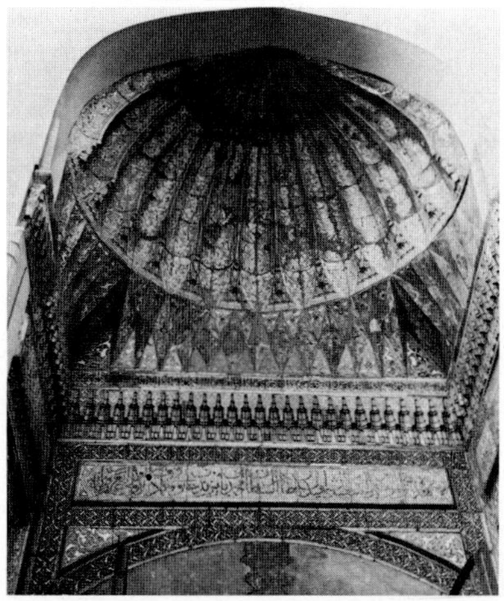

12

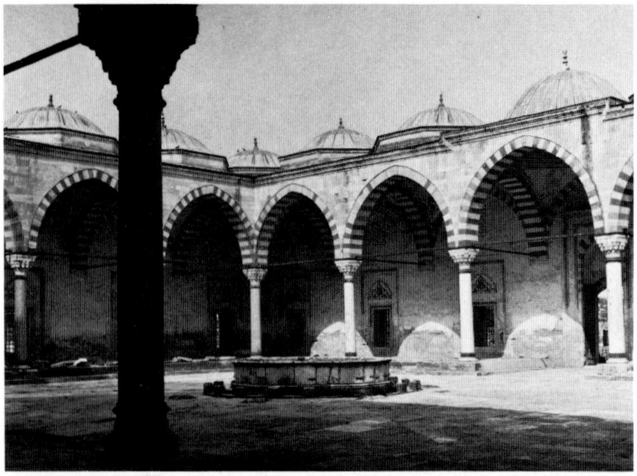

1

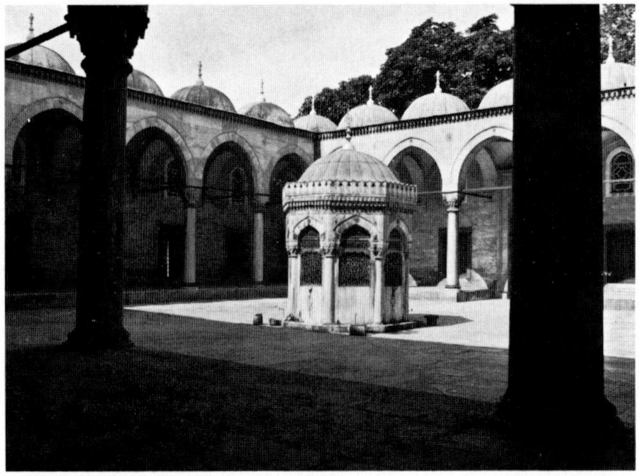

4

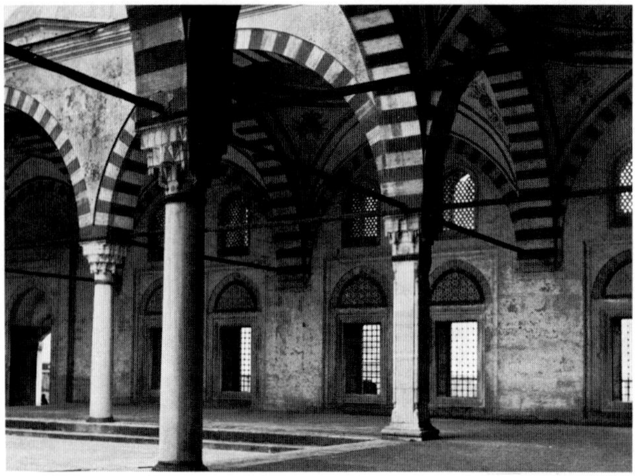

2

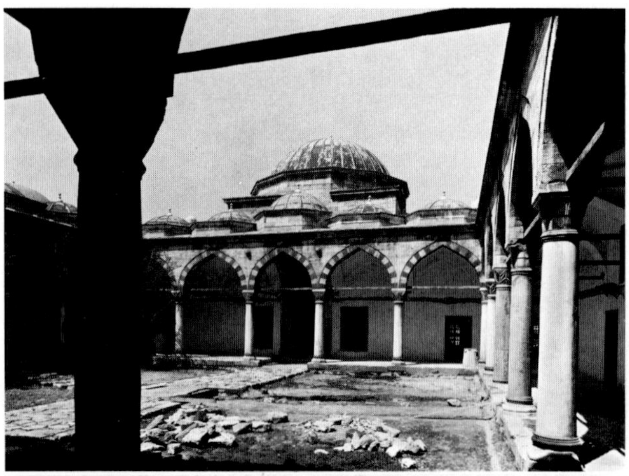

3

I/63

Verhältnis Innen – Außen

Der Betraum einer Moschee ist nie unmittelbar von der Straße aus zu betreten. Selbst bei kleinen Moscheen ist ihm eine offene, heute oft durch Glas geschlossene Vorhalle vorgelegt (Abb. 8); nur offene Betplätze (*namazgâh*, Abb. 7) verzichten auf eine solche Abgrenzung. Bei größeren Moscheen liegt vor der offenen Vorhalle meist noch ein offener Hof mit dem Waschbrunnen (*şadırvan*, Abb. 1–4). Vielfach sind solche Moscheekomplexe auch noch durch weite Höfe, Gärten, Grabbezirke oder ähnliche „isolierende" Raumschichten vom Getriebe der Stadt abgetrennt (Abb. 5–6). Auch bei anderen Bau-Typen – bei Medrese, Spital oder Imaret – gehört der nach außen abgeschlossene, sonst aber offene Hof zum festen Raumprogramm dazu – nicht selten mit Büschen und Blumen bewachsen: Ort der Besinnung und der Ruhe, des Lernens und der Muße.

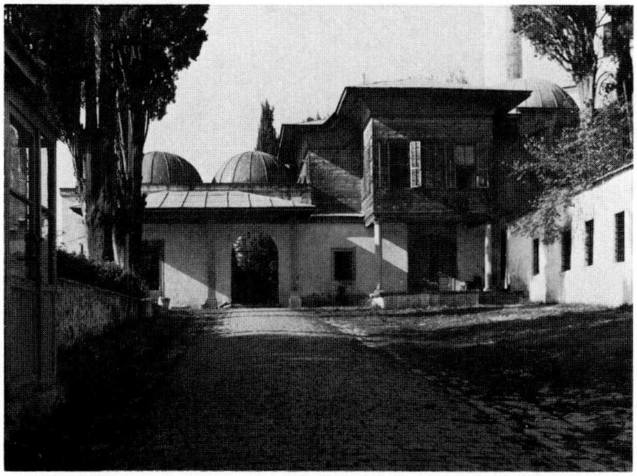

5

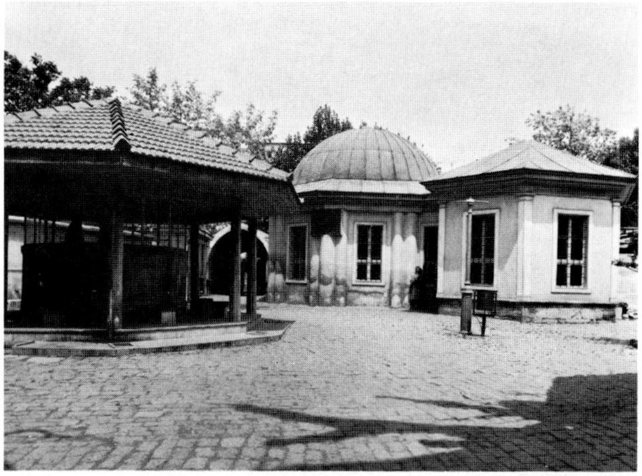

6

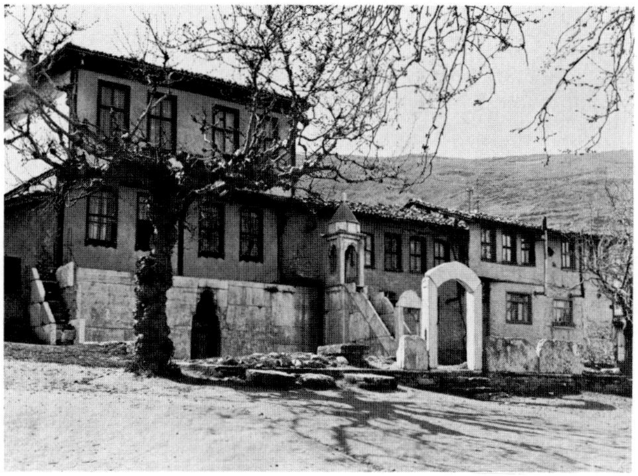

7

1 Edirne	Moschee Bayezids II. Vorhof (erbaut 1484–88)
2 Edirne	Hallen im Vorhof der Selimiye Camii (erbaut 1568–74)
3 Istanbul	Hof der Medrese der Haseki-Stiftung (erbaut 1550)
4 Istanbul-Üsküdar	Vorhof der Yeni Valide Camii (erbaut 1708–10)
5 Istanbul-Üsküdar	Eingangshof der Atik Valide Camii (erbaut um 1577–83)
6 Istanbul	Koca Mustafa Paşa Camii, Vorhof mit Şadırvan und Grabbauten
7 Bursa	Namazgâh (vielleicht 16. Jh. ?)
8 Bursa	Veled-i Vezir Mescidi

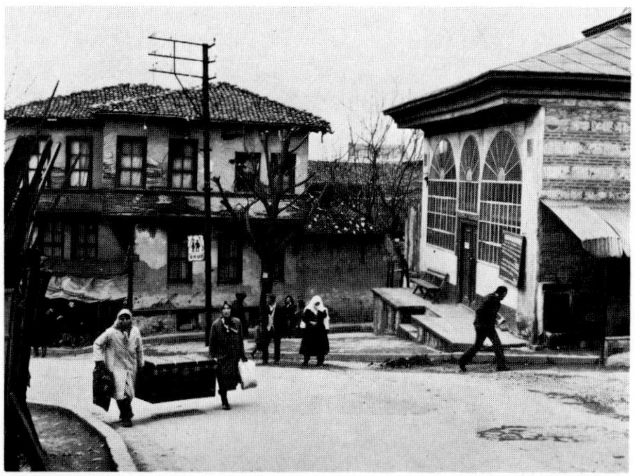

8

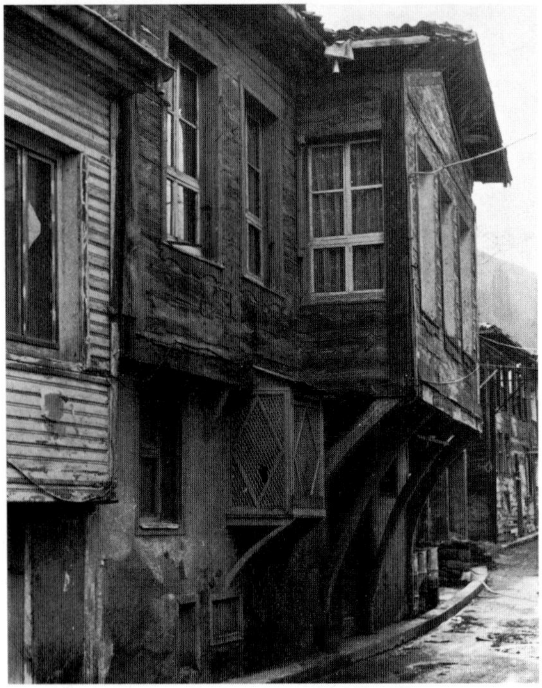

1

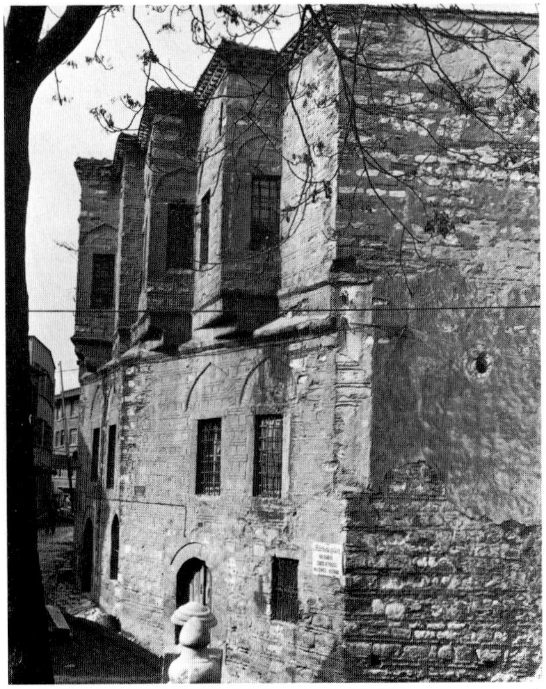

2

I/64
Strukturen von Außenwänden

Die Wirkung eines Bauwerkes bestimmen immer mehrere Faktoren: neben Grund- und Aufriß sowie den im jeweiligen Zeitstil entwickelten Detailformen sind es nicht zuletzt die verwendeten Baumaterialien und die dadurch gegebene Struktur und Farbigkeit der raum- und körper-begrenzenden Flächen. Während im osmanischen Bauen für einfachere Bauaufgaben — vor allem für Wohnhäuser — Holz vorherrschte (Abb. 1), wurden Sakralbauten überwiegend in Stein errichtet; anfangs in der in West-Kleinasien heimischen Mischtechnik aus Bruchsteinen und Ziegeln (Abb. 2), seit der Mitte des 15. Jh. zunehmend in Werkstein- oder Quaderbauweise (Abb. 7).
Aus Bruchstein und Ziegeln errichtete Wände waren im allgemeinen wenig gegliedert. Sie gewannen einen Teil ihrer Wirkung durch die Farbigkeit der verschiedenartigen Materialien sowie durch deren ornamentalen Versatz (Abb. 4—5) in vielfältig variierenden Formen. Seit dem Bau der Üç Şerefeli Cami in Edirne (1438—47) wurden immer häufiger steinmetzmäßig sauber gefügte Quaderbauten aus örtlichem Kalkstein oder Marmor errichtet, bei denen nach zunächst noch recht flächiger Wandgestaltung (Abb. 7) seit den Bauten Sinans immer öfter klar gegliederte und tektonisch deutlich strukturierte Fassaden zu finden sind.

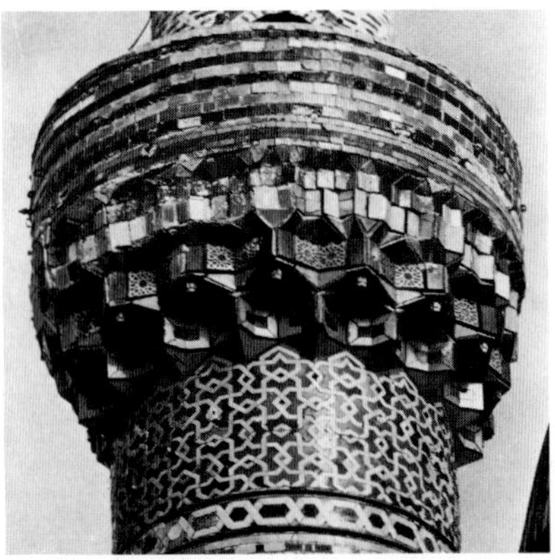

3

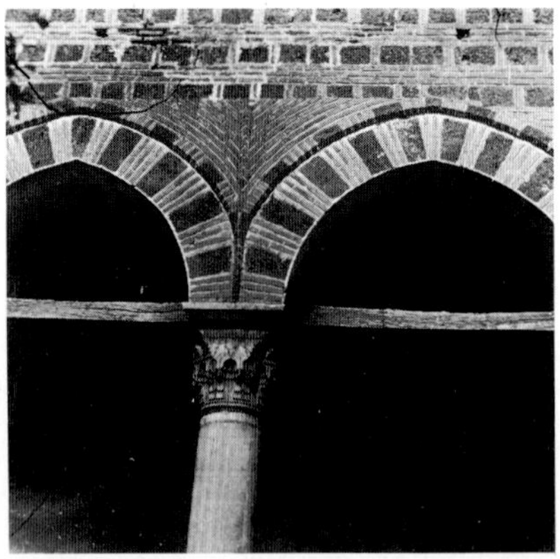

4

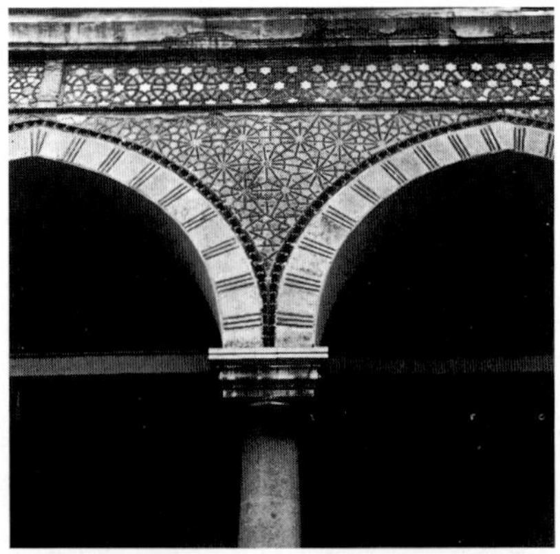

5

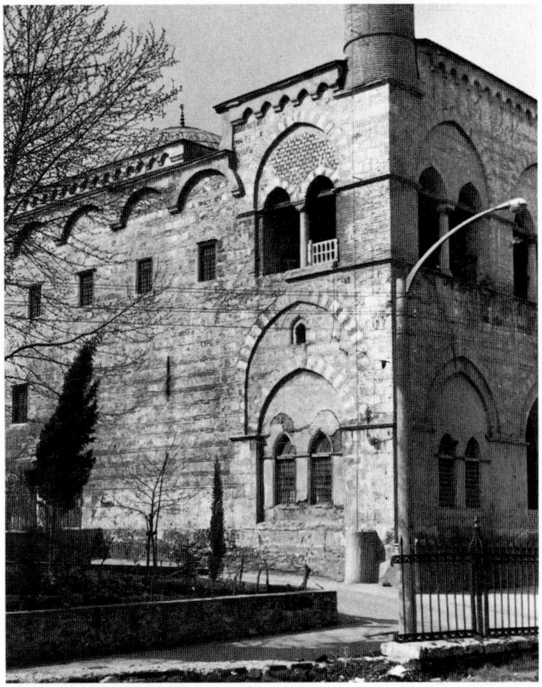

6

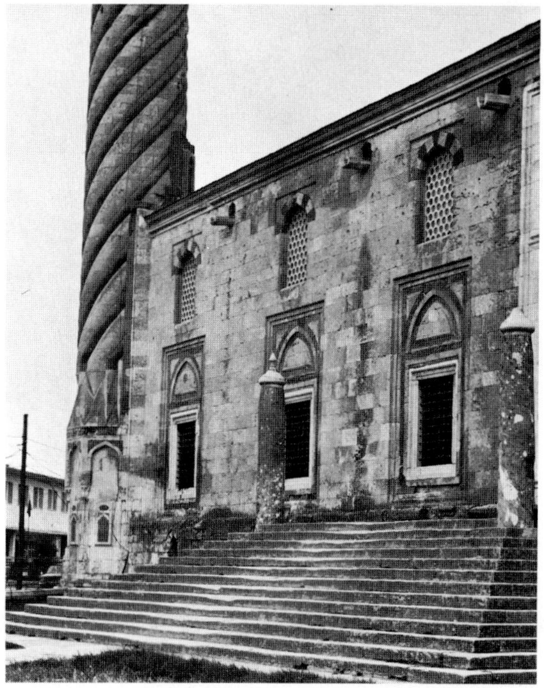

7

1 Bursa Holzhaus
2 Istanbul Atif Efendi Kütüphanesi (erbaut 1741), Bibliothek
3 Iznik Minarett der Yeşil Cami mit Fayencedekor (1378–91)
4 Iznik Ziegel- und Hausteinmauerwerk an der Nilüfer Hatun-Imaret (erbaut 1388–89)
5 Bursa Ziegelornament an der Vorhalle der Muradiye Camii (erbaut 1426)

6 Bursa Hüdavendigâr Camii (erbaut 1366–85), Nordost-Ecke
7 Edirne Üç Şerefeli Cami (erbaut 1438–47), Südwest-Ecke
8, 9 Istanbul Şehzade Camii (erbaut 1544–48), Seitenfront
10 Istanbul-Eyüp Portal der Mihrişah-Stiftung (erbaut 1796)

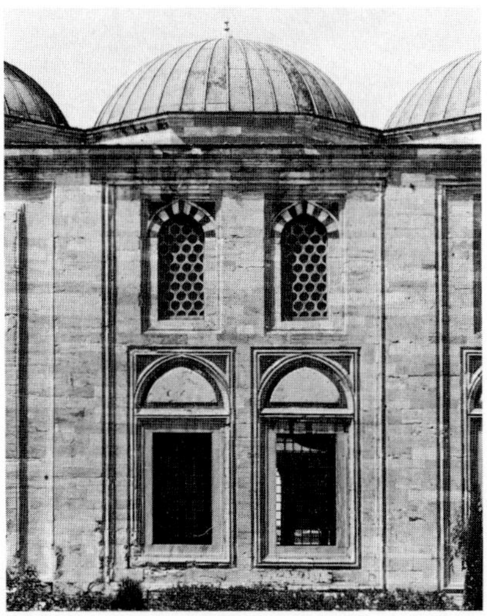

8

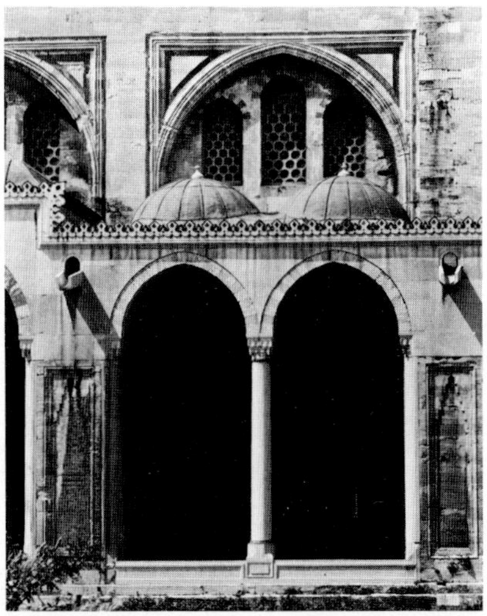

9

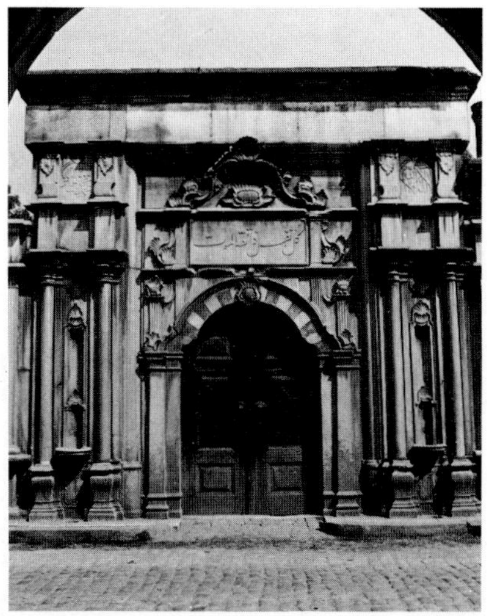

10

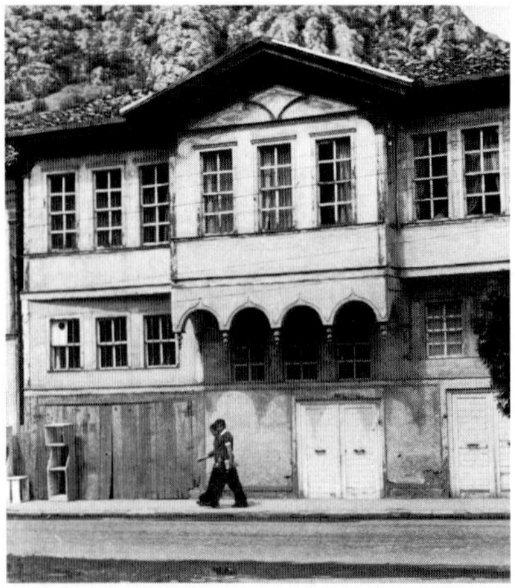
1

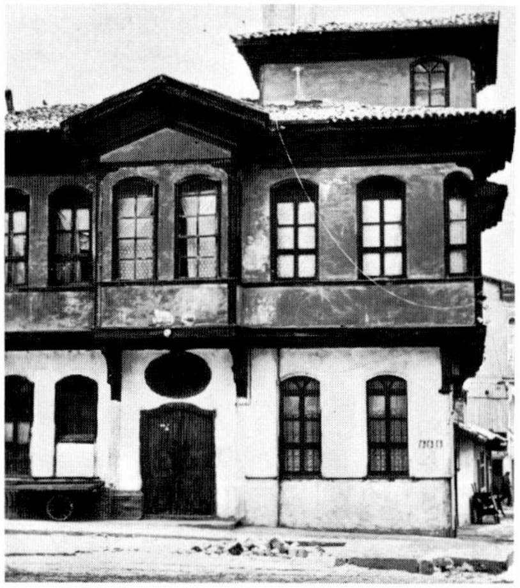
2

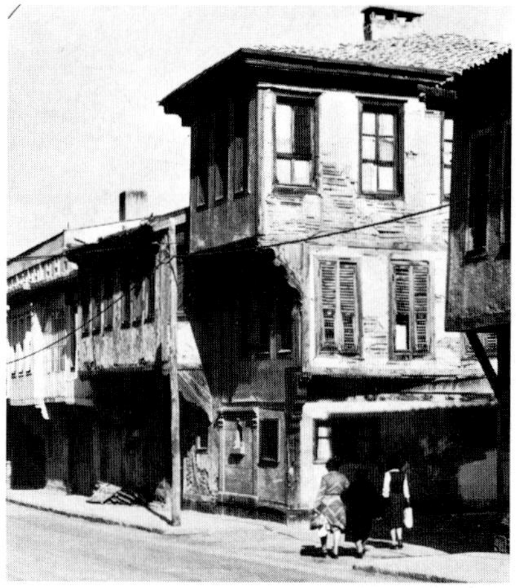
3

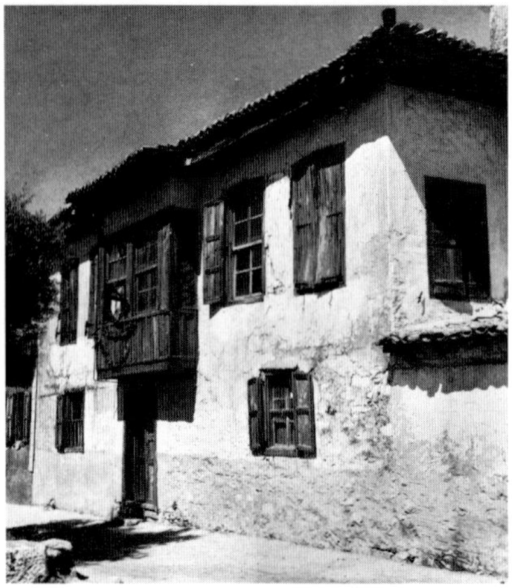
4

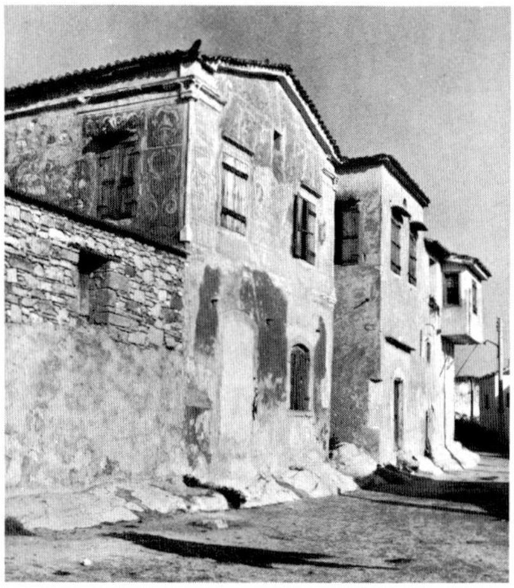
5

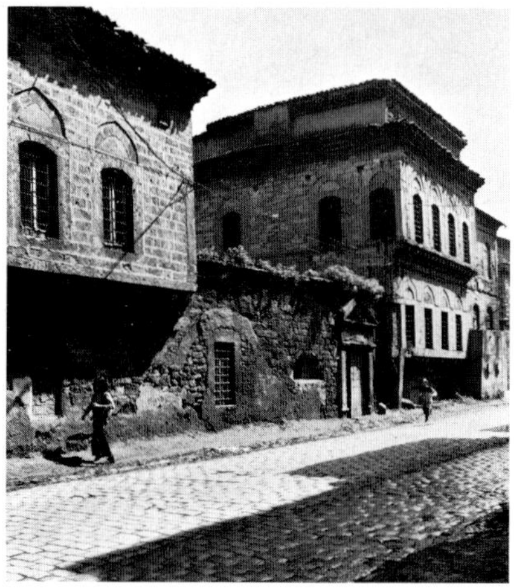
6

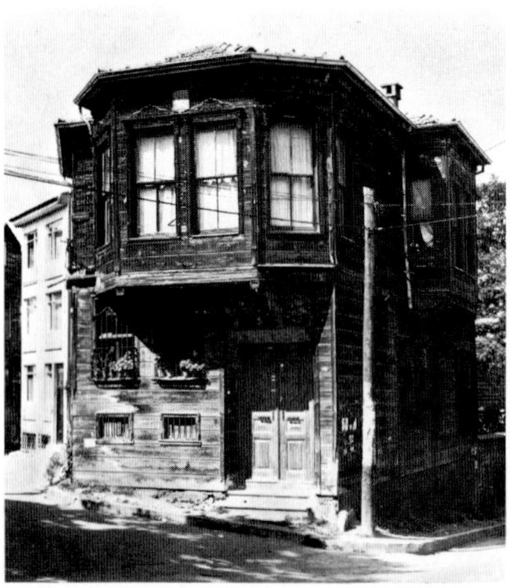
7

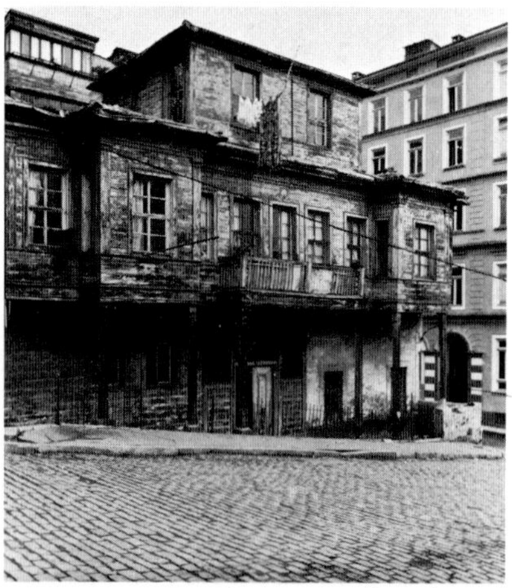
8

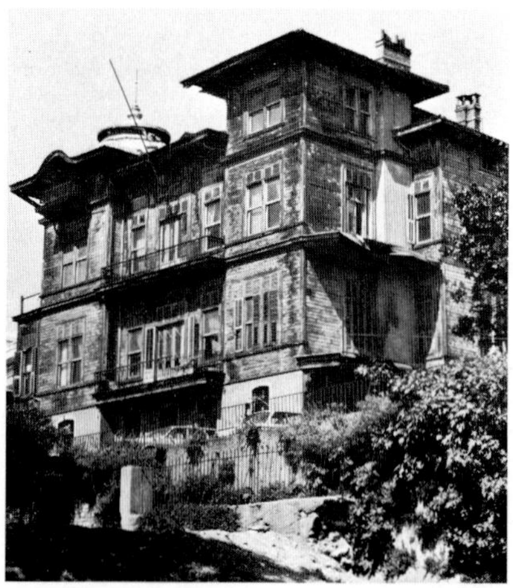
9

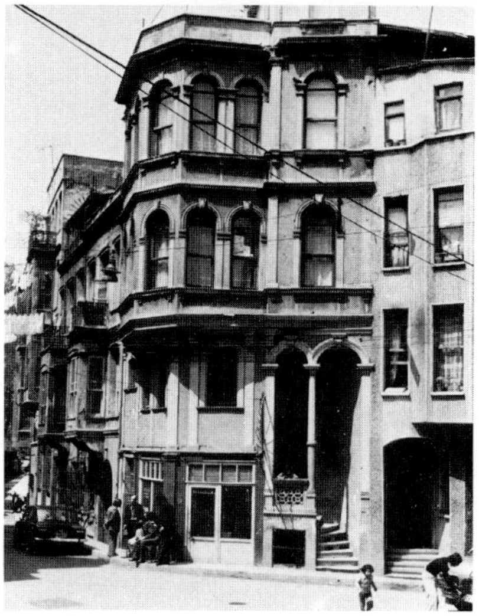

10

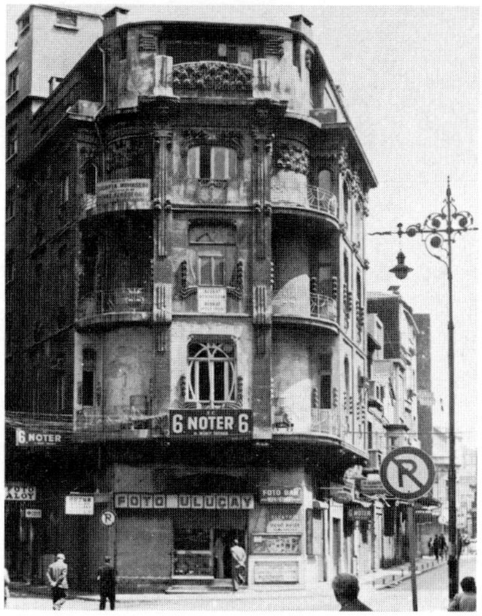

11

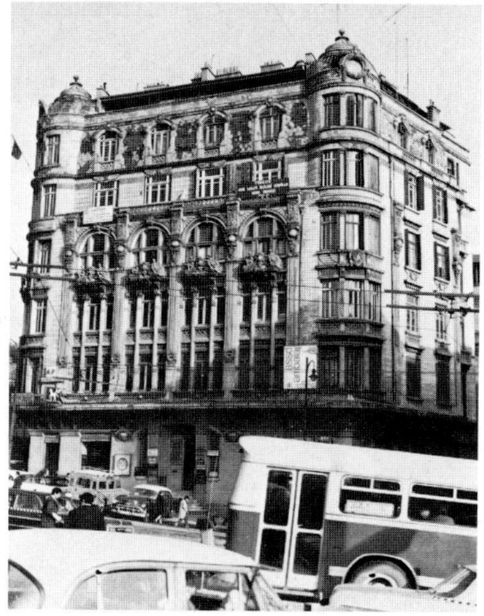

12

1 Amasya	Häuser am Fluß (vielleicht Ende 18. Jh.)
2 Kütahya	Wohnhaus in Bağdadî-Technik
3 Afyon-Karahisar	Wohnstraße
4 Milas	Ackerbürger-Haus
5 Çeşme	Haus mit Resten spätklassizistischen Dekors
6 Istanbul	sog. Phanariotenhaus (wohl 18. Jh.)
7 Istanbul-Üsküdar	Einfaches Einfamilienhaus
8 Istanbul-Beyoğlu	Großes Wohnhaus des 19. Jh.
9 Istanbul-Ayazpaşa	Latife Hanım Konak (2. Hälfte 19. Jh)
10 Istanbul-Balat	Klassizistisches Steinhaus (wohl Ende 19. Jh.)
11 Istanbul-Sirkeci	Geschäfts- und Wohnhaus (um 1900)
12 Istanbul-Şişhane	Geschäfts- und Wohnhaus (um 1900/10)

I/65
Wohnbauten

Die wohl formenreichste Gruppe innerhalb der Baukunst osmanischer Zeit ist die der Wohnbauten dank ihrer stark regional differenzierten Eigenarten. Sie kann freilich nur in einem auf den Westen des zentralen Reichsgebietes begrenzten Ausschnitt gezeigt werden – und auch das nur mit Beschränkung auf städtische Wohnhäuser. Der überwiegende Teil der Häuser weist einen Steinsockel oder ein Untergeschoß aus Stein auf und besteht in den oberen Teilen aus Holz. Die zur Straße gerichtete Front ist meist mit einem Erker geziert (Abb. 1–3; 7–9). Seltener sind Häuser ganz aus Stein (Abb. 4–9). Vom Grundriß her sind diese Häuser sehr variationsfähig und können sich fast allen Grundstücksbedingungen anpassen. Trotz prinzipiell ähnlicher Einzelelemente zeigt sich zugleich eine breite Skala von möglichen Formen, die vom traditionellen Holzhaus bis zu modischen Formen reicht, ohne daß hier aber – trotz zunehmendem westlichem Einfluß mit klassizistischen (Abb. 10), Jugendstil- (Abb. 11) oder gar Renaissance-Formen (Abb. 12) der Grundtypus der Erkerfront verleugnet würde.

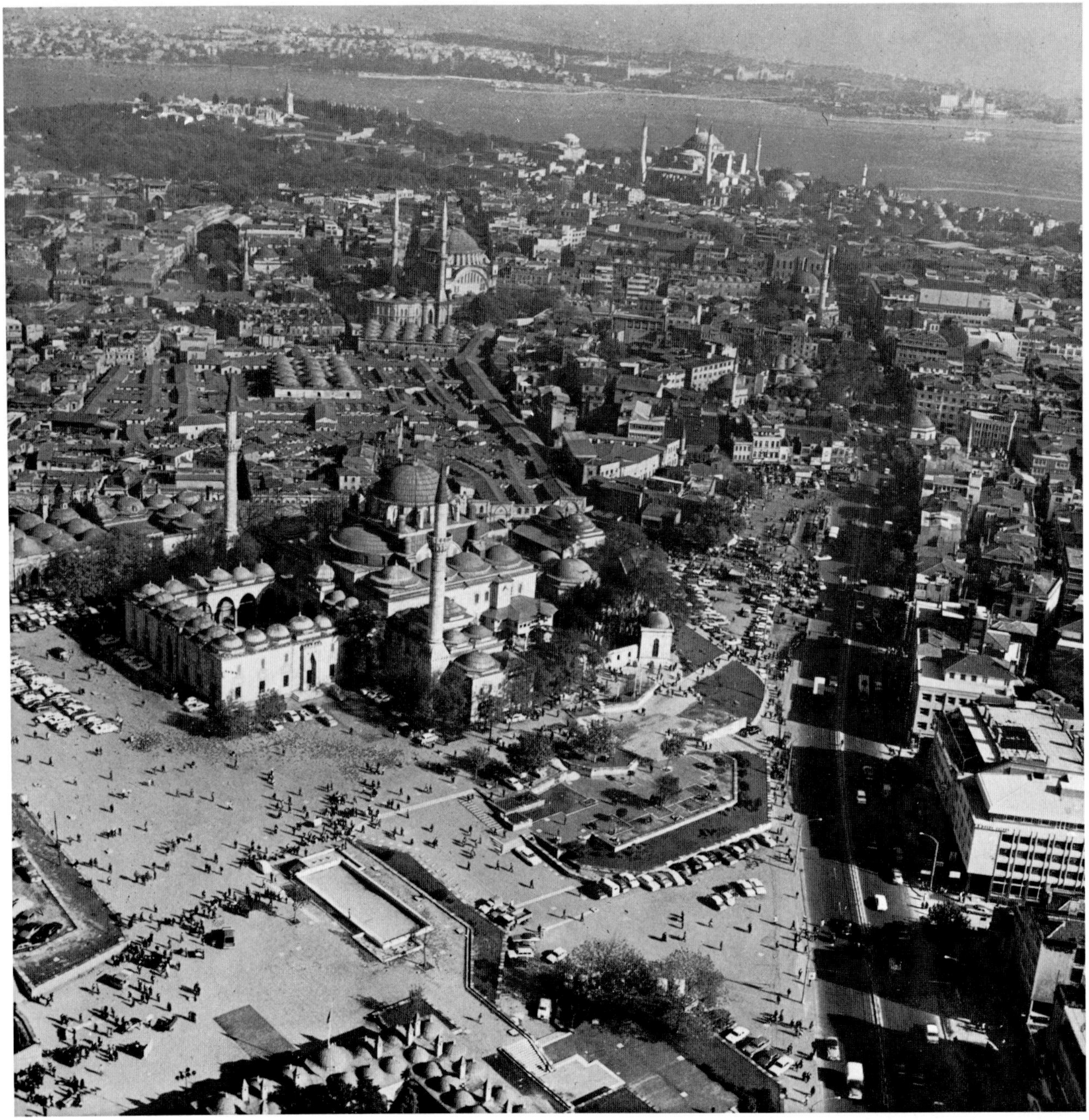

I/66
Istanbul
Blick über den zentralen Bereich (1975) mit der Sultan Bayezid Camii im Vordergrund, dahinter das Gebiet des Gedeckten Basars (Kapalı Çarşı) mit den beiden Bedestan-Bauten sowie der Nuruosmaniye Camii. Im Hintergrund Aya Sofya Camii und Topkapı Sarayı
(Foto: Sami Güner, Istanbul)

Hans Galen/Gerd Dethlefs TÜRKENBEUTE AUS WESTFALEN

Wie in allen deutschen Landschaften haben sich auch in Westfalen Beutestücke aus den Türkenkriegen erhalten. Doch anders als die bekannten deutschen Türkenbeuten in Karlsruhe, München, Kassel, Dresden usw., die aus fürstlichen Sammlungen stammend heute in staatlichen Museen gezeigt werden, befinden sich die westfälischen Beutestücke ausnahmslos in Privatbesitz und sind daher selbst Fachleuten weitgehend unbekannt. Sie bezeugen, daß Westfalen an dem Abwehrkampf Mitteleuropas gegen den Osten im 17. und 18. Jahrhundert aktiv teilgenommen hat. Der größte Einsatz ist mit dem Namen des Fürstbischofs von Münster Christoph Bernhard von Galen (reg. 1650–1678) verbunden. Auf dem Sockel seines Grabmals im Dom zu Münster heißt es:
IN. HVNGARIA. ADVERSVS. TVRCAS. EXERCITVVM. IMPERII. DIRECTOREM. EGIT
Zu deutsch: In Ungarn wirkte er als Direktor des Reichsheeres gegen die Türken.
Die Inschrift bezieht sich darauf, daß der Bischof 1664 vom Reichstag zu einem der beiden Direktoren des Reichsheeres gewählt wurde, das dem Kaiser helfen sollte, den türkischen Vorstoß auf Wien abzufangen. Galen hatte sich nachdrücklich für die Aufstellung dieses Heeres eingesetzt und beteiligte sich über seine Verpflichtungen hinaus mit einem Hilfskorps von mehreren tausend Mann münsterischer Truppen an dem Feldzug, der zum Abwehrsieg von 1664 an der Raab im Raum St. Gotthard-Mogersdorf führte. Zwei dort erbeutete Kettenhemden der gefürchteten Spahis werden hier (erstmalig) publiziert.
Von den Beutestücken her wesentlich bedeutender sind die Trophäen des osnabrückischen Obersten Hermann Philipp von Oer (1644–1703). Er war gebürtig aus Iburg. Nach seinem Ausscheiden aus dem venezianischen Dienst heiratete er die Erbin eines Rittersitzes in der Nähe von Osnabrück und brachte seine Beute dorthin. General von Oer kommandierte 1685–1688 ein in venezianischen Diensten stehendes hannoverisches Hilfskorps. Er zeichnete sich besonders bei der Belagerung der Festung Koron auf der Peloponnes aus; am 7. August 1685 schlug er ein türkisches Ersatzheer. Als Beute erhielt er das Zelt des türkischen Heerführers, des Chabil Pascha. Dazu gehörten nicht nur Waffen und Kleidung des Besiegten, sondern auch das Zelt samt Inventar: einem Spiegel, einem ostasiatischen Tambourin und einem Klapptisch. Eine Auswahl wird hier gezeigt.
Münster hat an allen Phasen der deutsch-türkischen Beziehungen lebhaften Anteil gehabt. Spätestens seit dem 19. Jahrhundert gehört dazu auch die wissenschaftliche Erforschung der Türkei und das Sammeln von Kulturgut. Die Trachtenblätter (Kat.-Nr. I/75a–I/75r) entstammen einer solchen Sammlung.
Die hier publizierten Objekte sind nur Beispiele einer größeren Zahl. Ausführlicher informiert darüber der Katalog des Stadtmuseums Münster „Münster, Wien und die Türken 1683–1983“.

I/67
Türkischer Klapptisch

Türkisch, 17. Jahrhundert
Höhe 60 cm, Durchmesser der Messingschale 59,5 cm
Aus der Türkenbeute des Generals von Oer 1685

Leihgabe aus Privatbesitz im Stadtmuseum Münster

Hölzernes Untergestell aus drei um eine Eisenstange drehbaren Ständern aus je zwei durch zwei Holzstangen verbundenen Tischbeinen. Zwischen den Stangen an den Tischbeinen ansetzende Holzgitter (10 x 10 cm), die aus gedrechselten Einzelteilen zusammengesetzt sind. Tischbeine oben und unten profiliert, mit Band- und Rankenschnitzereien und je zwei sternförmigen Perlmutteinlagen. Messingschale *(siniye)* mit erhabenem Rand, im Zentrum ein Hexagramm mit Trugschrift, umher zwei von umlaufenden Bandornamenten gerahmte Schriftkreise. Innerer Schriftkreis durch ein bogenförmig geschweiftes Band gegliedert. Die Schrift ergibt keinen Sinn, sondern ist rein ornamental.

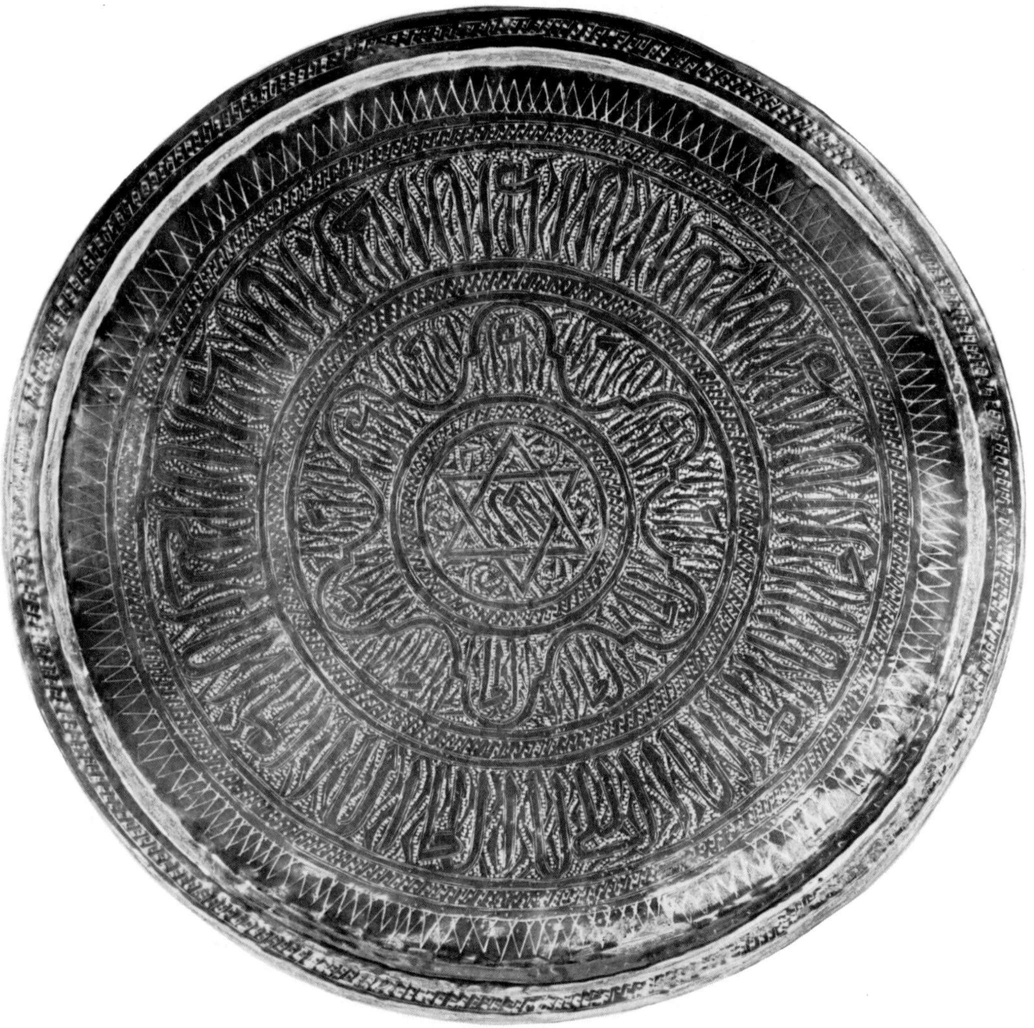

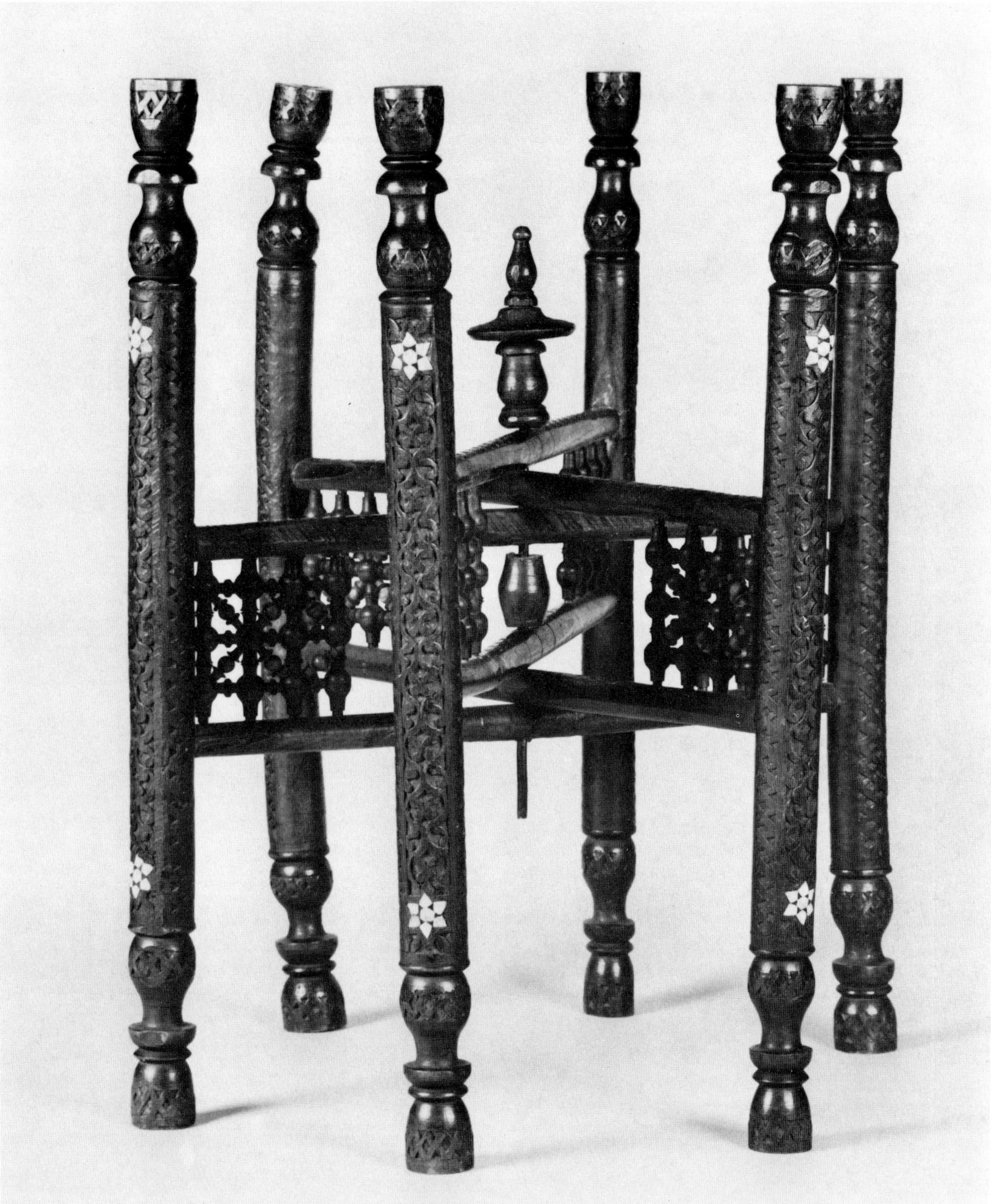

I/68
Türkisches Jagdbesteck für drei Messer

Gesamtlänge 52,5 cm, Köcher 47 cm, Messer mit Griff aus Bein a) 29,5 cm, b) 29,5 cm, c) 16 cm
Aus der Türkenbeute des Generals von Oer 1685

Leihgabe aus Privatbesitz im Stadtmuseum Münster

Klinge von a) und b) mit Blutrinne und Dreieckbandornament. Köcher mit teilweise vergoldetem Silberbeschlag, nach oben sich den Mundlöchern der Messer anpassend an drei Seiten bauchig vorschwingend, an einer Seite flach auslaufend. Mundloch und obere Kante des Köchers sind mit blau, grün und türkisfarben emaillierten Rankenornamenten verziert. Das Oberteil des Köchers ist durch fünf profilierte ringartige Wülste abgetrennt, die hinten in der Halterung für die Öse auslaufen. Es ist in Streifen geteilt und mit graviertem und ziseliertem Blatt- und Blütendekor auf gepunztem Grund bedeckt. Die Verzierungen ähneln stark denen auf dem Krummdolch (Kat. Nr. I/69) und auf dem Buzogan der Karlsruher Türkenbeute. Nach unten folgen auf den Silberbeschlag aufgelegte, teilweise durchbrochene Beschläge mit Blatt- und Blütendekor. In der Mitte des Unterteils ein manschettenartiger Ring aus durchbrochenem Silber mit einem gefaßten Stein; die Vertiefungen des Ringes sind nielliert und blau, grün und türkisfarben emailliert. Der Köcher läuft nach unten in einem kugelförmigen Knopf aus, der mit grünem, türkisfarbenem und blauem Emailfluß verziert ist.

Lit.: Katalog Münster, Wien und die Türken Nr. 112; s. u. Kat. Nr. I/69

I/69
Türkischer Krummdolch

Gesamtlänge 36 cm, Dolch 31 cm, Scheide 28,5 cm
Aus der Türkenbeute des Generals von Oer 1685

Leihgabe aus Privatbesitz im Stadtmuseum Münster

Gekrümmte schwachgratige, zweischneidige Klinge. Griff (10,5 cm) mit eingezogener, zehneckiger Handlage und ringförmigem Band als Verstärkung. Am rautenförmigen Knauf sitzt ein halbkugelförmiger Knopf. Obere Kante der Scheide durch ein breites, silbervergoldetes durchbrochenes Mundblech verstärkt. Die Scheide läuft nach unten in einer knaufartig verdickten Halbkugel aus. Scheide und Griff sind mit vergoldeten Silberschlägen aus fein ziselierten, gravierten und niellierten Blatt- und Blütenranken auf gepunztem Grund bedeckt. Die Ornamente ähneln stark den Verzierungen auf dem Köcher des Jagdbesteckes (Kat. Nr. I/68) sowie dem Buzogan der Karlsruher Türkenbeute. An der Rückseite unterhalb des Mundbleches zwei Haltebügel.

Lit.: Katalog Münster, Wien und die Türken (1983) Nr. 110.
E. Petrasch, Die Türkenbeute, Karlsruhe 1970 (= Bildhefte des Badischen Landesmuseums Karlsruhe) Nr. 43.
Kat. Bd. II Kat. Nr. 11/12.

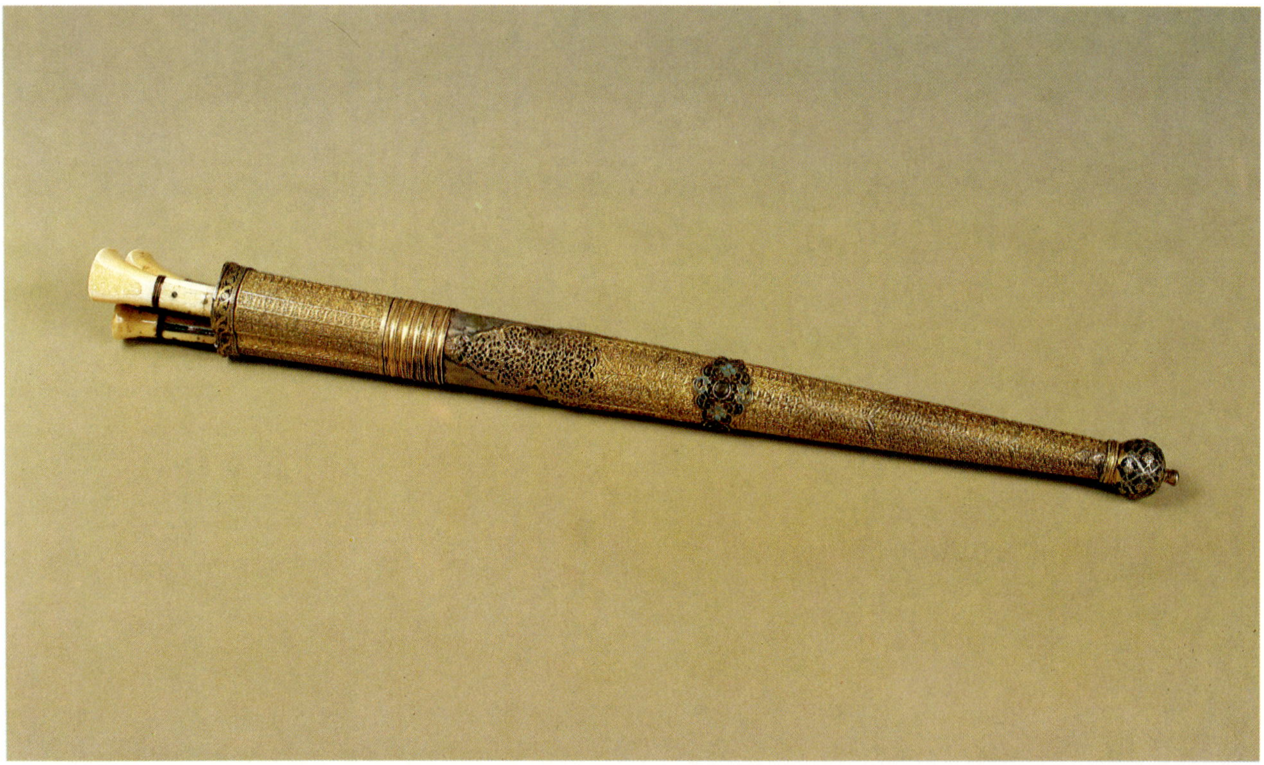

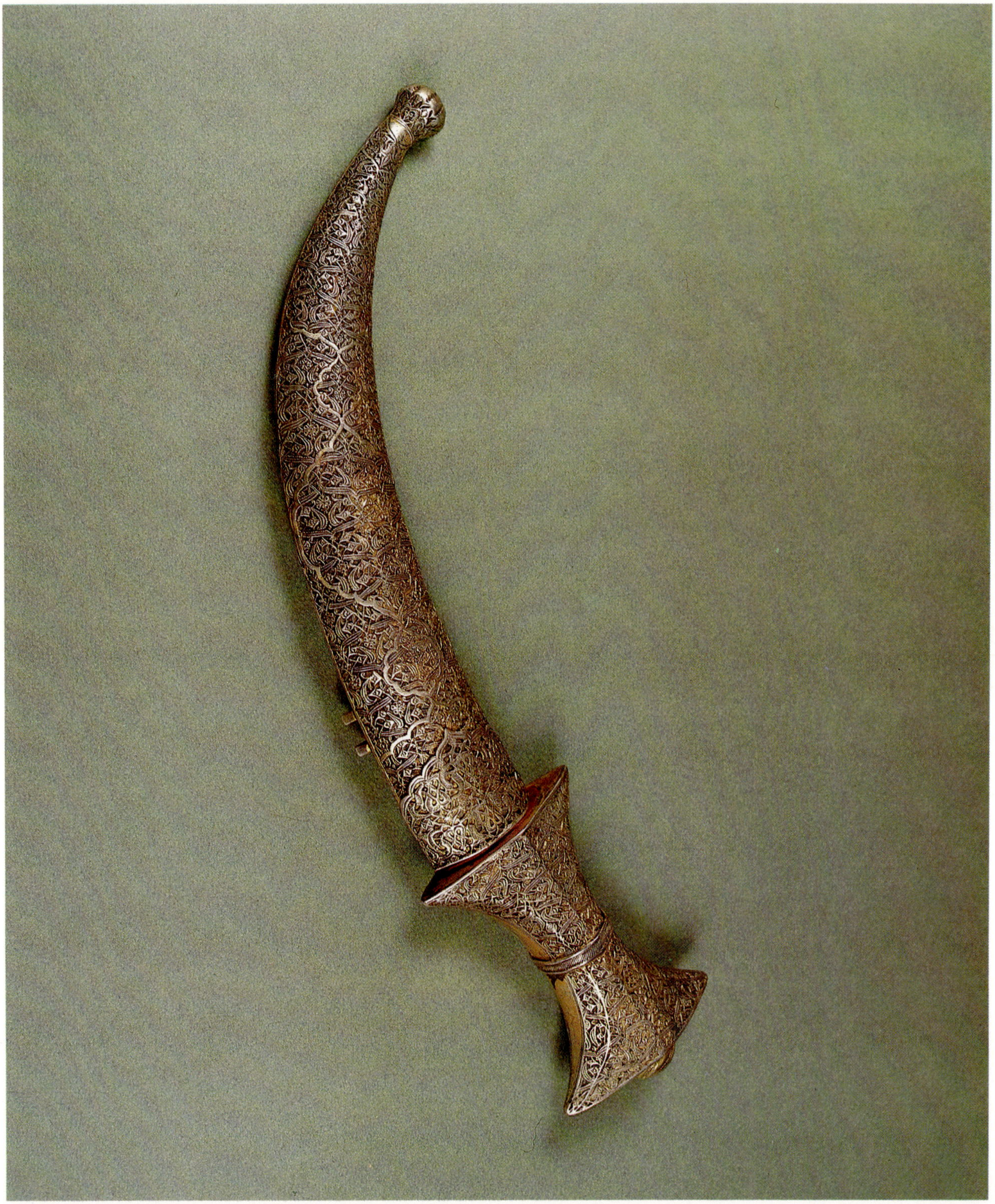

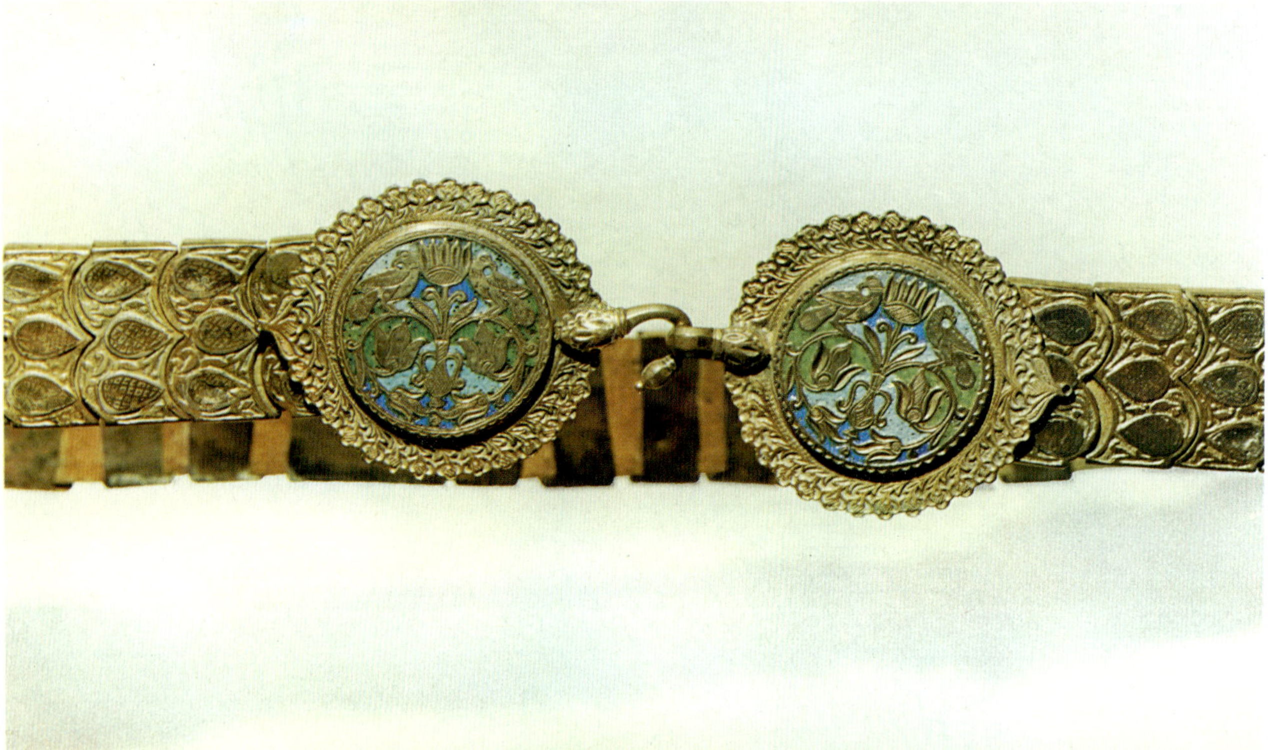

I/70
Türkischer Offiziersgürtel

Breite 3,7 cm, Länge 103 cm
Aus der Türkenbeute des Generals von Oer 1685

Leihgabe aus Privatbesitz im Stadtmuseum Münster

Filzgürtel, besetzt mit 39 einfachen, 2 cm langen schuppenartigen und vergoldeten Silberplatten (von diesen zwei mit Ösen), die auf gepunztem Grund gleichmäßig mit Ranken und 3 niellierten Blättern verziert sind; und mit 3 je 4,2 cm langen, aus zwei gegenläufig zusammengesetzten einfachen, ebenfalls verzierten Silberplatten in der Mitte hinten und an den Seiten des Gürtels. Scheibenförmige Schließen (Durchmesser 6—6,5 cm) mit Haken bzw. Ösen, gegossenem, vergoldetem, als Blütenkranz ausgebildeten Rand. Obere Seite medaillonartig erhaben (Durchmesser 4,3 cm), ziseliert und graviert auf dunkelblauem grünem und türkisfarbenem Emailgrund. Dargestellt ist eine Vase mit Sonnenblume und gegenläufigen Ranken, die in vier tulpenartigen Blüten auslaufen. Auf den Ranken sitzen gegenständig angeordnete Tauben.

Lit.: Katalog Münster, Wien und die Türken (1983) Nr. 118.

I/71
Farbige türkische Lederstiefel

Höhe 34 cm, Fußlänge 27 cm
Aus der Türkenbeute des Generals von Oer 1685

Leihgabe aus Privatbesitz im Stadtmuseum Münster

Ornamental gemustert in Stepparbeit, in den Farben Grün und Rot. Fußspitzen mit schwarzem Leder, der Schaft mit rotem Leder an der Rückseite neu verstärkt.

Lit.: Katalog Münster, Wien und die Türken (1983) Nr. 117.

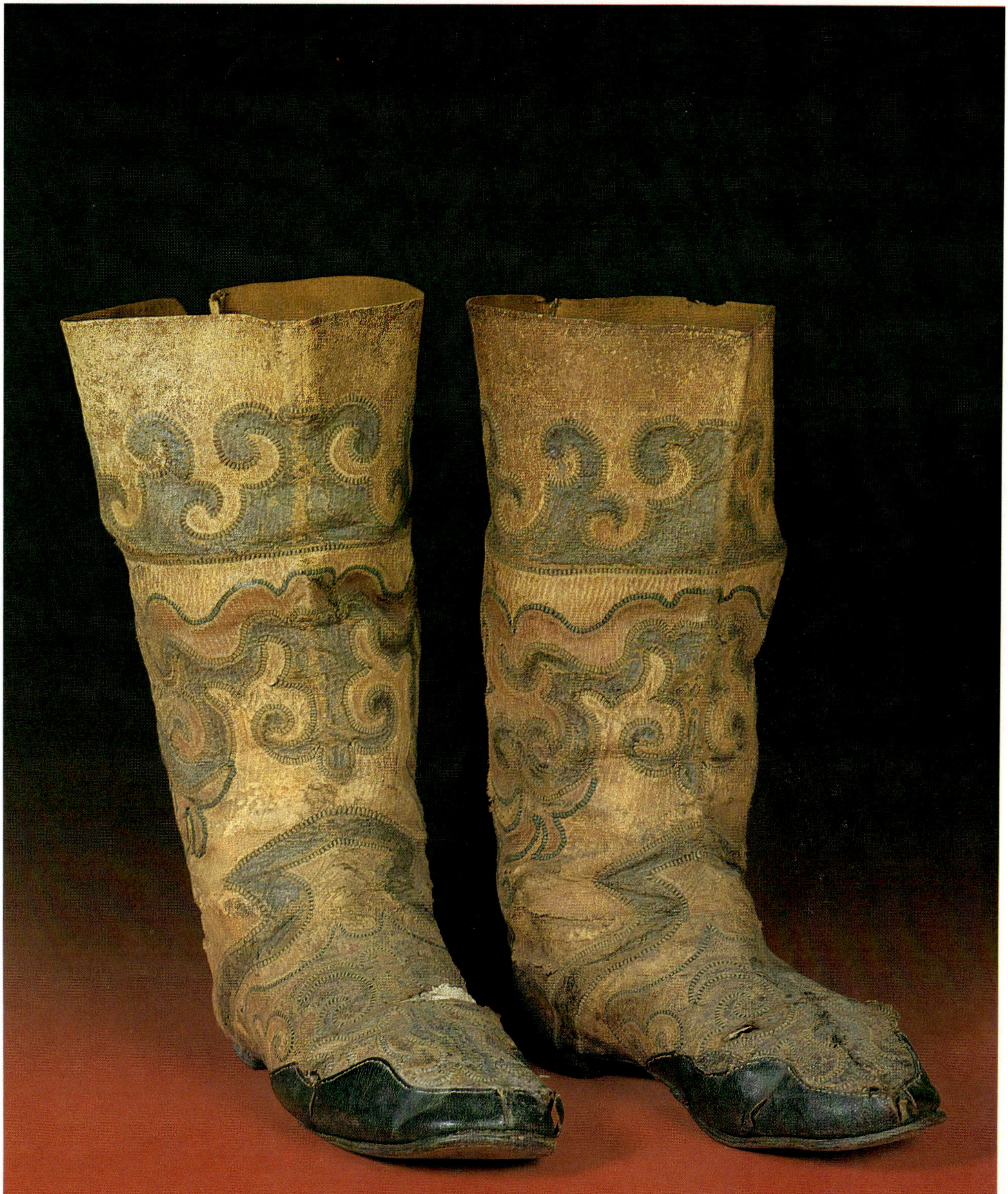

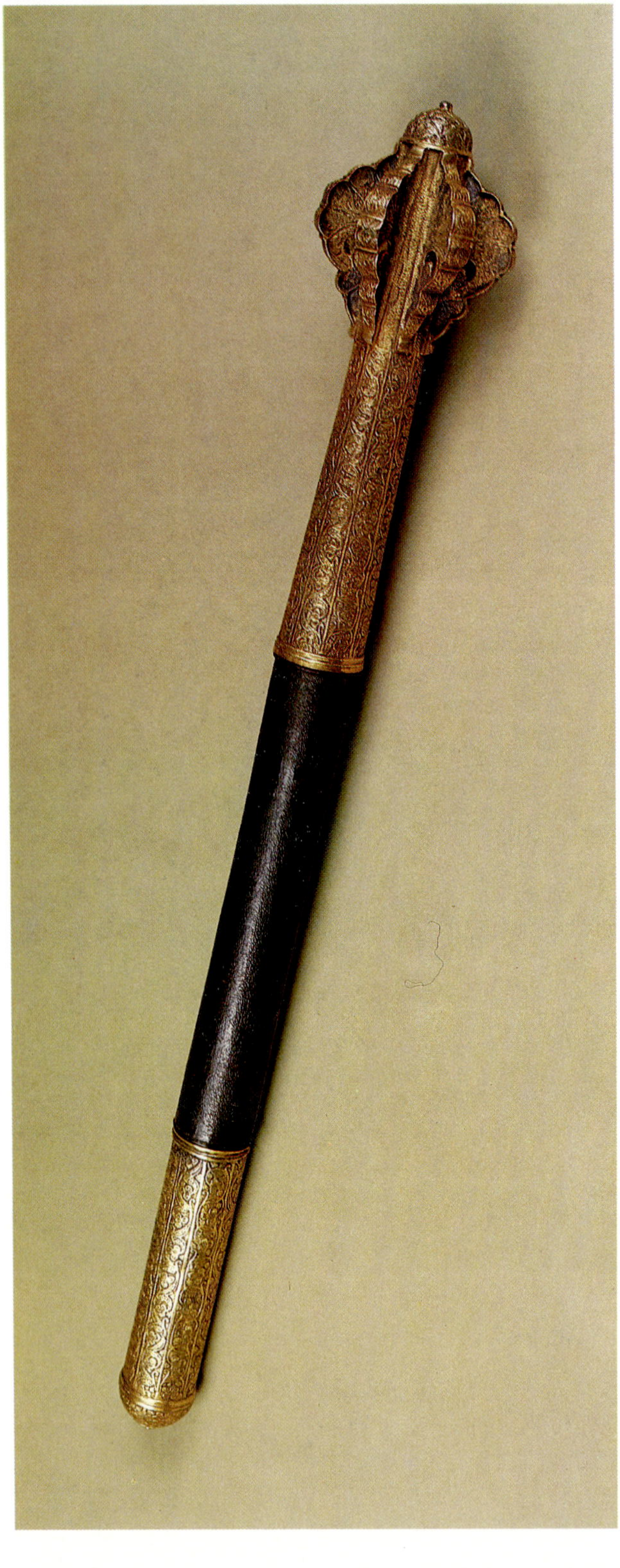

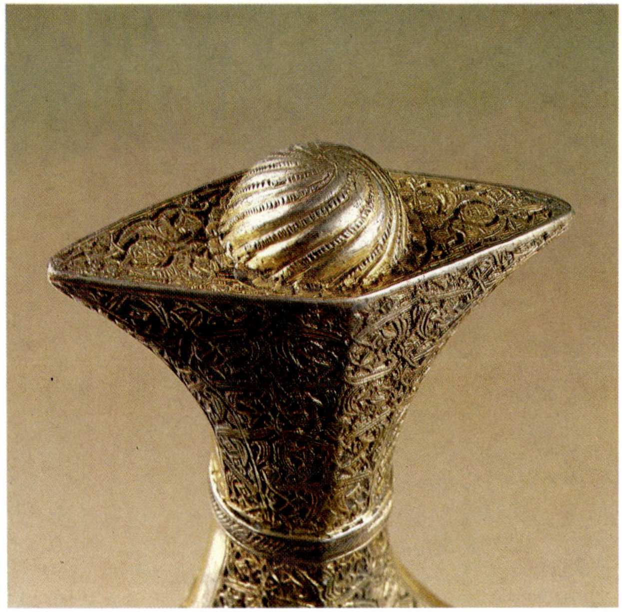

Detail zu I/69

I/72
Türkischer Streitkolben *(buzogan)*

Länge 59 cm, Durchmesser am Schlagkopf 7,8 cm
Aus der Türkenbeute des Generals von Oer 1685

Leihgabe aus Privatbesitz im Stadtmuseum Münster

Zylindrischer Holzstab, dessen Mittelstück (22 cm) mit schwarzem Leder umwickelt ist, an den Enden vergoldete Silberbeschläge, die mit fein ziselierten Blütenranken auf gepunztem Grund in acht Streifen verziert sind. Beide Enden laufen in einer verzierten Kappe aus. Am oberen Ende 7 radial aufgesetzte, mit ziselierten Arabesken bedeckte, einfach durchbrochene Schlagblätter mit gelappten Rändern.

Lit.: Katalog Münster, Wien und die Türken (1983) Nr. 109.

I/73
Panzerhemd mit Panzerkappe

Türkisch 17. Jahrhundert
Länge 90 cm, Ärmellänge 20 bzw. 24 cm, Durchmesser der Eisenringe 1,0 cm; Nackenschutz: Außenkanten 36 cm, Breite 12 cm, Durchmesser der Eisenringe 0,5 cm; Panzerkappe: Durchmesser 19 cm, Nackenschutz 63 cm, Durchmesser der Eisenringe 0,8 cm
Aus der Türkenbeute des münsterischen Fürstbischofs Christoph Bernhard von Galen 1664

Leihgabe aus Privatbesitz im Stadtmuseum Münster

Langes Panzerhemd aus vernieteten Eisenringen und einem befestigten feinmaschigen, rechtwinkligen Kragenschutz. Panzerkappe als Kalotte aus getriebenem Eisen, mit angesetztem Nackenschutz. Die Kalotte ist durch acht Wülste in acht gleiche Felder aufgeteilt, im Zentrum ein Eisenring.

Lit.: s. Kat. Nr. I/74.

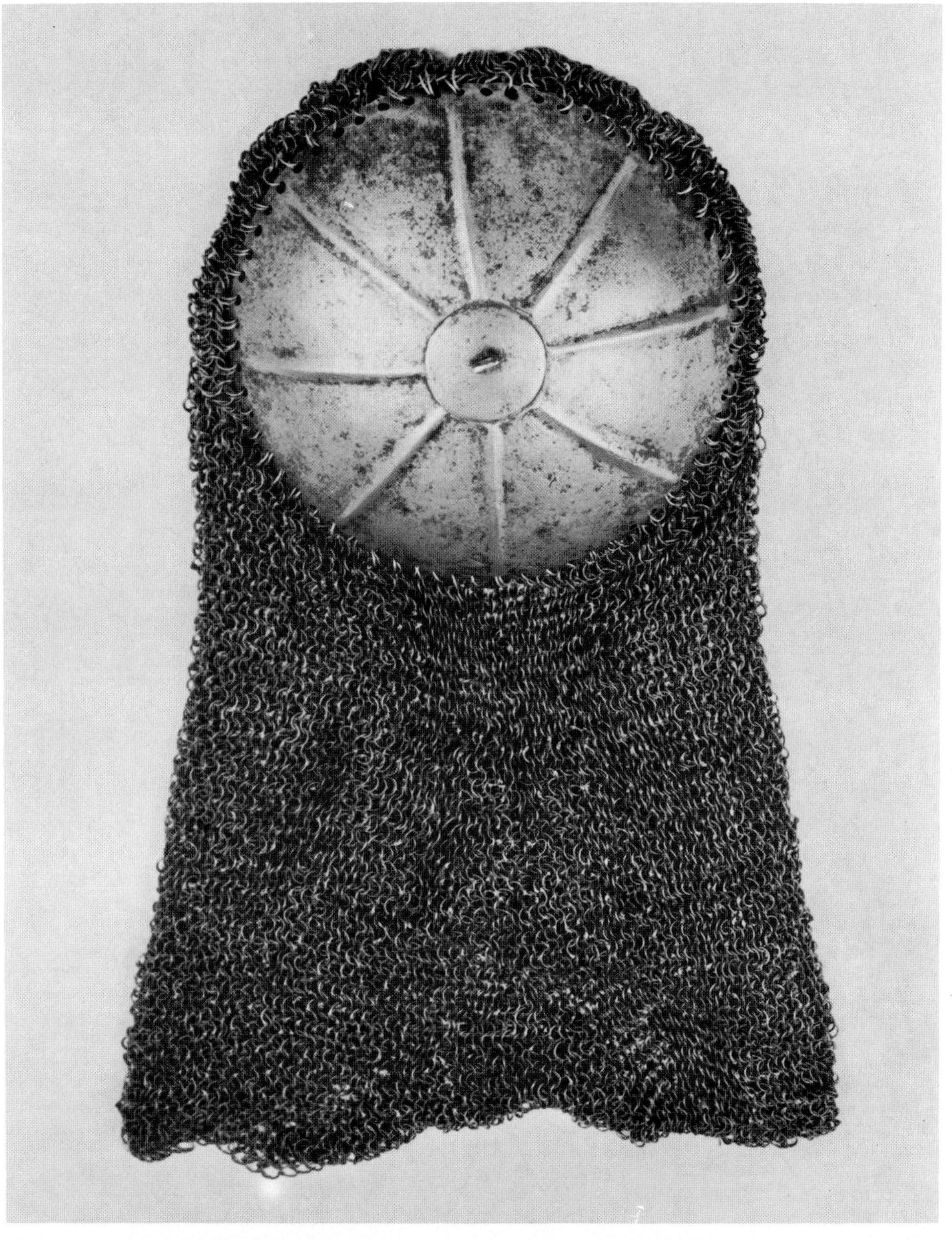

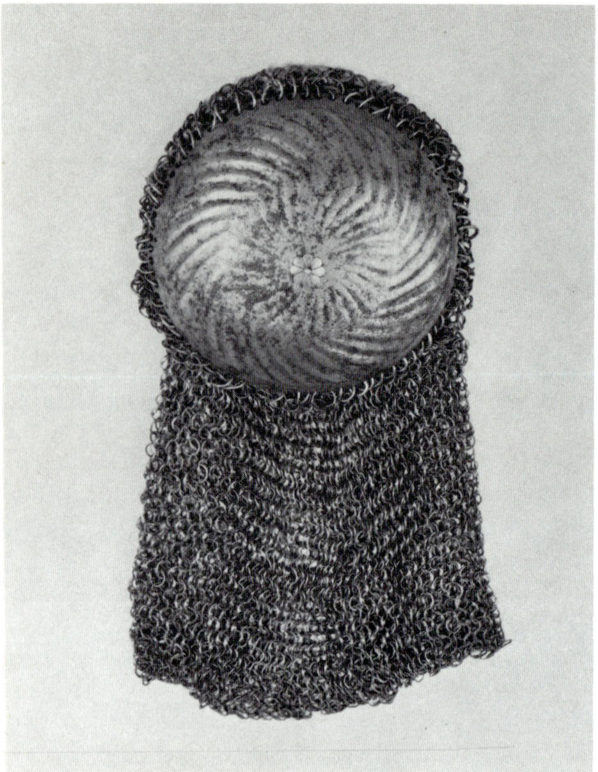

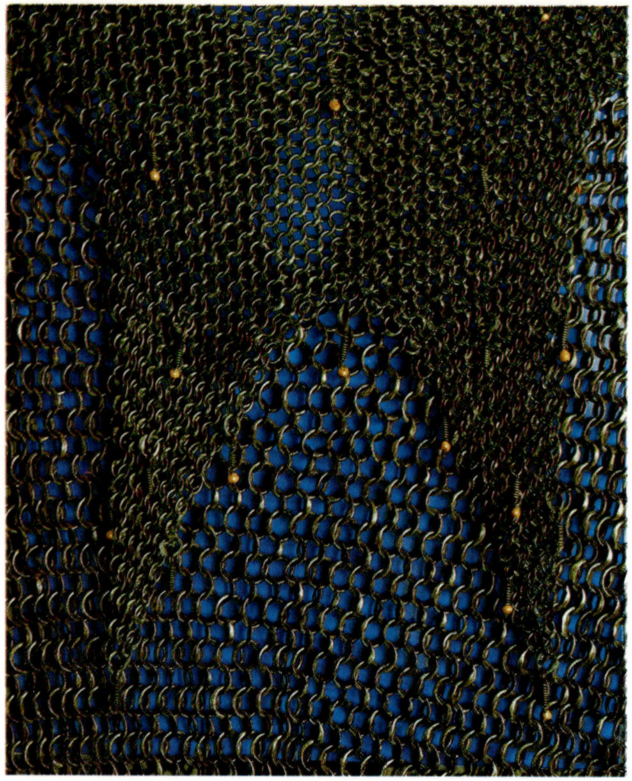

I/74
Panzerhemd mit Brustschutz und Panzerkappe

Türkisch, 17. Jahrhundert
Länge 84 cm, Ärmellänge 37 cm, Durchmesser der Eisenringe 0,8–0,9 cm,
Brustschutz: Breite 9 cm, Länge außen 120 cm, innen 70 cm, Durchmesser der Eisenringe 0,6 cm,
Panzerkappe: Durchmesser 15 cm, Nackenschutzlänge 37 cm, Durchmesser der Eisenringe 0,8 cm
Aus der Türkenbeute des münsterischen Fürstbischofs Christoph Bernhard von Galen 1664

Leihgabe aus Privatbesitz im Stadtmuseum Münster

Langes Panzerhemd aus vernieteten Eisenringen, mit bis in die Ellenbogen reichenden Ärmeln und einem hinten in zwei spitzen Lätzen, vorn in zwei 14 cm langen Zipfeln auslaufendem, befestigten feinmaschigen Brustschutz, der mit zahlreichen an Messingdraht hängenden roten Glasflußperlen besetzt ist. Panzerkappe als wellenförmig geriffelte Kalotte aus getriebenem Eisen mit Messingöse im Zentrum und angesetztem Nackenschutz.

Lit.: Münster 800–1800. Tausend Jahre Geschichte der Stadt, Ausstellungskatalog des Stadtmuseums Münster 1984/85, Greven 1984, Nr. 220 a, (S. 433) mit Abb.

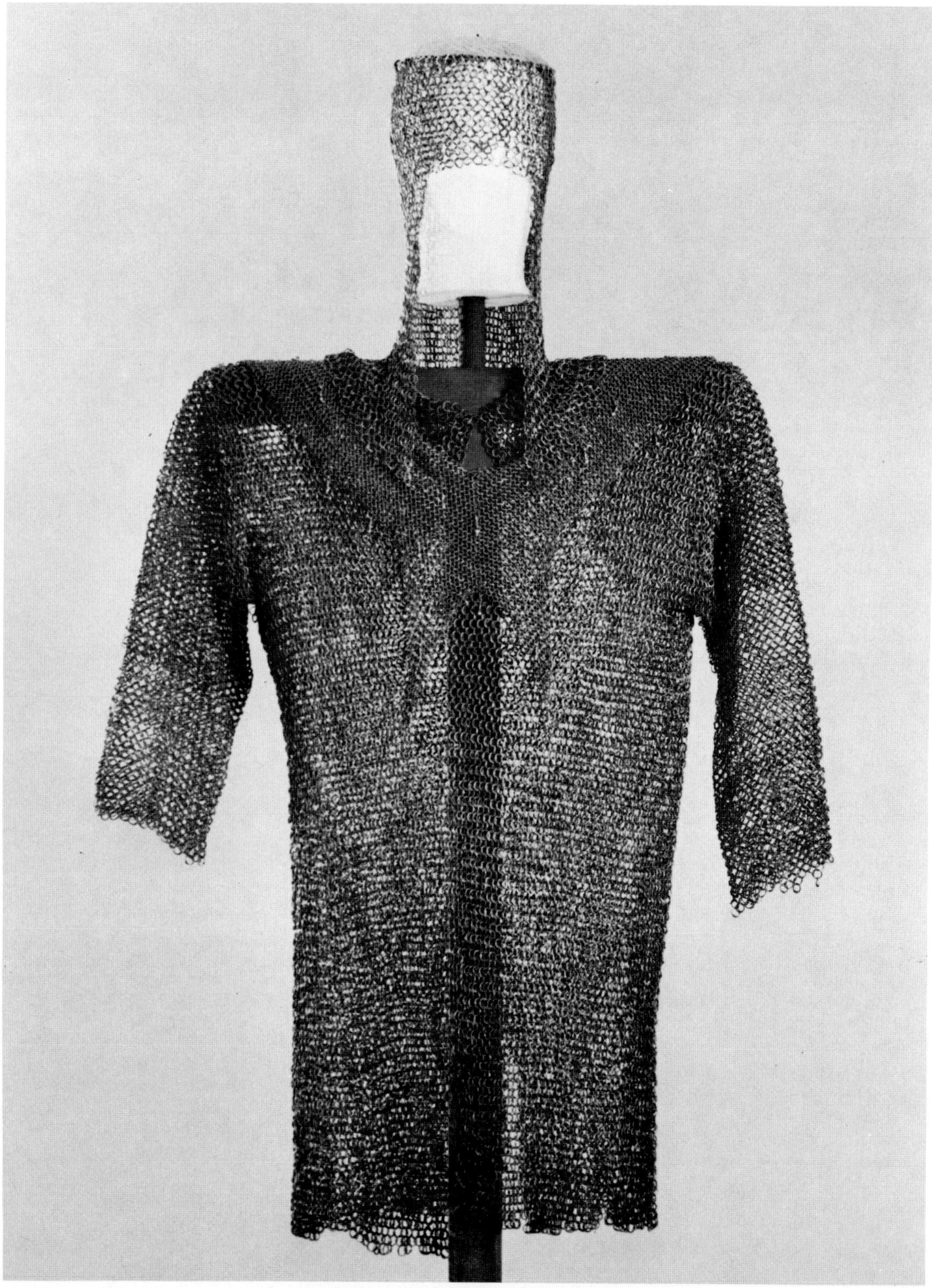

I/75 a—I/75 r
Trachtenbilder

Aquarelle auf Papier, z. T. mit Gold gehöht, fünf großformatige, dreizehn kleinformatige Bilder, jeweils von einer Hand, wahrscheinlich in Istanbul für europäische Abnehmer hergestellt, frühes 19. Jh. bzw. Mitte 19. Jh.

Leihgaben aus Privatbesitz im Stadtmuseum Münster

Im Osmanischen Reich gab es nicht Mode, sondern Tracht. Mode bedeutet Wechsel des Geschmacks, Veränderung, individuelle Selbstgestaltung. Die Tracht liegt dagegen fest wie die Uniform, sie betont das Allgemeine, nicht das Besondere, nicht das Individuelle. Spätestens seit der Eroberung von Konstantinopel war die Kleidung im Osmanischen Reich durch Gesetz *(kanunı teschrifat)* als Tracht festgelegt. Die Kleiderordnung war so angelegt, daß man aus der Kleidung den sozialen, politischen oder religiösen Rang, den Beruf und die Nationalität erkennen konnte. Strenge Strafen bis zur Todesstrafe standen auf Nichtbeachtung der Kleiderordnung. So liefern die Abbildungen der Kleidung und ihre Beschreibung zugleich das Bild der Gesellschaft des Osmanischen Reichs. Bis 1826 blieb diese Gesellschaft intakt. Danach wurde mit der Auslöschung der Janitscharen durch Sultan Mahmud II. eine wichtige Säule des Gebäudes beseitigt, wonach allmählich der Verfall eintrat. Fortan wurde auch in der Kleidung der europäische Einfluß immer stärker.
Die Europäer haben sich stets für die türkischen Trachten interessiert. Alle illustrierten Reisewerke berichten darüber. Sehr frühe Beispiele gibt Melchior Lorich (1527 bis ca. 1583) von seiner Reise, die ihn 1555 in Begleitung des kaiserlichen Botschafters Busbeck nach Istanbul führte. Im 18. und frühen 19. Jahrhundert erschienen zahlreiche z. T. kolorierte Kupferstichwerke. Man legte auf naturgetreue Darstellung großen Wert. Die Vorzeichnungen wurden deshalb von osmanischen Künstlern geliefert. Das Gleiche gilt auch für die vorliegenden Zeichnungen, die z. B. in ihrer Flächigkeit und der Verwendung von Gold noch in der Tradition der türkischen Buchmalerei stehen.

Lit.: Kat. Münster, Wien und die Türken (1983) Nr. 8–27 (dort weitere Literatur).

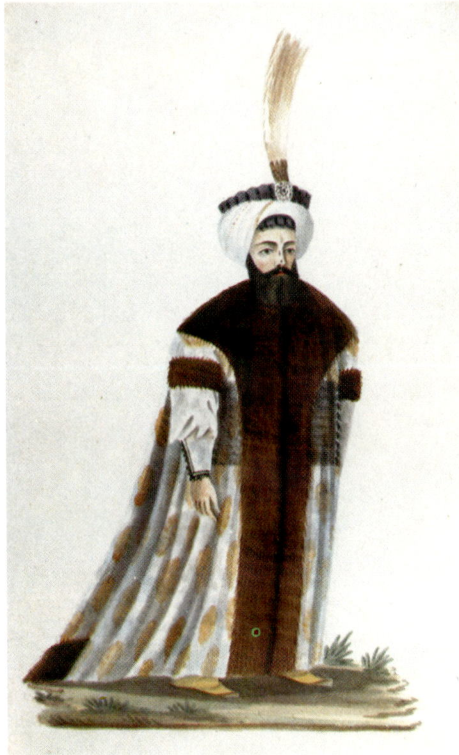

Kat. Nr. I/75a

I/75 a
Der Padischah

Bl.: 35 x 20,5 cm

Der Padischah (=Großherr), auch Sultan genannt, war Inbegriff aller politischen Macht und seit 1517 als Kalif auch geistliches Oberhaupt der Moslems. Alle Reichsangehörigen waren vor ihm Sklaven. Die völlige Abhängigkeit selbst großer Würdenträger bestand darin, daß der Padischah Ämter und Macht allenfalls auf Lebenszeit verlieh. Jederzeit konnte er verliehene Würden wieder zurücknehmen und den Betroffenen nach Belieben strafen.
Der Padischah trägt hier ein weites Oberkleid mit engen Ärmeln, die *kapanıdscha.* Charakteristisch sind der breite Kragen und Besatz aus dunklem Pelz. Bevorzugt trug er schwarzen Fuchspelz oder Zobel. Auf dem Kopf trägt der Großherr das *paschalı kavuk,* eine hutähnliche Kopfbedeckung mit umgeschlagenem Turbantuch, darauf ein Reiherbusch, gehalten von einer edelsteinbesetzten Agraffe.

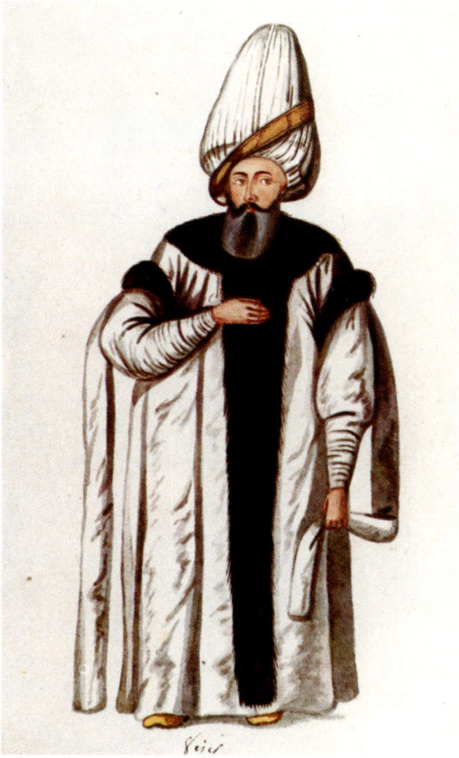

Kat. Nr. I/75b

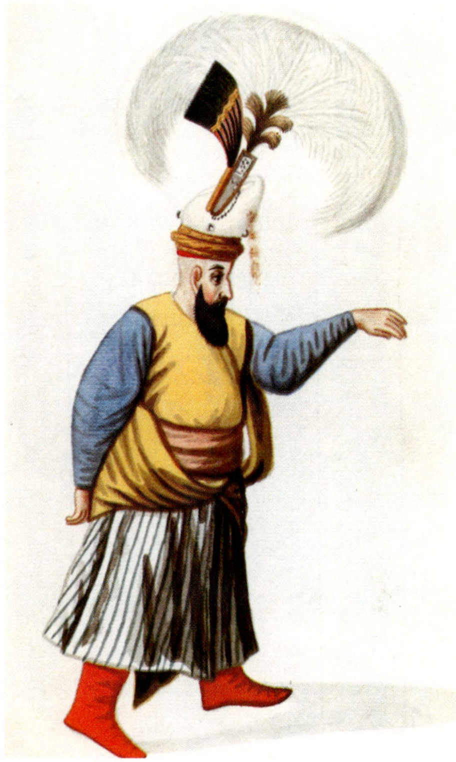

Kat. Nr. I/75d

I/75 b
Der Großvezier

Bl.: 26,8 x 16,4 cm

Der Großvezier übte stellvertretend für den Großherrn über die Zentral- und Provinzregierung sowie über das Heer unbeschränkte Gewalt aus.
Der Großvezier trägt auf dem Kopf das *kallavı*, ein etwa 40 cm hohes Korbgestell, umwunden von einem dünnen weißen Tuch und goldenem Band. Sein Mantel ähnelt dem des Großherrn. Hier hängen noch Duplikatärmel herab, die sich auch beim Obergewand des Großherrn dargestellt finden.

I/75 c
Bostandschi

Bl.: 33,5 x 20,6 cm

Angehöriger der Palasttruppe in rotem Oberkleid und roter Haube, deren langes Oberteil ärmelartig herabfällt. Nach Art des Gürtels unterscheiden sich neun verschiedene Klassen dieser Truppe.

I/75 d
Kommandant der Leibgarde

Bl.: 25 x 15 cm

Charakteristisch ist der mit einem großen Straußenfederbusch geschmückte Helm, um dessen Saum ein Goldreif lag.

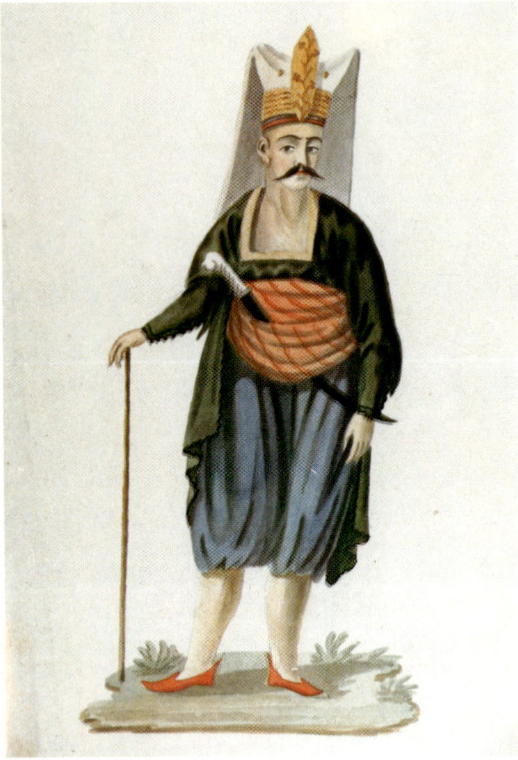

Kat. Nr. I/75e

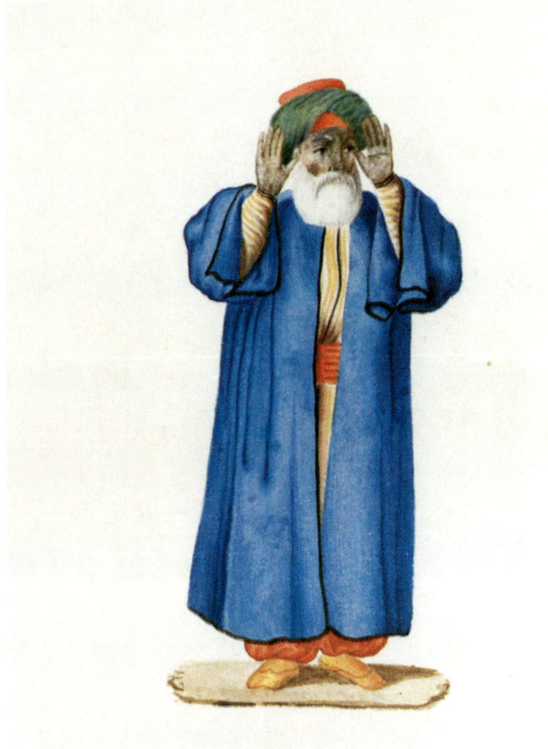

Kat. Nr. I/75g

I/75 e
Janitschare
Bl.: 33,7 x 21 cm

Die Janitscharen bildeten die bekannteste und eigenartigste Einheit des osmanischen Heeres. Sie rekrutierten sich aus nichtmuslimischen Knaben, die in der Nähe des Großherrn kaserniert wurden, um zu Moslems gemacht und zur Elitetruppe herangebildet zu werden.
Äußerlich erkennbar waren sie an der Jantischarenhaube aus steifem weißen Filz und vorgestreckter vergoldeter Hülse, in der der hölzerne Reislöffel steckte. Diese Haube wurde nur bei feierlichen Anlässen getragen. Normale Kopfbedeckung war der Turban. Die Beinkleider waren aus blauem Tuch.

I/75 f
Mufti
Bl.: 19,2 x 12,6 cm

Lehrer des heiligen Gesetzes, dessen Aufgabe es ist, auf Anfragen zu rechtlichen oder moralischen Fragen Gutachten *(fethwas)* zu erteilen.

I/75 g
Muezzin
Bl.: 18,5 x 13,4 cm

Der Muezzin rief fünfmal täglich vom Minarett der Moschee zum Gebet. Dargestellt ist er hier in seiner dabei eingenommenen typischen Haltung.

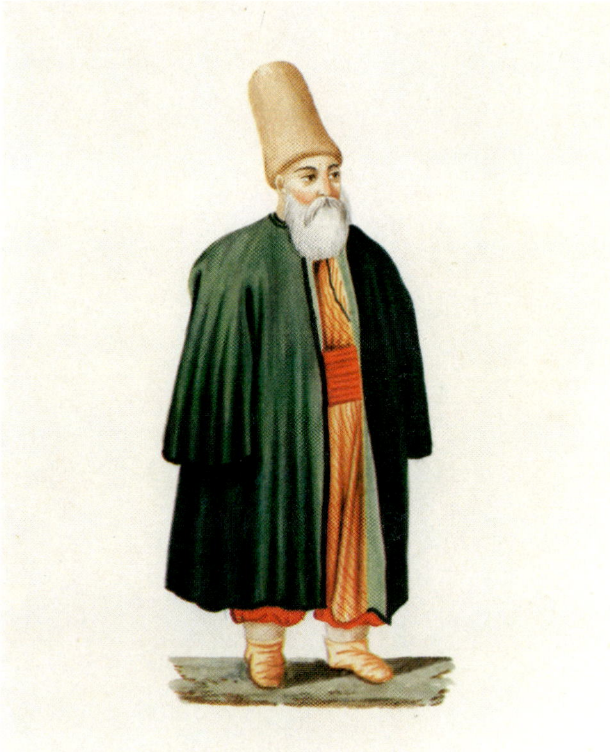

Kat. Nr. I/75i

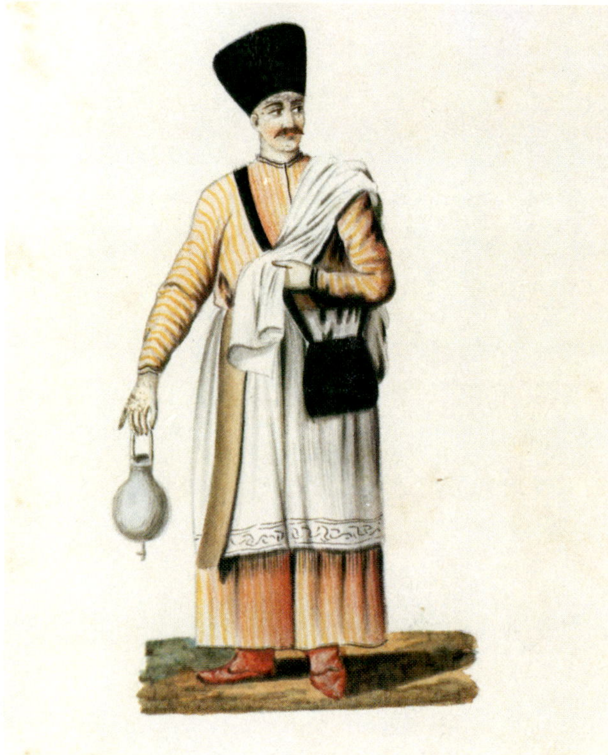

Kat. Nr. I/75k

I/75 h
Kadi
Bl.: 18,5 x 13,5 cm

Kadi = Stadtrichter.

I/75 i
Derwisch *(mevlevî)*
Bl.: 19,8 x 14 cm

Angehöriger des Derwischordens der Mevlevî. Anders als christliche Mönche waren die Derwische nicht zum Klosterleben verpflichtet. Sie konnten einen Beruf ausüben und heiraten. Ein- oder zweimal wöchentlich hatten sie am gemeinsamen Gebet der Bruderschaft teilzunehmen. Auch galt der Grundsatz der Armut und des Gehorsams gegenüber dem Oberen.

I/75 j
Pilger Bl.: 19,5 x 13,5 cm

I/75 k–I/75 o
Handwerker – Gewerbetreibende
Handwerk und Gewerbe waren in Zünften organisiert und je in bestimmten Straßen oder Vierteln angesiedelt. Sie boten auch auf den Straßen ihre Dienste an, wobei jeder Erwerbszweig durch einen besonderen Marktruf auf sich aufmerksam machte.

I/75 k
Barbier Bl.: 19 x 13,5 cm

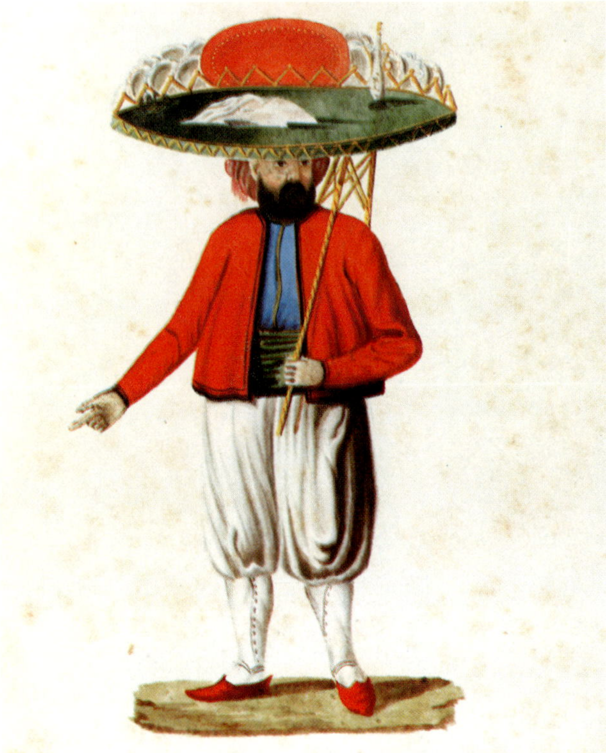

Kat. Nr. I/75l

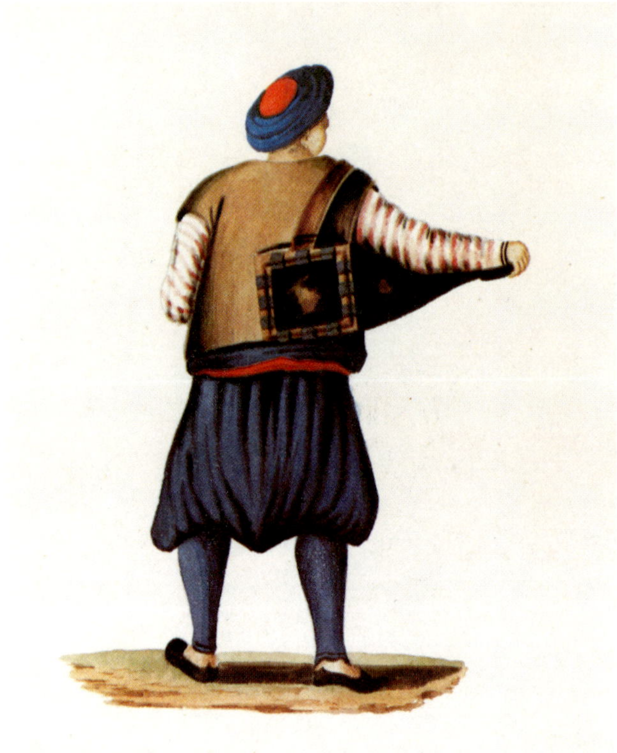

Kat. Nr. I/75n

I/75 l
Zuckerbäcker

Bl.: 19,5 x 13,5 cm

Der Dreifuß über der Schulter dient ihm als Untersatz für das Tablett, wenn er einen Stand aufschlägt. Die Süßigkeiten ähnelten dem Marzipan oder „türkischem Honig".

I/75 m
Joghurt-Verkäufer Bl.: 18 x 13,5 cm

I/75 n
Trinkwasser-Verkäufer *(mahalla sakka)*

Bl.: 19,5 x 13,5 cm

Er trägt das Wasser in einem Wassersack.

I/75 o
Lastträger *(hammal)*

Bl.: 19,5 x 13,5 cm

Da in den engen Gassen Istanbuls kaum Fahrzeuge passieren konnten, erledigten die Lastträger weitgehend den Transport der Waren.

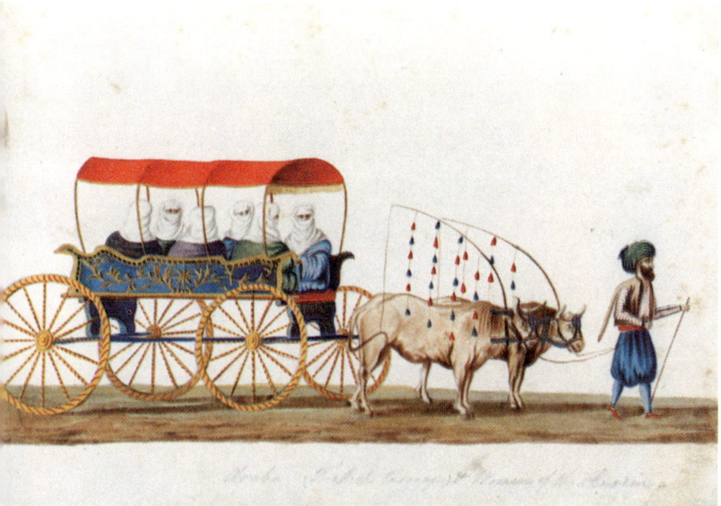

Kat. Nr. I/75p

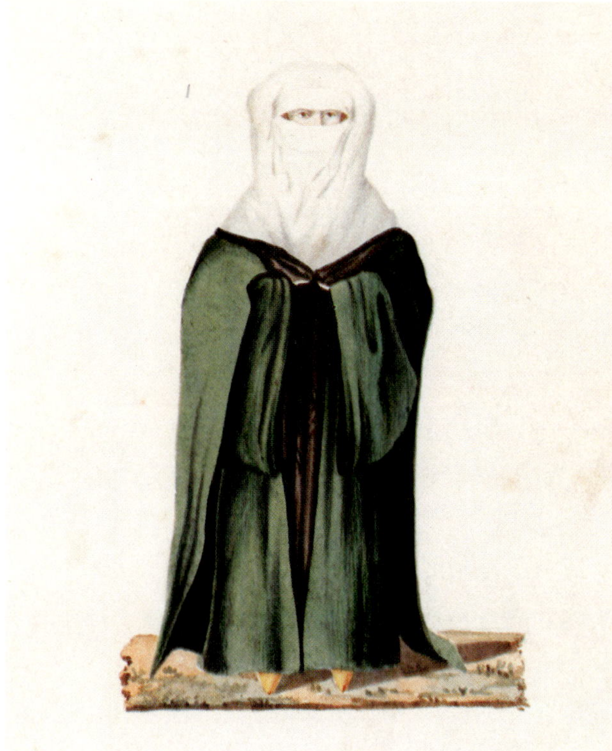

I/75 p
Araba

Bl.: 14 x 19,3 cm

Eine Kutsche mit den sechs Frauen eines Harems, von Zugochsen gezogen und von einem Knecht geleitet.

I/75 q
Frau im Gebet

Bl.: 19,2 x 14 cm

Frau in Hauskleidung beim Gebet auf dem Gebetsteppich. Zu fünf bestimmten Tageszeiten war jeder Moslem zum Gebet verpflichtet.

I/75 r
Frau in Straßenkleidung

Bl.: 19,3 x 13,3 cm

Auch bei den Frauen gab es keine Mode, sondern festgelegte Tracht. Die Straßenkleidung bestand aus dem weiten Mantel mit breitem Umschlagtuch über Schultern und Rücken. Der Kopf wurde durch zwei Schleier verhüllt, der nur die Augen freigab.

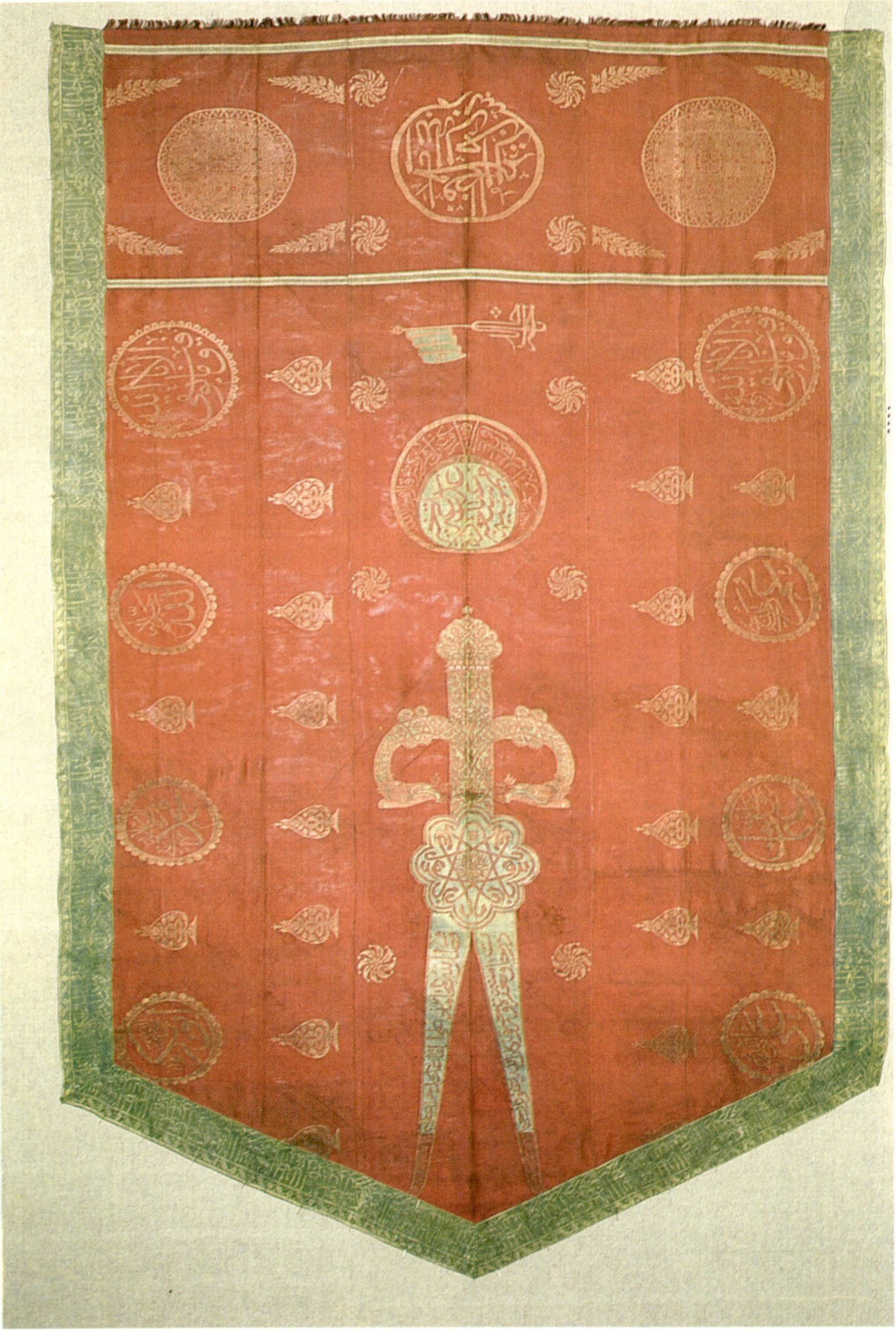

Kat. Nr. 11/27 b
(s. Bd. II, S. 366)